U0929684

2016

重庆地税年鉴

重庆市地方税务局 编

中国税务出版社

图书在版编目（CIP）数据

重庆地税年鉴. 2016 / 重庆市地方税务局编. -- 北京：中国税务出版社，2016.7
ISBN 978-7-5678-0445-6

Ⅰ. ①重… Ⅱ. ①重… Ⅲ. ①地方税收—重庆市—2016—年鉴 Ⅳ. ①F812.771.904.2-54

中国版本图书馆 CIP 数据核字（2016）第 167105 号

书　　名：重庆地税年鉴（2016）
作　　者：重庆市地方税务局　编
责任编辑：陈金艳
责任校对：于　玲
技术设计：刘冬珂
出版发行：中国税务出版社
北京市丰台区广安路9号国投财富广场1号楼11层
邮政编码：100055
http：//www.taxation.cn
E-mail：swcb@taxation.cn
发行中心电话：（010）83362083 / 86 / 89
传真：（010）83362046 / 47 / 48 / 49
经　　销：各地新华书店
印　　刷：北京联兴盛业印刷股份有限公司
规　　格：889毫米×1194毫米　1/16
印　　张：28.5
字　　数：679000字
版　　次：2016年7月第1版　2016年7月第1次印刷
书　　号：ISBN 978-7-5678-0445-6
定　　价：380.00元

《重庆地税年鉴（2016）》编纂委员会

《重庆地税年鉴（2016）》撰稿人

（按行政序列排序）

王　烺	胡果林	欧涉远	胡　蕾	胡显著	黄　伟
刘　云	戴　俊	张淑婧	夏　禹	王　瑜	蒋　攀
李　勇	徐琼林	黄晓霞	何　序	张经明	罗文胜
叶　飞	王莲君	李　治	杜明兵	江朝敏	谢　尹
阮　柳	曹中梁	吴永贤	刘　华	贺娜妮	罗　根
宋双美	牟云松	林　泉	廖渝媛	黄泽夏	廖　茜
曹智波	陈佳璐	陈　渝	欧国平	孙　溪	黎桢桢
聂宏桂	罗昭剑	张春潮	王　治	高　扬	朱　江
唐　浩	田雯文	周小娟	谢朝友	王玉林	朱　亮
高文巧	王　锋	李海平	王　磊	谭　勇	杜赛兵
梅怀银	周光绪	杨　策	白　张	刘洪君	肖　涛
蒋　苹	王苇霖	于宏波	陈厚超	卢　丹	黄九胜
侯章平					

《重庆地税年鉴（2016）》编辑部

主　任：陈泽利

副主任：程　羿　　张　亮

编　辑：王　烺　　修　侃　　黄　燕

编辑说明

一、《重庆地税年鉴》由重庆市地方税务局组织编写，中国税务出版社编辑出版，是记录重庆市地方税务局年度税收工作的大型文献资料类工具书。

《重庆地税年鉴》的编纂宗旨是：坚持实事求是的原则，全面、系统、真实地记载重庆市地税系统税收基本情况及取得的成绩，反映地税系统为重庆市经济和社会发展做出的积极贡献，为各级党政机关、地税部门、广大纳税人及社会各界提供地方税收方面的信息和资料。

二、《重庆地税年鉴（2016）》主要反映2015年重庆市地方税收及工作情况。全书共分为八个篇目：

第一篇　图辑。主要反映重庆市地方税务局上级领导关怀、系统重要活动、领导走访调研及税收宣传工作影像。

第二篇　重要文献。收录重庆市领导关于地税工作的重要讲话，以及重庆市地方税务局领导的讲话。

第三篇　全市地税工作。记述重庆市地方税收工作基本情况，重庆市地方税务局机关各处、室、局、中心各项工作开展基本情况及取得的主要成绩。

第四篇　各区县局、直属局工作。记述重庆市地方税务局各区县局、各直属局各项工作开展情况及取得的主要成绩。

第五篇　税费收入统计资料。收录重庆市地税系统税费收入情况及重点企业纳税情况。

第六篇　法规政策。收录重庆市地方税务局转发财政部、国家税务总局、重庆市政府等发布的重要涉税文件目录，以及本局重要发文目录。（文件全文收录在本书所附光盘中）

第七篇　机构和人员。收录重庆市地税系统机构及领导成员情况、获得的荣誉及奖励等其他重要事项。

第八篇　大事记。记录重庆市地方税务局上级领导对地税工作的重要批示，重庆市地税系统重要会议、活动、事件及成绩。

三、本年鉴稿件由重庆市地方税务局各处室、各区县局、各直属局提供，并经各单位负责人和《重庆地税年鉴（2016）》编纂委员会审定。

四、本年鉴在编纂过程中得到各方面的大力支持，在此表示衷心的感谢！疏漏及不足之处，请读者批评指正。

编　者

2016年5月

目录

第一篇　图辑

第二篇　重要文献

第三篇　全市地税工作

第四篇　各区县局、直属局工作

第五篇　税费收入统计资料

第六篇　法规政策

第七篇 机构和人员

第八篇 大事记

第一篇　图　辑

·上级关怀·

▲ 图为重庆市委常委、常务副市长翁杰明（前排右二）在重庆市地方税务局党组书记、局长黄玉林（前排左一）陪同下，调查了解办税服务情况。

▲ 图为重庆市委常委、常务副市长翁杰明（左五）、重庆市政府副秘书长张智奎（左四）视察办税服务厅时与渝中区党政领导、重庆市国家税务局、重庆地方税务局领导及渝中区税务干部合影。

2015年12月31日，重庆市委常委、常务副市长翁杰明一行到渝中区国税局、地税局联合办税服务厅调研指导工作，对税务部门2015年组织收入、纳税服务等工作给予了充分肯定，并亲切慰问了基层一线的干部职工。

◀ 图为国家税务总局副局长汪康在汇报会上讲话。

▲ 图为汇报会现场。

2015年12月30日，国家税务总局副局长汪康一行到重庆检查指导工作，听取了重庆市国家税务局、重庆市地方税务局党组关于“三严三实”专题教育工作情况的汇报。

▲ 2015年2月16日，重庆市人大副主任周旬（前排中）到重庆市地方税务局调研工作，在重庆市地方税务局党组书记、局长黄玉林（前排右一），党组成员、副局长余志东（前排左一）陪同下视察税收数据监控中心。

▲ 2015年12月8日，重庆市纪委副书记陈杰（前排中）在重庆市地方税务局党组书记、局长黄玉林（右一）陪同下，对全市地税系统党风廉政建设工作开展检查指导。

▲ 2015年8月26日，国家税务总局第六督查组组长谢滨（右三）一行在重庆市地方税务局党组成员、副局长王小渝（右二）陪同下，对落实“大众创业、万众创新”相关税收优惠政策情况进行督查。

▲ 2015年7月20日，中编办、国家税务总局调研组在重庆市荣昌区地方税务局调研指导工作。

▲ 2015年6月5日，国家税务总局绩效办到重庆市江北区地方税务局调研指导绩效管理工作。

·重要活动·

▲ 2015年2月6日，重庆市召开财税工作会议，总结2014年财税工作成绩，分析新常态下的财政税收形势，部署安排2015年财税工作任务。

▲ 2015年1月28日，重庆市地方税务局召开全市地方税务工作会议，总结2014年地方税收工作，分析经济发展新常态下的税收形势，安排部署2015年税收工作任务。

▲ 2015年3月9日，重庆市地方税务局召开全市地税系统“学法守纪防风险”工作动员会。

▲ 2015年4月21日，重庆市地方税务局与重庆市国家税务局签署《全面加强国地税合作备忘录》。

▲ 2015年6月16日，重庆市地方税务局召开绩效管理工作推进会暨信息系统上线运行培训会。

▲ 2015年6月30日，重庆市地方税务局机关举行庆“七一”表彰大会暨专题党课，党组书记、局长黄玉林带领机关党员重温入党誓词。

▲ 2015年7月14日，重庆市地方税务局机关组织处级以上领导干部开展廉政警示教育。

▲ 2015年7月20日，重庆市地方税务局召开全市地税系统半年工作会，通报上半年重庆市经济运行情况，分析上半年收入情况，提出加强组织收入工作的建议和措施。

▲ 2015年9月14日，重庆市地方税务局2015年局（处）领导干部培训班正式开班。党组书记、局长黄玉林（中），党组成员、副局长王小渝（左一），市委党校副校长张洪晋（右一）及所有培训学员参加开班式。

▲ 图为重庆市地方税务局党组书记、局长黄玉林在培训班上讲党课。

▲ 2015年12月28日，重庆市地方税务局召开领导班子“三严三实”专题民主生活会。

·走访调研·

▲ 2015年6月11日，重庆市地方税务局党组书记、局长黄玉林（前排右）到九龙坡地方税务局基层税务所调研。

▲ 2015年6月10日，重庆市地方税务局党组书记、局长黄玉林（前排中），党组成员、副巡视员罗箭宇（前排右）到巴南区地方税务局办税服务厅调研。

▲ 2015年4月1日，重庆市地方税务局党组书记、局长黄玉林（右三），党组成员、总经济师周梁刚（左三）调研保税港区进口展示中心经营情况。

▲ 2015年12月31日，重庆市地方税务局党组书记、局长黄玉林（左）到渝中区地方税务局调研，与基层职工亲切交谈。

▲2015年6月11日，重庆市地方税务局党组成员、副局长余志东（前排左二）到长寿区地方税务局检查指导工作。

▲2015年8月20日，重庆市地方税务局党组成员、副局长余志东（中）到万州区地方税务局办税服务厅调研。

▲ 2015年4月16日，重庆市地方税务局党组成员、副局长董青（左二）出席全市征管和信息化工作片区会。

▲ 2015年8月5日，重庆市地方税务局党组成员、副局长董青（左三）到渝北区地方税务局双龙办税大厅检查指导工作。

▲ 2015年4月22日，重庆市地方税务局党组成员、副局长徐德中（前排右）到万盛经开区煤电化工业园区调研指导工作。

▲ 2015年8月13日，重庆市地方税务局党组成员、副局长徐德中（左四）到开县地方税务局检查指导工作。

▲ 2015年5月4日，重庆市地方税务局党组成员、纪检组长涂放姑（前排左二）在奉节县地方税务局办税服务厅调研工作。

▲ 2015年5月11日，重庆市地方税务局党组成员、纪检组长涂放姑（右二），副巡视员赵鸣（右一）到秀山县地方税务局检查指导工作。

▶ 2015年9月2日，重庆市地方税务局党组成员、副巡视员罗箭宇（左一），党组成员、副局长王小渝（右一）向全市地税系统唯一健在的抗战老战士王金生（中）送达“中国人民抗日战争胜利70周年纪念章”并合影。

◀ 2015年9月23日，重庆市地方税务局党组成员、副巡视员罗箭宇（左二）到璧山区地方税务局办税服务厅调研。

▶ 2015年9月7日，重庆市地方税务局党组成员、副局长王小渝（左二）到铜梁区地方税务局办税服务厅调研。

▲ 2015年4月22日，重庆市地方税务局党组成员、总经济师周梁刚（左一）深入南川区博赛集团调研指导工作。

▲ 2015年8月11日，重庆市地方税务局党组成员、总经济师周梁刚（中）到丰都县地方税务局办税服务厅检查指导工作。

▲ 2015年6月10日，重庆市地方税务局党组成员、副局长罗安梅（中）到梁平县地方税务局调研。

▲ 2015年7月15日，重庆市地方税务局党组成员、副局长罗安梅（右二）到江津区地方税务局调研。

▲ 2015年7月16日，重庆市地方税务局党组成员、总会计师郑钢（右三）在铜梁区地方税务局办税大厅调研指导工作。

▲ 2015年8月4日，重庆市地方税务局党组成员、总会计师郑钢（左二）到上汽依维柯红岩商用车有限公司了解税源情况。

·税收宣传·

▲ 2015年4月17日，重庆市地方税务局党组成员、副局长王小渝（左二）与相关处室负责人做客腾讯大渝网“在线访谈”栏目，以“重庆地税助力小微企业发展”为主题，与广大市民和网友进行在线交流。

▲ 2015年3月13日，重庆市地方税务局召开税企座谈会。

◀ 2015年4月23日，重庆市沙坪坝区地方税务局青年志愿者向创业青年赠送税收宣传资料和励志书籍。、

▲ 一系列支持创业的税收优惠政策让大学生创业团队备受鼓舞。

▲ 2015年4月17日，重庆市江北区地方税务局税务干部在江北区网商产业园现场为小微企业把脉问诊。

▲ 重庆市江北区地方税务局志愿者服务队走进网商产业，园为小微企业开展“一对一”服务。

▶ 2015年4月15日，重庆市巫山县地方税务局税务干部利用“赶集日”向群众宣传税收政策。

◀ 2015年4月22日，重庆市渝中区地方税务局领导及业务骨干冒雨开展税企互动。

▶ 2015年8月20日，重庆市九龙坡区国家税务局、地方税务局联合进社区开展税收宣传。

▲ 2015年12月24日，“税收小讲堂”应邀走进重庆市开县小学课堂。

◀ “税务新常态、新税风”直通车开展上门服务

▶ 重庆市渝北区地方税务局领导向涉外企业现场送达完税证明

第二篇　重要文献

在全市财税工作会议上的讲话

重庆市委常委、市政府常务副市长　翁杰明

（2015年2月6日）

今天召开全市财税工作会议，主要目的是贯彻落实中央经济工作会和全国财政、税务工作会议及市委四届六次全会、全市“两会”精神，总结2014年财税工作，安排部署2015年工作。刚才，市财政局、市国税局、市地税局的负责同志分别就2015年的财政、税务工作进行了具体安排，我都赞成。借此机会，我强调三个方面的意见。

一、着力稳增长，财税工作成绩突出

2014年，全市财税战线面对错综复杂的国内外形势，克服经济下行压力，认真落实稳增长、促改革、调结构、惠民生、防风险等政策措施，深入实施五大功能区域发展战略，着力开源节流、增收节支，圆满完成了年度财税工作目标任务，对全市经济持续较快增长、民生不断改善和社会和谐稳定做出了重要贡献。去年，全市生产总值增长10.9%，增速全国第一，财税系统功不可没，具体表现在“五个持续”上。

（一）财税收入持续增长

去年，全市一般公共预算收入1922亿元，增长13.9%，增幅居全国第6位。国税收入增长19.2%，居全国第1位。地税收入增长12.5%，居全国第7位。全市政府性基金预算收入1841亿元，增长10.1%，其中土地出让收入完成1665亿元，增长9.5%。财税收入保持了与GDP、城乡居民收入同步持续增长的良好态势。

（二）支出结构持续优化

去年，全市统筹355亿元支持高速公路、铁路、轨道交通、机场等重大基础设施和水利等公益项目建设。财政民生支出比重继续保持在一般公共预算支出的50%以上，足额保障了社保、医保、教育、公租房、22件民生实事所需。“三公”经费继续保持零增长。全市财政支出做到了统筹兼顾，有保有压，切实保障了重大基础设施和民生重点支出。

（三）调控作用持续发挥

扩大“营改增”试点范围，减轻了企业税负。全面落实西部大开发、小微型企业等税收优惠政策，向企业减税378亿元。落实110亿元支持两江新区、保税港区、开发区和区县工业园区开发开放。足额落实支持工业振兴、非公经济、商务、金融、现代农业等发展专项资金，助推了一批新兴产业发展。安排25亿元财政资金创设产业引导股权投资基金，与10家基金管理人合作设立专项基金68亿元。财政政策与货币、产业、投资等政策的协同配合，在稳增长中发挥了重要作用。

（四）财税改革持续深化

规范“四本预算”，完善一般公共预算机制；推进预决算公开，96个市级部门向社会公开预算，52个市级部门向社会公开决算。“营改增”试点范围扩大到铁路运输、邮政、电信业，进一步完善了个人住房房产税改革试点。实施了煤炭资源税从价计征改革。启动了税收等优惠政策清理规范工作。修订政府融资平台管理办法，出台债务风险预警管理办法，健全风险预警约谈和问责机制，推进分类化解，全年削减政府性债务1016亿元。出台了政府购买服务暂行办法，在城市公共交通等领域率先开展了购买服务工作。这些财税改革措施，进一步释放了红利，激发了社会活力。

（五）财税政策持续完善

全面落实对两大生态区域的“不取”政策，促进区域差异发展、协调发展。贯彻实施“多予”政策，按照最高比例补助两大生态区域社会事业发展，推动基本公共服务均等化。加大生态环保因素在转移支付分配中的权重，将两大生态区域17个区县全部纳入生态转移支付范围。促进两江新区与所在行政区建立协同发展，完善企业跨区域流动的利益分享机制，提升都市核心区和拓展区核心竞争力。

总之，2014年财税工作成绩显著，可喜可贺。同时，这些成绩来之不易，是全市财税战线广大干部职工辛勤工作的结果。在此，我向大家表示由衷的感谢和亲切的慰问！

二、适应新常态，确保财税平稳增长

2015年是全面深化改革的关键之年，是“十二五”规划的收官之年。综观国际国内经济形势，世界经济有望缓慢复苏但疲弱态势难以改变，国内经济下行压力仍然较大。特别是我国经济进入新常态后，增速必然放缓，发展方式、经济结构、发展动力的加快转换以及全面深化改革等，都不可避免给经济发展带来“阵痛”，财税收入增长也必然受到抑制。而重庆仍处于“双欠”阶段和“四个关键节点”，今年的财税增收还面临不少挑战，比如支出刚性增加，收支矛盾仍较突出；财政对全面深化改革的基础性支撑性作用较弱，财税改革任务仍很艰巨；少数区县债务较重，风险防控仍需加强。但是，我们也要看到，无论是全国还是我市，经济发展持续向好的基本面并未根本改变，即使增速放缓也仍属较高水平。就重庆而言，我们有近几年经济持续高增长的惯性，有投资特别是工业、现代服务业领域持续大规模投资积累的发展后劲，有以电子信息、汽车等支柱产业及服务贸易、集成电路等新兴产业为代表的新增长点的不断培育壮大，有人力资源、开放平台体系等诸多资源要素优势，只要认真加以引导，重庆的经济完全可能继续保持平稳较快增长势头。经济向好，财税当然也会向好。

全市各级各部门要认清形势，主动适应经济发展新常态，以新《预算法》及中央系列财税改革精神为总纲领，以支持“稳增长、促改革、调结构、惠民生、防风险”为总任务，以实现年度财税收支预算为总目标，扎实抓好2015年财政、税务各项工作，确保全年一般公共预算收入增长

12%左右、税收收入增长13%左右，政府性基金收入与上年基本持平。

（一）着力拓宽收入渠道，确保实现财税收入目标

组织好财税收入是落实积极财政政策的基础。今年，一批新的减税降费政策将陆续实施，部分地区和部分行业经济仍将面临持续困难，土地市场走势可能持续低迷，这些因素可能对当期财税收入带来影响。各级政府和有关部门要充分认识增收形势的严峻性，及早研究弥补措施，科学调度，努力做到财税收入按时序均衡入库，实现全年预算收入目标。一要努力做到应收尽收。各级财税收入征管部门要严格执行国家财税政策，切实加强税收及非税收入征管，杜绝财税收入跑冒滴漏。严格执行税费等优惠政策权限，任何地方和部门不得随意开优惠政策口子，不得随意降费减收。二要积极争取中央支持。市级有关部门要认真研究国务院关于改革转移支付制度的精神，加大力度争取中央转移支付支持。要超前谋划一批项目，按照国家有关部委的要求，及时上报争取更多的中央专项资金支持。三要拓宽收入渠道。各地情况不同，但都或多或少有一些增收的潜力可以挖掘。比如，有的地方存在前期欠税欠费，去年的审计就发现大额土地出让金拖欠问题，各地通过清欠可以增加收入。在强化财税增收工作中，我们也必要坚守税收组织收入工作原则，避免税收任务层层加码加重企业负担，努力推动税收收入与全市经济社会可持续发展。

（二）着力保证重点支出，提高财政资金使用绩效

保证重点支出是政府公共财政的重要职能。财政支出要牢固树立过紧日子的思想，坚持服务全局、突出重点，有保有压、优化结构，量入为出、厉行节约，把有限的财力用在刀刃上、用出高效益。一要确保重大决策部署落实。近年来，市委、市政府着眼全局和长远发展，作出了五大功能区域发展战略、经济结构调整、全面深化改革、新型城镇化等系列重大决策部署。这些决策部署对财政投入都有很大的需求。凡是市委、市政府作出的与财政有关的决定，向企业作出的承诺，我们都要确保落实到位。同时，落实财政支持要讲究方式方法，必须坚持合法的程序和途径，不得违背国家政策。二要保证重点项目建设。从中央的宏观调控相关安排看，投资仍然是今年稳增长的重要手段。我市将承接实施一大批中央投资项目，也会安排实施一批地方重点项目。各级财政务必保证重点项目投入到位、顺利推进。三要保证社会民生发展。重点支持25件民生实事滚动实施，保证就业、社保、教育、卫生、保障性住房、文化、扶贫等支出，并将财力向区县和基层、向“三农”、向贫困地区倾斜，推进基本公共服务均等化。四要控制一般预算支出。认真落实中央八项规定及厉行节约有关规定，加大监督检查力度，从严控制“三公”、会议、培训、节庆、论坛等一般性开支，确保2015年“三公”经费支出只减不增。同时，也要保证正常、必要的一般性支出。

（三）着力支持经济发展，培育可持续财税增长点

经济与财税相生相伴，我们要始终树立“放水养鱼”的理念，发挥财税杠杆作用，促进经济发展，培植税基、涵养税源。一要落实税费优惠政策。税费优惠政策制定的权限已统一上收到中央，我们重点是落实好中央的优惠政策措施。要全面落实直辖市、西部大开发、三峡库区、少数民族地区、统筹城乡发展和长江经济带建设等政

策，深入实施结构性减税措施。今年，“营改增”试点范围将扩大到建筑业和房地产业、金融保险业、生活服务业；普通住宅土地增值税预征率由2%降到了1%；对小微型企业的增值税和营业税起征点已由月销售额2万元提高到3万元。此外，还有针对高新技术企业、资源综合利用、节能环保等税收优惠政策。这些减税政策的落实可以让大量税负转变为企业利润及发展投资，因此意义重大、务必落实。二要积极促进经济增长方式转变。实施创新驱动战略，加大科技投入，提升企业自主创新能力；大力扶持战略性新兴产业，加快发展现代服务业，不断形成新的经济增长点。三要加强经济运行调度。及时帮助企业解决好人力资源、流动资金、煤电油气运等方面遇到的困难，维持企业正常的生产经营活动，培植和保护税源。

（四）着力实施依法治税，规范税收征管秩序

依法治税是税收工作的灵魂。各级各部门要牢固树立税收法治意识，积极参与和大力支持依法治税。一要强化依法征管。各级税务机关要严格执行国家税收法律法规及政策，坚持按法定权限和程序履行税收征管职责。全面落实纳税信用管理办法与税收“黑名单”制度，提高纳税人的税法遵从度和纳税自觉性。加强税收稽查工作，严厉打击涉税违法行为，进一步整顿和规范税收秩序。要坚决杜绝收过头税、混级混库等违规征税行为，严格查处税收“一日游”、无税空转等弄虚作假行为，确保税收真实。二要优化税政服务。完善税收数据综合管理平台，深化税收征管状况分析监控，着力提升税收管理服务效率。推进12366纳税服务综合平台升级，加快推行网上税务行政审批，为纳税人办理涉税事项提供便捷服务。三要加强部门协作联动。各级政府和经济管理部门要支持税务机关深度参与经济工作，在经济运行分析调度、调控政策决策中充分听取税务机关的意见，增强经济调控的针对性、有效性，促进税收与经济运行协调联动。加大财政、审计、税务机关合力治税力度，适时开展对政府专项建设资金、政府平台公司等税收征管薄弱领域的专项清理。

三、着力促改革，健全现代财税制度

去年以来，国家层面完成了《预算法》修订，密集出台了政府性债务管理、税收政策清理规范等系列财税改革意见，对深化财税改革、建立现代财税制度明确了方向，指出了路径，提出了要求。今年，我们要把深化财税改革作为贯穿全年财税工作的主线，列为全面深化改革的重点，紧密联系经济社会发展实际，兼顾和妥善处理政府与市场、眼前与长远、公平与效率等关系，努力构建规范高效的财税管理体制机制。

（一）以强化预算约束为重点，完善预算管理制度

认真贯彻《预算法》，增强预算的法治性和约束力。进一步健全和规范“四本预算”，完善政府预算体系，将地方教育附加等11项政府性基金转列一般公共预算，逐步加大国有资本经营预算调入一般公共预算的比例。深化预决算公开，扩大公开范围，细化公开科目。除涉密信息外，所有使用财政资金的单位都必须公开预决算。政府预算要按功能分类公开到项级科目。加快研究制定中期财政规划，增强财政管理的前瞻性、有效性和可持续性。选择工业振兴专项等重点支出开展滚动预算管理，积极盘活存量资金，确保今

年结转资金占比压缩到9%以内。

（二）以公平税负为导向，完善税收管理制度

进一步扩大“营改增”试点范围，消除重复征税。调整消费税征收范围、环节、税率，把高耗能、高污染产品及部分高档消费品纳入征收范围，健全消费税引导资源节约和生态环境保护、调节收入分配的机制。严格执行煤炭资源税改革政策，启动除原油、天然气、煤炭外其他品目资源税从价计征改革，理顺资源税费关系。积极跟进房地产税改革和环境保护费改税。按要求完成清理规范税收等优惠政策工作，通过新设、扩充、优化、整合转移支付和专项补助，取消违法违规的优惠政策，调整财政支持方式，增强政策的针对性、有效性。

（三）以推进五大功能区域发展为目标，加快完善财政转移支付制度

按照五大功能区域功能定位，结合区县财政运行状况，健全完善转移支付制度，引导经济要素合理流动、促进基本公共服务均等化、支持生态涵养保护，推动五大功能区域特色发展、差异发展、联动发展。要认真研究细化市与区县事权划分，健全事权与支出责任相适应的财政管理体制。完善一般性转移支付增长机制，清理、整合、规范专项转移支付，严格控制项目和规模。要严肃财经纪律，严格转移支付资金管理，加强指导监督，按照公平、公开、公正的要求规范资金分配使用。加快资金拨付进度，提高资金使用效率。

（四）以防范债务风险为根本，完善政府性债务管理制度

要严格落实政府性债务限额管理、预算管理制度，待国家批准我市政府存量债务余额和2015年余额限额后，及时做好债务调整预算工作。努力争取中央增加我市债务限额规模，合理分配市和区县政府债务限额。积极争取中央对存量债务置换的发行额度，稳步推进2015年专项债券发行。严格规范举债行为，剥离融资平台公司的政府融资职能。把政府融资纳入人大和社会监督，严禁政府违法违规担保。加强政府性债务动态监管，完善风险预警机制，切实防范风险区县和重点领域债务风险。

（五）以市场化运作为手段，完善财政资金使用管理制度

探索多元化投融资模式，完善PPP投融资体制，加强宣传培训工作，结合政府性债务管理稳妥推进PPP项目。进一步做大产业引导股权投资基金规模，完善投资项目库，探索更加科学合理的投资模式，吸引更多社会资本参与，努力在项目签约、投资落地规模上取得较大突破。加快推进政府购买公共产品和服务，研究制定通过政府购买服务支持事业单位改革的具体措施，探索创新事业单位经费保障机制和财政支持方式。

同志们，财税是经济的命脉，是民生福祉的依托。全市财税战线务必把握新形势，适应新常态，转换新思路，团结协作，攻坚克难，圆满实现今年财税工作目标，努力为“十二五”收好官，为“十三五”奠好基，为重庆经济社会持续快速健康发展做出新的更大贡献！

把握新形势　适应新常态
努力抓好2015年地方税收工作

——在全市地方税务工作会议上的讲话

重庆市地方税务局党组书记、局长　黄玉林

（2015年1月28日）

这次会议的主要任务，就是深入学习贯彻党的十八届三中、四中全会和市委四届四次、五次、六次全会精神，落实全国税务工作会议部署，总结2014年地方税收工作，分析经济发展“新常态”下的税收形势，安排部署2015年税收工作任务。下面，我讲三个方面的问题。

一、2014年地税工作在务实开拓中取得新成绩

2014年，是广大地税干部忘我付出务实开拓的奋进之年，更是地税事业加快发展成果丰硕的收获之年。重庆市地税局围绕推进税收现代化建设要求，紧紧抓住“三基一化”[①]工作主线，改革创新、励精图治，全面履行税收职能，扎实推进各项工作，取得了五个方面的可喜成绩。

（一）组织收入工作措施有力，税费收入再上新台阶

2014年，严峻的收入形势贯穿始终，组织收入的压力前所未有。困难面前，我们审时度势、知难而进，既坚持依法征税，又强化任务管理，采取有效措施强管促收、挖潜增收，圆满完成了全年收入任务。全年全系统收入总量达到1899.4亿元，同比增长12.1%，税费征收成本首次降至1%以内。全年税费收入呈现四大亮点：一是税收规模和增幅位次“双提升”。税收收入实现1153亿元，同比增长12.5%，剔除“营改增”因素增长15.6%。税收规模在全国排名第17位，较上年提升4位；税收增幅在全国排名第7位，较上年提升9位。二是主体税种保持良好增长势头。营业税在“营改增”和房地产市场持续低迷的背景下仍增长4.9%，达到444亿元；企业所得税、个人所得税收入同比分别增长17.4%、15.2%，

① “三基一化”：强化基础保障，夯实基础征管，提升基本技能，推动税收管理规范化。

双双突破百亿；财产行为税除烟叶税以外的9个税种全部实现正增长，规模达到483.3亿元，成为地方税收体系的重要支撑。三是五大功能区经济和税收实现“双同步”。都市功能核心区经济发展整体平稳，税收在诸多不利因素的影响下依然增长5.8%，占比达到32.2%；都市功能拓展区经济发展势头强劲，同比增长15.4%，税收规模跃居首位，达到375.2亿元；城市发展新区发展优势凸显，税收增幅达到19.2%，排名五大功能区之首。四是社保费保持稳定增长。克服高基数和养老保险增速放缓等多重困难，社保费收入实现稳定增长，收入规模达到684.6亿元，同比增长11.5%，综合征缴率达到98.6%，尤其是欠费征缴成效明显，全年追征欠费超过5亿元。

（二）重基层促规范推改革，税收基础工作全面强化

按照国家税务总局税收现代化建设的工作部署，结合重庆地税实际，重基层抓基础，推改革促规范，税收基础工作取得新的进步。一是“三基一化”建设成效初显。围绕税收现代化目标，部署了“三基一化”建设，明确了加强税收基层基础工作的时间表、路线图，将任务落实到岗、责任落实到人。加强基础征管工作，强化欠税和个体税收管理，狠抓征管风险防控和质量考核，基础征管质效有效提升。加大经费保障力度，筹集投入资金2.8亿元，改造了部分基层单位的办税条件，提高了基层管理效能；深入推进税收信息化建设，全力打造金税三期大数据工作平台，启动电子税务局建设，配套推进税收征管信息电子化管理，着力完善涉税信息共享平台，推动部门涉税信息深度共享。按照环境、语言、着装、行为“四规范”的要求，全面加强基层规范化建设，地税形象进一步提升。二是税制改革和征管改革有序推进。认真落实税制改革要求，确保了铁路运输、邮政服务和电信业“营改增”工作的顺利推进。配合财政部门制定煤炭资源税改革方案，保证资源税改革按时推进。主城各征收局克服重重困难，个人住房房产税申报征收率达到96.6%。积极探索征管改革，将税源专业化管理试点扩大至23个区县局，推进电子发票应用和“以地控税”试点，对2.7万户纳税人开展纳税评估，评估入库税款超过20亿元，国家税务总局确定的重点企业开展全流程风控管理，补缴税款上亿元。三是稽查执法力度和震慑效应明显提升。跨区稽查体制优势显现，5个跨区稽查局查补收入达到14.7亿元，同比增长33%。征管重点领域和薄弱环节税收查补措施有力，对房地产及建筑安装业查补收入达到10.2亿元，对全市驾校开展税收整治，挽回税收流失4667万元。处罚力度进一步加大，加收滞纳金及罚款1.6亿元，同比增长1.8倍，按季曝光税收违法“黑名单”和典型案例，扩大了税务稽查的打击和震慑效应。全年稽查共计查补收入20.6亿元，堵漏增收、规范秩序作用明显。四是税收执法和税种管理水平有效提升。清理了行政权力87项，公布了税务行政审批清单，统一了全系统备案类减免税的办理流程。组织开展税收执法案卷评查和行政处罚裁量权专项检查，推进税收执法规范化。通过开展“发票、欠税、代征”三个关键环节的清理，强化“教育劳务、餐饮定税、差额征税”三个薄弱环节的治理，营业税管理水平进一步提升。通过严控预缴申报、狠抓预警分析、打牢自然人税收管理基础，促进了两个所得税的快速增长。通过加强房地产项目清算管理、强化部门协作、开展“三税”比对清查等有力措施，财产行为税管理基础进一步夯实。按照风险防控理念，加大非居民税收管理和反避税等工作力度，国际税收管

理水平进一步提高。

（三）扎实开展党的群众路线教育实践活动，服务发展取得新成效

按照市委和国家税务总局党组的统一部署，扎实开展了第二批党的群众路线教育实践活动，有力推动了服务水平的大提升。一是党的群众路线教育实践活动成效显著。全系统坚持上下联动开展活动，重庆市地税局10个指导组认真履行职责，44个活动单位全面落实活动要求，广泛征集意见建议3886条，深入查摆领导班子“四风”问题651个、班子成员问题1672个，精心制定整改措施1385条，已整改1255条，销号率达到90%。多数区县局在第二批党的群众路线教育实践活动中走在当地前列，全系统党的群众路线教育实践活动得到了市委孙政才书记充分肯定，国家税务总局局长王军亲自参加璧山区领导班子专题民主生活会，给予了极大的支持和关怀。二是纳税服务进一步优化。我们把优化纳税服务作为党的群众路线教育实践活动的重要内容，按照国家税务总局部署扎实开展了“便民办税春风行动”，并结合实际出台便民办税十项措施，取消26类涉税文书报表和85项涉税资料的报送，切实减轻了纳税人负担。按照国家税务总局局长王军提出的“规范、文明、现代”的纳税服务要求，加强重庆市国税局、地税局联动合作，协同推进璧山全国纳税服务示范县建设，全面落实《全国县级税务机关纳税服务规范》1.0版，努力做到服务一把尺子、办税一个标准。在国家税务总局2014年度纳税人满意度调查中，重庆地税排名比上年提升了9个位次。三是服务大局能力又有新提升。积极履行税收职责，服务地方经济社会发展，落实了“稳增长、促改革、调结构、惠民生”等结构性减税政策，全年减免各项税收近140亿元，小微企业受惠面达到90%，税收调控职能更好发挥。积极配合市统计局开展好对区县GDP的核算工作，并围绕“学新知、解难题、促发展”开展经济税收分析，提出税收服务发展建议60余条，报送税收分析报告16篇，其中6篇得到市领导批示。

（四）干部队伍建设多措并举，队伍能力素质持续提升

始终把综合素质提升作为加强干部队伍建设的重点，采取有力措施切实抓好干部队伍建设。一是党建和思想政治工作全面加强。围绕建设“学习型、服务型、创新型党组织”目标，组织开展第七轮“党建工作先进单位”评选表彰工作，有力强化了系统党建基础工作。把思想理论武装作为政治任务，狠抓中国特色社会主义理论和习总书记系列重要讲话学习，全系统各级加强中心组学习、支部学习、职工政治学习已制度化和常态化。组织开展服务型机关党组织建设典型案例征集、“党组书记论改革、谈法治”等六大活动，有力推动了各级各单位的理论学习。二是选人用人制度有效落实。认真组织学习新修订的《党政领导干部选拔任用工作条例》，并配套制定贯彻意见，完善了干部选拔任用制度。严明组织人事纪律，改进干部评价机制，在公开透明上下功夫，强化了干部选拔任用环节的监督。全年提拔任用和交流调整局（处）级领导干部76名，各方面的反映比较良好。三是人才强税战略深入实施。与重庆大学等7所市内高校在高层次人才培养、科研攻关等方面开展战略合作。启动“三个一”①

① “三个一”：培养100名优秀中青年干部、100名高层次专业人才和1000名岗位业务骨干。

人才培养工程，完成了优秀中青年干部和高层次专业人才的遴选工作。积极推进财会知识培训二期计划，2014年共有3247人参加各类会计资格和学历教育考试，全系统具有“三师”[①]和中级会计师以上资格的干部占比提升至12.3%。四是绩效管理考核扎实推进。按照“横向到边、纵向到底、任务到岗、责任到人”的总要求，全面构建符合重庆地税实际的绩效考核指标体系，完善绩效考核管理办法，积极开展个人绩效考核，绩效管理得到有序推进。

（五）党风廉政建设深入开展，系统作风进一步转变

过去的一年，全系统党风廉政建设工作进一步加强，廉政风险和执法风险防范能力明显提升。一是“两个责任”落实到位。全面贯彻市委和国家税务总局党组落实“两个责任”系列要求，出台了落实主体责任和监督责任的工作制度，强化了各级党组和纪检组履职尽责意识，从市局到区县局层层签订党风廉政责任书，“一岗双责”得到有效落实，廉政责任意识已深入人心。启动廉政约谈工作，全年共对15个区县局“一把手”、20个纪检组长进行约谈。加大违法违纪案件查办力度，对15个单位开展执法监察和效能监察，从严从快对明察暗访中发现的4起违纪行为进行了纪律处分，对去年以来系统内发生的5件违法案件开展了责任倒查和责任追究。二是作风建设主题年活动成效显著。认真落实中央“八项规定”和重庆市委、国家税务总局党组有关作风建设系列要求，开展了“强化作风建设”主题年活动，持续抓好“正风肃纪”“三察三促”等专项行动，结合系统实际，大力整治群众反映强烈的“打牌赌博、公款吃喝、公车私用、收受红包、发票冲账”等五大突出问题，推进了作风转变长效机制的建设。全面加强廉政宣传教育工作，先后开展了“廉政文化宣传月”、建局20周年廉政书画摄影作品展，增强了干部职工的廉洁自律意识。2014年，全市地税系统“三公经费”同比又下降6.2%，群众信访投诉案件数量下降33%。三是内控机制进一步完善。强化督察内审工作，对9个区县局主要领导开展审计，整合督察力量，开展交叉执法督察，有效规范税收执法行为。进一步健全巡视工作制度，改进巡视工作方法，对8个区县局开展巡视研判。加强信访工作，直接受理信访举报89件，做到了件件有落实，给予行政纪律处分和组织处理16人。严格执行财经纪律，规范各级财务管理，推行项目预算管理模式，消化结余基建经费近两亿元，对全系统固定资产进行全面清查，加强日常动态管理，规范政府采购行为和津补贴支出，有效防范了财务风险。

与此同时，全市地税系统机关党建、群团工作成效显著，文明创建、老干部及机关行政后勤保障等工作都取得了新的进步。2014年，地税工作能够取得较好成绩，得益于系统上下团结拼搏，广大地税干部为之付出了艰辛的努力。在此，我代表市地税局党组，对辛勤奋战在各条战线的广大干部职工表示衷心的感谢和由衷的敬意！但是，我们必须清醒地认识到当前工作中存在的不足，如干部职工的素质能力与税收工作“新常态”还不够适应；个别影响基层税收征管和工作效率的问题久拖不决；执法风险和廉政风险依然突出等等。这些问题必须引起重视，在今后的工作中

---

① “三师”：律师、注册会计师、税务师。

采取有力措施加以解决。

二、努力适应“新常态”下的税收工作

去年底召开的中央经济工作会议，对当前全国经济发展形势进行了科学研判，用“九大趋势性变化”，历史地、辩证地阐述了中国经济“新常态”的内涵。不久前召开的市委四届六次全会，要求把握经济发展“新常态”，全力推进“新常态”下重庆科学发展。今年的全国税务工作会议，要求深刻认识、主动适应、积极引领税收“新常态”，在经济发展“新常态”下更好地发挥税收职能作用，努力做好税收工作。全市地税系统必须深入学习、准确领会中央、市委和国家税务总局关于经济发展“新常态”的判断和要求，全力做好“新常态”下的地方税收工作。

经济决定税收，税收影响经济，经济发展“新常态”必然使税收工作也呈现“新常态”。我们要主动适应税收“新常态”，就必须把握“新常态”下税收工作出现的新特征、面临的新挑战。第一，要把握税收职能作用发挥面临的新挑战。党的十八届三中全会从推进国家治理体系和治理能力现代化的高度部署税制改革，使税收职能作用拓展到经济、政治、社会、文化、生态等诸多领域。今后的税收工作，必将从更高层面、更广范围参与到国家治理的各个层面，工作站位要求更高，工作视野要求更宽，税收调控要求范围更广、定位更准、力度更大，这对我们无疑是一个艰巨的挑战。第二，要把握组织收入工作面临的新挑战。随着经济结构调整和税制改革深化，在今后较长的一段时期，结构性减收和政策性减收将持续影响地税收入的增长。一方面，各级政府给予地税收入的期望和要求很高，收入增速放缓和财政刚性需求上升这对矛盾给地税工作带来更大压力。另一方面，经济结构变化带来税源结构的深刻变化，直接税比重和地税征税对象中自然人的比重不断提高，新型市场主体和企业经营新业态、新模式层出不穷，税源的复杂性、隐蔽性和流动性越来越强，这些都将使地税征管面临更直接、更尖锐、更复杂的矛盾和挑战。第三，要把握干部队伍管理面临的新挑战。随着中央“八项规定”和各级作风建设要求的进一步落实，对公务员队伍纪律作风建设的要求更加严厉，对各级领导干部的严格监督日趋常态化。可以说，制度之网越织越密，监督之弦越绷越紧，各级干部的工作压力更是越来越大。依法治国的全面推进，对依法行政提出了更高要求，对税务干部严格公正文明执法提出了新的挑战。同时，全民法治意识提升，纳税人维权意识不断增强，社会舆论监督无处不在，税务干部必须尽快适应公开透明的工作生活环境。这些都对干部队伍的内部管理、纪律建设、作风建设提出了更加严厉的要求。此外，收入分配制度改革深入推进、财经纪律日趋严格，传统的物质激励手段愈发不合时宜，也对我们保持队伍稳定，激发队伍活力提出了非常现实的挑战。

面对税收“新常态”带来的各种新挑战，地税干部队伍在很多方面还不适应。少数地税干部两耳不闻窗外事，仍然用老眼光、旧思维看待当前的工作形势，对“新常态”下的税收工作要求几乎不了解，也缺乏充分的认识。在税收征管上，税源形势的发展、信息技术的推进使传统的管户制度面临挑战，一成不变的管理方式已不适应新要求。在队伍管理上，期望依靠增加福利待遇调动积极性的思想依然存在，面对复杂矛盾深层次问题敢于担当、一抓到底的精神还十分欠缺。特别要指出的是，全市地税系统在工作作风方面仍存在较大差距，少数干部作风松弛、精神懈怠，

工作敷衍了事、办事拖拖拉拉；甚而有的干部法律意识、纪律意识淡化，以权谋私、吃拿卡要的行为时有发生。这些，都是我们必须正视和要抓紧解决的问题。

努力适应“新常态”，是一项十分艰巨的任务，关键要推进思想观念、工作方式、职能职责、工作作风的加快转变，为此当前应做好以下四方面工作。

第一，必须切实统一“新常态”下的思想认识。适应“新常态”的首要任务，是思想认识要跟上“新常态”的要求。各级各单位要认真组织学习十八大及十八届三中、四中全会精神，学习习近平总书记的系列重要讲话，学习市委四届四次、五次、六次全会精神，把思想认识统一到中央和市委对经济发展“新常态”的定位上来。要用变革的思维看待变化、适应变化，冲破传统观念、惯性思维的束缚，形成与“新常态”相适应的思维方式和行为习惯。

第二，必须努力提升依法行政的能力。十八届四中全会作出了关于全面推进依法治国的重大决定，依法行政是“新常态”下做好税收工作的基本行为准则。要对照依法行政、税收法定的相关要求，认真审视地税工作存在的不足，以问题导向不断促进自身改革。要结合经济“新常态”对依法治税的新要求，牢固树立正确的执法理念，从而正确对待和行使执法权力。要全面加强对税收相关法律法规的学习，准确理解税收法律和政策规定，不断提高税收执法能力。

第三，必须激发“新常态”下的队伍活力。加强公务员队伍的管理是经济“新常态”的必然要求，要在现实环境中、现有条件下充分调动广大地税干部的工作热情，需要各级领导承担更大的责任，付出更多的心血。面对繁重的工作任务，严格的各项纪律，各级领导要与干部职工同甘共苦，做到率先垂范、以身作则。要在政治上、工作上、生活上多关心干部，爱护干部，特别要充分发挥好各级党组织的作用，做好思想政治工作，引导干部职工多讲奉献，少讲名利。群团组织是党组织做好干部工作的桥梁和纽带，要开展好各种健康有益的活动，以事业感召人，以真情感动人，以文化熏陶人，不断激发干部职工对地税事业的归属感、责任感和使命感。

第四，必须进一步夯实税收基础工作。“新常态”下的税收工作，更加凸显了加强基层基础工作的必要性和紧迫性。面对日益提高的工作要求、日渐繁重的改革任务，唯有把我们的工作基础打得更牢固一些，才能在“新常态”下各种可能的改革变化面前占据主动地位。实践证明，以“三基一化”为抓手，夯实基础工作的决策是正确的。从去年的工作情况看，全系统“三基一化”建设的推进工作总体情况是好的，但也存在工作进度不平衡、结合实际不够、工作落实不到位等问题。今年要进一步加大“三基一化”工作力度，有针对性地对实施方案进行修正完善，并在结合实际上狠下功夫，将加强基础保障、夯实基础征管与基层工作减负增效有效结合，将提升基本技能与干部职工个人价值的实现有效结合，将管理规范化与各基层单位个性化探索有效结合，让“三基一化”建设真正在基层深深扎根。

三、在克难奋进中扎实做好2015年地方税收工作

2015年是全面完成“十二五”规划的收官之年，也是地税工作面临更多困难和挑战的一年，抓好今年的税收工作任务艰巨、意义重大。为此，今年全市地方税收工作的总体要求，就是深入学习贯彻党的十八届三中、四中全会和市委四届四次、五次、六次全会精神，全面落实全国税务工

作会和全市财税工作会决策部署，把握新形势，适应“新常态”，围绕推进税收现代化建设的奋斗目标，以组织收入为中心，以“三基一化”建设为主线，以深化改革为动力，大力推动依法治税、税收征管、纳税服务、队伍建设、内部管理迈上新台阶，努力完成税收工作任务，为重庆又好又快发展做出新贡献。

根据市委、市政府确定的今年财税工作目标，全市地方税收收入要确保增长 13%，社保费征缴率要达到 95% 以上。要完成以上任务，全市地税系统必须上下一心、全力以赴，重点抓好十个方面的工作。

（一）精心组织税费收入

经济发展“新常态”下出现的一些趋势性变化使经济社会发展面临不少困难和挑战，就地税工作而言，经济性减收和结构性减收的压力、高基数和高增幅的挑战仍将持续，税收收入的形势更加严峻，大家必须充分认识形势，保持头脑清醒。对于今年的组织收入工作，必须把握四点：一是必须强化任务观念。今年的任务已经敲定，系统上下必须坚定信心，无论有多大的困难和阻力，都要全力以赴精心组织，千方百计保证任务完成。要结合实际，认真分解目标任务，将责任落实到人，将进度落实到月，做到以月保季、以季保年。二是做到依法征税。要以法律为依据，严格依法办事，做到应收尽收，坚决不收过头税，坚决防止和制止越权减免税，坚决落实各项税收优惠政策，按照法律法规的要求做好组织收入的各项工作。三是加大税收分析力度。进一步完善税收分析工作机制，围绕组织收入做好各类预算执行情况分析，及时反映税源变化情况，预测税收走势。各区县局、各直属单位和市局各业务处室，每月都要结合业务特点，开展以税收收入为重点的工作分析，并形成书面报告报区县党委政府和市局，市局每月要研究一次收入工作，并定期向市委市政府报告税收相关情况，通过税收分析找差距、添措施，为组织收入工作服好务。四是切实抓好税种管理。依法大力组织营业税收入，增强“站好营业税最后一班岗、不留后遗症”的紧迫感和责任感，严格履行好营业税管理职责。上半年，税政、征管、稽查、收规等部门要密切配合，集中主要力量从薄弱环节入手，各征收局要组织若干小组，对房地产、建筑安装和金融保险业营业税进行全面清理。强化对国有投资公司、中介服务机构、教育劳务机构、非银行金融机构和生活服务业的征管，进一步提升营业税管理水平，确保营业税应收尽收。进一步强化预缴申报管理，建立所得税纳税申报监控系统，对预缴率偏低的建筑、房地产业开展数据比对校验，加强房地产企业完工产品结算和建筑企业完工进度确认收入工作，强化预缴成本费用扣除管理，切实提高预缴率。加强企业汇算清缴管理，以启用新的年度申报表为契机，夯实收入、扣除、减免税等税源基础，督促汇缴补缴税款及时足额入库。强化对自然人股权转让的税收管理，抓住物权登记关键环节，依托第三方建立信息协作共享机制，对股权交易价格明显偏低的开展税收评估，探索自然人税收征管的有效途径。加强律师事务所等咨询、中介机构的个人所得税管理，对连续亏损、盈利异常等个人独资合伙企业纳入重点风险管理，规范生产经营所得个人所得税管理。进一步加强房地产项目土地增值税预征管理，严格实行分类预征，杜绝将住宅中的非普通住宅和别墅混入普通住宅预征土地增值税；严格执行房地产项目土地增值税清算政策，确保完成清算计划。进一步深化与国土房管部门的协作，定期传递共享土地、房产涉税数据，做好税源清理。切实利用好土地出让信息、商品房网签信息，强化土地契税管理，落实增量房契税管控措施。做好农用地转用情况分析，研究耕地占用税市级层面源泉控管机制。加强国际税收管理，以房地产业、制造业等跨境税源集中的行业为突破口，建立风险指标体系。进一步拓展反避税业务领域，切实加强对非居民个人的管理、内外情报交换工作以及对“走出去”企业的纳税服务等工作。五是高度重视社保费征管。从维护社会稳定和提升地税站位的高度，深化与社保部门的协作，切实抓好社保费的征管。做好并轨后的行政事业单位社保费征管，进一步强化重点费源管理，加大欠费催缴力度，防范社保费执法风险，推动社保费征管质效不断迈上新台阶。

（二）全面推进依法治税

依法治税是税收工作的生命线。要以十八届四中全会精神为指导，按照重庆市委关于全面推进依法治市的意见，把税收法治化作为“三基一化”建设的基本内容，进一步提升税收法治理念，规范税收行政行为，强化权力监督制约，提高权益保障水平，优化税收法治环境。一是认真清理税收执法依据。要以清权、确权、晒权为重点，由市局统一建立税收执法权力清单制度；厘清税收执法权力事项，制定统一的税收执法权力目录；编制税收执法权力运行流程图；公开税收执法权力清单和运行流程，自觉接受社会监督。要按照国务院和市政府的统一部署，全面清理规范税收优惠政策，在一季度完成对本单位、本级政府及相关部门出台的税收政策措施进行甄别的工作，对违反税收法律法规和国务院相关文件的政策，发布文件予以废止。对征管中发现的各级各单位“一事一议”形成的合同、协议、备忘录、会议纪要、报告、批示等，涉及违反税收优惠政策的，要立即暂停执行，及时上报市局。对正在实施的有效税收优惠政策，要建立清单、定期检查、考核监督等制度，做到减免税依据充分、减免事项清楚、减免数据准确，实现对税收优惠政策的全过程管理。二是规范税收执法行为。落实重大税务案件审理办法，强化内部权力监督制约。对执法人员持证上岗情况进行全面清理整顿，做到无证不得上岗。全面落实税收执法责任制，促进规范公正文明执法。查处和曝光一批违规执法行为，依法依规严肃查处有关责任人。三是强化对税收执法权的监督。有权必有责、用权受监督、违法受追究、侵权要赔偿，这是法治的根本要求，也是对权力实施限控的最后一道防线。要进一步强化内部执法监督，深入推进内控机制建设，对税收执法行为和运行状态进行动态监测、分析预警，防范和控制税收执法风险。要整合监督力量，发挥税收执法检查、执法监察和巡视监督各自优势，健全制度机制，改进方式方法，提高监督效能。要明确监督的重点领域和关键环节，将有限的监督资源用于风险易发多发领域。要加大问责力度，强化责任追究的震慑力，防止权力的随意滥用。四是营造良好的综合治税环境。《重庆市地方税收征管保障办法》是我市首部加强地方税收征管的省级政府规章，各单位要高度重视贯彻落实好《办法》的重要意义，认真总结贯彻《办法》取得的实效和存在的问题，积极向区县领导作好汇报，争取地方政府的更大支持。要加快开发建设统一的社会综合治税信息共享平台，结合金税三期系统现有的征管数据资料，建设数据电子分析比对模型，彻底改变现有的手工操作比对模式，提高第三方涉税信息的利用效益。

（三）积极稳妥抓好税制改革

认真落实国家税务总局和市政府的部署，结合地税实际，加强部门协作，积极有序推进税制改革。一是圆满完成“营改增”任务。分级制定“营改增”方案，认真做好“营改增”纳税人税款、票证和资料的清理及移交工作，切实加强执行监督，确保改革有条不紊、忙而不乱，坚决杜绝改革过程中出现违法乱纪行为，确保国家税款不流失。二是稳妥推进资源税改革。认真落实煤炭资源税改革方案，加大宣传引导力度，确保煤炭资源税“从价计征”平稳实施，并为其他资源的税费改革积累经验。三是积极做好培育地方税体系调研工作。继续做好个人住房房产税征收试点工作，为房地产税改革积累经验。以财税体制改革和地方税体系完善为重点，结合中央及全市经济工作会议精神，密切关注国家宏观政策与我市经济发展的重点，在深入调研的基础上，做好当前税收政策调研工作，为地方税体系的构建做好准备。四是进一步提升政策服务能力。认真履行地税部门职责，围绕重庆参与“一带一路”建设，积极开展政策研究和建言献策，努力争取国家政策支持。围绕服务“五大功能区”发展，汇集现行税收政策，结合各大功能区发展方向进行分类指导。认真落实税收优惠政策，在对税收优惠政策进行清理的基础上，进一步加大政策的落实力度，并建立税收优惠政策落实的统计、核算、上报以及政策效应分析机制。主动了解掌握地方党委政府对于税收服务当地经济社会发展的相关要求，在不违背税收法律法规的前提下，要全力予以落实，切实提升地方税收服务大局的能力。

（四）持续提高纳税服务水平

市局将 2015 年确定为“纳税人满意度提升年”，全系统要以此作为贯穿全年工作的主线，持续不断地通过规范文明的纳税服务、便捷高效的办税体验、合法畅通的权益保护，提升纳税人的满意度和遵从度。一是全力抓好“便民办税春风行动”。根据国家税务总局安排，今年要继续开展“便民办税春风行动”，我们要认真对待，高度重视，以此来巩固党的群众路线教育实践活动成果，深化减负提效，提升服务质量，拓展纳税服务深度和广度。各单位要细化方案，认真落实，组织班子一抓到底，把握好“春风行动”推进节奏，确保每项任务有人抓、不落空、见实效。二是全面落实纳税服务规范 2.0 版。纳税服务规范 2.0 版，是税务机关转变职能、简政放权的重要举措。我们在规范 1.0 版试运行期间，虽然有工作亮点，但还有少数单位重视不够，工作落实不到位。2015 年 3 月 1 日起，国家税务总局将在全国税务系统推行纳税服务规范 2.0 版，我们要充分发挥试运行期间积累的先发优势，明确规范任务落地的路线图、时间表、任务书和责任人，及时修订相关制度文件，优化调整业务流程，搞好信息化配套衔接，并结合个人绩效管理工作，统筹推进落实。三是进一步提升纳税人满意度。纳税人满意度是检验纳税服务工作的重要标尺。从今年开始，国家税务总局每年将开展一次纳税人满意度调查。市局针对去年调查反映出的问题，制定了进一步提升纳税人满意度的指导意见，各单位要高度重视，抓紧制定本单位的贯彻落实办法，切实解决好反映出的问题，确保我局在今年全国纳税人满意度调查排序中稳中有升。四是创新丰富税法宣传渠道。税法宣传是进一步优化税收发展环境，引导税法遵从的重要手段。要注重对纳税人的日常宣传工作，以12366纳税服务热线为基础，建立网线互通、知识库兼容、服务项目丰富的电子税务服务平台。加大与社会媒体的合作力度，创新宣传平台与渠道，充分利用报刊、广播、电视、微博、微信、手机等开展宣传。建立纳税人学堂，进一步加强新办纳税人培训工作，增强宣传培训的针对性和实效性。五是切实维护纳税人合法权益。进一步完善以“查、转、回、督”为主要模式的纳税服务投诉快速响应机制，加大市局直接查办力度，由专人专岗负责，在规定的工作日内办结投诉，保证投诉处理的公正性和及时性，通过投诉发现并切实解决问题。市局和各区县局要依托纳税人之家平台，定期收集、认真分析、及时响应纳税人需求；要依托平台加强征纳沟通，在掌握纳税人真实需求的基础上，不断创新纳税服务方式。

（五）全力做好征管基础工作

2015年，要继续认真落实市局“三基一化”实施意见中关于加强基础征管的各项具体措施，将税收风险管理作为税收征管基础工作的突破口和建立科学严密征管体系的核心，以税收信息化为支撑，进一步改进和规范税收征管工作，大力促进征管体制机制创新，切实增强征管能力。第一，深入研究适应经济发展和税制改革“新常态”的税收征管改革思路。按照国家税务总局税制改革进程和征管改革要求，认真总结各地深化征管改革、转变管理方式的做法，加强顶层设计，为全面深化税收征管改革做好前期准备工作。同时，积极鼓励区县局大胆探索，勇于实践，发挥税收征管改革示范引领作用。第二，认真落实国家税务总局税收征管规范。国家税务总局将从4月1日起，全面试行基于金税三期流程设计、与前台纳税服务规范相衔接的税收征管规范1.0版。各区县局要高度重视，在5月份以前选择1～2个税务所对税收征管业务范围、底层业务事项、环节及表证单书进行全面梳理和解剖。市局征科处和信息管理中心要全面跟进，加强业务与技术的融合，进一步统一税收征管业务标准和表证单书，规范税收征管业务流程，细化内部控制环节，推进办税程序简便流畅，助推绩效管理落实到位。第三，健全风险管理机制。当前，税源数量的持续增长、科技发展的日新月异和纳税服务的全新要求推动着税收管理方式向风险管理转型。因此，各区县局要高度重视，周密部署，认真落实市局税收风险管理办法，逐步将风险管理打造成税收征管的指挥棒，不断提高征管质效。市局层面，要重点抓好三项工作：一是加强数据质量管理，推进部门信息共享，深化数据分析利用；二是加强风险管理平台、模型、指标及团队建设；三是统筹任务管理，组织开展重点风险管理项目分析，强化对风险应对的过程监控和质效评价。业务处室不再单独向下布置纳税评估、风险管理等工作任务。区县局层面，也要重点抓好三项工作：一是抓住涉税信息的关键要素，严把数据质量关，不断拓展信息采集渠道和提高电子化采集比例；二是做好本级风险管理的分析和任务管理工作，逐步构建辅导提醒、纳税评估和税务稽查分类应对体系；三是深化评价结果的应用，为进一步优化指标和模型、完善管理措施和政策调整向市局提出建议，实现持续改进。第四，加强税源管理。抓好重点税源分级分类管理，市局和区县局专业机构专职负责重点税源涉税风险、跨区域事项管理，主管税务所做好重点税源的日常性、基础性事项管理。对于一般税源和零散税源，税管员要定期或不定期开展税源普查和管户巡查，通过工商、国税局、地税局信息比对，摸清家底，做到管户心中有数，基础税源清楚。市局相关业务处室要对电子商务、金融衍生品、新型服务业等新兴业态开展政策调研，研究制定管理办法，消除管理盲区；要大力推进征管信息电子化管理，切实减轻征纳双方不必要的办税负担。

（六）大力实施信息管税

坚持以科技创新引领税收管理现代化，大力推进金税三期工程建设，深入实施信息管税，围绕“三基一化”建设总体要求，抓好信息化基础保障，推动税收业务开展，为税收中心工作提供技术支撑。一是继续推进金税三期工程建设。以基层需求为导向，积极推进三代手续费性能优化、电子征管档案启用、重庆市国税局、地税局“两税比对”等程序优化升级；加强对区县局金税三期系统应用的指导考核，创新运维方式，开展形式多样的巡回运维、远程运维和集中运维，上下联动、形成合力；提升系统升级后的用户体验，加强对区县局运维人员知识更新培训，确保金税三期系统稳定运行。二是夯实数据基础，搭建大数据工作平台，全面深化数据应用。充分利用金税三期系统数据和国土房管等外部数据，科学搭建税收大数据库；继续加强数据质量管理和数据运行监控，提高数据的规范性、准确性和一致性；集约数据应用有关的业务需求，打造一体化、智能化的税收大数据工作平台，为市、区（县）两级实施多层次、差别化的风险管理提供支撑。各基层单位要充分借助大数据工作平台加强税源管理，查找征管工作薄弱点，为组织税收收入提供决策支撑，提升税收征管质效。三是加快推进电子税务局建设。搭建税务机关与纳税人的零距离服务平台，实现电子办税统一身份认证、统一消息管理，整合网上办税、自助办税、客户端软件等多渠道应用，启用电子征管档案系统，实现法人与自然人管理并重，在完成传统税务局各项管理与服务职能的同时，为纳税人提供更加方便、快捷、安全的服务。四是加强信息安全建设，提高税务信息系统的风险防御能力。完善安全防护体系建设，探讨建立双活数据中心，加强信息安全日常管理和监控，开展税收信息系统等级保护测评，提升税收信息系统风险控制能力。各单位要高度重视信息安全工作，加强上网行为管理，确保税收信息系统安全运行。

（七）切实加大税务稽查力度

面对今年严峻的税收形势，各级稽查部门务必要统一认识，紧紧围绕税收中心任务，服从服务于税收工作大局，敢于担当，勇挑重任，加大稽查工作力度，为税收任务的圆满完成保驾护航。一是统筹安排、以查促收，把有限的稽查力量用在堵漏增收的刀刃上。稽查部门要充分发挥战斗在税收前沿和最后一道防线的特殊地位，发挥查找跑、冒、滴、漏的职业敏锐性，积极协同征管部门对重点税源进行排查摸底，对税收征管薄弱环节、税收流失重点领域做到心中有数、分类应对，最大限度地拓展税基，为全面完成各项工作任务创造最优化的条件。市局今年将把建筑安装业、房地产业、金融业等“营改增”扩围行业作为专项检查的指令性计划，组织对非银行金融机构和中介机构开展检查，对两个“100”重点房地产、重点工程项目按一定比例交由直属稽查局实施税收轮查和抽查。各级稽查部门一定要主动与征管部门配合，认真研究辖区内税收征管薄弱环节，进一步优化稽查力量配置，加强组织调动，全力推进，主动地打好税收流失攻坚战。二是加大稽查力度，充分发挥税务稽查的震慑作用，积极促进税源转化为税收。切实强化对各类税收违法案件的查处，对偷税、逃避缴纳欠税、抗税、虚开普通发票等重大违法行为，始终保持“零容忍”的高压打击态势。要进一步加大税收案件的执行力度，切实保证各项税款及时足额入库。要依法规范稽查案件处理处罚，不能以补代罚，以滞代罚。严格执行重大税收违法案件报告制度，市局将挂牌督办或集中组织查办一批重大案件。要严格按照《重大税收违法案件信息公布办法》，按季曝光税收违法黑名单，及时协调相关单位实施联合惩戒。为提升稽查质效，实施精准打击，市局还将探索实施异地交叉稽查，打破管辖制约，增加执法刚性；拓展组织指定稽查，有效发挥市局统筹调配作用，加大对重大案件和重点企业检查力度；优化完善集中稽查，对汇总大型企业集团推行市局牵头组织、集团总部稽查部门重点突破、分支机构稽查部门同步实施的联动工作机制。三是按照“三基一化”建设的工作要求，切实加强稽查基础工作，促进稽查执法规范化。市局将依托金税三期工程系统大数据，切实加强稽查管理基础平台建设，健全完善稽查管理决策支撑系统。进一步完善稽查案源管理流程，提高稽查选案的科学性和准确性。以稽查执法质量和执法效能为导向，科学制订稽查绩效指标，坚持月度、季度考核与年度考核相结合。加快推进以电子稽查为目标的稽查信息化建设，用现代化的信息技术手段改造传统稽查工作。进一步规范稽查执法行为，增强执法的统一性和标准化，加强对稽查过程的监督制约。四是加强部门协作配合，增强执法合力。稽查部门要进一步加强与征管、税政、法规、监察等部门的协作，牢固树立“一盘棋”意识，发挥以查促管、以查促改、以查促廉的综合效应。加强稽查与征管的协调交流和配合互动，不断完善跨区稽查工作体制机制，统筹推进查管协作。积极争取当地党委政府理解支持，切实加强与国税、公安、工商、审计、银行以及纪检、法院等部门的协调配合，共享信息、协同执法，为稽查工作营造有利的执法环境。

（八）全面加强干部队伍建设

适应税收“新常态”，对地税干部队伍建设提出了新的更高要求，唯有苦练内功、提升素质，才能将前进道路上的挑战化作机遇，不断取得新的胜利。今年，要切实做好以下工作。一是加强思想政治工作。要把学习中国特色社会主义理论，中央系列重要会议精神和习总书记系列重要讲话精神作为思想政治工作的核心内容，推进政治理论学习的常态化，认真开展理想信念、党性党风和社会主义核心价值观教育。各级各单位要继续抓好党组中心组学习和职工学习，采取多种形式，丰富理论学习内容，提升学习效果。结合上级要求和工作实际，认真研究进一步加强思想政治工作的措施、办法，不断增强地税队伍的创造力、凝聚力和战斗力。二是巩固和拓展党的群众路线教育实践活动成果。要落实整改任务，兑现整改承诺，定期公开后续整改进展情况。要建立健全制度，加强源头治理。认真总结党的群众路线教育实践活动宝贵经验，做好提炼、升华和推广，形成长效机制。要开展作风督查，传导作风压力。坚持正面教育与警示惩戒并重，持续推进系统作风转变。三是选好配强各级领导班子。进一步落实《党政领导干部选拔任用工作条例》和全市组工会议精神，着眼地税事业长远发展，进一步选好干部配强班子。要不拘一格选人用人，把理想信念坚定、综合素质好、能力过得硬的干部选配到合适的岗位。要进一步加大优秀年轻干部培养选拔力度，把符合条件的年轻干部充实到各级领导班子。四是加强人才队伍建设。按照“三基一化”建设要求，对选拔出的100名优秀中青年干部和100名高层次专业人才开展有针对性的培养，抓紧完成1000名岗位业务能手的遴选工作。加强专业知识培训，进一步提高高层次人才数量和比例。要在全系统加大业务实训力度。市局要紧密结合征管、稽查等业务工作实际，大力开展岗位大练兵活动，强化理论知识学习与工作实践的结合。要分类分级开展干部业务能力培训，及时更新和完善各类人才库，发挥岗位业务能手的传帮带作用，切实提高各类业务工作水平。五是认真实施绩效管理。积极对接国家税务总局绩效考核信息系统，开发重庆地税绩效管理平台，实现组织和个人绩效管理的全覆盖。各级地税领导要拿出敢于直面矛盾的担当精神，科学严格地将绩效考评结果运用于干部业绩评价，推动工作落实和提质增效，充分发挥绩效管理的激励约束功能。

（九）着力抓好党风廉政建设

地税系统队伍庞大，党风廉政建设任务繁重，各级各部门必须高度重视，今年要重点抓好五项工作：一是认真抓好“学法守纪防风险”工作。根据地税业务工作实际，要把学法律、守纪律、讲规矩、防风险贯穿全年工作始终。要认真组织干部职工学习党的十八届四中全会全面推进依法治国的各项要求，认真学习宪法和各项法律法规，切实增强尊法守法意识。加强守纪律讲规矩意识教育，引导教育广大干部职工严守政治纪律、组织纪律、廉政纪律、工作纪律和生活纪律。防范廉政风险和执法风险，是全系统各级干部必须重视的两件大事，各级各部门必须结合实际，开展风险点排查，有针对性地采取预防措施，特别要进一步加强内控机制建设，按照国家税务总局要求搭建内控机制升级版信息平台，依托信息化手段强化对风险的识别、评估和控制。对定额核定、税务稽查、减免缓税审批等自由裁量空间较大的管理环节，必须加大防控力度，严防风险发生。二是落实好“两个责任”。市局党风廉政建设主体责任、监督责任的意见已经下发，各级各部门要细化分解，抓紧将责任具体化、清单化，落到各级党组、班子成员和每个部门，促进形成人人担责、齐抓共管的党风廉政建设和反腐败工作新格局。三是继续整治突出问题。要根据地税行业特点，大力整治工作中存在的庸、懒、散、软、不作为、乱作为等问题，并结合工作实际，针对税收执法中的一些不规范现象，重点整治“吃拿卡要”、以权谋私等不廉行为。尤其要认真吸取近年来多次发生的临聘人员违法违纪案件的教训，严格执行临聘人员聘用、使用的相关规定，加强监督管理。四是强化内部监督。紧紧抓住权力运行重点环节、重要岗位和重要人员，加大执法监察力度，加强对中央、市委市政府和市局重大决策部署贯彻执行情况的监督检查，保证政令畅通。充分发挥巡视、审计的内部监督作用，重点强化对领导班子执行民主集中制、“三重一大”问题决策程序等方面的监督，开展好区县局“一把手”的离任和任期责任审计，加大问题整改和问责的力度。五是加大案件查办力度。坚持有腐必惩、有贪必肃，始终保持惩治腐败的高压态势。继续严格查处违反中央八项规定精神、失职渎职以及侵害纳税人利益的违纪违法行为，加大惩处和追责力度，发挥案件查办的震慑和警示作用。

（十）全面加强内部管理

地税队伍是垂直管理系统，管理的战线长、摊子大、人员多、工作繁杂，全面规范和加强内部管理责任重大，尤其在“新常态”下显得更为紧迫。一是规范机关管理。从市局到区县局及税务所，都要继续以“四个规范”为重点，加强各级地税机关内部建设和规范化管理。要加强劳动纪律的约束和监督，教育员工严守各项工作纪律。围绕提高工作效能，完善各项管理制度，整治好机关秩序，推进文明机关建设。加强税务所和办税大厅管理，规范各项工作行为，树立地税部门良好形象。二是加强财务和后勤管理。坚持总额控制、预算细化，优化全系统经费支出结构，严格控制投资方向和投资规模，重点保障税收征管和服务设施的购建，严肃财经纪律，认真执行新预算法，强化资产监管，规范政府采购。严格执行中央“八项规定”，持续规范公务接待、公车、食堂管理，厉行勤俭节约，反对铺张浪费，坚决杜绝违规违纪行为。三是抓好宣传和舆情管理。宣传工作要做到内外结合。在搞好外宣的基础上，要积极通过信息简报、税务杂志等方式向国家税务总局、各级党委政府、兄弟部门以及基层干部职工报道地税工作，积极争取理解和支持。做到传统方式和新兴媒体相结合。在注重通过网站、微信、微博等新媒体进行宣传的同时，要继续抓好编印政策资料、税务干部上门辅导、办税服务厅宣传等工作，确保税收宣传照顾不同的习惯、覆盖所有人群。要结合舆情形势，积极主动地向社会公众宣传各类税收政策、税收工作开展情况，围绕社会公众关心以及可能误读的信息进行重点宣传解释，将舆情化解在萌芽状态。各级税务机关干部特别是领导干部要强化舆情意识，在做出重大决策、开展重点工作前，要进行舆情风险分析，完善舆情应急预案，积极向地方领导汇报，最大限度地防止负面舆情的发生。四是加强群团、老干部等工作。加强各类活动的规范化管理，发挥好工会、妇委会、团委等群团组织的积极作用。全面落实离退休干部各项政治生活待遇，切实解决好老同志最关心、最现实的问题。

最后，再次强调抓落实的问题。我们工作中的规章制度很多，改革规划、发展规划也做了不少，但是，一些工作始终没有落地，一些问题长期得不到解决，说明政令还不够畅通，抓落实还有差距。地税工作进入“新常态”，我们又提出了一些新思路、新措施，但“一分部署，九分落实”，归根到底，还是要靠各级领导干部身体力行，靠全系统广大干部职工埋头苦干，将各种制度、各项部署，实实在在地落实到工作中，落实到行动上。2015 年的地税工作任务重、压力大，希望大家带领全系统干部职工，进一步强化责任意识，进一步发扬务实作风，扎扎实实地推动我们各项工作任务的完成。

在2015年全市地税系统党风廉政建设工作会议上的讲话

重庆市地方税务局党组书记、局长　黄玉林

（2015年2月6日）

2014 年，全市地税系统认真落实中央、重庆市委市政府的决策部署，深入推进党风廉政建设，队伍建设取得了明显成效。主要表现在六个方面：一是严肃了各项纪律。坚持把遵守政治纪律和廉政纪律放在首位，从严查处了各类违法违纪案件，全系统纪律意识、规矩意识不断增强。二是落实了“两个责任”。出台了落实党风廉政建设党组主体责任和纪检组监督责任的两个意见，为纪检监察部门监督、执纪、问责提供坚强的组织保障，党风廉政“两个责任”得到有效落实。三是完善了内控机制。巡视、监察、内审等各方监督力量的作用得到有效发挥，开展市局重点执法督察及区县局交叉执法督察，发现并解决了一些突出问题。四是改进了工作作风。党风廉政建设与作风建设深度融合，基层税收工作环境、着装、语言、执法“四个规范”全面推进，“正风肃纪”活动深入开展，系统作风进一步转变，全年信访投诉案件数量同比下降 33%，全国纳税人满意度排名上升 9 位。五是规范了内部管理。通过强化预算管理，加强监督检查，全系统财经纪律更加严明，内控管理更加有力。2014 年“三公经费”同比又下降 6.2%，决算支出明显下降，超标办公用房、超标车辆及时清退，固定资产实现动态化、信息化管理，有效防范了财务风险和廉政风险。六是促进了中心工作。系统上下保持了风清气正，干部队伍素质得到有效提升，有力保障了各项工作任务的完成，绩效考核在全国地税系统排名第 6 位，税收收入规模全国排名第 17 位、较上年提升 4 位，税收收入增幅全国排名第 7 位、较上年提升 9 位。

在肯定成绩的同时，我们必须清醒地认识到，当前党风廉政建设和反腐败工作已进入“新常态”，地税系统党风廉政建设依然存在不少问题，我们必须增强紧迫感、责任感，以高度的自觉性抓好党风廉政建设工作。在此，我再强调三点意见。

一、准确把握党风廉政建设的新要求

自党的十八大以来，中央、重庆市委市政府和国家税务总局高度重视党风廉政建设工作，把党风廉政建设提到新的高度，采取了一系列针对性措施解决当前的突出问题，形成了党风廉政常抓不懈、反腐力度持续加大的“新常态”。

习近平总书记在中央纪委第五次全会上，对当前党风廉政建设和反腐败工作形势作出了科学判断，指出了党风廉政建设领域依然存在的问题，并对抓好今年的工作提出了要求。总书记强调，“党风廉政建设和反腐败斗争是一场输不起的斗争，必须决战决胜”。总书记要求，全力以赴做好党风廉政建设和反腐败工作，严肃责任追究、强化主体责任，横下一条心纠正“四风”、常抓抓出习惯抓出长效，保持高压态势不放松、坚决遏制腐败蔓延势头。要加强纪律建设，把守纪律讲规矩摆在更加重要的位置；要全面深化改革，推进反腐倡廉体制建设。在重庆市纪委四届五次全会上，孙政才书记指出，学习好贯彻好习总书记在中央纪委第五次全会上的重要讲话精神，是当前全党的一项重要政治任务，全体党员干部必须在思想上政治上行动上与以习近平总书记为核心的党中央保持高度一致，进一步强化党风廉政意识。孙书记就贯彻落实习近平总书记重要讲话精神强调，要把守纪律讲规矩放在更加重要的位置，进一步严明政治纪律和政治规矩、加强纪律建设，深化纪律检查体制改革、完善党风廉政建设法规制度，落实“两个责任”、强化监督执纪问责，持之以恒落实中央八项规定精神和市委实施意见，坚定不移推进党风廉政建设和反腐败斗争。在全国税务系统党风廉政建设工作会上，国家税务总局局长王军指出，当前从中央到地方对干部的要求越来越严，廉政建设之弦越绷越紧，反腐之剑越磨越亮。结合税务部门“点多线长面广”的实际情况，王军局长要求进一步加强党风廉政建设工作，对税务干部队伍善待严管，确保不出问题。

中央、市委和国家税务总局的系列要求，其最大的共同特点，就是“严”字当头、“规矩”先行。当前，坚持党要管党、从严治党，旗帜鲜明地反对腐败，驰而不息地纠正“四风”，已成为党风廉政建设和反腐败工作的“新常态”。在这种“新常态”下，党风廉政建设的总要求就是“从严”，并且把“讲规矩”摆在突出的位置。从严，就是要坚持以严的标准、严的措施、严的纪律抓好党风廉政建设，做到思想教育从严、干部管理从严、作风要求从严、组织建设从严、制度执行从严，通过一以贯之从严管理、从严约束、从严惩处，使干部职工心有所畏、言有所戒、行有所止。“讲规矩”，首先要弄清楚什么是规矩，规矩与纪律是什么关系，应该怎样守规矩。习总书记指出，规矩包括四个方面的内容，一是党章，这是总章程，也是总规矩；二是党的纪律特别是政治纪律；三是国家法律；四是党在长期实践中形成的优良传统和工作惯例。纪律是成文的规矩，一些未明文列入纪律的规矩是不成文的纪律；纪律是刚性的规矩，一些未明文列入纪律的规矩是自我约束的纪律。讲规矩重点要做到“五个必须”：必须维护党中央权威；必须维护党的团结；必须遵循组织程序；必须服从组织决定；必须管好亲属和身边工作人员。孙政才书记强调，“讲规矩”，关键就是要心里时时有规矩，言行处处守规矩，脑子里时刻有一盏“红绿灯”，清楚什么事能做什么事不能做，什么地方能去什么地方不能去，什么饭能吃什么饭不能吃，什么人能交往什么人不能交往，什么话能说什么话不能说。习近平总书记和孙政才书记的论述简单明了、透彻深刻，我们一定要深入领会并牢记心上。

对照中央、市委和国家税务总局的严格要求，我们的工作依然存在一定的差距，主要表现在：一些干部放松了对学习的要求，对党风廉政建设的“新常态”认识还不够深刻；有的单位党组主体责任落实还不够到位，将党风廉政建设当作“软任务”，税收业务和党风廉政“两张皮”，干部队伍管理失之于宽、失之于软；一些单位作风建设的长效机制还不够健全，一些不良风气尤其是“四风”问题尚未完全根除，有的干部还存在观望情绪，按照“旧思维”“老习惯”办事，没有形成党风廉政建设的思想自觉；少数税务干部政治意识、大局意识、纪律意识不强，不懂规矩、不守规矩，大错不犯、小错不断，仍然存在吃拿卡要等现象，等等。

在党风廉政建设“新常态”下，我们必须准确把握当前形势和中央要求，认真落实十八届中央纪委五次全会、市纪委四届五次全会和国家税务总局党风廉政建设工作会议精神，切实加强新形势教育，树立“新常态”意识，严明纪律、严守规矩、严肃执纪、严格监督、严格查案、严格追责，切实采取措施解决当前党风廉政建设工作中存在的突出问题，进一步增强各级党组织的凝聚力、地税干部的执行力和各项制度的约束力，努力开创地税系统党风廉政建设和反腐败工作的新局面。

二、认真抓好党风廉政建设重点工作

地税系统点多面广、情况复杂，2015年的党风廉政建设任务依然十分繁重，各级各单位必须吃透会议精神，紧扣地税行业特点，把握廉政建设工作规律，坚持标本兼治、惩防并举，切实抓好以下六项重点工作。

（一）扎实开展好“学法守纪防风险”活动

针对当前干部队伍管理面临的形势，今年要在全系统开展好“学法守纪防风险”活动，各单位要紧密结合税收业务工作的开展，精心组织、认真实施，确保收获实际成效。第一，要认真组织法律法规学习。要采取集体学习、专题讲座等形式，认真组织干部职工学习党的十八届四中全会全面推进依法治国的各项要求，认真学习宪法、行政法律法规、税收相关法律，不断增强法治意识，提高执法水平。要结合经济“新常态”对地税工作的相关要求，牢固树立正确的执法理念，正确对待和行使执法权力，从思想上增强拒腐防变的意识，从行为上提高抵御风险的能力。第二，要增强纪律规矩的约束力。守纪律讲规矩，党员干部特别是领导干部要做好表率，自觉学习并模范遵守党章党规、党员干部政治纪律，带头增强规矩意识，心里时时有规矩，言行处处守规矩。要把违反政治纪律、工作纪律、生活纪律的行为作为审查重点，从严从实加强监督检查，敢抓敢管、动真碰硬，该提醒的及时提醒，该处理的要严肃处理，该问责的要严格问责。第三，要加大廉政风险和执法风险防范力度。一是要完善并落实各项管理制度。进一步梳理和规范外部执法和内部管理领域的各项规章制度，同时加大制度落实情况的跟踪检查，彻底清理可能导致风险产生的自由裁量空间。二是要进一步加强内控信息化建设。积极推广内控信息软件，依托信息化手段加强内控管理，对行政审批、税收执法等重点环节进行监控，对行政后勤、财务管理等重点领域进行规范，通过严格高效的内控机制，加大廉政风险防范力度。要在金税三期工程软件中构建督察内审风险管理平台，逐步建立疑点评估分析机制，强化对税收执法风险的识别、评估和控制。三是要加强风险点的排查和监管。市局要加强顶层设计，对各类廉政风险点和执法风险点进行进一步的排查和清理，各区县局要结合实际、抓住重点，对自由裁量空间较大，特别是事关纳税人利益、容易产生廉政风险的管理环节，研究制定交流轮岗、集体决策、事后审查等具体可行的权力监督制约方法，真正将权力关进制度的笼子。

（二）严肃查办违法违纪案件

对当前的反腐败工作，中央提出了“零容忍的态度不变、猛药去疴的决心不减、刮骨疗毒的勇气不泄、严厉惩处的尺度不松”的明确要求，我们要深入落实中央要求，进一步加大违法违纪案件查办力度，做到有案必查、有腐必惩，始终保持高压态势。一是要加大重点领域的案件查办力度。根据近年来地税系统发生的各类案件暴露出的问题，我们要严查个体税收管理、二手房交易、发票发售等税收征管环节中的以税谋私行为，严查干部任用、基建工程、物资采购等领域中的贪污腐败现象。今年要把税务稽查、减免税管理、纳税评估、定额核定四个高风险环节作为执法检查和纪检监察的重点内容，发现违纪违法线索的，立即移送纪检部门从严从快查处。特别是要落实好税收违法案件“一案双查”[①]制度，稽查、监督内审等部门要及时向纪检监察部门移送在日常工作和监督检查中发现的有关问题。二是加大信访举报核查力度。提高信访核查质量，对发现的一般性问题，及时约谈、函询、诫勉谈话，涉嫌违纪的，及时转入案件调查程序。要加大对群众深恶痛绝的“苍蝇式”腐败的打击力度，对严重影响地税部门形象的“吃拿卡要”行为、接受纳税人利益输送、收受纳税人钱财等违规行为要进行彻底整治。三是要加强案件查办的组织领导。各单位“一把手”要关心、重视、支持案件查办工作，不仅要大力支持纪检监察机关查办各类案件，为他们的工作扫清障碍，提供好各种便利条件，而且还要定期进行本单位本部门的各类案件的分析研判，亲自研究重要案件的查办线索，亲自组织查办一些重要案件，解决好本单位本部门的问题，坚决做到发现一起严肃查处一起，绝不姑息，绝不手软。

（三）进一步加强监督管理

信任是最大的关怀，但信任不能代替监督。有力有效的监督，可以让干部少犯错、不犯错，犯了错能得到及时纠正。今年要重点做好三方面的监督工作。一是要加强对领导干部的监督。严格落实《税务系统领导班子和领导干部监督管理办法》及其实施细则，对发生问题的要倒查追究，增强制度刚性。各级领导班子要带头执行各项议事决策规则，特别是“三重一大”重要事项必须集体研究决定。完善领导干部特别是主要领导向上级党组、纪检组述责述廉并接受评议制度。加大领导干部报告个人有关事项的抽查核实力度，对申报不实的要严肃处理。二是加强对税收执法权的监督。加大权力清单和税务行政审批事项目录的公示力度，自觉接受社会各界对税收执法权的监督，利用好外部监督的力量加强内控机制建设，保持权力公开透明行使，全面规范自由裁量权，最大限度地压缩税务行政权力寻租空间。三是加强巡视审计督查工作。认真学习和执行市委出台的关于加强巡视、审计、督查工作的三个意见，进一步整合纪检监察监督、巡视监督、审计监督、执法督察监督等监督资源，加大问题发现力度，增加监督的合力。要切实增大巡视工作对违法违纪行为的震慑力度，针对突出问题，因地制宜、因时制宜地开展常规巡视与专项巡视工作；

① “一案双查”：在查处企业涉税案件的同时，深入检查税务人员是否存在失职渎职、违规执行税收政策、违规减免缓税等行为。

要认真开展内部审计，同时高度重视外部审计发现的问题线索，充分运用审计结果规范执法和管理行为，化解廉政风险。要深入开展执法督察，及早发现、及时查处税收执法过程中的不作为、乱作为等权力运行失范行为。特别强调，作为组织，决不能因为信任而放松甚至放弃监督，搞无原则的一团和气；作为个人，决不能把组织和群众的监督片面理解为“不信任”，要自觉接受监督，养成在监督下工作生活的习惯。

（四）整治突出问题严防“四风”反弹

党的群众路线教育实践活动作为一个阶段性安排已经结束，但加强党的作风建设、贯彻党的群众路线则是一个永恒的课题。地税部门作为重要的执法部门、窗口单位，必须坚持不懈地狠抓纪律建设和作风建设。去年，全市地税系统开展了对“打牌赌博、公款吃喝、公车私用、收受红包、发票冲账”五大突出问题的重点整治，取得了比较明显的成效。但我们必须认识到作风问题的顽固性，今年，要在巩固“五个突出问题”整治成果的基础上，根据地税行业特点，大力整治工作中存在的庸、懒、散、软、不作为、乱作为等问题，并针对税收执法中的一些不规范现象，加大明察暗访力度，重点整治滥用职权、刁难群众、“吃拿卡要”等行为。这里再次重申几项纪律规定。一是要严格落实中央“八项规定”。坚决纠正部分干部存在的“八项规定只是一阵风”的错误认识，严格执行中央、市委加强作风建设的各项纪律要求，时刻绷紧作风建设这根弦，既打好持久战，又打好攻坚战。二是要切实加强工作纪律管理。工作纪律是一个单位的基本规矩，无规矩则不成方圆，经过不断的规范和管理，各单位的工作纪律有了明显改进，当前，仍要结合新形势的要求进一步强化，既要对迟到旷工等显性的违纪行为进行严格管理，更要对“在岗不敬业、履职不尽责”等隐性的违纪行为进行大力整治。三是要从严约束干部职工言行。继续狠抓“四个规范”的落实，提升地税干部的个人形象和地税机关的整体形象，让纳税人切实感受到地税干部工作作风的转变。特别要指出的是，公务员八小时之外的行为，同样是社会舆论关注和监督的重点。当前，系统内打牌赌博、聚众酗酒、奢靡浪费等一些不良的生活习气依然存在，有的还造成了不良社会影响。各区县局要进一步加强教育管理，各级地税干部务必认清形势，谨言慎行、慎独慎微，遵守好各项生活纪律。春节将至，这是“四风”最容易反弹的时候，要强化执纪监督，把顶风违纪搞“四风”作为纪律审查的重点之一，坚决打好作风建设保卫战，让群众看到我们改进作风的坚定决心，树立长期信心。

（五）完善纪检监察工作机制

当前党风廉政建设的复杂形势对各级纪检组都提出了更高的新要求。全系统纪检监察部门，要深刻认识肩负的重大职责，聚焦税收中心工作，不断加强自身建设。一是要落实好“三转”要求。坚定不移深化“三转”，明确职责定位，主动“瘦身”，强化监督执纪问责。既不大包大揽，也不遇事推诿，协助同级党组做好党风廉政建设领域各项工作。下级纪检组要定期向上级纪检组报告工作，同时要正确处理与同级党组的关系，大胆地开展监督工作。二是要加强纪检监察队伍建设。从今年开始，区县纪检组的编制实行单列，市局要制定对区县局纪检工作业务指导和监督检查办法，各单位纪检组的管理和考核工作，由市局纪检监察部门和人事部门共同进行。要配齐增强纪检监察队伍，把那些勇于担当、善于提醒、品行端正、秉公执纪的干部充实到纪检监察部门，并且重视优秀纪检监察干部的长期培养，真正锻炼打造一支政治坚定、业务过硬的忠诚“卫队”。三是要整合力量，提高工作效能。今年起，全市纪检监察队伍由市局党组和纪检组统一指挥、统筹调配，大力推行各区县纪检组跨区域查案、交叉查案和市局指定查案，切实解决现行工作体制下存在的“不敢监督、不便监督”的问题。各级纪检组要主动加强与当地区县纪委、监察局和国税纪检部门的合作，进一步增强纪检监察工作力量。四是要加大对纪检工作的保障力度。各单位党组书记和班子成员要自觉接受纪检组的监督，坚决支持纪检部门查处违法违纪案件，要为纪检组工作的开展提供坚强有力的保障，从人员、物资、经费等各个方面给予全面的支持。

（六）进一步加强内部管理

从去年的内审和考核检查看，全系统财务、行政管理进一步规范，内控机制建设得到进一步完善，但一些单位在落实财务管理工作要求和严格执行财经纪律方面仍存在不足，与党风廉政“新常态”下的工作要求还有差距，特别是对于支出的管理不够严格，现金使用、原始凭证管理、报销把关等环节依然存在一定的不规范现象。最近几年，新的《行政单位会计制度》《行政单位内部控制规范》等财经法规密集出台，尤其是新《预算法》严格限制追加预算指标，要求公开预决算数据并强调项目预算绩效考核，对财务预算的管理更加严格。中央、市委和国家税务总局的各类专项督查检查也十分关注财经纪律执行情况，大至基建投资、政府采购，小至购物卡、单位食堂，都是重点督查的范围，可以说监督无处不在。面对新形势、新问题，我们必须积极转变观念，进一步加强内部管理，努力防范和化解系统的财务风险。各单位要对内部财务管理情况开展认真自查，发现问题立即加以整改。要严格执行经费列支制度，严禁虚列支出套现，严格按照市局规定发放差旅费，通过合法渠道解决职工福利问题。要严格政府采购管理，对达到额度标准的必须按规定程序组织采购；规范办公用房的建设和使用，严格执行党政机关办公用房标准；加强固定资产管理，对所有的固定资产都要登记造册，防止国有资产流失。严格执行新出台的财经制度法规，进一步压缩系统资金结余，力争在年底基本消化2013年以前形成的公共财政结余资金。坚持厉行节约反对浪费，进一步规范系统内部公务接待管理。加强公车管理，严格禁止公车私用，坚决防止在车辆维修、装饰、加油等方面出现违纪违法行为。下半年，市局将组织纪检监察、财务管理、行政管理、督察内审等部门，对各单位落实“八项规定”、厉行节约反对浪费、严格执行财经纪律、规范内部管理等情况进行全面检查，并将此项内容纳入对各单位班子和干部的绩效考核。

三、全面落实党风廉政建设“两个责任”

强化落实党风廉政建设党组主体责任和纪检组监督责任，是贯彻中央从严治党重大决策部署的重要制度安排，也是各级党组和纪检组的重大政治任务。2014年，我们已经制定下发了落实“两个责任”的相关文件，各单位务必统一思想、深入学习领会、严格遵照执行。

履行好党组主体责任和党组书记第一责任人责任，是落实好“两个责任”的关键，今年，各级党组必须做到以下四个要求。一是要以高度的政治自觉强化主体责任意识。各级党组是党风廉政建设的领导者、执行者和推动者，党组主体责任是党风廉政建设的“牛鼻子”。各级党组要切实把党风廉政建设当作分内之事、应尽之责，强化责任意识，健全工作制度，真正把该担的担子担起来，把该管的事情管起来，将党风廉政建设主体责任落到实处。各级党组书记作为第一责任人，要负总责、亲自抓、敢于管，真正做到习近平总书记要求的“重要工作亲自部署、重大问题亲自过问、重要环节亲自协调、重要案件亲自督办”。各级党组班子成员要认真履行好“一岗双责”，抓好各自分管领域和部门的党风廉政建设工作，协助党组书记将党组的主体责任落到实处。二是要以敢于担当的精神切实承担起主体责任。地税系统点多线长面广，防控廉政风险的压力大、难点多，廉政建设责任重大。但越是任务重、要求严、困难大，越要敢于担当责任。面对当前党风廉政建设的艰巨任务，各级党组要扭住责任不放松、敢于担当不推诿，勇担抓好党风廉政建设的政治责任、直接责任和全面责任。要加大对党风廉政建设领导、执行和推动的力度、广度和深度，对职责范围内的事情主抓、真抓、早抓，抓好、抓实、抓出成效，对违纪行为和人员敢管、严管、善于管，管住、管好、管出成绩。三是要以带头示范的标准真正落实好主体责任。各级党组特别是党组书记要按照“从我做起、向我看齐”的要求，坚持标准更高一等、行动更快一步，严格遵守廉洁从税的规定，既做廉洁自律的表率，又当履行主体责任的表率。要守纪律、讲规矩，带头讲党性、将政治、讲原则，以上率下，树立良好风气，带动全市地税干部尊重法律、敬畏权力、严守规矩，营造全系统风清气正、廉洁从税的氛围。四是要以从严管理的方式切实防范廉政风险。落实党风廉政建设主体责任，关键在于完善机制、从严管理，防范廉政风险。各级党组要完善党风廉政和业务工作融合抓的机制，支持纪检组严格落实监督责任，将党风廉政建设作为年度税收工作任务的重要内容，坚持党风廉政与税收业务工作一起部署、一起安排、一起落实。要完善党风廉政建设与内部管理结合抓的机制，按照规范化管理的要求，进一步规范人事、财务制度，严格执行劳动纪律、财经纪律、组织纪律，将廉政风险防范内嵌入日常内部管理的各个环节。要完善党风廉政工作日常检查与绩效考核一起抓的机制，将党风廉政纳入绩效考核的重要内容，坚持“严”字当头，从严管理干部，对发现有苗头性、倾向性问题的干部，及时进行约谈，对违反制度和纪律的行为，发现一起、查处一起、曝光一起、问责一起，切实防范廉政风险。

各级纪检组要坚守责任担当，认真履行好监督职责，协助党组开展好党风廉政建设工作，真正做到想监督、敢监督、会监督、能监督，当好党纪党规的执行者、捍卫者、监督者。落实好监督责任，必须坚持“严”字当头，主要是做到“四严”。一是要严格监督检查。进一步整合纪检监督力量，加大监督检查力度，对干部履行职责和行使权力进行定期检查和随机抽查，及时发现并妥善处置税收廉政风险苗头性问题。二是要严格案件查处。进一步加大案件查处力度，坚持严格执纪办案，做到有案必查，真正达到“查处一个、教育一批、震慑一片”的效果。三是要严格“一岗双责”。进一步完善内控机制，扎紧织密“制度笼子”，严格落实党风廉政建设“一岗双责”，坚持一手抓业务，一手抓党建，努力做到两手抓、两手硬，推动党风廉政建设和反腐败工作向纵深发展。四是要严格考核检查。要结合绩效考核工作，进一步加大“两个责任”落实情况的督查力度，今年起原则上每半年对各区县局党组和纪检组履职尽责情况进行考核检查，并对区县局党组和纪检组启动尽责调查，对未正确履行监督责任的部门和单位，进行督查督办并严肃追究党组和纪检组的责任。对发生违法违纪案件并造成不良影响的单位，坚决实行“一案双查”，既追究当事人责任，又追究相关领导责任。

在全市财税工作会议上的发言

重庆市地方税务局党组书记、局长　黄玉林

（2015年2月6日）

根据会议安排，我代表重庆市地税局，简要汇报全市地税系统2014年主要工作情况及2015年工作打算。

一、2014年主要工作情况

2014年，重庆市地税局围绕推进税收现代化建设要求，紧紧抓住依法治税工作主线，全面履行税收职能，扎实推进各项工作，取得了五个方面的工作成绩。

（一）税费收入迈上新台阶

2014年，我们组织各项收入1899.4亿元，同比增长12.1%。其中，税收收入1153亿元，同比增长12.5%，剔除“营改增”因素增长15.6%；社会保险费收入684.6亿元，同比增长11.5%。税收总量在全国排名第17位，较上年提升4位；税收增幅在全国排名第7位，较上年提升9位。人均征收税费3253万元，税费征收成本降到1%以内。

（二）税收基础工作有效强化

围绕国家税务总局提出的税收现代化建设的目标，针对工作薄弱环节，开展以强化基层基础工作为主要内容的“三基一化”[①]建设。进一步完善重点行业、重点领域税收管理制度，基础征管质效有效提升。深入推进税收信息化建设，税收工作基础保障更加有力。探索建立税收权力清单制度，进一步规范了税收管理行为。积极落实地方税收征管保障办法，得到了市级相关部门和区县党委、政府的大力支持，综合治税体系进一步健全。在基层全面推进环境、语言、着装、执法“四个规范”，地税部门形象进一步提升。

（三）纳税服务水平持续提升

以开展党的群众路线教育实践活动为契机，结合地税工作实际，在全系统开展了“便民办税

① 参见本书第34页注释。

春风行动”，出台便民办税十项措施，取消 26 类涉税文书报表和 85 项涉税资料的报送，切实减轻了纳税人负担。加强与重庆市国税部门合作，协同推进璧山全国纳税服务示范县建设，全面推广《重庆市纳税服务规范》，努力做到服务一把尺子、办税一个标准，在国家税务总局的纳税人满意度调查中，地税系统排名比上年提升了 9 位。积极参与“五大功能区”建设，出台了支持区域经济发展的具体办法，严格落实西部大开发、支持小微企业发展等各项税收优惠政策，全年减免税收近 140 亿元，小微企业受惠面达到 90%，服务市场主体发展成效明显。

（四）税收改革有序推进

积极推进“营改增”工作，顺利移交“营改增”纳税人 1544 户，认真做好前期调研准备，确保煤炭资源税改革顺利实施，抓好个人住房房产税征收工作，应税房产申报征收率达到 97%。进一步加大了稽查工作力度，在主城区开展跨区稽查体制改革，全年全市查补税款 20.6 亿元，同比增长 22.8%。积极探索征管改革，推行税源专业化管理，扩大电子发票应用范围，开展“以地控税”试点工作，征管质效有力提升。

（五）干部队伍建设成效明显

认真落实重庆市委和国家税务总局党组关于党的群众路线教育实践活动的各项要求，坚持上下联动，扎实开展第二批教育实践活动，系统作风进一步转变。 内控机制建设，加大违法违纪案件查处力度，营造廉洁从税的工作环境。狠抓干部业务能力提升，共有 3247 人参加各类会计资格和学历教育考试，取得中级以上会计职称以及“三师”资格的干部占比提升至 12.3%。全面启动绩效管理，构建符合重庆地税实际的考核指标体系，有效激发了干部队伍活力。在 2014 年国家税务总局开展的税务系统绩效考评中，我们取得了全国地税系统第六名的较好成绩。

过去一年地税工作取得的成绩，离不开市委、市政府和国家税务总局的坚强领导和亲切关怀，离不开市人大、市政协的指导和帮助，离不开各区县党委政府以及市级各部门的关心和支持。在此，我谨代表全市地税系统广大干部职工，向长期以来重视、关心地税工作的各级领导和社会各界朋友表示衷心的感谢！

二、2015年工作打算

今年是全面完成“十二五”规划的收官之年，也是地税工作面临更多困难和挑战的一年，抓好今年的税收工作任务艰巨、意义重大。我们将深入学习贯彻党的十八届三中、四中全会和市委四届四次、五次、六次全会精神，全面落实全市财税工作会议决策部署，把握新形势，适应新常态，努力完成各项工作任务。根据全市经济发展和财政收入增长的预期目标，2015 年地税工作的主要目标是：确保税收收入增长 13%，社保费征收率达到 95% 以上。围绕上述目标，我们将全力抓好六个方面的工作：

一是全力以赴组织税费收入。进一步强化收入任务观念，层层分解目标、落实责任。通过加大税收分析力度、切实抓好重点税种和重点税源管理，全力以赴保证税收任务的完成。高度重视社保费征管，强化与社保部门的协作，推动社保费征管质效进一步提升。二是全面推进依法治税。认真落实税收法定原则，坚持依法组织税费收入。健全和完善税收权力清单制度，进一步规范税收执法，完善执法督察机制和过错责任追究机制，有效防范税收执法风险。三是积极稳妥推进税制改革。认真落实国务院和市委市政府的部署，深入推进税制改革。分级落实"营改增"方案，认真做好"营改增"纳税人移交工作。稳妥推进资源税改革，确保煤炭资源税从价计征办法平稳过渡。继续做好个人住房房产税征收试点。积极开展建立地方税体系调研工作。四是切实提升征管质效。大力实施税收风险分级管理，进一步提高税收征管效率。继续加强税收信息化建设，充分发挥信息管税的作用。深入落实《重庆市地方税收征管保障办法》，强化与各级有关部门的协作，有效堵塞税收征管漏洞。进一步加强税收预测和分析，发掘新的税收增长点。五是努力提升服务发展水平。围绕重庆参与"一带一路"建设和加快"五大功能区"发展，进一步加强工作调研，为各级地方党委政府当好参谋助手。严格落实"转方式、调结构、促改革、惠民生"系列税收优惠政策，优化重庆发展的税收环境，切实减轻纳税人税收负担。加大各项便民举措的落实力度，持续加强和改进纳税服务，及时回应和着力解决纳税人关注和反映的问题。六是着力加强地税干部队伍建设。进一步加强地税系统各级领导班子建设，提高各级领导班子依法行政、民主决策、科学管理的能力。以"学法守纪防风险"工作为重点，持续抓好党风廉政建设和干部队伍管理，提高干部职工廉政意识、业务素质和执法水平。

在全市地税系统开展"学法守纪防风险"工作部署动员视频会议上的讲话

重庆市地方税务局党组书记、局长　黄玉林

（2015年3月9日）

今天，我们在这里召开全市地税系统"学法守纪防风险"工作动员会，主要任务是认真贯彻落实党的十八届四中全会、十八届中央纪委五次全会和习近平总书记系列重要讲话精神，全面部署"学法守纪防风险"工作任务，进一步巩固拓展教育实践活动成果，切实提高干部职工法治意识和纪律观念，有效提升防范执法风险和廉政风险的能力，确保在"新常态"下更好地抓好税收工作。下面，我讲三个方面的意见。

一、深刻领会"学法守纪防风险"工作的重要意义

2015年年初，市局党组根据税收工作规律和形势发展要求，经过认真调查研究，决定在全

市地税系统开展“学法守纪防风险”工作。全系统干部职工一定要深刻认识、认真领会“学法守纪防风险”对我们工作的重要意义。

（一）开展“学法守纪防风险”工作，是贯彻落实党的十八届四中全会和习总书记系列重要讲话精神的具体要求

党的十八届四中全会对全面推进依法治国做了重要部署，突出地强调了法律法规在国家和社会治理中的重要作用。习近平总书记在十八届中央纪委五次全会上也明确要求，把守纪律讲规矩摆在更加重要的位置，进一步加强纪律建设，严明政治纪律和政治规矩，坚定不移推进党风廉政建设。孙政才书记在市委四届五次全会、市纪委四届五次全会上，就全面贯彻落实党的十八届四中全会、十八届中央纪委五次全会精神及习总书记系列重要讲话精神，做了具体部署和明确要求。孙政才书记指出，中央和习总书记的系列要求，其最大的共同特点，就是“严”字当头、“规矩”先行，强调严格依法办事、严守纪律规矩。开展“学法守纪防风险”工作，是全市地税系统贯彻落实十八届四中全会、十八届中央纪委五次全会和总书记系列重要讲话精神的具体要求和举措，对于全面推进依法治税、切实加强惩防体系建设、有效降低税收风险具有重要意义。其实质是要将现代管理的方法尤其是风险控制的方法运用于税收工作，实现内部监控与外部监督、执法规范与廉政建设、自我约束与制度建设的有机结合，避免因教育、监督不到位和干部职工廉洁自律不够、工作效能低下而产生税收执法风险和党风廉政风险。

（二）开展“学法守纪防风险”工作，是巩固教育实践活动成果的重要抓手

自2013年6月开始，全系统分两批开展了党的群众路线教育实践活动，各级各部门积极响应党中央和市委号召，全系统干部职工高度重视、积极参与，整个活动进展有序、扎实深入，系统上下风清气正，工作作风持续转变，受到了各级领导和社会公众的高度评价。但我们必须清醒地认识到，这些成果还只是阶段性的，系统的作风建设与中央、市委市政府的要求和人民群众的期盼还有一定差距，一些问题仍然未能从根本上加以解决。前一阶段，我们专门制定了巩固拓展深化活动成果的方案，要将方案落到实处，必须要有一个有力的抓手。开展“学法守纪防风险”工作，就是要以学法守法为重点、以风险防范为目标，教育引导系统干部职工牢固树立法治意识、规矩意识、纪律意识，增强尊法律、讲规矩、守纪律的自觉，形成执法严谨、用权规范的工作局面，从源头上铲除“四风”滋生的土壤，促进工作作风转变常态化、长效化。

（三）开展“学法守纪防风险”工作，是落实全市地方税务工作会议精神、确保全年收入任务完成的重要保障

随着经济结构调整和税制改革深化，结构性和政策性减收因素影响地税收入增长将成为一种“新常态”。年初，全市税工会就抓好“新常态”下的税收工作进行了部署，要求抓好十个方面48项重点工作任务，其中七个方面都直接或间接地涉及税收执法和风险管理。当前，地税工作尤其是组织收入工作面临诸多挑战和压力，税收工作重点任务的落实，必须要严格依法办事，必须要有铁的纪律做保障。在全系统开展“学法守纪防风险”工作，就是要让“尊法律讲规矩守纪律防风险”贯穿全年税收工作始终，扎实推进各项重点工作任务落实到位，为圆满完成全年各项税收工作提供有力保障。一方面，通过学习法律、严

格执法，防止出现为了完成税收收入任务而不依法征税的问题，在防范税收执法风险的同时，确保税收收入应收尽收，为完成收入任务提供保障。另一方面，通过严明规矩、强化管理，纠正个别干部仍然按照老思维、老习惯、老办法开展工作的问题，在防范廉政风险的同时，确保党风廉政建设深入推进，为地税事业长远发展提供保障。

（四）开展“学法守纪防风险”工作，是加强地税系统干部队伍建设的重要措施

地税系统作为垂直管理部门，点多、线长、面广，队伍数量庞大，干部素质参差不齐，加之直接与市场主体打交道，面临诱惑多，管理难度大，在一定程度上存在着“上面管不了、下面管不好”的问题。近年来，全市地税系统在干部队伍建设方面取得了较大的进步，大多数干部能够做到依法征税、廉洁从税，但近几年系统内连续发生的违法违纪案件让我们清醒地认识到，一些关键环节和重要领域的执法风险和廉政风险仍然未能得到有效控制，少部分干部法纪意识淡薄，个别干部甚至知法犯法、肆意妄为。当前，社会监督越来越严、群众要求越来越高、执法规范越来越细，如何带好队伍、防范风险已经成为摆在各级领导班子面前的重要课题。开展“学法守纪防风险”工作，就是市局党组在新形势下面对新任务、新要求，加强地税干部队伍建设的破题之举。一方面，让干部职工查找“风险”、知道“危险”、不敢“冒险”、力求“保险”，并通过认真学习法律法规提高自我保护能力，尽可能少犯或不犯错误。另一方面，有利于提高干部职工的规矩意识和法治观念，提升干部队伍业务素质和执法水平，主动降低和防范执法风险和廉政风险。总而言之，我们开展“学法守纪防风险”工作的意义十分重大，大家一定要深刻认识、高度重视、抓好落实。

二、准确把握“学法守纪防风险”工作的具体安排

“学法守纪防风险”是2015年全系统的一项重点工作任务，将贯穿全年始终，大家务必做到“五个把握”。

（一）要把握工作的总体要求和主要目标

“学法守纪防风险”工作的总体要求，就是认真学习贯彻党的十八届四中全会以及习近平总书记在十八届中央纪委五次全会上的重要讲话精神，紧紧围绕“两提升两降低一完善”的工作目标，以队伍建设为中心，以转变作风、防范风险为主线，以教育引导、问题整改、机制建设为抓手，进一步增强干部职工的法律意识、规矩意识和风险防控意识，打造一支政治坚定、纪律严明、作风过硬、勤政为民的地税干部队伍，为圆满完成税收目标任务提供坚强保障。

工作的目标就是“两提升两降低一完善”。即通过开展“学法守纪防风险”工作，全系统干部职工的法纪意识明显提升、执法风险和廉政风险的防范能力明显提升，违法违纪案件数量显著降低、纳税人投诉量显著降低，防范执法风险和廉政风险的内控机制得到全面完善。

（二）要把握工作的重点内容

这次“学法守纪防风险”工作的内容，重点是学法律、守纪律、讲规矩和防风险。

具体讲：一是加强法律法规学习。紧扣学习贯彻党的十八届四中全会精神，系统干部职工认真学习宪法、行政法律法规、税收相关法律，切实增强法治意识，尤其要立足地税工作实际，引

导各级干部把握经济“新常态”对税收工作的新要求。市局政策法规处要将各类法律法规、规章制度编印成册，作为“学法守纪防风险”工作的重要学习材料。二是强化纪律规矩约束力。组织干部职工特别是领导干部进一步学习并模范遵守党章党规，切实增强纪律意识。尤其要自觉遵守政治纪律、工作纪律、生活纪律、财经纪律，从上到下形成守纪律讲规矩的自觉性，并相应加强监督、确保落实。三是加大执法风险和廉政风险防范力度。深入排查和清理各类执法风险点和廉政风险点，全面完善外部执法、内部管理等领域的规章制度。特别要对自由裁量空间较大、容易产生执法风险和廉政风险的税务稽查、减免税管理、纳税评估、定额核定等高风险环节以及行政管理、财务管理等重点领域，研究交流轮岗、集体决策、事后审查等权力监督制约的方法，大力推进内控机制信息化建设，真正将权力关进制度的笼子。同时，加大监督问责力度，严肃查办违纪违法案件。

（三）要把握工作的具体安排

整个“学法守纪防风险”工作贯穿全年始终，与税收业务工作同步进行、配合推进，具体按三个阶段开展实施。第一阶段是学习教育、排查整改，从现在到国庆前夕开展。各单位要按照市局动员会及工作方案要求，及时部署和全面启动本单位“学法守纪防风险”工作。坚持边学边查边改原则，确保活动实效。学习教育方面，要抓好五个专题学习、四项主题活动、五大重点培训，将学习教育落到实处、贯穿始终。风险查改方面，要围绕市局对风险防范工作提出的9项重点任务，就税收征管、内部管理、作风纪律、干部人事等各个风险环节全面查找风险点，并针对各个风险点提出整改措施，健全规章制度。第二阶段是完善制度、巩固成果，主要在国庆以后到2015年11月集中开展。市局相关处室要结合各单位报送的风险点自查自纠情况，在推进风险防范9项重点任务的过程中，统筹推进风险防范的顶层制度设计。同时，市局将组成检查组严格检查各项制度落实情况，巩固制度建设的成果。第三阶段是总结经验、持续提高，主要在12月开展。各单位要对全年开展“学法守纪防风险”工作情况进行总结提炼，形成书面报告报送市局。同时，市局根据基层单位运行情况，进一步完善防范执法风险和廉政风险的制度设计，努力做到“三不”，即不搞运动、不偏离税收工作主题、不干扰其他税收工作。

（四）要把握工作的重点任务

这次“学法守纪防风险”工作，根据当前工作需要，安排了9大重点任务，系统上下必须联动开展、集中突破。一是深化税收风险管理体系建设。认真落实《税收风险管理办法》，按照“扎口统筹、集中优化、重点推送、质效评价”的原则，逐步将风控中心打造成为税收征管的数据中心、分析中心、任务中心和考核中心，充分发挥风险管理在深化征管改革和完成收入任务方面的重要作用，推动税务机关从收入导向型向依法治税型转变。市局将下发开展风险管理的指导意见，并鼓励各区县局积极探索。二是推进内控机制信息化建设。各职能处室要紧密结合金税三期征管系统、行政管理、财务管理等系统的运用，实现内控机制建设与信息化技术的高度融合。特别是对定额核定、税务稽查、减免缓税审批等自由裁量空间较大的管理环节，要加大信息化监管力度，严防风险发生。三是强化税收执法权监督。认真落实总局关于推行税收执法权力清单制度的相关要求，清理规范税务行政处罚权力事项；

建立税务行政处罚权力事项目录，编制权力运行流程图并进行公开。持续推进税务行政审批制度改革，取消非行政许可类审批，继续减少审批项目，规范审批行为。目前，市局政策法规处已经启动这项工作，正在制定相应的工作方案。四是加强巡查审计督察工作。进一步整合纪检监察监督、巡视监督、审计监督、执法督察等监督资源，形成监督合力，及时发现问题，并采取措施防范风险。五是加大对领导干部的监督力度。严格落实《税务系统领导班子和领导干部监督管理办法》及其实施细则，认真执行领导班子议事决策规则，特别是“三重一大”事项集体研究制度，督促各级领导干部述责述廉并接受评议，加大领导干部报告个人有关事项的抽查核实力度。特别强调，今后提拔的副处级以上干部都要经过市委组织部的个人事项审查，各级领导干部要认真申报个人事项，详细填写申报表格，如实反映个人重要情况。六是防范和化解系统的财务风险。组织各单位自查自纠财务管理问题，严格执行经费列支、政府采购管理、办公用房建设和使用、固定资产管理、差旅费管理、公务接待管理、公车管理等方面的制度。七是推进作风建设“巩固深化拓展”主题活动，深化“四风”问题整治。要严格落实中央“八项规定”，切实加强工作纪律管理，从严约束干部职工言行，专项检查党内政治生活制度落实情况，强化监督问责，使纪律真正成为“带电的高压线”。八是以落实“两个责任”主题年活动为抓手，全面落实党风廉政建设“两个责任”。要制定和细化各级党组、班子成员及每个部门的责任清单，严格执行党风廉政建设主体责任双报告制度，大力推进各单位党组担好主体责任、党组主要负责人承担起第一责任人责任、班子其他成员履行“一岗双责”、纪检监察部门履行监督责任。

三、切实加强“学法守纪防风险”工作的组织领导

“学法守纪防风险”是一项综合性工作，开展时间贯穿全年。各级党组务必加强领导，组织干部职工积极参与，促进人人加强学习、人人遵章守纪、人人防控风险，确保取得成效。

（一）精心组织实施，确保有序开展

为了建立健全“学法守纪防风险”工作机制，市局专门成立了“学法守纪防风险”工作领导小组，由我担纲主抓，市局其他班子成员按分工情况，抓好分管领域和联系单位的工作落实。领导小组下设办公室在市局机关党办（基层工作处），办公室主任由市局党组成员、副巡视员罗箭宇同志兼任，主要负责具体事务性工作。特别强调，各级领导干部要率先垂范，为干部职工做好“学法守纪防风险”的表率。各区县局、市局直属单位要参照市局标准成立相应的工作领导机构，形成一级抓一级、层层抓落实的工作局面。各级领导干部特别是各单位的“一把手”要切实履行第一责任人的职责，既要抓好本单位的工作开展，又要率先垂范，做到标准高于一般干部、行动先于一般干部、要求严于一般干部，带头加强学习、带头遵守纪律、带头开展整改，充分发挥领导的示范引领作用。市局工作领导小组也将成立检查组，检查和督导全系统工作开展情况。市局各职能处室也要深入基层检查指导，推进各项税收业务工作落到实处。今年市局将把“学法守纪防风险”工作开展情况，纳入各单位绩效考核内容，对学习教育不深入、排查风险走过场、落实制度不到位的单位进行严格追责，确保活动扎实有序开展。

（二）大力宣传动员，营造良好氛围

各单位、各部门要召开专门会议，对“学法守纪防风险”工作进行再学习、再动员、再部署，讲清此项工作对于组织、个人及家庭的重大意义，确保实现思想动员全覆盖（各单位各部门动员会必须在本周内召开完毕）。要认真总结工作中的创新做法和典型经验，及时向市局报送活动动态、工作信息或经验做法，同时通过活动展板、专题简报等形式，加强宣传引导。要充分运用报纸、电视、网络等媒体，大力宣传开展“学法守纪防风险”工作的必要性和重要性，市局门户网站和AIS内网也要设立“学法守纪防风险”专栏，大力宣传工作的进展情况和取得的成效，努力营造良好的舆论氛围。要坚持典型引路，加大对先进典型和先进经验的宣传报道，充分发挥示范作用；工、青、妇组织也要结合自身实际，筹划开展各具特色、富有成效的学习讨论活动，不断把“学法守纪防风险”工作引向深入。

（三）注意方式方法，务求取得实效

今年税收工作任务十分繁重，特别是组织收入工作面临严峻挑战。各单位各部门在开展“学法守纪防风险”工作时，要统筹安排，搞好与税收工作的结合，要学会“弹钢琴”，做到“两促进、两不误”，避免搞形式、走过场。要与学习培训相结合，把“学法守纪防风险”工作的任务、方法、要求等作为干部培训的重要内容，通过中心组学习、支部学习、局务会、干部培训会等方式加强对法律法规的学习；要与党风廉政建设的具体工作任务相结合，通过落实“两个责任”主题年、作风建设“巩固深化拓展”等主题活动，引导干部职工讲规矩、守纪律；要与税收执法督察、税收风险管理相结合，找准工作薄弱环节和风险点，通过完善制度建设，堵塞管理漏洞，形成更加科学合理、更加可行管用的防范风险制度体系，确保“学法守纪防风险”工作取得实效。总之，不能将“学法守纪防风险”与税收业务工作对立起来，要把两者有机结合起来，推动整个税收工作。今年，所有的干部培训都要围绕防范风险来开展，接下来市局将下发具体方案，希望大家抓好落实。

在2015年半年工作会议上的讲话

重庆市地方税务局党组书记、局长　黄玉林

（2015年7月20日）

这次半年工作会的主要任务，就是认真落实市委市政府和国家税务总局的各项要求，总结2015年上半年全系统的工作，研究部署下半年的任务。下面，我讲两个方面问题。

一、关于2015年上半年工作的评价

今年以来，面对较为复杂的经济税源形势，全市地税系统在市委市政府的坚强领导下，全力以赴组织收入，齐心协力促管增收，税收收入实现了时间、任务“双过半”目标，上半年税收工作呈现出以下突出亮点。

（一）组织收入卓有成效

1—6月份，全市地方税费累计入库1070.9亿元，同比增长12.7%，税费收入首次半年突破千亿。税收收入实现661亿元，同比增长10.7%，增速位列全国第5位，西部地区第1位，顺利完成了市委市政府布置的半年收入任务。全市41个区县局中有40个保持了收入正增长，32个区县局实现了时间任务“双过半”，其中20个区县收入增速达到10%以上，重点税源管理局、潼南、开县、大足、江津、奉节六个单位税收增速超过20%。两江新区、江北区、渝中区、南岸区、渝北区、九龙坡区等主城区局克服了收入基数高、经济结构调整等不利因素，为全市税收增长起到了重要的“稳定器”作用。万州、长寿、巴南、彭水等单位在营业税清理方面成绩突出，江津、云阳、大足、秀山等单位在所得税管理方面措施有力，万盛、铜梁、垫江、梁平等单位抓财行税管理工作扎实，沙坪坝、璧山、合川、丰都等单位在社保费征收方面成效明显。总之，各区县局上半年组织收入工作都各有亮点，值得充分肯定。

（二）税源管控工作到位

各级各部门围绕组织收入中心任务，认真做好年初税工会部署的十项重点工作。积极开展重点税种、重点行业税收清理。上半年，通过开展房地产、建筑安装和金融三大行业营业税清理，累计清缴营业税17.4亿元；运用信息化手段加强企业所得税汇算清缴，补缴税款25.3亿元；集中力量开展财产行为税“三税清理”，促进耕地占用税增长70.9%、土地使用税增长44.3%、房产税增长28.5%。进一步加大税务稽查力度，

稽查查补收入总额达到 15.4 亿元，入库 14.7 亿元。加速推进以税收风险管理为核心的征管改革，目前共有 12 个区县局全面开展，17 个区县局局部探索试点，12 个区县局谋划启动，创新发票管理方式，将二维码技术引入网络发票和电子发票，进一步提升了以票控税的能力。大渡口、永川、酉阳、荣昌、忠县、武隆等单位在税收征管方面成效较为突出。稽查作用发挥较为充分，1—6 月稽查部门共加收滞纳金 9828 万元，同比增长 42.5%；处罚款 2592 万元，同比增长 1 倍；稽查体制改革效果显现，5 个直属稽查局入库稽查收入达到 10.3 亿元，占全市稽查收入总额的 67%，同比增长 14%。在上半年的税源管控工作中，市局收入规划核算处积极统筹协调，流转税处、所得税处、财产和行为税处、社保处、国际税务处认真谋划研究工作措施，加强基层业务指导，征科处、稽查处、信息管理中心将征管、评估、稽查充分结合，政策法规处加强政策执行把关，有力地承担起了上半年全系统组织收入工作的统领任务。市局其他处室各司其职，为全力做好组织收入工作创造了必要的条件，提供了有力的保障。

（三）服务发展成效明显

全面落实各项减税降费政策，扶持各类市场主体发展，助推我市内陆开放高地建设，上半年减免税费金额达到 109.8 亿元。严格执行小微企业税收优惠政策，全市 7.4 万户小微企业享受营业税优惠近 2 亿元，实际受惠面超过 99%，有力支持了“大众创业”。“营改增”、煤炭资源税从价计征等税制改革稳步实施。积极推进工商执照、组织机构代码证、税务登记证“三证合一”改革试点。大力推动行政审批事项向征收大厅前移，有效提升办税效率，减轻办税负担。主动加强对全市各大工业园区、招商引资重点项目、“走出去”企业的税收服务，积极营造良好的税收政策环境。市局纳税服务局在推行“便民办税春风行动”等方面推出了诸多创新举措，服务质效进一步提升。认真开展经济税收联动分析，从海量数据中挖掘有价值的信息，多篇税收分析报告得到市政府、市政协领导的表扬性批示，为领导决策提供了依据和参考。

（四）队伍建设扎实推进

在全系统全面开展了“三严三实”专题教育活动，精心制定活动方案，细化活动安排，加强督促检查，注重上下联动。坚持领导领学、专家讲学、讨论促学，截至目前，市局班子成员分别到联系区县局讲“三严三实”专题党课，督导全系统专题教育活动有序开展。多渠道、全方位开展思想政治教育，引导干部职工主动适应“新常态”。加强领导班子建设，严格落实《党政领导干部选拔任用工作条例》的规定，加快优秀人才的培养使用，充实加强各级领导班子。有序开展非领导职务晋升，进一步激发干部队伍整体活力。加快培养优秀年轻干部、专业精英人才、岗位业务能手。全面推行绩效管理，实现组织和个人绩效管理的全覆盖，推动工作落实和提质增效。北碚、涪陵、綦江、巫溪等单位在干部队伍建设方面进行了一些工作创新。市局人事处、党办、办公室在统筹加强全系统队伍管理、思想建设、行政管理等方面，做了大量细致的工作。

（五）廉政建设措施有力

开展落实“两个责任”主题年活动，通过制定和细化责任清单、严格落实述责述廉责任制度等方式，不断强化主要负责人、领导班子成员的党风廉政建设“一岗双责”意识。市局党组定期主持召开党组会和党风廉政建设专题会，研究、部署、落实党风廉政建设工作，纪检组严格落实监督责任，认真抓好执纪问责。深入开展“学法守纪防风险”工作。结合地税部门工作实际，将学法律、守纪律、讲规矩、防风险贯穿全年工作始终，把违反政治纪律、工作纪律、生活纪律的行为作为整治重点，从严从实加强监督检查，增强纪律规矩的约束力。开展了税收减免缓欠税管理、税收优惠政策执行、税收清结算、纳税评估、个体定税、税务稽查案件查处、涉税鉴证等管理环节的廉政风险和执法风险排查，取得了较好成效。充分发挥巡视、督察、审计在廉政风险防范中的作用，对发现的苗头问题及时处理。严格规范财务管理和行政后勤管理，对公款吃喝、公车私用、办公用房超标等问题进行坚决整治，中央“八项规定”在全系统得到较好的落实。黔江、南川、城口、巫山、石柱等单位在风险排查和防范方面措施有力。市局巡视办、督察内审处认真履行职责，为从严加强队伍管理做出了积极努力，财务处、行政处切实规范内部管理，监察室严格加强监督执纪，为全系统加强党风廉政和作风建设做出了积极贡献。

上半年取得的每一项工作成绩，都凝聚了全系统六千干部职工的智慧和汗水，展现了地税部门负重前行的坚韧品质和攻坚克难的工作水平。在此，我代表市局党组，向辛勤奋战在各条税收战线上的地税干部职工表示由衷的感谢！

看到成绩的同时，我们也要清醒地认识到上半年工作中存在的突出问题，主要表现在：收入形势依然严峻，下半年工作压力较大，部分单位在困难和压力面前信心不足；税源管控尚需进一步加强，个别单位底数不清、家底不明的问题依然突出；部分单位基础工作尤其是信息化建设亟待加强；部分重点管理领域执法风险、廉政风险依然突出，违法违纪现象仍有发生；队伍管理的压力不断加大，干部思想工作越来越难做，还不能适应“新常态”；个别单位精神不振、管理无序，“庸懒散”问题长期存在等等。这些都是我们下半年工作中必须高度关注并着力解决的问题。

二、关于下半年工作安排

严峻的收入形势、巨大的改革压力、繁重的工作任务，已成为税收工作面对的“新常态”。组织收入是当前全市地税系统的头等大事，能不能在日趋复杂的形势下完成既定的工作任务，是对每一名税务领导干部政治素质、领导水平的综合考验，是对整个地税队伍精神作风、工作能力的直接检验。按照年初市委市政府确定的经济发展目标，下半年全市地方税收还需入库642亿元左右。我们必须站在讲政治、顾大局的高度，切实增强紧迫感和责任感，按照“目标不变、任务不减、速度不降”的思路，以百倍的信心和加倍的努力，紧紧咬住全年税收增长目标不放，切实采取措施加大组织收入工作力度，“以周保旬、以旬保月、以月保季、以季保年”，坚决完成市委市政府下达的税收收入任务。刚才，各位局领导就分管工作进行了安排和布置，他们所提的工作要求，都是经过市局认真研究决定的，请各单位切实抓好落实。下面，我再强调以下要求。

（一）振奋精神，坚定信心

2015年下半年，全市地方税收工作，尤其是组织收入工作仍然面临巨大的压力和严峻的挑战。但是我们必须看到，当前全国和重庆的经济形势稳中向好，为我们完成全年收入任务创造了较为有利的条件。从全国经济形势看，上半年GDP同比增长7%，明显好于市场预期，在全球经济仍处于深度调整的背景下，7% 的增速显示了我国经济的巨大韧性，表明了国家完全有能力化解艰难转型过程中的经济下行压力。从二季度开始，全国各项主要经济指标逐月回暖，再加上中央政府推出了保增长的系列措施，特别是扩大支出、减税降费、降息降准等扶持政策持续发力，下半年经济将保持良好发展势头。从重庆经济形势看，上半年全市 GDP 增长近 11%，增速领跑全国，各项主要经济指标均在全国平均水平之上，特别是在全国进出口持续下降的背景下，全市出口、服务贸易都保持了较快增长。下半年，我市将加快融入国家“一带一路”发展规划，深入实施五大功能区域发展战略，并将采取进一步扩大和优化投资、提振消费、扩大进出口等一系列稳增长的措施，努力达成预定的经济增长目标。总体来讲，无论是全国还是重庆，当前的经济形势都处于企稳向好的良好时期，全市支柱产业的发展势头依然不减，税源基础不断扩大，只要我们坚定信心，抢抓机遇，将经济和税源的每一分良性发展切实转化为税收收入的持续增长，就一定能完成今年的税收任务。

除了重庆经济平稳发展的良好预期，我们的信心和底气也来自于自身多年努力打下的工作基础，以及在困难形势下持续作战积累的丰富经验。第一，地税部门税收基础管理质量和税源管控能力不断提高，堵漏增收、管理促收的能力不断增强。第二，近年来干部队伍建设的加强，打造了一支敢打硬仗、善打硬仗的可靠队伍，为完成收入任务提供了坚强的人力保障。第三，在各级党委政府的大力支持下，全市综合治税工作加快推进，营造了良好的组织收入工作环境，也为完成收入任务创造了有利条件。我们一定要正确研判当前经济税收形势，牢牢把握各种有利条件，统一思想、坚定信心，振奋精神，以昂扬的斗志和饱满的热情投入到下半年各项工作中去。

（二）咬住目标，狠抓落实

今天的会议明确了各区县局下半年的收入任务，也是全年的工作目标，从现在开始，各单位就要紧紧围绕收入增长目标，开展税源调查分析，制定税收入库计划。要强化各级领导的工作责任，进一步加强对基层单位的工作指导，促进以组织收入工作为中心的各项任务落到实处；要加强与地方党委、政府及各部门的沟通协调，加强与重点税源所、重点税源户和税源集中的开发区（商圈）的联系，切实解决基层单位和纳税人反映突出的问题，为地方党委政府、基层和纳税人服好务；要加大收入考核力度，督促未跟上收入进度的区县局、税务所认真分析经济税源发展情况，切实采取措施，深入挖潜增收，尽快赶上收入进度。要加大督查督办力度，抓好以下三个方面的工作落实：一是要落实好年初税工会部署的十个方面、45 项重点工作任务，特别是要抓好组织收入工作的落实，确保税收任务圆满完成。二是要持续加强税收基础保障，夯实税收征管基础，提升干部基本技能，着力推进税收规范化管理。三是要落实好局领导基层调研时收集反馈问题的整改，及时明确相关税收政策，指导基层单位开展好组织收入工作。

（三）把握方法，完善措施

一是要牢固树立收入任务观念，时时都要绷紧组织收入这根弦，及时分解任务，层层传导压力，明确工作责任，督促和带动各级税务干部自觉树立强烈的任务意识，积极主动抓好组织收入工作。二是要妥善处理好收入任务与依法治税的关系，既要坚持组织收入原则，确保应收尽收，防止税收流失；又要坚持依法征税，坚决禁止收“过头税”，严格依法办事，用法制的思维方式应对和化解当前面对的各种复杂问题和尖锐矛盾。三是要处理好加强征管与服务发展的关系，既要紧张有序地抓好组织收入工作；又要合理把握税收执法、税收清理的力度和节奏，充分考虑地方经济和纳税人的可承受度。要高度关注当前经济形势下部分企业面临的经营困难，符合办理缓税和退税条件的，应缓则缓、应退则退，帮助企业减轻资金压力，真正涵养好税源。要牢固树立“不落实税收优惠就是收过头税”的工作理念，不折不扣落实好各项税收优惠政策，为地方经济发展营造宽松的政策环境。

为了做好下半年的各项工作，我们要针对当前税收工作的薄弱环节，拿出切实有效的措施，指导基层单位开展工作。一是要进一步加强税源管理，深入挖掘增收潜力。要坚持抓大不放小的原则，在管好重点税源的基础上，通过部门信息共享、国税局、地税局协作等方式，将零散税源、小额税源切实管起来，努力做到“既抱西瓜、又捡芝麻”。二是要加强税种基础管理，确保各税种收入均衡稳定增长。要在深入排查税种管理薄弱环节的基础上，进一步明确相关税收政策，指导基层开展税种清理、欠税追缴，深入挖掘各税种增收潜力。特别是要高度关注“营改增”动态，全面开展营业税清理和欠税清缴，确保营业税应收尽收。三是要扎实推进征管改革，全面推行税收风险管理。结合开展“学法守纪防风险”工作，积极稳妥地推进税收征管改革，加快由管户模式向管事模式的转变，建立团队管税、岗位管事的税收管理新模式。同时，要充分发挥税收风控中心的作用，按照扎口管理、统一推送的原则，统筹推进税收风险管理，有效防范税收执法风险。四是要持续优化纳税服务。结合落实国家税务总局纳税服务规范，深入开展“便民办税春风行动”，持续推进行政审批改革和商事登记制度改革，进一步简化办税流程，切实减轻纳税人负担。

（四）严管善待，带好队伍

作风优良、纪律严明的队伍，是我们完成全年各项工作任务的重要保证。首先，要进一步加强干部职工思想政治工作，用正能量引导职工，让广大地税干部主动适应“新常态”。其次，要抓好班子自身建设。扎实开展“三严三实”专题教育，深入学习党的十八届三中全会、四中全会、习近平总书记系列讲话精神，教育引导全市地税系统领导干部加强党性修养，提升法治理念，改进工作作风。严格执行《党政领导干部选拔任用条例》，选好配强各级领导班子，特别要加强领导干部能力建设，着力提升班子的履职能力。其三，是认真抓好队伍业务能力提升，持续加强税收业务培训，分类开展全员岗位业务知识培训达标活动，提升干部税收实战水平。其四，要切实抓好廉政建设。继续深入开展“学法守纪防风险”活动，进一步排查重点领域、重要岗位的廉政风险和执法风险。严格落实“两个责任”，确保党组书记承担起第一责任人的责任，副职要落实“一岗双责”，领导班子要承担起主体责任。做好执纪监督问责等各项工作，切实承担起监督责任。要从严加强廉政教育工作，结合地税系统的特点，创新形式，讲求方法，真正做到廉洁从税、廉洁从政意识入脑入心。同时，要关心干部职工，营造良好的环境和氛围，特别要发挥好基层党组织和群团组织的作用，引导员工愉快工作、健康生活，提升干部职工的工作主动性和积极性。

在2015年一季度组织收入工作视频会议上的讲话

重庆市地方税务局党组成员、副局长　余志东

（2015年1月15日）

新年伊始，市局就召开全市地税系统2015年一季度组织收入工作视频会议，凸显了今年收入形势的严峻性和复杂性，也考验着我们对组织收入工作的预见性以及对今年征管工作方式、力度和节奏的驾驭能力。因此，我们必须立足一个早字，早谋划、早安排、早落实。既着眼当前、又谋划全年，做到及时预判、从容应对，认真解决当前税收征管工作中存在的薄弱环节和突出问题。

各单位要按照“行动要快、力度要大、措施要硬、效果要实”的工作要求，结合各地实际，进一步研究完善组织收入的工作措施，切实抓好2015年一季度的组织收入工作，为全年任务的完成开好头、起好步，打下良好的基础。

一、集中组织开展三大行业营业税清理工作

根据前不久召开的全国税务工作会议精神，今年将力争全面完成“营改增”扩围任务，营业税收入将面临较多的减收因素。为确保“营改增”的顺利实施和收入任务的圆满完成，市局将对全市房地产、建筑安装、金融保险业开展一次集中清理。清理的重点和要求如下：

（一）房地产开发企业

一是清理房地产开发企业以不动产抵减各类款项和费用而漏缴和少缴营业税的行为。主要内容包括：以不动产抵减银行、其他单位及个人借款；以不动产抵减施工单位工程款；以不动产抵减材料供应单位材料款；以不动产抵减广告制作单位及各类媒体广告宣传费；以不动产抵减房产中介单位或个人的中介服务费等，而漏缴和少缴营业税的行为。

二是清理房地产开发企业收取的定金、诚意金、违约金等预收款项是否按规定及时申报缴纳营业税。

三是清理房地产开发企业向政府相关单位无偿移交医院、学校等建筑物和土地附着物，是否视同销售，按规定及时申报缴纳营业税。

四是清理房地产企业的关联交易行为。重点是：房地产企业的关联方无租或低价租赁使用停车场、商场、门面、酒店、健身娱乐场所，以及

低价购买不动产，而未严格按照征管法和营业税条例及其实施细则的相关规定核定计税营业额的行为。

（二）建筑安装业

一是加强对纳税人应纳税营业额的清理。结合建筑业双向申报的规定，重点清理纳税人隐瞒应税收入的行为。特别是隐瞒与工程相关的赔偿金、延期付款利息、资金占用利息等各类价外费用的行为；清理纳税人从事混合销售过程中，少计劳务营业额、多计货物销售额，从而不如实申报缴纳营业税的行为。

二是加强对甲供材的清理。重点清理纳税人取得建设方移交的甲供材料而未主动申报缴纳营业税的行为。

三是加强对清偿债务或冲抵债权的清理。结合对工程项目的日常管理和税收清算，特别关注纳税人的应收应付款项。重点清理纳税人对外提供劳务以清偿外部债务或者接受建设方劳务、资产以冲抵自身债权而不计入应税收入的行为。

四是加强对重点项目的营业税清理。结合项目管理的相关要求，强化对重点项目建设规模、施工进度、竣工结算和交付使用等方面的跟踪和监控，特别是对 BT 项目，要重点清理在工程建设期间，分包单位未按工程投资足额缴纳营业税的行为；在工程移交后，总包单位收到回购款后，未按收入与费用配比的方法正确计算并及时足额缴纳营业税的行为。

（三）金融保险业

一是贷款利息收入、保费收入的清理。重点核实金融保险机构贷款利息收入、保费收入是否按规定全额缴纳了营业税，确保营业税收入及时足额入库。

二是金融商品转让缴纳营业税的清理。重点核实各类金融商品转让是否纳入了征税范围，各类金融商品转让业务是否按规定执行了差额征税。

三是清理票据贴现利息收入是否按规定征收了营业税。重点核实金融机构是否将贴现利息收入扣除转贴现（或再贴现）利息后差额纳税或将贴现利息收入按应收票据持有期间按月分摊延迟纳税。

四是清理金融经纪业务是否按规定缴纳了营业税。重点清理部分金融机构是否把属于金融业营业税征税范围的金融经纪业务（金融界一般称为中间业务，如委托业务、代理业务、咨询业务等），理解成“营改增”的征税范围而缴纳增值税，正确界定营业税征税范围。

五是清理是否存在扩大金融机构往来范围而少缴营业税的行为。重点清理金融机构相互之间提供服务取得的收入是否按规定缴纳了营业税。

六是清理税收优惠政策落实情况。重点核实农村金融、中小企业信用担保、统借统贷、保险公司开展的一年期以上返还性人身保险业务等税收优惠政策是否准确执行到位，有无擅自扩大税收优惠政策执行范围和标准的情况，确保营业税优惠政策落到实处，取得实效。

七是对委托银行贷款利息收入缴纳营业税情况的清理。新营业税条例取消银行法定扣缴委托贷款利息收入营业税义务后，部分委托贷款利息收入营业税征管出现了空档。各单位要采取委托代征、追踪征收等多种措施，积极清理排查，堵塞税收征管漏洞，尽最大努力减少税收流失。

八是对新型金融业态的调查和清理。要全面贯彻执行《重庆市地方税务局关于营业税若干征管问题的通知》（渝地税发〔2014〕70 号）规定，持续加强对小额贷款公司、财务公司、私募基金、担保机构等新型金融企业以及对企业各项经营收入、金融创新产品发行方式和对象以及适用政策的调查和清理。

以上三大行业营业税的清理工作，从现在开始到 2015 年 6 月 31 日结束。2015 年 2—4 月，集中清理房地产开发企业和建安企业，5—6 月集中清理金融保险业。

对房地产业和建安业的清理，市局将确定 100 个市级重点工程项目和 100 个重点房地产项目，名单随后下发。各单位要把“两个 100”作为重点来进行清理。市局将对此项工作进行督查，并纳入 2015 年度绩效考核。

对金融保险业的清理，重点是对近两年来应缴纳的营业税进行清缴。

各单位要高度重视，周密部署，及时成立清理工作领导小组，指定一名局领导牵头负责，并结合实际情况制定清理工作方案，有计划有步骤地推进实施。各单位可将此次清理与所得税汇算清缴和年度税务稽查相结合，统筹进行安排。在此次清理中，发现有涉税违法行为的，要及时移交稽查部门处理。各单位税政、征管、稽查和信息管理部门要密切配合，确保此次清理工作有序推进，取得实效。

二、切实加强所得税征收管理工作

一是突出抓好 2014 年四季度所得税预缴工作，提高预缴率，防止企业出现以年度汇算清缴代替四季度预缴的情况，确保 2015 年一季度企业所得税收入及时入库。

二是完成年所得 12 万元以上自行纳税申报工作，力争自行申报人数突破 14 万。重点加强对两处以上取得工资薪金所得和生产经营所得申报数据的纳税评估，切实提高自行申报工作的数量和质量。

三是在一季度前，完成个体工商户与个人独资、合伙经营等企业适用的个人所得税汇算清缴工作，力争汇算清缴面达到 95%。重点加强对查账征收户年度纳税申报表和有关资料逻辑性、完整性的审核，规范纳税人申报，提高汇算申报质量。

四是扎实推进个人所得税代扣代缴明细申报工作，不断扩大覆盖面，夯实税源基础，确保完成一季度 15% 的推广计划。

三、切实加强财行税的征收管理工作

（一）土地增值税管理

一是夯实基础管理。从房地产项目取得土地开始，建立项目管理档案，充分利用金税三期系统房地产项目管理功能，结合电子文档等形式，对项目规划、施工、预售、竣工各环节建立征管动态台账。

二是加强预征管理。通过查询市国土房管部门官方网站商品房预售审批结果公示信息、提请当地国土房管部门直接传递相关信息等方式，及时掌握当期房地产项目预售许可情况。做好申报资料与日常管理资料的比对核查，避免混淆销售房产类型以及销售收入所属时间。普通住宅预征率下调为 1% 后，应按照享受优惠政策的普通住房标准对房地产项目预售进行认定，杜绝将住宅中的非普通标准住宅和独栋商品住宅，混入普通标准住宅预征土地增值税。

三是狠抓清算管理。对已竣工未清算项目逐一进行清查，将销售已达到规定比例的项目全面纳入清算条件评估范围，对于清算条件已经成熟的，应立即下发清算通知，要求企业在规定期限内清算申报；由于清算资料不完善等原因还暂不具备清算条件的，应责成企业在限期内完善相关资料。对企业已经清算申报的房地产项目，应拟定清算审核计划，按规定期限实施清算审核。

（二）契税管理

一是强化土地契税管理。加强与国土部门的衔接，通过部门信息传递、国土官方网站公布信息等渠道，及时获取土地出让等外部信息，凡已签订出让合同的，应通知纳税人于次月内进行纳税申报，按土地成交价格全额计征契税。

二是规范增量房契税管理。进一步强化增量房契税管理，应及时获取增量房网签信息，做好与营业税、土地增值税预征的信息比对，防止房地产企业长期占用、积压税款，抓好增量房契税的及时入库。

（三）房产、土地、耕地占用税管理

一是继续开展比对清查。加强与国土部门的协作，及时获取应税房屋、土地保有信息以及农用地转用审批信息，建立健全信息共享和税收源泉控管长效机制。

二是全面贯彻落实《重庆市城镇土地使用税以地控税以税节地试点工作方案》，实施土地信息关联比对、开展税源核查、完善税源管理，为做好 2015 年 4 月份土地使用税征收期工作奠定基础。

三是加大对政府投融资平台和土地储备机构的征管力度。在去年全面调研基础上，切实锁定政府投融资平台以及土地储备机构税源情况，同时加强与当地政府、财政部门的衔接沟通，逐步规范政府投融资平台和土地储备机构征收管理。

四、切实加强税收的风险管理工作

（一）加强地税委托国税代征附加税费工作

加强对地税委托国税代征附加税费工作开展情况的调研，统筹做好顶层设计，商请市财政局和市国税局在 2015 年 3 月底前制定出台具体的实施意见。各区县局要加强与当地国税部门的协调配合，积极探索由国税委托代征附加税费的方式，防止附加税费流失。

（二）开展建筑业纳税评估专项复查

2015 年 3 月份在全市范围内开展建筑业纳税评估专项复查工作。复核检查由市局统一抽调业务骨干进行，通过到区县局调阅 2014 年建筑业专项评估有关资料，重点复查各区县局是否按市局规定的时间、期限和要求对下达的评估任务开展纳税评估，对推送的风险点是否逐一排除，评估应补缴税款及滞纳金是否按规定补缴入库。

（三）开展个体户税收征管情况的自查

各单位要对《重庆市地方税务局关于进一步加强个体税收征管工作的通知》（渝地税发〔2014〕211 号）的贯彻落实情况进行认真自查。主要是对街道、车站、商场内租赁柜台、市场内租赁业户、写字楼和住宅楼内经营业户、房屋出租、大型专业市场“前店后厂”等薄弱环节，对健康养生、心理咨询、餐饮、娱乐、美容、培训等薄弱行业，对“一址多照”“一照多址”、假注销、假停业、假失踪等异常纳税人是否开展了漏征漏管户清查等。对个体户税收管理情况的自

查，主要针对是否认真落实提高个体户增值税和营业税起征点政策，核定定额程序是否符合规定，是否存在采取“一刀切”等方式随意调高或调低定额现象，对申报计税依据明显偏低或长期零申报的个体建账户是否进行重点管理。

（四）加强缓欠税管理

一是严格控制缓税审批。从严审核纳税人上报的延期纳税申请，对当期货币资金余额充足、具有缴税能力、不符合延期纳税条件的，不得上报审批。对于土地契税、土地增值税预征等原则上不予缓税。

二是抓好缓税入库。去年年底前已审批的缓税，在今年三月底前缓缴期限均已届满，各区县局应在缓税期限届满前，要及时提醒、通知纳税人组织资金缴税，确保到期缓税在规定限期内解缴入库，防止形成新的欠税。

三是多措并举加强欠税管理。全面贯彻落实市局《减免缓欠税管理办法》，依托金税三期核心征管系统，进一步加强欠税信息化管理，确保欠税数据的合法性、真实性、准确性和完整性。与公安、边防等部门加强工作协作，增强欠税追缴的合力。依法采取加强纳税申报审核、强化催报催缴、严格缓税审批、坚持以欠抵退、依法加收滞纳金、加强欠税检查、制定欠税清缴计划、加强欠税公告、实行以票控欠、依法行使代位权和撤销权、依法实施强制执行措施、参与企业破产清算、严把死欠核销等有效手段，进一步严控新欠、追缴陈欠。

五、切实加强税务稽查工作

各单位要充分发挥稽查部门以查促管、以查促收的职能作用，把好税收的最后一道关口，严厉打击偷漏税行为。

一是要围绕营业税专项清理，下达一批“营改增”扩围行业高风险企业的检查计划，并组织开展对小额担保、贷款公司等金融机构的调研式稽查。要按照市局工作要求细化检查方案，落实工作责任，确保查深查透。

二是要加大对去年遗留案件的查处力度，市局将挂牌督办一批重点案件，确保在一季度全面完成积案检查、处理和执行入库工作。

围绕中心　服务大局
进一步提升税政工作水平

——在2015年税政工作会上的讲话

重庆市地方税务局党组成员、副局长　佘志东

（2015年2月3日）

为切实抓好营业税、所得税、财产行为税管理，集中力量组织好税收收入，今天召开全市地税系统税政工作会议。这次会议的主要任务是：深入学习贯彻党的十八届三中、四中全会，市委四届四次、五次、六次全会精神，认真落实全国税务工作会议和全市地方税务工作会议做出的部署和要求，全面总结2014年税政工作情况，安排部署2015年工作任务，进一步提升税政工作水平，确保圆满完成全年税收任务。下面，我讲三个方面的意见。

一、改革创新，攻坚克难，2014年税政工作取得显著成效

一年来，全市地税系统各级税政部门牢固树立科学发展观，认真落实市局工作部署，着力加强税政管理，全面深化税制改革，不折不扣执行税收优惠政策，较好地完成了各项税收工作任务。

（一）围绕组织税收收入，强化了各税种的征收管理

2014年，在全市经济增速放缓，房地产持续下滑，政府投资减少，“营改增”逐步推进的大背景下，全市地税系统各级税政管理部门努力克服诸多不利因素，千方百计加强税种管理，保质保量地完成了组织收入任务。营业税在房地产形势极为严峻和“营改增”减收40亿元的情况下，全年实现收入444亿元，实现了近5%的增长，剔除“营改增”因素，实际增幅达12.5%，收入规模全国排第十六位，西部第二位。两个所得税累计实现收入226亿元，同比增长16.40%，增收31.8亿元。所得税收入占税收收入比重提高到22.90%，比上年同期提高0.5个百分点，实现了2014年两个所得税确保增长13%的工作目标。财产行为税实现收入483亿元，同比增长18.6%，收入规模首次超过营业税，税收占比由上年的39%上升到41.9%，对地方税收增长起到了重要的支撑作用，取得了历史性的突破。

在营业税管理方面，一是有针对性地加强了“房地产业、建筑业、金融业”三个重点行业的营业税管理，对全市近两年营业额超过3000万元的房地产业、建筑业、金融业和电信业纳税人开展营业税专项评估清理，共评估清理企业2970户，清理入库营业税3.82亿元。二是开展了“发票、欠税、代征”三个关键环节的清理，加大了营业税欠税清缴力度，督促区县局通过制定清缴计划、开展纳税约谈等方式，重点对已经实行“营改增”的四大行业开展营业税欠税追缴。三是强化了“教育劳务、餐饮定税、差额征税”三个薄弱环节的治理，规范了教育劳务审批事项，合理设置餐饮定税标准，统一了差额征税政策。四是加强营业税税源监控，建立了按季开展营业税收入分析、预警和督导的工作机制，定期进行营业税收入增减评价，对营业税收入进度滞后、降幅明显、行业管理存在异常情况的地区进行预警提醒和督导。五是开展房地产业税收专项分析，撰写了《2014年销售不动产收入形势分析及征管建议》，将房地产市场经济数据与税收数据进行深入比对，准确预测房地产形势，提出加强房地产管理的具体建议，采取积极的应对措施。

在所得税管理方面，一是认真贯彻企业所得税预缴管理办法，重点对建筑业、房地产业落实按完工百分比法确认收入、按预计毛利率进行预缴的相关规定，结合外出经营税收管理，进一步加强了市内、市外总分机构预分、预缴所得税管理。去年企业所得税预缴入库87.6亿元，预缴率达76.31%，较前年提高4.28个百分点。二是积极推行个人所得税扣缴系统“清单式”推送方式，采取集中宣讲、上门辅导、跟踪督促等多种措施大力开展扣缴系统推广工作。去年，全市扣缴系统覆盖率由44.62%提高至66.17%，覆盖纳税人556万人。全员全额明细申报户数达到20.22万户，其中使用明细扣缴系统户数20.18万户，较去年增长7万余户。三是建立分主城地区、渝东北、渝东南和渝西地区的所得税评估模型，完成了房地产开发、建筑安装企业预警值行业测试，公布房地产开发、建筑安装企业所得税预警值，切实指导各级税务机关抓住重点税源，开展风险管控。四是充分发挥信息管税作用，在金税三期征管系统中建立《个人股东变动情况报告表》，完善自然人股东股权转让信息监管手段。五是充分利用省级征管大数据优势，对国、地税均未纳入管辖的企业所得税漏征漏管户开展清理检查，全年把近3000户漏征漏管户纳入正常征管。

在财产行为税管理方面，一是着力提升土地增值税管理水平。开展了房地产项目专项清查，全面掌握和动态监控在建、在售项目情况，对达到可清算、应清算条件的项目，要求必须建立清算项目档案，进一步强化房地产项目基础管理。对房地产项目预售收入全面纳入预征范围，分房地产类型严格适用预征率，加大对预征政策执行情况的监督和检查力度；将普通住宅预征率由2%下调为1%，充分发挥预征阶段调节作用。狠抓土地增值税清算管理，在全面掌握房地产项目情况基础上，拟定清算计划，按步实施清算，按月监控全市清算进度。各区县局在清算管理中积极探索、大胆创新，委托中介机构对全市重点开发项目进行集中审核清算，取得显著成效，全年共清算项目350个，清算补税50亿元。二是强化土地使用税、房产税和耕地占用税“三税”管理。各区县局积极争取政府支持和部门协作，及时获取国土部门第三方信息，并深入开展信息比对，摸清税源底数，对各类园区、政府投融资平台、储备土地、房地产企业等重点税源“三税”征管情况进行彻底清查，共查补“三税”22.9亿元。

同时，积极创新土地使用税管理模式，研究开发土地使用税税源管理系统，有序推进“以地控税”试点工作。三是抓好契税的征收管理。定期归集下发国土部门土地出让信息，通过税源信息比对强化出让土地的契税管理。契税已超过所得税成为仅次于营业税的第二大税种。四是深化存量房交易价格评估工作。健全评估系统数据信息更新维护机制，及时优化和调整评估参数，每月更新交易日期调整系数，建立新楼盘小区样本库，完善原有评估分区的样本，在技术层面上确保纳税人交易顺利和成功。完成别墅交易价格评估上线工作，实现了行政区域、住房类型的评估全覆盖。各区县局结合本地房地产市场实际开展商业用房调研，积极探索商业用房的交易价格评估，积累了宝贵经验。近年来全市上线评估存量住房42.8万套，评估调增税收30.5亿元，有效提升了存量房交易的税收管理水平。

（二）围绕规范化建设，进一步完善了各项政策措施

按照“规范、统一、高效”的原则，加强税政研究，出台了一系列税收政策管理文件，解决了征纳双方共同关心的税收热点难点问题。

一是针对房地产联合开发模式较多，税收政策不够统一的问题，出台了《房地产开发营业税征管问题的通知》，完善了各类形式联合建房的营业税政策，在全国范围内率先解决了困扰基层征管的税政难题。

二是出台《营业税若干征管问题的通知》，统一了国有资产划转、土地使用权和个人住房转让、个人合伙和个人独资企业资产处置的税收政策。明确了建筑工程分包差额纳税的形式和要件，建立“甲供材”声明登记管理方法，强化了“甲供材”日常监控，明确了“甲供材”的营业税税负转嫁问题。规范了全市金融机构票据贴现业务营业税计税依据、纳税义务发生时间的管理，妥善解决税收计征与会计核算的差异。

三是促进全市科技创新和科技成果转化，助推我市企业改制上市，出台《关于个人投资和转增股本个人所得税实行分期缴纳有关征管问题的通知》《重庆市促进科技成果转化股权和分红激励的若干规定》的实施办法。

四是针对自然人股东股权转让价格偏低、税务机关核定困难等问题，出台了《自然人股东股权转让所得个人所得税征收管理办法》，规范征收管理链条，建立了股权转让价格评估核定机制。

五是出台《关于土地增值税若干政策执行问题的公告》《房地产开发项目土地增值税核定征收管理办法》，加强土地增值税清算管理，解决了土地增值税政策口径不明确问题，进一步规范了土地增值税核定征收的认定环节、文书及程序。

六是规范和统一了全市土地使用税和房产税政策，出台《关于明确房地产开发企业城镇土地使用税纳税义务终止有关问题的公告》，解决了以前各地税额标准不一、相邻区域税负差异大的问题。

七是出台《关于享受契税优惠政策应提供资料的公告》《切实加强房地产交易税收征管工作的通知》《存量房交易税收管理规程》等文件，完善了存量房交易税收管理的办税流程和内控机制，统一了纳税人资料报送，有效防范了税收执法风险。

（三）围绕深化改革，顺利完成了税制改革的任务

1. 积极稳妥地推进“营改增”工作。一是顺利完成了“营改增”试点纳税人交接，与国税部门联合核实并交接试点纳税3.4万户，其中：交

通运输业和部分现代服务业 3.2 万户，铁路运输业 26 户，邮政业 322 户，电信业 1196 户。二是开展了试点纳税人“税款、票证、资料”三项清理工作，确保了新旧税制改革的平稳过渡。对纳税人试点前应交营业税款及时清理催缴入库，认真做好票证、发票的缴销、领用和保管，防止票证和发票遗失，认真整理保存征管资料，经得起历史的检验。三是与市财政局、国税局联合制定并落实好过渡性财政扶持政策，帮助纳税人争取财政扶持，以尽快适应税制改革。去年共计受理 384 户试点纳税人的申报，审核通过 378 户，申请拨付财政扶持资金 1.1 亿元。四是加强“营改增”的后续管理，积极与市国税局沟通协商，通过委托国税局系统代征加强附加税费的管理，减少税费流失。

2. 深化个人住房房产税改革试点。个人住房房产税自 2011 年在我市试点以来，社会关注度居高不下，舆论环境日趋复杂，工作压力较大，纳税人不主动申报甚至拒绝申报缴税的现象逐年有所增加。面对复杂的征纳矛盾，市局和主城区各征收单位站在讲政治的高度，克服时间紧、任务重、矛盾多等困难，通过采用一对一的服务方式，做了大量艰苦细致、卓有成效的工作，圆满完成了近几年的试点任务，得到了市委、市政府的高度评价。

3. 精心组织经营性房地产模拟评税工作。作为全国六个试点单位之一，我局按照财政部、国家税务总局对房地产税改革的相关部署，认真开展经营性房地产模拟评税工作。市局组织九龙坡和垫江两个试点地区对涉及的 43 个街道、乡镇，917 户企业的纳税人信息、房地产基础数据进行了采集和入库审核，通过房地产评估模型，对采集的数据开展了房地产的价值评估，测算分析了我市房地产税的税率和税负情况，为全国的房地产税制改革作了大量的调研和准备工作。

4. 推进煤炭资源税改革。煤炭资源税改革是中央审议通过《深化财税体制改革总体方案》后的第一项重大税制改革措施。为切实做好改革工作，我们在全市开展煤炭企业情况调查摸清税源底数，先后 6 次召开与煤炭企业和财政、能投等部门的座谈会、深入 5 户全市重点煤炭企业征求意见建议，研究确定了我市煤炭资源税税率 3%，洗选煤折算率 65% ~ 75%，并完善了相应的配套执行文件，确保了煤炭资源税改革平稳推进。

（四）围绕服务发展，全面落实各项税收优惠政策

全市地税系统各级税政部门自觉服从服务于全市经济社会发展大局，进一步加大税收优惠政策落实力度，优化纳税服务，不因收入任务重、征管难度大而打折扣，较好发挥了税收对“转方式、调结构、惠民生”的促进作用。

一是积极服务社会民生，认真贯彻落实小微企业税收优惠政策。全年共计为 6.85 万户小微企业减免营业税约 1.93 亿元，为 8.91 万户个体工商户减免营业税 7.16 亿元；小微企业所得税优惠政策受惠面达到 89.58%，受惠企业 4959 户，减免税额 2129.54 万元。

二是积极落实各项所得税优惠政策。全年共计 2298 户企业享受西部大开发税收优惠，减免税款 32.93 亿元，同比增加 6.74 亿。积极支持产业发展，对节能节水、安全生产、环境保护、资源综合利用企业减免企业所得税 1.39 亿元；技术开发费加计扣除抵免企业所得税 3.58 亿元；安置残疾人减免所得税超过 2.98 亿元。

三是积极落实财产行为税优惠政策。全年减免契税、房产税、土地使用税等财产行为税费共计 40 亿元。下放房产税、土地使用税困难减免

和资源税重大损失审批权限，减轻纳税人享受税收优惠政策负担，缩短了减免税审批时间。

四是规范存量房税收管理流程。针对存量房交易税收征管中纳税人反映的突出问题，深入调研论证，及时出台优化服务多项措施，削减不必要的资料报送，减轻纳税人办税负担，提高了存量房交易办税效率。

五是先后深入高速公路、轨道交通集团、英业达、能投集团等大型企业开展调研，了解企业税收诉求，做好政策解释和服务，协助处理相关涉税问题，积极支持企业做大做强。在围绕重庆五大功能区建设，改善和服务民生等方面，积极向各级党委政府建言献策。对处理渝富集团土地储备、重庆光电公司破产重组等重大涉税事项，以及市政府出台的《土地一级开发整治 PPP 投融资模式改革试点方案》提出了税收政策建议。

总的来讲，过去一年的工作，繁重而艰辛！在各种困难和挑战面前，全系统各级税政部门和干部职工勇于拼搏，敢于担当，取得了来之不易的成绩，为地税事业的发展做出了积极的贡献。在此，向辛勤工作在税政战线上的同志们表示崇高的敬意！向给予税政管理工作大力支持的各位领导和各个部门表示衷心的感谢！

在肯定成绩的同时，仍应清醒地看到，按照国家税务总局和市局的要求，税政工作仍然存在一些问题和不足。一是有的政策执行不统一，有的政策落实不到位，违规减免缓税时有发生，税务干部风险意识和法治观念有待加强。二是税政管理基础不够扎实，个别单位对信息管税时代的征管大数据的运用不够，管理思想和管理方式老化，部门协作不力，信息传递不畅，税源底数不清。三是部分干部开拓创新意识不强，税政管理专业化人才比较匮乏，不能很好地解决日益复杂的税政问题，难以适应税收现代化的要求。对以上问题，我们必须高度重视、积极应对，切实采取有效措施，认真加以解决。

二、认清形势，凝聚共识，增强做好税政工作的责任感

当前，中国经济社会发展步入了“新常态”，改革发展的任务日益繁重，税收面临的形势日趋复杂。作为税政管理部门，要有高度的政治敏锐性，正确认识当前的宏观形势，积极迎接各种新的挑战，适应新的要求。

一是正确认识组织收入的严峻形势对税政部门提出的新要求。2015 年，全市地税系统组织收入工作将面临诸多不利因素。一是经济“新常态”下，发展速度有所放缓。新的一年，我市经济下行压力依然较大，实体经济因产能过剩、融资瓶颈、用工成本上升等原因面临较大困难。二是房地产因库存量大，地产信贷受限等原因深度调整，影响到上下游产业的发展，税收收入长期依靠房地产的模式难以为继。三是政府偿债进入高峰期等原因，政府投资力度明显减弱，经济发展缺乏引擎。四是“营改增”即将全面实施。作为地税收入第一大税种营业税将全部纳入增值税征税范围，税收收入压力之大可想而知。另一方面，我们也要客观分析有利因素，我国正处于大有作为的重要战略机遇期，总体向好的基本面没有改变，重庆正处在“一带一路”的战略节点，建设长江上游经济中心、国家中心城市和内陆开放高地仍面临众多机遇。在这样的背景下，我们必须做好打硬仗的思想准备，必须千方百计向加强管理要收入，把各项组织收入的措施一抓到底，努力做到应收尽收。前不久，市局分税种预下达了计划任务，希望各级税政部门增强紧迫感，将工作重心转移到既要管政策，更要抓收入、抓税源管理上来，把组织收入作为税政工作

的中心任务，认真开展税收分析，严格执行税收政策，严密实施税收征管，以强有力的措施促进各税种收入的可持续增长，坚决完成各税种的收入任务。

二是正确认识依法治税的深入推进对税政部门提出的新要求。党的十八届四中全会审议通过了《中共中央关于全面推进依法治国若干重大问题的决定》，提出全面推进依法治国的总目标是建设中国特色社会主义法治体系，建设社会主义法治国家。今年全国税工会上，国家税务总局局长王军提出在更高层次更高水平上推进法治税务建设，要求进一步严格税收执法，持续推进税务行政审批制度改革，加大税收执法督察力度，完善税务行政复议制度。去年底国务院下发了《关于清理规范税收等优惠政策的通知》，明确要求统一税收政策制定权限，所有违反法律规定的税收优惠政策一律停止执行，市局已按照要求进行了初步清理。各区县局要高度重视，坚持税收法定原则，除依据专门税收法律法规规定的税政管理权限外，一律不得自行制定税收优惠政策。在今后的工作中，必须进一步增强法治意识，推进公平公正执法，加强执法监督，严格违法问责，使税政管理工作沿着法治化轨道前行。

三是正确认识税收现代化的任务目标对税政部门提出的新要求。国家税务总局提出在2020年前完成以六大体系为内容的税收现代化建设任务。六大体系包括政策服务、纳税服务、风险管理、信息支撑、人才保障和廉政防控等。各级税政部门要围绕六大体系的要求，积极探索现代化的管理方式，充分利用现代信息技术，建立完备的税收政策管理体系，尽快适应税收现代化的要求。要实现税收现代化，人才是关键，各级税务机关要着力培养一支懂法律、懂会计、懂税收的税政专业人才队伍，工作上要敢于压担子，给税政干部锻炼发展的空间，同时也要为税政干部创造良好的学习环境，提升税政干部的政策管理和服务能力。

四是正确认识经济社会快速发展对税政部门提出的新要求。随着经济社会的快速发展，社会分工的不断细化，纳税人经营方式日趋复杂，新兴业态层出不穷，经营行为流动性、隐蔽性越来越强，应税与非税行为的界定越来越难。面对新的形势，税政部门要转变观念，增强工作的主动性和敏锐性，密切关注新情况，积极学习新知识。要深入新兴行业开展税政调研，开动脑筋撰写调研文章，及时向市局和国家税务总局提出完善政策和加强征管的意见建议。同时，税政管理部门要合理利用税收政策扶持新行业、新业态的发展，培植涵养好税源，让纳税人充分享受到税收优惠政策，为经济发展提供公平公正的税收环境。

三、抓住机遇，迎接挑战，努力做好2015年税政工作

2015 年，全市地税系统税政工作的总体思路是：围绕税收现代化的奋斗目标，完善科学的税政管理机制，夯实税政管理基础工作，依法执行各项税收政策，防范税政管理中的风险，进一步提升各税种的管理水平，促进各税种的持续增收，为圆满完成 2015 年税收收入任务和重庆经济社会发展做出积极贡献。

全市地税系统税政工作的总体目标是：营业税增长 14% 以上，达到 507 亿元。在房地产业、建筑业、金融保险业全面清理的基础上，重点清理 100 个市级重点工程项目和 100 个重点房地产项目。所得税增长 15% 以上，达到 260 亿元，企业所得税核定征收面控制在 6% 以下，预缴率控制在 77%，汇算清缴率达到 98% 以上，个人

所得税代扣代缴申报系统覆盖率达到70%以上，明细申报率达到95%以上，年所得12万元以上申报人数不低于14万人次。财产行为税增长10%以上，达到534亿元。

上述指标是通过反复测算、集体研究确定的，通过大家的努力是可以实现的。希望各级税政管理部门进一步增强紧迫感和责任感，努力克服各种困难，进一步细化工作措施，千方百计挖潜增收，确保完成各项任务。今年，要重点抓好以下工作。

（一）加强营业税管理，做到应收尽收

今年“营改增”范围将扩大到建筑业、房地产业、金融保险业和生活服务业，在改革推进过程中，各单位丝毫不能放松营业税管理，必须从年初一开始就抓紧组织营业税收入，加强营业税征管，不留营业税欠税和遗留问题。

一是集中力量开展房地产业、建筑业和金融保险业营业税清理。此次清理工作的文件已正式下发，时间是从2015年1月20日开始至6月30日结束。2—4月要集中清理房地产和建筑业，市局确定了100个市级重点工程项目和100个重点房地产项目，对“两个100”采取分级方式开展清理，市局抽选部分项目，由市局直属稽查局牵头组织实施，各主管税务机关要积极协助配合；其余的重点工程项目和重点房地产项目，由主管税务机关自行组织实施。2015年5—6月集中清理金融保险业近两年来的纳税情况。市局将把此次清理工作纳入2015年度绩效管理考核，进行重点督查。各单位要高度重视，周密部署，制定详细的清理工作方案，组织专门力量集中进行清理，对所有清理出来的税款要及时催缴入库，确保清理工作取得实实在在的成效。各单位要及时总结清理中的问题，通过清理全面查找房地产业、建筑业、金融保险业管理中的漏洞，为进一步加强征管打好基础。

二是继续组织实施好“营改增”工作。按照国家税务总局规定和计划，如期向国税部门完成试点纳税人交接，实现国、地税征管业务无缝衔接，确保正常的征管秩序不乱。继续抓好试点纳税人的税款、票证、资料等“三项清理”工作。进一步加强“营改增”的后续管理工作，完善委托代征模式，防止附加税费流失。进一步优化纳税服务，加大对纳税人的宣传力度，为“营改增”工作营造良好的社会氛围。完善应急预案，确保出现问题第一时间得到有效解决，帮助纳税人尽快适应税制改革。

三是切实加强营业税日常征管。对新型金融业态、新型投资建设模式、新型中介服务方式开展调查研究，进一步完善管理措施。在去年对教育劳务营业税进行整治的基础上，加强与工商的信息比对，对辖区内开设的职业培训、进修培训、驾校培训、特长班、学习班等各类教育培训机构进一步加强管理，防止出现漏征漏管。按照抓大不放小的原则，加强对生活服务业营业税定额情况的管理，定期对从事餐饮、住宿、娱乐的定额情况进行监督检查，对使用发票不规范的要严肃查处。从严执行营业税差额征税的条件，特别对物业管理、劳务派遣等行业纳税人提供的抵扣凭据要严格审核，防止随意抵扣，侵蚀营业税税基。

四是加强政府平台公司营业税管理。在去年调查摸底的基础上，开展对全市政府平台公司应纳营业税情况的专项评估，重点关注平台公司代政府拆迁收储整治土地等项目而取得的各类手续费、代理费、管理费和返还款等收入是否及时足额申报缴纳营业税，各区县政府有无擅自出台支持平台公司的税收优惠政策等。

五是依法落实各项税收优惠政策。重点落实好小微企业营业税优惠政策，做好日常宣传和数据统计，及时向国家税务总局提出合理化建议；严格落实好教育劳务税收优惠政策，严禁将普通培训视同学历教育对待违规办理减免税；认真落实好重点群体创业就业的税收优惠政策，严把审核关，确保重点群体的合法利益得以维护和实现。

（二）加强所得税管理，提升所得税占比

一是以完善所得税事中事后监控为重点，强化所得税汇算清缴工作。加强新企业所得税年度申报表的培训，引导纳税人及时、全面、准确地填报新年度申报表。认真清理所得税汇算清缴征管基础数据，不断夯实征管基础，做好固定资产加速折旧、小型微利企业政策落实等重点工作，全面掌握所得税管户，逐户完成所得税汇算清缴。要针对企业资产损失、政策性搬迁、弥补亏损等跨年度事项，加强所得税事中事后的监管，提高所得税管理水平。

二是以评估分析为导向，加强企业所得税后续管理。有效运用所得税评估模型和预警值，建立所得税纳税申报监控系统，实现财务与申报数据、税收相关数据的深入比对和校验。以完善汇缴管理为基础，依托金税三期数据应用平台，开发所得税专业风险分析及后续管理系统，形成企业所得税风险分析识别、等级排序、应对处理和绩效评价的闭环，对不同风险等级的纳税人分别采取风险提示、纳税评估、税务稽查等应对手段，不断完善所得税风险应对运行机制。针对重点行业后续管理事项，借助与第三方部门建立信息沟通机制和信息共享平台，发挥第三方信息在加强后续管理中的积极作用。

三是以推广个税扣缴系统为重点，加强自然人税收风险管理。针对个人所得税纳税主体收入来源复杂、流动性强的特点，进一步强化个人所得税征管。认真贯彻落实股权转让个人所得税管理办法，把握股权转让关键环节，合理界定纳税时点、转让价格。要加强与相关部门的沟通协调，建立信息交换机制，对企业连续取得盈利不分配、投资者或关联个人借用企业资金等行为进行重点监控。对企业扣缴税款信息、纳税人自行申报信息、企业所得税扣除信息和相关部门的采集信息进行交叉比对和评估预警，进一步提高扣缴申报质量。做好“营改增”后个人所得税征管，积极推进委托国税局系统代征代开发票环节的个人所得税。

四是以推行行政审批改革为契机，加大所得税政策落实力度。要以落实行政审批制度改革各项要求为突破口，全面规范所得税备案事项。坚持依法行政与服务发展相结合、改进作风与风险防范相结合，抓紧落实所得税政策措施，实现所得税政策与征管有机统一，确保所得税调控经济和调节收入分配作用得以有效发挥，更好地服务于全市经济社会发展大局。加强所得税政策落实的督导检查考核，将重大所得税政策全面纳入绩效考核，实行按季通报、半年考核，建立政策落实通报制度，及时通报政策执行情况。

五是以优化办税流程为目的，提升所得税纳税服务质量。要严格执行所得税审批事项清单制度，进一步明确和精简报送资料，规范和简化管理流程，结合电子税务局建设，适时推进所得税备案审批资料网上报送、审批，切实减轻纳税人办事负担。深入开展政策调研，定期跟踪所得税政策执行效果，积极做好高新技术企业、企业研发费用加计扣除、小微企业、区域优惠、加速折旧等政策涉及面广、社会关注度高的所得税政策效应分析。做好新的企业所得税年度申报表的推广应用，开发纳税人客

户端软件，不断完善软件功能，提高申报准确率、完整率。进一步加大完税证明开具工作力度，运用二维码等信息技术，开发完税证明网络开具功能，拓宽纳税情况告知渠道，逐步实现纳税人“按需取得”完税证明。

（三）加强财产行为税管理，做大做强规模

1. 夯实土地增值税征管基础。一是进一步强化清算管理。开展房地产开发项目清查，锁定清算项目，拟定并下达清算计划，按季统计清算成效。研究制定房地产项目土地增值税清算管理办法，进一步细化和明确土地增值税清算的具体程序。二是探索房地产开发成本定额扣除。制定房地产项目单位面积开发成本定额以及配套房地产项目开发成本土地增值税计税核定管理办法，以建筑安装成本为重点，规范房地产开发成本扣除，防范清算风险，堵塞征管漏洞。三是严格预征管理。通过国土房管部门第三方信息，及时掌握当期房地产项目预售许可的总体情况，结合房地产企业预售方案、网签合同信息，分项目建立预售管理档案，强化房地产项目预售的基础管理。严格实行房地产项目预售明细申报，加强申报资料与项目预售档案资料的比对核查。四是开展征管情况督查。组织开展土地增值税预征管理的专项检查，重点检查预征率适用正确性、预征税款及时性以及计税依据的全面性。对全市房地产项目基础管理情况和清算计划完成情况进行督导，建立土地增值税征管情况定期通报制度，严格实行绩效考核。

2. 多措并举，加强房产税、土地使用税、耕地占用税和契税管理。一是强化“三税”管理，深化部门协作，积极争取从国土房管部门全面获取土地房产保有信息，进一步做好税源清理，夯实房产税、土地使用税税源基础管理，巩固“三税”清查成果。针对“三税”征管中反映的政策问题和执行难点，深入开展税收政策调研，规范和统一全市政策执行口径，降低税收执法风险。做好农用地转用情况分析，研究耕地占用税的市级层面源泉控管机制，组织开展“三税”征管情况督察，做好房产税、土地使用税困难减免审批权限下放后的后续管理工作。二是推进“以地控税”工作。在总结软件试运行经验的基础上，完善软件功能，争取完成土地信息的GIS数据和维护工作，进一步推进“以地控税”试点扩面工作，强化土地税收管理。三是强化增量房契税管理。充分利用商品房网签信息，会同信息管理中心研究制定相关管理措施，强化增量房契税税源管理。定期获取国有土地出让信息，严格土地契税申报期限，强化土地契税管理。

3. 防范存量房交易税收管理风险。一是规范纳税申报程序。对存量房交易自行申报的，必须同时核实交易双方纳税人身份，对于委托代理申报的，必须完善委托代理文书手续，切实履行申报真实性承诺制度，有效地遏制存量房交易过程中的税收流失和偷税漏税行为。二是进一步强化减免税管理。严格按照减免税管理流程，强化减免资料要件的真实性审核，对于涉及减免税的存量房交易，由即时审核办结调整为一定时限内的备案审核办理，不能因为强调优化纳税服务而忽约掉必要的法定程序。三是深化与房管部门的协作。通过已搭建的房地产交易涉税信息平台，实现纳税人住房保有情况查询，契税证明与房产证发放比对，防范虚假证明风险；推进主城区以外各区县房地产交易涉税信息交换工作。四是开展存量房税收管理情况督查。以房地产交易税收窗口为重点，开展存量房交易税收管理情况调研，督促存量

房交易税收管理规程等相关制度和要求的进一步贯彻落实。五是加强二手房交易价格评估工作。科学合理开展朝向、楼层、面积等评估参数修订，更新维护标准房基准价、样本价格，促进毗邻地区评估工作的沟通协调，探索建立商用房交易价格评估参数体系。

4. 平稳有序做好地方税制改革工作。一是继续做好个人住房房产税试点工作。按照国务院、市委市府及财政部、国家税务总局的工作部署，认真总结个人住房房产税试点工作，协同财政、国土房管等部门，加强个人住房房产税欠税的后续管理，研究对拒缴纳税人的处罚措施。继续抓好2015年个人住房房产税征收工作，归集、分析、研究征管执行中的问题，形成政策制度的完善建议，为全国房地产税立法建言献策。二是认真落实好资源税改革的相关要求。平稳推进我市煤炭资源税从价计征改革，主动跟踪了解煤炭企业申报缴纳煤炭资源税情况，掌握改革前后税负变化情况，收集整理从价计征中遇到的问题、解决的措施和意见建议，及时向国家税务总局反馈改革落实情况。认真测算本地区洗选煤折算率的变动情况，适时调整本地区洗选煤的折算率，确保税负公平合理。同时，做好资源税其他品目的调研工作，为下一步资源税从价计征改革扩围做好积极的准备。

此外，我们还要深化车船税信息化管理，力争在2015年7月前实现车船税管理子系统在我市上线运行。积极开发增值税、消费税及其相关附加税费的比对功能模块，强化城市维护建设税、教育费附加和地方教育附加的征管工作。

应对新形势　适应新常态
全力推进当前税政管理重点工作

——在税政管理重点工作会上的讲话

重庆市地方税务局党组成员、副局长　余志东

（2015年5月14日）

今天的全市税政管理重点工作会是市局在研判当前税收形势，针对税收管理存在的突出问题，研究制定具体措施后，审慎决定而召开的。会议的主要任务是：围绕中心、突出重点、全力以赴、克服困难，进一步做好当前税政管理的重点工作。

这次会议是今年全市税政管理工作会的重要延续和拓展，其主要目的是针对当前十分重要且

非常紧迫的土地增值税清算、企业所得税汇算以及营业税清理工作，进一步细化工作措施、明确工作要求。大家要充分认识到这几项重点工作的推进，对于围绕中心抓收入，确保全年税政管理工作任务乃至全年组织收入任务的完成，具有十分重要的意义，务必统一思想、提高认识，引起高度重视。

今年以来，随着各项经济改革的持续深入，财税改革举措密集出台，宏观经济发展同时面临增速换挡和结构调整，推进依法行政、建设法治政府也明确了目标任务。当前，地税部门承担着地方税制改革、“营改增”的繁重工作任务，承受着结构性减税的巨大收入压力，面临着依法征税、规范执法压力下的管理风险。地税部门必须主动适应、积极引领税收改革发展“新常态”，更好发挥税收职能作用，在“新常态”下占据主动地位。全市地税系统应充分认识到税收“新常态”下搞好税收基础工作的重要性和紧迫性，充分认识到税政管理工作作为税收基础工作的核心，所面临的新的更大的挑战。

下面，围绕这次会议的主要任务，我讲三点意见：

一、以清算为抓手，全面加强土地增值税征管工作

土地增值税作为房地产市场宏观调控的重要税收工具，中央、地方政府历年高度关注土地增值税征管工作。近年来，土地增值税清算管理中暴露出基础工作薄弱、清算程序不规范、清算审核不严格、清算进度迟缓等问题，导致了税收流失，形成了管理和执法风险，大家务必高度重视。

（一）进一步提高对清算工作的认识

土地增值税清算是土地增值税征管工作的核心内容，是结清房地产项目应缴纳税款的终端环节，发挥着重要的抓手作用，对于组织税收收入以及土地增值收益分配调节功能的发挥，具有十分重要的意义。土地增值税清算需要对房地产项目拿地、建造、销售、保有等各环节申报纳税情况进行全面梳理和核查，对于厘清房地产项目纳税情况，堵塞征管漏洞，防止税收流失，透视房地产开发各环节、各税种征管质效起着不可替代的作用。

由于房地产开发周期长，税收管理外部信息依赖度高，相关法律法规及税收政策规定复杂，搞好土地增值税清算管理也是检验税务机关征管力量、执法水平及防风险能力的重要标尺。全市地税系统必须进一步提高对土地增值税清算工作重大意义和重要作用的认识，将土地增值税清算工作纳入本部门、本单位的工作重点，加强清算工作的领导，精心组织、周密安排，有条不紊、有序推进，全面统一地做好土地增值税清算工作。

（二）切实加强房地产项目清算管理

1. 加强基础管理

加强基础管理是做好土地增值税清算工作的前提。针对项目情况不明、税源不清的问题，各区县局应全面清理房地产项目，分类掌握项目在建、在售以及竣工的实际情况，依托信息系统和电子化台账，建立动态的项目分类管理档案，切实打好房地产项目管理基础。对达到“应清算”条件而未清算申报的项目，应立即下发清算通知；对达到“可清算”条件的项目，及时开展清算评估，条件成熟的立即纳入清算计划，按步骤通知清算；对已受理清算申报的项目，应着手实施清算审核，按规定时限做出清算结论；对于时间较长、历史遗留未清算项目，不能久拖不决，

必须在年内集中研究，提出纳入清算管理并实施清算审核的具体措施。

2. 规范清算程序

严格税收征管和税收执法程序是税务部门依法征税的前提和关键，税收程序不规范极有可能导致征税行为本身的不合法，因此各区县局应高度重视土地增值税清算程序问题，清算应严格按照国家税务总局《土地增值税清算管理规程》以及市局的相关规定，严格履行“清算通知、受理申报、清算审核、结论告知”的相关程序。一是应厘清企业清算申报责任与税务机关的审核职责，明确清算审核必须建立在企业自行或委托中介机构进行清算申报的基础之上；二是严把审核关，坚持清算审核必须案头与实地相结合；三是清算结论应集体研究，以区县局名义做出；四是清算结论以及办理补、退税期限应按法定程序告知企业；五是普通标准住宅减免税，属于审批类，应严格按规定履行申请、审批手续。

目前，市局正着手对土地增值税清算程序问题进行研究，将在国家税务总局清算规程的基础上，进一步细化流程、统一文书，确保全市清算程序的规范统一。

3. 严格清算审核

土地增值税清算审核是体现清算质效和检验征管水平的最重要的关键环节。土地增值税清算审核应严格执行土地增值税清算政策，注重案头与实地相结合，在案头分析申报数据逻辑性、准确性的基础上，全面核查企业账簿资料，实地查验房地产项目，对申报数据的真实性、客观性、合理性进行审查。

清算对收入的审核应充分利用房管部门商品房销售信息，并掌握非货币经济利益取得情况，以及对外投资、分配等非直接销售房产情况，确保收入的真实性和完整性。对扣除项目的审核，应重点核查扣除凭据的真实性和合法性，以及扣除项目计算方式的合理性，还应防止重复计算成本费用甚至虚构经济业务虚增成本费用。

4. 强化审核力量

由于土地增值税清算审核工作量大、政策性强，清算任务持续加重与清算力量不足的矛盾长期未得以有效解决，从而导致清算质量不高、进度不快、风险加大。强化清算力量是搞好清算审核的关键，清算审核工作应坚持统筹安排、统一组织的原则，在这里，市局明确要求各区县局必须成立“土地增值税清算审核组”，有效整合稽查、征管、税政等部门力量，集中组织一批具备税收、会计专业资格，同时熟悉房地产税收征管、稽查业务的骨干人员，专职负责清算审核的具体实施。

已实施稽查改革的主城各局，确因项目多、人手紧，对个别情况复杂、清算审核难度大的项目，报经市局同意，可由主管局与市局直属稽查局共同搭建清算审核组，按规定的清算程序实施审核，清算补税收入按现行稽查体制，由直属稽查局以辅导自查程序组织入库。财产行为税处、稽查处要做好相关统筹协调工作，各直属稽查局应积极派出人员配合主管局做好清算审核工作。

大家应该清醒地看到，解决清算力量不足的根本问题除了统筹安排、统一组织外，还在于全方位提升干部房地产税收征管综合业务素质。市局业务处室应加强对区县局清算审核的业务指导，重点应组织各方面专业人员，围绕房地产税收管理，开展房地产开发法律法规、经营模式、会计核算，包括土地开发、受让、规划、整治费用的归集和核算等税收实务的综合业务培训。各区县局应结合实际，大力培养土地增值税征管业务骨干，充实和储备清算审核力量。

5. 规范鉴证管理

根据国家税务总局的要求，市局近期全面开展了涉税中介的清理和自查，进一步明确了规范中介机构管理和涉税鉴证服务的工作要求。各区县局应高度重视土地增值税清算的涉税鉴证管理。土地增值税清算申报属于纳税人自主行为，主管税务机关不得利用行政权力，强行要求企业提交中介机构鉴证报告；企业自愿选择委托中介机构代理清算申报的，不得直接或变相指定中介机构。

对于不符合国家税务总局《土地增值税清算鉴证业务准则》出具的鉴证报告，主管税务机关按规定不予受理。各区县局应切实履行法定职责，必须坚持鉴证报告不得作为清算审核唯一依据以及不得取代和减少税务机关审核责任的原则，加强对清算鉴证的审核，严禁直接以清算鉴证报告结果代替清算审核结论，严禁直接委托中介机构实施清算审核。

6. 确保计划任务

根据市局绩效管理的规定，土地增值税清算工作已纳入 2015 年度绩效考核。各区县局应制定本年度清算计划，统一组织、统筹安排，加快清算进度。今年内完成的清算审核项目数应不少于市局下达的清算计划数，以确保清算任务的完成。

（三）开展已清算房地产项目问题排查

为透视清算管理质量，查找并整改清算管理中存在的问题，防范执法风险，及时总结经验，促进清算管理水平的全面提升，各区县局应以土地增值税清算规程、税收政策以及相关法律法规为依据，对近三年房地产项目土地增值税清算中存在的问题进行全面梳理和排查。市局已梳理出清算管理中存在的典型性、代表性问题，各区县局应着重围绕这些问题项，针对性地开展问题排查。

一是清算程序方面的问题，包括：混淆清算责任主体，未经清算申报直接实施清算审核；未按规定程序下发清算通知、清算结论告知等相关文书；不符合核定条件的以核定征收方式进行清算或者核定程序不规范；普通住房减免税程序不到位、不规范。

二是清算审核方面的问题，包括：违反制度，仅由一人负责具体的清算审核，缺乏监督制约；清算审核只实施案头审理，不进行实地核查；对中介机构出具的清算鉴证报告不严格审核，甚至直接作为清算结论；清算审核脱离第三方信息，对收入及扣除项目的真实性、合法性、合理性认定把关不严；对普通住宅减免税审核不严格，导致扩大减免范围或者少征税款。

三是政策适用方面的问题，包括：清算单位划分不准确、不合理；未分房产类型计算税款；扣除项目分摊计算方式不正确、不合理；扣除项目认定缺乏真实、合法凭据；违规扩大扣除项目范围；清算后转让房产未按规定征收税款。

四是涉税鉴证方面的问题，包括：强制要求企业委托中介机构实施清算鉴证；直接或间接向企业指定中介机构实施清算鉴证；违规受理不符合涉税鉴证资格的中介机构提供的所谓“鉴证”资料；违规受理中介机构出具的不符合鉴证业务准则的清算鉴证报告。

各区县局应高度重视清算项目的问题排查工作，针对梳理排查中发现的清算程序不完善、审核不严格、政策执行不到位以及涉税鉴证不规范等相关问题，认真分析原因、总结经验、制定措施及时落实整改。

二、以汇算为核心，全面提升所得税管理水平

所得税汇算清缴是所得税管理的关键环节，是提高所得税征管质效的有效抓手，是组织所得税收入的有力手段。

2014 年，国家税务总局全面开展了“便民办税春风行动”。为转变职能、简政放权，深入推进税务行政审批制度改革，国家税务总局又陆续推出了办税服务 1.0 和 2.0 版，确定了“一个凡是”税务行政审批事项管理内容。2015 年，企业所得税新年度申报表的推广使用，按照“还权于纳税人、还责于纳税人”的设计理念，对进一步做好汇算清缴工作提出了新的要求。

一系列的税收征管改革，不仅要求我们各级税务机关要牢固树立服务意识，寓管理于服务中，努力提升办税服务水平，更重要的是要求各级税务机关应通过服务加强管理，深化汇算清缴工作内容，提高汇算清缴工作质量。全市地税系统应充分认识所得税汇算清缴工作面临的新形势，树立以风险管理为导向的税政管理理念，准确把握服务与管理之间的内在联系，紧紧围绕汇算清缴，切实抓好组织收入工作，全面提升所得税管理水平。

（一）全力组织汇算清缴所得税收入入库

2015 年 1—4 月，全市地税系统累计组织企业所得税收入 42.91 亿元，同比下降 1.97%，减收 1.08 亿元；前四月收入增幅依次为 -4.34%、5.05%、-6.46%、1.47%。

面对企业所得税严峻的收入形势，加强企业所得税汇算清缴，是实现半年“时间、任务双过半”最为有力的组织收入手段。全市地税系统要按照 2015 年税政工作会制定的所得税收入目标，抓住汇算清缴最后的冲刺阶段，切实做好所得税重点税源户的年度申报受理和催缴入库工作。要认真分析房地产开发、建筑安装等重点行业预缴率偏低的征管实际，结合重点项目、重点工程营业税清查，重点做好对企业的年度申报辅导和财务数据分析，严格落实开发完工项目结算、建筑按完工进度确认收入等所得税政策规定，为扭转企业所得税收入连续下降的不利局面创造好的条件。

（二）着力提高汇算清缴年度申报质量

2015 年是全国税务系统正式运行绩效考核管理的第一年。按照“政策落地、管理执行”的工作要求，国家税务总局对所得税管理制定了预缴率、汇算清缴率、个税扣缴系统推广率等详细的考核指标和工作要求，其中，对企业所得税汇算清缴明确了纳税申报率（即汇算面）不得低于 98%、申报数据差错率不得超过 2% 的考核要求。市局为了进一步提升全市地税系统汇算清缴工作质量，在全面承接国家税务总局绩效要求的基础上，提出了汇算清缴率达到 100% 的工作目标。

为此，全市地税系统要积极创造条件，升级汇算申报软件和拓展“网上办税”功能，努力提高所得税电子化申报率，全力推进汇算清缴工作进度，务必确保实现汇算清缴率达 100% 的工作目标。同时，各级税务机关要优化汇算清缴管理流程，认真做好对年度申报数据、申报项目、附列资料的完整性和逻辑性审核。积极采用勾稽监控、适时揭示与提醒等方式，提示纳税人进行纳税调整。发现申报错误和疑点的，应及时告知纳税人进行更正申报或补充申报，促进所得税备案事项、台账管理、后续管理等工作，与所得税汇算清缴年度申报有机结合，全面提高汇算清缴工作质量。

在所得税汇算清缴过程中，各级税务机关还

要特别注意认真落实纳税人在汇算清缴中的主体责任，进一步明晰纳税人、税务机关在汇算清缴中的权利和职责，督导企业按规定时间、进度要求，及时准确地完成所得税汇算的各项工作。针对汇算清缴中的中介服务问题，在这里，我特别强调几点：其一，由于所得税汇算是企业的主体责任和自主行为，凡委托中介机构进行的，税务部门不得强行干预，不得指定或者变相指定任何中介机构代理；其二，税务部门不得强行要求企业汇算必须由中介机构代理，并提供鉴证报告；其三，按一定比例、有计划的统一组织、统筹安排实施复查或税务稽查；其四，不得与任何中介机构有任何利益输送行为。

（三）切实加强所得税汇算清缴风险管理

企业所得税政策性强、覆盖范围广，与其他税种比较，税收"关门效应"尤为明显。为贯彻国家税务总局对所得税风险管理工作安排，市局在2014年已经初步建立了企业所得税风险管理模型，并对房地产、建筑等重点行业进行了所得税管理预警值的测试。目前，市局即将对企业所得税风险管理模型及其重点行业的预警值进行发布。

全市地税系统要利用所得税风险管理模型和预警值，从收入、成本、费用、损失优惠等项目入手，认真开展汇算清缴年度申报的审核评估。要积极利用市局风险管理平台的上线运用，加强汇算清缴年度申报数据与管理台账、财务报表和第三方涉税数据的审核比对，重点对所得税资产损失、税收优惠备案、企业特殊重组等重要事项和高风险事项进行评估分析。同时，要加强对所得税风险事项后续应对处理的延伸管理，跟踪了解风险事项处理情况，并将涉案企业风险管理信息，反馈到税源、征管、稽查等环节，形成涉税风险管理的闭环系统，杜绝所得税风险隐患应对出现虎头蛇尾现象。

（四）建立健全所得税政策效应评价工作机制

落实所得税税收优惠政策，是释放改革红利，促进大众创业、万众创新的重要举措，对"稳增长、促改革、调结构、惠民生、防风险"具有积极的推动作用。2015年作为市局确定的"纳税人满意度提升年"，全市地税系统要以此为契机，把落实税收优惠政策作为一项政治任务切实抓实抓细抓好！特别对小型微利企业税收优惠和固定资产加速折旧等所得税优惠，要按照国家税务总局的绩效考核管理要求，在思想认识、工作部署、狠抓落实上下足功夫。

全市地税系统要做好税收优惠手工台账与信息管税有机融合，加强税收优惠政策落实的跟踪监控。各区县局要积极开展汇算清缴政策辅导，按照税源不同、特点分类开展政策培训和专题讲解，重点辅导新出台的所得税政策、优惠政策、纳税调整项目，做到广泛宣传、逐户落实，确保各项政策执行到位。同时，要不断深化对汇算清缴数据的应用，加强对汇算清缴情况的工作分析，全面掌握本地所得税税源结构、分布、特点、税负等情况，准确评估本地区所得税征管质量、政策执行和纳税人遵从度，形成规范标准的所得税政策执行效应评价报告，为建立健全所得税政策效应评价工作机制奠定好的基础。

三、以清理为重点，持续推进营业税工作

今年年初，面临收入任务的压力和"营改增"的时间倒逼，市局及早确定了"以清理促收入"的工作思路，取得了显著成效，确保营业税收入

态势总体平稳。

（一）前四月营业税收入态势总体平稳

今年1—4月，全市营业税入库165.3亿元，同比增长6%，增收9.34亿元，收入规模位列全国第16位，增幅位列全国第11位。三大支柱行业中，销售不动产入库46.61亿元，同比下降6.42%，减收3.2亿元；建筑业入库44.59亿元，同比增长16.54%，增收6.33亿元；金融保险业入库46.01亿元，同比增长11.98%，增收4.92亿元。

从收入规模上看，三大支柱行业非常接近，对营业税的贡献大体相当；从发展趋势上看，房地产缺乏增长动力，金融保险业有后来居上的可能；从增幅来看，建筑业增幅高达16.54%，金融保险业也有11.98%的增长，而销售不动产还是负增长，建筑业和金融业对营业税收入拉动作用最强。

在投资增速放缓以及房地产低迷的背景下，建筑业营业税的高增长除了正常的固定资产投资外，缘于上半年营业税清理力度的加强。而金融保险业近几年一直保持较快增长，得益于我市打造西部地区金融中心出台的各项支持政策，吸引了众多外来金融保险企业落户重庆，做大了金融保险业收入规模。销售不动产负增长的原因主要是由于我市房地产市场环境发生了巨大变化，供需失衡，去库存化的压力较大，开发商以价换量效果不明显，导致行业增速放缓，利润下降，进而拖累销售不动产营业税持续下滑。

（二）第一阶段营业税清理工作预期基本实现

按照市局年初的统一安排，今年4月底前主要对房地产和建筑业进行了集中清理。一是下发了《关于开展营业税清理工作的通知》，明确了清理事项、清理时限、清理要求，并确定对100个市级工程项目和100个房地产项目的营业税实施重点清理。二是各区县局及时制定清理方案，充分安排时间和人力，以实地验证、当面约谈、查看账册、调阅资料、信息比对等方式确保营业税清理取得实效。据初步统计，今年1—4月清理入库营业税超过8亿元，为全市地方税收收入的增长发挥了重要作用。

（三）进一步加强和持续做好“营改增”前的营业税工作

下一步，营业税工作要继续以组织收入为中心，进一步抓紧抓好营业税清理，加强重点行业管理，切实规范政策执行，确保营业税增长8%，努力实现“双过半”的任务目标。

1. 继续做好重点行业营业税清理

一是切实加快清理进度，按时完成清理任务。从目前的情况看，各区县局清理进度参差不齐，有的区县相对较慢，特别是房地产和建筑业营业税明显下滑的单位要引起高度重视。各区县局要统筹安排，集中力量，抓紧时间完成房地产业和建筑业的清理工作。市局各直属稽查局要按照稽查处的统一安排，对牵头负责的“两个100”项目认真清理检查，把好最后一道关口。

二是及时总结清理成果，加强统计分析。各区县局要对前一阶段清理情况进行认真总结，对清理数据要加强统计分析，对清理中发现的问题要查找原因，及时改进并提出意见建议。各区县局和市局各直属稽查局要将房地产业和建筑业营业税清理情况形成书面报告，认真填写营业税清理情况统计表，按时上报市局。

三是全面启动开展金融保险业清理。按照统一安排，2015年5—6月要集中清理金融保险业，各单位要结合本地实际情况，精心组织金融保险业营业税清理工作，清理面要实现全覆盖，清理出的税款要及时足额入库。要坚持边清理边规范，进一步加强金融保险业营业税的后续管理，防范管理中的风险。针对金融保险业营业税征管的薄弱环节，重点围绕金融商品转让、委托银行贷款、金融保险业税收优惠政策执行三个方面，进一步加强对小额贷款公司、财务公司、私募基金、担保机构等新型金融业态的管理，会同稽查部门对金融保险业进行全面清查，进一步规范税收秩序。对清理中发现的政策和管理问题要及时向市局反馈。

2. 加强政府平台公司的管理

各区县政府平台公司资产规模较大，从事经营的业务较为复杂，过去在管理上也不够规范，各区县要从以下几个方面着手进一步夯实管理基础。

一是摸清税源情况。积极争取当地政府支持，通过国土等相关部门获取第三方信息，在摸清平台公司数量并纳入征管范围的同时，应全面掌握平台公司的具体业务范围，经营情况和纳税情况。

二是明确税收政策。对平台公司代政府进行的土地储备、土地整治、修建拆迁安置房、拆迁安置等行为获得的收益，除有特别规定外，均应按营业税条例及实施细则的规定征收营业税。

三是做好税款征收。根据平台公司涉税问题的不同类型，结合其税收遵从程度，采取纳税人自查、税务机关纳税评估与税务稽查相结合的方式，进一步提高平台公司的税收管理质量，督促其及时足额缴纳税款。

这里，需要注意的是，针对政府平台公司的管理除了营业税外，涉及的房产税、土地使用税尤其应高度重视。虽然这个问题年年讲年年提，但是征管现状仍不理想，每年税收执法督察反映出的平台公司税收问题非常多，其中固然有地方政府干预的因素，也存在税务机关不主动作为、执法不力的问题，造成潜在的执法风险。各区县局一定要高度重视对平台公司的房产税、土地使用税征管，全面摸清平台公司的房产、土地税源情况，及时纳入税源登记和管理。对平台公司拥有的房产、土地除符合减免条件外，应一律按规定征收房产税和土地使用税。同时，各区县局应对平台公司的储备土地进行清理，在全面掌握储备土地情况的基础上，市局将进一步明确储备土地的土地使用税政策。

3. 进一步规范政策执行

一是深入开展房地产电商销售模式调研，摸清房地产企业、渠道公司、电商之间的商业合作形式和价款结算方式，统一营业税政策。

二是开展金融商品转让行为的调研，进一步规范单位转让限售股差额征税政策。

三是落实好小微企业、民政福利企业、促进就业等税收优惠政策，加强跟踪监控，确保执行到位。同时要加强统计分析，按时报送优惠政策减免税数据。

四是加强营业税减免税审批和备案管理，增强风险意识，加强监督制约，有效防范政策执行中的风险。

适应新常态　引领新常态
全力推进税收征管和信息化工作再上新台阶
——在全市地税系统税收征管和信息化工作会议上的讲话

重庆市地方税务局党组成员、副局长　董　青

（2015年2月10日）

今天我们召开全市地税系统税收征管和信息化工作会议。主要任务是，深入学习贯彻党的十八届三中、四中全会和市委四届四次、五次、六次全会精神，落实全市财税工作会议和全市地方税务工作会议部署，总结2014年税收征管和信息化工作，研究分析适应经济发展“新常态”下的税收征管和信息化建设新形势，部署2015年税收征管和信息化工作。市局党组对此次会议十分重视，市局党组书记、局长黄玉林同志就如何开好这次会议专门作出指示，今天又亲临会议，稍后还将作重要讲话，同志们一定要认真抓好本次会议精神的贯彻落实。下面，我讲两个方面的意见。

一、务实创新、锐意进取，2014年税收征管和信息化工作迈上新台阶

（一）提升站位，服务大局取得新成绩

一是围绕组织收入任务，挖潜增收防风险。面对严峻的税收收入形势，全市地税各级征管部门，主动担当、迎难而上，切实加强各层级、各部门的税收征管业务衔接、环节联动，充分发挥税收大征管合力，一方面通过实施税源专业化管理、开展大企业专项审计等措施，集中优势力量打好对重点行业、重点企业、重点项目和重点事项的挖潜增收攻坚战，牢牢把握住组织收入工作的主动权；另一方面通过强化欠税清缴、开展专项纳税评估、加强对个体户的户籍巡查和定额管理等措施，全局动员打好堵漏增收的防守战，其中仅纳税评估一项就入库税款20亿元，占税收收入总额的2%，有力推动了全年收入任务的全面完成。同时，针对组织收入工作中发现的征管工作薄弱环节，以信息化建设为支撑，进一步完善制度建设，规范工作流程，积极构建税收征管的内控机制，进一步实现了组织收入与规范征管有效结合，防范税收流失风险与防范税收廉政风险有效结合。

二是围绕地方经济发展，主动作为创环境。

围绕国家“一带一路”发展战略部署，从区域性税收政策、征管协同、服务创新和信息共享等四个方面，向国家税务总局建言献策20余条，得到国家税务总局领导高度评价。围绕国家税制改革，顺利完成3.4万户“营改增”试点纳税人的发票移交、税务登记信息修改和欠税清理工作。加强“营改增”后续管理，采取委托国税代征、互设征收窗口、互派征收人员等多种有效方式，加强对附加税费的征收管理，防范税收流失。围绕重庆五大功能区建设，加班加点认真做好主城区行政区划调整所涉及6个征管单位14万余户纳税人的征管范围划分、数据迁移等工作，确保调整前后税收征管规范有序；进一步完善渝中区深化部分现代服务业营业税差额征税征管措施；积极支持两江新区和北部新区承接省级税务机关行政审批管理事项和权限改革。围绕重庆经济转型升级，全力做好减免缓欠税综合管理、协调及信息技术支撑工作，进一步加大税收优惠政策落实力度，助推产业转型升级和激发微观经济活力。截至2014年底，全市税务登记户数92.45万户，较去年同比增长14.65%，其中微型企业11.85万户，较去年同比增长48.86%。

三是围绕服务市场主体，减负增效优服务。大力减轻纳税人负担，积极建设征管信息电子化管理系统，实行纳税人必报资料“一次报送，多次应用”，共取消报送表单30项、涉税资料226项，将“免填单”服务增至73项。取消进户执法项目29项，统筹国税局、地税局税务稽查、个体定额等进户执法事项。在征管信息电子化管理方面，长寿区局、永川区局、巴南区局做出了积极的贡献；提供便捷多元的办税方式，将“同城通办”扩大到全市，业务范围扩大到所有涉税事项，为纳税人提供电话申报、网上申报、TIPS扣款等多元化办税方式，减少办税厅人流量60%以上、通过TIPS系统入库税款达90%以上。认真落实免收发票和税务登记证件工本费惠民政策，免收工本费达3200万元。在TIPS推广方面，渝中区局、大渡口区局、奉节县局成绩突出。高度重视议提案办理，由征管科技处主办的《关于加大假发票犯罪打击力度保障我市社会经济秩序健康发展的建议复函》，得到了市人大代表谭建旗的高度评价，并作为全市2014年重点宣传的7件优秀建议复函之一，在《重庆日报》、重庆电视台等多家市级媒体进行广泛宣传。切实加强大企业个性化服务，先后深入渝富集团、悦来集团等定点联系企业开展征管调研，做好政策解释和服务，帮助企业建立健全税务风险内控机制，积极支持做大做强。

（二）积极稳妥，改革创新迈出新步伐

一是深入推进税源专业化管理。按照顶层设计与基层探索、面上统筹与点上突破、总结经验与持续改进相结合的原则，在配置资源、转变职能、优化结构、提高效能等方面进行了大胆探索，积累了宝贵经验。比如在分级分类管理方面，科学划分纳税人类别，并采取针对性、差异化的征管举措；逐步打破以往管理员大包大揽的管理方式，施行团队管税模式；将骨干人才优先配置于重点税源管理环节和纳税评估等关键岗位。在优化业务流程方面，对内逐步推行风险识别、任务推送、过程监控、绩效考评的评估工作模式；对外大力推行国家税务总局纳税服务规范1.0版，逐步施行涉税业务“前台受理、内部流转、限时办结、窗口出件”的工作流程，实行以岗定责、权力分流、降低风险。在税源专业化管理方面做得好的单位有：永川区局、长寿区局、大足区局、酉阳县局。

二是大力实施税收风险管理。成立了税收风险管理工作领导小组，下发了《税收风险管理办法（试行）》，初步构建了集目标规划、信息收集、风险识别、等级排序、风险应对、过程监控、评价反馈、持续改进为一体的税收风险管理体系。全系统已有 23 个区县局成立了税源管理科，专司风险管控工作。截至目前，共建立完善了 8 个行业的评估模型和 88 项风险预警指标，先后对市级重点税源、房地产建安、股权转让、旅游、小额贷款等重点风险行业和行为，组织开展了专项风险排查。在风险管理方面做得好的单位有：江津区局、九龙坡区局、武隆县局。

三是全面推广运用网络发票。全面推广网络发票，提供 PC 机、网络开票机、手机、纳税人自有系统等多元化网络发票开具方式。在全国首家推出抽奖机会公益捐赠措施，首批引入的三家慈善机构共获得了奖金捐赠 16.75 万元。积极开展电子发票试点工作，顺利启动我市电子发票整合服务平台，成功开出全国地税系统和西南地区第一张电子发票，得到国家税务总局的高度评价，部分经验做法已经上升为全国标准。网络发票用户已突破 14 万户，累计开具有效网络发票 1.85 亿份；电子发票使用注册户 417 户，累计开具有效电子发票 0.3 万份。

四是积极探索大企业管理。将大企业管理作为深化税收征管改革的突破口，对纳税评估、风险防控等事项探索实行专业化管理。2014 年，开展了对中石油、中冶金科集团、华能集团、五矿集团以及农行、建行等 6 家国家税务总局定点联系企业专项税务风险审计工作，分析和梳理出企业涉税风险点 116 个，引导企业逐步建立和完善税务风险内控机制，帮助基层税务机关破解对大企业日常征管的难点问题。在大企业管理方面做出积极贡献的单位有：长寿区局、江北区局、南岸区局、巫山县局、巫溪县局。

五是金税三期工程试点圆满收官。自 2011 年 11 月被国家税务总局确定为金税三期工程首家试点单位以来，全市地税干部职工牢记国家税务总局的重托，不忘纳税人的期待，勇于担当，攻坚克难，成功上线运行了金税三期系统。2014 年底，已上线运行的六个子系统顺利通过国家发改委等相关部门的验收，得到国家税务总局领导的高度评价，为全国推广金税三期系统积累了宝贵经验，做出了突出贡献。

六是倾力打造电子税务局。按照适应未来税制改革、征管改革、税收风险防控和纳税服务发展要求，围绕“服务对象多元、办税功能齐全、信息双向互动、办税渠道规范、支撑体系有力”的目标，全面启动电子税务局的建设。目前，已编制完成《重庆地税电子税务局业务需求》，确定了配套的 CA 证书、电子征管档案、消息平台与电子税务局的对接技术方案，并通过了电子税务局主线业务的技术验证。

（三）固本强基，“三基一化”[①] 建设开创新局面

一是基础征管质量进一步提升。基础制度更加完善。修订完善了代开发票管理、外出经营管理、个体税收管理、阻止欠税人出境管理等相关征管制度。基础数据更加可靠。规范业务和技术标准、口径和要求，实施数据质量绩效考核和数据质量情况通报，累计删除垃圾数据 242 万条和修正数据 422 万条。加强纳税人基础征管数据的采集和维护，开展对税种认定专项清查，清查问

---

① 参见本书第34页注释。

题户数 11.4 万户。征管预警更加精准。对 5 个方面 9 项具体征管指标按季发布情况通报，制定税收征管绩效 5 项指标考核办法，实现指标的实时查询，指导基层及时排查税收征管薄弱环节和风险点。共发布征管状况监控分析 16 期，指导基层整改了 9 个方面的问题。信息交换更加通畅。认真贯彻落实《重庆市地方税收征管保障办法》，加强与国税、工商、国土房管、保监等部门的信息互通共享，积极依托重庆市社会信息资源整合平台，拓展三方信息获取和利用，规范三方信息获取的渠道、格式、标准和时限。在三方信息交换和运用方面做得好的单位有：万州区局、永川区局、垫江县局。欠税管理更加有效。以阻止欠税人出境为抓手，多措并举加强欠税管理，累计追缴陈欠 3.75 亿元，占比 18.98%，其中阻止欠税人出境 38 人，追缴欠税 3200 万元。委托代征更加规范。严格审核委托代征的资格、范围和程序，加强事前审批、事中督导、事后检查，重点开展了对房地产开发企业代征各类税款的专项清理工作。

二是信息化保障水平进一步提升。决策支持更加有力。基本建成金税三期大数据工作平台，实现了对税收分析、征管质效、以地控税、数据管理、风险管理、税务稽查、执法监督等方面的专业化、流程化管理，全年累计查询量 420 万人次。系统安全更加可靠。完成了重庆地税核心信息系统的安全等级保护备案工作，并通过采购信息安全专业外包服务，对信息系统安全进行监控及加固，被评为重庆市信息安全等级保护先进单位。部署和实施了金税三期桌面安全管理（360）平台，市局机关配置上网行为管理平台，实现上网实名认证和行为管控，并制定了全市税务系统互联网管理规范等制度。运维响应更加及时。积极通过 ITSM 运维平台、国家税务总局保障平台以及 RTX 内网运维平台，开展日常运维工作。2014 年 ITSM 运维平台共受理全市各类问题 17960 个，解决 17682 个，解决率为 98.28 %，同比提高 1.45%。开展 2 次专题巡回运维，持续开展生产环境系统升级验证工作，确保金税三期系统的稳定性和适用性。硬件保障更加有力。进行金税三期税务专网省网升级扩容，更换基层税务所网络交换机和充实基层税务所路由器。及时为基层配备计算机设备、打印设备等 1840 台套。强化设备管理，开展了资产清理工作，全系统共清理约 2.26 亿元信息化资产，并全部进行了二维码贴码。业务支撑更加高效。加快建设第三方信息共享交换平台，实现金税三期系统与市国土房管部门涉税信息深度共享。协助业务处室开发信息系统和新增系统功能 10 余个。

三是征管信息化队伍素质进一步提升。通过举办纳税评估人才培训班等方式为全市培养了 100 名纳税评估骨干，进一步提高了纳税评估人员的整体素质。组织全市地税系统信息技术人员开展 360 终端安全管理平台视频培训和金税三期税务专网升级扩容改造集中培训，培养了一大批技术骨干。2014 年，征管科技处和信息管理中心双双被评为市局绩效管理先进处室，信息管理中心还被授予“全国工人先锋号”殊荣，征管科技处何云同志被评为“全国税务系统先进个人”。

总的来讲，2014 年是攻坚克难亮点多、励精图治成效多、创造佳绩点赞多的一年！这些成绩的取得是市局各处室、各区县局和社会各界大力支持的结果，更是全系统税收征管和信息化战线的广大干部职工顽强拼搏、勇于担当、无私奉献的结果。在此，谨向大家致以崇高的敬意，表示衷心的感谢！

在肯定成绩的同时，我们必须清醒地认识到，当前征管和信息化工作还存在一些问题和不足。

突出表现在：征管基础工作有待进一步夯实，征管质效有待进一步提升；风险管理意识有待加强，信息管税工作机制尚未确立；信息不对称问题仍较突出，社会综合治税长效机制有待完善；征管及信息化人员配备不够、流动性过大等问题比较突出，高素质的专业化人才比较缺乏，知识、业务和技能培训亟待加强；金税三期系统有待进一步优化，数据应用水平有待提升等。面对“新常态”下的新问题，我们深感挑战与机遇并存，要坚定信心、积极作为，应对新的目标，采取新的措施，取得新的突破。

二、凝心聚力、克难奋进，扎实做好2015年税收征管和信息化工作

2015 年是全面完成重庆地税“十二五”规划的收官之年，也是“三基一化”建设的关键之年，做好今年的税收征管和信息化工作任务艰巨、意义重大。按照全市财税工作会和全市地方税务工作会的工作部署，2015 年全市地税系统税收征管和信息化工作的总体思路，就是认真落实全市财税工作会和全市地方税务工作会议部署，围绕税收现代化建设的奋斗目标，以“三基一化”建设为抓手，强化基础保障，夯实基础征管，凝心聚力，克难奋进，深化征管改革取得新突破，实施风险管理取得新进展，信息化建设迈上新台阶，为确保完成以组织收入为中心的各项税收任务提供坚强的保障。

落实上述目标和要求，需要系统上下努力抓好以下四个方面的工作。

（一）构建一个格局：科学严密的地方税收征管新格局

随着税制改革的不断深入和税源结构的发展变化，地税系统面临的征管压力和执法风险不断增大，税种结构和纳税人特点都将发生重大变化，观念的转变刻不容缓，迫切需要我们税务干部职工主动思考、改革创新，切实改变传统征管模式，提高纳税遵从，降低纳税成本和执法风险。一是深入研究适应经济发展“新常态”的税收征管改革思路。市局将按照国家税务总局税制改革进程和征管改革要求，认真总结各地深化征管改革、转变管理方式的做法，加强顶层设计，加强对基层的指导。最近，市局将出台《关于夯实征管基础提高征管质效的指导意见》，希望各单位根据《意见》，大胆探索、勇于实践，切实发挥税收征管改革示范引领作用。二是积极稳妥试行与前台相衔接的后台税收征管规范。国家税务总局将从 4 月 1 日起，全面试行基于金税三期工程流程设计、与前台纳税服务规范相衔接的税收征管规范 1.0 版，另外以后台管理为核心，突出风险管理的税收征管规范 2.0 版也在抓紧制定。征管科技处和信息管理中心要切实加强业务与技术的融合，统一税收征管业务标准和表证单书，规范税收征管业务流程，规范底层业务角色和岗位配置，细化内部控制环节；大渡口区局作为试点单位要对税收征管规范与现行金税三期系统的差异性进行全面比对分析，其他区县局也要选择 1 ~ 2 个税务所进行梳理、解剖，确保税收征管规范在重庆地税落地生根。

（二）建设两个体系：风险管理体系、信息管税体系

1. 加快推进以信息化为支撑的税收风险管理体系建设

以信息化为支撑的税收风险管理是新一轮税收征管改革的核心和关键，不管税制如何改革，都要求我们税收征管能够准确锁定税收征管的薄弱环节和纳税遵从的主要风险，优化资源配置，

提高征管质效。各单位要认真落实《税收风险管理办法》，按照“扎口统筹、集中优化、重点推送、质效评价”的原则，逐步将风控中心打造成为税收征管的数据中心、分析中心、任务中心和考核中心，把有限的征管资源优先用于风险较高的纳税人，变被动应对为主动管理，充分发挥风险管理在深化征管改革和完成收入任务方面的重要作用，推动税务机关从收入导向型向依法治税型转变。

一是坚持扎口统筹、集中优化。今后市局风控任务将统一通过风控领导小组进行任务推送，各处室不再单独推送风险管理任务。各区县局也要发挥好扎口管理统筹、筛选的作用，在项目发起环节解决“散”和“乱”的问题。

二是认真抓好风险分析工作。要树立大分析理念，将分散在不同部门、环节的分析工作进行有效整合，形成宏观、中观、微观层层递进、目标一致、互为印证的分析体系。要重点做好分析框架、模型指标建设的工作，发挥风控领导小组综合统筹职能，加快模型指标和风险特征库建设，充分发挥分析指引作用。

三是切实做好风险任务推送。根据市局风控领导小组办公室第一次会议决定，今年将重点开展国税局、地税局比对、股权转让、企业所得税等 14 个风控项目。各单位要严把任务推送关，综合考虑实际分析能力和应对能力，不要贪多求大，推送任务要有明确的疑点指向，做到无疑点不推送，无推送不应对，通过对任务推送环节的重点管理做到明晰指引、精确打击。

四是积极构建风险分类应对体系。各级风控中心在下发任务时，要明确风险等级，实行区别对待。低风险纳税人由主管税务所采取纳税辅导、风险提示等服务方法督促其修正申报；对中等级风险纳税人由区县局组织开展专业评估；对高等级涉税风险和涉嫌偷、逃、骗税和虚开发票等违法行为的纳税人实施税务稽查。

2. 加快推进以大数据为背景的信息管税体系建设

国家税务总局局长王军曾指出：“在大数据时代，谁能掌握好数据、谁能利用好数据，谁就能提高洞察力、占领制高点。”我们要坚持用数据说话、用数据改进管理、用数据推动创新，不断提高运用大数据的能力，提高税收工作的针对性和有效性。

一是完善数据应用管理机制。研究制定《税收数据管理办法》，全面规范数据口径、数据采集、数据质量、数据共享、数据应用和数据安全等工作，促进数据的有效集中和高效应用，挖掘数据潜能，提高风险分析、识别能力。

二是加强数据质量管理和考核。信息管理中心要继续抓好按季数据质量考核工作，将更多重要指标纳入考核，扩大数据质量管理的覆盖面。各基层单位要加强征管工作的规范化管理和系统的操作培训，提高入口数据的质量，坚决杜绝为完成考核目标任意篡改数据等问题。

三是加快大数据工作平台建设及应用。信息管理中心要尽快完善并下发《大数据工作平台操作手册》，同时要紧跟税收核心业务发展需要，整合决策支撑、纳税服务、行政管理、第三方信息交换等其他应用系统，逐步将大数据工作平台打造成税务人员的门户工作平台。各基层单位要加大培训力度，做到“人人会用”，充分发挥大数据工作平台对信息管税的支撑作用。

四是加快建设第三方数据交换平台。认真贯彻落实《重庆市地方税收征管保障办法》，总结梳理各部门在外部数据交换方面的已有成果和新增需求，选择重要内容在全市范围内加以推广。加强外部数据的管理，建立相应的管理办法，对进入平台的数据进行清洗、转换，建立其与内部系统数据之间的对照关系，充分发挥外部数据的效用。

（三）提高两个能力：重点税源管控能力、信息技术服务能力

1. 切实提高重点税源管控能力

2014 年全系统纳税额在 500 万元以上的重点税源企业仅有 3304 家，只占全系统税务登记总量的 0.36%，但实现税收收入 816 亿元，占税收总量的 70.77%。由此，我们可以看出在税收征管中，抓住了重点税源，就抓住了强化征管、组织收入的关键。

一是要按照分级管理的原则，切实做好本级重点税源管理工作。分级确定本级重点税源，将具有一定规模的集团或大型企业纳入列名企业范围，按照分级管理原则，逐步推行以风险管理为导向的扁平化管理。对重点税源，在级次不变，属地入库的原则下，根据风控体系建设进展情况，提升重点税源复杂涉税事项管理和风险应对层级。逐步实现由市局和区县局专业机构专职负责跨区域税收征管协作、纳税评估、帮助企业建立内控机制和个性化纳税服务等复杂管理事项；主管税务所承担户籍管理、信息采集、申报征收、发票管理、调查执行和一般性纳税服务等日常性、基础性管理事项，并按照上级风控中心的布置开展涉税提醒服务和辅导。

二是要按照国家税务总局和市局部署，继续落实好大企业税源管理工作。认真做好国家税务总局定点联系在渝企业的数据采集工作和全流程税收风险管理专项工作。探索创新大企业税务审计方式，组织开展部分市级大企业全流程风险管理专项工作。建立大企业税收风险管理信息平台，利用全流程税收风险管理专项工作成果，完善大企业行业风险特征库，夯实大企业风险管理基础。加强已审计的中石油等 11 户企业集团在渝成员单位后续整改工作，将审计过程中发现的行业性税收风险点延伸到其他企业，做好全市行业性风险提示。同时，要加强对大企业的服务，建立完善大企业税企沟通机制、涉税诉求管理办法、涉税事项协调会议制度等，积极开展与部分市级列名企业税收签订遵从合作协议的试点，帮助大企业建立内部风险防控机制，不断提高纳税遵从度。

2. 大力提升信息技术服务能力

依托信息技术等现代化手段，在简化办税流程、办税环节、提高工作效率上做文章，让纳税人享受到方便快捷的现代化办税服务。

一是加强纳税服务应用技术的开发。大力推进电子税务局建设，实现电子办税的统一身份认证、统一消息管理，提升网上办税、自助办税、客户端软件多渠道协同能力，提高电子办税系统对实体税务局功能的覆盖率。各基层单位要积极参与、全力配合电子税务局建设，根据市局确定的推广方案，试点局要尽早搭建机构，选定人员，明确岗责流程，明确试点纳税人范围，加强纳税人培训和意见收集，通过系统试点运行发现问题，并提出建议方案和优化意见。

二是加快推进征管信息电子化管理系统建设，完成与金税三期核心征管、电子税务局以及 CA 系统、电子签章系统的无缝衔接，实现涉税资料的全程无纸化、实时网上查询以及征管信息一次采集、反复利用和信息共享等功能，切实减轻纳税人负担。

（四）抓好三项工作：夯实税收征管基础、强化信息化基础保障、提升干部队伍素质

1. 进一步夯实税收征管基础

一是强化户籍管理。加强实地巡查，开展与

工商、质检、经济普查以及国税等部门户籍信息比对，发现差异及时核查，切实加强纳税人的户籍管理，防止漏征漏管。二是加强数据比对。加强对国税局、地税局主附税申报税款，国税主税与地税附税，企业财务报表与税收相关性，国税局、地税局定税，税收收入分税种，单位纳税人房产出租营业税与房产税，销售不动产营业税与预征土地增值税，营业税申报金额与自开发票计税额比率差异，自开票差异等比对分析。并结合本单位的征管状况，将发现的问题按局、所、管理员以及行业逐级向下深入分析到具体纳税人和具体管理环节，形成面、线、点有机联系、逐级递进的分析机制，为风险管理提供案源和指导。三是加强国税局、地税局征管协作。通过信息共享，加大国税局、地税局联合办税力度。持续推进双方联合办理税务登记、联合进行个体户税收征管、联合开展纳税评估，建立健全委托代征机制，不断拓宽合作领域。

2. 进一步强化信息化基础保障

一是强化金税三期系统运维保障。各区县局应加强本级运维团队建设，确保区县级有 2 名以上人员专职从事运维工作。持续开展区县层级的巡回运维工作，实现问题的分级管理，避免简单问题的向上转移。二是加强网络信息安全建设。通过部署安全审计系统、IDS 入侵检测设备、终端网络准入及桌面安全 360 系统，加强安全防护体系建设。通过引入 CA 认证等技术手段，实现纳税人身份识别和信息认证。研究利用存储虚拟化、网络虚拟化及数据库复制等技术手段，实现税收数据在局中心机房与同城灾备机房的一致性和高可用性。强化内部安全管理，加强安全教育培训，落实安全管理责任制。三是加强信息化基础设施建设。加强全系统信息化设备的更新、改造，完成基层税务所路由器配置更换、视频会议系统高清升级等。各区县局要强化设备需求管理，由信息化主管部门负责信息化设备管理工作，及时收集掌握设备需求，结合本单位实际合理规划设备采购更换计划，严格按照市局要求合理使用、报废信息化设备。四是做好税收信息化建设规划。全面统筹税收信息化建设，制订税收信息化建设五年规划，深入推进信息技术在税收工作中的应用。

3. 进一步提升干部队伍素质

深入开展全员培训、征管和信息化“大练兵”活动，着力提升征管和信息化干部队伍整体素质。通过采取委托高校培训、与高校和科研机构探索建立联合实验室，到基层磨炼、到税收中介机构锻炼和外派挂职等多种方式，着力培养一批懂税收、懂管理、懂信息化、懂财会、懂数理经济的高素质复合人才。坚持德才兼备，培养选拔并建立市级税收征管和信息化专家型人才库。要按照国家税务总局推行绩效管理 3.0 版的工作要求，扎实推进征管和信息化工作绩效管理，充分发挥绩效管理的导向和激励作用。

最后，我特别强调加强服务决策和宣传引导的问题，要围绕服务经济大局，深入调研，写出有分量的分析报告，为领导决策提供有价值的参考；要拓展宣传途径，创新宣传方式，确保从各个方面、各个角度、各个层级都能听到税收征管和信息化建设的声音。

关于下半年征管和信息化建设工作的安排

重庆市地方税务局党组成员、副局长　董　青

（2015年7月20日）

2015年下半年，全系统仍要按照年初税工会部署和“三基一化”[①]建设要求，进一步加强征收管理与信息化建设，重点抓好五个方面的工作。

一、着力抓好“六清一查”[②]回头看

严格按照国家税务总局和市局的相关要求，搞好6大税收风险领域27项重点风险事项专项清查工作的回头看，特别是对于涉税中介管理风险，务必汲取有关省市的惨痛教训，不仅要抓好当前的清查，更要通过建立长效监督制约机制，杜绝税收流失，防范执法风险和廉政风险。

二、全面推行税收征管规范1.0

要将贯彻落实国家税务总局税收征管规范1.0作为深化“三基一化”建设、强化风险内控、优化纳税服务的重要抓手，严格按照时间进度和工作标准，进一步统一表证单书、简化办税程序、规范业务流程、细化内部控制，逐步实现税收征管标准化作业、流程化操作、目标化管理。

三、大力推进税收风险管理

上半年，全市地税系统税收风险管理成效显著，仅委托贷款一项就查补税款5亿余元。这充分说明，在当前严峻的税收形势下，加强风险管理对于挖潜增收完成收入任务、规范管理防范执法风险都具有重要意义。要将税收风险管理作为征管的核心业务来抓。要成立风险管理领导小组，由一把手挂帅，统筹抓好风险管理工作。要设置风控管理机构。按照扁平化、实体化的要求，设置风控管理机构，充实风控管理人员，各单位专职从事风险管控的人员（不包括风险应对人员）不得少于本单位人员的5%。要理顺风控管理机制。坚持“扎口统筹、集中优化、重点推送，质效考评”的原则，对税收风险进行统一识别、分级应对，其中，中低风险推送征管部门应对，高风险推送稽查部门应对。要加大对重点风险的应

① 参见本书第34页注释。

② “六清”：即清理涉及金额较大的税收减、免、缓、欠税等行政审批和税收优惠政策执行情况，清理税收征管中的清结算、纳税评估和个体定税等事项，清理税务稽查案件的查处情况，清理与中介机构相互勾结、利益输送的问题，清理干部违规参与企业经营等问题，清理在税收管理中搭车销售、强行摊派等问题；“一查”：即全面开展廉政风险自查。

对力度。加强对重点税源的管理。当前占税收总量60%的税源只配备了10%的人员，人员数量和质量严重不适应工作要求，要将业务能力强的干部向重点税源管理倾斜，防范重大税收流失风险，把握组织收入主动权。加强减免缓欠的管理。特别是要加强对于欠税的管理，上半年共追缴欠税14亿元，但仍然还有很大的压欠空间。加强国税局、地税局合作。“营改增”全面实施后，地方附加税费流失风险日益增大，要加强与国税的征管协作和数据共享，着力推动“国代地”等工作。加强对个体工商户的管理。规范对核定征收的管理，确保抓大不放小。

四、深入推进基层征管改革

总体要求：以明晰征纳双方权利和义务为前提，以风险管理为导向，以专业化管理为基础，以重点税源管理为着力点，以信息化为支撑，以体制机制和人才建设为保障，构建符合重庆经济社会发展和重庆地税实际的现代化税收征管体系。工作目标：还责还权于纳税人，实现资源优化配置，力争用2年的时间实现管户向管事、个人管税向团队信息管税转变。当前主要做好以下几项工作：一是合理划分职能职责。根据征管规范1.0和纳税服务规范2.0中的要求，合理划分前后台业务，推进征管业务前移，由办税大厅负责包括减免税审批等所有纳税人依申请事项，业务科（室）、管理所负责纳税评估等依职权发起的业务事项。市局征管科技处和纳税服务局将出台指导意见。二是进行流程优化。各区县局根据部门业务管辖和划分，制定相应工作流程，并在金税三期工作平台上对应设置。三是整合资源配置。在编制、职数不变的情况下，对机构的名称、岗责内容进行调整，实行“按事设岗，分岗管事，因事行权”，逐步取消管户模式。四是加强制度建设。完善现行税收管理制度，与征管改革相配套。

五、全力做好数据运用和信息化保障

运用信息技术是现代税收征管工作的基础，要最大程度实现税收征管业务的网上运行。要积极推广应用大数据工作平台。该平台共配置查询数993个，对于风险管理工作起到了极大支撑作用，但目前部分单位运用情况不好。信息中心要进一步完善平台功能，区县局也要把该平台作为征管工作的基础性平台运用好。要全面推广征管信息电子化系统。实现纸质资料向电子资料转变，减轻基层和纳税人负担，提高数据的可用性。要加强数据运用。以电子税务局建设为契机，加快建设三方信息交换平台，出台数据运用管理办法，进一步加强数据的采集、储存和运用。要加强保障。持续优化完善金税三期系统及软件开发。加大对信息化建设的经费、人力投入，成立信息管理科或信息化工作小组。

在2015年半年稽查工作会议上的讲话

重庆市地方税务局党组成员、副局长　徐德中

（2015年7月28日）

（根据录音整理）

今天市局召开半年稽查工作会，主要目的是为了贯彻落实好全市地税系统半年工作会议精神，认真总结上半年稽查工作，客观分析存在问题，研究部署下半年的工作任务。刚才，张目处长对上半年稽查工作情况进行了通报，同时对下半年工作任务进行了安排部署，我都赞成，请各单位回去后认真加以贯彻落实。6个单位从6个方面介绍了经验，都值得大家在今后的工作中学习借鉴。借此机会，我讲三点意见：

一、上半年全市稽查工作迈上了新台阶

上半年我们自身和自身相比，辅导稽查工作成效是明显的，对税收收入实现“双过半”是立下汗马功劳的，在此，我代表市局党组向大家表示感谢！

二、清醒认识当前工作中存在的问题和差距

我重点讲三个问题。

（一）工作质效需进一步提高

一是工作力度偏弱。部分稽查部门因循守旧、按部就班，工作打不开情面，稽查办案特别是大要案件查处的数量、质量和效果明显滞后。特别是部分稽查局偷税案件查处数量、金额与同期相比出现下降。二是执法力度偏软。从滞纳金加收率和处罚率这两个指标来看，滞纳金加收率全市7%左右，最高的单位达到40%，最低的单位不到1%。我的理解，稽查部门查补税款一定是前期税款，不得是当期税款，当然这里面有些税款是不应当加收的，这里面蕴含了极大风险。处罚率全市平均9.6%，部分单位罚款为零。到底什么原因，请大家认真思考。我的理解，稽查补税要么不该处罚，要么按照征管法适用自由裁量，比如偷税，最低都要处0.5倍。到底是干扰过多，下不了手，还是大家从本质上没有认清楚稽查的职能职责是什么。三是工作效果欠佳。全系统税收违法“黑名单”工作连续两个季度被国家税务总局绩效考核扣分。国家税务总局对“黑名单”工作每个季度都要考核，第一档10个单位满分，

第三档大幅度扣分，第二档也都扣分。不能每个季度总在中间档，要把这个事件做出成果。到现在为止，我们只有4个单位一共公布了4件“黑名单”案件。国家税务总局对稽查的考核就4个指标，“黑名单”怎么公布有10分，联合惩戒怎么推进有10分，考核选案准确率和入库率各5分，打击发票违法犯罪工作有5分。这些指标中，“黑名单”工作对我们影响是最大的。要做好“黑名单”工作，就是要有可公布的案子出来，我后面还要讲。

（二）稽查基础工作需要进一步强化

一是新办法不会用。稽查部门对风险管理理念、方法和手段的认识和思考不够深入，稽查执法工作与风险管理流程衔接不够紧密，风险管理导向下的稽查工作主动性有待增强。按国家税务总局局长王军要求，稽查工作是纳入风险管理下的一种工作模式，如何在这个方面开展好我们的稽查工作，从稽查处到各个稽查局，整体都思考得不足，不知道怎么在风险管理下做好稽查工作。归结为我们对新的工作理念、工作方式、工作方法不会用，需要在座各位一起努力。二是老办法不管用。重点是稽查选案，目前我们选案专业化程度不高，缺乏相应的信息支撑，技术支撑以及必要的人力保障，稽查选案粗放的问题没有得到有效解决。从稽查案源来看，有举报案源，有征管部门移交案源，绝大部分是我们自选案源。但自选案件的精确度，至少5个直属稽查局选的案，我感觉不太准确。选案的依据最多就是自查的时候不配合或者自查数据不理想，但是真正不理想到什么程度，没有一个明确的说法，存在选案随意性的问题。三是基础工作不扎实。有的单位在数据统计、案例分析、情况报送等一些基础性和综合性工作方面马虎应付，敷衍塞责，把关不严，质量不高。四是考核机制不完善。目前的考核考不出大家的积极性，考不出动力。我们把有关材料印给了大家，这是经过市局局务会研究通过的，但是具体细项还需一项一项进一步研究。当然，要求考核是非常完美的，没有瑕疵的，也是不可能。

（三）稽查队伍建设需要进一步加强

一是区县稽查局长选配和干部交流力度有待加强。这个与体制有关系，责任主要在我，需要我们多和人事处沟通，5个区的稽查局长要及时配备。另外，从2008年稽查机构升格开始，区县稽查局长身份有些尴尬，干部交流是不畅通的。此外，一些稽查局交流来的人员，大家往往不愿意要，这种情况跟我们稽查局长在给主要领导报告时没有费心没有费力有关系。稽查局是征管的后盾，是税收的保障，安排一些不能干的人来会让纳税人笑话。纳税人看不起稽查局的人，看不起稽查局的人，他的纳税遵从度自然就没有。稽查局长一定要向主要领导讲清楚利害关系。稽查人员出去查账，什么也查不出来，税务人员能力在哪里，税务部门的形象在哪里。二是部分单位重视不够。2月底至3月初市局开了三个稽查片区座谈会，对人员到位问题专门提出要求。到4月30日，30个区县稽查局缺编75人，其中有22个单位不合格。到今天，缺编81人，变化了数据的有三个单位，忠县、酉阳、黔江。两个多月下来，缺编的单位仍然缺。到现在不缺编的有綦江、潼南、璧山、丰都、武隆、忠县、石柱、酉阳和万盛，其他21个单位全部缺编。市局党组制发的文件不执行，听谁的。希望没有达到要求的单位，回去后要再汇报。我会到一些缺编比较重的单位专门了解这个事情。这项工作要作为稽查年度绩效考核重中之重。三是个人能力不强。大家最清楚，你们的队伍中能够独立查账的人员比重到底有多少，能够运用现代查账工具查账的人员比重到底有多少。我常说，稽查人员拿起我们的会计资格证书去查注册会计师、高级会计师做的账，至少说话的底气都不足。四是风险意识不强。大家在执法过程中，法治意识、风险意识和责任意识都存在问题。特别是很多单位在办案过程中搞“体外循环”。不能够因为考核力度加大了，就去搞人为达标。这对执法是有风险的。一方面是干部自身风险非常大，由于没有在系统中立案，处理处罚就可能比较随意，甚至与纳税人搞利益往来。另一方面，为今后案件“翻盘”埋下伏笔，在风险意识较弱的情况下，执法过程中不讲程序、不讲规矩，证据不充分的问题时有发生。如果我们的案件不停地被法规部门撤销，我们自身的能力水平如何体现，稽查部门自身形象如何体现。

以上问题给大家说重一点，希望大家在今后工作中认真应对，逐步加以完善。

三、全力推进下半年的稽查工作

上周二，黄玉林局长出席了稽查体制改革周年座谈会议，并且作了重要讲话，从思想上、业务上、能力上，对下一阶段稽查工作提出了五点要求：一是进一步统一思想、坚定信心，肩负起稽查工作职责；二是完善体制，进一步发挥稽查职能作用；三是严格依法办事，提高办案水平；四是加强查管协作，共同提高纳税遵从度；五是抓好班子建设，带好稽查队伍，从严带队。这些要求需要我们在今后工作一条一条地完善落实。在此，我再讲三点要求。

（一）优化职能，准确定位

1. 明确稽查业务边界

刚才张目处长已经讲得很清楚，我们稽查要回归到打击偷、逃、骗、抗税的主业上来，这是稽查的主要职能职责，其他所有工作都要围绕整顿税收秩序这个中心。

2. 搞好协调配合，坚持稽查优先原则

稽查部门选的案，同一年度内，征管部门原则上不再进户评估、执法。反过来，征管部门已进户评估、执法的，稽查部门原则上不再进户检查，除非有举报案件，或者有重要线索。

3. 推行风险选案

这是下一步方向，在风险管理导向下开展稽查工作，一定要用风控指标体系来选择案源。今后，风控中心推送疑点线索后，稽查处要先介入，高风险的由稽查部门实施检查，中低风险的由征管部门应对。但是征管部门在中、低风险应对过程中，只要涉及偷、逃、骗、抗税行为的，要移交稽查。

4. 不再考核收入指标

市局 101 号文件已经明确，下半年对大家收入指标不再考核，纳税评估也不考核收入指标。稽查重点是查案，把案子查好，查透，查出有质量的大案要案。

（二）提升能力，专业查税

重点解决好三个问题。

1. 提升能力，解决“不会查”的问题

要按照“优化增量、改进存量、提升效率、增强活力”的方式把这支队伍建强。一是要优化增量。就是要学一学忠县的做法，对进入稽查部门的干部提些基本要求，原则上进稽查局要有门槛，最起码是要会查账。21 个区县稽查局还缺 81 名干部，这些人进来就要有门槛要求。二是要改进存量。对现有人员，要全方位、多层次、大规模开展培训，除了市局有目的一轮一轮培养外，各单位自身也要培养。另外，为了发挥好市局直属稽查局的优势，30个区县稽查局与市局直属稽查局要结对，把干部上派下挂，增强干部的实战能力。各单位在内部要继续通过案例评析、以老带新等一些做法带动队伍水平逐步提高。三是要提升效率。现在最主要的就是通过电子查账提高效率。稽查干部要人人都会电子查账，不只是把数据采集回来慢慢查，而是在信息化状态下尽快地找到企业的疑点，开展进一步的深入调查，这样才能真正提升工作效率。四是要强化激励。要充分运用绩效考核工具、客观评价工作业绩，将个人平时表现和业务能力与职务晋升、评先评优挂钩，解决干与不干一个样、干好干坏一个样的问题。鼓励稽查人员参加各类专业资格、职称考试，稽查干部要有这个底气。同时，从市局和区县局都要采取一些激励稽查干部创先争优的措施，比如优秀案例评选、稽查能手评选，就是要增强稽查人员职业荣誉感，激励稽查干部积极向上。

2. 规范执法，解决“查不透”的问题

一是要以重点抽查为着力点抓好大要案件查处。二是要严格落实重大案件上报和督办制度。三是要努力排除执法干扰。对于一些查处难度较大的案件，要及时向市局报告，善于保护自己。四是要规范行使自由裁量权。大家在处罚的时候，要按照征管法要求来实施处罚。

3. 强化曝光，解决“震慑不足”的问题

就是要按照“黑名单”制度的要求，重点解决曝光案件数量较少的问题。同时，要注重案件质量，所有案件要经得起检验，不能因为办案质量不过关引起不良反响。

（三）严管善待，从严治队

1. 强化管理协调

一是要优化管理方式。要不断整合稽查资源，发挥好市级一级稽查体制优势，对于稽查力量不足、执法力度偏软、征管压力较大的区域和行业，我们将通过异地交叉稽查、市局指定稽查和集中稽查，提高稽查执法质效，促进全市稽查工作的一体化和均衡化发展。目前还涉及执法权限、范围的问题，市局正在逐步推进。二是要强化稽查案源管理。要把案子选好。三是要加强部门协作配合。要和国税、公安配合好，把案子查好。这里强调，市局部署的“6.15”打击发票违法犯罪税收专项行动，涉及的区县局一定要完成这个任务，票在哪个企业到什么程度，要查清楚，做好及时回复，不能有任何拖欠。

2. 防范廉政风险

一是要筑牢思想防线。二是要健全防范机制。三是在座各位要履行“主体责任”。四是推进“一案双查”。市局的“一案双查”就是上市局重审委员会的案子“一案双查”，你们到底哪些案子“一案双查”，回去研究。

在2015年税收执法重点督察动员培训会议上的讲话

重庆市地方税务局党组成员、副局长　徐德中

（2015年9月7日）

经市局党组研究决定，2015 年市局对 9 个单位实施重点督察。今天召开动员会，标志着 2015 年的税收执法重点督察工作正式开始了。刚才涂放姑组长就廉政纪律方面，给大家提了非常重要的要求，希望大家下来以后，一定要认真贯彻落实。

近年来，执法督察工作在市局党组的重视和支持下，不断得取得新突破，特别是从去年开始，市局开始推行交叉督察方式以来。2014 年，全市有 34 个区县局开展了交叉执法督察，今年有 39 个区县局开展了交叉执法督察。通过一年多的实践发现，交叉督察对提升执法督察整体质效起到了很好的作用。首先，这一方式受到了区县局的欢迎，大家普遍愿意通过这种方式检查自身执法方面存在的问题；其次，督察人员也能够放下包袱，从切实提高税收执法水平的角度开展这项工作。我市推行交叉督察的工作方式得到了国家税务总局督察内审司的肯定，并将此作为先进经验在全国范围内推广。今年，为了鼓励大家进一步做好交叉督察，我们推行“免检制度”。在 13 个重点督察单位中，对其中 4 个交叉督察中问题找得准、成果特别突出的单位免于重点督察，这是我们以后执法督察工作的一个重要思路。为了把交叉执法督察做得更好，以后每年都将要求各单位先开展交叉督察，市局组织督察评定，对执法督察成效突出的单位将不再纳入市局重点督察。如：41 个区县局开着交叉执法督察后，将评定结构排名在后三分之一的单位作为重点执法督察对象，以此推动交叉执法督察工作的开展。

为做好今年的税收执法重点督察工作，我再讲两方面内容：

一、要提高认识，切实增强做好执法督察的责任感

黄玉林局长在研究 2015 年下半年工作会议上，就督察内审工作研究部署做了重要讲话，其中重点提出：“廉政风险、执法风险越来越高，根源在于政策的执行，风险在于执法者执行政策中。加强监督日益重要，是化解风险、内部管控的需要，是确保地税系统健康运行的需要，要将监督作为大事情来做。”今天，召开执法督察工作动员会，我想，我们应该从以下三方面来理解

重点执法督察工作：

（一）税收执法督察是规范执法行为的有效手段

我们系统内有少数执法人员对税收政策理解不准确、执法行为不规范，乱作为、不作为情况仍时有发生。要避免这种情况的出现，一是通过有效的执法督察，发现问题；二是针对发现的问题，开展制度建设，形成执法过程各环节的监督制约机制；三是要加大执法过错追究。通过三方面的措施，促进税务人员业务水平持续提高，执法行为不断规范。

（二）税收执法督察是提高征管质量的重要举措

我们全市地税有 42 个征管单位，从市中心到最偏远的区县局、税务所需要 6 ~ 7 个小时车程，涉及的地域广、范围宽。基层执法单位征管质量高与低？是否存在执法漏洞？这些问题通过执法督察能够有效地得到检验，从而进一步把征管质量搞上去。

（三）税收执法督察是构筑风险防控的屏障

作为执法部门的执法人员或多或少都掌握着执法权力，作为纳税人或多或少都想少缴税，这样就存在着利益博弈，自然就存在着执法风险。通过执法督察，能够有效地在我们执法人员犯错误的初期给予提醒，让执法人员少犯错误，不犯错误，为我们的执法人员构筑一道风险防范屏障。

二、努力工作，保质保量完成今年执法督察工作

不管方案做到多好，不管内容定得多详尽，最终都需要大家在执法督察过程中去落实。现就本次工作，我再提三点要求：

（一）对执法人员的要求

一是要放下包袱。从近年来的外部监督的情况来看，外部审计对地税部门的监督范围越来越广，也越来越严格。今年，市审计局对我们审计就发现我们在执法中存在很多不规范的地方。与其让外部监督监督到，再费“九牛二虎之力”去解释、整改，不如我们自己加强内部监督，提前纠正、规避不规范行为。所以，大家一定不要有“好人”思想，不要有“你好、我好、大家好”的思想，要从税务事业的高度，从对干部保护的高度来做好这项工作。所以大家要放下包袱，真正开展这项工作。督察工作不是得罪人的工作，是通过大家的努力，切实规范执法行为，使我们接受外部监督的时候能够顺利通过的工作。所以大家在工作中要敢于动真格，敢碰硬。

二是要展示我们的水平。今年抽调的人员都是市局“双百”人才库的人才。在座的大部分同志，在今年 6 月份，也去开封地税干部培训学校参加了专门的执法督察培训。作为全市地税系统精英人才，把你们组织起来，开展重点督察，要把你们的水平拿出来，认认真真开展，找出征管方面的问题，让被督察单位真正感受到，大家的眼睛能够看得到问题，大家的水平是值得肯定的。

三是遵守廉洁制度。督察人员因督察工作发生的费用全部由市局支付，所以大家一定不要在被督察单位接受一些不应接受的东西。我再次向大家强调：执法督察人员开展执法督察工作，不仅代表着督察组，还代表着我们地税系统的形象，要注意树立好我们的形象。督察工作要对被督察单位的不廉洁行为进行督察，如果自己本身都不廉洁，这项工作就无从谈起。

（二）对被督察单位提三点要求

一是要提高认识。这次执法督察，从国家税务总局到市局均作了具体要求。所以希望被督察单位回去后，向党组做好汇报，真正把这项工作重视起来，我相信只要大家重视这项工作，就一定能够做好这项工作。

二是要积极配合。被督察单位要为督察组提供督察必要的工作条件。督察过程中，及时提供督察组所需资料，并指定专人负责督察联络工作，加强与督察组之间的沟通，保障督察工作顺利开展。

三是要认真整改。被督察单位对督察发现的问题要严肃整改，扎实整改，要从带好队伍这个角度来思考，对督察出的问题一条条梳理、整改，要求及时制定整改“时间表”和“任务书”，把责任分下去，把时间节点落实清楚，这也是执法督察的核心部分。同时，还要思考征管中一再出现的问题，深入分析原因，找出规避的思路和方法。

（三）对参会的业务处室提两点要求

一是要大力支持。在检查过程中，督察组对拿不准的问题及时向各业务处室请示、请教，业务处室要给予支持，帮助督察组把问题查深、查透。

二是业务处室要从全市层面总结分析。就督察出来的问题，特别是普遍存在的问题要从业务处室的角度来分析问题成因，最终形成制度，解决问题。

深化作风建设　强化责任担当
不断推进系统党风廉政建设工作

——在2015年全市地税系统党风廉政建设工作会议上的讲话

重庆市地方税务局党组成员、纪检组长　涂放姑

（2015年2月6日）

这次会议的主要任务是：总结2014年党风廉政建设工作，研究部署2015年全市地税系统党风廉政建设工作任务。下面，我代表市局党组做“深化作风建设 强化责任担当 不断推进系统党风廉政建设工作”的工作报告：

一、2014年全市地税系统党风廉政建设工作回顾

2014年，市局在市委市政府的正确领导和国家税务总局的正确指导下，认真贯彻落实中央、

市委、市纪委、国家税务总局关于加强党风廉政建设的要求，深入学习习近平总书记、王岐山书记、孙政才书记、徐松南书记的系列重要讲话，不断加强党风廉政教育，特别是政治纪律教育，以党的群众路线教育实践活动为载体，积极推进“强化作风建设年”主题活动，紧紧围绕税收工作中心，认真履行党风廉政建设的主体责任和监督责任，为税收工作提供了有力的政治和纪律保障。

（一）“两个责任”进一步明确

市局党组加强党风廉政建设和反腐败工作的统一领导，坚持税收中心工作和党风廉政建设“两手抓、两手硬”，及时部署重要工作、研究重大问题、督办重要案件、检查责任落实。制定实施《中共重庆市地方税务局党组关于落实党风廉政建设主体责任的意见》《重庆市地税系统纪检监察部门落实党风廉政建设监督责任实施办法（试行）》等一系列党风廉政建设制度，严格落实相关工作规定，严格执行领导干部报告个人有关事项、述职述廉等制度。市局党组定期研究分析全市地税系统党风廉政建设和反腐败工作面临的形势和任务，定期听取党风廉政建设工作汇报，及时研究决定重大问题，全年先后召开10余次各类会议，研究部署党风廉政建设工作。下发了《全市地税系统2014年党风廉政建设工作要点》，印发了《中共重庆市地方税务局党组关于2014年党风廉政建设和反腐败工作分工责任制的通知》，做到任务分解到人，责任落实到位。同时，市局主要领导与分管领导、分管领导与分管处室、联系区县局主要负责人签订了《党风廉政建设责任书》，并首次要求系统内各单位主要负责人向市局党组写出廉政承诺书。此外，市局还出台了《重庆市地税系统领导干部党风廉政建设述职述责述廉实施办法（试行）》和《重庆市地方税务系统领导干部廉政档案管理办法（试行）》。两个办法的出台，进一步增强了领导干部“一岗双责”意识，规范领导干部从政行为，推进党风廉政建设责任制的落实。系统各单位也严格落实党风廉政建设责任制度，并得到了当地党委、政府的充分肯定，如江北区局被中共江北区委评为2014年度落实党风廉政建设责任制先进单位，酉阳县局连续五年被当地纪委评为纪检监察工作一等奖获奖单位。

（二）作风建设进一步深入

2014年，我们继续推行一年一个主题的主题年活动，结合实际开展“强化作风建设”主题年活动，认真落实中央八项规定和市委、国家税务总局党组有关作风建设系列要求，结合党的群众路线教育实践活动的深入开展，持续抓好“正风肃纪”“提升效能服务市场主体发展”“三察三促”等活动。全系统上下联动，市局认真履行指导职责，各单位全面落实活动要求，广泛征集意见建议，深入查摆“四风”问题，多数区县局在第二批教育实践活动中走在当地前列。针对突出问题精心制定整改措施，在解决实际问题上下功夫，重点治理打牌赌博、公款吃喝、公车私用、收受红包、发票冲账等五大问题，加强一线单位的管理，建立作风转变长效机制，成效明显。结合国家税务总局“便民办税春风行动”，切实抓好办税服务环节“六提速、三减负、一首问”[①]，认真落实《全国县级税务机关纳税服务规范》要求，紧紧围绕纳税人反映强烈的问题，持续改进

① “六提速、三减负、一首问”：即提速宣传咨询、登记办理、发票领购、多元办税、涉税审批和投诉受理，减轻表单填写负担、资料报送负担和涉税检查负担以及切实推行首问责任制。

和优化纳税服务，打通联系服务群众的“最后一公里”。全系统教育实践活动得到了市委孙政才书记充分肯定，璧山成为全国纳税服务示范县，在国家税务总局2014年度纳税人满意度调查中，重庆地税排名比上年提升了9个位次。2014年，全市地税系统“三公经费”同比又下降6.2%，群众信访投诉案件数量下降33%。

（三）廉政教育进一步强化

市局结合工作实际，抓好廉洁从税教育、岗位廉政教育，坚持在各类培训中开设廉政课程，增强培训效果。市局领导分别到系统新进人员培训班、领导干部培训班作专题讲座和上廉政课。在节假日等重要时间节点上，以编发廉政短信等多种形式进行廉政提醒，促进干部增强廉政意识。开展了亲人助廉、同事助廉、朋友助廉的“三助廉”活动。为营造浓厚的廉政氛围，市局印发了《重庆市地方税务局2014年廉政文化月活动实施方案》，将2014年7月确定为全系统“廉政文化月”，集中开展听廉政报告、参观廉政教育基地、举办廉政征文比赛，廉政书画摄影作品展等系列廉政文化建设主题活动。收集到廉政征文199篇、书法作品88幅、绘画作品21幅、摄影作品142幅，编印了《廉政征文优秀作品集》和《廉政书画摄影作品集》，充分展现了“以廉为荣、以贪为耻”的新风，用廉政清风庆祝地税成立20周年。全系统各单位也结合自身实际，广泛开展廉政教育宣传，据统计，2014年全系统开展反腐倡廉教育活动1400余次，26000余人（次）参与其中，发送廉政提醒短信达38000余条。这方面做得比较好的单位如：涪陵区局长期坚持的书法绘画活动；綦江区局每逢周末和节假日开展短信提醒工作；沙坪坝区局召开的青年干部说廉会；万盛经开区局坚持开展新进人员岗前、新提拔干部任前廉政谈话和科所长集体廉政谈话等。

（四）监督检查进一步加强

一是持续开展明察暗访活动，市局多次组织明察暗访组，并借助区县纪检监察部门的力量，对系统各单位的工作纪律、服务态度进行不定期检查。对于发现的问题，不仅及时向所在单位进行反馈，还制作了《作风建设明察暗访问题专题片》进行了播放，下发了明察暗访的情况通报，有效地警醒了全系统的干部职工。对发现的违纪违法问题，从严从快对4名涉嫌违纪的当事人分别给予了纪律处分或组织处理。系统内各单位也结合本单位实际，组织力量不定期开展明察暗访活动，2014年全系统各单位开展明察暗访活动达1187次，有效地促进了系统的作风建设。

二是启动廉政约谈工作。分批召集了20个区县局的主要负责人和纪检组长，由市局主要负责人与纪检组长共同进行廉政约谈，重点约谈各单位落实党风廉政建设“两个责任”的情况，并结合工作重点，提出当前和今后应主要抓的工作。通过约谈的形式，进一步督促各单位党风廉政建设“两个责任”的落实，切实加强全市地税系统廉政风险防控。

三是继续进行执法监察和效能监察。抽调力量组成检查小组，对万州区、渝中区、江北区等15个单位开展了重点的执法监察和效能监察。通过执法监察和效能监察，既看到了部分区县地税局在加强作风建设、开展便民办税服务工作、提升地税形象方面做出的持之以恒的不懈努力和取得的显著成效，也发现了当前在征收管理、纳税服务和作风建设方面还存在着的诸多问题与不足。

四是抓好税收执法权和行政管理权的监督。

继续落实国家税务总局的《税务系统领导班子和领导干部监督管理办法》及实施细则，坚持纪检组长参加党组会和局长办公会，监察室主任列席局长办公会的制度，监督班子严格执行上级的各项规定。继续推行廉政跟踪回访制度，并对系统各单位执行本制度的情况进行了督察。据不完全统计，2014 年全系统发出《廉政跟踪回访表》16860 份，收回 11877 份，起到了较好的监督作用。这方面工作比较突出的单位有：九龙坡区局开展经常性作风检查，并进行严格考核；开县地税局与梁平县地税局开展交叉暗访工作；奉节县局构筑“三不”机制，加强内控机制建设等。

（五）执纪能力进一步提升

市局积极受理群众来信来访，严格执行信访条例，2014 年直接受理群众信访举报 95 件，已全部处理了结。立案 14 件，结案 13 件，给予行政纪律处分 17 人（其中：行政开除 7 人、行政撤职 1 人、行政记大过 1 人、行政记过 6 人、行政警告 2 人），给予组织处理 1 人（免职）。对于信访件中所反映出来的一般性问题，及时对相关的领导干部进行信访核实和谈话提醒。对于一些苗头性、倾向性的情况，在系统进行了进一步的明确要求，提醒干部职工做到防患于未然。在查办案件的同时，市局也做好保护干部干事创业积极性的工作，今年为系统内 30 名干部职工澄清了有关问题。此外，按照市纪委的要求，我们对全市地税系统 2011 年至 2013 年间党员、公务员受纪律处分执行情况进行了检查，工作虽得到了市纪委的充分肯定，但我们仍然针对部分单位办理党纪政纪案件程序不够熟悉、案件文书不规范等问题，组织各区县地税局纪检监察干部开展了办案业务培训。

（六）问责力度进一步加大

市局按照《重庆市地税系统党风廉政建设责任追究办法（试行）》的规定，严格开展追责、问责，加强责任追究力度。对系统内发生的 5 件违法违纪案件，开展了认真的责任调查，对负有领导和管理责任的人员进行了责任追究，给予 1 名县局领导干部行政警告处分，对 1 名区局领导干部进行了诫勉谈话，有 5 个区县局的党组作出了书面检查，并在系统内进行了通报，有 9 名科所级领导干部受到批评教育、诫勉谈话、行政警告、行政记过等不同等次的处理。这种责任倒查的工作机制有效发挥了警示教育作用，引导全市地税干部职工，特别是各级领导干部切实增强责任意识，自觉履行“一岗双责”，加强了对税收管理行为和行政执法行为的监督管理。

（七）监察职责进一步落实

按照中央和市纪委有关要求，驻市局纪检组长涂放姑已不再分管市地税局的其他工作，专司纪检监察之职，专负纪检组长之责。市局也印发了《重庆市地税系统纪检监察部门落实党风廉政建设监督责任实施办法》，为系统纪检监察部门今后履行好监督责任指明方向。同时，为进一步加强纪检监察干部队伍建设，市局采取各种措施，努力提高干部队伍的政治业务素质。一是编印了《重庆市地税系统纪检监察常用法规手册》，供纪检干部学习提高工作能力。二是继续积极争取，安排干部参加中纪委、市纪委组织的纪检监察业务学习培训。通过培训，提高了干部队伍的政治业务素质，拓宽了工作思路及视野。

在充分肯定成绩的同时，我们必须清醒地认识到存在的不足和问题，比如：有的单位对履行党风廉政建设“两个责任”的认识不到位，责任意识不强；有的领导干部“一岗双责”履行不好，不敢担当，不愿管、不敢管、不善管；一些单位和党员干部作风依旧涣散，自律不严，纪律意识淡薄，甚至仍然有顶风违纪的现象发生；个别单位抓作风建设的主动性不强、积极性不高，教育不入心，制度不落实，管理不严格，监督不到位的问题仍然存在；个别干部滥用税收执法权、行政审批权、行政裁量权，向纳税人吃拿卡要，损害纳税人利益，违纪违法案件时有发生；干部队伍管理失之于宽、失之于软，不敢抓、不敢管、不愿承担责任等问题。对此，我们要高度重视，更加积极地开展工作，切实加以解决。

二、2015年全市地税系统党风廉政建设的主要工作任务

2015 年是党风廉政建设至关重要的一年，党中央对党风廉政建设提出了更高的要求，全面从严治党、驰而不息地纠正“四风”已经成为党风廉政建设的“新常态”，做好党风廉政建设工作将更加重要。2015 年全市地税系统党风廉政建设工作的总体要求是：深入贯彻党的十八大和十八届三中、四中全会精神，认真贯彻习近平总书记系列重要讲话精神，认真贯彻中央、市委、国家税务总局等有关会议精神，以落实“两个责任”主题年活动为抓手，进一步确保“两个责任”落地，持之以恒抓作风建设，不断强化监督执纪问责，持续深入推进地税系统党风廉政建设工作，为全面完成税收中心工作保驾护航。

（一）深入落实“两个责任”，切实抓好“一岗双责”

一是制定和细化责任清单。各单位要以落实“两个责任”主题年活动为抓手，按照市局已经出台的党风廉政建设主体责任、监督责任两个文件的要求，进一步细化分解，抓紧将责任具体化、清单化，切实把职责落到各级党组、班子成员和每个部门，促进形成人人担责、齐抓共管的党风廉政建设和反腐败工作新格局。要严格执行党风廉政建设主体责任双报告制度（即各单位党组每年向市局党组和纪检组报告履行党风廉政建设主体责任的情况）。

二是牢固树立责任意识。各单位党组要牢固树立不抓党风廉政建设就是失职的意识，常研究、常部署，抓具体、具体抓，在加强统一领导、贯彻执行民主集中制、选好用好干部、推进反腐倡廉制度建设和体制机制创新、推进作风建设常态化长效化等方面采取实际行动，制定工作措施，形成有效机制，切实担负起抓党风廉政建设的政治责任。党组主要负责人要履行第一责任人的责任，班子其他成员要履行“一岗双责”，纪检监察部门要切实履行监督责任，协助党组加强党风廉政建设工作，严守党的纪律，开展监督检查，深化作风督查，严肃查处腐败问题。

三是督促开展“学法守纪防风险”专项工作。根据地税业务工作实际，把学法律、守纪律、讲规矩、防风险贯穿全年工作始终，要切实加强守纪律讲规矩意识教育，引导教育广大干部职工严守政治纪律、组织纪律、廉政纪律、工作纪律和生活纪律。各单位的领导干部要带头尊崇法治、敬畏法律，做尊法的模范；带头学习法律、掌握法律，做学法的模范；带头遵纪守法、捍卫法治，做守法的模范；带头厉行法治、依法办事，做用法的模范。各单位要以支部为单位，每月开展法律法规的专题学习讨论，并做好学习记录。要结合国家税务总局发行的税务人员违法典型案例和违反八项规定典型案例两个教育读本，深入加强纪律学习，严防执法风险和廉政风险。

四是扎实推进内控机制信息化建设。各单位必须结合实际，再次开展风险点排查，有针对性地采取预防措施，特别要进一步加强内控机制建设。各职能处室要紧密结合金税三期征管系统、行政管理软件、财务管理软件等系统的运用，实现内控机制信息化与各业务应用软件高度融合，努力达到流程规范化、风险集成化、预警前置化、防控实时化、问责常态化的要求。对定额核定、税务稽查、减免缓税审批等自由裁量空间较大的管理环节，必须加大防控力度，严防风险发生。纪检监察部门要切实履行监督责任，对推进过程中行动迟缓、措施不力、成效不明显的单位，该督促加快的要督促加快，该通报批评的要通报批评，该追究责任的要追究责任。

五是严格落实述责述廉等责任制度。各单位要扎实开展好领导干部述职述责述廉工作，继续签订党风廉政建设责任书和廉政承诺书，要按照职责分工及时分解落实党风廉政建设的工作任务，确保党风廉政建设责任落到实处。各单位党组书记和纪检组长要建立定期与不定期沟通会商机制，党组会每季度至少研究一次党风廉政建设工作，对一些重大问题及时进行沟通和部署。要认真开展廉政约谈工作，党组书记和纪检组长要对下级领导班子、纪检组负责人或有关领导干部进行约谈，及时了解掌握相关部门和领导干部遵守党的纪律、加强作风建设、履行党风廉政建设“两个责任”等方面的情况，对有关党员干部进行廉政提醒、警示教育，督促责任落实，加强廉政风险防控。

（二）不断加强纪律建设，持续改进工作作风

一是严明各项纪律，特别是政治纪律。各单位要把纪律建设放在更加重要的位置。首先要严明政治纪律和政治规矩，认真执行《重庆市党员干部政治纪律“八严禁”》《重庆市党员干部生活作风“十二不准”》和国家税务总局“三个禁止”的要求。全系统干部特别是领导干部要严守政治规矩，切实增强党性意识、政治觉悟，在思想上、政治上、行动上始终坚定地与党中央保持高度一致，自觉服从服务大局，决不允许有令不行、有禁不止，决不允许各行其是、阳奉阴违，确保市局的部署得到全面贯彻落实。要严格落实重大事项报告制度，及时向市局报告重点工作开展情况和市局管理领导干部的个人有关事项。认真落实《党政领导干部选拔任用条例》，坚决防止选人用人上的不正之风。严肃财经纪律，深入贯彻落实中央《党政机关厉行节约反对浪费条例》和重庆市的实施意见，从严控制经费支出，严格执行公务接待制度，严格落实各项节约措施。强化工作纪律规定，着力解决管理软弱涣散的问题，严格考勤等制度，增强干部纪律意识和责任意识。纪检监察部门要铁面执纪，加强对党的纪律执行情况的监督检查，坚决查处违反党的纪律的行为，不论什么人，凡违反党的纪律，都要严肃处理，切实维护党的纪律严肃性，确保党的纪律永远是“带电的高压线”。

二是严格落实中央八项规定精神。各单位要巩固作风建设的成果，驰而不息地纠正“四风”，要在坚持中深化、在深化中坚持，继续守住一个个节点，解决一个个具体问题，带动作风的整体转变，真正让好的作风成为党员干部的一种信念、一种习惯，成为全系统上下的一种风气、一种氛围。要继续执行“八项规定”月报告制度，认真落实党组书记和纪检组长的“双背书”制度。纪检监察部门要加强对厉行节约、公车配备、公务接待、职务消费等规定执行情况的监督检查，加大专项检查、明察暗访、信访核查力度，紧紧盯

住作风领域出现的新变化、新动向，严肃查处公款互相宴请、赠送节礼、违规消费、变相公款旅游、违反规定超标准享受待遇等问题。要进一步加大惩戒问责力度，对踩“红线”、闯“雷区”的行为，发现一起，查处一起，追责一起，不搞法不责众、不搞下不为例、不搞情有可原。对影响恶劣的典型问题，点名道姓通报曝光，持续释放执纪必严的强烈信号。

（三）加强廉政宣传教育，筑牢地税文化基础

一是扎实开展廉政教育培训。各单位要进一步加强廉政教育工作，要结合税收工作实际，抓好廉洁从税教育、岗位廉政教育，把廉政教育作为领导干部的必修课，坚持在各类培训中开设廉政课程，增强培训效果。通过举办专题讲座、中心组学习、支部学习会等形式开展廉政教育活动，在节假日等重要时间节点及时开展廉政提醒。

二是认真开展廉政文化月活动。市局将每年7月确定为全系统的“廉政文化月”，各单位要利用这个月的时间，集中开展听廉政报告、组织廉政集中学习、参加法院刑事诉讼和行政诉讼公开庭审旁听、开展模拟法庭、参观红色教育基地等一系列廉政文化建设主题活动。各单位要结合自身的特点，推出具有特点的廉政文化作品，将廉政文化融入地税文化建设，使机关干部在文化熏陶中增强廉洁自律意识，市局将把其中的优秀作品积极向国家税务总局和市纪委进行宣传推荐。各单位还要继续开展“三助廉”、青年干部说廉会等活动，把廉洁教育融入日常工作生活，让干部的家属朋友经常地给干部提提醒、常吹廉政风，时刻提醒干部从把住“小节”入手，在慎初、慎微、慎独、慎权、慎友、慎终上下功夫，严把社交圈、净化朋友圈。

三是开展好典型案例宣讲活动。各单位要把开展典型案例教育作为今年廉政教育的一个重点内容，认真学习和剖析系统内外发生的各种违纪违法案件，扎实开展反面警示教育，适时组织典型案例剖析警示活动。市局拟开展地税系统典型案例宣讲活动，同时还将开通税务廉政网页，搭建网络廉政教育平台，引导干部以敬畏之心对待权力，增强拒腐防变意识。

（四）强化监督检查工作，规范权力正确行使

一是开展整治突出问题行动。要在深入开展去年确定的“五个重点问题”整治的基础上，今年大力整治工作中存在的庸、懒、散、软、不作为、乱作为等问题，并结合工作实际，针对税收执法中的一些不规范现象，重点整治“吃拿卡要”、以权谋私等不廉行为。尤其要认真吸取近年来多次发生的临聘人员违法违纪案件的教训，严格执行临聘人员聘用、使用的相关规定，加强监督管理。

二是持续开展明察暗访活动。市局将继续组织明察暗访组，并借助区县纪检监察部门的力量，对各单位的工作纪律、服务态度进行不定期检查。各区县局应结合本单位实际，组织力量不定期开展明察暗访活动。要对发现的违纪违法问题，严肃处理并适时予以通报，特别是有因作风问题被媒体曝光、被上级领导批示查处的，一律对当事人和单位责任领导从严、从快处理，坚决纠正作风方面存在的突出问题，使纪律真正成为“带电的高压线”，确保本单位不发生严重违法违纪案件或严重损害地税形象和声誉的问题。

三是认真开展税收违法案件的“一案双查”

工作。稽查部门在查处纳税人偷骗税的同时，要认真分析税收征管环节存在的问题，涉及税务机关和税务人员违纪违法的问题线索要及时移交监察部门，纪检监察部门对稽查部门移交的线索应认真调查处理。根据国家税务总局要求，今年市局将此项工作纳入绩效考核的重要内容，凡未开展“一案双查”工作的，将直接扣除此项绩效考核得分。

四是强化“两权”监督制约。各单位要紧紧抓住权力运行重点环节、重要岗位和重要人员，加大执法督察、执法监察力度，加强对中央、市委和市局重大决策部署贯彻执行情况的监督检查，保证政令畅通。要重点对减免税管理、纳税评估、稽查案件审理、发票管理、企业注销、个体定税等事项和环节进行监控。要进一步规范和约束税务行政裁量权，严格执行廉政跟踪回访制度，加强对干部选拔任用、“三公”经费支出、基本建设、政府采购等事项的监督与再监督。要严格执行《税务系统领导班子和领导干部监督管理办法》及其实施细则，坚决反对特权思想和特权现象。要建立重大决策责任倒查机制和终身追究制度，加大问责工作力度，坚决追究失职渎职行为。

五是加强巡视和内审工作。“信任不能代替监督”，要充分发挥巡视、督察内审的内部监督作用，聚焦突出问题，重点发现各单位在严明党的政治纪律和政治规矩、组织纪律、工作纪律等方面存在的突出问题；着力发现在作风建设、落实八项规定、落实主体责任以及贪污贿赂、以税谋私等方面存在的突出问题。要创新方式方法，循着问题线索而去，对发现的问题线索及时移送纪检监察部门。要健全与纪检、人事、信访等方面的工作协调机制，实现信息共享。要强化巡视、督察内审成果运用，加大巡视、督察内审发现问题线索的查处力度、突出问题的整改力度和共性问题的整治力度，整改落实情况要及时在系统内通报，接受监督。

（五）加大案件查办力度，持续保持高压态势

各单位要继续加强信访举报受理工作，强化问题线索管理，严格按照拟立案、初核、谈话函询、暂存、了结五类标准分类处置，定期清理、规范管理。坚持抓早抓小、治病救人，对信访案件反映出的苗头性、倾向性问题，早发现、早处置，及时约谈、函询、诫勉，防止小错酿成大错、违纪走向违法。要加大信访举报和案件的自查、直查、督办力度，严肃查处违反八项规定精神、以税谋私、失职渎职、买官卖官及侵害纳税人利益的违纪违法行为。要加大违纪违法典型案件的通报力度，健全重大典型案件剖析制度，总结教训，举一反三，堵塞漏洞。纪检监察部门要严格执行初核、立案请示报告制度，遵守审查工作纪律，依规依纪进行审查，要进一步加强案件审理，认真履行审核把关和监督制约职责，严禁出现瞒案不报、压案不查的行为。

（六）不断健全问责机制，确保责任追究到位

严格责任追究是推动“两个责任”落实的关键，没有问责，责任就落实不下去，责任制就成了一句空话。各单位要加强对主体责任和监督责任落实情况的督促检查，及时发现问题，及时提醒和督促整改。要严格按照《重庆市地税系统党风廉政建设责任追究办法（试行）》的有关规定，开展追责、问责，不断加大责任追究力度，特别是对党风廉政建设领导不力、疏于管理导致发生重大腐败案件和不正之风长

期滋生蔓延的，既要追究当事人的责任，又要追究相关领导的责任。

（七）不断聚焦监督主业，完善纪检监察机制

按照中央的要求，纪检监察部门的首要职责就是监督执纪问责。为此，市局将探索出台系统内纪检监察部门的管理体制，实行系统内的纪检组监察室人员编制单列体制，统一管理系统内的纪检监察干部，合理调整充实、配置纪检监察力量，从年龄结构、人员素质等方面严把“进口”关，优化纪检监察人员结构，使之更适应“新常态”下的纪检监察工作需要。市局党组和纪检组将直接调动指挥系统纪检监察干部开展监督执纪问责工作。同时，市局将进一步加强对纪检监察干部的培训力度，通过积极参加纪委和国家税务总局组织的业务培训，采取以会代训等多种形式，提高全系统纪检监察办信办案水平。

（八）打造过硬监察队伍，持续提升履职能力

加强纪检监察干部的自身建设是开展党风廉政建设工作的重要组织保证。全系统纪检监察干部要牢固树立“执纪者必须先守纪、监督者更要带头接受监督”的意识，保持敬畏、戒惧之心，增强底线思维，以更高的标准、更严的纪律要求自己，自觉接受党内和人民群众的监督。要力行“低调务实、少说多干，敢于担当、积极作为”，坚持原则，敢抓敢管，严格按照规定和程序办事，在规则面前不讲情面、不怕得罪人，切实担负起监督责任。各单位纪检组长要敢于管理、善于管理、勤于管理，既要严于律己，做好表率，又要按照从严治党的要求抓班子、带队伍，敢于板起脸来管理干部，特别是要抓好对纪检监察干部的教育、管理和监督，坚决防止“灯下黑”。打铁还需自身硬，纪检监察干部是党的忠诚卫士，要做勇于担当、善于提醒、品行端正的“谏官”，不做麻木不仁、无所作为的“闲差”，要做遵纪守法、忠于职守、秉公执纪的“廉吏”，不做严人宽己、置身法外的“权臣”，始终保持忠诚、干净、担当的政治本色。

各单位党组要一如既往地高度重视纪检监察工作，进一步明确党风廉政建设各项工作的牵头和协办部门，建立职责清晰、相互配合、协调有序的工作机制，保证纪检监察部门聚焦中心任务。要理解支持纪检监察部门履行职责，关心爱护纪检监察干部，为他们开展工作提供良好条件。要加大对纪检监察干部的培养、交流、选拔、使用力度，考虑纪检监察工作的特殊性，优先选拔使用敢于坚持原则、踏实工作、公道正派、有所作为的纪检监察干部。

进一步强化思想认识
切实推进“两个责任”落实

——在全市地税系统落实党风廉政建设“两个责任”推进会上的讲话

重庆市地方税务局党组成员、纪检组长　涂放姑

（2015年7月28日）

按照市局党组的安排，我们在这里以视频会的形式召开全市地税系统落实党风廉政建设“两个责任”推进会，目的是进一步强化思想认识，切实推进党风廉政建设“两个责任”的落实。等一会儿，市地税局党组书记、局长黄玉林将作重要讲话。受市局党组委托，我先就抓好系统党风廉政建设的具体工作讲几点意见：

一、2015年上半年工作的情况

半年来，市局认真落实“两个责任”，深入开展作风建设，切实加强廉政教育，严肃执纪办案，全系统党风廉政建设工作按照年初确定的工作目标稳步推进，为税收中心工作提供有力的政治纪律保障。

（一）党组切实落实党风廉政建设主体责任

一是深入落实“两个责任”，切实履行“一岗双责”。市局今年在全市地税系统开展落实“两个责任”主题年活动，通过进一步树立责任意识、制定和细化责任清单、严格落实述责述廉责任制度、对区县局领导班子成员建立廉政档案等方式，不断强化主要负责人、领导班子成员的党风廉政建设主体责任、监督责任和“一岗双责”意识，提升系统内各级领导干部抓党风廉政建设的履职能力。按照已经出台的落实党风廉政建设主体责任、监督责任两个文件的要求，进一步细化分解，市局党组还下发《重庆市地方税务局党风廉政建设“两个责任”任务清单》，将责任具体化、清单化，切实把职责落实到各级党组、班子成员和每个部门，形成了人人担责、齐抓共管的党风廉政建设新格局。市地税局党组书记、局长黄玉林高度重视党风廉政建设和反腐败斗争工作，对党风廉政建设和反腐败斗争工作负总责、亲自抓、敢管善管，严格落实习近平总书记关于“重要工作亲自部署、重大问题亲自过问、重要环节亲自

协调、重要案件亲自督办”的要求，真正履行好了党风廉政建设“第一责任人”的责任。市局班子成员也认真履行“一岗双责”，抓好各自分管领域和部门的党风廉政建设工作，凡是到自己所分管的处室和联系的基层单位，都专门强调党风廉政建设工作。日前，在市局党组专题研判全系统党风廉政建设形势的专题会上，每位党组成员都作了党风廉政建设“一岗双责”落实情况的汇报。这充分体现了市局党组对这一问题的重视程度，起到了很好的带头示范作用。各区县局党组也积极行动，把党风廉政建设当作分内之事、应尽之责，不断健全工作制度，将主体责任落到实处，各单位党组都适时召开了半年党风廉政建设形势分析会，一些单位出台了进一步细化“两个责任”的清单，如涪陵区局、忠县局等单位还把责任具体落实细化到了科室、人员，使职责更加具体、指向更加明确、操作性更强。

二是扎实开展“学法守纪防风险”工作，提升风险防范能力。针对当前干部队伍管理面临的新形势，市局党组在全系统分三个阶段开展“学法守纪防风险”工作，加强法律法规学习，强化纪律规矩约束力，加大执法风险和廉政风险防范力度。一是精心组织五个专题学习。编发学习资料28类，组织宪法法律、税收法律法规、纪律规定、党内制度、内部管理制度等五大专题学习359场次，教育引导干部职工尊重法治、敬畏法律、严守纪律，切实提高法治意识和规矩意识。二是认真开展四大主题活动。积极组织党的十八届四中全会精神演讲赛、“学法守纪防风险”大家谈、“学法守纪我先行·风险防范我建言”座谈会、税收工作“新常态”专题讲座及理论研讨等四项主题活动，营造了防范风险的良好氛围。三是启动五项重点培训。开展法规、税政、征管科长执法风险防范专项培训，督察人员专项培训，基层党支部书记党建与法治业务示范培训，办税服务厅前台临聘人员法治基础培训和局（处）领导干部法治专题培训，有效提升了干部职工防范风险的能力。

三是认真开展“六清一查”工作，及时排除风险隐患。市局党组结合今年党风廉政建设和反腐败斗争形势，于年初在全系统开展“六清一查”[①]工作，全面摸排风险点，妥善处理各类问题。针对“六清一查”中发现的问题，采取有效措施，及时消除风险隐患。坚持税收法定原则，严格依法征收、依法办事；加强税收执法权力监督，最大限度地减少权力运行的“弹性空间”；及时出台《税务人员及离退休人员参与涉税中介服务“十二严禁”》，规范干部职工行为；定期开展风险排查，及时纠正税收执法过程中的不规范问题。

四是加强党风廉政建设的制度建设，进一步提高制度执行力。一是完善并落实各项管理制度。进一步梳理和规范外部执法和内部管理领域的各项规章制度，同时加大跟踪检查力度，确保各项制度执行到位。二是进一步加强内控机制信息化建设。积极推广内控机制信息软件开发，依托信息化手段加强内控管理，对行政审批、税收执法等重点环节进行监控，对行政后勤、财务管理等重点领域进行规范，建立了严格高效的内控机制。三是结合国家税务总局开展税收违法案件一案双查的要求，下发《重庆市地方税务局税收违法案件“一案双查”工作实施办法》，借用税务稽查工作以查促收、以查促管、以查促廉、以查促改，从而进一步规范税收征管和税收执法行为。

① 参见本书第98页注释。

（二）纪检组认真履行党风廉政建设监督责任

一是持续不断地开展明察暗访活动。从年初起，纪检监察部门就紧盯重要时间节点，持之以恒纠正“四风”，组织人员在元旦、春节、清明、五一等节假日开展明察暗访，对全市地税系统各单位的工作纪律、服务态度进行不定期检查，及时发现干部队伍中存在的问题，并将发现的问题及时与相关单位进行反馈，督促其立查立改。对发现的一些具有普遍性的问题，制作专题短片在今天的推进会上播放，并有针对性地提出改进意见，从而进一步提升系统作风建设水平。

二是大力开展办信办案工作。积极受理群众来信来访，严肃处理违纪干部。到目前为止，驻市局纪检组监察室已处理信访件共51件，自办件15件，交办件25件，存查（重复件）11件。其中，澄清、了结45件，正在办理6件。其中，按照要求，及时调查处理了一件领导干部未如实进行重大事项申报的问题，对两名拟提拔领导干部的信访举报问题进行了及时调查，予以了澄清。案件办理情况：立案5件，结案4件，处分4人。开展了对2014年度系统受处理人员纪律处分执行情况和案卷的检查，强化纪律处分的执行，规范案卷档案的组卷。

三是深入开展警示教育。今年，市局纪检组加大了警示教育的力度，结合地税的实际工作，向国家税务总局订购了《以案说法——税务人员职务犯罪案例选编》和《违反中央八项规定精神税收违法案件一案双查 案例剖析》两个教育读本，并下发到系统各单位，用身边人、身边事来警示教育干部，引导干部以敬畏之心对待权力，增强拒腐防变能力。组织市局机关和直属单位处以上领导干部，到重庆九龙监狱进行了一次现场廉政警示教育，震撼了心灵、触动了灵魂。同时，纪检组监察室领导分别到地税系统新进人员培训班、部分区县局干部培训班上开展“三严三实”廉政讲座，强调规矩意识、责任意识、廉政意识，不断筑牢系统干部职工反腐倡廉的思想防线。向全系统干部发放了《廉政日志》，做到廉政风险常提醒。

四是不断加强纪检监察干部队伍建设。为提升系统内纪检监察干部自我约束和接受监督的意识，严防“灯下黑”，市局纪检组结合市纪委的有关要求，出台了《加强全市地税系统纪检监察干部监督工作的意见》，明确提出纪检监察干部必须严格执行的政治纪律、组织纪律、工作纪律、保密纪律、廉政纪律和生活作风的相关规定。在监督方法方面，提出强化风险防控、完善业务流程、严格定期报告、开展约谈活动、完善日常监管、实施专项督查、严肃查办案件、注重外部监督、完善责任追究等九项工作任务和工作方法，落实了各单位纪检组长的责任。

通过各级党组织和干部职工的共同努力，从半年的情况看，全系统党风廉政建设“两个责任”意识、规矩意识、一岗双责意识得到加强，干部职工的行为得到规范，领导干部的责任担当精神有所提高。

二、面临的形势和存在的问题

2015年6月底，习近平总书记在中共中央政治局第二十四次集体学习时，强调“当前，党风廉政建设和反腐败斗争形势依然严峻复杂。开弓没有回头箭，反腐没有休止符。我们必须保持政治定力，以强烈的历史责任感、深沉的使命忧思感、顽强的意志品质，以抓铁有痕、踏石留印的劲头持续抓下去”。中纪委领导也在近日指出：反腐败斗争绝不是一阵风，要持续保持高压态势，依纪依法反腐惩恶。要处理好“树木和森林”的关系，重点查处不收敛不收手的人。推动党风廉政建设落实到基层，加大对群众身边不正之风和腐败问题查处力度，密切党同人民群众的血肉联系。”《人民日报》评论员文章对今年中纪委公布的纪律审查数据进行分析，得出的结论是中纪委今年上半年“打虎”人数与去年同期持平，重点集中在了重要岗位且可能还要提拔使用的领导干部上，同时更突出了党纪处分，把纪律和规矩更多地挺在了前面。市委孙政才书记在两次“三严三实”专题学习会上都强调：必须把遵守党的政治纪律和政治规矩始终摆在突出位置，讲政治、顾大局、遵法治、守纪律、懂规矩……必须从严从实加强监督检查，加大对违纪违规违法行为的查处力度，真正让政治纪律严起来、把政治规矩立起来，使党的政治纪律和政治规矩成为“硬杠子”“高压线”。市纪委徐松南书记在日前也指出：各级党组织、每一名党员干部都要找准在落实党风廉政责任中的职责定位，唤醒党员干部的党章党规党纪意识，把纪律挺在前面，让每一名党员干部心有所畏、言有所戒、行有所循。各级党组织要切实加强领导，始终保持正风反腐的高压态势，加大对基层违纪违法违规问题的查处力度，着力解决发生在群众身边的“四风”和腐败问题，切实维护群众利益。要突出问责，坚持“一案双查”，对出现严重顶风违纪问题或“四风”问题禁而不绝的，既要追究直接责任，也要追究领导责任。国家税务总局局长王军也提出“六个清醒”的形势分析，即要清醒认识管党治党越来越严、要清醒认识反腐之剑越磨越利、要清醒认识作风之弦越绷越紧、要清醒认识制度之笼越扎越牢、要清醒认识监督之网越织越密，并在“三严三实”党课中，指出税务系统目前还存在用权随意乃至任性、强调自我不讲规矩、干事创业庸懒散拖等突出问题。今年以来，市国税系统爆发了税务干部在民政福利企业退税工作中违法违纪的系列案件，充分印证了各级领导的形势分析。6月28日，永川区地税局又发生一起税政科长涉嫌受贿、滥用职权被检察机关采取强制措施的案件，更为我们敲响了一次严重的警钟。

同时，更要重点指出的是强化落实党风廉政建设党组的主体责任和纪检监察的监督责任，是贯彻中央从严治党重大决策部署的重要制度安排，也是各级党组和纪检组的重大政治任务。今年以来，从中央到地方，无论是市委、市纪委，还是国家税务总局的系列会议都一直在强调这个问题。3月底，市纪委下发了《关于四起党风廉政建设责任追究典型案件的通报》，对一些区县和部门落实“两个责任”不力，以致发生严重“四风”问题和腐败问题进行了责任追究。2015年7月7日上午，中纪委、湖北省纪委通报，湖北省地税系统存在办公用房面积超标、违规修建办公楼、违规发放津补贴等问题，局党组未严肃认真对待，未采取坚决措施彻底整改，湖北省地税局党组书记、局长落实主体责任不力，党组成员、纪检组长落实监督责任不力于6月26日被分别免职。国家税务总局专门转发了《关于湖北省地方税务局党组和纪检组落实“两个责任”不力被追责有关情况的通报》，进一步提出要严守纪律，严明规矩，坚决推进“两个责任”在税务系统全面落实。因此，确保党风廉政建设党组主体责任和纪检监察监督责任的落实，是当前及今后一段时期的重要工作，各单位一定要高度重视，采取切实措施加以落实。

当前我们系统在党风廉政建设方面也还存在一些问题，主要表现在：一是少数人对党风廉政建设的认识不足，对反腐形势把握不够，特别是前段时间国税系统出现了窝案，牵涉到多个单位许多人，而地税系统无人涉及，导致少数人盲目乐观。二是落实“两个责任”主题年活动开展不好。一些单位领导干部对党风廉政建设“两个责任”的认识不够、“一岗双责”落实不到位，存在写在纸上、落实在口头上，只注重税收业务，认为“两个责任”只是纪检监察部门的事，或者只是党组书记和纪检组长两个人的事，工作走过场，任务不落实、执行不到位。三是落实循规守纪不够，有的对纪律规定、规章制度和上级的要求不屑一顾，我行我素，自行其是，有令不行，有禁不止，有的同志自由散漫，上下班不按时、外出不请假、着装不规范，有的甚至顶风违纪。四是少数单位抓作风建设不主动，制度不落实，管理不严，监督不到位。个别单位明知存在问题怕影响单位荣誉，影响同志感情，不想得罪人，日常督促检查少，应付了事，使责任追究总是难以到位。五是个别干部滥用税收执法权、行政裁量权，吃拿卡要，损害纳税人利益。有的与纳税人和中介机构不正常往来，拉拉扯扯，搞利益输送。六是担当意识不强，存在为官不为、消极懈怠，敬业精神衰退、碌碌无为、不思进取，工作没激情，有的求稳怕乱，怕冒风险，甘于平庸过日子、拈轻怕重关键时刻卸担子、重要关头掉链子，口头讲得多，行动落实少。这些问题都警示我们要持之以恒地抓好党风廉政建设工作，认真落实好“两个责任”，切实尽职履责。

三、切实抓住工作重点为税收中心工作保驾护航

2015 年下半年，各项工作任务依然繁重，强化党风廉政建设、防范廉政风险和执法风险仍然是我们的重要工作，各单位一定要牢固树立党风廉政建设“两个责任”意识，着力做好以下工作，为圆满完成全年税收中心工作保驾护航。

一是加大对落实“两个责任”的检查力度。要扎实开展好党风廉政建设主题年活动，进一步落实好“两个责任”，履行好“一岗双责”。各单位党组要专门召开会议，认真剖析湖北省地税局的案例，从守纪律、讲规矩的政治高度，切实增强对落实“两个责任”极端重要性的认识，牢固树立落实好“两个责任”是本职，落实不好“两个责任”是渎职，不落实“两个责任”是失职的责任意识、担当意识，以高度的思想自觉和行动自觉做到守土有责、守土负责、守土尽责。特别是党组主要负责同志既要做班子的带头人，更要做政治的明白人，引领班子成员和党员干部凝聚起廉洁从税、勤勉尽责的强大合力。各单位党组要完善中心组学习制度，每月至少进行 1 次廉政学习。要完善干部职工学习制度，各单位每周必须安排 2 小时用于职工学习。预计，中央、市委将在 2015 年 11 月组织相关的检查，市局将通过“看、查、访”等多种形式进行督促落实，将运用廉政约谈、绩效考核等手段，针对落实“两个责任”不力的单位，进行重点监督和提醒谈话。

二是加强监督检查。继续紧盯重要时间节点，开展好明察暗访活动。组织开展执法监察工作，加强对中央、市委和市局重大决策部署贯彻执行情况的监督检查，保证政令畅通。要开展整治“庸懒散”突出问题行动，采取突袭暗访、随机询问、电话查询等方式，全面检查系统内单位干部服务态度、工作考勤、工作能力，整治系统内工作纪律涣散、执法不规范、不作为、乱作为等行为。要抓好税务稽查、纳税评估、税收减免缓欠审批、财务报销等重点环节的管理，持续不断地开展风险排除，进一步完善并严格执行相关管理制度 。

三是加强信访举报和违纪案件的查处。加大

信访举报和案件的自查、直查、督办力度，对信访问题反映出的苗头性、倾向性问题，及时约谈、函询，加强诫勉谈话工作。对于发现的案件线索，要依法严肃查办，绝不姑息迁就。对典型案件深入剖析、及时通报，发挥查办案件的治本功能。各单位党组坚决支持纪检组履行监督责任，市局鼓励系统内各单位加强对违纪案件的处理力度，把纪律和规矩放在前面，拟对案件自查情况较好的区县局，进行绩效加分。(需要强调的是对于“一票否决”的情况，考核办法中是有明确的，各单位不能因为担心扣分而放松对纪律的执行，这样不利于及时防范风险，堵塞漏洞。)要扎实开展好“一案双查”工作，发挥好税务稽查以查促管、以查促廉、以查促改功能，进一步规范税收征管和税收执法行为。市局还将开展信访案件的大清理工作，对近年来系统收到的信访件进行梳理，特别是检查有无未处理了结的信访件，及时排查线索，堵塞漏洞，防范风险。

四是扎实开展执法监察工作。针对去年开展的重点治理收受红包、公车私用、公款吃请、吃拿卡要、发票套现等五大问题专项行动和上半年开展的“六清一查”活动，开展一次回头看活动，进一步规范税务干部行为，巩固前一阶段工作成果。市局将把这些内容作为今年执法监察的主要内容进行监察，严防有关问题反弹。

五是认真抓好廉政教育。要充分利用各类宣传平台，营造良好的党风廉政氛围。2015 年 7 月即将结束，全市地税系统“廉政文化月”活动要进行认真总结，推出具有特点的廉政文化作品，要继续开展“三助廉”、青年干部说廉会及到监狱参观等警示教育活动，邀请专家来讲廉政党课、发放廉政读物，组织干部撰写党风廉政教育心得体会。结合“三严三实”教育活动，通过举办专题讲座、中心组学习、支部学习会等形式开展廉政教育，抓好廉洁从税教育、岗位廉政教育，增强培训效果。

六是持续问责。严格责任追究是推动“两个责任”落实的关键，各单位一定要严格按照《重庆市地税系统党风廉政建设责任追究办法（试行）》的有关规定，开展追责、问责，不断加大责任追究力度，特别是对“两个责任”不落实，党风廉政建设领导不力、疏于管理导致发生重大腐败案件和不正之风长期滋生蔓延的，对于继续违反“八项规定”精神，出现办公用房面积超标、公车私用、违规发放津补贴、与中介机构勾结等问题，既要追究当事人的责任，又要追究相关领导的责任。要认真开展廉政约谈工作，党组书记和纪检组长要有针对性地对下级领导班子或有关领导干部进行约谈，及时了解掌握相关部门和领导干部遵守党的纪律、加强作风建设、履行党风廉政建设“两个责任”等方面的情况，对有关党员干部进行廉政提醒、警示教育，督促责任落实，加强廉政风险防控。

七是切实落实“三转”工作要求。纪检监察部门的首要职责就是监督执纪问责。各单位的纪检组监察室一定要认真履行好监督责任，力行“低调务实、少说多干，敢于担当、积极作为”，坚持原则，敢抓敢管，严格按照规定和程序办事，在规则面前不讲情面、不怕得罪人，切实担负起监督责任。各单位纪检组长要敢于管理、善于管理、勤于管理，既要严于律己，做好表率，又要按照从严治党的要求抓班子、带队伍，敢于板起脸来管理干部。市局党组已经明确纪检组长不再分管其他业务工作，专司纪检监察之职，按照国家税务 国家税务总局意见，纪检组长可以分管督察内审和巡视工作。

总之，下半年全系统党风廉政建设和反腐败斗争工作要紧紧结合当前正在开展的“三严三实”

专题教育，切实增强党员干部的理想信念、宗旨意识和党性修养，严格执行政治纪律和政治规矩，认真开展好监督执纪问责，努力打造一支忠诚、干净、担当、实干的地税干部队伍，为圆满完成全年的税收中心任务做好政治保障。

关于下半年党建和思想政治工作的安排

重庆市地方税务局党组成员、副巡视员　罗箭宇

（2015年7月20日）

2015年下半年，市局机关、各区县局、市局直属单位党组织要继续积极作为，围绕服务中心，建好队伍两大核心任务，贯彻落实总局《思想政治工作办法》《基层建设实施纲要》，扎实开展党建、创建和思想政治工作，为全年税收工作任务的完成提供坚强的政治、组织保证。

一、加强思想政治建设

要进一步加强领导班子和干部职工的学习，坚持每月一次的中心组学习和每周一次的支部学习，把“三严三实”等作为重要内容，要加大检查督促通报力度，促进学习效果。要及时组织好即将召开的党的十八届五中全会精神的学习宣传贯彻，并做好相关工作的反馈、宣传工作。要各单位要清醒认识思想政治工作面临的形势和挑战，主动作为，在正面引导、严格要求干部职工的同时，要做深入细致的交心谈心、困难救助、心理疏导等工作，并做好先进典型的学习宣传。

二、加强组织建设

各单位要在市局和上级组织的培训基础上，主动抓好党务干部和支部书记培训、考核工作。要认真组织学习市局党办编印的《基层党支部操作指南》，严格按照要求做好支部换届、委员增补、党员发展等工作，推进基层党组织各项工作稳步规范开展。要严肃党内政治生活，组织开好今年的党组民主生活会和组织生活会。各单位党组要加强对机关党委（支部）工作的指导，党组书记要履行党建工作第一责任人的职责，主动明确党委、人事党务部门及负责人的职责，规范工作程序，协调开展工作。

三、加强作风建设

要按照市局部署的“学法守纪防风险”工作要求，进一步加强学习教育，切实做好风险排查、问题整改、制度建设和巩固提高工作，要加大明察暗访、情况通报力度，稳步推进系统作风建设。

要扎实抓好“三严三实”专题教育，突出问题导向，针对查摆的问题，边学边改，做好台账管理，及时向市局反馈整改落实情况。市局要重点做好奉节县对口镇村的帮扶工作，各区县局也要按照上级要求开展好党员进社区、进村组、进农家等活动。

四、加强文明创建和文化建设

文明创建不进则退，系统创建形势不容乐观。市局要加强对基层创建工作的指导，各单位也要提出创建目标，做好基础工作，要主动向文明办等相关部门、组织积极汇报、争取支持。市局将召开文明创建工作座谈交流会，加大交流学习和推进力度，并把创建工作继续纳入绩效管理进行考核。要抓好志愿者注册和队伍建设工作，开展好志愿者服务活动，组织好“身边好人”的推荐、学习、宣传。市局重点完成地税文化陈列室的建设，各区县局也要积极做好地税文化建设工作。

五、加强群团工作

要认真组织学习习近平总书记在中央党的群团工作会议上的讲话精神，贯彻落实中央《关于加强和改进党的群团工作的意见》。各单位党组要加强对群团组织的领导和指导，加强其自身建设，支持开展活动。群团组织要围绕大局、立足职责、联系群众，开展好职工岗位建功、政治业务学习、地税大讲坛、征文评选、文体比赛、兴趣小组活动、书画摄影展评、职工互助、创先争优等工作。

关于下半年人事工作和政策法规工作的安排

重庆市地方税务局党组成员、副局长　王小渝

（2015年7月20日）

根据年初税工会工作计划，结合2015年上半年工作推进情况，现将下半年的组织人事和政策法规工作安排如下：

一、2015年下半年组织人事和老干工作思路

下半年的组织人事和老干工作将继续坚持以“三严三实”专题教育为重点，抓基层，打基础，强素质，严管理。重点抓好以下几项工作：

（一）持续推进“三严三实”专题教育

结合前期专题教育开展情况，广泛征求纳税人及干部群众意见，认真查找不严不实的具体表现，结合“学法守纪防风险”工作，找准找实各级税务机关“不严不实”问题，列出整改清单，明确整改路径、时限和责任，以“马上就办”的

精神抓好整改落实。

（二）认真开展干部研判工作，选准配强领导班子

针对市局管理的领导干部存在年龄偏大，年龄结构缺乏梯次等问题，认真分析班子结构和职位空缺情况，按照人岗相适的原则，适时进行干部的交流调整和职务晋升工作。同时积极探索合理的竞争性选拔方式，继续坚持各板块、各层面均衡选拔的原则，重视班子搭配，形成年龄结构梯次。

（三）有序推进干部教育培训工作

结合“三严三实”要求，举办局处领导干部培训班，进一步坚定理想信念，增强党性修养，深化法治理念，改进工作作风。按照“三个一”工程培养计划，开展百名优秀中青年干部和百名高层次人才的集中培训。开展全员岗位业务知识培训和千名岗位业务骨干的选拔工作。继续做好干部职工参加各类学历学位教育和专业资格考试的组织保障工作。

（四）倾情做好老干部工作

认真开展中秋、国庆等重大节假日“送温暖”走访慰问活动和夏季“送清凉”活动，继续落实好离退休干部政治生活待遇。做好系统生活困难的老干部帮扶工作，进一步营造好在政治上尊重、思想上关心、生活上照顾、精神上关怀老同志的良好氛围。

（五）全面推进干部人事工作规范化和信息化建设

对干部人事工作岗位职责、工作流程、表证单书进行系统梳理，出台系统干部人事管理工作规范。对近年来干部人事政策进行整理，编印政策汇编。加快推进“数字人事”和“领导干部全息信息系统”的建立工作，提高人事管理信息化水平。

二、下半年政策法规工作思路

（一）继续深入开展“学法守纪防风险”活动

人事处要搞好法制工作专题培训。举办1～2期法制工作专题培训班，参加人员为区县局领导、法规科长、税政科长、征管科长、部分税务所长和业务骨干。邀请国家税务总局法规司、市高级人民法院、高校专家教授及市局领导和业务处长、业务主办授课。认真开展税收执法案卷评查和自由裁量权专项检查工作，加强对稽查案件、行政处罚和行政强制案件的管理。积极开展税收政策执行效应反馈工作。就西部大开发、鼓励创业就业等各项税收优惠政策执行情况开展调查研究，积极向国家税务总局报送税收优惠政策执行情况专题报告。加强行政审批后续事项监督管理，和相关处室一起研究制定后续事项管理办法和管理流程，防范税收执法风险。

（二）加大三级税收科研课题的推进力度

全面完成省部级科研课题研究工作。积极与市社科院、市科委和西南政法大学等大专院校深度合作，汇聚智慧，发挥合力，共同打造税收科研课题“精品”。确保市局重点课题“有实效”。组织课题组围绕《税收执法风险视角下的重庆地税征管改革研究》《消费税征管制度建设前瞻性研究》《重庆地税系统所得税预警体系构建与应用研究》等八项课题项目开展调查研究，不断提

高课题成果质量。确保区县局群众性课题“有提升”。加强对区县局群众性课题的引导。通过课题备案、课题写作授课、税收课题点评等方式加强对区县局群众性课题的指导。精选、汇总近几年群众性课题成果，并编辑成书公开发行。

（三）继续推进《重庆地税》的改版升级

将杂志定位为“内传外宣”的综合性内刊，且注重“内外并重”的理念，进一步扩大期刊在全国税务系统、重庆市以及本系统干部职工中的影响力。栏目设置注重刊物的知识性、实用性和可读性，突出专题策划，办好特色栏目，多层次、多视觉地反映税收工作中的重点、热点和焦点。完善《重庆地税》通联制度，在全系统内打造一支通讯员队伍，激发通讯员上下沟通的桥梁作用。

（四）全面贯彻落实小微企业各项税收优惠政策

按照国家税务总局《关于进一步做好小微企业税收优惠政策贯彻落实工作的通知》（税总发〔2015〕35号）的要求，重点开展两项工作：开展小微企业税收政策落实情况的效应分析；开展全系统贯彻落实小微企业税收政策督察工作。

在国际税收专项工作会议上的讲话

重庆市地方税务局党组成员、总经济师　周梁刚

（2015年3月10日）

这次会议的主要任务是贯彻国家税务总局国际税收工作会议精神，结合我市地税系统国际税收面临的新情况、新挑战，认真部署并切实抓好国际税收基础管理、税收分析、风险管理三项基础性工作，全面落实全市地方税务工作会议提出的工作任务。

2015年年初以来国家税务总局召开了全国国际税收工作会议，重庆市由黄奇帆市长主持在1月份召开了开放型经济座谈会，本周全市又召开了外经贸工作会议，由新到任的陈绿平副市长主持会议。如何贯彻好上级精神，把地税系统国际税收工作与区域经济发展紧密结合起来？在税工会后，我和国际税务处的同志们花了半天时间，结合调查了解的情况，结合税工会10项工作任务，研究了今年国际税收工作要做哪些具体工作任务、明确了具体工作目标，同时还研究了部署方式。我们没采取电视电话会议方式，也不是简单开片区座谈会，而是召开专项工作部署会，以

确保今年的工作得到全面贯彻落实。会前国际税务处做了大量前期准备工作。比如部署个人所得税的明细工作，他们先对涉外企业、外籍个人的情况作了解，通过金税三期系统与个人明细申报系统比对，掌握了明细申报基本情况，所以给各个区县局推送的任务是具体和明确的；国际税收分析工作，国际税务处也是自加压力，1月份先完成了一篇范例出来，拿到这个会上给大家培训；再比如“走出去”企业要加强针对性管理，他们多次到开放型经济主管部门市外经委沟通协调，与市外经委建立起了“走出去”企业信息定期交换机制。这些前期工作为我们开好此次专项工作部署会打下了坚实的基础。下面我就做好国际税收基础信息管理、国际税收分析、国际税收风险管理这三项基础性工作强调三点意见：

第一，切实加强国际税收工作，适应我市开放型经济蓬勃发展的“新常态”。这是比较主动的提法，反过来讲就是我市蓬勃发展的开放型经济，倒逼我们税务部门尽快提高国际税收管理水平。一是要明确开放型经济的概念。开放型经济我们以前理解就是指涉外企业，这是狭隘的理解。开放型经济还包括“走出去”企业。去年，我国从资本净输入国转变为资本净输出国，重庆市260多家“走出去”企业也是开放型经济的重要组成部分。另外一个组成部分就是对外贸易、对外经济合作。因此，国际税收管理工作不仅仅是涉外企业管理，还涉及“走出去”企业管理，还包括非居民税收管理，也就是进行跨境税源管理。二是要把握全市开放型经济的发展态势。黄奇帆市长主持召开的全市开放型经济座谈会上明确指出，重庆市已经成为全国开放型经济发展的前沿城市。几个最明显的指标就是：2014年全市开放型经济已接近重庆地区生产总值的50%，2014年进出口达到954亿美金，进口总额排在全国第十，出口排在全国第七。再从整个开放型经济架构、体系来看，重庆市已经形成了大通关、大通道、大平台“3个三合一”开放格局，现在又加上一个大数据，形成了“4个三合一”。从全国层面看，“一带一路”和“长江经济带”是国家十三五规划的发展战略，都与重庆关联度非常强。所以说重庆市开放型经济发展的态势，必然会对我们国际税收管理工作提出更高要求。三是要立足国际税收工作现状。这几年全市涉外税收收入已经连续3年增长20%，超过同期税收收入增幅，涉外收入的比重提高到了20%以上。2014年全市地税税收收入增幅12.5%，但涉外税收收入增幅是16.5%。还不包括“走出去”企业，只是涉外企业的税收。黄玉林局长在我接手这项工作以后，专门要求加强国际税收管理工作，尽快适应全市开放型经济发展格局。所以，今年我们就从基础管理入手，一步一步扎实抓好落实。

第二，切实抓好国际税收三项基础性工作，尽快提高国际税收的管理水平。一是要防止唯收入论。地税工作要以组织收入为中心，但不能单纯看税收多少。要看到国际税收的特殊性，其涉及国际税收权益分配，是涉及国家主权的问题。新一届政府强调全国市场一盘棋，现在还积极参与国际税收谈判，参与全球市场规则制订，国际税收分配规则就是一个重要方面。因此，国际税收工作不能只谈组织收入管理，还要强调管理符不符合国际税收管理特殊要求；不能只停留在抓涉外企业管理，同时还要强调服务，促进“走出去”战略实施。二是抓好国际税收工作也不能仅局限在国际税收一些特殊性的管理方法如非居民个人所得税管理、国际情报交换、反避税等这个范畴，要把国际税收管理纳入税收风险管理去思考定位。因此今年我们的任务就是围绕中心工作，切实抓好三项基础工作：第一项基础工作就是抓好国际税收基础信息管理；第二项基础工作就是要抓好国际税收分析；第三项基础工作就是要抓好国际税收的风险管理。这三项工作也是前后衔接的工作链条。我们推进税收征管改革之后，我们各级税务机关、税务干部，不只是基层税务所，也包括市局各处室、区县局各科室的工作方式转变，都应该围绕这个工作链条主线来展开。以后我们税政部门不仅是要理解把握税收政策，也要抓好这三项基础性工作。

第一项工作是抓好国际税收基础信息管理，重点要落实好几个关键工作任务，一是非居民信息管理。在去年12月份，召开两个片区会座谈会，到几个区县局去调研，大家都说我们对非居民信息掌握不清，建议建立非居民数据库。我们对涉外企业个人所得税的明细申报都没做完全，如何来建立数据库，如何谈非居民的管理。所以第一步要对非居民所在的重点涉外企业、重点行业全面进行个人所得税明细申报。目前我市4500多户涉外企业，还有1700多户没有进行明细申报。只要有了涉外企业重点行业的个人所得税明细申报，我们才有可能在下一步通过明细申报数据，建立非居民数据库，才有可能在做风险排查，风险扫描。因此这项工作我们要求在2015年6月底之前要完成，为下半年非居民数据库的搭建打好基础。二是“走出去”企业基础信息管理，国际税务处把外经委提供的截至2014年底260多户“走出去”企业名单给大家做了介绍，会后各单位要对所管辖“走出去”企业进行基础信息完善，按照“走出去”企业要求进行风险分类。三是在完善这些信息基础上，充分利用金税三期大数据平台实施信息管税。对“走出去”企业，我们要通过金税三期的基础信息做标记，把它和其他企业区分开来；对非居民要根据其不同属性和税收管理特点，建立档案管理。

第二项工作是开展国际税收分析。加强税收分析是当前税务部门服务区域经济发展的重要手段。我们通过金税三期工程建设，积累了大量的微观市场主体经营信息，这些信息具有较高实效性，对一个区域来讲具有全样本特性，因而是大数据。我们把这些大数据作深入挖掘，从不同角度即时反映区域经济发展的状况，为党委、政府宏观决策提供科学依据。1月份国际税务处同志们撰写了一篇《税收视角看我市涉外企业发展》的分析报告，通过近3年来的涉外企业税收数据，从一个侧面反映了我市外向型经济发展的状况并提出了建议。这篇报告黄玉林局长专门呈给了孙政才书记、黄奇帆市长，同时也被市政府昨日要情、信息专报摘录，得到了有关市领导批示。我们完善了基础数据、基础信息，我们就要让这些数据、信息发挥其应有价值，以此增强我们地税部门的话语权，除了税收收入话语权，还要通过税收数据精确反映经济发展，为促进经济发展提出建议的话语权。我们各级干部包括领导干部要增强税收分析意识，培养税收分析能力。为此2015年国际税收分析从着眼培养分析能力入手，区别不同单位提出了具体要求。对于外向型经济重点单位来讲，由市局国际税务处牵头组成课题组，完成三篇重点课题。对于不发达地区，可以就某个点来做企业的风险分析，比如居民企业海外上市税收风险分析等。

第三项工作是开展国际税收风险管理。实施国际税收风险管理应纳入全系统税收风险管理总体工作统筹安排，但也突出国际税收风险管理的特点。国际税务处已梳理了一个风险指引供各单位参考。此外，我们也要拓展传统手段应用。比如国际情报交换，这几年来我们总是被动接收国际情报交换，最近就接收了两件，一个是新西兰发过来的，一个是新加坡发过来的。随着我国企业“走出去”或者海外上市，对外投资趋势明显。我们主动发起情报交换的意识也要加强。通过今年共同努力，把以上三项基础工作做好了，全系统国际税收管理水平就会逐步提高起来。

第三，切实加强国际税收组织领导，创新工作方式，积极作为。加强国际税收的组织领导，一是要在工作方式、方法创新，内部管理方法也要适应变化。原来市局和各个处室的工作意见通过发通知、区县局业务科室针对性地研究一下，然后照转、任务派到各个所、税管员去落实。这种工作方式由于信息高度对称，已不适应现在税收工作发展态势。我们要按照纵向联动、横向协作的方式推进工作。纵向联动就是市局处室和各区县局再到税务所要协同作战，要保持信息畅通、明确目标、明确指向，然后大家一起来做；横向协作就是要加强相关业务处室、科室共同推进，比如外涉企业个人所得税明细申报是国际税务处与所得税处共同安排，同时还要加强与其他相关部门如外经委、海关等部门的工作合作。各区县局开展这项工作，包括税收分析、基础管理、风险管理，不仅仅是税政科来做，一定要协作开展，人员要统筹考虑，要跨部门使用，成立工作团队来开展工作。二是要着力加强人才培养。2015 年国际税务处要重点做好以下培训。开展国际税收工作语言是基础，我们将集合全系统英语八级的干部组成一个团队，进行专业英语进修和培训，不管他现在从事什么岗位，都要来参加培训，把特长发挥好。这样以后我们搞主动情报交换，我们就有了人才储备和专家团队。此外要利用外部力量加强培训，如与国际著名会计师事务所合作开展培训，还要借助国际税收研究会这个平台来组织开展一些培训。三是要强化绩效考核。国际税务处是自加压力的，他们自己有七项考核，给各个区县局提出的绩效考核指标只有两项，一是风险管理，二是非居民的税收分析。但无论是硬性的指标，还是软性的考核指标，都有先进与一般的区别。通过效绩考核促进三项基础工作落实到位。

关于下半年纳税服务、财务管理工作的安排

重庆市地方税务局党组成员、总经济师　周梁刚

（2015年7月20日）

下半年纳税服务、财务管理工作要围绕税收中心工作，突出规范化建设、精细化管理，积极稳妥推进改革，提高税收基础保障能力。

一、关于纳税服务工作

（一）“三位一体”、统筹协调地推进税收征管改革，着力打造“全职能”办税服务厅

“三位一体”就是将纳税服务规范化建设与税收征管改革和行政审批改革一体化设计、部署、推进。“统筹协调”就是协同推进国家税务总局《纳税服务规范 2.0》的贯彻落实。协同“电子税务局”推广应用与实体办税厅职能转变，实现 O2O 一致。具体工作着力点：借全市各区县推进行政审批改革契机，按照市局征管改革的实施意见，在科学划分前台业务和后台业务的基础上，将纳税人依申请事项全部前移办税服务厅，将办税服务厅建设成为集涉税事项全流程办理、纳税政策咨询、政策辅导培训、纳税人权益保护、税收工作调查的纳税服务中心。

（二）拓展纳税人满意度调查工作内涵，不断提高税收工作服务区域经济社会发展的针对性

拓展调查内容：将纳税人满意度调查内容由偏重纳税服务，向地税工作各领域拓展。拓展调查方式：由国家税务总局一年一次、市局一年一次，转变为常态化、制度化；由面上调查转变为点面结合调查，深度专项工作调查；地税系统自行调查与借助社会机构调查相结合。拓展组织形式：由国家税务总局、市局组织开展，向“总局—市局—区县局”三级协同推进，由纳税服务部门发动向由税收业务工作发起转变。使税务部门及时掌握各项业务工作推进的社会信息反馈，提高工作改进的针对性，降低投诉量和投诉层级。

（三）切实加强部门合作，为“营改增”后建立以提高纳税遵从为核心的税收信用体系打好基础

要在落实好《重庆国地税重点合作项目（第一批）》基础上，根据国家税务总局《国地税工作合作规范 1.0》新要求，逐项抓好对接贯彻，抓好示范点、示范项目建设。按国家税务总局部署抓好税—银合作，按市政府要求抓好社会征信系统建设，实施部门信息交换，贯彻地方税收保障法，重点思考、谋划税收信用体系建设如何与税制改革、征管改革相衔接。

二、关于财务管理工作

（一）切实加强资产管理

根据 2014 年度决算，全系统资产总额 31.6 亿元，其中固定资产 17.1 亿，在建工程 10.3 亿元。系统资产管理虽经多次资产清查，制定相应管理办法，仍然存在一些风险。为此重申几点要求：一是要理清家底。固定资产必须做到发生即核算，按月结算，按年进行账实清查盘点，这一要求必须制度化、常态化贯彻执行。二是资产购置、处置要讲规矩。30 万元以上资产处置必须报市局批准。区县局自行采购必须依法实施政府采购程序。资产处置收入以及资产经营收入必须作为非税收入上缴，不得自行列支。三是加强基本建设管理。实施在建项目清理，加快完善项目手续。从严控制新建、新购，今后基本建设投入必须符合“八项规定”要求，符合税制改革、征管改革对地税征管服务设施布局的要求。

（二）切实加强经费收支管理

要进一步提升预算编制的科学化水平。2015

年8月份将结合2016年预算编制，进一步落实“工作安排项目化、资金随着项目走”预算管理要求。要规范收入管理。各单位要重点明确其他收入取得的依据和渠道，不得擅自收取街道、镇（乡）政府及其下属机构的经费，不得在其他单位报销费用和购置账外资产，严禁把取得的收入私设“小金库”或“账外账”。要严格支出管理。大额支出必须集体研究，要有会议记录；要做到支出事项有预算安排，支出审批严密规范，支出凭证真实合法有效；严禁用公款支付与公务活动无关的费用，严禁以任何形式违反规定给单位职工发放津补贴，严禁通过虚假支出项目套取资金私设“小金库”。要坚决执行市局党组关于行业协会、学会清理“三冻结”的要求。在行业协会、学会改革方案未明确之前，一律不得向学会、研究会划拨经费。学会原有行政划拨资金除少量、必要的运行费用开支，其余支出一律停止。要加强监督检查。充分发挥财务部门、监察部门、内审机构作用，定期组织开展财务检查。近期市局财务处与督察内审处将协作开展全系统财务检查，对各单位财务管理的情况，特别是今年以来各单位执行中央“八项规定”的情况，进行账务核查和风险排查，切实防范财务风险。

关于下半年所得税、财产行为税工作的安排

重庆市地方税务局党组成员、副局长　罗安梅

（2015年7月20日）

按照市局局长办公会研究的工作意见，结合2015年上半年工作开展情况，现就下半年所得税、财产行为税工作做如下安排：

一、关于所得税工作

（一）加大所得税政策落实力度

所得税是目前优惠政策最多的税种，小型微利企业优惠备受社会关注，西部大开发优惠政策具有服务地方经济的特殊优势，然而近几年却存在企业受惠面不断下降的问题。各级地税机关要坚持以服务发展为己任，求真务实，敢于担当，加大优惠政策落实力度，确保所得税政策更好地服务于全市经济社会发展大局。要建立政策落实通报制度，及时通报政策执行情况，及时督促整改，促使各项所得税政策全面落地。

（二）大力推进所得税后续管理

所得税后续管理和风险管理既有交叉又有区别，要以实质性审核为重点大力强化后续管理，将后续管理职责匹配到具体的征管流程和岗位。要抓好汇算督导督查，推进团队管税，充分挖掘汇算清缴的增收潜力。市局将组织对汇算补税额前 100 名和所得税收入前 100 名的企业进行专项辅导，各区县局要选取一定比例的企业开展汇算复核。要组织开展股权转让专项清查，重点对上市公司、OTC 公司的股权转让开展专项核查，既规范管理又促进收入。

（三）全力抓好高收入者税收管理

要进一步加大个税管理系统推广力度，破除各种阻力，努力实现系统全覆盖。针对自然人风险管理与企业风险管理的差异，建立以自然人为中心的信息采集与共享、风险识别与分析体系。要逐渐将管理重点转向高收入者，加强部门协作，利用好第三方信息，加强对高收入行业和高收入者的管控，认真抓好教育、医疗、中介等高收入行业专项检查工作。

（四）不断提升所得税专业服务、深度服务

推进重点企业辅导制度，在投资、重组改制等重大涉税事项方面，主动对重点企业开展专门辅导。市局组织对市属重点企业集团、上市公司及拟上市公司、3 千万元以上的企业开展定点所得税政策辅导，各区县局要积极开展本地的重点企业辅导工作，为所得税收入增长和政府决策提供参谋。针对社会反映强烈的完税证明问题，要加快系统开发进度，实现完税证明网络开具、三方机构网络认证，方便纳税人“按需”获取和使用完税证明。

二、关于财产行为税工作

（一）以房地产项目管理为重点，强化土地增值税征管，防范清算风险

要研究制定房地产项目土地增值税清算管理的具体办法，从厘清责任、规范程序入手，严格实行案头与实地相结合、集体研究的清算审核制度；杜绝以中介机构清算鉴证报告代替清算审核；各区县局应成立清算审核组，突出清算审核的专业化。市局会组建专家团队，对土增税清算实行跨区域团队管理，解决部分区县局专业力量不足的问题，防范税收风险，充分挖掘增收潜力。

（二）以土地房屋税源管理为核心，强化房土相关税收征管

联合市国土房管部门开展土地情况调研，集中、定期获取全市国有土地出让、农用地转用、土地储备、商品房及存量房销售、房产保有等基础税源情况，建立完善以土地为主线的税源档案管理制度，做好税源管理储备。继续推进“以地控税”工作，开发和推进“以地控税”软件，建立三方信息传递、税源分析、税收预警、任务追踪的综合治税管理模式，使信息及时转化为税收收入。继续开展对国有投资公司的税收清理，规范税收征管秩序。

（三）以推行税种专用申报表为手段，规范各税种的申报管理

根据税务国家税务总局工作部署，2015 年底以前启用统一的财产行为税申报表，统一和完善各税种基础申报数据、减免信息的填报方

式和口径，促进税源管理和减免数据核算的规范化。

（四）进一步完善政策规定

针对财产行为税政策老化、执行不统一、征管风险较大的问题，进一步加强政策研究，着力完善各项财产行为税政策规定，减少征管中不合理的自由裁量，全面降低政策执行、税收执法风险。

三、关于推进市国税局、地税局税政合作的工作

按照国家税务总局和市局的统一部署，在政策研究、制定、管理、跟踪问效等方面强化一致性，重点推进西部大开发鼓励类产业互认机制，联合开展企业集团税收服务，帮助大企业防范税收风险。加强城建税、教育费附加与国税增值税、消费税的比对工作，切实提高“两税”比对质效，减少征管漏洞。

四、关于提高所得税、财产行为税专业基础技能的问题

当前，税政专业人才匮乏，特别是所得税和土增税管理方面的人才稀缺，已成为影响所得税、土增税征管质效的关键因素。要采取国家税务总局专项培训、市局集中培训、区县局自行培训相结合的形式，对税政、征管、稽查、纳税评估等人员实行业务轮训，既突出重点培训对象，又扩大培训受众层面。

市局今年第一阶段培训将主要围绕房地产税收管理培养土地增值税清算业务骨干。各区县局应以土地增值税为重点，多渠道开展房地产税收综合业务培训，充实和储备清算审核力量。要切实发挥专业师资人才库的作用，更加注重培训的实用性、操作性。要依托网络教育优势，结合政策变化和实务需要适时开展网络培训。要探索建立所得税业务后续教育机制，对从事所得税管理的人员实行专业学分制，打造所得税专业化人才队伍。

坚定信心　振奋精神
全面推进财行税工作再上新台阶

——在全市财产行为税半年工作会上的讲话

重庆市地方税务局党组成员、副局长　罗安梅

（2015年8月7日）

这次全市财产行为税半年工作会的主要任务，是认真贯彻落实全市地税系统半年工作会议精神，总结上半年财产行为税工作情况，研究部署下半年工作任务。下面，我讲两个方面的问题。

一、2015年上半年工作回顾

今年，在经济增速放缓、"营改增"加速推进、税制改革持续深化等多重因素的叠加影响下，财产行为税管理工作面临前所未有的困难和挑战。上半年，全市地税干部职工在市局党组的坚强领导下，积极主动适应经济和税收发展"新常态"，在财产行为税组织收入、防范风险、强化管理和推进改革等方面做了大量务实有效的工作，取得了较好的成效，主要体现在以下四个方面。

（一）组织收入实现新突破

2015 年 1—6 月份，全市财产行为税费累计入库 315.8 亿元，同比增长 15.06%，其中"十税"收入实现 285.9 亿元，同比增长 15.45%，超过全局税收平均增幅 4.73 个百分点，占税收比重达 43.23%，创下历史新高，圆满完成了市局的半年收入任务，为全市地税收入稳定增长奠定了坚实的基础。

上半年取得 15.45% 的增长是在近年财行税连续高增长高基数下实现的，这个成绩是来之不易的。面对今年严峻的收入形势，各级各部门认真研判宏观经济走势、分析税源情况，积极想办法、添措施、挖潜力，采取各种有力措施，齐心协力完成了财产行为税半年收入目标任务，为推动全市经济发展做出了积极贡献。重点税源局、江北区和开县局在组织收入方面措施有力，成绩显著。

（二）夯实基础征管取得新成效

上半年，财产行为税工作以强化土地税收管理为重点，着力夯实基础征管，抓住关键环节、以点带面，加强和规范各税管理，取得了新的成效。

1. 土地增值税管理水平不断提升。近年来，全局上下高度重视土地增值税管理工作，牢牢把握土地增值税“预征”和“清算”两个关键环节，做好普通住房土地增值税预征率下调后的跟踪管理，严格实行分类预征；通过项目清查、档案管理、清算监控等手段，提出规范清算程序、严格中介鉴证管理、组建清算小组实施专业化审核等措施，切实加强土地增值税清算工作。上半年，全市 1800 个在建项目纳入项目基础管理档案，576 个项目列入清算计划，土地增值税管理力度不断加强。其中，南岸区、九龙坡区和渝中区局在强化土地增值税征收管理方面成绩突出。

2. 房土耕“三税管理”卓有成效。一是继续深化“三税”清查工作，重点开展对政府平台公司和储备土地的专项税收清理，查补“三税”近 20 亿元，堵漏增收成效明显。铜梁区、武隆县和垫江县局积极取得政府部门工作支持，在税收专项清理中取得较好成绩。二是针对审计部门反映的耕地占用税问题，从市国土局获取近三年 61 万亩农用地转用审批信息，认真做好税源信息和征收数据的比对核查工作，进一步夯实耕地占用税税源基础。三是以信息管税理念为指引，积极创新土地使用税管理方式，有序推进“以地控税”试点工作。上半年，新开发的“以地控税”软件在大足区试点运行，作为首个试点地区，大足区局克服种种困难做了大量扎实有效的基础工作，通过信息比对和实地核查，查补房产税和土地使用税 550 余万元，取得了阶段性成果。2015 年 1—6 月，房产税、土地使用税和耕地占用税同比分别增长 28.5%、44.3% 和 70.9%，增幅居于各税种前列。

3. 土地房屋交易税收管控有力。一是抓好以土地交易为重点的契税税源管理，在土地确定成交环节即跟进土地契税税源管理，进一步利用国土部门土地出让信息开展税源信息比对，强化出让土地的契税管理。渝北区局和巴南区局抓土地契税管理工作扎实、成效突出。二是对房地产企业代收增量房契税与土地增值税预征和营业税征收同步管控，严格按期申报和规范代收税款核算，防止税款积压。在今年房屋和土地交易量下滑的不利局面下，上半年全市共组织入库契税 68.5 亿元，在全国契税收入下降 13.6% 的情况下，我局增长 3.2%，止住了年初以来的下滑趋势，发挥了财行税第一税种稳定收入的关键作用。三是针对存量房交易“阴阳合同”问题，持续深化存量房交易价格评估工作，健全评估系统数据信息更新维护机制，及时优化和调整评估参数，建立新楼盘小区样本库，其中长寿区局在非住宅交易价格评估方面作出了积极有益的探索。2015 年 1—6 月全市上线评估存量住房 7.8 万套，评估调增税收 5.3 亿元，全市存量房交易办件量达 10.8 万件，征收营业税、个人所得税、契税等 15.5 亿元。

（三）税制研究改革开创新局面

1. 税政研究探索新模式。一是针对财行税政策老化滞后、各地执法不统一、征管风险较大的问题，上半年重点开展了土地增值税、契税、印花税、房产税、土地使用税等税收政策调研，充分调查政策贯彻落实情况。积极探索税政研究新方式，重点强化研究力量，组建法规、征管、税务所等部门业务骨干组成的专家团队，梳理政策争议点，反复研究讨论，提出了若干财行税政策处理意见上报局长办公会审议。同时市局财产行为税处加强与市财政局税政处的沟通协作，两局联合下发《加强房地产开发成本核定管理的通知》和《土地增值税等财产行为税政策执行问题处理意见》两个文件，统一和规范全市政策执行，进一步防范税收执法风险。二是通过调研向财政部和国家税务总局上报了土地增值税、契税、房产税、土地使用税、个人住房房产税政策执行中存在的问题和系列建议，为全国税收政策完善、税收制度设计做出了积极贡献。

2. 各项税制改革工作稳步推进。一是个人住房房产税改革试点工作平稳推进。上半年加强与人民银行重庆营业部的沟通协作，共同研究加强个人住房房产税纳税人的后续管理措施，拟将拒不申报、欠税纳税人纳入征信系统管理，为房产税制改革、自然人税收征管做出有益探索。二是认真推进全市煤炭资源税改革。煤炭资源税改革是推进地方税制改革的一项重大举措，按照国务院清费立税、总体不增加煤炭企业负担的要求，在充分调研和广泛征求意见基础上，确定了我市煤炭资源税税率为 3%，洗选煤折算率为 60% ~ 75%，并及时完善了相关改革配套措施。目前改革的收入红利效应初步显现，2015 年 1—6 月全市煤炭资源税收入实现 8471 万元，同比增长 87.2%。煤炭资源税改革平稳有序推进，得到杰明常务副市长等市领导充分肯定，市局被选为资源税管理先进单位，在全国财行税工作会上作了经验交流发言。

（四）服务水平迈上新台阶

1. 积极转变职能，优化纳税服务。积极落实国务院行政审批制度改革精神和要求，将房产税、土地使用税和资源税困难减免税审批权限下放至区县税务机关，减少行政审批项目，提高审批时效。积极推进便民办税春风行动，按照全国统一纳税服务和征管规范要求规范和简化纳税人税收申报和减免税备案流程，精简申报备案资料，提高企业办税效率。深入金科地产、城投公司、渝富资产管理公司、港口集团等大型企业调研，了解企业税收诉求，做好政策解释和服务，协助处理相关税收问题，积极支持企业发展。全系统服务市场主体的自觉性、主动性上了新的台阶。

2. 落实优惠政策，服务发展大局。围绕重庆长江经济带建设以及稳定重庆房地产市场健康发展等主题，协助相关部门开展政策研究，积极向市政府建言献策，营造重庆良好的“和谐税收”环境。全面认真落实好各项税收优惠政策，上半年减免财行税费 17 亿元，充分发挥了税收“调结构、惠民生、促发展”的职能作用，有力地支持了企业和地方经济的发展。

今年上半年，在同志们的共同努力下，财产行为税收入实现了持续稳定增长，财产行为税的管理水平有了明显提升。这些成绩的取得值得充分肯定！在此，我借这次会议的机会，向辛勤工作在财产行为税管理战线上的同志们致以崇高的敬意和衷心的感谢！

在肯定成绩的同时，也应清醒地看到，当前财产行为税管理工作中还存在一些不容忽视的问题，主要表现在：一是收入形势依然严峻，下半年工作压力较大，部分单位在困难和压力面前信心不足。二是基础征管工作仍然较为薄弱，税源底数不清、家底不明的问题依然突出。从市局每年的执法监督情况来看，财产行为税征管暴露出的问题最多，有些问题甚至是年年查年年有。今年市审计局对全市地税系统审计中发现耕地占用税和契税征管问题最多、涉及金额最大，说明这两个税种的日常征管极不到位。市审计局持续加大了对财产行为税执法的审计监督力度，检查重点集中在耕地占用税、契税、土地使用税和土地增值税管理上，外部监督部门检查重心的转移提醒我们要高度关注和切实解决财行税管理中存在的各种问题。三是财行税管理风险问题较为突出，其中既有财行税制老化滞后、政策规定不清晰、自由裁量空间大导致的执法风险，也有法治意识薄弱、管理不规范、内控机制不完善造成的廉政风险。土地增值税清算、二手房交易价格评估和税收管理成为财行税管理的高风险领域，需要引起高度重视。四是综合治税效应未充分发挥，部门税收控管协作机制有待完善深化。比如目前在与国土房管部门协作方面还存在信息获取不及时、不全面，信息交换系统不完善等问题，导致税源管理薄弱、控管乏力。五是干部业务素质不能适应财产行为税管理工作（尤其是房地产税收专业化管理）的要求，比如在土地增值税清算管理中，部分干部缺乏清算审核能力、畏惧清算审核、不敢在清算报告上签字，难以胜任管理工作。这些都是我们下半年工作中必须高度关注并着力解决的问题。

二、下半年工作安排

当前，随着税制改革的深化和“营改增”步伐的加快，财产行为税即将成为地方税收的主体税种，成为保障地方财政收入的重要来源，各项工作势必受到各级政府部门和领导的高度关注和重视，我们肩上的担子更重、责任更大，面临的挑战更多。严峻的收入形势、巨大的改革压力、繁重的工作任务，已成为税收工作的“新常态”。全市地税系统干部职工应坚定信心、振奋精神，充分认识到做好财产行为税工作对于构建地方税收体系和提升地税部门整体工作水平的重要意义，积极占据税收“新常态”下工作主动地位，顺势而为，充分发挥财产行为税主体税种职能作用。

下半年，按照全市地税系统半年工作会议的总体要求，财产行为税工作将围绕“夯基础、稳增长、防风险”的工作思路，全面总结工作经验，找准问题和薄弱环节，在强化收入管控、狠抓基础管理、防范执法风险、加强综合治税和提升干部素质方面狠下功夫，着力抓好以下工作。

（一）强化收入管控，确保税收收入稳定增长

按照半年工作会提出的全局税收目标任务要求，下半年财产行为税“十税”收入任务为268亿元，增幅为13.55%，全年“十税”收入确保增长14.52%，达到554亿元。这是我们今年必须确保完成的收入任务。

组织收入是税务部门的第一要务，随着“营改增”的深入推进，财产行为税收入在地方财力格局中的地位日益重要，来自于地方政府增收的压力凸显。7月份税收统计数据显示，全市财行税“十税”收入同比下降8.5%，契税和土地增值税均为负增长，下半年财行税组织收入工作依然面临巨大的压力和严峻的挑战。但是，我们应当看到，当前全国和重庆的经济形势稳中向好，上半年重庆GDP增长近11%，增速领跑全国，全市出口、服务贸易都保持了较快增长，全市支柱产业的发展势头依然不减，税源基础不断扩大，为我们完成全年收入任务创造了较为有利的条件。因此，各单位一定要坚定信心，统一思想，从大局出发，切实增强紧迫感和责任感，通过分析预测、税源监控、数据管理等手段，准确把握收入形势，统筹协调组织收入工作，坚决完成全年税收收入任务，为增加地方收入、保障政府财力做出新的贡献。

针对财产行为税组织收入中可持续增收动力不足的问题，各级各部门要注重对经济形势的研判和把握，强化收入工作的指导和监督，狠抓税源的监控和分析，着力构建财产行为税收入稳定增长机制。一是着力查漏增收。重点针对调研中发现以及审计反映的影响收入的征管问题，梳理排查管理漏洞，逐类逐项拟定措施，全面查漏增

收。二是做好税源分析。以土地、房屋相关税收为重点，开展耕地占用税、土地使用税、契税等主体税种的税源分析，做好税源储备。三是深挖征管潜力。通过强化税种管理、综合治税等各项措施的落实，深入挖掘财产行为税的潜在增长点，最终实现保障税源、增加税收收入。四是建立责任制度。明确全年财产行为税收入目标任务，分解落实收入责任，以收入进度管控为重点，逐步建立按周跟踪、按月分析、适时督收的保障增收机制，确保收入任务的完成。

（二）狠抓税种管理，夯实财产行为税管理基础

针对财产行为税管理基础薄弱环节，要突出重点抓好契税、耕地占用税、土地增值税、房产税和土地使用税“房土五税”的管理，着力夯实财产行为税管理基础。

1. 以房地产项目管理为重点，强化土地增值税征管，防范清算风险。全面清理房地产项目在建、在售、竣工情况，摸清项目税源底数，分类建立项目管理档案，从企业拿地到项目清算实施链条式管理；严格落实商品房预售明细申报和分类预征，降低预征率下调的政策性减收效应；研究制定房地产项目土地增值税清算管理的具体办法，从厘清责任、规范程序入手，严格实行案头与实地审查相结合、集体研究的清算审核制度；杜绝以中介机构清算鉴证报告代替清算审核的做法；各区县局均应成立清算审核组，不断加强清算力量配备，突出清算审核的专业化管理；市局会组建专家团队，对土地增值税清算实行跨区域团队管理，解决部分区县局专业力量不足的问题。同时，市局将按月监控全市重点项目清算进度，按季开展清算计划完成情况跟踪督导，按年进行土地增值税清算绩效考核，促进清算质量的提高。

2. 以土地房屋税源管理为核心，强化房土相关税收征管。依托国土房管第三方信息，全面掌握农用地转用、土地出让、商品房及存量房销售、房产保有等基础税源情况，建立完善以土地为主线的税源档案管理制度；加强以契税为把手的二手房交易税收一体化征管，狠抓房地产企业代收商品房契税的规范核算和入库管理；充分利用土地出让信息，强化数据分析比对，做好出让土地契税管理；加强对房地产开发企业、开发园区等重点税源的房产税和土地使用税征管，继续开展对政府平台公司的税收清理，规范税收征管秩序；进一步厘清税款征收环节，落实耕地占用税“先税后书”的源泉控管制度，堵塞管理漏洞。

3. 以推行税种专用申报表为手段，规范申报和减免税管理。按照国家税务总局的工作部署，2015 年底以前全国必须启用统一的财产行为税申报表，规范各税种基础申报数据及减免税信息的填报方式和口径，促进税源管理和减免数据核算的精细化、规范化。这是国家税务总局局长王军亲自抓的一项重要工作，也是夯实管理基础和防范风险的一项重要举措。此项工作时间紧、任务重、涉及面广，各单位务必高度重视，积极思考准备，按照国家税务总局和市局的工作要求，做好周密细致的计划安排，开展广泛深入的税法宣传和政策辅导，规范申报口径和流程，强化监督审核，严格质量监控，确保纳税人按期正确进行减免税和各税明细申报，提高纳税人税法遵从度，加强税收基础管理。

（三）强化综合治税，着力提升信息管税水平

由于财产行为税税种多、税源零星分散，财产行为税征管对外部协作控管的依存度很高，涉及相关职能部门协作推进的具体业务工作较为繁

杂。针对目前财产行为税征管信息不对称、协作控管乏力的问题，要认真落实地方税收保障办法，深化部门联席协作机制，大力强化综合治税，提升信息管税水平。

一是实施税源信息综合治理。联合市国土房管部门开展储备土地、农用地转用、出让土地情况调研，建立和完善部门协作长效机制，集中、定期获取全市国有土地出让、土地储备、农用地转用信息，做好税源管理储备，将税源及时转化为税收收入。二是推进“以地控税”工作。在大足区试点工作的基础上，按照国家税务总局和国土资源部联合发文要求，加强与国土部门的协作配合，研究制定我市深化“以地控税”工作实施方案，稳步推进试点工作，2015年全市将扩大“以地控税”试点工作面，初步确定将九龙坡区、万州区、綦江区、铜梁区和丰都县纳入第二批试点地区，以进一步巩固和扩大“以地控税”创新工作成果，强化土地税收管理。三是优化信息管税平台。进一步优化房地产交易涉税信息交换平台，优化金税三期系统与房管商品房网签系统的适时对接模式，加强房地产交易税收管理，创新综合治税管理模式，全面提升信息管税水平。四是推进市国税局、地税局协作。完善城建税、教育费附加与国税增值税、消费税的比对需求，应用金税三期功能模块，切实提高“两税”比对质效。

（四）规范税收执法，防范廉政执法风险

十八大以来，随着全国法治化建设进程的加快和中央惩治腐败的持续高压态势，税收工作面临诸多现实考验，税收管理风险问题较为突出。今年以来，市国税系统爆发了税务干部在民政福利企业退税工作中违法违纪的系列案件，6月永川区地税局又发生了一起税政科长涉嫌受贿、滥用职权被检察机关采取强制措施的案件，为我们敲响了警钟。全市地税系统落实党风廉政建设“两个责任”推进会上，市地税局局长黄玉林强调要将党风廉政建设贯穿于业务工作全过程，要在治理管理薄弱环节上下功夫，有效防范廉政风险和执法风险。

从近几年巡视检查、执法督察、市局组织开展的“六清一查”、土地增值税清算以及审计部门近年来对地税系统的监督检查情况来看，全系统在财行税管理工作中还存在不少薄弱环节，在行使财行税管理权和执法权上还有较大风险，集中体现在：一是税收政策老化，导致政策执行风险。现行财产行为税相关制度较为老化、滞后，相关政策规定不清晰、漏洞大、盲点多，政策执行口径自由裁量空间大，导致较高政策执行风险。二是税收管理不规范，导致征管风险突出。如：土地增值税清算审核不到位，非住宅交易税收管理缺乏计税价格评估核定机制，导致税收执法风险。三是法律意识和风险意识不强。对一些涉税事项不遵循法律规定、不严格履行程序、不认真审核把关；简单执法、随意执法的现象还在一定范围内存在，片面狭义的理解、执行政策的行为还时有发生，不仅损害了纳税人的合法权益，也给自身的执法行为带来风险。四是对权力的监督制约机制还不够完善健全，少数人员随意用权、权力寻租的现象仍然存在。

面对廉政建设的严峻形势，各单位要认真贯彻落实市局党风廉政会议精神，在财行税管理工作中，坚持“一岗双责”，既要抓财产行为税业务建设，更要加强廉政建设，防范执法风险。一是着力提升干部的法治意识和依法办事能力，牢固树立法治理念，自觉做到依法征税，规范执法行为。二是进一步加强政策研究，完善各项财行税政策规定，提高政策确定性，减少征管中不合

理的自由裁量，降低执法风险。三是作好风险排查，找准财行税风险易发多发领域、环节和岗位，全面梳理风险点，加强内控机制建设，合理分解职能，完善岗责体系，并纳入信息化管理，实行流程监控，痕迹管理，从源头、机制、技术上防范廉政风险。四是建立财行税重要事项集体研究制度，对财行税个案处理、重大减免税、政策和征管制度实行集体研究、集体决策，全面降低廉政和执法风险。

（五）服务发展大局，推进税制研究改革

1. 继续做好10月征期个人住房房产税征收工作。个人住房房产税改革自2011年在我市试点以来，主城区各征收单位从大局出发，克服种种困难，做了大量艰苦细致的工作，2012—2014年平均征缴率达到97.38%，得到了市委、市政府的高度评价，为国家房地产税制立法提供了宝贵的经验。这项工作的艰辛大家有目共睹，我也非常理解各征收单位面临的压力和困难。但是“开弓没有回头箭”，今年我们仍旧要继续做好个人住房房产税的征收工作，为推进房地产税制改革积累经验、做出贡献。各征收单位一定要站在讲政治、顾大局的高度，统一思想、提高认识、增强信心，克服消极畏难情绪，切实加强组织领导，周密安排部署，继续采取划片包干、责任到人等征管措施，依靠国土房管、公安等部门支持，全面清理、核查税源，加大税款催缴力度，确保征缴率达到95%以上。

2. 认真落实好资源税改革的相关要求。一是各单位要站在推进地方税体系建设的高度，继续平稳推进我市煤炭资源税从价计征改革，主动跟踪了解煤炭企业申报缴纳煤炭资源税情况，掌握煤炭资源税改革前后税负变化和洗选煤折算率变动情况，收集整理煤炭资源税从价计征中遇到的问题、解决的措施和意见建议，及时向市局反馈改革落实情况。二是下半年国务院将会继续推进资源税其他品目的从价计征改革，各单位要积极主动开展辖区内主要矿产品的资源税调研工作，摸清资源税的税源底数，为下一步资源税从价计征改革扩围做好准备。

3. 按照财政部和国家税务总局工作安排，结合区域和征管实际，认真开展耕地占用税立法、众创空间等创业创新载体的房产税和土地使用税、营业性房产出租房产税及特殊情形契税征管等调研工作，积极提出政策建议，为国家推进税收立法、出台税收优惠和完善税收政策做好准备。

（六）加强业务培训，全面提升干部业务素质

人才是税收工作的保证。当前，税政专业人才匮乏，特别是土地增值税管理方面人才的稀缺，已成为影响财产行为税征管质效的关键因素。针对干部职工房地产税收管理业务能力不强的现状，各级各部门要加大对干部的业务培训力度，建立完善市局集中培训、区县局自行培训的多层次培训机制，对税政、征管、稽查、纳税评估等人员实行业务轮训，既突出重点培训对象，又扩大培训受众层面。

今年市局培训主要围绕房地产税收管理，分批次对各区县土地增值税清算组成员开展房地产开发法律法规、经营模式、会计核算、税收政策、征管风险防范等培训，着力培养土地增值税清算业务骨干。下一步，市局将在市财政学校开展100人左右的土地增值税专项培训，各区县局应在市局培训的基础上，以土地增值税培训为重点，多渠道开展房地产税收综合业务培训，充实和储备清算审核力量，打造专业化人才队伍。

在加强组织收入工作暨减免税精细核算工作视频会议上的讲话

重庆市地方税务局党组成员、总会计师　郑　钢

（2015年6月12日）

今年以来，经济下行压力加大，组织收入工作面临严峻形势。全系统认真履职，按照年初市局税工会安排的全年税收收入达到1303亿元、同比增长13%的预期目标，采取一系列针对性措施，克服多种不利因素影响，保持了税收收入平稳增长的良好局面。下面，我代表市局，结合本次会议主题，谈两方面内容：

一、关于组织收入工作

（一）关于2015年1—5月税收收入情况

2015年1—5月全市地税组织各项收入875.2亿元，同比增长12.1%。其中：税收收入实现528.1亿元，同比增长8.4%。从级次看，中央级实现73亿元，同比增长12.7%；地方级实现455.1亿元，同比增长7.7%，税收规模列全国第16位；增幅高于全国地税平均增幅4.9个百分点，列全国第6位，继续保持了全国前列，高于西部地区平均增幅5.1个百分点，列西部第2位。与全市GDP增长10.7%的运行态势基本协调。可以说，地税的相关指标，客观地反映了市委、市政府"稳增长、调结构、促改革、惠民生、防风险"等一系列政策的实施效应。

同时，通过深入分析，我们也观察到，受各方因素的影响，地方税收呈现一些变化：一是5月份当月税收环比下滑7.1个百分点，增长仅7.5%，2015年1—5月地方税收低于41.7%的序时进度1.2个百分点，"双过半"压力有所加大。二是主要税种增幅不一。营业税在前期两个行业税收清理的带动下，累计实现194.9亿元，同比增长6.2%。所得税在加强高收入人群申报征收和企业所得税汇算清缴工作的支撑下，累计实现121.6亿元，同比增长12.7%。财行税累计实现211.6亿元，同比增长8.1%，土地增值税和契税分别下降19.6%和0.2%等因素，影响了财行税得增幅。三是涉及地税的三大支柱行业"2增1降"。2015年1—5月，建筑、金融业税收增势较好，分别增长18.8%和21.9%；房地产业税收受2015年1—4月全市商品房销售额下降6%等不利因素的影响，累计负增长3.6%。四是全系统序时进度快慢各占半。2015年1—5月进

度高于 40% 的有 21 个单位；低于 40% 的有 20 个，其中有 5 个低于 35%，已影响到全市收入进度。从都市功能核心区和拓展区看，11 个单位税收完成 342.8 亿元，同比增长 8.6%，完成年度预期目标的 37.2%，有 4 个单位低于 40%。序时进度快慢不一，最快的已达 47.8%，最慢的仅 32.8%。从城市发展新区看，13 个单位税收完成 115.5 亿元，同比增长 8.4%，完成预期目标的 40.6%，有 5 个单位低于 40%，序时进度最快的 47.3%，最慢的仅 35.7%。从渝东北生态涵养发展区看，11 个单位税收实现 52.6 亿元，同比增长 9.8%，完成预期目标的 43.9%，有 5 个单位低于 40%，序时进度最快的 55%，最慢的仅 31.1%。从渝东南生态保护发展区看，6 个单位税收实现 17.3 亿元，同比增长 0.8%，完成预期目标的 34.4%，全部低于 40%，序时进度最快的仅 39.1%，最慢的才 26.5%。客观地看，这其中既有往年基数和今年任务等因素，也有进一步加力的必要。

（二）关于 6 月份税收收入预期目标情况

税收作为政府调节经济的重要工具之一，在贯彻国家宏观决策和调控经济运行等方面具有直接和积极的杠杆作用。特别是在不同的生产力发展水平、不同的经济运行状态下，税收的作用方式和力度都需相机选择，以更好地发挥税收在配置资源要素、调节需求总量、调整经济结构、调配收入分配等方面作用的发挥。在经济“新常态”下，需要我们跳出地税看税收，把准经济脉络，从税收层面实现微刺激的调控效应，激活企业、助推发展。

据了解，上半年全市 GDP 预期增长 10.7%，财税收入等关键经济指标应与 GDP 实现财经互动增长，财税收入预期应达到 12% 左右的增长。要实现预期，初步测算，6 月涉及我局税收必须实现 126 亿元，上半年实现 654 亿元，同比增长 9.5%，由此，地方级 6 月必须实现 110 亿元，上半年实现 565 亿元，同比增长 9.4%。

为此，市局制定了分步骤、分税种、分区县的落实方案。

分税种看：营业税 6 月要实现 37 亿元，上半年实现 233 亿元，增长 8% 左右。所得税要实现 26.5 亿元，上半年实现 148 亿元，同比增长 10.2% 左右；财行税要实现 62.5 亿元，上半年实现 273 亿元，同比增长 10.3% 左右。同时，市局分区县局确定 6 月必成目标，按四类开展督导：

第一类是税收规模较大，序时进度偏慢，税源形势严峻的 11 个单位，安排税收必成目标 66 亿元，占比 52.4%。这类单位一是要坚持组织收入原则，挖潜堵漏，强管促收；二是要协调地方党委政府，借力增收；三是要找准税源，及时提出需要市局出面协调的建议意见。

第二类是税源形势较好，序时进度较快的 11 个单位，安排税收必成目标 13 亿元，占比 10.3%。这类单位要强化大局意识和风险防范意识，防止延压入库进度，严格控制缓欠税。

第三类是税收规模较小，序时进度较慢，收入形势严峻的 6 个单位，安排税收必成目标 8 亿元，占比 6.3%。这类单位要全力组织收入入库，缩小任务差距。

第四类是序时进度正常的 13 个单位，安排税收必成目标 39 亿元，占比 31%。这类单位要做好进度监测和调度工作，切实完成必成目标。

（三）关于组织收入工作需要把握的几个重点

1. 找准突破方向，强化税源管理促增收。一是加强与发改、财政、国土和建管等部门的工作对接，拿到“重点项目投资计划表”“重点工程资金预算表”和“优惠政策清理表”等三张表，找准税源所在。对跨地区经营企业要加强协同监管，加大各征收局工作配合和信息共享。二是加强稽查与征管部门的协同配合。分工协作，深入开展纳税评估和税务稽查，加快评估和结案进度，共同形成组织收入工作合力，以评促收、以查促收。并高度重视审计线索的应用，借助审计整改，争取6月底前相关税款入库。三是各单位在切实摸清税源，做到心中有数的基础上，要始终坚持组织收入原则，做好资金衔接，调度好入库时序，密切跟踪监控重点税源大额税款的组织和开票缴销情况，既要防止无序的集中开票入库和开票未入库居高不下，也要防止在关键时间节点无法把税源有效转化为税收，全面把握组织收入工作的主动权，有序推进“双过半”工作。

2. 加强工作督导，强化税种管理促增收。各单位要按照市局工作要求，强化各税种管理：一是继续加强营业税清理。中央“营改增”方案已基本明确，为此，我们必须抢抓机遇，加快推进房地产、建筑和金融业营业税清理，特别要对房地产预售收入和价外收费、以不动产抵押借款或工程款等未视同销售申报及新型金融业态的营业税开展重点清理。二是加强汇算清缴审核评估和高收入群体个税的清缴。各单位要按市局汇算清缴面扩大到100%的工作要求，加强涉税数据的审核比对，重点解决房地产和建筑业预缴率偏低的问题。结合营业税清理工作，开展2000户高收入群体个税专项清查。并重点跟踪股权转让减持等方面的所得税管理。三是借力投融资平台公司助推财行税增收。各单位要全面摸清投融资平台公司的房产、土地税源情况，争取党委政府支持，及时组织财行税入库。尤其是要加强市级投融资平台土地储备类土地使用税的税源调查和组织入库工作。并加强土地增值税、契税、耕地占用税的税源控管机制。

3. 杜绝新欠发生，强化减免缓欠税管理促增收。一是坚决压缩新增欠税。截至5月底（全市累计欠税38亿元），全市新增欠税16亿元，当月增加7.7亿元，对此，各单位要分析成因，评估风险和偿欠能力，分类制定追缴措施，向市局做出说明。二是开展缓税到期清缴工作，及时追缴入库。三是严格审批缓税和退税，切实把握政策审核和工作节奏。

二、关于减免税精细核算工作

近年来，全市地税系统认真落实各项税收优惠政策，减免税额大幅提升，从2011年的44.5亿元增加到2014年的139亿元，年均增长46.17%。今年以来，我局站在服务大局的高度，面对严峻的税收收入形势，切实做到了落实各项优惠政策不折不扣。2015年1—5月，累计减免税额101亿元，比去年同期增长44.28%，增加31亿元，在“稳增长、调结构、促改革、惠民生”上，发挥了积极作用，得到多方肯定。深入分析这些数据的统计工作，我们也应清醒地看到，减免税政策繁多、执行管理粗放和数据“估计＋统计”等情况，已成为税务部门多年的纠结，潜在风险逐渐浮出水面。

（一）清醒认识三个潜在风险

1. 减免税数据上报有误，增大决策风险。减免税数据是国家扶持经济相关政策效应的直接反映。近年来，党中央、国务院非常关心实体经济、小微企业、特定经济区域的减税降负，时常需要掌握减免税执行数据。而各部门上报的减免税数据口径、数额、政策归类不一，以我局为例，

2011年减免税调查数据为57.25亿元，核算数据44.5亿元。2014年小微企业所得税减免，按工信部的标准，核算数据为3.1亿元，按企业所得税法（实施条例92条）标准，税政部门统计仅3895万元。这必然会影响到领导的决策判断，一定程度上影响到税务部门的形象和公信力。

2. 减免税数据核算不实，暗含执法风险。目前大部分减免税属于备案类，且部分纳税人备案资料不规范、不合法的情况时有发生，税务人员对纳税人凭证要件审核不力、浮于形式，有的甚至征纳勾结，合伙套取减免，造成应享未享，不该享受的反而享受，进而造成减免税核算不实，多项减免税政策游离于会计核算监督范围之外，带来税务干部执法风险。（如有些省市税务部门已经因为减免税管理问题受到相关部门查处。如重庆市国税局、河北国税民政福利企业减免税问题）

3. 减免税数据不准，导致监管风险。近年来，各级审计检查部门对减免税的监督检查力度越来越大，审计多次要求我局提供减免税金额的明细构成，明确要将我局各类工作报告中的减免税数据作为审计重点。每年的延伸审计，都查出了此类问题，以2014年为例，审计发现有8个区县134户符合条件的纳税人未享受减免税，计234.16万元。10个区县对不符合规定的纳税人减免税10360.49万元。如继续如此粗放管理，监管风险将越来越大。同时，各级政府部门政务公开的范围越来越广，要求越来越高，一旦部分减免税数据向社会公开，一点疏忽都会引发社会关注，甚至带来负面舆情。

（二）准确把握三层重要意义

1. 支撑改革发展的要求。一方面是国家改革的需要。在“新常态”下，我们不仅要保持税收与经济的协调增长，还要释放结构性减税的政策红利，激发内生动力，助推产业转型升级。为促进新兴产业发展和鼓励大众创业、万众创新，近期国家出台了一系列税收优惠政策，政策效果怎样，就需要通过减免税数据来反映和验证，为国家优化现有政策和出台新政策，提供决策支撑。另一方面是自身改革的需要。税收现代化建设正加快推进，重点就是要还权还责于纳税人，税务部门的管理重点将从事前移至事后，此次推进的减免税申报改革，正是体现了现代税收管理改革的要求。

2. 完成国家税务总局部署的要求。今年以来，国家税务总局决定，下大决心、花大力气在全国税务系统，统一开展减免税精细核算工作。王军局长在全国税工会上强调指出：税收优惠政策要落实到统计、核算、上报制度和规范上，并建立起税收优惠政策效应分析机制，一举解决这一困扰我们多年的大难题。国家税务总局还多次专题研究减免税核算工作，近两个月，国家税务总局关于规范减免税精细核算的一系列文件密集出台，并公告了新的纳税申报表，金税三期软件也加紧开发，2015年7月1日将正式启用，相关准备工作已时不我待。

3. 强化自身管理的要求。一是全面展示地税工作的需要。服务发展和组织收入是税务部门的两大重要职能。2014年我局税收收入1153亿元，为经济社会发展提供了可靠财力保障，同时，我们不折不扣落实税收优惠政策，支持经济社会发展，减免税额139亿元，“征收税款是成绩，减免税款同样是成绩”，这两组数据从不同层面反映了我们的工作成绩，将入库税收和减免税额一并向各级党委政府汇报，就能为领导科学判断税收成本，提供全面的数据支撑。二是防范地税管理风险的需要。将减免税纳入税源管理，加强明细核算，规范减免税政策执行，是堵塞税收征管漏洞、防范执法风险的有效途径。三是优化地税服务的需要，“便民办税春风行动”要求打通服务纳税人“最后一公里”，将减免税申报与正常纳税申报相衔接、相统一，规范核算和管理，既能减轻纳税人反复报送资料的负担，又能破解因纳税人不知晓政策，享受不到减免优惠的难题。

（三）稳步推进三个阶段工作

国家税务总局在顶层设计的同时，计划用两年时间实现减免税精细核算管理。减免税明细核算全面实现后，将大大减轻统计上报数据的工作量。我们要坚定信心，狠抓落实。市局将按照“高标准、严要求、稳步走、持续推”的工作思路，分 3 个阶段稳步推进（在此我简要列一下各阶段“任务单”，希望最终都变成大家的“成绩单”）。

1. 准备阶段（6 月 30 日前）。前期（6 月 12 日前）市局层面已做了以下工作：一是黄玉林局长对国家税务总局的方案做出重要批示，成立了减免税精细核算工作领导小组。二是市局办公会研究下发了《关于进一步加强减免税核算工作实施方案》。三是召开了减免税核算工作领导小组第一次会议，明确处室分工，相关准备工作正有序推进。

6 月底前，市局层面：一是要严格按《关于进一步加强减免税核算工作实施方案》的分工和 6 月份工作任务清单，逐项抓好落实。二是抓好两次具体操作培训。三是加强与对口司局和金税三期工程办的联系，跟踪软件开发进程。四是做好减免税管理办法的修改准备。各区县局：一是要制定工作方案，成立减免税精细核算领导小组，明确工作职责。二是全面清理享受减免税政策的纳税人的基本情况，实行分类辅导。三是对享受减免税的纳税人进行宣传、培训，辅导正确填报新申报表。

2. 试行阶段（7 月 1 日—8 月 31 日）。为确保软件升级后纳税申报的稳定进行，特安排了两个月的时间试运行。市局层面：一是要按照《实施方案》的安排，分组分片到区县局开展调研，及时掌握试运行动态，及时将问题和情况报告国家税务总局。二是开通 12366 纳税服务专席，及时解答纳税人相关问题。三是做好应急预案，将风险化解到萌芽状态。

各区县局：一是确定专人专席，做好申报宣传辅导。二是强化申报质量监控。三是建立局领导在征收厅轮流值班制度；四是建立报告制度，及时反馈试运行相关问题；五是在 8 月 31 日前，完成未达起征点双定户的定额核定工作。

3. 推进阶段（9.1—12.31）。在前期试运行稳定的基础上，开始全面推进工作。市局层面：一是加强督查督办，将减免税精细核算数据的质量，纳入绩效考核。二是开始试运行减免税精细核算分析数据平台，密切监控数据质量，加强分析应用。

各区县局：一是全面执行减免税申报，将享受了减免税的纳税人最大范围地纳入申报。二是规范执行减免税审批和备案管理流程。三是做好重点减免税政策的统计上报工作。

（四）牢牢把握三项重点工作

1. 抓好总体统筹。一是做好组织统筹。减免税精细核算工作涉及面广、环环相扣。各区县局要做好统筹，明确科室职责，分工协作，形成合力，共同推进。二是做好工作统筹，要把减免税申报和纳税服务规范、税收征管规范、管理流程修订、征管软件优化、政策效应分析等工作融合起来，发挥出乘法效应，以取得最大、最佳效果。

2. 把好数据入口。一是申报环节。各区县局要通过政策辅导和税法宣传等形式，确保纳税人按期如实进行申报减免税，提高纳税人税法遵从度。二是核定定额环节。对未达到起征点的双定户，需在金税三期系统中要核定定额后，才能将征前减免折算出减免税额纳入核算。

3. 严格质量监控。一是严把减免税事中监管关，加强减免税税源巡查管理。重点督促纳税人正确进行减免税税收财务核算，及时、如实进行减免税申报。二是严把减免税事后监督关。加强减免税明细分析，加大优惠政策的后续管理力度。

关于下半年收规、社保、国际税收工作安排

重庆市地方税务局党组成员、总会计师　郑　钢

（2015年7月20日）

根据市局局长办公会研究意见，我就收入核算、社会保险费征收及国际税收管理讲五个方面的意见。

一、未雨绸缪，科学分解任务

（一）前瞻预判，提振信心

2015年上半年，我市经济逐月企稳回升，投资多元化加力、工业效益趋好和土地房产交易回暖，预示下半年我市经济将持续向好。特别是1—6月财产租赁合同印花税增长100%，建筑工程承包合同印花税增长15.3%，新办税务登记户数稳步增长6.4%，可预判下半年经济活跃度将持续增强。土地契税6月当月增长25.8%，充分说明土地交易开始活跃，将在下半年拉动建筑业、房地产业税收的增长。要树立前瞻思维，学会危中寻机，既精于将传统分析方法作为“测速仪”“温度计”，考量经济增速和发展热度，又善于结合本地特点和发展现状，从税收先行指标入手，洞察发展预期，发掘税收潜力，传播好声音，传递正能量，提振干部信心，激励工作干劲。

（二）科学谋划，精准分解

按照全年任务目标安排，下半年全系统要完成税收641.8亿，同比增长15.4%。分税种看，营业税要实现254亿，确保增长9.1%；所得税要实现120亿元，确保增长17.3%；财行税要实现267.7亿元，确保增长14.5%。分季度看，各季度累计增幅分别为6.1%、10.7%、11.9%、13%，呈现逐季“爬坡上坎”态势，三季度尤为关键。各区县既要做好分级次、分税种、分行业计划的常规安排，又要将日常征收与“三张表”的运用结合起来，更加精准地将目标任务分解到

科、所、人，切实做到目标下达时心中有数，全年落实上心中有底。

二、主动作为，精细把控税源

（一）把控重点，力求突破

市局直接监控的3017户重点税源入库税收占比已近60%，部分区县局占比更高。各单位要充分利用重点税源监控的数据优势，充分挖掘企业财务收支、能耗指标、资金动态等数据的管理价值，联动财政、发改、建委和相关行业管理部门，在政策执行、资金流向、管理规程上，跳出税务，主动作为，成为市场与政府间的纽带、企业与部门间的桥梁，力求在组织重点税源收入上，实现服务的提升、税收的突破。

（二）提升管理，统筹兼顾

截至6月底，全市欠税余额58亿元，其中新欠20.3亿元。继续抓好欠税核算和清理工作，刻不容缓。收规处要与征管部门通力合作，全面调查和分析欠税规模与成因，尽快专报市委、市政府。各区县局要同步推进缓税和欠税的排查工作，针对不同情况相应制定清理计划，逐笔落实、确保入库。同时，要深挖政策性潜在税源。要全面梳理税收政策的执行情况，既要依法征收，又要收紧部分具有弹性的税收政策，切实封堵政策性的税收流失。

三、积极应对，提升税收质量

（一）健全机制，优化分析

税收质量评价工作是找准组织收入薄弱点和提高组织收入针对性的重要手段。按照总局部署，收规处形成了收入质量评价体系征求意见稿，希望各单位多提意见，加紧完善，力争8月发布上半年收入质量评价结果，供各单位参考。近期，总局出台意见，重申了税收分析工作的重要意义，提出了加强分析工作的明确要求。收规部门结合我局实际，牵头建立健全横向纵向的分析网络，形成上下联动的税收分析格局，力争9月形成定期、规范的税收分析制度机制。涉及“营改增”准备工作，收规处牵头协同相关方面，提前做好收入测算和计划调整，有备无患，从容应对。

（二）转变理念，服务增效

减免税精细化核算既能全面反映优惠政策执行情况，又对改善征纳关系，提升地税站位具有重要的现实意义。市局专门成立了减免税核算工作领导小组，收规处要牵头协同相关部门，共同推动减免税核算工作。同时，结合中小企业财税扶持政策对接落地工作，加强政策宣传，让中小企业知晓“缴税才能兑现财税扶持”等制度安排。并举一反三，对接财政部门，全面掌握享受财税扶持政策的企业名单，讲清纳税与享受扶持的直接关系，逐步形成“主动纳税、快得实惠”的舆论氛围，进而改善和优化征纳关系。

四、防控风险，稳定社保征管

（一）创新管理，防范风险

当前，“重税轻费”思想仍不同程度存在。特别是在日常催缴等管理性工作上，如不加以重视，极易导致行政慢作为、不作为的执法风险。社保处拟借鉴厦门等相关省市成功经验，结合我市实际，经充分评估论证后，推出具有重庆地税特色的电子+信函“1+1”欠费告知模式，有效防范执法风险。

（二）注重方法，化解上访

社保费的征收事关百姓切身利益，极易引起上访等事件发生。各单位的社保部门在配合人社机构，加强日常政策宣传的同时，要切实做好对上访当事人的政策解释和宣传劝导，充分说明已做的催缴等追欠工作情况，安抚当事人情绪，避免事态升级，减少社会影响。

五、拓展思路，创新国际税收

（一）加强合作，管控风险

国际税务处要加强与外经委、发改委、外管局、出入境、国税局、工商局等部门的沟通联系，畅通信息交换渠道，充分利用外部信息，为各单位加强国际税收管理工作，提供信息支撑。并以非居民个人收入核定为重点，充分利用明细申报的基础数据，比对外部信息，建立分国别最低工资预警指标和外籍个人免税扣除风险评估机制，指导相关区县局进一步加强国际税收风险管理。

（二）拓展思路，服务发展

国际税务处在继续做好被动情报交换工作的同时，要探索对中国居民境外收入的真实性和完整性，开展主动情报交换，捍卫国家税权和税法威严。在创新培养国际税收人才队伍的同时，加强国地合作，结合“一带一路”战略部署，针对性地研究相关国家税收政策，在 OECT 框架下，运用 BEPS 的先进理念，辅导有条件的企业“走出去”，把利润带回来，着力培育新型税源。

适应新常态　谋求新发展
努力开创全市地税系统办公室工作新局面

重庆市地方税务局办公室主任　陈泽利

（2015年3月26日）

上午，黄玉林局长作了重要讲话，对抓好新常态下的办公室工作提出了新要求，大家一定要深刻领会，抓好落实。下面，我就全系统近年来办公室工作开展情况和如何做好当前办公室各项工作，再讲三个方面的意见。

一、近年来办公室工作成绩值得充分肯定

近年来，全市地税系统办公室紧紧围绕税收中心工作，服务大局、尽职履责、开拓创新，较

好地发挥了参谋助手、综合协调、审核把关、服务保障、督促检查的职能作用，为推动重庆地税事业持续健康发展做出了积极贡献。总的来看，有五个方面的成绩值得肯定。

（一）围绕中心、服务大局，参谋助手作用充分发挥

近年来，全系统办公室围绕中心、服务大局，依靠政务信息、税收调研、政策反馈等工作为领导决策服务，充分发挥了参谋助手的作用。一是高质量完成各类重要文稿起草工作，服务大局能力得到进一步提升。全系统办公室认真做好财税工作会议、地方税务工作会议、半年区县局长会议、党风廉政会议等重要会议的文稿起草工作，为高质量开好各类会议提供了保障。特别是在教育实践活动中，孙政才书记三次到地税视察调研，王军局长亲自参加璧山区局专题民主生活会，市局和璧山区局办公室的同志为此付出了艰辛的努力，确保了工作任务的圆满完成。二是高标准做好政务信息和调研工作，信息参政辅政的水平明显提高。各级办公室高度重视政务信息工作，积极反映中央、市委市政府和总局决策部署落实情况，及时反馈政策执行过程中的问题与建议，为市委市政府和市局领导决策提供了重要参考。近年来，市局办公室撰写税收调研报告 30 余篇，上报市委市政府和总局信息 3000 余条，多篇专报得到市领导和总局领导批示。各区县局办公室结合实际，报送了很多有价值的重要信息，为市局全面加强税收管理提供了重要建议，在推动地税事业发展、服务地方经济发展方面起到了重要作用。三是高水平抓好辅助决策工作，服务基层的能力显著提升。各级办公室及时反馈基层贯彻落实中央、市委市政府和总局工作部署的情况，准确反映基层工作存在的问题和困难，并为各级领导决策积极提出工作建议，推动基层工作问题迅速有效解决。在教育实践活动中，市局办公室针对机关干部服务基层不够的问题，制定出台了服务基层八项措施，开通网络答复平台，推行限时办结回复制，畅通基层与市局的反馈答复渠道，有效提升了办公室服务基层单位和基层干部的水平。

（二）狠抓内部管理，政务服务水平显著提升

各级办公室全面加强内部建设，规范内部管理，办文、办会、办事的水平得到进一步提升，有力促进了行政管理高效运转和税收中心工作顺利开展。一是办文质量更高。坚持及时高效的办文原则，规范公文处理，提高公文质量和办文效率。认真贯彻落实新的《党政机关公文条例（2012 年版）》，结合实际修订并执行《重庆市地方税务机关公文处理办法》，进一步提高了公文运转质效。加强公文审核，严把文字关和政策关，没有出现一起重大差错。二是办会水平更高。制定完善《重庆市地方税务局工作规则（2013 年修订）》，加强对局党组会、局务会、局长办公会等内部会议的服务工作，从议题收集、会议通知、会场布置、会议纪要等方面进行全面规范，全系统办公室筹办会议的水平得到进一步提升。三是办事能力进一步提高。近年来，各级办公室建立稳定的交流、联系机制，积极配合业务部门做好各项工作，形成工作合力，办事的能力和水平明显提高。特别是在学习贯彻中央、市委和市政府会议精神、推进“三基一化”建设、评选表彰全市纳税 50 强、成立五个跨区稽查局、开展“学法守纪防风险”工作和“便民办税春风行动”的过程中，办公室全面加强部门之间的协调配合，有效推动了工作的顺利开展。加强对人大代表建

议、政协提案办理的跟踪督查，近三年共办理人大建议、政协提案160件，实现了交办率、沟通率、办结率、回复率和满意率“五个百分之百”的要求，受到市领导的充分肯定。

（三）税收宣传广泛深入，舆情管理扎实有效

全系统办公室在人手少、事情多、任务重的情况下，全面强化税收宣传工作，扎实做好涉税舆情管理，地税部门的社会影响力进一步增强。一是税收宣传影响力持续提升。全系统办公室不断创新工作方式方法，努力构建大宣传格局，为促进税收中心工作、服务地方发展、提高税法遵从度、提升部门形象做出了积极贡献。近年来，省部级以上新闻媒体刊播地税新闻800余篇（次），区县级以上新闻媒体刊播地税新闻2000余篇（次），为推进地税工作营造了良好的舆论氛围。中央电视台“新闻联播”栏目对璧山区局全面推进“规范、文明、现代”的纳税服务和江北区局办税服务厅规范化建设、真诚服务纳税人的典型事迹进行了深入报道，并作为先进经验在全国推广。每年开展表彰纳税50强工作，被重庆电视台、重庆日报等媒体深入报道，相应的税收分析报告得到孙政才书记、黄奇帆市长、翁杰明常务副市长的批示肯定。在教育实践活动中，各区县局的好经验、好做法，多次被重庆卫视新闻联播、《重庆日报》《重庆青年报》等市级媒体报道。二是税收宣传形式推陈出新。积极运用新媒体，拓展税收宣传新阵地，充分发挥网络宣传的辐射作用，形成了“网络上有动态、电视上有画面、电台里有声音、报刊上有文章”的多元化税收宣传格局。策划开通地税微信、微博，形成了网站、微博、微信三位一体的自媒体阵地，地税微信被评为“中国优秀政务微信”，地税微博被评为“中国优秀政务微博”；优化网站功能，充实网站内容，地税网站连续五年荣获“中国政府网站领先奖”。税收公益动漫短片《责任与担当》在第九届全国税收动漫大赛中获得最佳视觉效果奖。三是舆情管理和应对能力显著提升。近年来，全系统办公室全面加强舆情监控管理，建立完善了舆情管理员制度，妥善处置涉税网络舆情100余件，受到了总局和市委宣传部的充分肯定，10余个兄弟单位前来学习经验，部分做法被纳入全国税务系统舆情处置规范和工作要求。

（四）办公现代化深入推进，各项工作高效规范

近年来，全系统办公室着力推进办公现代化进程，促进现代信息技术与办公室工作的深度融合，实现了办公室工作的现代化、电子化、规范化。一是积极推进电子化办公。成功上线运行税务综合办公信息系统，基本实现了非涉密文件资料的电子化流转，有效加快了公文流转速度，提高了公文处理效率，同时极大地减少了纸张等办公用品的使用，为促进节能减排工作做出了积极贡献。同时，有效规范了公文管理制度和处理流程，对公文处理实施全流程痕迹化管理。二是严格执行保密工作。积极推行国家统一标准的档案数字化管理，有效提高档案储存安全性和查询利用效率，全系统已有40个基层单位采用该项技术。严格执行保密规定，定期检查涉密文件保存、计算机涉密载体使用等情况，确保近年来未发生泄密事件。

（五）办公室队伍建设有效加强，干部素质持续提升

各级领导高度重视办公室工作，坚持把管事与管人结合起来，一手抓工作，一手抓思想建设，

在努力提升办公室人员素质的基础上，注意对干部职工的关心、爱护、培养、提高，使大家心往一处想、劲往一处使，增强了办公室工作的凝聚力。一是加强年轻干部培养，在工作实践中锻炼干部。近年来，市局和区县局有意识地将一批政治业务素质高、综合能力强的年轻同志充实到办公室，优化了办公室人员结构，缓解了办公室工作压力，有力地促进了年轻同志的进步与成长。很多办公室的优秀年轻干部经过工作的历练和组织的考察之后，被充实到各级领导岗位上，成为地税事业的中坚力量。二是加强学习，提升干部能力素质。各级办公室自觉加强政治理论学习，扎实开展党的群众路线教育实践活动，不断强化思想建设、能力建设和作风建设，有效促进了办公室队伍整体素质的提升，为全面做好决策参谋、综合服务提供了有力保障。办公室工作人员，尤其是从事秘书工作的同志，加班更是家常便饭，但大家都默默无闻、埋头苦干、毫无怨言，长期坚守在岗位上，充分体现了大家的团队意识、责任意识和担当精神。三是全面推行绩效考核，工作活力得到有效激发。按照总局关于绩效考核的要求，全系统办公室立足地税工作实际，编制本级绩效考核指标体系，在扎实推进组织绩效考核的基础上，全面推广个人绩效考核，有效激发了干部职工的热情与活力。办公室工作得到了各级领导的充分肯定，市局办公室连续七年被评为机关优秀处室。特别是，市局在2014年总局绩效考核中名列地税系统第六位，在市政府目标管理绩效考核中被评为优秀单位，获得了翁杰明常务副市长的批示肯定，这些成绩的取得都凝聚了全系统办公室工作人员的辛劳和汗水。

同志们，近年来办公室工作取得的成绩，是全市地税系统各级领导重视和关心的结果，是机关各部门理解、支持和配合的结果，是各级办公室人员胸怀全局、开拓进取、扎实工作、无私奉献的结果。在此，我诚挚地向关心、支持办公室工作的各级领导和各部门的同志们表示衷心的感谢！向辛勤工作在办公室工作岗位上的同志们表示崇高的敬意！

在肯定成绩的同时，我们也要看到当前办公室工作中仍然存在一些薄弱环节和不足，主要表现在：一是在新常态下，办公室工作还有很多地方不适应新形势的要求，特别是办公室的思想建设工作有待进一步加强；二是面对新常态、新形势，办公室工作人员的素质能力还存在一定差距；三是面对税制改革、依法治税、纳税服务的新要求，办公室履行职责的水平有待进一步提高。

二、牢牢把握新形势，主动适应新常态，切实担负起办公室的职责

当前，地税部门面临着全面深化改革、全面推进依法治税的艰巨任务，组织收入的压力非常大。办公室处于联系上下、沟通各方的枢纽部门，面对新形势、新任务、新要求，要转变观念、创新思路，努力提升工作水平，切实担负起责任，充分发挥职能作用，推进各项工作顺利开展，确保全年任务圆满完成。当前和今后一段时期，要重点抓好以下几个方面的工作。

（一）切实做好参谋决策和综合协调工作

一是要适度超前，发挥好参谋助手作用。一方面，要抓好政务调研工作。要围绕全局性、战略性问题，深入开展调查研究，形成有真知灼见的调研报告，为领导提供决策参考的意见建议。工作中要注重谋全局、抓重点，对“三基一化”建设、“学法守纪防风险”“一促二联一协调”等重点工作开展调查研究，为更好地推进相关工

作提供具有前瞻性、可操作的决策建议。在调查研究的过程中，要统筹安排调研计划，调动各方力量积极参与，并积极促进调研成果转化，充分发挥政务调研服务决策的重要作用。另一方面，要抓好政务信息工作。要不断提高政务信息质量，当好领导决策的“千里眼”“顺风耳”，进一步强化政务信息服务决策的作用。市局办公室在继续做好各类信息编报工作的同时，要重点办好《地税信息》《专报信息》两个刊物，不断提升办刊水平，将其打造成为全系统的精品刊物，充分发挥政务信息参政辅政的作用。各区县局办公室要更加重视政务信息工作，加大信息报送力度，持续提高信息质量，及时反馈各项工作任务落实情况，反映基层工作问题和建议，为市局决策提供第一手资料。

二是要把握全局，发挥好综合协调作用。在工作中不断研究协调艺术，改进协调方法，增强综合协调的主动性和时效性。协调同级部门坚持多通气、多商量、多换位思考，既坚持原则、秉公办事，又兼顾各方，妥善处理好各种关系。协调下级的工作坚持以诚待人、以理服人、以情动人，平等协商，努力解决税收工作中遇到的困难和问题。协调办公室内部工作，坚持多沟通、多协调，相互补台不拆台，相互帮忙不添乱，相互关心不护短，相互支持讲规范，发挥团结协作精神，把各方力量凝聚在一起，把各项工作组合在一起，形成工作合力。

三是要提高业务能力，进一步提升办文、办会、办事水平。在日常工作中，更加注重素材积累，努力提升工作站位，彰显大局意识，尽量做到“站得高些、看得广些、想得远些”，持续提高综合文稿写作效率和水平。进一步把好公文处理关，确保不出差错。要加强沟通联系，抓好重大会议、活动的组织协调，有序安排好领导的会议、调研等政务活动。充分发挥各级办公室在各种领导小组、联席会议中的牵头、协调作用，推动有关单位协同完成专项工作任务。要进一步提升办公室的办事能力，认真完成人大、政协议提案和各类交办事项的办理工作。

（二）认真做好“四个服务”

一是要服务好领导。当好领导的参谋助手、辅助政务是办公室的重要职责，也是根本任务。办公室要把更多时间和精力放到当好参谋助手、做好辅助决策上。今年税收形势十分严峻，各级办公室必须“身在兵位、心为帅谋”，增强服务决策的预见性，提出新思路、新建议，及时为各级领导谋划工作服好务。二是要服务好机关。各级办公室要成为领导之间、部门之间沟通交流的重要纽带，努力营造团结和谐、高效有序的工作氛围，提高服务机关的工作水平。要及时加强与上级的沟通协调，争取更多的帮助和支持，加强与业务部门的沟通联系，及时传达各级领导的工作意图，反映有关工作动态和社情民意。三是要服务好基层。办公室要牢固树立起服务基层的意识，切实为基层单位服好务。针对基层反映的业务部门多头布置工作、一些工作制度和要求缺乏可操作性等突出问题，及时向领导反馈，与业务部门加强沟通，为基层工作有序运行创造条件。四是要服务好纳税人。办公室要转变观念，牢固树立服务纳税人的理念，切实为纳税人服好务。严格按照信访工作的要求，认真做好来访群众的接待工作，并做好相关记录，切实维护纳税人的合法权益。

（三）进一步加强制度建设和规范化管理

一是要完善公文制度，规范公文处理。坚持

准确、及时、安全、高效的原则，完善公文流转制度，严把收文、登记、分送、传递、传阅、清退、归档等关口，使公文处理流程更加顺畅，操作程序更加简便。对于重要文件，必须通过纸质传递，并做好归档工作。二是要健全保密制度，严防泄密事故。要进一步完善保密工作机制，开展保密教育和培训，加强对涉密文件和涉密事项的清理检查，防止泄密事件的发生。三是要完善应急管理制度，规范应急事件处理流程。进一步完善税务部门防范自然灾害、处理重大事故、处置社会安全事件的制度措施，形成统一指挥、结构合理、反应灵敏、保障有力、运转高效的突发事件应急体系。四是要完善涉税信访制度，防范群体事件。通过建立领导牵头、研究分析、化解疏导、协调落实等工作机制妥善解决信访问题，把矛盾化解在基层，实现好、维护好群众的切身利益。要广泛征求纳税人的意见建议，妥善处理征纳纠纷，把问题解决在萌芽状态，防止群访、集访、缠访事件的发生。五是要严格执行节假日值班制度及领导干部外出报备制度。市局党组刚下发了《关于进一步加强领导干部外出请假管理的通知》，各级办公室要认真执行《通知》的要求，并参照制定完善本单位干部职工外出请假管理制度和领导值班制度。

（四）以督查督办促进工作落实

各级办公室要把督查工作摆到更加重要的位置，进一步加大督查力度，确保重要决策部署事事有着落、件件有结果。一是要健全督查机制。各级办公室要完善统筹协调、分级负责、协同配合、动态管理机制。对市局重要会议、文件和市局领导的重要讲话、批示，各单位要及时传达贯彻，并通过内网信息及时报送相关情况。二是要做好决策督查工作。各级办公室要围绕市局党组的思路，在决策督查上下功夫，充分发挥办公室催办、督办、查办的职能职责，重点督促检查“三基一化”建设、“学法守纪防风险”等重大决策的落实情况，及时发现典型、总结经验、查找差距、鞭策后进、提出建议。三是要抓好专项查办工作。办好领导批办事项，准确领会领导意图，及时开展专项督查并跟进督促，确保相关问题切实得到解决。四是要提高督查的震慑力。要加大督查结果运用力度，切实提高督查工作的威慑力。开展督查工作要勇于动真碰硬，该表扬的表扬，该通报的通报，该批评的批评，该问责的问责。

（五）扎实推进绩效考核

一方面，要继续深化组织绩效管理。各级办公室要紧密结合税收中心工作，找准绩效管理工作的着力点和关键点，进一步促进绩效管理与税收中心工作的深度融合。把绩效管理作为推动重点工作任务落实的重要手段，加大考评力度，深化考评结果运用，确保重点工作任务完成。认真总结组织绩效管理工作，全面推广好的经验，及时纠正工作偏差，确保绩效管理向纵深推进。另一方面，要全面推进个人绩效管理。今年要重点推进个人绩效管理工作，实现组织任务与个人责任的对接。各级办公室要通过建立健全岗位责任体系，完善个人绩效考评指标体系，增强考评的科学性、公正性和可比性，有效激发税务干部队伍活力动力。

（六）全面构建税收大宣传格局

一是要进一步提升对外宣传的影响力。继续深化与媒体平台的交流合作，打造一批税收宣传精品项目，全方位营造良好税收舆论氛围，提高全社会的税法遵从度。今年 4 月份是全国第 24 个税收宣传月，各级办公室要以“新常态、新税风”

为主题，全面展示地税部门推进“三基一化”建设、开展“学法守纪防风险”工作、推进“便民办税春风行动”的新亮点、新成效。二是要进一步提升对内宣传工作水平。围绕市局各项重大决策和部署，及时传达上级要求，推进工作任务落实。通过改版 AIS 行政内网，优化界面设计，将其打造成为全市地税系统内部宣传的重要阵地。三是要切实增强舆情管理能力。全系统要建立健全主要领导负总责、办公室牵头、各相关方面协调联动、共同应对的舆情管理机制。市局办公室要加强与宣传部、网信办、公安网监等管理部门的联系，争取各方面支持，建立重大涉税舆情联合处置机制；加强与腾讯大渝网、新浪重庆等在渝重点媒体的合作，建立话语联盟；要继续办好《网络参阅》等舆情刊物，为各级领导提供舆情参考；对区县局舆情应对实行督办与绩效考核，并适时通报舆情处置情况。各区县局办公室要建立健全涉税舆情快速处理机制，进一步提高舆情反应和处置能力，防止个别现象被社会舆论炒作，演变为重大突发事件。

三、全面加强办公室自身建设，打造一支高素质的办公室队伍

习近平总书记今年在视察中共中央办公厅时对工作人员提出了“五个坚持”的要求，即坚持绝对忠诚的政治品格，坚持高度自觉的大局意识，坚持极端负责的工作作风，坚持无怨无悔的奉献精神，坚持廉洁自律的道德操守。“五个坚持”内涵丰富、思想深刻，是对办公室优良传统的科学总结，概括了办公室干部最核心、最本质的精神特质。各级办公室要持续深入学习贯彻习总书记系列重要讲话和指示精神，切实把思想和行动都统一到中央要求和市委、市政府部署上来，正确把握新形势，主动适应新常态，全面加强自身建设，努力提升干部能力和水平，着力打造一支高素质、专业化的办公室干部队伍。

（一）牢记服务宗旨，增强荣誉感、责任感、成就感

服务是办公室工作的灵魂，做好服务工作，必须要增强光荣感、责任感和成就感。一是要增强荣誉感。办公室的职责就是参与政务，管理事务，做好服务，协调上下、联系左右，这说明办公室是地税工作的中心枢纽。在领导机关工作，受到的教育，学到的知识，增长的见识，比其他部门要多得多。因此，办公室工作人员，要增强工作的荣誉感，不断提高自己的工作水平。二是要增强责任感。办公室工作天天有事，没有小事，不能出事。办公室工作做好了，大事都是小事，做砸了，小事就是大事。接听电话、收发文件、编发信息、会场服务等工作看起来是小事，但件件都与地税工作正常运转紧密相关，一旦出现纰漏或闪失就可能影响全局工作。因此，办公室工作人员必须增强责任感，确保“零失误”。三是要增强成就感。尽管办公室工作没有台前的辉煌，只有幕后的艰辛，但是办公室同志的成就，充分体现在领导的决策中，体现在机关的高效运转中，体现在工作的落实中。办公室人员一定要有成就感，并将这种成就感转化为工作的动力。

（二）不断加强学习，着力提升“四种能力”

办公室人员的综合素质要高，业务能力要强，解决实际问题的方法要多，尤其要加强学习，着力提高“四种能力”。一是要提高文字写作能力。办公室工作人员的文字服务水平不但体现着办公室政务服务的质量，也直接关系到各级决策的权威性。文字写作能力是办公室人员的“看家本领”，

大家必须要通过学习加以提升。二是要提高口头表达能力。说话是一门艺术，常言道，“良言一句三冬暖，恶语半句六月寒”。语言是一个人素质和才能最直接、最现实的综合体现。我们提倡少说多干，并不等于光干不说或只会干不会说。良好的语言表达能力，不但是税收工作的需要，也是办公室工作人员应该具备的一项基本素质。因此，办公室的同志必须努力提高自己的口头语言表达能力。三是要提高税收业务能力。地税系统办公室工作面广，纷繁复杂，这就要求工作人员具有全面的素质，既做办公室的“杂家”和“通才”，又做税收工作的“专家”，不仅要精通办公室各项工作，还要结合自己的专业、特长和经常联系的业务工作，深入钻研和掌握税收专业技能，为更好地做好办公室工作奠定基础。四是要提高机智应变的能力。事物总是在不断运动、变化和发展的。办公室主要承担综合服务工作，这就要求办公室工作人员具有丰富的经验、较强的临场应变能力，在各种复杂的情况下都能果断抉择、迅速行动。

（三）持续转变作风，树立良好外部形象

作风就是形象，树立良好的办公室形象，必须努力做到三点。一是求真务实。办公室工作人员要紧紧围绕税收中心工作，以实事求是的作风，时时、处处、事事重实际、说实话、求实效。写汇报材料力求客观、真实、准确，不夸大其词，向领导反映情况要原原本本，不弄虚作假，总结经验不故意拔高，不讲大话、空话，提供信息实事求是，有喜报喜，有忧报忧。二是创先争优。办公室工作人员要树立敢争第一、要拿第一的信心和决心，向先进看齐，主动争先进，奋力创一流；要以一流的工作目标、一流的工作水平、一流的工作质量，创一流的工作成绩。三是无私奉献。服务就意味着奉献，办公室工作的规律就是没有规律，加班加点连轴转，既辛苦又清苦，不显山不露水。只有脚踏实地、无私奉献，才能胜任办公室工作。

（四）强化“六个意识”，提升工作水平

第一，要强化政治意识。要坚持正确的政治方向，对党绝对忠诚，对税收事业忠诚，努力做到安排部署工作把握政治方向，分析判断形势掌握政治动态，解决处理问题注意政治影响。要提高政治理论素养，把理论学习同税收实际工作结合起来，确保各项工作落实到位。要严守政治纪律，做到不听、不信、不传政治谣言，保持坚定的政治立场。第二，要强化大局意识。各级办公室要自觉地把工作放在税收现代化的总体部署中去思考、去研究、去把握。办公室工作人员要主动提升站位、拓宽视野、深入思考，努力做到从领导的高度来认识问题、分析问题、解决问题，紧跟领导工作思路，努力做到了解上情、掌握内情、吃透下情，为领导出谋划策、拾遗补漏。第三，要强化服务意识。各级办公室工作人员必须进一步强化服务意识，持续转变工作作风，紧紧围绕各级决策部署和当前税收中心工作，做好服务工作。对当前工作的重要情况和重大问题，积极主动地向领导反映，提出意见和建议；对当前工作部署，要认真抓好落实。第四，要强化责任意识。要时刻牢记自己是在什么岗位工作，是在干什么工作，担负着什么样的责任。同时，要加强制度建设，靠严格的制度来约束、规范行为，做到每个岗位、每个人员都有责任，出了问题有人管、有人负责。办公室岗位特殊，是干事创业、增长才干的宽广平台，办公室工作人员要更加珍惜岗

位，强化责任担当，努力做好各项工作。第五，要强化效率意识。要及时抓落实，对领导交办的事情，突出一个“快”字，抓紧布置落实，争取工作的主动；要有“到手即办、立即处理”的责任心和紧迫感，对急事急办、特事特办，确保办公室快节奏、高效率运转。第六，要强化廉政意识。办公室的工作十分辛苦，也比较清苦，但“风物长宜放眼量”，同志们要有淡泊明志、宁静致远的胸怀，不要追逐名利、贪财忘义，自觉抵制各种错误思潮和腐朽生活方式的侵蚀，做党性坚强、遵纪守法、廉洁从税的表率。

同志们，办公室工作虽然清苦、繁杂，但关系全局，地位重要。办公室工作人员使命光荣、任重道远，希望同志们把握新形势、适应新常态，努力工作，锐意创新，开拓进取，为全面提升重庆地税工作水平做出新的贡献。

第三篇　全市地税工作

综　述

2015年，全市地税系统全面落实市委、市政府和国家税务总局工作部署，围绕推进税收现代化建设要求，紧紧抓住“三基一化”工作主线，全面履行税收职能，扎实推进各项工作，实现“十二五”时期全市地税工作圆满收官。

组织收入与税源结构

【组织收入】　2015年，全市地税系统税费收入首次突破2000亿大关，达到2142.6亿元，同比增长12.8%。其中：税收收入实现1293.3亿元，同比增长12.2%，增速位列全国第4位，高于全国平均增速5.3个百分点。社保费收入实现782.6亿元，同比增长14.3%，综合征缴率达到98.7%。从税收总量上看，规模逐年迅速扩张。2015年税收规模是1995年的近60倍，“十二五”期间税收规模是“十一五”期间的3倍，是“十五”期间的11倍，是“九五”期间的27倍，税收规模实现跨越式增长。

【税种税收结构】　营业税逆势稳定增长，税收占比继续下降，全年入库468.8亿元，同比增长5.6%，税收占比36.2%；受首次推行个人所得税汇算清缴、强化年收入12万元高收入者管理和金融业个人待遇大幅提高等因素影响，个人所得税增长较快，全年个人所得税入库125.9亿元，超越企业所得税成为第3大税种；由于产能过剩和生产要素成本上升等因素影响，企业所得税入库122.2亿元，同比增长4%，增幅较上年下滑13.4个百分点；全系统通过规范土增税清算程序、提升清算水平，开展储备土地的专项清查，强化土地契税管理，全年财产行为税入库576.3亿元，同比增长19.2%，税收占比44.6%，其中城镇土地使用税入库121.3亿元，同比增长91.5%，规模排全国第10，增幅排全国第1，成为重庆地税第5个超过100亿元的税种。

【行业税收结构】　制造业全年入库税收106.6亿元，同比增长2.4%，增幅较上年下降17.6百分点；受益于固定资产投资增速平稳增长，建筑安装业税收企稳向好，全年入库税收213.4亿元，同比增长22.3%；金融业入库税收194.5亿元，同比增长28.3%，税收占比14.8%，其中货币金融服务税收同比增长16.9%，资本市场服务税收同比增长182.6%；房地产业入库税收415.7亿元，税收占比32.2%，占比较上年下降5.3个百分点，相对房地产市场整体低迷的大环境，房地产业税收总体好于预期；租赁和商务服务业税收全年入库税收102.8亿元，同比增长50.7%，居民服务和其他服务业税收全年入库86.4亿元，同比增长31.3%，增幅较上年提高23.4个百分点，服务业成为税收增长的新动力。

【各征收单位税收收入情况】　2015年，全市41个征收单位全部实现正增长，其中，6个单位增幅超过20%，重点税源局同比增长30.1%为最高增幅。主城区域，税收规模两江新区、江北区、渝中区位列三甲，位次与上年保持一致；两江新区和巴南区增幅列重点税源局之后，分别为 17.6% 和 13.8%。

【五大功能区税收收入情况】 都市功能核心区重在结构调整和功能优化，税收全年入库 400.9 亿元，税收占比 31%，同比增长 8%，现代服务业占比提升，调整成效初步显现；都市功能拓展区集中体现中心城市经济辐射力和服务影响力，作为全市综合枢纽、先进制造业聚集区和新增人口宜居区，税收全年入库 430.2 亿元，税收占比 33.3%，同比增长 14.6%，规模和增幅均居全市首位；城市发展新区作为全市未来工业化、城镇化的主战场，集聚新增产业和人口的重要区域，产生资源聚集效应，税收全年入库 292 亿元，税收占比 22.6%，同比增长 13%，税收贡献稳步提升；渝东北生态涵养区和渝东南生态保护区强调生态效益，注重发展特色的绿色产业，全年税收分别入库 121.9 和 48.5 亿元，分别同比增长 14.8% 和 6.9%。

业务工作

【组织领导】 面对经济性减收和政策性减收的多重压力，全市地税系统层层分解责任、传导压力，建立并认真落实“一促三联一协调”工作机制，市局班子成员全面加强对基层单位的工作指导和督查，强化与重点纳税人的沟通联系，积极争取地方党委政府对地税工作的支持，为组织收入工作营造良好环境。加强对组织收入的协调，根据市政府安排的税收收入预期目标和各区县税源情况，分级次、税种、季度和关键月份分期分批下达税收调整任务，并实行组织收入任务分片包干“责任制”，由市局领导联系包干区县局，区县局领导联系包干税务所，督促各级各单位严格落实市局“责任到人、任务到户”“以旬保月、以月保季、以季保年”的组织收入工作要求，确保了任务的圆满完成。

【重点税源管理】 加强大企业和重点税源管理，推行大企业全流程税收风险管控，对占税收收入 75% 的 8964 户重点税源实施规范的名录管理，重庆地税局重点税源监控工作在总局的评比中列全国地税系统第 1 名。开展 6 大重点领域税收风险扫描及应对工作，共识别涉税风险疑点 5.1 万个，评估入库税收 29.4 亿元，其中市局推送风险应对任务 2.5 万户次，入库税收 11.2 亿元。开展对主体税种和重点行业的专项税收清理工作，对 6.5 万户企业进行企业所得税汇算清缴，补缴税款 25.3 亿元；开展房地产、建筑安装和金融业营业税清理、国有投资公司土地使用税清理入库达到 200 亿元，依托审计线索，加大对问题企业和单位的征管力度，组织收入 16 亿元。

【收入质量评价】 充分发挥绩效管理在目标导向、过程管理、节点控制等方面的作用，市局对 41 个征收单位全面开展“收入质量评价”工作，运用税收大数据，对“计划完成情况、税收管控力度、堵漏增收效果、基础管理水平、税收增长协调性、税源发展质量”六方面的 31 项指标进行分析评价，有力地指导基层精准挖潜、有效促收。

【综合治税】 积极争取财政、审计、国土房管、人力社保、法院、公安边防等机构的支持，在国有资产投资公司和政府财政资金投资项目的税收征管、房屋土地过户交易、财产抵押拍卖、欠税追缴等领域开展深度合作，形成综合治税合力。其中，公安边防实施阻止出境、法院强制执行等措施，有力保障了欠税追缴工作的顺利开展，全年共入库欠税 28.2 亿元。配合审计部门开展税收预算执行情况审计，积极整改，入库税款 14.9 亿元。同时，系统内加强上下联动、处室配合，形成组织收入合力，特别是通过厘清征管和稽查的责任边界等措施，加强征管和稽查的协调配合，通过查管互动持续规范税收秩序。全市地税稽查系统共直接检查和督促企业自查5790户，稽查户数同比增长47%，稽查查补收入达到25亿元，同比增长21%。稽查选案准确率达94.6%、入库率达98.1%，查处偷税案件93件，同比增长1倍。

【落实税收优惠政策】　重庆地税局全面落实“保增长、调结构、惠民生”各项减税降费政策，扶持各类市场主体发展，助推内陆开放高地建设。认真落实西部大开发、促进小微企业发展、特殊人群就业等税收优惠政策，全年减免税收158.7亿元。严格执行小微企业税收优惠政策，全市21万户小微企业（含个体户）享受营业税优惠超10亿元；5496户小型微利企业享受企业所得税优惠3482万元，实际受惠面达到99.9%，有力支持“大众创业、万众创新”。调整社保费缴费政策，减收社会保险费61亿元，为经济社会发展提供可持续动力，为税收收入涵养增长后劲。

【纳税服务】　坚持寓服务于管理之中，从纳税人的实际需求出发，丰富服务内容，创新服务举措。围绕提速、增效、减负的总要求，继续深入开展“便民办税春风行动”，进一步减轻纳税人负担。推进办税服务厅、12366纳税服务热线、纳税人学校等服务平台建设，满足纳税人便捷咨询、高效办税的需求。围绕“纳税人满意度提升年”主线，组织开展2015年度全市纳税人满意度调查，平均分比2014年度市级调查结果提高6.13分，在全国纳税人满意度调查中排名第11位，较2014年提升12个位次。加强重庆市国税局、地税局联动合作，采用互设窗口、互派人员、共建办税大厅、共同进驻政务大厅等方式，整合办税服务资源，降低纳税人的办税成本。全市共建国地税办税服务大厅5个，互设办税窗口2个，共同进驻政府行政审批大厅15个。该项工作得到国家税务总局局长王军，市委常委、常务副市长翁杰明，副市长刘伟等领导的肯定和批示。

【“互联网＋税务”】　结合重庆实际制定全市地税系统“互联网＋税务”工作实施方案，对13项重点行动内容进行规划，得到总局充分肯定。探索推进互联网＋办税服务，统筹开展电子税务局建设，在九家单位成功上线试运行。坚持自然人与法人并重的管理原则，首次面向纳税人推广CA认证服务。2015年，占试点局70%以上税源的企业通过电子税务局办理业务，入库各项税费23亿元。积极推进互联网＋数据运用，初步建成集“采集、展示、统计、分析、流程控制”于一体的数据分析应用平台，为一线征管、风险管理、领导决策等提供全方位的数据支撑。强化行为数据分析，不断优化完善各项查询功能，

▲2015年9月23日，重庆市地税局组织召开“互联网+税务”行动试点工作会。

大数据工作平台使用效率得到全面提升。目前，平台活跃用户 4687 个，约占全系统职工总数的 80%，累计使用达 630 万人次，日均使用 2.73 万人次。

【"三基一化"建设】 按照推进"三基一化"建设的统一部署，市局出台了进一步夯实征管基础、提高征管质效的指导意见和深入推进基层征管改革工作指导意见，全面贯彻落实总局税收征管规范和纳税服务规范，对前后台业务进行细化；扎实开展"三证合一、一照一码"登记制度改革工作，加强与工商、国税业务工作深度融合，累计有 11.9 万户企业申领统一社会信用代码的营业执照；推行"电子征管档案"，规范税收征管资料管理，有效地提高了基层工作效率。进一步提升基本技能，出台全系统教育培训和"岗位大练兵 业务大比武"实施意见，加强领导干部培训和税务干部业务培训，全系统有 2100 名干部参加注册税务师、注册会计师、硕（博）士研究生等职称和学历教育。进一步规范内部管理，出台关于进一步加强机关内部管理的若干要求，对文件质量、会议数量、工作纪律等进行严格规范。开展办公用房、津补贴、"赞助费"、基本建设项目"四项清理"工作，对超标准办公用房进行了腾退，对财务违规行为进行整治。严格加强"三公经费"管理，全系统"三公"支出进一步下降。克服时间紧、矛盾多等困难，完成公车改革任务。

队伍建设

【"三严三实"专题教育】 按照中央、市委和总局党组的要求，围绕巩固党的群众路线教育实践活动成果，进一步加强系统党的建设，特别是"三严三实"专题教育工作，有力促进各级领导班子建设。坚持立根固本，围绕对党忠诚、个人干净、敢于担当、真抓实干四个专题开展学习研讨，突出正反两方面教育，强化思想引领；坚持从严从实，以市委第七巡视组进驻巡视为契机，把巡视反馈问题的整改与各级班子不严不实问题整改结合起来，严格纪律、强化措施、示范推进，全年整改不严不实问题 42 个；坚持学用结合，专题教育与业务工作两促进，把解决班子建设、队伍建设、依法治税、征管改革、纳税服务等领域中的突出问题作为检验"三严三实"专题教育成果的试金石，市局就进一步加强区县局、直属单位领导班子建设出台具体工作意见，着力营造风清气正、真抓实干、奋发有为的政治生态。

【落实"两个责任"】 市局党组将 2015 年确定为落实"两个责任"主题年，通过制定和细化责任清单、严格落实述责述廉责任制度等方式，强化主要负责人、领导班子成员的党风廉政建设"一岗双责"意识。各级党组定期研究部署党风廉政建设工作，纪检组严格落实监督责任，认真落实监督执纪问责。开展"学法守纪防风险"工作，通过五个专题学习、四大主题活动、五项重点培训，将学法律、守纪律、讲规矩、防风险贯穿全年工作始终，全系统排查并整改执法、廉政风险问题 2134 个。开展"六清一查"专项行动，全系统认真清理了税收减免缓欠税、优惠政策执行、税收清结算、纳税评估、个体定税、稽查案件查处、涉税鉴证等环节的廉政风险和执法风险。组织 11 个工作组，重点对区县局涉税中介进行全面清查，出台《重庆市地方税务局税务人员及离退休人员参与涉税中介服务"十二严禁"》，进一步规范基层执法行为。加强巡视工作，一方面自觉配合市委巡视组开展工作，认真整改巡视中发现的问题；另一方面改进方法，完成 19 个区县局和直属单位的巡视，有力促进班子建设。加大督查内审力度，全力推进交叉执法检查，全

▲ 2015年7月28日，全市地税系统落实党风廉政建设“两个责任”推进会议召开。

年共有 39 个区县局开展交叉执法检查，整改突出问题 2312 个，涉及税款 3.9 亿元，及时化解内部的有关风险。

【文明创建】　2015 年，重庆市地方税务局机关连续第四届成功创建全国文明单位，系统内 12 个单位分别获得“全国文明单位”“全国模范职工之家”和“全国青年文明号”等省部级以上荣誉称号，并涌现出一大批先进个人。在全国税务系统绩效考评中，重庆地税局名列前茅，连续两年获得优秀等次。

（撰稿人：王　烺）

税收业务工作

税收法治

【概述】　2015 年，重庆地税按照十八届四中全会建设法治政府和《法治政府建设实施纲要（2015—2020 年）》的要求，紧紧围绕税收中心工作，落实税收法定原则，税收法治现代化水平不断提升。

【综合税政】　研究出台《关于进一步服务和支持大众创业万众创新政策措施的实施意见》（渝地税发〔2015〕171 号），积极构建有利于大众创业、万众创新蓬勃发展的政策环境、制度环境和服务体系。

会同市国税局编辑《小微企业税收宣传手册》40万册，免费送给每一户小微企业。利用纳税人学校开展创业、创新专题培训750余次，培训人数逾2万人，提升税法宣传实效。深入开展政策落实效应分析，分别向重庆市委、国家税务总局报送了3篇小微企业政策分析报告。把落实“大众创业，万众创新”税收优惠政策落实情况列入了“一号督查”事项。抽调了30名干部，6名大学实习生，组成了10个督查组，一个电话调查组，对全市40个区县局小微企业政策宣传、政策落实、纳税服务、台账管理、基础信息、征管软件、资料归集等七个方面24项指标，进行了全面督查，及时解决存在问题，确保优惠政策执行到位。小微企业、创业就业税收政策的专项督察、电话回访的经验做法被总局通报表扬。

2015年全年，我市享受暂免征收营业税政策的小微企业有21万户，共计暂免征收营业税超10亿元，政策履盖面100%。享受小型微利企业所得税优惠的5496户，减免税额3482万元，实际受惠面达到99.9 %，有效促进了小微企业的快速发展。

【税收基础制度建设】 国家税务总局《关于全面推进依法治税的指导意见》（税总发〔2015〕32号）下发后，重庆地税局结合工作实际，印发了《关于深入推进依法治税的意见》（渝地税发〔2015〕47号），明确了全市地税系统深入推进依法行治税的指导思想、基本原则、主要目标、具体措施以及保障机制。积极贯彻税务总局《关于坚持依法治税更好服务经济发展的意见》（税总发〔2015〕63号），对涉及的重点任务予以责任分解，确保提出各项具体要求落实到位，不断提升全市地税系统税收工作法治化水平，增强税收服务地方经济社会发展的能力。

▲ 2015年8月27日—28日，国家税务总局第六督查组对重庆市地税局“大众创业、万众创新”相关税收优惠政策的落实进行督查，并给予充分肯定。

【税收执法权规范】　立足制度规范、审核会签、备查备案、定期清理四个环节，狠抓规范性文件制定管理工作。按照国务院清理规范税收等优惠政策的要求，采用“一级清一级、上级验收下级”的方式，对地方出台的税收优惠政策进行了详细清理，共清理违规税收优惠政策37件，并按照国务院、税务总局“把握节奏、确保稳妥的原则”会同市财政局对我市违规出台的税收优惠政策，依法进行处理。参与重大税收政策文件的研究制定15件，审查会签涉税文件15件，确保了税收规范性文件的合法性。按照《重庆市人大常委会对市人民政府规范性文件备案审查工作评议方案》的要求，集中开展了规范性文件备案审查工作，共清理1997年至2014年重庆地税自发税收规范性文件407件，其中，继续有效文件140件，拟废止267件。认真开展税收执法权力清理工作，最终确定重庆地税执法权力分为8大类计114项。即行政征收22项，行政许可7项，行政处罚55项，行政检查8项，行政强制6项，行政奖励1项，行政扶持7项，其他权力8项。

【税收执法监督】　按照总局重大税务案件的相关规定，经过充分的调研，制定了《重庆市地方税务局重大税务案件审理办法》（渝地税公告〔2015〕4号）。办法兼顾了重庆地税一级稽查模式的需要，修订完善了审理工作流程，明确了市区两级审委会案件审理的标准，统一了审理案件的执行主体，规范了全市地税系统的重大税务案件的审理工作。把案卷评查工作作为提升执法水平的一个重要突破口，2015年抽查执法案卷90卷，评出优秀案卷65卷、合格案卷22卷，不合格案卷3卷。对出现问题的单位、问题案卷名称直接点名，有效地防范了税收执法风险，促进了税收执法水平的提高。2015年，参加重庆市政府组织的市级部门案卷评查考评工作，获得第一名的好成绩。审查了“行政执法程序条例、促进商贸流通、促进企业科技创新”等政府相关部门涉税文件80余件，提出政策建议200余条，98%被相关部门采纳。

【税收法治宣传】　深入开展“送税法进机关、进乡镇、进社区、进学校、进企业、进单位”的“税法六进”活动。局领导多次做客重庆电视台、《重庆日报》和华龙网等新闻媒体，主动宣传税收政策，营造税收服务地方经济发展的良好舆论氛围。2015年全国人大内务司法委员会来重庆调研，重庆地税被重庆市委普法办推选为“六五”普法工作经验交流单位，向全国人大汇报税收宣传工作。开展“学法守纪防风险”活动，编印《地税干部法律手册》，内容包括宪法、行政法、经济法以及相关的税收法律法规等40余部。

【行政复议、应诉】　2015年行政复议、诉讼案件增长较快，全市地税系统共发生行政复议案件7件，市地税局直接办理行政复议案件2件，维持1件，撤销1件。行政诉讼案件7件，当事人撤回诉讼请求2件，人民法院中止审查1件、判决维持2件，撤销2件。从复议、诉讼结果看，复议撤销率、诉讼败诉率比重增大，税收执法风险凸现。

【税收科研】　与西南政法大学合作，参与国家社科基金课题《财税体制改革法治化建构研究》写作，承担子课题《地方税法治体系重构研究》的写作任务。申报的《落实长江经济带战略的税收对策研究》《从税收视角看重庆经济发展方式转变》两个课题获得重庆市决策咨询与管理创新计划项目立项。《从税收视角看重庆经济发展方式转变》阶段性课题成果已经入选重庆社会科学院、重庆市人民政府发展研究中心主办并公开出版的大型系列年刊——《重庆蓝皮书》2016

年综合卷。撰写上报的《重庆市文化产业税收政策效应分析专题报告》和《关于促进科技创新税收政策执行情况的报告》等4篇反馈专题报告，为国家税务总局完善有关税收政策，提供了第一手资料。

【《重庆地税》编辑】 对《重庆地税》优化布局、整合栏目、改版升级，全年共出版发行6期，收到投稿300余篇，刊用180余篇。改版后的《重庆地税》，质量明显提升，影响力大为增强，成为展示重庆地税形象的良好平台和有效载体，得到总局、市新闻出版部门和广大读者的好评。《重庆地税》报道的《离"自然国心"最近的税务所》被《中国税务报》官方网站、微博，《中国税网》刊登，并获得《中国税务报》图片新闻三等奖。2015年《重庆地税》被市新闻出版管理部门评为优秀内部刊物，受到市文化委的表彰。

（撰稿人：胡果林）

流转税管理

【概述】 2015年，各级地税机关按照市局党组的要求，贯彻落实全年工作思路，以组织收入为中心，全面深入开展对房地产、建筑、金融等重点行业和"两个100"重点项目的营业税清理，最大限度确保营业税应收尽收，圆满地完成了收入任务；集中精力部署，贯彻落实各项税收优惠政策，积极开展税政调研，为全市税收各项工作目标的顺利完成做出了积极的贡献。

【营业税征收】 2015年，全年共入库营业税468.8亿元，同比增长5.6%，增收24.8亿元。一是大力组织开展营业税专项清理。认真部署组织开展对全市房地产、建筑业和金融业等行业和"两个100"重点项目的营业税专项清理。制订工作方案，及时组织召开动员会议，明确清理重点、清理方法和清理时限。深入到南岸、江北、渝北等10余个区县局指导清理工作，进行政策培训，分头跟进并及时解决区县局在清理过程中遇到的各类疑难点问题，并将清理工作纳入区县局年度绩效考核，实行分档计分，督促区县局在清理中不留死角，及时追缴未能入库的税款。全市共清理企业30205户，移送稽查152户，查补营业税20.33亿元，入库12.88亿元；清理欠税2.64亿元，入库6945万元；"两个100"重点项目清理营业税1.15亿元，入库8230万元。合计清理入库营业税13.57亿元（其中两江新区入库1亿多元），为营业税持续增长发挥了重要作用。二是加强重点行业"营改增"税负分析。密切关注国家"营改增"动态，积极开展"营改增"税负变化调研，认真分析"营改增"对重点行业的影响。组织全市11家从事房地产开发和建筑施工的代表性企业进行"营改增"座谈，充分倾听企业对"营改增"的涉税诉求和意见建议，深入了解"营改增"对企业经营发展的长远影响。撰写了《重点行业"营改增"的税负影响及建议》，重点分析测算了销售不动产、建筑业、金融业和生活服务业"营改增"后的税负变化，指出了改革中可能遇到的难点和焦点问题，并为顺利推进改革提出4点建议，该文得到市政府采用，并上报国务院办公厅。三是提高对互联网+新兴商业模式的营业税征管水平。深入开展房地产电商销售模式调研，摸清房地产企业、中介公司和电商之间的商业合作形式及价款结算方式，形成营业税征管意见，促进营业税收入增长。四是加强对大中型企业转让股票业务的征管指导。重点调研了重啤集团、远达环保集团、渝富集团、太极集团、重钢集团等大中型企业转让股票的情况，指导基层依法合理计算应缴营业税金，并督促组织营业税入库事宜。

【税政管理】 一是贯彻落实小微企业营业税优惠政策。以案例讨论形式对全市税政科长开展了疑难点培训；并对全系统新招录的200多名地税干部进行了集中培训。定期向国家税务总局报送小微企业减免税数据和情况报告。2015年8月，按市局统一部署，在全系统开展小微企业营业税优惠政策落实情况督察，深入调查了解优惠政策贯彻落实情况和存在的问题，督促整改落实。今年地税局小微企业税收优惠政策落实情况受到国家税务总局督察组的肯定。全年共有20.93万户纳税人充分享受了小微企业营业税优惠政策，共计免征营业税10.77亿元。其中，享受优惠政策的小微企业共10.55万户，免征营业税3.77亿元；享受优惠政策的个体工商户共10.38万户，免征营业税7亿元。二是强化促进残疾人就业优惠政策执行管理。2015年6月，按照国家税务总局工作部署，组织开展了全市促进残疾人就业营业税优惠政策执行情况自查，通过自查减免税工作流程，复核减免税办理资料，实地核查纳税人信息等，进一步提高了干部职工法治意识、规范了减免办理流程、完善了档案资料，并向国家税务总局提出详细的书面汇报。三是强化营业税减免税管理。组织了营业税减免税明细申报视频培训。深入江北局和南岸局调研减免税申报情况，对全市20个区县局开展营业税减免税抽查，发现6大类问题，提出3条改进建议。依据国家税务总局《税收减免管理办法》，对金税三期系统模块程序提出修改意见，提出修订现行减免税规程、建立减免税档案等建议。优化减免税管理措施，着重对一年期以上返还性人身保险产品和中小企业信用担保企业的营业税减免备案管理流程进行了规范和细化。四是强化政府投资公司营业税的管理。完成了对200余家市级和区县级政府投资公司营业税征管情况的调查摸底，掌握了各政府投资公司经营规模、财政补贴情况、营业税纳税情况等信息。明确政府投资公司的

▲ 2015年2月3日，重庆市地税局召开全市地税系统税政管理工作会议，安排部署2015年税政工作任务。

营业税政策。把政府投资公司纳入全市营业税专项清理评估的范围。五是强化对营业税金融业的管理。明确了委托贷款行为中的纳税义务人，完善具体的征管措施。结合上半年股票市场交易活跃的现象，及时明确了企业在二级市场上转让原始股、债转股等股票的计税方式。

【政策调研】　做好营业税课题研究。深入企业调查研究，完成了市局重点课题《消费税征管制度建设前瞻性研究》。与两江新区局合作撰写了《限售股转让营业税征管探讨》。通过调研，撰写了《全市金融业营业税收入分析及征管建议》。全方位、多形式调研小微企业营业税优惠政策执行情况及效果，向国家税务总局上报“提高营业税免征额、明确小微企业资格认定标准、建立小微企业的退出管理制度”等3条建议。结合享受安置残疾人企业享受营业税减免较少的现状，向国家税务总局提出“适当简化税制，降低标准”“扩大政策适用范围”“调整减免类型”3条建议。结合全市国家大学科技园、科技企业孵化器无一家享受营业税优惠政策的现状，提出“降低政策门槛，简化优惠条件”的建议。积极研究新型土地一级开发PPP融资模式涉税政策，积极参与市政府平台公司即将实施的PPP项目的前期讨论，在项目施工环节、付息环节、股权转让环节提出合理化税收建议。开展了消费税和车辆购置税税制学习研究，做好地税部门可能承接两个新税种的征管准备。

（撰稿人：胡　蕾）

所得税管理

【企业所得税概述】　2015年，各级地税机关按照市局党组统一部署，全系统上下深入贯彻全国所得税工作会和市局税务工作会精神，以组织收入为中心，深入开展政策调研，不断完善征管措施，扎实抓好政策落实，较好地完成了所得税各项工作任务。

【企业所得税收入】　各级地税机关抓住所得税预缴率、汇缴率关键指标，充分发挥其指标牵引作用，促进申报管理，强化组织收入工作。根据全市经济运行状况、房地产市场变化等情况，抓好税源总量、结构、分布等精细化分析，定期对收入进行动态分析管理。对所得税重点税源管理户实施跟踪管理，对建筑业、房地产、金融业及制造业等4个大类行业进行动态分析，开展收入比对分析，实施汇算质量督查和风险管理，夯实所得税税基。加强所得税缓欠税管理，对以前年度欠税加大催收力度，防止税款由缓变欠、由欠变坏。在经济下行压力下，2015年企业所得税收入仍然保持正增长，全市共实现企业所得税122.2亿元，同比增长3.96%，促进全市地方税收持续稳定增长。

【企业所得税重点工作】　一是全面做好小型微利企业所得税优惠政策贯彻落实工作，通过报纸、电视、网站、微博、微信等媒体，持续开展政策宣传，创新实施“白名单”制度，加强信息系统协调开发，优化网络申报功能，对小型微利企业由系统自动识别、标准判定、协助算税。充分运用绩效考核等手段，调动干部职工落实政策的积极性，增强落实政策的执行力。二是深入推进企业所得税风险管理，发布房地产开发、建筑安装企业所得税预警指标体系及部分预警值，以“企业所得税实际税负率”为核心指标，“营业收入成本率”“主营业务收入成本率”“营业收入税金率”“营业收入销售费用率”“营业收入管理费用率”“营业收入财务费用率”六项税收、财务辅助指标，指导基层利用风险分析工具，对纳税人年度申报的相关信息进行扫描、分析和识别。三是运用企业所得税行业预警指标值，对2014年度汇算清缴企业年度申报质量进行深入的分析、督查。组织各基层单位依托金税三期征管系统做好政策性搬迁、不征税收入、跨年度结转扣除、亏损弥补等后续管理工作，进一步完善所得税跨年度事项管理台账。

▲ 2015年4月24日，重庆市地税局举办企业重组税收问题专题讲座。

【企业所得税管理】

一是认真落实企业所得税政策，将小型微利企业、固定资产加速折旧、研发费用加计扣除、非货币性资产投资等税收优惠作为重点工作抓好落实。各级地税机关加大优惠政策后续管理力度，组织开展减免税专项检查，采取查资料、看报表、听取纳税人意见等方式核实优惠政策落实情况。全市地税机关管辖的68439户小型微利企业，其中盈利企业9422户，享受小型微利企业所得税优惠的9404户，实际受惠面为99.99%，减免税额6142.59万元，户均减免税额0.65万元，有力地支持了小型微利企业的发展。西部大开发减免税突破36亿，高新技术、残疾人加计扣除、节能减排等优惠政策都得到不折不扣的落实，重庆企业所得税税负继续处于全国较低水平。二是以推广使用企业所得税新年度申报表为契机，加强企业所得税申报数据质量管理，对企业所得税实行分类管理，将重点税源企业作为申报数据审核重点，对小微企业简化申报资料，加强不同渠道来源数据的比对分析，夯实数据基础。三是结合行政审批制度改革，严格执行所得税行政审批权力清单，创新优惠政策服务方式，落实小微企业、加速折旧等所得税优惠事项的以申报代备案，预缴期间落实小型微利、西部大开发等优惠，减少企业负担，促进企业增强经济活力。四是组织房地产开发企业所得税管理、企业重组、股权转让所得税管理、企业所得税年度申报专题业务培训，提高基层税务人员企业所得税业务技能和管理能力。

【企业所得税支持地方经济发展】　围绕全市“五大功能区域”发展战略，贯彻执行企业所得税政策，努力实现所得税政策效应最大化。参与重庆市高新技术企业、非营利组织、企业技术中心的认定审核工作，全市各级地税机关做好相关优惠政策的贯彻落实。积极参与自主创新、中小企业发展、节能减排、国有企业重组等工作，研究解决企业所得税问题，做好决策参谋。

【个人所得税概述】　2015年，各级地税机关按照市局党组统一部署，以组织收入为中心，以明细申报为基础，以高收入者为重点，狠抓个人所得税汇算清缴及自行申报，推进个人所得税精细化管理，抓好政策落实，个人所得税管理水平大幅提高。

【个人所得税收入】 2015年，全市各级地税机关上下共同努力，抓住工资薪金、财产转让、股息红利等增收关键项目，在经济下行压力下，2015年个人所得税收入仍然高速增长，全市共实现个人所得税125.90亿元，同比增长16.47%，增收17.8亿元。其中，工资薪金所得项目实现85.1亿，占个人所得税收入的67.6%。

【个人所得税重点工作】 一是在金三征管系统中建立高收入监控体系，充分发挥大数据优势，打破部门之间的数据藩篱，强化自然人所得税管理。二是加强个人所得税汇算清缴管理，首次将个人所得税汇算清缴率纳入绩效考核，个人所得税汇算清缴更加规范。汇算清缴的个体工商户、个人独资合伙企业突破1万户，涉及投资者13925人。三是建立非货币性资产投资个人所得税电子台账，将分期缴纳各环节纳入管理台账，加强监控管理，及时提醒纳税人按进度缴纳税款，全年入库自然人股东非货币性资产投资评估增值个人所得税2300余万元。四是认真落实个体工商户计税办法，积极采取措施对实行查账征收的个体户开展纳税申报辅导，着重帮助纳税人解决账务核算不规范、账务处理与税法规定差异处理等问题，全市个体工商户生产经营所得、承包承租经营所得实现个人所得税14.3亿元，同比增长8.2%。五是开展教育培训机构、医院（医疗）机构、中介机构等行业个人所得税专项清理工作，173户补缴个人所得税182.49万元，移交稽查7户。

【个人所得税高收入者管理】 顺应税制改革的趋势，不断强化直接税管理，各级地税机关做好代扣代缴系统推广工作，夯实个人所得税管理基础。全市明细申报户数达到30万户，明细申报率达到84%，名列西部第一，覆盖自然人突破660万。以高收入者和非劳动所得为管理重点，充分发挥税收调节分配职能作用，12万元以上个人所得税自行申报人数达19万，较上年增加2.98万人，补缴税款7164.3万元。

（撰稿人：胡显著）

财产行为税管理

【概述】 2015年，全市地税系统认真贯彻落实全市地方税务工作会议和全国财产行为税工作会议精神，以“强管理、防风险、抓落实”为核心，大力组织财产行为税收入，狠抓各项工作措施落实，财产行为税工作取得了新成效。2015年，财产行为税“十税两费”实现收入634.8亿元，同比增长18.2%，增收97.8亿元，再创历史新高。其中“十税”实现收入576.3亿元，同比增长19.2%，增收93亿元，财产行为税占全市地税收入的比重达44.6%，比2014年提高2.6个百分点。

【税种管理】 土地增值税管理。牢牢把握土地增值税“预征”和“清算”两个关键环节，做好普通住房土地增值税预征率下调后的跟踪管理，严格实行分类预征。在做实项目清查、档案管理、清算监控等关键环节基础工作的同时，推出规范清算程序、严格中介鉴证管理、组建清算小组实施专业化审核等新举措，全面提升清算管理水平。2015年全市共有1200个在建项目纳入项目基础管理档案，508个项目列入清算，其中389个项目全面完成清算，全年共组织土地增值税收入94.3亿元，其中清算补税合计超过15亿元。

房产税、城镇土地使用税和耕地占用税管理。深化“三税”清查工作，在市政府的主导支持及财政、国土等部门的协作配合下，重点开展对国有投资公司和储备土地的专项税收调查和清理，将市级国有投资公司全面纳入税收征管，清理查补“三税”50亿元，充分挖掘了收入潜力。以信息管税和风险管理理念为指引，创新土地使用税管理方式，与国土部门协作有序推进“以地控税”试点工作。新开发的“以地控税”软件在大足区试点运行，接收国土部门传递的房屋、土地登记信息共计约4万条，通过信息比对和实地核查等工作，查补房产税1250万元，土地使用税1360万元，取得了阶段性成果，为下一步“以地控税、以税节地”工作扩面打下了坚实的基础。加强耕地占用税源泉管理，针对市审计局对我市耕地占用税审计发现的问题和线索，从市国土局获取近三年61万亩农用地转用审批信息，认真开展税源信息和征收数据的比对核查工作，全面夯实耕地占用税税源管理基础。2015年房产税、城镇土地使用税和耕地占用税“三税”的税收收入达222.6亿元，占财产行为税税收收入的38.1%，同比增长56.8%。其中土地使用税成为继契税之后第二个过百亿税种，达到121.3亿元，同比增长91.5%，增幅居各税种之首，收入规模从2014年的全国第10位上升到全国第5位，仅次于山东、江苏、广东和安徽，超过北京、天津和上海三个直辖市的总和，增幅排全国第1位。房产税实现税收收入52.5亿元，同比增长30%。耕地占用税实现税收收入48.8亿元，同比增长27.5%。

契税管理。在土地确定成交环节即跟进土地契税税源管理，进一步利用国土部门土地出让信息开展税源信息比对，强化出让土地的契税管理。强化房屋交易契税管理，对房地产企业代收增量房契税与土地增值税预征和营业税征收同步管控，严格按期申报和规范代收税款核算，防止税款积压。2015年在房屋土地交易量下滑和全国契税收入负增长情况下，全市共组织入库契税收入134.5亿元，同比增长4.3%，有效发挥了财产行为税第一税种稳定收入的关键作用。

车船税管理。加强与保监、保协等部门的沟通协调，完成设备采购、网络联通、车船税税源数据库清理、子系统与车险平台联调测试、政策和业务培训等工作，于2015年12月正式切换上线运行车船税管理子系统，极大提升了车船税信息化管理水平。全年共入库车船税税收收入10亿元，同比增长20.4%。

其他税种管理。平稳推进煤炭资源税改革，加强天然气、石灰石等重要矿产品的资源税管理，全年共组织资源税税收收入11.8亿元，同比增长21.2%。进一步加强印花税核定征收管理，统一核定征收率，2015年全市入库印花税20.7亿元，与2014年基本持平。加强与烟草部门沟通，掌握烟叶种植、采摘、收购等情况，强化烟叶税征管，全年入库烟叶税3.8亿元，同比增长18.1%。

附加税费管理。认真开展城市维护建设税、教育费附加和地方教育附加的“三税”比对工作，大力堵塞征管漏洞。2015年，入库城市维护建设税78.7亿元，同比增长6.1%，入库教育费附加35.3亿元，同比增长8.8%，入库地方教育附加23.1亿元，同比增长9.4%。

【存量房交易税收管理】　针对近年存量房交易税收管理中存在的廉政和执法风险问题，积极采取多项措施完善管控机制、加强风险管控。一是规范岗位设置，要求征收岗位配备足额正式干部，关键岗位人员分设，初审、复核工作由正式干部把关；二是严格资料审核，减免税审核必须提供相关证明资料原件，重点核查资料的真实性、规范性和完整性，对涉及房管的证明资料向房管部门比对核实后再予办理减免税手续；三是加强部门协作，畅通与房管部门的信息即时传递渠道，税务窗口主动向房管部门提供契税证明开具情况明细，定期做好契税证明开具与房产证发放情况的比对；四是强化监督管理，要求区县局建立台账，做好资料管理的归档，建立定期检查制度，组织税政、征管、法规、监察等部门，对存量房交易税收管理情况进行抽查，检查安排每季度不得少于一次。五是针对存量房交易“阴阳合同”问题，持续深化存量房交易价格评估工作，全市上线评估存量住房 18.8 万套，评估调增税收 10.6 亿元，调增面达 79.9%，征收营业税、个人所得税、契税等各项税收共计 39.5 亿元。建立商业用房评估基准价体系，并在长寿区、万州区、大足区开展评估试点工作，增加税收 600 万元，评估工作初显成效。

【风险管理】 按照国家税务总局关于风险管理的要求，结合财产行为税征管实际和第三方数据的应用情况，筛选梳理出税种管理和减免税后续管理的 25 项指标作为财产行为税风险管理上线指标纳入全局风险管理系统，初步构建了财产行为税风险管理指标体系，并通过风险管理系统应用发挥风险管控和强化征管的作用。按照“六清一查”工作要求，对土地增值税近三年清算情况进行全面自查，规范中介机构鉴证管理，大力防范执法风险。针对督查、巡视中发现的耕地占用税、契税管理和减免税管理不够规范的问题，分别开展了耕地占用税、契税专项抽查和税收减免管理专项抽查，对 8 个区县局的耕地占用税、契税管理工作和 20 个区县局近三年的减免税管理情况进行了抽查。对抽查发现的问题，除责令相关单位进行整改外，从制度设计、流程管理、风险管控等多个层面认真分析了问题的根源，针对性地提出了强化财产行为税税种管理和减免税管理的措施，完善了财产行为税风险管控的机制。年末会同市国土局对近三年存量房办件资料、减免税审核、“先税后证”控管情况等进行专项检查，防范执法风险，推动制度落实。

▲ 2015年8月7日，重庆市地税局召开全市财产行为税半年工作会议。

【税制改革】　一是个人住房房产税改革试点工作有序推进。在当前经济下行、社会关注度、敏感度高的特殊环境下，注意工作方式方法，处理好社会影响和完成任务的关系，密切关注纳税人的反应和舆情动态，为纳税人提供优质、便捷、高效的服务，满足纳税人的合理诉求，积极稳妥推进试点征收工作。2015 年征收应税住房 9419 套，征收税款 9593 万元。二是煤炭资源税改革平稳落实。按照国务院清费立税、总体不增加煤炭企业负担的要求，在充分调研和广泛征求意见基础上，确定了我市煤炭资源税税率为 3%，洗选煤折算率为 60% ~ 75%，并及时完善了相关改革配套措施。改革的收入红利效应已初步显现，2015 年全市煤炭资源税收入实现 1.4 亿元，同比增长 85.7%。煤炭资源税改革的平稳有序推进，得到翁杰明常务副市长等市领导的充分肯定，市局被选为资源税管理先进单位，在全国财产行为税工作会上作了经验交流发言。

【政策研究】　为保证税收政策的公平合理性、缓解征纳矛盾、降低执法风险，在向财政部、国家税务总局积极反映政策问题的同时，坚持税收法治理念，按照公平、合理的原则，创新政策研究模式，在现行税收政策框架下对争议较多的土地增值税、契税、印花税、房产税、土地使用税等政策深入调研，广泛听取基层税务机关和纳税人的意见，组建专家团队数十次研究论证，对土地增值税扣除项目认定、储备土地征税认定等政策进行明确、细化，与市财政局联合下发了《土地增值税等财产行为税政策执行问题处理意见》（渝财税〔2015〕93 号）等文件，统一和规范全市政策执行口径，既有利于指导基层执法，又有利于维护纳税人的合法权益，同时为组织收入奠定了基础，受到了基层和纳税人的一致好评。

【服务发展】　一是简政放权，落实好惠民政策。落实国务院行政审批制度改革，将房产税、土地使用税和资源税困难减免税审批权限下放至区（县）级税务机关，减少行政审批项目，提高审批时效。积极推进“便民办税春风行动”，按照全国统一纳税服务和征管规范要求，精简申报备案资料，提高企业办税效率。深入金科地产、城投公司、渝富公司、港口集团等大型企业调研，了解企业税收诉求，做好政策解释和服务，协助处理相关税收问题，积极支持企业发展。全面落实企业改制重组土地增值税、契税减免、节约能源、新能源车船税减免、物流企业仓储设施土地使用税减免、房产税、土地使用税困难减免等税收优惠政策，跟踪督查税收优惠政策落实情况，减免契税等财产行为税近 30 亿元，充分发挥了税收“调结构、惠民生、促发展”的职能作用，有力地支持了企业和地方经济的发展。

二是积极建言献策，服务好发展大局。认真总结个人住房房产税 4 年来征收工作经验，向全国人大和国家税务总局提出意见和建议，研究探索对欠税自然人的征管办法和拒缴处罚措施；向财政部和国家税务总局上报土地增值税、契税、土地使用税等政策执行中存在的问题和系列建议，完成了耕地占用税立法、烟叶税改革、非金属矿资源税改革、完善地方税体系研究等多篇调研报告，积极参与全国城镇土地使用税管理指引编写，为全国税收政策完善、税收制度设计做出积极贡献；围绕促进大众创业万众创新、长江经济带建设、稳定重庆房地产市场健康发展等主题，协助相关部门开展税收优惠政策调研，积极向财政部、国家税务总局及市政府建言献策。2015 年累计报送改革调研、政策建议等材料 40 余篇，充分发挥了财产行为税服务经济发展的职能。

三是加强业务指导，为基层服好务。充分利用全市税政 QQ 群、微信群等在线交流平台，提高财产行为税政策讨论和研究的及时性和参与性。深入基层一线开展税收政策调研，定期归集整理基层单位提出的税政问题，并及时研究明确。全面开展干部税收业务培训，今年以房地产税收和土地增值税政策为重点，一方面对全市税政和稽查骨干进行集中培训，另一方面走进合川、稽查四局等基层单位进行土地增值税专项培训，大力提升了干部的税政业务水平。

（撰稿人：黄　伟）

国际税收管理

【概述】　2015 年，按照国家税务总局打造国际税收升级版的要求，全市地税系统围绕“基础管理、税收分析、风险管理”三个主题，加强调研，完善制度，狠抓落实，主动服务全局中心工作，全年组织涉外税收入库 105 亿元，占全局税收总收入的 9%。

【外籍个人税收管理】　借鉴先进地区的经验，将加强外籍人员管理作为夯实国际税收基础管理的重点，开展外籍人员明细申报推广工作，要求全市所有涉外企业的外籍个人必须进行全员全额明细申报。全市共有 2797 户独立纳税的涉外企业实现外籍人员的明细申报，推广面达到 100%；共登记在渝就业的外籍人员 4500 余人，其中外国人 1036 人，港澳台地区人员 3547 人。实际申报 6.5 万人次，入库个人所得税 4.1 亿元。

▲ 2015年12月9日，重庆市地税局在重庆工商大学举行国际税收业务培训。

【反避税、情报交换】　转变工作思路，将反避税、情报交换等国际税收工作方法运用到地税日常征管中，围绕收入中心，充分发挥国际税收工作职能，加大工作力度，防范税收风险。在反避税工作方面，结合国家税务总局要求和地税税源结构特点，在内资房地产行业进行关联交易调查，重点对利用关联企业通过不合理转让定价减少企业所得税、土地增值税税基的行为进行调整。同时，在情报交换工作中打破传统观念，渝中区地税局、重点税源局大胆尝试，将情报交换的对象从外籍人员扩大到中国税收居民，取得重大突破；南岸地税局通过对新西兰税收机关情报请求的分析和调查，查实某移民境外的原中国公民具有中国税收居民身份，补税超过 1000 万元，该案被国家税务总局收入全国案例汇编。

【服务“走出去”】　转变工作理念，从单纯强调管理调整为服务优先、服务与管理并重；围绕“一带一路”建设开展一系列宣传辅导工作，并邀请市外经委和知名中介机构，联合展开政策宣讲会，介绍国家的产业政策和海外投资的税收管理经验，70余户重庆“走出去”企业的财务负责人参加培训。针对企业的需求，编印《重庆企业海外投资税收风险管理指南》，为企业提供政策指导；编写《中国居民境外收入个人所得税管理指南》，指导全系统准确解解和执行政策，主动应对个人境外收入来源快速增长的新形势。

【拓展外部信息渠道】　采取多种形式，取得相关部门的理解和支持。其中，通过与外经委的协调，双方初步建立定期信息交流机制，税务部门首次取得重庆海外投资企业和项目的详细目录，为管理提供第一手信息；首次从部分商业银行取得企业跨境支付的信息，并从中了解到某企业的境外股东通过上交所转让股权的重要情况，及时辅导企业，准确执行税收协定，入库营业税、企业所得税共计2500万元。

【税收分析调研】　将服务全市外向型经济作为重要工作内容，通过分析税收和经济数据，为全市的对外开放工作发挥参谋作用。撰写的《全市涉外企业发展现状的税收分析报告》得到市领导的批示，《重庆地税国际税收综合分析》一文被国家税务总局评选为优秀文章，并下发全国税务系统学习参考。

【专业队伍建设】　将队伍建设放在至关重要的位置，市局领导亲自带领部分区县局领导和科长前往先进地区学习交流，启发思路，开阔视野。保持国际税收人才队伍的相对稳定，坚持集中培训和以会代训方式相结合，市局和区县局培训互动。在师资方面，通过引入高校专家和知名中介机构，提升培训的质量，使全市地税国际税收队伍的整体素质得到提升。

（撰稿人：刘　云）

大企业税收管理

【概述】　2015年，全市地税系统认真贯彻落实国家税务总局大企业税收管理工作部署和年初地方税收工作会精神，紧紧围绕重点工作目标，加强调研指导，推进工作落实，大企业税收管理取得一定成效。

【定点联系企业服务与管理】　一是召开部分在渝央企和重点税源企业税企座谈会，帮助大企业建立内部风险防控机制，不断提高纳税遵从度，进一步提升个性化纳税服务。二是依托大企业税收风险管理信息平台，建立了邮政通信、保险、建筑、机械制造业等四个行业的风险特征库。三是联合重庆市国税局召开中国兵器装备集团公司等5户国家税务总局定点联系企业2015年税收风险管理工作税企见面会，联合制定了税收风险管理工作总体方案，联合组织开展全流程和分事项税收风险管理。

【案头审计工作】　一是依托金税三期系统、税务审计软件和大企业税收管理信息平台等系统，开展五项分析对比工作，确定重点案头审计重点，将有限的优势征管资源用于风险最大的事项和环节上。二是对5户中央在重庆集团企业及成员企业开展案头审计，共发现涉税风险点447个，涉及税额4.3亿元，进一步发挥了大企业税收风险管理的堵漏增收作用。

【专项审计工作】　一是抽调22名优秀人才组建税务审计团队，推动全市税收风险管理和大企业税务审计工作。二是对5户中央在重庆集团企业的80户在渝成员企业开展全流程税收风险管理工作，涉及应补地方各税2.9亿元。三是建立日常管理现场审计和审计结果后续应用制度。通过全流程和分事项的大企业税务审计，

▲ 2015年3月13日，重庆市地税局召开部分重点企业座谈会。市工行、市农行、城投集团、旅投集团、高速集团、轨道交通集团、国开行、龙湖地产等央企、重点税源企业共计26家企业集团负责人参加会议。

各地进一步掌握了企业集团及其所处行业生产经营特点、行业适用税收政策的执行情况和税收风险点，建立大企业税收分析预警指标库，构建税收风险规则和分行业的评估指标模型。建立了较为完整的行业风险特征库及风险识别应对体系，对各地开展行业性的日常征管发挥了指引作用。

【重点税源管理】 印发《关于加强集团企业和重点税源管理工作的通知》，加强对占税收收入 75% 的 8000 户重点税源户监管；确定具有行业代表性、经营规模和纳税额较大的 52 户企业集团作为市局直接监管的首批大型集团企业。适应重庆经济发展区域性实际特殊情况，充分发挥市局风控管理的作用，加强对各地重点税源管理的工作指引。

（撰稿人：王　瑜）

社会保险费征收

【概述】 2015 年，全市地税系统深入贯彻年初全市地方税务工作会议精神，按照税费并举的要求，采取有力措施加强社保费征收，各项工作取得新的进展。

【组织收入】 2015 年，全市累计征收社会保险费 782.35 亿元，同比增长 14.27%，增加收入 97.70 亿元，综合征缴率达到 98.77%，为全局税费总收入突破 2000 亿元做出了积极贡献。其中：养老保险费 510.43 亿元，同比增长 13.44%，征缴率为 98.60%；失业保险费 25.87 亿元，同比下降 0.45%，征缴率为 98.72%；医疗保险费 220.27 亿元，同比增长 20.15%，征缴率为 99.28%；生育保险费征收 7.69 亿元，同比下降6.85%，征缴率为98.87%；工伤保险费征收17.17亿元，同比增长5.58%，征缴率为97.38%；离休干部医药费统筹费征收0.91亿元，同比增长5%。此外，代征“四项规费”8亿元，同比增长1.73%，其中残疾人就业保障金3.18亿元，工会经费3.95亿元，大中型水库库区基金0.69亿元，城市生活垃圾处置费0.19亿元。

【规范管理】　2015年，重庆地税重点从加强制度建设，推进依法征缴方面入手，促进社保费征管质效不断提升。一是规范灵活就业人员社保费征收管理。目前已实现个人身份基本养老保险费明细数据的批量导入，并且可根据导入的信息开具完费证明；同时，规范代征银行的入库期限，将申报属性为委托代征的社保费限缴期限调整到所属期当月底，促进了灵活就业人员养老保险征收方式的规范化管理。二是规范社保费非正常户另档管理。为进一步规范社保费征缴计划管理，提高征缴效率，预防和解决社保费欠费问题，确保参保单位及职工合法权益，与市人社局、市财政局共同出台了《关于进一步加强我市社会保险费征缴管理有关工作的通知》，对符合破产、撤销、解散、连续三个月未缴纳社保费、查无下落等条件的参保单位，人力社保部门暂停其社保费征缴计划，对其实行另档管理，地税部门将其作为社保费非正常户管理。三是强化制度建设。首先，按季通报社保费征缴情况。不断加大对征缴率、TIPS系统应用指标考核力度，促使各区县局深入查找征管工作的薄弱环节和风险点；将社保费逾期“已锁定”数据纳入日常监控，清理出逾期“已锁定”数据42980笔，金额1.56亿元，并从2015年第三季度开始，将各单位逾期已锁定数据清理情况纳入通报范围。其次，畅通外部协调机制。努力争取到了机关事业单位养老保险的征收权；与市人社局就非正常户另档管理及计划传递问题进行了多次沟通，现已达成一致意见；与市财政局、市政管理委员会、人民银行重庆营管部就通过财税库银横向联网系统（TIPS）代征城市生活垃圾处置费达成共识；与市财政局、市残联协调，共同研究了全市残保金管理办法；与市总工会、市残联协调，解决了两江新区局工会经费、残保金征缴入库问题。再次，密切内部合作机制。在社保费征缴政策宣传、执法文书、票证管理、信息化管理、缴费管理和服务等方面，市局各处室进行密切合作，适时将委托代征手续费提取流程纳入金税三期系统，全面提升社保费征管水平。四是强化风险管理意识。针对《社会保险法》实施以来，随着社保费参保

▲ 重庆市地税局召开社保费征管业务培训

面的扩大和职工参保、维权意识高涨，因社保费欠费引起的行政强制、行政复议案件逐年增多，基层面临的征管风险更加突出的实际，一方面为了加强社保欠费追缴工作，切实保护职工权益，降低基层执法风险，2015 年 8 月起，我市试点运行了社保欠费电子提醒系统，9 月起已覆盖全市所有区县。该系统运行 3 个月来，累计发送短信 92043 条，发送成功 56101 条。目前，各区县局通过完善基础信息登记，推动短信发送质量不断提升，短信发送成功率从最初的 27% 逐步提高到现在的 62%，取得了良好的社会反响，对于欠费催缴入库起到了积极的作用。2015 年以来，累计追缴欠费 4.81 亿元。另一方面加大社保费行政强制案件的调研工作力度，起草了《关于社会保险费申请人民法院强制执行的方案（讨论稿）》，并已提交社保部门讨论；积极应对信访、投诉、行政复议、行政诉讼等各类案件，不断推进依法征缴，防范突发事件的发生。

【优化服务】 2015 年，全市地税系统以“纳税人满意度提升年”为主线，持续不断地通过规范便捷的缴费服务和合法畅通的权益保护，提升服务质量，拓展缴费服务的深度和广度，同时加大了对基层服务的力度。一是服务发展成效明显。上报市政府社保费征管工作报告，得到了翁杰明常务副市长和刘伟副市长的肯定性批示。积极贯彻落实部分企业社保费缴费政策调整工作，采取降低“三险”费率，降低缴费工资基数等办法，切实支持我市小微企业、困难企业、困难行业渡过难关，全年为企业减负 61 亿元。二是网上办费实行全覆盖。经与市财政局、人民银行重庆营管部、市政管理委员会多次研究和测试，成功实现了将城市生活垃圾处置费征缴纳入 TIPS 系统。至此，全市地税系统负责征缴的社保费及代征规费已全部实现通过 TIPS 系统缴费。三是优化金税三期社保费应用。通过深入调研，了解基层需求，及时整理并提交各项需求建议 7 条，如：控制 TIPS 系统每次发起扣款业务笔数、修改基金规费认定部分功能等，明显促进了金税三期社保费数据应用的优化。四是加强服务基层工作。主动搜集、整理各区县局发生的行政案件，总结经验教训，切实为基层服务；积极配合、协调信息中心、软件公司对九龙坡区局、南岸区局进行系统数据迁移；征求各区县局对社保费基金收入测算的意见和建议，科学编制征缴计划；牵头组织社保费课题调研，完成了《重庆市社会保险费征管机制优化建议》课题研究；通过购买并下发《社会保险法解读》等书籍、社保费政策宣传、金税三期系统应用培训等多种方式，不断提升社保费征管工作水平。

（撰稿人：戴　俊）

税收规划核算

【概述】 全市地税系统累计组织各项收入 2142.7 亿元，首次突破 2000 亿元关口，同比增长 12.8%。其中：税收收入 1293.3 亿元，同比增长 12.2%；社会保险费收入 782.6 亿元，同比增长 14.3%。税收总量在全国排第 17 位，与上年持平。税收增幅在全国排第 4 位，较上年提升 3 位。

【组织收入】 一是贯彻落实国家税务总局“客观定、科学分、合理调、准确考”的要求，初步建立新型税收收入体系。利用多种方法分析税源，客观确定目标。摸索创建“1221”模式，科学分解任务。参考财政预算及调整目标，根据经济税源变化、政策、征管及政府需求等因素变化合理动态调整目标。丰富完善考核体系，立促实现末端准确数据考核倒逼一线征管提质。二是建立并落实“一促三联一协调”工作机制，“一促”

即促进以组织收入为重点的各项任务落实；“三联”即联系基层重点税务所、联系重点纳税人、联系纳税人集中的开发区；“一协调”即主动加强与区县党委政府的协调，积极争取党委政府对地税工作的支持。三是采取各种措施组织税收。协调市国资委掌握国有企业股票交易情况，及时组织税款入库，仅渝资光电减持股票入库企业所得税4亿元。协调市财政局明确市级重点税源实行名录管理，将104户市级重点税源企业统一由市地税局重点税源局负责征管，把握组织收入主动权。推动全市开展欠缴税金清理，共入库欠税29亿元；推动“3个100”（100个重点工程项目、100个房地产建筑项目、100户金融保险企业）营业税清理，清缴营业税40亿元；依托审计线索，加大对问题企业和单位的征管力度，组织收入16亿元。

【收入质量评价】　2015年初步构建了以“计划完成情况、税收管控力度、堵漏增收效果、基础管理水平、税收增长协调性、税源发展质量”6大类32个指标为主体的税收收入质量评价体系，特别是创新建立反映“主观努力程度”和“堵漏增收效果”的13个可量化可监控指标，着重反映税务机关组织收入的措施及效果，实现数据的多层级汇总，满足宏观评价与微观分析的多层次需求。2015年第三季度对全市41个征收单位开展收入质量评价，帮助各基层局更好地分析、比较和评价本局收入现状，查找征收薄弱环节和潜在风险点，做到组织收入时“领导有抓手、处室有协同、基层有触动、收规有底气”。

【税收分析】　一是明确分析定位。针对组织收入工作中遇到的新情况新问题，2015年明确分析定位为“侧重于为组织收入与改革发展服务”。二是分析量质提升。围绕定位，通过深化数据加工、实地调研，挖掘有价值信息，以求透过分析映射重庆经济脉动，2015年向各级领导报送专题税收分析21篇。其中，市领导签批13

▲2015年8月4日，重庆市地税局党组成员、总会计师郑钢（正前排右四）带队深入企业调研税源发展状况。

篇，国家税务总局转发 3 篇，部分建议意见得到了市领导的认可和采纳。另外，《税收为重庆经济发展出具“体检表”》被《中国税务报》刊发，《金融业营改增影响实证分析》被评为群众性科研课题优秀成果。三是加强培训交流。2015 年举办大规模分析培训会 1 次，请到了国家税务总局收规司和市统计局有关领导专题授课，培训人员 118 人次，收到较好反馈，获得国家税务总局高度评价。平时以课题组形式集中各区县优秀分析人才，举办分片区税收分析交流会 6 次，组织专家对 2014 年度的税收分析报告进行了评审，设立嘉奖，通报表扬，鼓励人才多练多写专项税收分析。

【税源监控】 一是监控维度全面提升。2015 年全市全口径监控各类重点税源企业 3971 户，监控税收占比达 75% 以上。税源监控由单一的独立企业监控向独立企业、企业集团、国有投资公司多维的监控体系转变，行业税源监控得到发展。重点工程项目采取“项目法人 + 建设单位”的双控模式，监控项目 312 个（占比达到 73%）。形成了指标完善、覆盖全面的监控体系。二是税收分析纵深突破。充分挖掘行业税源监控数据，开展专题分析，撰写了《重庆市建筑业企业所得税风险分析》等多篇行业税收监控分析，为征管工作指明方向，为领导决策提供支持。三是监控促收效应显现。通过对监控企业财务、税收类指标进行比对分析和风险点筛查，形成风险企业名单，2015 年累计推送风险企业 886 户，涉及风险点 1272 个，经核查涉及补税 131 户，移交评估或稽查 91 户，实现补税额 1.18 亿元；单独针对中国石化西南油气田公司的资源税专项风险核查实现补税 3000 万元。在 2014 年全国重点税源监控工作评比中重庆地税局总分居于地税系统第一名，得到国家税务总局通报表扬。

【税收会计、统计、票证】 一是数据日常工作获得通报表扬。会统报表核算，税收调查，减免税调查三项工作均得到国家税务总局通报表扬。在税收调查工作中，与重庆市国税局创新的“五个统一”工作经验得到财政部、国家税务总局通报表扬并在全国推广，1 名干部因税收调查工作突出收到财政部和国家税务总局的感谢信。二是率先编制规范流程。为提高核算数据质量。在全国系统率先编制《重庆地税收入规划核算 1.0》，全书共计 23 万字，525 张软件截图，74 张表证单书，涵盖 8 大类 55 小类业务 287 项具体业务，完整还原核算业务体系架构。通过明确职责，规范流程，有效减少源头差错，减少和防范税收资金风险。三是强化会计监督与票证检查。加强内控管理，进一步规范细化税收征收、解缴、欠税、退库工作制度，2015 年发布《重庆市地方税务局缴库退库实施办法》《重庆市地方税务局关于进一步加强税收票证管理的通知》等文件规范流程与管理。在全市范围内布置开展了以票款安全为重点的检查工作，通过自查与交叉检查方式加强对税款资金流动关键环节的监督检查，及时发现问题，消除隐患。四是建立数据查错纠错部门配合机制，每月对会统数据审核发现的问题，通过提交《鉴定错误通知单》《申报、征收错误通知单》《更正通知书》《综合征管软件问题提交单》，分别书面通知管理部门、征收部门、国库、运维部门核实更正。一年来全市会统核算人员累计差错纠错数据数千条，提交中软及神码公司修正数据逾千条。五是推行减免税精细化核算。通过多种方式宣传、实地辅导、落实初审复审等方式规范申报内容，通过数据比对定期将减免税核算异常数据明细信息推送至区县局核实，查找原因并及时处理，构建“前台办结、后台监管”的减免税管理模式，推进、规范了减免税精细核算工作。2015年全市共减免税收158.93亿元，步入减免税精细核算正轨。

【信息化建设】　一是健全金税三期大数据平台，复制国家税务总局清分库数据，成功开发了由10大业务域，5个功能区构成的金税三期大数据工作平台，累计共配置查询书993个，满足区县局日常查询。二是建立处室数据资源平台，将实时媒体新闻信息、会统数据、重点税源数据、税收调查数据等信息进行整合，实现资源共享。

（撰稿人：张淑婧）

税收征管

【概述】　2015年，按照市地税局“夯基础、提质效、防风险、增收入”的工作要求，全面贯彻落实年初工作部署，夯实税收征管基础取得新成效，加强税收风险管理取得新进展，推进税收征管改革实现新突破。

【夯实税收征管基础】　2015年，不断夯实征管基础工作，取得了提质增效减负的明显效果。一是扎实开展“三证合一”登记制度改革工作，加强与工商、国税工作深度融合，做到不增加纳税人负担，确保了改革工作稳步推进，累计颁发统一社会信用代码的企业营业执照12万户。二是认真落实总局《税收征管规范》1.0版，开展税收征管规范1.0与纳税服务规范、金税三期系统和重庆地税现行征管规程的差异化分析，进一步规范征管流程和征管资料；按照依申请、依职权、办理时限的分类标准，对涉及地税系统470项征管业务进行了前、后台业务的职责划分，征管力量得到有效释放；按照分类指导原则，明确工作职责、工作任务和实施步骤，强化了责任落实，各地执行政策规范化和办理业务标准化进一步提升。三是取消“印制有本单位名称发票审批”事项，及时修订《代开发票管理办法》《电子发票管理办法（实行）》等发票管理制度文件，在中国人寿保险公司推行电子发票，全面推广使用网络发票，用户突破14万户。四是全面推行TIPS电子缴税业务，比例达99%以上。五是推行“电子征管档案”，规范税收征管资料管理，实现“一户式”展示。六是进一步加强减免欠税管理，认真贯彻落实欠税管理相关规定，开展阻止出境55人次，全年累计清欠33.46亿元。七是加强长江经济带税收管理与服务工作，开展川渝湘鄂黔滇的多边合作，建设川渝合作示范区。八是集中开展涉税中介清理检查工作，初步建立了预防强制代理和指定代理的

▲ 2015年9月21日，重庆市地税局组织召开“三证合一”登记制度改革工作推进会。

长效机制，通过内部防控和外部监督，促进了涉税鉴证业务市场的健康发展。

【加强税收风险管理】 一是认真做好市局风险管理领导小组办公室工作，全面上线、完善风险管理平台，完成指标元建设7000余个，开发风险分析模型60余个。二是制定《6大重点税收风险领域专项清查工作指引》，指导区县局通过深化税收风险管理找准税收漏洞、高风险领域和环节，向管理要税收，向存量要增量，防范税收流失，防范执法风险和廉政风险，不断提升税收治理能力。三是加强金融业委托贷款业务、财行税税源登记、纳税申报比对、双定户管理、国地税主附税比对等方面的税收风险管理，识别涉税风险疑点5.1万户次，全市风险控制通过风控平台评估入库税收29.43亿元，其中市局推送风险应对任务2.45万户次，入库税收11.2亿元，充分发挥了信息管税支撑作用。

【推进税收征管改革】 按照顶层设计与基层探索、面上统筹与点上突破、总结经验与持续改进相结合的原则，制定了《进一步夯实征管基础 提高征管质效的指导意见》和《深入推进基层征管改革工作指导意见》，持续指导区县局在调整机构、配置资源、转变职能、优化结构、提高效能等方面大胆探索创新和协同推进，逐步实现纳税人发起事项前移，管户向管事、个人管税向团队信息管税的转变。

（撰稿人：夏 禹）

税务稽查

【概述】 2015年，重庆市地税局稽查部门以重大税收违法案件查处和重点税源企业轮查抽查为重点，以分类分级稽查为着力点，坚持依法治税、创新工作思路，努力推进税务稽查现代化建设，充分发挥税务稽查职能作用，为全面完成各项工作任务，做出新的贡献。

【稽查工作目标】 2015年，全市地税系统稽查部门明确了“两通过、两实现、七个不低于”的总体工作目标，即通过完善和健全稽查工作体制机制，实现稽查工作质量和效能进一步提高，稽查部门以查促收、以查促管、以查促廉、以查促改综合效应进一步显现；通过有力打击和有效遏制税收不法行为，实现税收流失和执法风险进一步降低，纳税人税法遵从度进一步提升。全系统主要稽查执法指标力争实现：稽查收入占税收收入的比重原则上不低于1.6%，立案查补收入在上一年基础上增长不低于9%，人均立案检查数不低于2.5件，稽查案件处罚率不低于8%，处罚面不低于50%，稽查案件结案率和入库率不低于94%，查处一批有影响力的重大税收违法案件。

【稽查查补收入及分析】 全市地税稽查部门共直接检查和督促企业自查5790户，共计查补收入24.99亿元，同比增长21%，创历史新高，占同期税收比重达到2%。主要特点：一是重点行业和重点税种查补收入占比突出。房地产行业查补收入11亿元，建筑安装业查补收入3亿元，租赁和商业服务业查补收入3.2亿元。查补营业税4.6亿元，土地增值税4.4亿元，企业所得税4.2亿元，契税3.2亿元，土地使用税2.3亿元。二是稽查执法总体质量和水平进一步提升。稽查选案准确率达94.6%，入库率达98.1%。查处偷税案件数量93件，同比增长1倍，查补偷税金额4164万元，同比增长6倍。累计加收滞纳金2.46亿元，同比增长1倍。处罚款金额6583万元，同比增长70%，处罚率达到10.7%，同比增长近3个百分点。

【稽查体制机制改革】 省级一级稽查体

制执法优势进一步显现，5个跨区稽查局共直接检查和督促企业自查3638户，占稽查总户数的63%，同比增长1.2倍，查补收入达到16.96亿元，占全系统稽查收入的比例达到68%，同比增长22%，5个跨区稽查局人均查补764万元，是全系统平均水平的1.8倍。

【案件查处情况】 2015年，全市地税稽查部门共立案查处各类税收违法案件1205件，查补收入7.43亿元，同比增长37%。累计查处100万元以上的案件94件，同比增长27%，查处千万元以上的案件10件，同比增长25%。集中查处了以重庆南丁医院偷税案（偷税金额4637万元，罚款金额2319万元）、重庆中康物业发展有限公司偷税案（偷税金额433万元、罚款金额216万元）等为代表的一批有影响力的大要案件。

【重点税源企业轮查】 2015年，根据税制改革的需要，锁定建筑、房地产和金融等重点行业，纳税规模排名靠前的重点企业，“两个100”重点开发和建设项目以及非银行金融机构、科研机构、大专院校、医疗机构等征管薄弱环节，筛选出4205户重点企业，按照“自查+重点抽查”的工作模式，全面开展重点轮查。通过集中动员、上门辅导、提纲指引、疑点提醒等方式扩大稽查工作覆盖面，最大限度发挥稽查执法抓收入的“乘数效应”。企业自查查补收入近8亿元。在此基础上，对570户高风险企业开展了重点抽查，抽查查补收入达到1.2亿元。通过重点税源轮查，既提升了大企业税法遵从度，挽回了巨额的税收流失，确保了执法公平，又较好地提升了稽查站位，降低了执法风险。

【总局重点税源企业集团检查】 根据总局要求，联合重庆市国税局稽查部门共同部署开展了26户重点税源企业集团在渝机构税收检查工作。2015年10月联合重庆市国税局稽查部门召开了由在渝二级企业分管领导和财务负责人参加的动员部署会，统一发布自查提纲，集中开展政策宣讲。各稽查局积极采取有效措施，在明确责任的基础上，通过稽查人员上门辅导、电话讲解、微信、QQ等多种形式帮助企业开展税收自查，企业自查查补收入550余万元。

【打击发票违法犯罪活动】 以发票买方市场整治为切入点，联合重庆市国税局稽查部门部署开展了对建筑安装、石油石化、商业批发与零售、餐饮娱乐、营利性教育培训和中介服务等重点行业的发票使用情况检查工作，共检查和协查企业3341户，查处违法受票企业946户，涉及非法发票份数30373份，涉及金额4.83亿元，查补收入1.42亿元（其中罚款699.66万元）。没收违法所得7.39万元，协助公安机关捣毁窝点5个，打掉团伙9个，缴获作案机器199台，抓获犯罪嫌疑人92人，治理发票违法短信0.5万余条，进行各类发票宣传1570次，有力遏制了发票违法犯罪活动势头。

【“6·15”打击发票违法犯罪专项行动】 根据市公安部门“1·09”案有关线索，循线追击，在全市范围内部署开展了“6·15”打击发票违法犯罪税收专项行动，历时近5个月，对20个区县98户企业开展了延伸检查，涉及问题发票982份，涉及金额1.17亿元。成功阻止了2500余万元问题发票入账，调增应纳税所得额4200万元，查补税款726.79万元，加收滞纳金49.9万元，罚款67.03万元，有力遏制了辖区内发票违法活动势头。

【涉税违法案件举报】 2015年，全市地税系统各级举报中心牢固树立窗口服务意识，努力克服人少事多的压力，优化12366纳税服务热线举报案件受理流程，进一步提升了举报案件受

▲ 2015年7月28日，重庆市地税局召开稽查片区会。

理质量和效率，全年累计转办举报案件 124 件，查结举报案件 107 件，查补收入 1951 万元，其中市局举报中心受理各类举报线索 900 余件，接待来信来访举报人 600 余人次，经过分析甄别，转办举报案件 74 件，查补收入 1609 万元。各稽查局以增强应急处理、矛盾调处和快速反应能力为重点，切实加大上级交办、部门转办、群众举报案件查处力度。其中，针对某公司网络举报舆情突发事件，迅速开展相关调查核实工作，有效避免了事态扩大。

【税收“黑名单”制度】 继续采取“黑名单 + 以案说法”形式，营造氛围，扩大影响。通过市局网站、市政府公众信息网以及《重庆晚报》、大渝网等主流媒体广泛宣传稽查工作，曝光税收违法典型案件近 30 件，其中曝光税收黑名单案件 23 件，曝光相关责任人 24 人次。按照“横向到边、纵向到底”的工作方针，于 7 月联合重庆市国税局、重庆市发改委等部门在全市范围建立起联合惩戒网络体系，形成日常联络机制，全市 22 个市级部门 800 余个区县级部门参与到税收黑名单联合惩戒工作中。各部门在日常监管、信用评定、融资授信、招标采购、资格限定等方面积极实施惩戒措施。通过联合惩戒采取司法强制措施，成功追缴两户黑名单企业税款 9700 余万元；通过联合惩戒协作平台，对欠缴税款的企业法定代表人阻止出境 50 余人次，成功追缴税款 4000 余万元。税收“黑名单”责任人“一处违法、处处受限”的格局初步形成，有效扩大了税收执法的震慑效应。

【稽查制度建设】 以规范进户执法为契机，制定《关于进一步规范税收执法和风险管理有关工作的通知》，从任务管理、业务边界、部门协作、监督考核四个方面，进一步理清税务稽查与纳税评估关系，取消了稽查部门查补收入考核，进一步明确了稽查案件查处职责。重庆市地税局从案源管理上发挥集中选案机制优势，加强任务扎口管理，积极推进稽查与风控、征管、税政、收规部门的良性互动，进一步提高了稽查工作针对性和规范性。为强化外部协作，会同重庆市审计局、重庆市公安局、重庆市国税局先后制定下发《加强查办涉税违法线索协作配合工作的意见》和《重庆市打击涉税犯罪协作机制》，进一步增强执法合力。

【稽查业务培训】　全面搭建培训平台，大力开展业务培训。一是创新开展直属稽查局与区县税务局间业务骨干上派下挂交流锻炼，全年累计上派干部20名；二是有效利用系统内外师资力量，分级分类、大规模集中开展稽查业务培训，先后举办了稽查局长研修班，稽查综合业务培训班，稽查业务骨干培训班和两期电子查账培训班，培训各类稽查人员220余人次，超过系统稽查人员三分之一；三是大力强化实操培训，各级稽查部门立足工作实际，广泛采取案例讲评会、师徒结对、查账竞赛等行之有效的培训方式，提升查账技能。其中，市局第一稽查局连续三年举办的“讲税案·话稽查”案例讲评会，采用“拍案说法”的形式，办案人员现场讲演与专家点评互动结合，紧扣实际，生动具体。

【稽查调研】　重新启动《稽查信息》编辑工作，先后组织编撰《稽查信息》六期，编辑各类稿件100余篇，为各级稽查部门互通信息、共享成果和经验交流提供了平台。为进一步促进稽查成果转换，增强分析调研能力，提升稽查工作质效，先后组织开展了《重庆地税稽查现代化建设》《税务稽查职能定位优化》《大数据时代稽查选案》等重点课题研究，并配合中央编办工作调研，对稽查体制建设建言献策，进一步增强了工作的前瞻性和主动性。

【稽查工作会议】　2015年3月9日，重庆市地税局召开2015年全市地税稽查工作会议，会议提出2015年要认真做好九项工作：一是要统筹安排、突出重点，全力打好“以查促收”攻坚战；二是要加大稽查力度，充分发挥稽查震慑作用；三是要创新工作方式，盘活稽查资源，提升稽查效能；四是要加强稽查基础工作，促进稽查规范执法；五是要全力打造电子稽查，推进稽查信息化建设；六是要加强协作互动，增强执法合力；七是要加强稽查队伍建设，提高办案水平；八是要强化监督制约，建设稽查铁军；九是要加强绩效管理，提升稽查质效。2015年7月28日，召开2015年半年稽查工作会议，认真总结上半年稽查工作，客观分析存在问题，研究部署下半年的工作任务。

（撰稿人：蒋　攀）

税收信息化建设

【概述】　2015年，按照国家税务总局和市局党组的工作部署，全市地税系统大力开展信息化建设，取得了较好的成效。按照国家税务总局“互联网＋税务”行动计划部署，拟定《重庆市地方税务局“互联网＋税务”实施方案》，落实重庆地税“互联网＋税务”13项行动计划，得到国家税务总局的充分肯定。对大数据建设及“互联网＋”时代背景下的信息化建设进行重点调研，统筹制定了重庆地税“十三五”信息化建设工作规划。全市地税系统逐步建成“高效的征收管理、强大的纳税服务、完善的行政管理、可靠的技术保障”等四大信息化支撑体系。

【“互联网＋税务”行动计划】　组织人员，结合实际，召开情况通报会、课题调研会、展示交流会达10余次，深入进行讨论，充分收集意见，制定了《重庆市地方税务局“互联网＋税务”工作实施方案》，对全系统“互联网＋税务”工作

▲ 2015年5月26日，重庆市地税局在南川区组织召开征管和信息化工作第二片区会议。

总体思路、工作目标、基本原则、13 个重点行动内容及实施保障、实施步骤、实施时间表进行了明确。重点行动内容涵盖基础办税服务、个性化办税服务、市国税局与地税局网上一体化办税、智能办税厅、文书档案管理、自然人管理、税务办公、大数据应用、APP 应用广场、众包互助、税收风险管理、发票服务、GIS 系统等方面。国家税务总局对市国税局与地税局合作、GIS 系统等具体行动项目给予了充分肯定。

【电子税务局】 为适应新形势下纳税服务工作的新要求，圆满完成了电子税务局（一期）建设任务，并在 9 个区县局成功上线试运行。大渝网、华龙网、新华社今日头条等全国多家知名媒体纷纷进行了报道，国家税务总局微信号对《重庆地税电子税务局开启“互联网 +”时代》一文进行转发，重庆电视台针对电子税务局的上线对沙坪坝地税局进行了专访和报道。截至 2015 年 12 月 31 日，全市成功办理自然人注册授信 11388 户；单位纳税人注册授信 16529 户；办理涉税事项申请 38 户次；纳税人通过电子税务局系统办理税费申报 64439 笔，TIPS 实时扣款 56276 笔，扣款金额 22.64 亿元。

【大数据工作平台】 深化数据应用，稳步推进大数据工作平台二期建设。搭建统一的对内部其他应用系统提供数据共享的系统服务功能，实现内部系统的数据应用。搭建征管信息化资料的查询框架，便捷查询纳税人所有电子档案资料。编写了《大数据工作平台查询口径描述文档》《平台操作指南》，供各级税务人员辅助使用。初步建成集“数据采集、展示、统计、分析、流程控制”于一体的数据分析应用平台，包含 10 大业务域、5 个功能区，累计配置查询 993 个，为一线征管、

▲ 2015年9月1日，重庆地税电子税务局（一期），在渝中区、沙坪坝区、永川区、长寿区、两江新区地税局等五家首批试点单位成功上线试运行。

单项税收业务管理、风险管理、领导决策等税收管理环节提供全方位的数据支撑。截至 2015 年 12 月 31 日，大数据工作平台活跃用户 4687 个，约占全系统职工总数的 80%，累计使用达 630 万人次，日均使用 2.73 万人次。

【金税三期系统子项目建设】　完成以地控税项目、外网网站契税缴税证明查询、资源税从价计征及个人购买 2 年以上住房新政策的程序修改、普通住房土地增值税预征率由 2% 调整为 1% 的政策调整、总局车船税子系统的上线准备工作；实施并上线三代手续费优化项目；完成绩效管理项目开发及推广应用；完成征管资料电子化管理项目开发和推广上线；完成社保欠费催缴项目；启用市政府办公厅网审平台；完成企业所得税汇算清缴客户端及网报系统、个人所得税股权转让分期缴纳审批项目的开发及推广，跟进国家税务总局企业所得税管理系统升级；落实直属稽查局交叉检查功能解决方案及集中测试；完成外网、微信“涉税事项一次性告知”功能，落实通过 12366 纳税服务热线实现语音查询功能的需求及实现方案。2015 年，因国家政策调整及各处室新增业务需求，累计实施软件开发及升级项目 20 余项。

【数据基础管理】　编制并发布了《重庆市地方税务局税收数据管理办法》，对数据实行扎口管理，将数据质量管理、数据提取、数据使用、第三方数据交换、数据运维与数据安全管理等方面的内容纳入统筹考虑；制定数据库安全管理办法，保障应用系统的正常运转与数据安全。按季对区县局的数据质量进行考核，并对每期考核结果进行全市通报，纳入对区县局的绩效考核管理。2015 年，全系统对 545396 个异常数据进行了修改完善。实施国地税信息比对，全年新建立国地税关联关系数据 6 万多条，共处理 2000 多条风险数据，追收税款 600 万元，处罚 224 户，罚款收入 10 万元。采用 IBM 公司的 MB 系统搭建三方信息交换平台，拟定技术交换标准，实现了与社保、国土房管、工商、财政等市级部门的数据信息共享交换。

【信息系统安全建设】　成立信息安全领导小组，制定系列安全制度。修订信息安全应急预案，开展应急预案演练工作。启动税务专网终端准入、应用性能监控、数据中心安全防护设备、安全管理平台软件、虚拟化安全防护软件等项目，提高系统安全风险防范能力；完善网络安全架构，增加相应网络安全运维服务；对涉密网络和系统进行升级改造，确保信息安全；完成信息系统安全加固试点工作，保证数据中心服务器及数据库的各项安全设置合规、有效。通过 360 桌面安全管理平台重点监控违规外联情况，定期对系统漏洞进行扫描。对各区县局及基层税务所的网络设备进行更新，调整全系统网络线路接口，保障全市网络线路的高效运行。按照重庆市政府要求，制定信息系统的集约化迁移方案，推进政府云的实施。

【信息系统运维】　制定《金税三期系统运维服务规范及监督考核办法》，针对问题的解决率、遗留问题分布情况、解决满意度进行分析和跟踪，强化知识库、操作手册、升级清单的维护要求，提出对不满意问题电话回访、增加投诉邮箱等监管举措。组织 16 个区县局开展金税三期生产环境程序升级发布验证工作。对 11 个区县局开展巡回运维工作。2015 年，利用 ITSM 运维平台受理运维问题 9350 个，解决 8956 个，解决率 96%。

【信息技术人才队伍建设】　对全市地税系统的信息技术人员进行摸底调查和分析，拟定措施，组织开展全系统信息化相关内容培训。推荐参加电子工程系列中级专业技术职务任职资格评审，全系统共有5人取得2015年度电子工程系列中级专业技术职务任职资格。与高校合作，委托重庆大学分两期对6名信息技术人才进行计算机硕士研究生培养。认真组织开展全系统税务专网网络管理及安全培训，办公软件正版化操作培训，由各区县局相关人员参加的大数据工作平台视频培训，各区县局二级运维人员专题培训，全系统累计参加达600余人次。

（撰稿人：杜明兵、江朝敏）

纳税服务

【概述】 为全面推进规范、现代、文明的纳税服务体系建设，重庆市地税局借助“便民办税春风行动”的有利契机，深化纳税服务工作，努力完成各项工作任务，取得初步成效。

【“便民办税春风行动”】 出台《重庆市地方税务局深入开展“便民办税春风行动”实施方案》（渝地税发〔2015〕54号），围绕便捷提效，推出4类11项32条具体工作措施，按照分工部署牵头开展落实纳税服务规范、提升服务效率等各项工作。对全系统在春风行动中的工作经验和亮点创新进行提炼和梳理，及时报送至总局纳税服务司。2015年，总局《春风行动专辑》《纳税服务动态》和《税务简报》等转载了重庆地税局开展“便民办税春风行动”、实施纳税信用评价工作和落实纳税服务规范等相关信息10则。对各区县局“便民办税春风行动”开展情况纳入年度重点工作事项进行跟踪督办，并作为绩效体系重要指标实施严格考评。

【国地税合作】 牵头落实2015年上半年签订的市国税局、地税局合作备忘录和双方第一批重点合作项目，2015年8月，首批36项重点合作项目全部启动。贯彻落实总局的《国地税合作工作规范（1.0版）》，将《合作规范》和首批重点合作项目进行对照梳理、逐条分解。2015年4月23日，市政府副市长刘伟对市国税局、地税局联合开展税收分析做出表扬性批示。2015年7月5日，市委常委、常务副市长翁杰明在《重庆市国家税务局 重庆市地方税务局全面加强国地税合作备忘录》上做出表扬性批示。加强市国税局、地税局合作的宣传工作，2015年9月11日《中国税务报》头版刊登了《璧山国地税探索深度合作新模式》，9月14日《重庆日报》刊登了《璧山国地税深度携手 共谱便民利民新篇章——全国纳税服务示范点升级版打造纪实》。2015年12月1日，在全国国税、地税系统合作工作交流推进会议上，《凝心聚力同携手 和谐共赢促发展》作为省级国税局、地税局合作经验交流材料。

【12366纳税服务热线规范化建设】 2015年，12366纳税服务热线全年来电总量超过42.5万个，人工服务需求量39.7万个，人工接听量35.2万个，接听量同比增加15.3%，接通率为88.7%左右。继续开展延时服务，在延时服务期间解答纳税人咨询5023次，受理涉税举报404个。开展满意度评价，评价为非常满意的94.6%，评价为满意的4.6%，两项合计超过99%。健全查询功能，通过梳理纳税人查询需求，结合语音查询特点，基于12366纳税服务热线系统组织开发了发票流向查询、主管税务机关及管理员查询、本年度纳税申报期查询和纳税信用评价等级查询等4项语音查询功能。优化知识库内容，在政策法规之外，将询问较多的、综合性强的业务，以问题辐射税种的形式添加到知识库中，提高了知识的针对性和可用性，提高答复准确性和统一性，目前已经在知识库

▲ 工作人员接听12366纳税服务热线

中新增问题87个。在国家税务总局举办的“12366新人故事会”中，讲述了重庆地税12366热线座席人员工作中的酸甜苦辣，在全国纳税服务系统中引起反响强烈，该故事获得国家税务总局局长王军的肯定和批示，国家税务总局号召全国12366纳税服务热线工作人员学习王军局长批示，并通过《中国税务报》《纳税服务动态》刊发各地学习心得，引发全国12366工作人员的强烈共鸣和热烈反响。

【办税服务厅建设】　围绕征管改革的总体思路以及深化纳税服务进程，对办税服务厅职能职责进行扩充，集约纳税人依申请的涉税事项扎口前台受理和办理，整合分散在各部门的纳税服务及基础管理职责，前移涉税事项和基础征管事项的办理，通过加大资源整合力度，坚持依法治税、便民办税、科学效能、国地协同，有序推进办税服务厅由单一的涉税业务受理场所转变为面向为纳税人服务的综合性办税服务场所。促进国税、地税系统高度办税融合，推动全系统税收治理能力提升。建立纳税服务质量巡查制度，对《纳税服务规范》实施过程中遇到的问题进行专题讨论，对各单位的规范落实情况进行专项督查，力促税务人员适应税收工作“新常态”，努力形成规范运行的长效机制。自《纳服规范》推行以来，全市41个区县局总体运行情况良好，办税流程简洁优化，办理时限普遍缩短，服务水平有效提升，在涉及地税的399项服务规范中，已实现升级规范9大类89项，占总升级规范条数的八成以上；在流程上，精简普通发票核定调整等47个服务事项的流转节点36个，纳税人办税时限平均提速达到50%，纳税人满意度大幅提升。2015年1月8日，国家税务总局局长王军在2015年全国税务工作会议上，对重庆地税全面推行纳税服务规范进行点名表扬。

【税企互动平台建设】　积极推广“银税互动”。按照个别试点、纵深推进、全面推广这三个阶段开展此项工作，与建设银行重庆分行、重庆市银监局分别签订合作协议，定期将辖区内小微企业相关的纳税信用评价结果推送至市银监局，再由市银监局发送至市内银行业金融机构，各银行业金融机构结合自身实际推出金融产品。该项工作已在全市深入推广，覆盖全市各银行业金融机构，对符合条件的B级以上纳税人提供信用贷款，单户最高授信额度为1000万元。2015年我市银行业金融机构通过“银税互动”活动为纳税人发放信用贷款19.6亿元，惠及1365户企业。为诚信纳税企业特别是小微企业创新融资方式，缓解融资难问题提供了便捷途径，实现企业、金融、税务三方共赢。2015年7月1日，市政府副市长刘伟在《市地税局启动“税银互助”守信激励计划助力中小市场主体发展》上做出表扬性批示。

【提升纳税人满意度】 纳税人满意度反映了广大纳税人对税务工作的认可度，是检验纳税服务工作的重要标尺。在2015年国家税务总局的全国纳税人满意度调查中，全市地税系统综合得分为82.75分，同比增长2.86分，高于全国平均分1.18分，位于全国第11位，排名与去年相比提升12名。市局上下半年各开展了一次纳税人满意度调查，区县局序列综合调查平均得分为88.99分，同比增长5.64分。

【开启税收宣传之窗】 开展日常税收宣传，编制征期日历、纳税服务指南、新办纳税人服务指南等宣传资料15万份，及时更新信息发布平台内容，为纳税人全方位、全维度的办税信息和税收政策。开展税收宣传月和诚信兴商主题宣传活动。开展小微企业宣传辅导，在办税服务大厅设置“小微企业政策咨询岗”和“权益维护岗”，12366纳税服务热线为小微企业开通专线，设置小微企业诉求快速处理岗，助力小微企业发展。拓展“重庆地税”微信号特色功能，增加查询模块。与办公室合作开展微信推广应用，微信信息推送由每月一次增加到每月四次。推进纳税人学堂建设，以“1+41”模式在市局和各区县局建立纳税人学堂，开展纳税人培训。围绕“整合资源、打造品牌”的定位设想，纳税人学堂2015年开展了各类培训802次，内容涉及小微企业税收政策解读、所得税申报与减免税核算、稽查案例讲评等多个方面，培训人数超过11万人次，网上课件下载累计超过16万人次。

【受理纳税服务投诉】 以“查转回督”的形式管理纳税服务投诉，2015年，全市地税系统共受理纳税服务投诉96件，其中市长信箱转办17件，同比上升62%。市局直接查办17件，转办79件，市局回访96件，回访率100%，投诉办结率100%。

【加强信用体系建设】 2015年共评出A级纳税人1895户，占参评户数的1.29%；B级纳税人83432户，占参评户数的56.96%；C级纳税人60133户，占参评户数的41.05%；D级纳税人1009户，占参评户数的0.69%。按照国家税务总局关于信用评价补评、复评的要求，对符合条件的纳税人进行补评复评，共补评1户，复评18户，动态调整12户。通过复评，增加A级纳税人1户。

（撰稿人：谢　尹）

机构与队伍管理

人事管理

【机构设置】 重庆市地方税务局机关设18个内设机构，分别是办公室、政策法规处、流转税处、所得税处、财产和行为税处、国际税务处、社会保险费征收管理处、收入规划核算处、征管与科技发展处、稽查处、财务管理处、督察内审处、人事处、巡视办、机关党委办公室、离退休人员工作处、行政处、监察室；8个直属单位，分别是电子税务管理中心、纳税服务局、重点税源管理局、第一稽查局、第二稽查局、第三稽查局、第四稽查局、第五稽查局；下设40个区县局，分别是万州区地税局、黔江区地税局、涪陵区地税局、渝中区地税局、大渡口区地税局、江北区地税局、沙坪坝区地税局、九龙坡区地税局、南岸区地税局、北碚区地税局、渝北区地税局、巴南区地税局、长寿区地税局、江津区地税局、合川区地税局、永川区地税局、南川区地税局、綦江区地税局、大足区地税局、璧山区地税局、铜梁区地税局、潼南区地税局、荣昌区地税局、梁平县地税局、城口县地税局、丰都县地税局、垫

▲ 2015年3月16日，重庆市地税局召开全市地税系统人事工作会议，对新常态下地税系统的干部队伍建设问题进行部署。

江县地税局、武隆县地税局、忠县地税局、开县地税局、云阳县地税局、奉节县地税局、巫山县地税局、巫溪县地税局、石柱县地税局、秀山县地税局、酉阳县地税局、彭水县地税局、两江新区（北部新区）地税局、万盛经开区地税局。

【编制人员】　全市地税系统在编干部职工 5857 人，其中：行政编制 5518 人、工勤编制 339 人；本科及以上学历人员 4894 人，占总数的 83.56%；研究生以上学历 423 人，占总人数 7.22%；中共党员 4254 人，占总人数的 72.63%。

【人事制度】　一是出台了《关于进一步加强基层干部队伍建设的意见》，从理想信念、思想作风、整体结构、业务素质、管理机制五个方面明确基层干部队伍建设的目标，从教育、管理、监督、关爱四个层面明确加强基层干部队伍建设的主要任务及措施。二是印发了《关于加强处级以下非领导职务管理的通知》，对非领导职务晋升政策重新明确。三是印发了《关于建立公务员职务与职级并行制度的实施方案》，在全系统启动实施县以下机关公务员职务与职级并行制度。

【班子建设】　按照中央、市委和国家税务总局党组的要求，围绕巩固党的群众路线教育实践活动成果，特别是“三严三实”专题教育工作，有力地促进了各级领导班子建设。坚持立根固本，围绕对党忠诚、个人干净、敢于担当、真抓实干四个专题，扎扎实实开展学习研讨，突出正反两方面教育，强化思想引领，各级领导干部的政治意识、大局意识、纪律意识不断增强。坚持从严从实，落实了全面从严治党部署，以市委第七巡视组进驻巡视为契机，把巡视反馈问题的整改与各级班子不严不实问题整改结合起来，严格纪律、强化措施、示范推进，全年整改不严不实问题 42 个。高质量召开专题民主生活会，各级班子面向基层、面向群众、开门纳谏、严查问题，发扬批评与自我批评的作风，实现了自我教育、自我完善、自我提高。市局党组出台了《进一步加强区县局、直属单位领导班子建设的实施意见》，努力建设学习型、创新型、团队型、服务型、廉洁型领导班子，不断提升领导班子凝聚力、战斗力、创造力。

【人员进出】　2015 年总计进入 197 人，其中：新招录公务员 123 人，遴选公务员 42 人，安置军队转业干部 20 人，系统外调入 12 人。总计出入 212 人，其中：正常到龄退休 120 人（其中：工勤人员退休 4 人）；自愿退休 4 人（全部为女性副调研员 55 周岁主动申请退休）；提前退休 51 人；病退 1 人；调出本系统 8 人；辞职 17 人（其中：工勤人员 2 人）；辞退 1 人；开除公职 1 人；在职死亡 8 人；其他 1 人（为试用期取消录用）。

【人员交流调动】　2015 年系统内部人员交流 80 人，其中：53 名处（局）领导干部交流（提拔）任职，27 名一般干部因照顾夫妻分居或家庭困难等原因交流（调动）。

【干部选拔】　2015 年协助市委组织部完成 3 名副厅级干部的民主推荐、考察和 3 名副厅级干部的转正考察工作；根据领导班子建设的需要，全年提拔任用和交流调整市局管理的领导干部 78 人，其中，交流 40 人，新提任 35 人，平职重用 3 人（2 名为县局局长，1 名为区局局长）。完成 18 名市局管理领导干部的转正考察和 3 名干部改任非领导职务工作。推荐 3 名干部（2 名区县局副职，1 名市局机关主任科员）到民营企业挂职。晋升副调研员 20 名，其中区县局 17 名、市局机关 3 名。制定《市局管理领导干部选拔任用原则》《市局管理领导干部交流原则》，综合运用人事、纪检、巡察、审计、绩效管理等信息，借鉴市委组织部做法进行班子回访，针对 48 个基层班子建立研判清单，为班子配备提供翔实依据。在选用过程中坚持程序不走样，严把动议、推荐、考察、决定、公示“五个关口”。干部选任工作风清气正，顺向服众，在市委组织部全市“选人用人公信度测评”中，近 3 年分别获得 88、91、94 分，比全市平均水平高 3.4、4.1、5.1 个百分点。

【干部考核】　2015 年重庆市地方税务局处级干部考核为优秀等次 93 人，称职等次 296 人，科级及以下优秀等次 795 人，称职等次 4303 人，基本称职 1 人，不确定等次 102 人，不参加考核 10 人。

【干部奖励】　2015 年有 156 人连续三年年度考核评为优秀等次，记三等功一次，有 888 人年度考核评为优秀等次，给予嘉奖一次；其中市局机关有 8 人连续三年年度考核评为优秀等次，记三等功一次，有 45 人年度考核评为优秀等次，给予嘉奖一次。

【干部监督】　落实个人重大事项报告制度，对 364 名处级干部（含正副调研员）开展 2014 年度个人有关事项报告工作，对 123 名领导干部进行了个人有关事项报告的抽查核实，比对面占领导干部总数的 47.3%。对 13 名正处级、25 名副处级领导干部 2014 年度个人有关事项报告进行随机抽查，抽查面达 10%。在干部选任时落实“两个核查”防止硬伤，有 1 人因个人重大事项报告不实被中止考察晋升资格；落实受处分干部选任过程倒查问责机制，严肃查核选人用人问题 10 件，对 2 个区县局违规用人问题进行纠正。

【工资管理】　完成重庆市地税系统工资、津补贴变动审批 11000 余人次，调整二、三类地区规范津补贴、离退休补贴标准，涉及 29 个区县局 4261 人，并补发 110 万元。支付全系统 5800 余人的年终一次性奖金 2400 万元，发放在职人员绩效考核奖励 6900 万元，发放离退休人员健康休养费 600 万元。按规定调整机关工作人员基本工资标准和增加离退休人员离退休费，全系统共增加在职人员基本工资 5000 万元，预扣养老保险费 1980 万元，预扣职业年金 990 万元，为 6046 名在职人员补发工资 2030 万元，为 1335 名离退休人员补发离退休费 470 万元。向市人社局申请恢复纪检监察办案补贴并获批准，完成在职和退休人员社会养老保险基础信息和缴费工资数据的采集。

【出国出境】　办理因公出国（境）人员审批工作 4 人，办理因私出国（境）人员审批 12 人。对系统市管干部、市局管理领导干部、正副调研员、各区县局科级领导职务干部的护照进行了统一管理，对因私出国（境）进行规范管理。

【公务员管理信息系统】　完成机构编制调整、数据补录、数据检查等多项任务。按照任职文件对系统人员信息进行调整完善，根据全国干部人事档案专项审核工作要求，及时更新完善人员“三龄两历一身份”等基本信息，区县地税局、下属单位人事干部在人事管理工作中，利用系统的各项功能，对系统各个模块的信息进行补充、完善以及更新。

（撰稿人：黄晓霞）

教育培训

【领导干部培训】　切实加强领导干部培训，2015 年举办了 2 期局（处）领导干部培训班，学习内容包括习近平总书记系列重要讲话战略背景的再认识及“三严三实”专题理论教育、当前反腐倡廉的形势和任务、领导干部心理疏导及思想政治工作方法、互联网 + 税收、小微企业发展与

▲ 2015年9月14日，重庆市地方税务局2015年局（处）级领导干部培训班正式开班。

【专业培训】 深入推进财务会计知识培训二期规划，截至2015年底，全系统干部3573人通过会计从业资格考试，1713人通过初级会计师考试，735人通过中级会计师及以上考试，累计通过人数分别占干部总人数的64%、31%和13%。根据各处室工作需要，在市内举办16期专门业务培训班，1081人次参训。

【干部调训】 有效落实各项调训安排，共组织5名厅级干部、8名处（局）级干部参加国家税务总局或市委党校领导干部进修班；选派43名处级干部参加国家税务总局业务知识更新培训；选送51名青年业务骨干参加国家税务总局举办的各类专业化业务培训。

服务、落实税收法定原则与立法法修改、行政诉讼法的修改对依法行政的新挑战等课程。155名局（处）领导干部参训。

【人才培养】 深入推进人才培养“三个一”（“三个一”，培养100名优秀中青年干部、100名高层次专业人才和1000名岗位业务骨干）工程，制定实施财务会计、税收法制、税收信息化、税收经济分析等四类专业人才培养方案，通过集中培训、在职自学、实践锻炼、兼职授课等多种方式开展针对性培养。66人参加督察内审业务专项培训，并参与在全系统开展的督察内审工作；23人在初任培训及岗位业务培训班中担任兼职教师；20人参加为期半年的风险管理工作，开展了住房公积金和委托贷款专项评估，共查补税款5.5亿元。组织了税收法制、财务会计、信息技术和税收经济分析专业研修培训，进一步强化理论基础。委托市内高校开展高层次人才培养，8人考取会计专业硕士，10人考取法学硕士，11人考取应用统计硕士，3人考取计算机技术硕士。

（撰稿人：何　序）

党风廉政建设

【概述】 认真贯彻落实中央、市委、市纪委、国家税务总局关于加强党风廉政建设和反腐败工作的要求，深入学习习近平总书记、王岐山书记、孙政才书记、徐松南书记等领导的系列重要讲话，认真履行全面从严治党的主体责任，驻重庆市地税局纪检组监察室认真履行监督责任，结合“三严三实”专题教育，以开展落实“两个责任”主题年活动为抓手，围绕税收中心工作，不断推进系统党风廉政建设和反腐败工作再上台阶，不敢腐的震慑作用充分发挥，不能腐、不想腐的效应初步显现，为圆满完成税收任务提供了有力的政治和纪律保障。

【落实“两个责任”主题年活动】　在全系统开展落实“两个责任”主题年活动，采取签订党风廉政建设责任书、廉政承诺书、制定和细化责任清单、严格落实述责述廉责任制等措施，进一步树立责任意识，强化落实党风廉政建设的主体责任和监督责任。下发《重庆市地方税务局党风廉政建设“两个责任”任务清单》，将责任具体化、清单化，首次组织召开了主要负责人述责述廉及质询会。把开展“学法守纪防风险”活动作为落实“两个责任”的具体抓手，通过五个专题学习、四大主题活动、五项重点培训，全面组织干部职工学法律、讲规矩、守纪律，形成干部职工学法、尊法、守法的良好局面。市局党组定期研究分析全系统党风廉政建设和反腐败工作面临的新形势和新任务，定期听取党风廉政建设和反腐败工作汇报，及时研究解决重大问题，每位党组成员都向市局党组作了落实职责范围内党风廉政建设主体责任情况的汇报，起到很好的示范引领作用。2015年8月19日，《中国纪检监察报》对重庆市地税系统开展落实“两个责任”主题年活动，落实党风廉政建设主体责任的举措予以了报道。重庆市委常委、纪委书记徐松南，市纪委副书记、市监察局局长李维超，市纪委副书记陈杰先后带队到市地税局开展专题调研，对市地税系统落实“两个责任”工作给予了充分肯定。

【监督检查】　不断强化监督检查，做到抓早抓小，关口前移，风险防范。一是开展经常性的明察暗访。紧盯重要时间节点，持之以恒纠正“四风”，组织人员开展明察暗访，将发现的问题及时向相关单位进行反馈，督促其立查立改，并制作了《细节不容忽视》的专题片进行播放。2015年全系统开展明察暗访1616次，发现各类问题223个，对近100名干部给予了提醒谈话、书面检查、通报批评、扣发绩效考核奖等处理。二是大力开展专项检查工作。在全系统重点开展“六清一查”专项活动，全面摸排执法风险点和廉政风险点，及时消除各类风险隐患，出台《税务人员及离退休人员参与涉税中介服务“十二严禁”》制度，全系统累计自查整改问题173个，有61名退休干部、领导干部子女家属与涉税中介彻底脱钩。推行廉政跟踪回访制度，2015年全系统发出《廉政跟踪回访表》10736份，收回8530份，起到了一定的监督作用。三是全面开展

▲ 2015年7月14日，重庆市地税局机关组织处以上领导干部，到九龙监狱进行了一次现场廉政警示教育。

税务稽查案件“一案双查”工作。制定下发《重庆市地方税务局税收违法案件“一案双查”工作实施办法》，借用税务稽查工作以查促收、以查促管、以查促廉、以查促改。2015 年，通过开展“一案双查”工作，对 41 名在日常征管中履职不到位的干部给予了教育提醒、通报批评、诫勉谈话等处理。四是继续开展廉政约谈工作。把廉政约谈作为“咬耳扯袖”的重要措施，2015 年，市局党组书记、纪检组长同 25 位（次）区县局主要负责人进行了谈话，对 70 人（次）开展任前廉政谈话。

【执纪问责】 驻市地税局纪检组监察室直接受理信访举报问题线索 84 件，查结 82 件（其中，反映处级领导干部的 43 件），立案 8 件，结案 7 件，给予 7 人行政纪律处分。向 10 名处级干部发出了廉政函询，对 2 名处级干部进行了诫勉谈话。对于信访件中所反映出来具有普遍性的问题，及时对相关的领导干部进行信访核实和谈话提醒，同时在系统内进一步明确要求，提醒干部职工做到防患于未然。在查办案件的同时，为 28 名系统内的干部职工澄清了不实举报，保护了干部干事创业积极性。

【深化廉政教育】 市地税局结合实际，抓好廉洁从税教育、岗位廉政教育。市局领导分别到系统新进人员培训班、处级领导干部培训班、部分区县局干部培训班上讲“三严三实”廉政党课。邀请纪委领导、党校专家、大学教授等作专题讲座。在节假日等重要时间节点上，以编发廉政短信等多种形式进行廉政提醒。加大警示教育的力度，订购了税务人员违纪违法的教育读本，用身边人、身边事来警示教育干部。向全系统干部发放《廉政知识每日一题》和《廉政日志》，做到廉政风险常提醒。组织机关和直属单位处以上领导干部，到重庆九龙监狱进行现场廉政警示

▲ 2015年12月30日，重庆市地税局邀请市纪委副书记王勇对新的《中国共产党纪律处分条例》和《中国共产党廉洁自律准则》进行专题学习辅导。

教育。2015 年全系统有 28600 余人（次）参与了反腐倡廉教育活动，各单位发送廉政短信达 56000 余条。

【完善自我监督】 坚持“打铁还需自身硬”的要求，不断提升系统内纪检监察干部自我约束和接受监督的意识，严防“灯下黑”。认真落实“三转”工作精神，明确了纪检组长不再分管具体税收业务工作，专司纪检监察工作，配齐了各单位的纪检组长。出台《加强全市地税系统纪检监察干部监督工作的意见》，下发《在全市地税系统纪检监察干部中开展权力运行风险防控工作的通知》，围绕纪检监察干部的权力，排查风险点，制定防控措施。

（撰稿人：李　治）

巡视工作

【概述】 根据重庆市地税局党组工作部署，面对新形势、新常态，认真制定 2015 年度巡察工作实施方案。明确了巡察对象、重点内容、方式方法及纪律要求，突出了发现和反映问题这一主题，重点巡察各单位党风廉政建设“两个责任”落实情况，开展“六清一查”“学法守纪防风险”活动情况，“三严三实”专题教育情况，执行中央“八项规定”情况等。

【巡前准备】 一是编印巡察工作制度汇编。收集、梳理了中央、总局、市委、市局关于巡察工作的相关制度规定，以及各级领导的讲话精神和违法违纪案例，并汇编成册，作为巡察组开展巡察工作的指南和学习培训内容。二是选准配强巡察工作组。从全市地税系统甄选监察、人事、财务、稽查等方面业务骨干，建立和完善巡察工作人才库，成立了 5 个巡察组，每个组巡察对象 3 至 5 个，抽调人员及分组构成报分管领导同意，不得随意变动和改组，以保持巡察工作的连续和稳定，同时，实行巡察组长负责制，由巡察组长向市局党组汇报巡察情况。三是召开巡察组培训会。5 个巡察组全体同志参会，集中学习了巡察工作相关规定，借以交流巡察工作方法，改进存在的问题。

【巡察监督】 积极适应新常态，改变过去只进行常规巡察的做法，采取日常巡察、专项巡察和“回头看”三种方式，圆满完成了对渝中区地税局等 19 个单位的巡察工作任务，对普遍存在或比较突出的问题以巡察专报的方式撰写了巡察建议书，呈送市局领导批示，各业务处室督促被巡察单位及时进行了整改。

【明察监督】 主要配合监察室对部分区县局个别税务所、办税厅干部职工是否按时上下班，工作纪律、工作作风是否严谨，纳税服务是否周到，着装是否规范（是否混装、佩戴肩牌、系领带）、上班时间有无干与工作无关事项等情况开展了明察，发现了一些工作中应该改进的问题，促进了队伍作风建设。

【突出重点】 一是力求突出重点，增强巡察工作的针对性。将监督检查各单位“一把手”作为工作的重中之重，还将监督范围扩大到中层干部和一般干部职工。二是突出问题导向，广泛收集意见。以发现和反映问题为主，要求各单位主要汇报存在的问题，不讲或少讲工作成绩，下科所检查也是直接找问题。三是注重采取灵活多样的个别谈话方式和技巧。变“二对一”为“一对一”谈话，且谈话范围进一步扩大，从过去副科所长以上干部与一般干部谈话比例（5 ~ 10）: 1，提高到 1 : 1，更加全面地了解情况。四是尽量不影响被巡察单位的正常工作。与被巡察单位早沟通早协调，既不影响巡察工作的正常开展，同时又照顾到班子成员的既定工作，适时

▲ 2015年6月23日，重庆市地税局巡察组召开酉阳县地税局巡察工作动员会。

调整巡察工作的日程安排。五是适时调整调查问卷题目。根据2015年市局党组工作部署和新形势、新要求，针对不同单位的具体情况对原有题目分别进行了适当调整，使调查问卷的设置更加科学合理，更加有利于收集到真实具体、内容丰富的信息反馈。

【交流借鉴】 一是与市国税局巡视办开展交流座谈。在交流巡察工作方式方法、借鉴其经验的同时，找准重庆地税巡察工作着力点。二是召开巡察工作片区会，充分听取区县局的意见建议，改进完善巡察工作。三是召开专项巡察工作和巡察工作“回头看”座谈会。详细解读专项巡察和“回头看”工作重点内容及方式方法，深入分析税务人员面临的风险点及防控措施，增强了“风险防范”意识。四是适时召开巡察组巡前学习准备会、巡中交流沟通会和巡后分析总结会。巡察前，认真组织学习、解读巡察工作相关规定，主动征求人事处、监察室、督察内审处、财务处、稽查处意见，做到有的放矢。巡察中，组织交流沟通，各巡察组成员相互谈体会、提建议，取长补短，相互借鉴。巡察后，认真分析总结，巡察组成员多为各区县局领导，他们认为，通过参加巡察工作，一方面学到了其他单位好的经验，一方面历练、提升了自身素质和能力，对自己和本单位今后的工作具有很大的帮助作用。

【廉洁自律】 认真履行职责，做到客观公正、实事求是地反映被巡察单位情况。始终坚持“四不”原则，即“不干预被巡察单位的日常工作，不具体查办案件，不处理被巡察单位的具体问题，重大问题不个人表态”。始终严格要求，巡察组在巡察期间不得接受被巡察单位超标准接待，不得收受被巡察单位的礼品、礼金，不得违反廉政的有关规定。

（撰稿人：张经明）

离退休干部管理

【概述】　截至2015年12月31日，全市地税系统除稽查三局无离退休人员外，其余46个区县局及市局机关共有离退休干部、职工总数1529人（稽查四局、五局各1名老同志）。其中，离休干部12人，正副厅级退休干部23人，正副处级退休干部381人，乡科级及其以下退休干部1048人，工人65人。70岁以上的499人。市局机关离退休人员69人，其中，离休干部2人，正副厅级退休干部23人，正副处级退休干部35人，科级及其以下退休干部5人，工人4人。

【落实两个待遇】　重庆市地税局离退休人员工作处坚持以落实离退休干部政治、生活待遇为主线，组织离退休干部听报告、参加重大会议，定期通报地税工作等有关情况，广泛听取离退休干部意见、建议；坚持每月一次的政治学习制度，每年按规定为离退休干部订阅报纸杂志和报销老年大学学费，按时足额发放离退休费和津补贴，坚持每年组织一次健康体检、外出参观学习，每年重阳节为满十老干部集体祝寿，定期组织健康休养，生日慰问、生病住院看望、去世吊唁等制度。2015年按照重庆市有关文件精神，及时为生活不能自理的离休干部提高护理费；为系统1335名离退休人员增加离退休费；为系统2名老干部争取到“建初干部”的待遇，较好地落实离退休干部政治、生活待遇。

【慰问】　每逢节日，市局及各区县局均采取集中和上门慰问等形式对老干部进行慰问。2015年，全系统共慰问离退休人员1525人，帮扶特困老干部88人次。其中，慰问机关离退休干部69人，帮扶机关特困老干部3人次，看望机关生病住院老同志18人次。

【活动】　一是组织庆祝活动。2015年是抗战胜利70周年，组织老同志参加机关抗战歌曲合唱竞赛、参观建川博物馆；阅兵式前，为系统唯一抗战老兵送达抗战胜利70周年纪念章；选送6幅优秀作品参加重庆市第六届老干部艺术节抗战摄影书画作品展。二是搭建平台开展活动。组织机关老同志开展“增添正能量，红五月”读书活动和“展示阳光心态，体验美好生活”摄影比赛活动，收到读书心得51篇、摄影作品53幅。三是鼓励系统老同志撰写回忆录2篇、《两个提纲》学习心得4篇和老干部工作调研文章3篇上报市委老干部局。四是开展文体活动。组队参加全市老干部竞技麻将、象棋及钓鱼比赛，均获得

▲ 重庆市地税局组织机关离退休老干部到四川大邑县开展红色文化参观考察活动。

三等奖；组织机关老同志开展棋牌比赛、保健知识讲座、知识抢答赛及手工编织培训等活动，丰富离退休干部晚年生活。

【支部建设及创先争优】 一是每月组织党员过好组织生活，认真落实支部组织生活、支部大会、政治学习、收缴党费等制度。二是开展创建活动。在不断深化“共产党员永不退休”主题教育活动，为党的事业增添正能量活动的基础上，积极开展创先争优活动。2015 年全系统离退休支部中涌现出“五好党支部”2 个，“先进党支部”5 个，“优秀共产党员”57 名。其中，市局机关离退休党支部有 6 名老同志被评为优秀共产党员，1 名优秀党务工作者。三是加强培训。2015 年全系统组织参加各类培训 78 人次，其中，参加市委老干部党校培训 5 人次，区县培训 73 人次。

【队伍建设】 一是增强党性修养。按照市委统一部署，抓好“三严三实”专题教育，深化拓展群众路线教育实践活动。二是提高工作能力。加强政策业务和相关法律法规知识的学习，不断提高专业素养和专业水平，以适应新时期老干部工作的新要求。三是加强信息调研工作。统计年报工作连续九年获得全市离退休干部统计年报全优报表单位，受到市委老干部局的表彰。

（撰稿人：王莲君）

党的建设

【概述】 紧紧围绕建设“学习型、服务型、创新型”党组织目标，牢牢把握“服务中心、建设队伍”核心任务，认真贯彻中央部署和市委要求，全面加强机关党的思想、组织、作风、反腐倡廉和制度建设，充分发挥基层党组织的战斗堡垒作用和共产党员的先锋模范作用，为完成各项税收工作任务提供了坚强的政治和组织保证。全年重点开展了三项工作。

一是开展“学法守纪防风险”工作。制定总体方案，组织推进会议，先后举办了演讲赛、“与法同行”主题征文、书法摄影展等活动，组织机关和系统开展宪法法律、党章党纪等五个专题学习 359 场次，培训税政、督察等五类业务骨干 520 人次，共排查和整改税收和廉政风险点 267 个，新华网、《重庆日报》等媒体专题宣传了该项工作。二是开展“巩固深化拓展”主题活动。制定深化“四风”整治实施意见，抽查了 20 个区县局、40 个基层党组织整改落实“回头看”情况，推进和完成了税务系统作风建设“巩固深化拓展”主题活动任务。三是开展“三严三实”专题教育。制定学习研讨方案，精编学习资料 12 期，固化“领学 + 发言 + 交流 + 小结”模式，较好完成学习研讨任务。组织随机督查，组织开好专题教育推进会、专题民主生活会、组织生活会，并向市委和总局汇报专题教育经验做法，赢得市委第四督查组和总局汪康副局长的肯定，相关做法被市委组织部以专报形式上报中组部。中央“三严三实”专题教育网、总局简报采用信息 6 篇。

【思想建设】 修订党组中心组学习和机关集中学习制度，明确学习纪律和要求，落实了中心组每月 1 次、支部每周 2 小时的学习制度。编发《中心组学习资料》15 期，组织讲座 7 场次，统一了思想和行动。编辑《地税党建》刊物 7 期，同时改版机关党建网页并定期更新，推动了党建工作的学习交流。围绕落实党风廉政建设“两个责任”，组织机关党委和各支部全文学习新《准则》和《条例》，增强党员干部纪律意识。定期深入各党支部检查支部学习记录，听取汇报和意见建议，督促落实“三会一课”制度。

【组织建设】 学习贯彻市委落实全面从严治党责任实施办法，制定加强系统党建工作的意

▲ 2015年5月29日，全市地税系统举行第二届“十佳地税青年”颁奖仪式暨“学法守纪防风险”演讲比赛决赛。

见，明确了党建责任和5个方面的重点任务。组织开展了机关党委和机关工会换届选举工作，选举产生了新一届领导班子。根据机关人员调动交流情况，及时调整了处室支部14个支部书记或委员。建立支部书记半年和年终两次述职考核制度，组织基层单位党组开展党建工作专项述职评议考核，将其纳入评先评优和绩效考核内容，推进党建工作责任落实。编印《基层党组织党务工作指南》，举办系统党务干部、支部书记共2批次、183人党务培训，提升了党务水平。指导做好党员发展工作，市局机关党委全年发展党员3名、转正6名。撰写的《关于加强基层党组织凝聚力研究》获全市机关党建课题研究一等奖。推广稽查一局支部“党员示范岗组”争创活动，提升直属稽查局党建整体水平。

【创建工作】　评选表彰第七轮系统“共产党员示范岗”229名、第二届“重庆地税十佳青年”；继续开展机关“五好”党支部、优秀党务工作者、优秀共产党员评比表彰，激励创先争优。举办系统文明创建工作座谈会，推动创建升级。市局机关连续第四届成功创建为全国文明单位，3个区县局新创为全国文明单位，7个单位工会被评为全国模范职工之家，2个基层单位被评为全国青年文明号。另有70余个基层单位、300余名干部获得了区县以上荣誉。同时，对系统2名荣获“中国好人”称号的同志进行表彰，并挖掘和宣传了他们的先进事迹。

【精神文明和党群活动】　举办机关迎春联欢会和三八妇女节、五四青年节、八一建军节、九九重阳节座谈会及纪念抗战胜利70周年歌咏会、趣味运动会，支持兴趣小组开展活动；还在系统内组织了足球赛、棋类赛、部门篮球赛、乒乓球赛，并组队参加市级机关体操、游泳、登山等比赛活动，活跃了文化氛围。组织机关在职党员到星湖社区报到，开展志愿服务、联合演出等活动；开展第16次“党的温暖进百家”活动，慰问主城六区困难家庭，做实对奉节县安平镇的精准扶贫工作。组织慰问机关生病住院职工和系统大病职工，走访慰问干部职工84人次。管好用好系统“扶贫济困资金”，帮扶特困职工15名，支出慰问和帮扶资金18万元，彰显了组织温暖。

（撰稿人：叶　飞）

行政后勤管理

政务管理

【概述】 2015 年，按照习近平总书记提出的“五个坚持”的要求，在完善制度和服务决策上下功夫，努力提升办文、办会、办事质量，促进政务服务工作取得新的成绩。

【内部管理制度】 全面梳理机关工作制度，修订市局工作规则和系统档案管理办法，完善市局工作例会制度。推行会议归口管理，顺利筹办税工会、党风廉政会、半年工作会、“三严三实”专题教育动员会、“学法守纪防风险”工作部署会等 30 余场次重大会议。优化公文处理流程，实行公文专业化、规范化管理，市局发文、收文均按时按规定办结。严格落实机要保密规定，做好文件资料归档工作，未发生泄密事件。

【参谋助手作用】 不断提升文稿质量，确保文稿符合上级方针政策、法律法规规定和领导工作思路。围绕税收中心工作，开展政务调研，10 余篇建议报告被市政府采用，并获得市领导肯定性批示。编辑《地税信息》60 期，《地税专报》40 期，内网信息 2000 余条；上报信息 728 条，

▲ 2015年3月26日，全市地税系统办公室暨后勤工作会议召开。

市委、市政府采用289条（8篇专报获市领导表扬性批示），上报国务院办公厅5条，实现了上报信息的数量和质量“双提升”，信息参政辅政作用进一步发挥。

【税收宣传和舆情信访管理】　围绕落实全市地方税务工作会议精神，大力开展内宣工作。开展专题宣传，制作宣传展板400余块，印制宣传画8000余张，开辟专题网页10余个。围绕促进税法遵从，大力开展外宣工作。制定《重庆市地方税务局2015年税收宣传方案》，认真筹划“税收宣传月”活动。牵头策划新闻报道43次，在各级媒体刊发新闻160余篇。围绕创新宣传平台，加强网站、微博、微信建设。重庆市地税局网站连续第六年荣获“中国政府网站领先奖”，重庆市地税局微博、微信被评为“2015年度中国优秀政务新媒体”。围绕维护地税部门形象，加强舆情管控和信访工作。妥善处置涉税舆情62件，受理群众来访15起，接访35人次，未发生舆情和信访处置不当而造成负面影响的情况。特别是在媒体炒作重庆个房税的负面舆情出现后，及时采取有效措施防止影响扩大，处置工作得到翁杰明常务副市长的肯定。

【绩效考核】　顺利完成2014年度绩效考核，积极推进2015年度绩效考核工作，实现绩效考评结果与绩效奖金挂钩，真正起到了奖勤罚劣的作用。市局被税务总局列为绩效指标模板编制试点单位，参与编写全国系统绩效指标模板，参与总局年度绩效考核集中评审。进一步完善了全系统绩效管理信息系统，实现了绩效考核工作的信息化。制定《2015年重庆市地税局绩效考评指标》和2015年绩效管理加减分项目，多次召开片区会议开展绩效培训。

【督查督办】　进一步加强机关督办和系统督查的工作力度，制定《2015年全市地方税务工作会议精神贯彻落实情况专项督查方案》，对总局督查事项、区县局请示事项、市局会议议定事项开展专项督办，累计督查督办40余次，有效督促了以组织收入为中心的各项工作任务的落实。

【财经纪律】　严格执行财务管理相关规定，做好机关日常经费保障工作；完成机关2015年度财务决算，做好2016年市局机关、信息管理中心和纳税服务局经费预算编制工作。

（撰稿人：修　侃）

财务经费

【概述】　2015年，重庆市地方税务局贯彻落实从中央到地方出台的一系列厉行节约、反对浪费政策、措施，以全面贯彻执行新《预算法》为主线，把“强基础，重规范，防风险”作为工作重点，通过全面推行规范管理，进一步优化全系统支出结构，夯实经费管理基础，严格执行财经纪律，规范资金使用、核算，坚持杜绝铺张浪费，切实防范财务管理风险。

【规范管理】　建立财务管理监督新机制，设立财务管理小组，由市局财务、办公室、督查内审、纪检监察等部门参与，研究全系统重大财务管理问题，为局长办公会议决策把好关，做好参谋。重新明确经费支出报销程序，强化主体责任和分管领导的“一岗双责”管理责任；进一步优化支出结构，增强支出项目的科学性。保障各项重点项目支出的经费需求，落实年度绩效考核和健康休养费、个人绩效考核资金、未休年假补助、工资津补贴标准调整等补贴政策。重新启动职工住房补贴缴存工作，调整补贴缴存范围和方式。落实了向基层、向边远地区、向征管一线倾斜的原则。规范支出渠道，冻结税务所银行账户，严格按国库集中支付管理的规定，推进电子支付和公务卡支付，全系统公务卡使用率达到了100%，支付率达到了97.1%，达到了市财政的95%以上要求。

【预算管理】 在保障系统运行的前提下，按照“控总额、调结构、细预算、压结余”的总体思路，系统预算管理水平得到明显提升。

预决算差异进一步缩小，年末决算为年初预算额的101.68%，超过部分均属追加工资调整、绩效考核等政策性调整，并全部由市财政专项追加预算，预算决算差异为历年最低。主渠道保障能力进一步增强，市级财力保障比重达到82.47%，同比增长14.69%，比上年提高7个百分点；其他收入比重降至17.53%，同比下降26.37%。基本支出比重提高到53.10%，首次超过项目支出，经费支出结构得到了进一步优化。

预算管理进一步细化，各单位按照项目编制年度预算，严格按照预算批复的项目和用途使用资金；加强预算执行情况监督，坚持系统项目预算前置管理，做到了“有预算不乱支，无预算不列支”；定期分析基层预算单位预算进度，督促各单位按序时进度执行年度预算；开展预算指标清理工作，首次在系统范围内对预算指标进行全面清理，促进各单位比照预算，摸清家底，查找差异，为下年度决算工作奠定基础。

资金结转结余进一步盘活，根据各基层单位的项目需求，制订全系统清理盘活工作方案，至2015年12月31日止，全市地税系统盘活资金结转结余2.6亿元，年末资金结转同比下降68.60%。做好了预算、决算公开工作，在3月19日向社会公开了2015年部门预算及“三公”情况、9月2日向社会公开了2014年度部门决算及“三公”经费情况，提升了预算执行的社会监督力度。

【资产管理】 强化内部控制，持续改进资产购入、调拨、处置、核算程序，形成规范的工作流程；强化日常管理，按月比对经费账、资产账的核算情况，启动年度资产盘点工作，做好账账核对和账实清查。认真开展办公用房清理工作，对超标准办公用房进行了腾退，明确了各级税务机构各职级人员适用的办公用房面积，严格比照进行整改，并作为10月份全系统八项规定专项督察的重点内容进行督导，防止整改工作走过场。按照市政府公车改革的部署，启动公车改革工作。认真摸底，理清基数，准确及时向主管部门上报各项资料。12月底出台全系统公车改革实施方案及相关配套措施，核定保留应急通信车、执法车499辆，停用车辆301辆。12月31日全系统停用车辆全部按规定要求粘贴封条，在指定地点封存。

【基建管理】 严控基本建设项目，新购、建的项目投资必须符合“基层一线设施和经认可的征管规划安排”这两个条件。全年批准新立项项目28个，投资预算总额1.61亿元。加强竣工项目的决算管理。全年累计对达到“投资额500万元以上或追加投资20%以上”标准的18个项目、投资额共达2.48亿元的税收征管服务设施建设投资组织实施了竣工审计，审减金额45.62万元。推进项目结转固定资产进程，对已投入使用的房产进行专项清理，挂牌督办转固工作，累计有10个项目，近9810.56万元入账为固定资产。

（撰稿人：李　勇）

政府采购

【概述】 2015年全市地税系统组织采购238批次，执行采购预算1.68亿元，支出采购金额1.4亿元，节约采购资金2112万元，节约率达

12.54%。通过公开招标、竞争性谈判、询价、单一来源四种采购方式采购金额分别占总采购金额的53.85%、13.65%、0.45%、12.19%。其中：市局直接组织采购87批次，实现采购预算金额1.11亿元，实际采购金额9800万元，节约采购资金1372万元，节约率达11.9%，比市级机关平均节约率高5个百分点。

【规范管理】　全市地税系统对政府采购的审批实行“两条腿”走路方式：使用公共财政预算资金实施的采购项目，采购审批流程统一在市财政一体化平台进行操作；使用其他收入资金实施的采购项目，在财务平台进行操作。在此基础上，为进一步提高基础单位采购效率，按照权责配套、简化审批的原则，把原由市局统一实施的30万元以上采购，调整为由项目单位直接实施，市局只负责采购项目预算资金的审批，有效提高了采购效率。

【科学监督】　通过政府购买服务的方式，聘请两个专业团队，提高政府采购工作的科学化水平，强化风险控制。一是聘请项目评审团队，对一次性采购金额达到50万元以上项目进行评审，评判项目的可行性、科学性、合理性，提高项目效益；二是聘请法律服务团队，在标书制作、合同签订等关键环节由律师团队从法律层面审核、把关，防范法律风险。

（撰稿人：李　勇）

督察内审

【税收执法督察】　围绕税务工作部署和各项税收管理要求，以“区县局交叉督察全面拓广、重点督察纵向挖潜”的工作思路，在全市地税系

▲ 2015年9月，重庆市地税局召开2015年税收执法重点督察动员培训会。

统推行交叉执法督察。在此基础上，发挥市局重点督察优势，进一步拓展深度，实现了两级督察良性互动。

交叉执法督察：重点对“营改增”行业营业税管理、非房地产企业土地增值税征收管理等项目开展交叉执法督察，市局对交叉执法督察结果进行第三方评定，全年检查项目评定合格率达81%。2015 年全系统共 39 个单位开展了交叉执法督察，共发现税收执法问题 2312 个，涉及税款 18460 万元，已入库税款 18460 万元，退税 2.3 万元，补收滞纳金 138.6 万元。

重点执法督察：把税收优惠政策执行、发票管理、个人所得税征收管理、营业税征收管理、土地增值税征收管理、税务稽查管理、重大税务案件管理、个案批复和当年交叉执法督察评定不合格项目作为执法督察重点。2015 年，市局重点督察 9 个单位，共发现税收执法问题 435 个，涉及税款 13208 万元。

【税收执法责任制】 2015 年，高度重视税收执法责任制工作，建立督察责任追究体系，推动督察内审、监察、巡视等三个部门合作，建立跟踪反馈制度，明确划分问题责任，将执法过错责任追究纳入绩效考核，推进税收执法责任制落地生根。全年共实施责任追究 135 人次，其中：批评教育 102 人次、责令做出书面检查 28 人次、通报批评 5 人次。

【内部审计】 按照重庆市政府《关于进一步加强内部审计工作的意见》指导内部审计工作的开展，以财务收支审计为主线，围绕“严肃财经纪律、规范决策程序”这一目标，形成离任经济责任审计和任中审计并举的工作格局。2015 年重点从税收计划执行、内控制度、财务收支、固定资产管理使用、基建项目管理等 5 个方面开展审计工作，在确保合规性基础上，评价被审计单位的风险管理系统、内部控制状况，进而防范、降低单位风险。全年共完成经济责任审计项目 12 个，发现和纠正问题 296 个，涉及金额 102.6 万元，提出改进意见 53 条。

【外部审计】 完成了市审计局对市局的税收预算执行情况审计对接工作，及时制订审计整改工作方案，从完善工作机制、实现部门联动、加强制度建设等方面入手，推进审计整改工作取得实效。2015 年通过整改，入库税款 16 亿元，制定或修订各类制度 7 项，为全年税收任务的完成和加强内部管理起到了积极的促进作用。

【信息化应用】 按照国家税务总局下发的疑点指标信息，积极依托金税三期数据环境，组织人员开发，并推动疑点信息库的应用。2015 年，市局共确定建立了土地增值税等 30 个疑点筛选指标，共发现 2710 个疑点，整改完成 1805 个有效疑点，疑点准确率为 66.6%，共查补税款 3064 万元。

【成果运用】 针对督察审计结果进行综合分析，查找权力运行中的薄弱环节，对全局性、倾向性的问题，形成专题报告，为领导决策提供参考。对典型的问题，梳理提炼成案例，生动、直观地指导和警示执法行为。使督察成果成为干部监督、人事管理、案源信息和责任追究的重要依据，实现督察成果共享。2015 年，根据督察成果，向市局党组提出建议性专题报告 2 份，编印案例 19 个。

【整改落实】 通过执法督察共发现违规税收执法行为问题 2747 个，整改入库税款 31668.2 万元。要求被督察单位制定整改措施 326 项，完善了规章制度 73 项，通过开展 12 个内部审计项目，完善内部管理制度 15 项，审计单位制定整改措施 67 项。

（撰稿人：徐琼林）

机关后勤

【节能减排】 积极开展节能减排宣传教育，加大节能改造力度，抓好重点领域节能工作，指导全系统节能减排工作，开展了系统节能减排工作培训，开展了节能减排宣传周活动，并在市局机关、主城各区局、直属单位办公大楼显要位置张贴宣传画，营造氛围，积极争创生态文明单位。与上年同期相比办公物资耗用下降 1.6%，人均用电下降 3.5%，用水下降 4.1%，用气下降 3.2%，单车月均油耗下降 3.6%，圆满完成节能减排各项指标任务，市局机关成功创建为重庆市生态文明示范机关。

【车辆管理】 加强公务用车管理，严格执行中央“八项规定”，加强公车管理，认真执行公务用车管理的相关规定，坚持定点保险、定点维修、定点加油，建立领导、处室用车费用公示制，严格车辆使用管理，加强驾驶人员的安全教育、培训，确保了行车安全。与上年同比单车油耗下降 3.6%，车辆运行费下降 19.86%，车辆维修费下降 42%。做好公车改革的各项准备工作，于 2015 年 12 月 31 日对封停车辆全部进行封存。

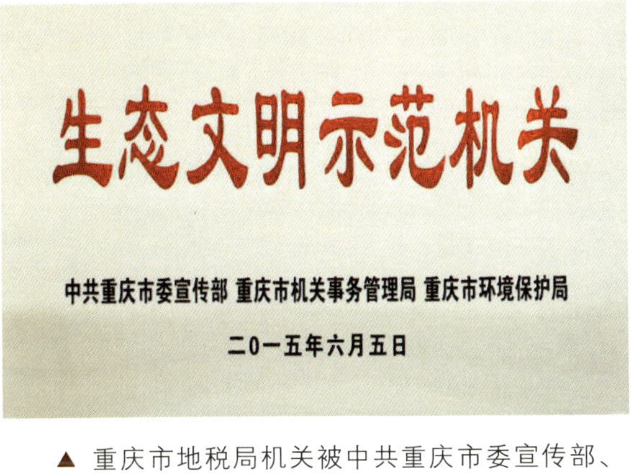

▲ 重庆市地税局机关被中共重庆市委宣传部、重庆市机关事务管理局、重庆市环境保护局评为重庆市生态文明示范机关。

【公务接待】 规范公务接待管理，坚持公务接待审批制度，严控陪餐人员，利用自身资源，接待尽量安排在机关食堂用餐，大大降低了接待开支，2015 年公务接待费用占年初预算的 46.06%。圆满完成了市委市府交办的亚欧互联互通产业对话会及渝洽会对口接待湖北省代表团的接待任务，完成了市委第七巡视组巡视的后勤保障工作。

【办公用房清理】 对市局机关办公用房进行清理整改，严格按标准按编制配备办公用房。

【食堂管理】 加强职工食堂管理，成立了膳食科合理膳食搭配，强化食品卫生安全，加强验收监督，严把采购关和验收关，坚持食堂工作人员健康体检制度，确保餐饮卫生安全。承接了大量的对外接待任务。

【职工体检】 按照相关规定，分批次组织实施了市局机关干部职工、离退休干部职工进行健康体检工作。

【内务管理】 加强了市局机关内务管理，定期开展环境卫生检查，机关内务管理有了较大的提升。

【基本建设】 加强基本建设管理，保质保量完成基建任务。完成市局招待所的装修、设施设备安装、绿化及工程验收。完成办公大楼发电机房增容改造、护栏除锈上漆、食堂地面改造、食堂库房防水墙面处理及办公楼景观绿化改造等工程；完成市局办公室、值班室改造工程；完成稽查三局办公楼改造设计、预算编制及开工前的准备工作；完成嘉景园小区物管用房维修、搬迁及车库消防维修工程，启动地质灾害治理工程。做好职工团购房的服务工作，加强工程质量、资金的监管，协调水、电、气的安装。

【机关安全】 坚持“安全第一，预防为主”的方针，切实规范安全检查、隐患排查、技防改造、安全问责等环节，加强节假日、重点岗位的值守和巡逻，完善各类安保设施。积极开展社会综合治理工作，加强与机关相邻单位、社会治安力量和综合治理等部门联系，发挥协同联防的优势，建立合作安全保障机制。完善和细化各类工作预案，建立健全安全应急机制，定期进行安全检查，严格管理消防器材和设备，确保机关全年无治安、灾害、消防事故发生，保障机关安全有序、运转协调。

（撰稿人：罗文胜）

第四篇　各区县局、直属局工作

万州区地方税务局

【概况】　万州区地方税务局共有干部职工395人，在职干部职工303人，退休人员92人。设10个机关科室，1个副处级稽查局，1个办税服务厅，16个基层税务所。

【组织收入完成情况】　2015年，累计组织各项收入68.13亿元，同比增长12.54%，增加收入6.17亿元。其中，税收收入43.17亿元，同比增长11.73%，增加收入4.53亿元，完成区委区政府及市局的年度计划；社会保险费收入23.05亿元，完成年度计划的113%，比上年同期增长5.01%；其他收入1.91亿元。

【税收收入特点及分析】　主体税种增收乏力，营业税、企业所得税、个人所得税三大主体税种合计入库221386万元，较上年同比仅增长1.85%，增加收入4016万元。土地相关税收拉动增长，耕地占用税入库35857万元，同比增长133.6%，在各税种中增收幅度最大，增收金额最多；城镇土地使用税入库36630万元，同比增长25.67%。土地增值税入库54180万元，同比增长12.65%；房产税入库22478万元，同比增长29.2%。纳税大户税收增加，2015年纳税金额超过100万元的纳税户有380户，合计入库税收362127万元，占税收总量的83.88%，同比减少1户，合计入库金额增加37997万元。

【税种管理】　对房地产业、建筑业、金融保险业开展营业税专项清理，共清理企业1026户，清理面达100%，清理营业税1.3亿元，已入库9634万元，集中开展土地增值税清算，共完成清算项目8个，查补税款5130万元。对2356户企业进行企业所得税汇算，查补入库税款14701.55万元，汇缴率99.83%。开展年所得12万元以上个人所得税自行申报工作，共有4729人次进行自行申报，应纳税额1433万元，应补税款84万元。对纳入市局风险评估的有35户企业开展评估，共计应补缴各项税费14.98万元。

【税收征管】　建安、房地产项目管理方式由注册地税务机关改为项目所在地税务机关管理，部分以往管理不到位的税收浮出水面。提高二手房交易价格评估系统数据的准确性，每季度进行维护，每月进行查漏补缺，使评估价格尽量接近市场价格。建立“两个约谈制度”，对全区41户欠税纳税人进行欠税公告，全年共清理欠税入库1.1亿元，其中清理陈欠5326万元，清理新欠5734万元。推进地方税收保障工作，万州区政府与重庆市第二中级人民法院签订地方税收司法协助框架协议，在执行环节代征税款1275万元，万州区人民法院代征173万元。加强部门间信息传递，33个区级部门传递涉税信息10万余条。区国税局代征税款1160万元。

【税收法治】　组织实施19件重大案件的审理，编印《税收违法行为处理指引》《区县局执法权力清单》，建立法律顾问制度和公职律师制度；与渝中区地税局联合开展交叉执法督察，共发现12大类38小类执法问题；完成市局交办的53例执法事项的专案执法督察，区局风险管理事项的专项执法督察和3起土地增值税退税的专项执法督察，启动外出经营证明管理的执法督察工作；对清江实业集团、金鼎公司、欣宏房地产公司等欠税案件实施强制执行，共执行房产价值1414万元；开展黑龙集团执行财产的处置工作。

【税收政策落实】 修订减免税管理办法，规范减免退税流程，有效控制和规避减免税审批工作中的执法风险。严格执行小微企业、西部大开发等税收优惠政策，全年共有140户企业享受西部大开发政策。继续落实好房产税、城镇土地使用税困难减免和资源税重大损失减免的工作，全年办理减免退税100余户。

【纳税服务】 自行开展纳税人满意度调查工作，通过设立“纳税人满意度调查中心”、开设58512366调查专线开展纳税人满意度普通调查和小微企业专项调查，共调查19374户，调查成功10243户，收集到27类418项意见建议。多措并举落实“便民办税春风行动”，推进纳税服务和税收征管工作，在万州区分水镇试点国地税联合办税，与国税联合开展纳税信用评价，共评定纳税信用等级A级纳税人124户，B级纳税人2483户，C级纳税人2483户，D级纳税人39户。

【税收宣传】 开展进企业、送服务、促发展走访活动，通过《三峡都市报》《万州时报》开展税收宣传40期，在“地税视窗”进行政策解答26期，通过万州电视台进行新闻宣传3期；创办《万州地税手机报》，面向全区纳税人点对点发送税收政策宣传信息30期，共计28万余条。联合万州区工商局、工商业联合会、中银富登村镇银行，依托万州局纳税人学堂平台，组织召开支持小微企业发展培训会。利用民政局搭建的平台为区内200多户社会团体、民办非企业单位开展税收知识培训。

【社保及代征规费管理】 社会保险费收入23.05亿元，完成年度计划的113%，同比增长5.03%，综合征缴率99.26%，其中：养老保险费收入144036万元，完成年度计划的110.89%，征缴率99.06%；医疗保险费收入73455万元，完成年度计划的116.88%，征缴率99.71%；失业保险费收入6426万元，完成年度计划的123.79%，征缴率99.04%；工伤保险费3885万元，完成年度计划的127.38%，征缴率98.63%；生育保险费2676万元，完成年度计划的129.59%，征缴率99.29%。代征规费收入6726万元，其中：工会经费收入1034万元，完成年度计划的118.85%；残保金收入1005万元，完成年度计划的109.7%；垃圾处置费收入500万元，完成年度计划的111.1%；城市公用事业费附加收入4050万元；大中型水库库区基金收入137万元。

【税务稽查】 稽查查补总额2347.39万元，入库2127.87万元。一是扎实开展市级重点税源企业轮查工作，共组织45户纳税人进行辅导自查，自查有涉税问题的为22户，自查查补税款979.58万元，加收滞纳金164.78万元，已入库税款852.79万元。二是开展高风险管理应对工作，通过纳税人风险数据比对，共安排42户高风险行业纳税人，组织自查辅导补税1036.09万元，加收滞纳金123.59万元。进场检查41户，查结25户，共查补税款84.40万元，加收滞纳金105.26万元，处以罚款14.09万元。三是严厉打击发票违法犯罪活动，共检查纳税户86户，查处有发票违法行为的纳税人13户，涉案非法发票16份，对有发票违法行为的纳税人查补税款0.22万元，处以罚款0.67万元。

【行政后勤管理】 在AIS行政管理信息系统上创建基层诉求和科室回复栏目，及时掌握基层需求动态。制定机关驾驶员管理规定和考核细则，修订政务信息、用章管理、视频会议等内部管理制度，形成了用制度管人、靠制度运转的良好格局。严格按照“依法、依规、依程序”的工作要求，对车辆、食堂、物业、职工制服干洗等后勤管理工作进行全面梳理和规范。

【财务资产管理】　一是制定和完善制度。制定《万州区地方税务局关于严肃财经纪律　强化管理职责　规范管理程序的通知》《机关办公大楼水费、电费管理办法》；对《重庆市万州区地方税务局机关经费支出票据审核及报销审签管理办法》进行修订、完善。二是切实加强经费管理。严格执行新预算法，坚持总额控制，预算细化，优化支出结构；做好“三公”经费、差旅费、培训费、会议费等敏感科目的核算，认真落实节约措施、调整支出结构、明晰会计核算。三是加强资产管理。做好区局办公楼、龙驹税务所基建的日常管理工作；做好资产的接交、盘点，确保账账、账实、账表相符。

【税收调研】　局领导每季度到各基层单位调研，与干部职工座谈，对反映的问题及时答复。在内网AIS开辟基层诉求专栏，畅通基层诉求渠道。截至2015年底，通过局领导调研和基层诉求专栏，累计收集到意见建议近100条。制定并落实《联系纳税人服务制度》，局领导、机关科室、税务所定期深入纳税户了解其生产经营状况，听取纳税人意见建议，开展纳税辅导，2015年走访、调研纳税人近100户次。

【干部人事管理】　加大年轻干部培养力度，2015年共提拔正职科所长2名，副职科所长3名，另安排2名副职科长主持工作。调整科所长19人，占现有科所长总数的29%，调整一般职工10人。打破以往惯例，将3名新提拔年轻干部放在城区或科室重要岗位进行锻炼，将3名新进干部放在二手房税收征管所、办税服务厅等业务比较集中的地方学业务，培养服务意识。

【教育培训】　积极开展以增加实战能力为目标的业务培训和市局组织的各类培训。2015年累计组织职工自行开展或参加市局培训2693人次。大力支持干部职工参加学历教育。有26人参加专本科学历教育，2人参加研究生教育，3人参加市局以备战考研为主要目标的高层次专业人才培训班。

【党风廉政建设】　一是强化主体责任意识，坚持把党风廉政建设和反腐败工作与业务工作同研究、同部署、同检查、同考核。二是结合“三严三实”专题教育和“学法守纪防风险”等活动，开展警示教育、廉政讲座、知识测试等，筑牢拒腐防变的思想道德防线。三是通过健全制度体系、落实党内监督等实现用制度管权、按制度办事、靠制度管人。四是区局党组全力支持纪检监察部门依法依规履行监督责任。五是针对重点环节、重要节点和关键岗位，持续开展监督检查、倒查追究等工作，督促抓好责任落实。2015年，对机关科室、基层单位不定期开展明察暗访26次，通过区局监察室缴入区纪委廉政专户“红包”礼金29000元；发放廉政跟踪函413份，对申请退税的4户企业法人代表和财务负责人进行了约谈，补充完善了65名副科级以上领导干部廉政档案。六是加大办信办案力度，累计办理纪检信访件7件。重点协助区纪委重点案件查办，比对信息4万余条，发现疑似问题户数32户。

【精神文明建设】　先后获得重庆五一劳动奖状、重庆市十佳妇女之家等荣誉，龙沙税务所获得“全国青年文明号”称号。在全市地税系统绩效考评中，被评为“2015年度全市地税系统绩效管理先进单位”。

（撰稿人：阮　柳）

黔江区地方税务局

【概况】 黔江区地方税务局共有在编在册职工 115 人，内设 9 个科室，下设 6 个派出机构、1 个直属机构。2015 年，黔江区生产总值达到 202.5 亿元，规模以上工业增加值达到 90.7 亿元，一般公共预算收入达到 21.2 亿元，社会消费品零售总额达到 80.9 亿元，城乡常住居民人均可支配收入分别达到 24672 元和 8855 元，增速持续保持全市前列。

【组织收入情况】 2015 年，黔江区地税局累计组织各项收入 197519 万元，同比增长 6.23%，增收 11581 万元。其中：税收累计完成 122592 万元，为年计划的 101.23%，同比增长 1.34%，增收 1626 万元；教育附加累计完成 8612 万元，同比下降 11.52%，减收 1121 万元；社保费累计完成 59770 万元，为年计划的 112.44%，同比增长 24.52%，增收 11768 万元；文化事业费累计完成 16 万元，同比下降 27.27%，减少 6 万元；罚没收入累计完成 213 万元，同比增长 1675%，增收 201 万元；残保基金累计完成 324 万元，同比下降 30.47%，减少 142 万元；工会经费累计完成 238 万元，同比增长 0.42%，增收 1 万元；水库基金累计完成 15 万元，同比增长 7.14%，增收 1 万元；地方教育附加累计完成 5739 万元，同比下降 11.52%，减少 747 万元。

【税收收入特点及分析】 一是税收增长在压力下艰难前行。2015 年，面对经济下行压力增大、“营改增”结构性减税、小微企业优惠政策加大、房地产市场不景气、同期高基数等诸多不利因素，税收在艰难环境下低速增长，税收累计完成 122592 万元，同比增长 1.34%，增收 1626 万元，增幅较上年下降 13.15 个百分点。二是主体税种增速持续走低。营业税累计完成 41556 万元，同比下降 0.82%，减收 344 万元；企业所得税累计完成 13482 万元，同比下降 20.90%，减收 3563 万元；城市维护建设税累计完成 20126 万元，同比下降 11.39%，减收 2587 万元。三是主要行业税收“增多减少”。房地产行业各项税收小幅增长，房地产业累计入库税收 36345 万元，同比增长 8.95%，增收 2985 万元；契税累计完成 8214 万元，同比增长 3.24%，增收 258 万元；金融业保持增长但增幅明显回落，累计完成税收 12885 万元，同比增长 15.38%，增收 1718 万元，比上年增幅回落 36.35 个百分点；建筑业因一次性因素入库影响而增长，累计完成税收 19633 万元，同比增长 24.29%，增收 3837 万元；制造业累计完成 18202 万元，同比下降 15.37%，减收 3305 万元。四是国有投资公司和大额一次性收入对增长起很大作用，通过加强税收征管和大力清缴各类税收存量税源，有力拉动税收增长。五是重点税源企业整体有所下降，37 户全市重点税源监控企业累计完成税收 61408 万元，同比下降 15.96%，减收 11658 万元。

【税收征管】 一是狠抓税收分析预测。全年召开收入形势分析会 9 次，了解各征收单位的税源状况和征收进度，解决征管过程中存在的困难，分析组织收入工作的利弊条件，准确预测税源增减变化，寻找税源增长点，做到心中有数。二是狠抓税源跟踪管理。强化重点税源监控，深入重点税源、重点行业开展税收调研，有针对性地开展重点税源的纳税评估、税收检查和欠税清缴，全区37户重点税源入库税收61073万元，占税收总收入的49.82%。三是狠抓风险评估应对。全面推行税收风险管理，充分发挥税收风控中心的作用，采取“走出去、请进来”的方式，对总部经济、外出房地产、建安企业进行实地核查。2015年共开展建筑安装行业、委托贷款业务、小型微利企业等各项税收风险评估户数1297户，评估入库金额3790万元。

【税收法治】　开展“学法守纪防风险”工作，组织干部职工认真学习宪法、行政法律法规、税收相关法律，切实增强法治意识；依托法制宣传月、税收宣传月、12·4法制宣传日等重要时间节点，深入开展税收普法宣传，切实提高税收遵从度，促纳税人依法纳税。紧紧围绕“两通过、两实现、七个不低于”（通过完善和健全稽查工作体制机制，实现稽查工作质量和效能进一步提高，以查促收、以查促管、以查促廉、以查促改综合效应进一步显现；通过有力打击和有效遏制税收不法行为，实现税收流失和执法风险进一步降低，纳税人税法遵从度进一步提升。稽查收入占税收收入的比重原则上不低于1.6%、立案查补收入在上年基础上增长不低于9%、人均立案检查数不低于2.5件、稽查案件处罚率不低于8%、处罚面不低于50%、稽查案件结案率和入库率不低于94%，查处一批有影响力的重大税收违法案件）的稽查绩效管理目标，扎实开展专项检查、打击发票违法犯罪活动、重点税源企业轮查、房地产行业营业税专项清理检查等工作，积极发挥“以查促查、以查促管、以查促收”作用。全年共检查90户次，查补入库税款3719万元，加收滞纳金151万元，罚款201万元，共计4071万元。配合区审计局对全局税收征管情况的监督检查，与秀山县地税局开展交叉执法督察，配合市局督察组开展重点执法督察。强化整改落实，明确问题的责任领导、责任人员、整改期限，以问题清单形式进行公开督察，有效化解执法风险。围绕土地税收，加强与国土、建委、财政、审计等部门的信息沟通和税源情报的获取，与公安、国税等部门的协作，加大对涉税违法违规行为的打击力度。委托国税代开发票环节代征相应地方税费，为纳税人提供一站式服务，杜绝“跑冒滴漏”，全年共代征地方税费5815笔，入库税费72.62万元。与工商、国税、质检等部门密切协作，积极落实“三证合一、一照一码”制度的改革，全年共办理“三证合一”纳税户526户。

【税收政策落实】　依托“金三”系统，完善企业基础信息，通过上门辅导、电话辅导、QQ辅导等多种方式强化政策宣传，做到优惠政策宣传全覆盖、受惠全覆盖。以优惠政策激励大众创业、万众创新，为经济发展涵养税源。2015年全年累计减免各税5329.94万元，其中，小微企业累计减免1005万元。

【纳税服务】　一是推动“两个规范”落地生根，加强《税收征管规范1.0版》和《全国税务机关纳税服务规范2.0》的业务培训，继续推进“一窗式服务”“免填单服务”和“审批前移”。以“黔江区纳税人之家”为平台，与国税合作开展纳税人满意度调查；二是持续开展“春风行动”，巧打“组合拳”，将服务纳税人的便民措施办实、办好，提供快速咨询、“零填单”、自助开票等服务，提升服务效率，让纳税人快捷办税；三是打造“互联网+税务”新模式，通过网络平台发布涉税信息上万条，答疑解惑400余次，强化在线舆情管理，针对纳税人诉求、纳税人意见，及时更新突发事件管理办法，适应互联网时代的新要求。

【干部人事管理】　在领导班子中认真开展“三严三实”专题教育，查找不严不实的问题，挂单整改。加强领导班子作风建设，牢记“两个务必”，做到为民、务实、清廉，班子心齐气顺、风正劲足。干部选拔任用工作力度加大，按照《党政领导干部选拔任用条例》和市局的相关要求，选拔任用正科级 1 名、副科级 5 名，中层干部结构得到优化，激发了队伍活力。

【教育培训】　坚持分级分类抓培训，实施请进来、走出去战略，依托系统内外资源，有计划、分层次开展培训。大力开展岗位业务培训，为选拔 1000 名岗位能手做准备。全局共有 48 人次参加重庆市地税局组织税政业务、纳税评估、财务审计等 25 项专门业务培训班。组织干部参加重庆市委组织部的公务员通用知识课程学习。2015 年通过公开选拔，全局有 1 人进入市局中青年干部培养、4 人入选市局高层次专业人才。截至 2015 年底，已取得初级会计师 65 人，中级会计师 26 人，注册税务师 2 人，通过司法考试 2 人，提前实现“841”二期目标。

【党风廉政建设】　贯彻落实中央“八项规定”，严明政治纪律，严守政治规矩，持续转变作风；严格考勤等制度，着力解决管理软弱涣散的问题；结合“学法守纪防风险”活动，加强对党的纪律执行情况的监督检查；开展“三严三实”专题教育，征求、查找问题意见 44 条，归纳整理为 6 条，全部挂单整改完毕。认真落实党风廉政建设责任制，健全完善“一把手负总责，分管领导各负其责，班子成员齐抓共管、纪检部门组织协调”的党风廉政建设领导体制和工作机制，定期听取纪检组党风廉政工作专题汇报，研究党风廉政建设工作。多形式开展廉政教育活动，在节假日等重要时间节点及时进行廉政提醒。不定期开展明察暗访，对着装不规范行为、违反劳动纪律等行为及时进行通报批评。开展廉政约谈和行政效能监察，着力督促问题整改。

【精神文明建设】　认真落实党组书记抓党建第一责任人责任，在基层党支部和基层单位推行“一岗双责”。认真开展建党 94 周年纪念活动，表彰先进党员、先进党务工作者 28 名。组织党员干部开展精准扶贫和党性锻炼，对联系的黑溪镇光明村 123 户 493 人精准扶贫，共计投入 15.5 万元用于修建桥梁、发展产业。倡导党建带团建带妇建，通过党支部和工青妇扎实开展各项活动，进一步增强党组织的凝聚力。

（撰稿人：曹中梁）

涪陵区地方税务局

【概况】　涪陵区地方税务局共有干部职工 262 人，内设 10 个科室、1 个直属稽查局，下辖 9 个税务所和 1 个办税服务厅。“十二五”时期，涪陵区地税局紧紧围绕涪陵经济社会发展大局和税收现代化改革工作主线，充分发挥税务部门组织财政收入、调控经济、调节收入分配的职能，实现税源管理、服务水平、风险防范能力和干部队伍素质全面提升。五年来，累计组织各项税费收入254.8亿元，圆满完成税收各项工作任务。

【组织收入完成情况】　全年共组织各项收入628210万元，同比增长9.30%，增加收入53473万元。其中：税收收入实现360650万元，同比增长10.79%，增加收入35104万元，顺利完成全年任务；教育费附加实现15080万元，同比减少8.36%，减少收入1375万元；社会保险基金收入实现240397万元，同比增长9.58%，增加收入21015万元，综合征缴率达到96%以上；地方教育附加实现9657万元，同比减少10.31%，减少收入1110万元；其他非税收入实现2426万元，同比减少收入161万元。

【税收收入特点及分析】　税收收入增速振幅较大，总体增长放缓成新常态，全年税收月增幅波动明显，6月同比增长59.60%，12月同比增长49.92%，5月同比减少16.92%，10月同比减少14.03%，上下落差超过77个百分点；第二产业税收主要受经济因素影响增速放缓，全年实现税收收入154677万元，同比增长8.55%，增收12181万元；第三产业税收主要受征管因素影响增速超过第二产业，全年实现税收收入205082万元，同比增长12.54%，增收22855万元。

【税种管理】　开展房地产业、建筑业、金融业三大行业营业税清理工作，全年完成清理户数663户，清理各项地方税收1.43亿元；开展政府性投融资公司税收清理，清理入库营业税1609万元；加强城镇土地使用税清理，借助房管、国土部门提供的产权信息开展储备用地税收清理，全年征收城镇土地使用税5.60亿元，同比增加3.72亿元，增长197%。加强所得税管理，全年企业所得税预缴率达72%，汇算清缴率达100%，核定征收率控制在2.04%；2014年度年所得12万元以上个人所得税自行纳税申报3083人，申报税款135万元；全年个人所得税代扣代缴系统覆盖率为87.60%，个人所得税明细申报率为97.06%。加强财产行为税管理，全年完成土地增值税清算项目25个，清算率达100%。完成印花税征收7081万元，增长27%；完成契税征收2.89亿元，增长20%；强化页岩气资源税征管，全年征收页岩气资源税2.40亿元，同比增长1.39倍。

【税收征管】　依托大数据工作平台，加强数据比对、分析和维护，全年完善纳税人信息6798户次，清理漏征漏管户198户，补缴税额150万元；积极实施网上办税，全年实现网报比例65.54%，税库银入库比例94.36%，入库笔数比例99.46%；积极运行税收征管规范1.0，推进办税程序更加便捷、征管业务流程更加规范、岗位职责更加明晰；狠抓基础工作，全年五个征管绩效考核指标均取得较好成绩（其中：税务登记完整率100%、税务登记差错率为0、未申报催报率100%、未缴纳催缴率100%、财务报表采集率100%）；切实加强欠税管理，认真落实清欠措施，对40户欠税企业实施约谈，催收税款348万元，全年清理入库欠税7586万元；大力推进地方税收征管保障制度，全年共分析利用27个部门报送的2.8万条涉税信息，直接促进地方税收增收1.95亿元。

【税收法治】　加强执法监督，按月开展行政处罚案件评查，审查案件255件，处罚金额500万元；落实税收执法事项督察处理决定，整改入库税款613.87万元，加收滞纳金53.67万元；开展税收交叉执法督察，查出并纠正问题74个，查补税款1526.48万元；开展税收优惠政策专项清理，对2014年办理的税收优惠类别24种、享受税收优惠242户次进行清理，共清理出不符合税收优惠政策的6户，共追缴各项税款948.68万元；全年审理两件重大案件，查补税费1008.49万元，成功化解全局首例社保费行政复议案；强化税务稽查，充分发挥稽查“以查促收、以查促管、以查促查、以查促改”工作职能，积极整顿和规范税收秩序，全年实现稽查查补收入 6857 万元。

【税收政策落实】 做好政策服务，充分发挥税收杠杆调节作用，落实各项税收优惠政策，积极支持企业生产发展，解决生产经营困难，全年审批和备案各类政策性减免营业税、企业所得税、个人所得税 2.71 亿元，减免或加计扣除所得额 3.83 亿元；共计减免财产行为税 6328 万元，其中备案减免 90 户次，减免金额 4914 万元；房产税、城镇土地使用税困难减免 24 户次，减免金额 1414 万元。

【纳税服务】 开展八大类 20 项“便民办税春风行动”，以“纳税人满意度提升年”活动统领全年纳税服务工作，在全市地税系统满意度调查中综合得分 91.89 分，位列全市第 4 位；作为抽样单位参与国家税务总局满意度评比，综合得分 82.75 分，名列全国第 11 位，较上年提升 12 位。全面落实纳税服务规范，便利、高效和快捷地向纳税人提供优质服务。注重政策宣传，全年举办纳税人学堂培训 11 期，编印办税指南 5 期、2100 余册，获涪陵区 2015 年度网友评选政网互动满意奖。

【干部人事管理】 加强党建和思想政治工作，完善学习制度，推进政治理论学习常态化；认真落实党内政治生活制度，完善机关党建工作各项工作制度 9 个；深入推进学习型党组织建设，抓实党员领导干部“三严三实”专题教育；坚持人才兴税，抓好职工教育培训。全局共有 131 人取得会计从业资格，65 人取得初级会计职称，34 人取得中级以上会计职称，13 人取得注册类执业资格。

【党风廉政建设】 严格落实“两个责任”，抓好党风廉政建设，认真开展“三严三实”以及“学法守纪防风险”等专题活动，以召开党风廉政半年形势分析会形式进行研判，以“廉政文化月”系列活动为载体开展廉政教育，每季度开展排查风险防范廉政和执法风险。全局共梳理出 21 个岗位廉政和执法风险 96 个，全年共 19 人次将无法拒绝的礼金、有价证券 26000 元按要求上交区纪委。

（撰稿人：吴永贤）

渝中区地方税务局

【概况】 渝中区地方税务局共有干部职工 278 人，设 9 个科（室），14 个基层税务所（办税服务厅、房屋交易管理所）。2015 年，围绕“税收收入持续增长、队伍建设稳步发展、服务质量全面提升”的奋斗目标，全年完成税费总收入 199.1 亿元，为区域经济社会发展和全市地税收入任务圆满完成做出了积极贡献。

【税费收入完成情况】 2015 年，完成税费收入 199.1 亿元，同比增长 9.8%，增收 17.7 亿元。税收收入完成 83.8 亿元，比 2014 年增长 8.38%，增收 6.4 亿元。其中：中央级税收收入 15.6 亿元，比 2014 年增长 9.43%，增收 1.3 亿元；市级税收收入 35.0 亿元，比 2014 年增长 9.83%，增收 1.2 亿元；区级税收收入 33.1 亿元，比 2014 年增长

6.33%，增收 1.9 亿元。社会保险费收入 111.2 亿元，同比 2014 年增长 10.91%，增收 10.9 亿元。

【税收收入特点及分析】　一是全口径税收呈震荡向上趋势。主要原因是企业外迁、2014 年一次性增收因素、部分企业尤其是开发企业前期业务萎缩等减收因素与部分优质企业业绩增加、凯德古渝等企业取得土地契税入库、市城投等转让股权、年底强力催收等 2015 年的一次性增收因素交替作用的结果。二是中央级、市级税收增势强劲，区县级税收增速平稳。中央级税收增长 9.43 个百分点，增加收入 1.3 亿元；市、区各级税收呈小幅增长态势，分别比 2014 年增长 9.83% 和 6.33%，分别增收 1.2 亿元和 1.9 亿元。三是第三产业主导地位持续稳固，金融业和服务业支撑作用显著，前期已实现“营改增”的行业对本局税收收入的影响已经显现。第三产业税收 76.9 亿元，同比增长 9.62%，增收 6.7 亿元，占当期地方税收的 91.82%；金融业和服务业税收 53.5 亿元，比 2014 年增长 63.92%。

【税种管理】　2014 年企业所得税汇算清缴户数达 5920 户，汇算清缴率 100%，入库所得税 4.2 亿元；加强企业所得税预缴管理，全年预缴率达 70.17%，预缴入库企业所得税 5.5 亿元，比 2014 年提高 8 个百分点；抓好 12 万元以上高收入自行申报，完成 12 万元以上高收入自行申报 29669 人次（不含外区申报 200 余人次）、个体工商户和个人独资合伙企业汇算清缴 1265 人次，汇算清缴入库个人所得税 0.09 亿元；开展营业税重点行业清理，清理建筑业、房地产业、金融业 600 户，查补税款 0.08 亿元，追缴欠税 0.02 亿元；大力抓好土地增值税清算工作，对纳入 2015 年土地增值税清算的 15 个项目进行跟踪管理，及时督促土地增值税申报和后期清算，清算 6 户，入库税款 1.2 亿元（包括企业自查缴纳税款）；认真对房地产开发企业预收账款和申报的营业税、印花税、契税以及发票开具情况进行分析比对，入库营业税、契税等税款 0.2 亿元。

【税收征管】　一是坚持精心组织。注重早筹划、早布局，有针对性地强化税收工作领导、重点税源监控、重大事项报告等一系列组织收入的有效举措，保证组织收入在可控范围。二是坚持精确施策。严格落实税收工作责任制，科学分解任务，适时进行“调剂”，做好各期收入预测，按月进行税收分析，并在每月初及时向区领导报送地税专报。三是坚持精准发力。每天跟踪督促收入进度，上下联动催报催缴，确保收入实现既

▲ 渝中区地税局宣传小微企业税收优惠政策

定目标。四是扎实打牢征管基础，基础数据准确率稳步上升；清理虚假欠税 363 户，采取发放催欠通知书、欠税公告、上报阻止出境、上下联手约谈等措施，清缴欠税入库达 0.7 亿元。认真抓好“互联网＋税务”工作，积极参与和推进电子税务局前期测试、试点运行等系统工作，渝中区地税局电子税务局系统申报户数、申报率名列全市地税系统第一。

【依法治税】 一是精心组织“学法守纪防风险”工作。认真抓好“学法守纪防风险”教育工作，邀请专业律师举办行政强制法、行政诉讼法等法规辅导学习，有针对性地通过案例教学查找执法风险。二是切实抓好“六清一查”工作。着重对涉税中介等 7 个事项进行清理，接受市局抽查并受到好评。三是税收法治宣传教育到位。以全面支持大众创业、万众创新为出发点，利用 4 月份税收宣传月大力营造宣传声势，深入小微企业孵化园现场开展系统政策宣传和咨询服务，人民网、《重庆日报》、大渝网等重点媒体对本局税收宣传工作作了系列报道。四是大力加强税收法治建设。与万州区地税局开展“一对一”交叉执法检查，就税收优惠政策执行情况、发票管理情况、个人所得税征收等 9 个方面进行互查，检查梳理税收执法问题，制定改进措施。五是全面完成市局下达的“银行委托贷款”等一系列风控任务，全年共计 8 批次补缴税费 0.2 亿元；积极配合市局组织大企业风险审计，审计户数 10 户，补缴税费 0.1 亿元；自行开展 2 个批次风险清查工作，补缴、催缴税款 0.4 亿元；加强单位纳税人房屋租赁营业税与房产税比对，通过风控平台在全市首个使用“指标元”建立的指标模型在全市地税系统推广。

【税收政策落实】 全面落实西部大开发、小微企业、固定资产加速折旧、房产税、城镇土地使用税困难减免、契税减免等各项税收优惠政策，全年共计减免税总额达 2.1 亿元，其中减免西部大开发第一年 20 户，减免房产税、城镇土地使用税、车船税 14 户，减免享受小微企业优惠政策 287 户等。

【征管改革】 全面启动征管改革，采取“三步走”方式逐步推进。一是深化税务行政审批改革，与区国税紧密合作，推动以纳税人为中心的“一窗式”全职能办税服务厅建设，实现了真正意义上的纳税人申请事项“一站式”受理办结；二是建立健全以风险管理为导向的税源管理机制，抓好以税源科为轴心的“风控”和税源管理机制建设，形成符合渝中区地税特点的税源管理、风险管理体系；三是积极推行分级、分类专

▲ 启动第24个税收宣传月活动

业化管理和“管户”向“管事”转变、个人管税向团队管税的转变，逐步建立分类管理为主、属地管理为辅的基层征管机构。截至2015年12月，前两步已逐步落实到位。

【纳税服务】　一是与渝中区国税局建立深度合作办税机制，对“一窗式”纳税人服务申请事项、办结类型、办结时限、链接业务描述、报送资料等进行逐项梳理，联合下发《渝中区地方税务局关于实施“一窗式”办税服务的通知》，确定全面合作事项。二是结合两局办税厅搬迁契机，进一步完善办税服务厅各项业务功能，明确税务所与办税服务厅工作衔接业务，渝中区地税局将原税务所120余项业务项目整体推向办税大厅前台办理。三是全面落实“三证合一”“一照一码”工作，统一事项，逐一明确，合理分工，融合业务，基本实现国地税税务登记类业务通办，最大程度方便纳税人。渝中区办税厅作为主城区首家国地税深度合作的全职能办税服务厅，代表重庆市接受国家税务总局样本单位的抽检，受到市地税局充分肯定，并在2016年全市地税系统工作会上做了交流发言。12月31日，重庆市委常委、常务副市长翁杰明到渝中区地税局、国税局联合办税服务厅检查指导工作。

【干部人事管理】　一是认真开展“三严三实”专项教育。先后开展16次专题党课教育，班子成员认真分析查找梳理个人存在的“不严不实”问题均为6条以上，扎实开展批评与自我批评。举办“践行三严三实，做忠诚干净担当实干的渝中地税人”党组中心组（扩大）学习会，以喜闻乐见、通俗易懂的文艺表演方式丰富学习实践活动，得到市局领导和区委领导的高度肯定。二是认真落实“两个责任”。抓好“两个责任”落实主题年活动，制定党风廉政建设和反腐败工作分工责任制和“两个责任”清单，从制度上提供了落实“两个责任”的保障。三是加强班子和队伍自身建设。围绕贯彻“三严三实”要求，确立“对组织讲忠诚、对事业敢担当、对同志重团结、对自己严纪律”作为区局班子和队伍建设新思路，并在日常工作中落实。四是不断加强“四风”整治。持续查纠干部队伍“庸懒散”等现象，坚决查处和防止“门难进、脸难看”“吃拿卡要报”等损害纳税人切身利益问题发生。

【绩效管理】　印发《渝中区地方税务局个人绩效管理办法（试行）》及实施方案，制定《渝中区地方税务局2015年部门绩效管理考评指标》，重点对个人绩效填报、绩效系统推广、绩效考评分析进行专题辅导；依靠市局绩效管理信息系统，借助区局内网测评系统，有效保障本局绩效管理工作顺利运行。2015年，渝中区地税局被评为全市地税系统绩效管理“优胜单位”，4个科室、6个税务所被评为2015年度区局优胜单位。

【党风廉政建设】　切实加强日常廉政建设工作，在大宗物品采购、大额经费使用、干部选拔任用、考察考评、区局领导班子述职述廉民主测评等工作中，全部推行纪检监察参与。组织部分干部到九龙监狱开展警示教育。认真开展税收执法风险排查，建立8个大类、27项风险点及93条风险防范措施风险库。以党风廉政建设促进财务管理，修订完善《财务管理暂行办法》，4次召开财务管理工作会，从财务制度、财务预算、差旅费管理等多个方面进行重点培训强调，严格履行财务管理职责，加强经费审核管理；对全局基建项目竣工决算使用转固等进行全面清理上报，对13个税务所银行账户进行清理停用，统一改为由区局机关审核报销，各税务所完全按“报销单位”进行规范管理。

【党建工作】　采取“抓学习、固根基、强

班子、转作风”方式，做深、做实、做细党建工作，认真开展专题理论学习；完善支部书记述职评议、党员评议、支部考核等制度，开展“七一”评比表彰；严格按照“六有”目标扎实推进基层服务型党组织建设，深入开展共产党员示范岗和“亮身份、亮职责、亮承诺”三亮等活动，先后完成机关党委换届选举、15个党支部改选工作。

（撰稿人：刘　华）

大渡口区地方税务局

【概况】　大渡口区地方税务局共有在职干部职工104人，设有8个内设机构，7个派出机构。2015年，在推进国地税征管体制改革的大背景下，紧扣组织收入中心工作，坚持依法治税，依规管理，努力做好“基础管理、风险管控、精兵强税、优质服务”这四篇文章，为大渡口区经济平稳健康发展、社会和谐稳定做出了积极贡献。

【组织收入完成情况】　2015年，累计完成各项收入380985万元，同比增加24959万元，增长7.01%。其中，完成税收收入207913万元，同比增加7881万元，增长3.94%；征收社会保险费163311万元，同比增加16819万元，增长11.48%，累计征缴率达到99.06%；组织非税收入8230万元；代收规费1531万元。

【税收收入特点及分析】　一是主体税种呈现下滑趋势。营业税、企业所得税和个人所得税作为地方税收的主要税种，2015年共计完成102730万元，同比下降11.45%，减少收入13290万元，税收占比仅为49.4%，比2014年下降9个百分点。二是国有投资公司拉动税收增长。全年增加收入24417万元，税收占比也由3.81%上升至15.41%，成为2015年税收最大的增长点。三是财产行为税增长带动整体税收增长。城镇土地使用税累计完成37895万元，同比增长142.39%，增加收入22261万元，成为2015年增幅和增量都是第一的税种。耕地占用税累计完成7696万元，同比增长33.82%，增加收入1945万元。四是各级次税收增幅参差不齐，区级税收增幅领先。2015年主要受企业所得税大幅下滑的影响，中央级税收下降40.59%，市级税收增速下滑主要是受房地产市场持续低迷的影响，下降6.81%，区级税收由于受城镇土地使用税的拉动，实现17.48%的高增长。五是房地产业税收支撑作用减弱，行业税收冷热不均。2015年房地产业税收实现84247万元，同比下降7.76%，减少收入7083万元，占税收比重40.52%，较2014年下降5.14个百分点。建筑业税收企稳向好，实现税收31115万元，增加收入3338万元，同比增长12.02%，增幅较2014年下降12.69个百分点，占税收比重14.97%，占比较2014年下降1.33个百分点。金融业税收增速急剧回落，实现税收22581万元，同比下降3.19%，占税收比重10.86%。

【税收征管】　一是风险管控扎实推进。全年实施日常评估996户，入库评估税金3452万元，开展专项评估705户，补税1320万元。及时核销虚欠3748笔，全年追缴欠税4262万元。对612户税务登记注销户及545个建安注销项目开展税款清结算、发票盘结、证件及资料收缴管理。二是税种管理全面加强。开展房地产、建安企业营业税专项清理，共清理548户，清理营业税1642万元。共受理企业所得税汇算清缴申报1351户，比率达到100%，应补征企业所得税5070万元。共受理12万元以上个人所得税自行申报1712人，同比增加304人，补征税款221万元。全年共完成8个土地增值税清算项目的复审工作和8个项目的终审工作，清算应补税1822.18万元。与区建委建立城市配套费传递机制，共清理契税2801.68万元。与区国土局建立土地出让、转让数据传递制度，全年共清理10笔土地出让信息，应补缴契税8255.09万元。全年完成29户个人住房房产税征收，征收税款58.39万元，申报和入库率达96.67%。三是信息化建设持续推进。做好金税三期软件系统运维保障，以科所二级运维站、国税地税联合运维站方式为纳税人网上办税提供操作技术支持，解决网上办税技术问题300余条；继续协助市局打造金税三期地税大数据平台，参与平台的方案编制、需求分析、功能测试。

【税收法治】　一是抓好税收法制宣传培训。针对基层税务所执法中的疑难点问题，举办税收法制业务培训会，拟定基层执法程序参考标准和规范性文书参考标准，推动税收执法规范化建设，提升依法治税工作水平。二是与万盛经开区地税局开展交叉执法督察，共查出问题26项，查补税费7.7万元。三是规范重大涉税事项审理，组织成立重大涉税事项审理委员会，明确重大涉税事项审理机构、审理职责、审理范围、审理程序，加强对税收执法的监督。全年共审理案件14件，审理决定执行到位，无一例听证、复议和诉讼。

【纳税服务】　一是集中办理水平领先。严格按照“窗口受理、内部流转、限时办结，窗口出件”要求，实现登记、发票、认定、申报、征收、优惠、证明、社保等基础管理工作在办税服务厅集中办理。二是率先实现五方并联审批。与区工商、国税、质监、公安联合在区行政审批大厅试行推出“一窗五证（照）”企业设立并联审批服务。三是全面推行“三证合一”登记制度。与区国税局积极协作，将初次发票核定、初始税种认定等七大类报送事项进行整合，统一集中到区行政审批大厅办理。10月1日以来，通过“三证合一”方式新办税务登记320户。四是继续以联席会议、业务联办、业务托办、信息共享、税源协控、人员互派等形式开展国地税并联管理和联合服务，坚持登记、注销、评估进户等30多项联合举措为辖区内纳税人提供协同服务。

【财务资产管理】　一是修订公务接待管理办法，印制公务接待清单，对无公务接待清单接待费拒绝支付。细化全局财务收支、周转金管理及全局固定资产采购等要求，重新规范，加大对经费使用情况的检查监督力度。二是分项目下达预算额度，按月审核各项经费支出，加大预算管理力度。三是做好办公用房清理和基本建设申请立项工作，核定办公用房、业务用房标准面积和超标面积，落实整改，做好全局资产清查工作，加强资产管理，确保清理整改工作落到实处。

【领导班子建设】　扎实开展“三严三实”专题教育。领导班子成员讲党课6次，组织专题学习13次，撰写心得体会20篇。深入查摆领导班子“不严不实”问题6项，提出整改措施6条，查找梳理领导班子成员“不严不实”问题19项，提出整改措施19条。全局建立和完善制度3项，出台强化内部管理措施1条，出台优化纳税服务措施1条。党组书记、纪检组长分别围绕防范廉政风险在全局范围带头讲党课，局领导班子成员主动到分管部门参加廉政主题活动并开展党课教育。

【教育培训】 一是持续紧抓财务会计知识教育培训。全年2人通过会计从业资格考试，4人取得初级会计职称考试双科60分以上的成绩，2人全科通过中级会计职称考试。二是持续完善网络教育分院培训。全年利用网络教育学院大渡口分院平台组织在线考试33次，参考人数达到2057人次，总参考率达到81.92%，成绩合格率达到99.66%。三是组织全局参加各级各类培训。全年共组织登记全局干部参加市局、区局等各级各类通用及专业培训432人次；参加重庆干部网络学院的网络学习培训99人；参加以“贯彻依法治国方略全面推进依法治市”为主题的公需科目培训考试，向市局选送公需科目培训学习优秀心得体会2篇。

【党风廉政建设】 一是全面落实“两个责任”，制定任务清单，形成党组统一领导、“一把手”负总责、班子成员齐抓共管、纪检监察组织协调、部门各负其责的工作机制。二是结合“学法守纪防风险”专项工作，持续深化作风建设、廉政教育、风险防控和监督检查，全年累计组织专题学习48次，在线学习考试32次，开展集体廉政谈话5次，任前廉政谈话2人次、廉政提醒谈话24人次，组织实施明察暗访26次，全局作风纪律不断加强。

【精神文明建设】 2015年全局有4名同志被市局授予“共产党员示范岗”称号，1名同志被授予重庆市地税系统“优秀青年”称号。组织召开全局近三年新进干部座谈会，组织青年干部参加市局“学法守纪防风险”演讲比赛、“与法同行”征文活动和书法绘画摄影作品展评等活动。

（撰稿人：贺娜妮）

江北区地方税务局

【概况】 江北区地方税务局共有干部职工227人，有9个内设科室，10个税务所，主要负责全区5.88万户纳税人的地方税费征管。近年来，先后荣获“全国税务系统文明单位”“全国青年文明号”等300余项荣誉称号。

江北区是重庆市主城核心区之一，面积221平方公里，下辖9街3镇，常住人口77.7万。2015年全区实现地区生产总值687.3亿元，地方财政、国税、地税收入分别实现101.3亿元、104.9亿元、119.9亿元。一般公共预算收入92.5亿元，其中，税收收入81.4亿元，占比80.3%。

【组织收入完成情况】 共组织税收收入104.79亿元，排名全市第二，历史性突破百亿元大关，同比增收7.94亿元，增长8.2%。其中：中央级收入13.79亿元，增收1.74亿元，增长14.4%；市级收入39.65亿元，增收2.39亿元，增长6.4%；区级收入51.35亿元，增收3.81亿元，增长8.0%。

【税收收入特点及分析】 一是分税种收入看，5个主体税种增幅“3升2降”。营业税、个人所得税、契税分别增长4.04%、30.6%、27.1%。二是从产业类型来看，第三产业税收增长略高于第二产业。一、二、三产业分别实现税收798万元、14.18亿元、90.53亿元，增长-1.5%、

6.3%，8.5%。三是从重点税源看，金融业强力支撑，贡献突出。排名前30位的重点税源实现税收51.76亿元，占全局税收49.4%，占比上升0.8%。其中，金融业与房地产业户数分别为10户、16户，贡献税收25.60亿元、17.90亿元。

【税种管理】　稳步推进“营改增”，营业税入库45.83亿元。抓好企业所得税预征、汇算和后续管理，入库8.5亿元。年所得12万元以上个人所得税自行纳税申报增长24.0%，个人所得税入库14.5亿元，增长30.6%。强化契税征管，印发《江北区存量房交易税收管理工作规程》，全年评估存量房1.24万套，入库相关税款1.6亿元。实行退税三级审核和双向登记制度，退契税1091万元。做好房产税、土地使用税风险排查清理，入库税款1451万元。

【征收管理】　一方面，强化基础管理，税务所实施分岗管理、团队管税。加强数据管理，税务所基础管理岗专司税源基础信息维护、归集、整理，全年清理垃圾数据10万余条；加强日常管理，税务所日常管理岗只负责催报催缴、调查核实、注销、清结算等事项；加强重点税源管理，上收全局重点税源部分管理职能，税源科负责重点税源风险管理，收核科负责重点税源监控分析，主管税务所负责日常管理事务，为每户大企业指定一位联络员，管理服务无缝衔接。全局重点税源入库72.08亿元，增长31.17%。

一方面，集中管理强化评估，全面加强风险管理。加强信息交换，召开全区综合治税工作会议，完善多部门涉税信息数据交换机制，加强第三方涉税信息的采集、整理、分析和应用；加强“扎口”管理，区局风控中心将分散在全局的风险分析进行整合，扎紧“扎口”，统一向税务所推送风险，先后开展“委托贷款”“主附税比对”“房产、土地使用税”等10批应对任务，排查出2400余户风险户；加强团队建设，全局共有风险应对人员42名，专司风险管理，分组应对，全年风险评估税款1.2亿元。

【税收法治】　开展全局行政执法案卷评查。联合綦江区地税局、江津区地税局实施交叉执法督察，发现问题110余个，查补税款20余万元。加强与江北区人民法院的联系，成功追缴一户破产企业220万元的欠税入库。聘请重庆渝新律师事务所担任法律顾问。妥善处理好一起存量房交易的税务行政复议案件。

【税收政策落实】　全面落实各项税收优惠政策。梳理各类税收优惠政策，印发宣传册；建立完善管理台账，强化基础信息管理；严格落实税收优惠政策相关规定，加强纳税辅导；将优惠政策落实纳入绩效考核，促进优惠政策全面落地。全年办理6000余户纳税人税收优惠5.67亿元，其中，减免小微企业4534户税款2300万元，确保政策宣传面、受惠面达100%。

【纳税服务】　全面实施深化税收征管改革，抓好纳税服务、风险管理、基础管理“三条主线”。撤销税务所纳税服务室，建立全职能办税服务厅，依纳税人申请事项前移至办税服务厅，规范、提高服务水平。一是规范工作流程。按照《全国税务机关纳税服务规范》和《全国税收征管规范》，规范工作流程和表证单书，统一操作流程和收取的资料。二是提高业务办理效率。集中全局32名前台工作人员，设置19个综合办税窗口，负责全局纳税人发票领取及代开等102项涉税业务，实现全区通办。简并优化环节，精简表证单书，单笔即办事项平均办理时间缩短25%。三是提高纳税服务质量。构建法规、税政、征管、社保等业务科室职能与办税服务厅的前后台服务机制，实现“窗口受理、内部流转、限时办结、窗口出件”。同时，落实“便民办税春风行动”要求，严格首问负责制、服务承诺制等，2015 年度“纳税人满意度”获全市第四，主城区第一。

【税收宣传】 全年编发政务信息 436 条，市局采用 55 条，其中，《江北区局深化征管改革成效初显》等三篇专报分别得到市局黄玉林局长、董青副局长、郑刚总会计师的肯定批示。《江北区地税局工作报告》等得到江北区委书记杜和平、常务副区长高洪波的肯定。深入开展第 24 个税法宣传月活动，实施“个十百千万”系列活动，“帮扶小微企业，走进网商产业园”活动得到重庆电视台、大渝网、市局官方微信等媒体的报道。

【社保及代征规费管理】 全年共组织社保费 83.55 亿元，增长 14.35%；工会经费 6230 万元，增长 11.71%；残疾人保障金 2350 万元，下降 22.85%；垃圾处置费 533 万元，增长 21.14%。组织教育费附加收入 2.57 亿元，文化事业建设费 228 万元，地方教育附加 1.71 亿元。

【财务资产管理】 按照“无预算就无支出”要求规范财务管理，严格控制经费开支，会议费培训费下降 9%。加强重点费用管理，“三代”手续费同比增加 680 万元，增长 34.80%。严格执行财经纪律、规范财务开支，加强支出报销审批管理。加强基本建设项目管理，对已完工的五里店税务所、城区税务所、房地产交易征收税务所征管服务设施项目工程加强后续管理。

【干部人事管理】 严格落实干部选拔任用条例，1 人被选拔为副处级领导干部，4 人被选拔为副科所级领导。对 3 名副职科所长、34 名一般干部进行轮岗交流，新发展 1 名党员。

【教育培训】 强化“三严三实”专题教育，开好专题民主生活会和组织生活会。强化业务培训，安排每周不少于 2 个小时学习时间，邀请高校、会计师事务所专家进行业务培训。全局 45 岁及以下人员中，116 人取得会计从业资格证，75 人获得初级会计师职称，28 人获得中级及以上会计师职称。5 名科所长入围市局 100 名优秀中青年干部序列，3 人被市局列为高层次专业人才培养对象。开展“岗位大练兵、争当服务明星”

▲ 2015年7月3日，江北区地税局召开“践行三严三实，狠治庸懒散行为”主题辩论赛。

活动，评选出10名服务明星和1个优秀团队。

▲2015年7月31日，江北区地税局开展“八一”建军节职工运动会。

【党风廉政建设】 统筹落实“两个责任”，开展“学法守纪防风险”“治庸治懒治散”行动。对全局217人开展“六清一查”专项清理。强化作风建设，严格自查办公用房清理、基建管理、出境管理等12个方面的内容。强化廉政教育，组织参观九龙监狱、女子监狱、廉政教育基地，观看《赌之害》《贪腐的代价》等警示片。开展廉政谈话等30人次。为全局配发《税务廉政基础知识》《中国共产党廉洁自律准则》《中国共产党纪律处分条例》等500余册，组织廉政学习测试。

【精神文明建设】 组建区局税收志愿者队伍，开展交通义务劝导、税收宣传等活动。组织开展职工运动会、厨艺大赛、健康体检等活动。开展走访慰问、党员日活动，建立党员干部关爱机制，配合市局开展第十六次“党的温暖进百家活动”，为100户贫困群众送去3.2万元的慰问金和生活用品。2015年，唐德薇等15位同志荣获“优秀共产党员”等市、区级荣誉称号，区局机关一支部荣获江北区“先进基层党组织”称号。

（撰稿人：罗　根）

沙坪坝区地方税务局

【概况】 沙坪坝区地方税务局共有在册正式干部215名，设9个科室，10个税务所。2015年，紧紧围绕组织收入中心工作，认真履行税收职能，实现税费总收入、税收收入、区级税收收入、社保费收入等多项指标的同比正增长，为地方经济发展和民生建设做出了积极贡献。

【组织收入完成情况】 2015年，共组织各项税费收入988127万元，同比增长7.5%，增收68642万元。税收收入累计入库545792万元，同比增长2.4%，增收13031万元，其中区级税收收入累计入库327083万元，同比增长1.5%，增收4829万元；其他收入20530万元，同比增长9.2%，增收1735万元；社会保险费收入418645万元，同比增长14.8%，增收54035万元；代征规费收入3160万元，同比下降4.8%，减收159万元。

【税收收入特点及分析】 一是主体税种增减互现。2015年，营业税增长9.4%、个人所得税增长 11.9%、城镇土地使用税增长 37.9%、土地增值税增长 52.7%；而企业所得税下降 24.4%、资源税下降 19.8%、耕地占用税下降 65%。二是产业发展不平衡，第三产业税收增速持续下滑。2015 年，沙坪坝区第二产业实现地方税收 121151 万元，同比增长 11.9%；第三产业实现地方税收 424392 万元，同比仅增长 0.2%。三是支柱行业税收增长乏力，房地产业税收增幅下滑。房地产业实现税收 226422 万元，同比减少 23.1%。建筑业、房地产业、金融业三大支柱行业税收合计入库 368034 万元，同比减少 12.6%，较上年同期减收 53187 万元。四是重点税源企业税收增长推动力不足。重点税源企业入库税收 358821 万元，税收占比较上年同期下降 10.5%，税收收入同比下降 11.7%，减收 47413 万元。

【税收征管】 一是强化税源监控。推行定期收入分析预测和通报制度，科学分解税收任务，建立层层有目标，人人负责任，全力以赴抓收入的工作格局；充分运用重点税源网上直报平台，加强对大企业、重点行业、国有投资公司的税源监控；强化主体税种清理，深化财行税监控，确保税费同征同管。二是探索征管改革。推进“三证合一”登记制度改革，落实国地税首批合作项目 11 个，完成全区 11370 户纳税人的纳税信用等级评定；将风控系统与纳税评估有力结合，全年通过风控系统推送处理案件 1477 例，共计查补税款 2888 万元；开展“税源摸底清查、税款专项清查、发票专项清理、欠税专项清理、减免税专项清理”等五项税收专项清理工作，累计清理入库税款、罚款及滞纳金 4608.18 万元；积极开展电子税务局试点推广工作，实现全市首笔电子税务局申报扣款业务，电子税务局注册用户达 3946 户，通过电子税务局申报缴纳税费 10362 万元。

【税种管理】 抓好企业所得税汇算清缴，积极开展新纳税申报表的培训工作，全年培训纳税人 1478 户，企业所得税年度汇算户 4165 户，汇算面为 100%；加强企业所得税核定征收管理，将核定征收率控制在 6% 以内；做好高收入者的自行申报工作，全年 12 万元个人所得税自行申报人数为 7212 人，申报期内补交个人所得税 373.75 万元；充分利用风险管理系统，重点开展自用房房产税与城镇土地使用税税源登记信息与纳税申报比对，2015 年共查补入库房产税 265.75 万元，滞纳金 19.25 万元，城镇土地使用税 23802.12 万元，滞纳金 1014.42 万元。

【税收法治】 扎实开展“学法守纪防风险”专项工作，全年累计组织专题学习 20 余次，促进税务干部知法护法；严格规范行政处罚行为，严格执行税务行政处罚裁量权基准制度、集体审议、处罚备案和处罚说明理由制度，2015 年共执行税收行政处罚案件 1329 件，处罚金额 214640 元；加强税收执法督查，联合九龙坡区地税局和两江新区地税局开展交叉执法督察工作，累计采集疑点数据信息 300 余条，追征税款 1510 万元。

【纳税服务】 一是认真贯彻落实全国县级税务机关纳税服务规范，扎实开展“便民服务春风行动”，严格执行一次性告知制度，依托纳税人之家和 12366 热线平台，进一步完善纳税服务沟通制度和跟踪问效机制。二是组织开展“企业所得税新年度申报表讲解”“税收优惠政策解读”“纳税人满意度调查”等纳税之家沙龙活动。三是对辖区内 23710 户纳税人开展纳税服务满意度调查，共收集整理纳税人意见建议 662 条，累计收到5301 条回访反馈，其中新增纳税人“满意”户数 1074 户。四是打造沙坪坝区特色的便民办税“快车道”，深化国地税合作，在区国税局设立两个地税征收点，实现代开发票业务的国地税联合办税。

【税收政策落实】 认真落实税收优惠政策，依法减免缓退各类税收2.03亿元。其中，享受小微企业所得税优惠582户，优惠金额277.51万元，政策受惠面为100%；享受营业税税收优惠政策9036户，享受优惠金额12425万元；享受财产行为税备案类减免政策62户，优惠税额共计1845.35万元；全区减免9013户个人购买住房契税，减免金额5761.03万元，其中，办理退库505户，返税金额702.84万元。

【社保及代征规费管理】 按照税费“同征、同管、同查、同服务”的要求，进一步加强费源监控和欠费清缴。加强对非正常户和重点费源户的监控，对20户市级重点缴费企业和100户区级重点缴费企业进行重点管理和监控，督促企业及时足额缴纳社会保险费，重点缴费企业的征缴率达到100%，社保费全年平均征缴率达99.2%；全面清理核实欠费，对区社保局移送的6户和市信访办转办的2户欠缴社保费企业进行处理，2015年累计征收欠费3161万元。

【税收宣传】 充分利用沙坪坝文化教育区的优势，携手重庆大学团委、重庆大学科技园联合举办以“税收助力创业　梦想扬帆起航”为主题的第24个税收宣传月活动，让税法春风惠及高校创业青年；开展电子税务局上线专题宣传，让“互联网＋税收”便利纳税人，实现纳税人和税务基层“双减负”，全年多次被重庆电视台、大渝网、沙坪坝新闻等市、区级媒体报道。

【干部人事管理】 认真做好干部出入管理，完成4名公招和2名遴选公务员的考察工作，完成9名干部公务员登记和8名公务员退出备案工作。认真开展干部晋升工作，完成4名干部晋升科级领导职务，完成2名干部非领导职务晋升，

▲ 2015年1月30日，重庆市地税局党组成员、副局长董青（正排中）、总会计师周梁刚（正排右三）参加沙坪坝区地税局“党的温暖进百家”活动。

完成1名科所长晋升副处级领导干部推荐上报和71名主任科员的职务与职级并行摸底工作。完成科所长出入境证件登记和统一保管以及临聘人员清理工作；积极开展老干部工作，慰问住院退休干部9人次。

▲ 2015年9月21日，沙坪坝区地税局代表团参加沙坪坝区第四届运动会开幕式出场仪式，发扬体育精神，展示地税风采。

【教育培训】 组织干部参加各类会计资格考试，3人取得中级会计师资格，5人取得初级会计师资格；组织7名新进公务员参加初任培训，有2名新进干部获得初任培训“金牌学员”和“银牌学员”称号；组织1人参加市地税局优秀中青年干部培训，组织3人参加市局高层次人才培训。

【党风廉政建设】 扎实开展“两个责任”主题年活动，坚持廉政教育常态化，深入开展“六清一查”工作，清理涉税鉴证等相关报告和调查表共计156份；严抓政风行风建设，着力解决思想认识不到位、执法不规范、作风不务实等问题，坚决杜绝“门难进”“脸难看”“事难办”的发生。

【精神文明建设】 认真开展机关党委换届工作，选优配强支部领导班子；积极开展文明创建工作，在沙坪坝区“百千万”评议中被评为“企业满意部门”，8个税务所被评为沙坪坝区“人民满意基层站所”，6个税务所连续三年获此殊荣并被区政府授牌表彰，7人被市地税局党组评为全市地税系统“第七轮共产党员示范岗”，1人被评为地税系统优秀青年，地税形象持续提升。

（撰稿人：宋双美）

九龙坡区地方税务局

【概况】 九龙坡区地方税务局共有干部职工231名，设9个机关科室，13个基层所，1个办税服务厅。2015年，以组织收入为中心，以“三基一化”建设为主线，充分发挥地税职能作用，顺利完成各项目标任务。

【税费收入完成情况】 2015年，共组织各项收入139.88亿元，同比增长11.4%。其中：税收收入完成81.73亿元，同比增长7.4%；社保收入完成54.14亿元，同比增长18.8%；工会经费完成2272万元；残疾保障金完成1614万元；垃圾处置费完成262万元；其他收入完成3.61亿元。税收收入中：中央级完成7.92亿元，同比下降3.6%；市级完成26.6亿元，同比增长6.3%；区级完成47.2亿元，同比增长10.1%。

【税收收入特点及分析】　从产业看，税收分化加剧，第三产业税收占比继续上升。第一产业累计实现税收收入357万元，税收下降12.71%，占比仅0.04%；第二产业税收累计入库16.67亿元，税收增长2.73%，税收占比20.4%；第三产业实现税收收入65.02亿元，同比增长8.62%，税收占比79.56%，高于全市平均占比6.71个百分点。国有投资公司对税收影响较大，2015年税收收入入库15.14亿元，占税收收入比重达到18.52%，仅次于房地产业，税收增幅达111.70%，拉动税收增长10.49个百分点。

从税种看，营业税增幅回落，税收占比持续下降。营业税累计征收30.3亿元，税收占比37.08%，较上年同期占比上升0.17个百分点，其中，房地产业营业税同比增长2.16%，增幅较上年同期下降19.12个百分点；金融业营业税同比增长17.94%，增幅较上年同期增长1.1个百分点；建筑业营业税同比增长7.99%，增幅较上年同期下降6.07个百分点。两种所得税下降较大，企业所得税、个人所得税占税收收入的16.15%。企业所得税累计入库6.48亿元，税收占比7.93%，累计同比下降5.53%，其中，行业税收增速两极分化，除建筑业、租赁和商务服务业、居民服务业、教育与卫生、采矿业外，其余行业企业所得税均大幅下降；个人所得税累计征收6.72亿元，税收占比8.22%，税收同比下降1.64%，高于全市平均降幅为18.11个百分点。财产行为税贡献率大幅提升。累计实现收入38.22亿元，累计增长11.31%，占税收收入的46.76%，拉动税收增长5.1个百分点。城镇土地使用税完成8.97亿元，延续高增长态势，实现75.28%的增长，税收占比10.97%，成为继营业税之后的第二大税种；耕地占用税同比增长15.56%，契税同比下降4.71%。

【税种管理】　推行“营改增”试点工作，集中力量开展营业税专项清理，清理营业税5071.64万元，做好试点纳税人申请财政扶持资金工作；完成7381户企业所得税汇算清缴，申报率达100%，汇算补税2.67亿元；推广个人所得税扣缴系统上线明细申报，上线明细申报38328户，扣缴系统覆盖率达82.31%，上线户数全市第一；开展房产税、城镇土地使用税、耕地占用税比对清查，完成17.40亿元；有序开展个人房产税征收工作，征收482套房产，征缴比例91.30%；建立农村集体土地出租及相关地上建筑物所涉房产税及城镇土地使用税的代征制度，加强对农村土地出租及厂房修建的财产行为税管理；规范印花税核定征收管理。

【税收征管】　加强与工商、国税的联系，做好“三证合一、一照一码”登记制度改革实施工作。与区国税局、高新区国税局签订协议，就联合税收宣传、联合委托代征、联合办理纳税服务投诉等37个项目开展合作。联合区国税完成2014年度纳税信用评价工作，参评纳税人23857户，评出A级纳税人95户，B级纳税人12830户，C级纳税人10855户，D级纳税人77户；推行民主评税、阳光定税，落实定税公告制度，增强定期定额户核定定额工作的透明度；完成原高新区地方税务局金三数据迁移工作，组织完成49372户核心征管系统数据迁移；强化与涉税部门之间数据传递的联动机制，三方信息管理软件全年获取数据7000余条；自行开发代征软件加强对乡镇零散税收征收，入库税款6500万元；与区法院建立联动协作机制，全年涉及代征各项税费4780万元；采用二维码电子识别方式，实现房产土地交易涉税信息双向验证；完善“一户式”电子征管档案和财务报表录入功能，提高基础数据的规范性、准确性和一致性；集中开展行业风险分析和大企业、高收入高净值纳税人风险分析，分批创建和应用适合辖区税源管理需求的风险分析指标系列，筛选风险对象16221个，分层次、有重点地向基层税务所推送风险应对任务3批，实现由粗略估计到疑点确定的评价模式优化，增强税收风险管理的针对性。

【税收法治】 开展“学法守纪防风险”和“六清一查”专项活动，围绕人、财、物、权、钱、事六个环节进行全面清理；认真执行逐级审查、集体评议、审批复核等制度，坚决制止越权减免税或擅自减免税行为；按季抽取二手房交易总办理件数10%的资料进行复查监督，按季抽取税务所10%的管理员权限开展金三数据管理风险排查；与沙坪坝地税局、两江新区地税局联合开展交叉执法督察，对督察查出的6项25条问题认真进行整改。

【税收政策落实】 全年享受高新技术企业、西部大开发等各项所得税优惠政策3156户，减免税金额42971万元；积极推动“大众创业、万众创新”，借助各种媒体广泛宣传小微企业税收优惠政策，主动联系八大功能板块办公室、重庆市IT产业微企孵化园、13栋重点楼宇开展点对点税收宣传，对辖区内7525户小微企业纳税人进行一对一宣传和咨询服务。全局符合小微企业所得税优惠政策的纳税对象800户，受益面100%，减免税额390余万元；大力开展税银合作，与建设银行杨家坪支行、工商银行杨家坪支行开展深度合作，缓解小微企业融资难问题。截至年底，两家银行已向90余户诚信纳税小微企业发放贷款22000余万元；积极参与培育市场主体，全年新增纳税人15832户，同比增长21%。

【纳税服务】 办税服务厅整体入驻区行政服务中心，高效便捷服务纳税人；推动《全国税务机关纳税服务规范》落地生根，深入开展“便民办税春风行动”；升级改造2个基层税务所，优化办税服务设施；定期开设纳税人学堂；开展纳税人满意度调查，共发放调查问卷3000份，非常满意占96.1%；制定纳税服务投诉追责办法，

▲ 2015年11月9日，九龙坡区地税局税务干部到重庆市高新区IT产业微企孵化园，向纳税人面对面宣传小微企业税收优惠政策。

▲ 2015年5月14日，全市地税系统支部书记培训班学员，到九龙坡区地税局石坪桥征收所参观基层党建示范点。

畅通对外公开电话，通过12366服务热线、阳光重庆纠风平台等多种方式收集意见建议；对九龙坡区“互联网+产业”、个体经济管理、小额贷款公司税收管理等方面开展专题调研，为区委、区政府提供决策参考。

【行政后勤管理】　严格执行“三重一大”事项集体决策制度和重大问题“一把手”末位发言制度，提高决策的科学化、民主化水平；实行会议纪要制度，确保政务规范，提高权力运行的透明度和公信力；提高后勤精细化管理水平，加强食堂、应急车辆、消防、舆情、信访、应急值守和节能减排等内部管理工作。推进绩效管理工作，细化考核内容，完善组织绩效和个人绩效考核方式，实现考核结果与绩效奖励挂钩，做好绩效沟通与反馈，建立申述申请制度，以绩效管理为平台有力推进各项工作的顺利开展。

【干部人事管理】　严格落实《干部任用条例》，严把审批关、纪律关和监督关，在充分酝酿的基础上，广泛听取意见，2015年选拔3名副科级领导干部，推荐1名副处级干部和1名副调研员；开展干部轮岗，全年调整14名科所长岗位；提升干部队伍的业务素质，开展各类业务培训20余批次；积极培养专业化人才，共有9人通过初级会计考试，3人通过中级会计考试。

【党风廉政建设】　建立科所长述职、述责、述廉的“三述”制度；实行党风廉政建设责任清单制度，对领导班子25项主体责任和科所负责人17项主体责任进行分解；修订兼职监察员管理办法，实现监督责任向基层延伸；注重廉政教育抓早抓小，党组中心组带头学，引导干部职工增强守纪律、讲规矩意识；成立作风督导小组，全年共开展作风督导检查30余次，纳入绩效考核7件次；注重执纪问责抓早抓小，畅通监督举报渠道，落实廉政提醒谈话，防止小问题演变为大问题。

【精神文明建设】　开展提升素质强本领、以文化人塑愿景、历炼作风优服务、人文关怀聚党心等四项行动，增强干部职工对“修身同德兴地税，尚法崇礼建九龙”团队精神理念的认同感。区局被评为2014年度全区工会工作先进集体，服务高新区建设发展先进单位；1名干部获得市地税系统第二届“十佳地税青年”称号，1名干部获得市地税系统“纳税服务明星”称号。

（撰稿人：牟云松）

南岸区地方税务局

【概况】 南岸区地方税务局共有干部职工203人，设9个科室、10个税务所、2个办税服务厅。2015年，围绕推进税收现代化建设要求，抓住“三基一化”工作主线，围绕组织收入中心任务，全面履行税收职能，扎实推进各项工作，圆满地完成了各项工作任务。

【税费收入完成情况】 2015年，共完成税费收入127.55亿元，同比增长11.4%。其中：组织税收收入82.10亿元，同比增长8.5%；区级税收50.29亿元，同比增长12.3%。组织社会保险费41.13亿元，同比增长19.2%，征缴率99.4%。

【税收收入特点及分析】 一是区域经济整体向好，房地产业持续低迷。批发和零售业与建筑业实现较快增长，制造业基本持平，房地产业和住宿餐饮业出现两位数以上的下跌。二是国有投资公司纳税额度大，江南新城板块税收增长表现突出。共追缴国有投资公司多年税款15.90亿元，增收10.50亿元。江南新城实现税收26.11亿元，同比增长21.1%。三是税收级次差异扩大，市区两级表现迥异。中央级税收实现7.27亿元，同比增长12.9%；市级税收实现24.53亿元，同比增长0.3%；区级税收实现50.29亿元，同比增长12.3%。中央级和区级税收表现明显优于市级税收。

从税种结构上看，2015年营业税收入26.87亿元，同比减少3.6%，减收1.01亿元。企业所得税收入5.46亿元，同比增长6.6%，增收0.34亿元。个人所得税收入6.66亿元，同比增长18.7%，增收1.05亿元。城市维护建设税收入5.63亿元，同比增长1.6%，增收0.09亿元。

【税收征管】 推进风控管理，将风险管理与日常征管有机结合，开展10余次专项风险任务，累计完成各类风险评估2626户，查补入库税款2.78亿元，风险管理居全市前列。夯实基础，抓实“一照一码”，在技术上解决了金三系统与区行政服务中心系统对接问题，确保“一照一码”顺利按时上线。加强信息管税，完成经开园区金三数据迁移及2000余户的三方协议验证。强化平台共享，与南岸区国税局、市国税局直属分局、车购税分局建立信息共享机制。加强数据运用，做好纳税信用等级评定，共计评估10252户。创新社保征收模式。在全市率先委托邮局批量寄送《社保费欠费催缴通知书》，实现数据集中、批量打印、挂号送达、信息反馈的“一条龙”管理模式。全年共催收欠费663万元，此项工作得到市局的高度肯定和评价。

【依法治税】 开展执法督察，全面排查执法风险，对55户民政福利企业的优惠政策执行情况进行审查，梳理出减免缓欠税管理、发票管理等8个方面的15个风险点，涉及税款600余万元。清理制发文件，规范统一权力清单，对1997年以来南岸区地税局自行制定的规范性文件进行全面清理，废除文件19个；对2014年11月前行政权力事项进行集中清理，缩减为32项。强化协税护税，提升综合治税水平。落实地方税收征管保障办法，与区国土、建委等部门交换涉税信息千余条，利用税收优先权保障税款执行。

▲ 南岸区小微企业税收政策宣讲会

【税收政策落实】 全面落实税收优惠政策。全年办理各类减免缓退税1634户次，涉及税款3.29亿元。其中，落实西部大开发税收优惠160余户，落实小微企业税收优惠4650余户，全区小微企业享受各类地方税收优惠2000余万元。

【信息化建设】 做好金税三期运行各项工作，全年共提交404项运维申请，解决395项；强化数据质量考核工作，共修改异常数据10546条，完成率100%；完成互联网安全改造工作，对税务所互联网线路进行重新规划，对全局所有互联网上网行为统一管理；加强软件正版化管理工作，对计算机操作系统及各类办公软件的使用坚持归口管理，责任到人；加强信息化操作技能培训，针对大数据平台和WPS操作系统分3个批次开展培训，确保人人过关。

【纳税服务】 完善12366服务热线交办事项办理机制，全年共办理交办事项136件；加强纳税人培训，分专题对纳税人开展了10期培训；继续深入开展“便民办税春风行动”，优化办税服务流程，有效减轻办税负担；开展纳税人满意度调查问卷调查统计工作，共发放实物问卷20000余份，收回有效问卷16482份。

【纳税宣传】 多渠道创新税法宣传。利用《南岸报》、电视台、税企QQ群等多种渠道，编印发放税收宣传手册3万余册，确保应知尽知，应享尽享；依托南岸区微型企业孵化基地，开展小微企业专题培训4次，推进大众创业万众创新；深化依法诚信纳税示范街创建活动，开展“诚信纳税之星”评选；与南岸区龙门浩街道下浩社区结成帮扶对子，每月深入企业、百姓家庭，听取民意，答疑解惑，宣传政策。

【教育培训】 建立机关、基层学习制度，机关每周定期开展综合业务培训，基层单位自行组织业务学习交流。组织“岗位大练兵、业务大比武”活动，推荐5人参加市局“三个一”工程培养。有序推进干部网络学习，完成学习任务率100%。抓好财会知识培训工作，截至2015年底取得会计资格115人，初级会计师资格68人，中级会计师资格19人，注册税务师资格4人，司法考试A证4人。

【党风廉政建设】 召开“三严三实”专题民主生活会，加强党组组织建设、思想建设、作风建设，全年党组中心组集体学习18次，其中“三严三实”专题学习13次。以落实“两个责任”为抓手，制发《关于落实党风廉政建设主体责任的意见》《关于明确纪检监察部门落实党风廉政建设监督责任的通知》，整理完善主体责任177条，纪检组和兼职监察员监督责任356条。

通过明确主体责任、签订“党风廉政责任书”“廉政承诺书”等，不断强化责任担当。修订完善党组会、局长办公会等议事规则、重大涉税事项审理办法、规范干部职工操办婚丧喜庆事宜等多项管理制度。认真贯彻落实中央“八项规定”，针对办公用房、公务用车、公务接待、涉税中介等12个重点内容进行拉网式清查。在全局开展党风廉政大教育、执法风险大排查、作风纪律大整顿，区局中心组进行党风廉政建设专题学习3次，全局专题学习4次，党组书记和纪检组长讲党风廉政教育课各1次，邀请专家专题讲座3次，组织干部职工观看廉政教育专题片8次，开展党章党规知识答题活动。落实中层干部述职述廉，建立完善中层干部廉政档案，全面掌握39名中层干部重大事项。开展执法监察和廉政约谈，约谈企业8户，科所长33名，纪检组对全局干部职工开展日常约谈面达到90%以上。开展明察暗访40余次，发放廉政跟踪卡1000余份，跟踪执法人员执行廉政规定的全过程。

▲ 组织党员开展党的“政治生日”会

【精神文明建设】 开展庆祝建党95周年暨“学法守纪防风险”演讲比赛、“百位共产党员百篇小传”诵读、纪念抗战胜利93周年文艺表演、职工趣味运动会等活动，组织参加市局职工足球邀请赛和南岸区运动会，丰富干部职工文化生活。建立党员“政治生日”制度，激发广大党员的归宿感、荣誉感、责任感。开展关爱留守儿童活动，筹资10万余元为结对村社解决实际困难，增强干部职工社会责任感。在争先创优活动中，办税服务厅党支部被南岸区评为“青春倡廉示范岗”，弹子石税务所连续三年荣获全区“十佳科站所”优胜单位称号。

（撰稿人：林　泉、廖渝媛）

北碚区地方税务局

【概况】 北碚区地方税务局在册干部职工133人，设9个科室、9个税务所和1个办税服务厅。2015年，以组织收入为中心，以“三严三实”专题教育活动为抓手，注重队伍建设，优化纳税服务，改进工作作风，在经济下行压力下，攻坚克难，较好地完成了市局和区委、区政府下达的各项工作任务。

【组织收入完成情况】　2015年，完成各项税费收入57.83亿元，同比增长7.91%。其中：税收收入完成31.53亿元，同比增长5.44%；社会保险费收入完成24.78亿元，同比增长11.26%；其他非税收入完成1.52亿元，同比增长7.49%。

【税收收入特点及分析】　与土地流转交易关联度较高的税种受经济形势影响，降幅明显，土地交易相关税种税收占比仅为17.3%，同比下降11.7%。房产税、城镇土地使用税受清理入库以前年度税收因素影响，增幅明显，同比分别增收297.5%和153.2%。与投资关联性较高的行业税收高增长局面不再，房地产业税收收入同比下降17%，税收占比同比下降11%；建筑业税收收入同比下降14.4%，税收占比同比下降2.2%；剔除非可比因素后金融业税收收入同比增长22.1%，增幅同比下降20%，税收占比同比下降1.6%。增幅和占比均较以往出现较大下滑。

【税种管理】　开展三大行业营业税专项清理工作，累计评估清理356户，查补税款9070万元。开展企业所得税规范化管理工作，完成汇算户数1731户，完成比例达到100%。做好个人所得税管理系统的推广运用工作，指导督促5493户代扣代缴义务人运用该系统，覆盖率达到72.42%。完成4342户年所得12万元以上个人所得税的申报工作，完成比例达到100%。开展个人住房房产税征收工作，共计征收应税住房216套，征收率达到98.63%。

【税收征管】　充分借助大数据平台，大力推进信息管税，强化征管数据质量，确保征管数据的准确和规范，提升税收征管质效。全年共计维护2065个考核类数据，比对、分析和清查8034个税务登记中缺项、错项、漏项等信息，有效提升了征管数据质量。

【税收法治】　强化法治队伍建设，建立并完善法制员管理制度，加强法制教育，全年组织法制专题学习会4次，聘请律师专业讲解1次，北碚区检察院检察长现场讲解1次。强化执法督察工作，与兄弟单位共同组建税收执法督察小组，开展交叉督察，共发现在税务登记、土地增值税管理、营改增后续管理等10个方面的征管漏洞55处，已全部整改完毕。完善检查评价和执法考核机制，加强执法督察结果运用，推进税收执法责任制落实。

【税收政策落实】　认真落实税收优惠政策，尤其是在小微企业税收优惠政策落实方面，加强对小微企业的针对性服务与后续管理，为47890户次个体工商户减免营业税2525.26万元，为20425户次小微企业减免营业税352.96万元，企业所得税44.36万元，小微企业税收优惠政策覆盖率100%，落实小微企业税收优惠政策系列举措受到市局的通报表彰，并代表全市接受国家税务总局小微企业税收优惠政策落实工作督察组检查。

【纳税服务】　认真贯彻落实纳税服务、税收征管、国地税合作等工作规范，在窗口深化首问责任、按时办结、领导值班等服务制度。与国税办税服务厅实现互派窗口，全面推行业务集中办理和免填单服务。全年共受理各项免填单业务15000余件，及时办结14000余件，限时办结729件。受理12366人工来电36件，办结率100%、纳税人满意率100%。

【税收宣传】　借助税收宣传月、小微企业税收优惠政策重点宣传月契机，利用服务厅LED、税企QQ、12366短信平台、北碚电视台、

《北碚报》等平台开展持续性宣传，将宣传活动融入实际纳税服务工作。通过开展税收知识有奖竞猜、税企座谈会、纳税人学堂、税收知识手机报等活动，将税收宣传与组织收入、干部队伍建设、当前工作相结合，做实做细税收宣传，提升纳税人的税收遵从度。

【社保及代征规费管理】 推行网上缴费、银行端查询缴费、刷卡缴费等多元化缴费模式，减轻缴费单位的缴费负担。年均各费种网报笔数比率均达到99%。社会保险费收入完成24.78亿元，同比增长11.26%。做好残保金代征工作，共征收残保金1181万元，增长4.2%。做好工会经费征收工作，严把审核关，对工会经费的缴费基数进行认真审核，确保缴费基数的真实性。做好垃圾处置费征收工作，征收垃圾处置费97万元，较2014年增加58万元。

【行政后勤管理】 坚持高标准，精准办文、精细办事、精致办会，全年共办文96件，上报信息136条，被市级以上采用92条，办会137场，日常工作无积压，通过搞好政务服务工作，确保行政工作的顺利运转。进一步清理完善办公室和后勤管理制度，在公文管理、舆情管控、档案管理、车辆管理、食堂管理等方面都建立了完善的制度。

【财务资产管理】 制定北碚区地方税务局资产管理办法，资产按程序采购18批次，报废处置资产4批。截至2015年12月31日，实有固定资产2811件，资产金额2073.81万元，另有局机关大楼和蔡家所办公楼两处在建工程正在进行竣工决算待转固。

【税收调研】 大力开展税收调研，加强税收分析，积极献计献策，为地方税体系的构建贡献力量。2015年，区局党组书记、局长朱伟钦撰写心得体会《从严从实做好基层税务工作》，作为优秀作品被中直党建网（部级媒体）全文刊载；《浅谈税收征管改革中的风险管理因素》一文获得重庆市国际税收研究会佳作奖。

【干部人事管理】 按照相关规定严格管理，做好各项日常工作。启动养老保险工作，完成职工养老保险基础数据采集。清理审核全局干部职工档案，核对“三龄二历一身份”，对人事信息系统进行集中维护，完善了干部职工的电子档案。

【教育培训】 以市局“841”干部培训计划为抓手，高度重视会计人才培养。到2015年底，全局68名45岁以下公务员中，已有62人获得会计从业人员资格，占91.18%；44人通过初级会计师资格考试，占64.7%；11人获得中级及以上职称，占16.18%。各项指标均达到要求。

【党风廉政建设】 定期召开党风廉政建设工作分析会，有针对性地提出工作方案和措施，将党风廉政建设和反腐败工作常态化、制度化。进一步完善工作机制，切实加大内部监管力度，共开展明察暗访53次，座谈走访16次，向纳税人发放廉政跟踪回访表1000份，收回671份。

【精神文明建设】 加强税务文化建设，鼓励税务所、办税厅和机关各科室积极开展文明创建工作；成立了篮（足）球、羽毛球、乒乓球、太极拳和瑜伽等5个职工兴趣小组，在业余时间组织活动。2015年，办税服务厅被团市委评为“青年文明号示范集体”，并通过全国总工会“全国模范职工之家”的初步评审。

（撰稿人：黄泽夏、廖 茜）

渝北区地方税务局

【概况】　2015年，渝北区地方税务局在市局和区委、区政府的正确领导下，狠抓组织收入、切实转变作风、倾情服务地方发展，圆满完成了各项工作任务，被评为“全市地税系统绩效管理先进单位”“渝北区先进基层党组织”“渝北区党建工作示范单位”。

【组织收入完成情况】　全年累计组织各项收入1254245万元，为年度计划的109.65%，同比增长7.91%，增收91894万元。其中：税收收入完成755955万元，为年度计划的97.32%，同比增长2.06%，增收15266万元；社保收入完成455345万元，为年度计划的134.17%，同比增长19.3%，增收73653万元。税收收入中，中央级税收实现99538万元，同比下降10.79%，减收12039万元；市级税收实现244087万元，同比下降7.03%，减收18456万元；区级税收实现412331万元，同比增长12.48%，增收45762万元。

【税收收入特点及分析】　一是三大主体税种全面下滑。营业税完成257691万元，为计划的87.53%，同比下降10.04%，减收28766万元。其中，房地产业完成收入78303万元，同比下降26.75%，减收28595万元；金融业完成收入58268万元，同比下降0.8%，减收469万元。企业所得税完成77267万元，为计划的100.6%，同比下降9.49%，减收8104万元。个人所得税完成88629万元，为计划的104.54%，同比下降11.89%，减收11961万元。其中，工资薪金所得完成收入59091万元，同比增长15.65%，增收7997万元；财产转让所得完成收入6139万元，同比下降71.25%，减收15212万元；偶然所得完成收入9856万元，同比下降34.99%，减收5304万元。二是耕地占用税和契税大幅增长。城镇土地使用税完成28785万元，为计划的102.86%，同比增长37.5%，增收7850万元。耕地占用税完成29618万元，为计划的107.06%，同比增长290.17%，增收22027万元。契税完成103382万元，为计划的102.91%，同比增长31.66%，增收24862万元。三是其余税种均有增长。资源税同比增长31.48%；城市维护建设税同比增长7.14%；房产税同比增长9.7%；印花税同比增长12.36%。

从经济结构上看，房地产、建筑、金融三大行业全面下滑，公共管理和社会组织业大幅增收。第二产业实现收入158526万元，下降1.78%，减收2866万元。其中，建筑业实现收入92749万元，同比下降8.96%，减收9129万元。第三产业实现收入596728万元，同比增长3.13%，增收18100万元。其中，房地产业税收总量最大，为306596万元，同比下降5.5%，减收17841万元；金融业实现收入85525万元，同比下降13.54%，减收13388万元；公共管理和社会组织税收增长迅猛，实现收入18689万元，同比增长748.34%，增收16486万元。

【税收征管】　一是落实市局“三基一化”要求，全局“税务登记信息完整率”达99.96%，“税务登记信息差错率”仅为0.08%。全局TIPS扣款入库率、网上申报入库率、企业三方协议签订比例等指标居全市前列。二是落实全国征管规范，将 104 项业务前移至窗口实行一窗办理，方便纳税人办事。三是实施精细化管理。营业税方面，开展三大行业营业税清理，清理房地产开发企业 286 户、建筑业项目 5550 个、金融业 85 户，补缴营业税 6342 万元。企业所得税方面，辅导 5770 户企业完成汇算清缴，入库企业所得税 2.2 亿元。个人所得税方面，超额完成市局下达的 12 万元以上个人所得税自行申报任务。土地增值税方面，完成清算项目 26 个，入库 1.91 亿元。开展房产税、城镇土地使用税、耕地占用税清理，入库税款 1.63 亿元。对房地产建安项目、甲供材营业税，机场、悦来片区漏征漏管户以及欠税情况开展专项清理，查补税款 9412 万元。

【依法治税】 强化税收法治意识，组织学法守纪专题演讲、知识竞赛和“学法守纪大家谈”活动，培养干部法律思维和守法意识。邀请法律专家开展专题培训 4 次，学习法规 11 部，规范执法程序、执法文书及自由裁量权；清查违纪违规行为，全面清理在优惠政策执行、税收清结算、纳税评估、个体定税、涉税鉴证保存和减、免、缓、欠税等行政审批中的违纪违规行为，规范税收秩序；开展交叉执法督察和执法案卷评查，区局选送的“某公司税务处罚案”荣获渝北区优秀行政执法案卷奖；加强执法风险防范，聘请法律顾问，帮助干部发现和规避执法风险，全年无行政复议、听证及诉讼案件发生；强化法制宣传，开展“六五”普法、“税收宣传月”“12 · 4 全国法制宣传日”活动。区局荣获“2015 年全区依法行政示范单位”称号。

【纳税服务】 深入推进“便民办税春风行动”，落实《全国县级税务机关纳税服务规范 2.1》，推广网上申报等便捷申报方式，为纳税人提供规范、便捷的办税服务；全面提高办税效率。严格落实首问责任制，一次性告知办税所需资料，避免纳税人重复跑路；与区工商局、区质监局、区国税局协作推行“三证合一、一证一码”工作，减轻纳税人办事负担；积极服务地方经济发展，全年减免各税 3.15 亿元，小微企业受惠面达 100%。上报专题调研报告 3 篇，为上级决策提供参考。

【教育培训】 开展“三严三实”专题教育，排查各类“不严不实”问题 76 个，制定整改措施 11 条；落实中央“八项规定”、市委“八严禁，十二不准”和区委作风建设“十不准”规定，严肃查处“门难进、脸难看、事难办”和“吃拿卡要报”等问题现象；组织“五个一”（给党员过一次政治生日，重温一次入党誓词，开一次交心谈心，写一份心得体会，送一本励志书籍）、“党的温暖进百家”“三人五事”等活动，党群关系更加密切。两路三所荣获“全国工人先锋号”称号，两路五所荣获“重庆市工人先锋号”称号；加强专业技能培训，45 岁以下干部 100% 取得会计从业资格，81 名干部取得初级会计师资格、26 名干部取得中级会计师资格、3 名干部取得注册税务师资格。

【党风廉政建设】 开展“落实两个责任主题年”活动，班子成员切实履行“一岗双责”，制定“两个责任”清单，出台落实主体责任和监督责任的工作制度，层层签订党风廉政责任书，干部均做出廉政承诺，全年未发现违法违纪行为；加强廉政教育，组织了“家人朋友助廉”活动、到烈士墓开展红色教育，参加市局廉政书画比赛、区“法与我同行”征文比赛和“平安家庭”创建活动等。开展公职人员经商办企业专项清理和执法审批自查，明察暗访全局工作纪律、服务情况。严格落实《渝北区党员干部“蛛丝马迹”问题发现及处置办法》，将问题扼杀在萌芽状态。积极撰写廉政调研文章，在市区两级报刊刊载廉政信息各 3 篇，各级网络媒体上刊载 4 篇。

（撰稿人：曹智波）

巴南区地方税务局

【概况】 巴南区地方税务局共有干部职工 133 人，下设 9 个科室，8 个税务所。

【税费收入完成情况】 2015 年，共组织各项收入 68.83 亿元，同比增长 18.7%，增收 10.83 亿元。其中：税收收入完成 43.44 亿元，同比增长 13.8%，增收 5.28 亿元。中央级税收收入完成 2.97 亿元，同比下降 21.1%，减收 7911 万元；市级税收收入完成 13.46 亿元，同比增长 9.6%，增收 1.17 亿元；区级税收收入完成 27.02 亿元，同比增长 22.14%，增收 4.90 亿元。社保费收入完成 23.77 亿元，同比增长 29.7%，增收 5.44 亿元。

【税收收入特点及分析】 加大欠税的追缴力度，入库欠税 4.18 亿元；对已摘牌土地进行清理，及时征缴土地交易契税 3.73 亿元；改革增量房契税征收方式，从办证环节前移到备案环节，征收增量房契税 3.14 亿元，同比增长 84%；做好与市第五稽查局的衔接，积极组织入库查补税款 2885 万元。加强对土地增值税清算和中等风险的应对，全年完成风险应对 2956 户，涉及风险疑点 8868 个，排除涉税风险 4625 个，应对有效率达到 52.2%，评估补缴税款 2.05 亿元。

【税收征管】 成立办税服务大厅，纳税人依申请办理的所有涉税事项全部前移到办税服务大厅，打造“集中受理，内部流转，限时办结，窗口出件”全职能窗口服务新模式；对金税三期征管系统的 8670 户纳税人登记信息、银行账户信息、税源信息等相关数据信息进行核实、比对和修正，清理漏管新办税务登记 208 户，手工关联国地税纳税人 887 户，清理国地税附加税（费）款不一致的纳税人 2389 户，共查补税（费）款 122 万元；推行“互联网 + 税务”和电子税务局试点工作，已开通电子税务局 748 户，发放 CA 证书 454 个；结合国地税合作工作规范，进一步强化国地税合作机制，制定 20 项合作项目。

【税收法治】 强化依法治税意识，将“学法守纪防风险”活动融入全年各项工作，开展形式多样的学习教育活动。抓“六清一查”和“过头税”自查工作，对 202 户次近年来减免缓欠税等行政审批和税收优惠政策执行情况、企业所得税和土地增值税清结算等情况进行集中清理。主动防范执法风险，开展案卷评查工作，送审案卷在市局的评查中获得优胜。开展土地增值税集中核查和税收优惠政策执行情况集中核查、存量房交易专项督察，查补各税共 9025 万元。根据行政审批制度改革要求，对原有的 35 个行政审批事项进行清理，保留行政许可事项 7 项，行政扶持事项 7 项。

【税收政策落实】 严格落实各项税收优惠政策，减免各项税款 4.26 亿元，多措并举加大小微企业税收优惠政策宣传力度，小微企业享受税收优惠政策实现全覆盖，减免营业税及所得税 2566 万元。

【纳税服务】 按季向区委、区政府及相关部门报送税收分析材料，为区领导决策全区经济工作提供依据，组织全区 22 个镇街和园区召开地方税收工作座谈会，为镇街及园区经济发展出谋献策；开展“便民办税春风行动”，完善办税服务厅设施标识，设置自助办税服务平台，积极推行网上申报，推广税收征管电子档案信息管理系统，进一步扩大免填单业务范围，落实“三证合一”登记制度改革，全面提升办事效率，2015 年共办理“三证合一”869 户；开展企业信用等级评价工作，评定 B 级及以上企业 2323 户。

【税收宣传】 精心策划税收宣传活动，充分运用《巴南报》、巴南门户网站、手机报、电视台、《新巴南》杂志等新闻媒体，开展助力小微企业发展、下岗失业人员再就业、双创、个人房产税等税收优惠政策进行全面宣传。同时开展走进工业园送政策、税收服务开放型经济发展等系列宣传活动，全面提升税收宣传月效应。积极宣传落实“互联网＋税务”，聘请各镇街财政所长担任特邀税收宣传员，进一步拓宽税收宣传渠道。

【行政后勤管理】 上报区委、区政府及市局信息 143 条，采用 77 条，及时反映税收工作中好的经验做法及存在的问题建议。认真做好税工会、党风廉政工作会、“学法守纪防风险”会等重大会议的会务工作，为高质量开展各项工作提供坚强保障。做好绩效上线管理考评，从制度建设、综合考评、绩效计划等方面全方位推进绩效管理工作。加强信访、保密、机要、值班等政务工作，保障机关有序运转。

【财务资产管理】 及时下达各科所预算指标，坚持无预算不支付原则，大额经费的使用全部通过局长办公会集体研究决定；取消备用金制度，严格执行公务卡结算，公务卡控制比例为 100%；坚持按照资产管理办法实行资产按月分类核对，对所有房屋证照手续资料进行完善补办；严格按照政府采购管理工作相关要求，对大宗办公用品采购纳入政府采购，成立采购小组询价采购，监察室全程参与监督。

▲ 2015年10月1日起，“三证合一”正式推行。图为纳税人办出改革后巴南区第一张营业执照。

【教育培训】 创新思路开展“青年成才计划”，实行“局领导结对联系—所长引—导师带”的三级培养模式，搭建青年人才论坛、辩论赛、演讲赛、征文等平台；组织开展财务会计知识培训和职称考试，取得会计从业资格证 80 人，初级会计师以上职称 47 人，中级会计师以上职称13人，注册税务师4人，律师职业资格证3人。

【党风廉政建设】一是开展“三严三实”专题教育活动，切实查摆问题，收集意见建议和问题120条，归纳梳理成领导班子问题17个，班子成员问题30个，列出整改清单，建立整改台账，制定整改措施，落实整改责任人和责任科室，明确整改时限。二是认真落实主体责任和监督责任，梳理“两个责任”任务清单74项，并细化为102项党风廉政建设重点事项；区局党组书记和班子成员分别与联系科（室）、所主要负责人签订党风廉政建设责任书；积极发挥纪检组监督职能，落实纪检组长44项党风廉政建设重点事项，加强对干部选拔任用、经费使用、物资采购、基本建设、“三重一大”决策等事项的监督。三是加强党风廉政教育，邀请区检察院检察长开展预防职务犯罪专题讲座，举办“学法守纪防风险”演讲比赛，联系区检察院、国税局、人行联合开展“反腐倡廉”主题辩论赛；编发《廉政导读》10期，利用12366短信平台，进行经常性的廉政提醒；对科所长、新提拔干部、关键岗位和集体廉政谈话15次共200余人。四是严格落实中央八项规定和纠正“四风”方面存在的问题，在全局范围内开展自查自纠，整理及腾退办公用房面积132.77平方米。

▲ 2015年7月23日，巴南区地税局联合区检察院、人行巴南支行、区国税局开展反腐倡廉主题辩论赛。

【精神文明建设】积极打造税收文化，定期开展工会活动，举办趣味运动会，关心干部职工生活。扎实开展扶贫帮困活动，对巴南区接龙镇政府进行资金帮扶30余万元，向3个基层党组织捐赠6台办公电脑，班子成员与接龙镇马路村金竹湾社5户贫困农民接成“一帮一”对子，深入农户家中实地调研，因地制宜量身制定精准的脱贫计划。局机关被中华全国总工会表彰为“全国模范职工之家”。

（撰稿人：陈佳璐）

长寿区地方税务局

【概况】 长寿区地方税务局共有在职干部职工 122 人，设 9 个科室、1 个稽查局、7 个税务所、1 个办税服务厅。在 2015 年全市地税系统绩效考评中，长寿区地税局名列前茅，获得“先进单位”称号。

【组织收入完成情况】 2015 年，共组织税费收入 461502 万元，同比增长 12.44%，增收 51075 万元。税收收入完成 275140 万元，同比增长 10.05%，增收 25134 万元。其中，中央级收入完成 19120 万元，同比下降 12.13%，减收 2639 万元；市级收入完成 38654 万元，同比增长 2.57%，增收 967 万元；区级收入完成 217366 万元，同比增长 14.07%，增收 26807 万元。非税收入完成 186362 万元，同比增长 16.17%，增收 25941 万元。其中，社保费完成 173246 万元，同比增长 17.55%，增收 25863 万元。

【税收收入特点及分析】 圆满完成各级税收任务目标，全口径税收完成 105.54%，税收弹性系数为 0.8，宏观税负为 5.74%，地方税收与宏观经济之间的契合度较高。各级次税收分布不平衡，其中区级税收维持高效增长。营业税主体地位下降，所得税波动剧烈，财产行为税贡献率提升。一次性因素导致部分行业、税种暴涨。主要是国有投资公司全年入库税款 9.1 亿元，同比增收 7.2 亿元，涉及商务服务、其他服务、公共设施管理、农林牧渔等行业，以及城镇土地使用税、耕地占用税等税种，直接导致前述行业和税种暴涨。

【税种管理】 加强营业税税源管理，开展建筑房地产和金融保险行业税收清理，查补营业税 4020.99 万元。强化企业所得税管理，核定征收比率控制在 6% 以内，汇算清缴面达 100%，预缴率达 72.06%。加强个人所得税管理，个税代扣代缴系统覆盖率 85.3%，个税明细申报率 96.63%。

【税收征管】 一是加强征管基础工作，定期采集纳税人的房屋、土地、车船、股份等涉税信息，保证基础数据的真实性和完整性。修改长寿区地方税务局注销登记管理办法，规范注销税务登记管理，防止因注销事宜引起的税款流失。二是承担市局征管资料电子化、电子税务局、“互联网＋税务”三项试点工作，试点效果明显。征管资料电子化管理系统于 4 月 14 日成功上线试运行，税务登记、发票申购、纳税申报等业务均成功扫描归档，纳入电子化信息管理，极大地提高了办税效率；9 月 1 日正式上线试运行电子税务局，全年注册授信纳税人 433 户，自然人 375 户；认真开展“互联网＋税务”试点，增强干部职工的信息管税意识。三是推进部门联合管税。扎实开展“三证合一、一照一码”登记制度改革工作，加强与工商、国税业务工作深度融合，累计有 594 户企业申领统一社会信用代码的营业执照。3 月中旬起，委托区国税局通过金税三期代征地方税费，全年共代征地方税费 947 万元。

【税收法治】 开展规范性文件清理，清理出规范性文件 44 件。认真制定并实施“六五”普法规划，通过开办法律讲座，组织法治考试等方式，不断提高干部职工法治水平。深入开展专项清理，房地产、建安行业查补税款5000万元；建安房地产、金融保险业、小额贷款公司等涉税风险评估检查补税4749万元。

【税收政策落实】　坚持组织收入原则，认真落实各项税收优惠政策，全年减免税款1.9亿元。其中，小微企业纳税人累计享受优惠政策5785人次，减免税款3924万元，为区域经济健康发展做出了积极贡献。

【纳税服务】　推进国地税联合办税服务。与区国税局联合进驻行政审批大厅，从导税服务、政策宣传等方面推进办税服务融合。着力打造现代化办税服务厅，全面升级前台办税服务，优化硬件设施配备，增设排队电子显示屏、打印、复印、扫描等电子设备。优化纳税服务，扎实开展“便民办税春风行动”，着力落实税收征管规范、纳税服务规范。针对外来建安涉税业务复杂的具体特点，制作“一书一册”（《外来建筑安装企业办税流程告知书》《建筑业统一发票（自开）用户操作手册》），以书面形式、图文结合直观呈现。切实做好纳税人培训工作，用好纳税人学堂、纳税人之家两个载体，全年开办4期培训班，培训520余人。坚持开展流动办税，每月定期在葛兰、长寿湖2个服务点，开展4次流动办税，方便边远街镇纳税人办税。

【税收宣传】　增加税收宣传渠道，通过“税法进校园”“税法进社区”、网络宣传等方式，开展二手房交易、小微企业等专题宣传，不断拓展税收宣传的广度和深度。在“第24个税收宣传月”开展多项专题宣传，采取国地税联合举行局长现场办公活动、为重点企业提供“一对一”服务等方式，实现宣传与税收征管、纳税服务的无缝衔接。

【社保及代征规费管理】　坚持税费“同征、同管、同查、同服务、同考核”，扎实开展社保费政策宣传，不断扩大参保覆盖面。建立健全社会保险费收入三方对账机制，全年组织社保费17.32亿元，同比增长17.55%，增收2.59亿元。区局获“重庆市残疾人工作先进单位”称号。

【税务稽查】　抓好重点税源轮查，企业自查覆盖面达100%，补缴入库税款及滞纳金2742万元，同比增长228%。稽查入库率99.10%、人均办案3.3件、结案率97.23%、选案准确率97.23%、处罚率57%、处罚面55.56%。全年实施各类税务检查125户，稽查组织收入5774万元，进一步规范税收秩序。

【行政后勤管理】　抓实绩效管理，制定组织绩效和个人考核办法及实施细则，科室、税务所、稽查局和办税服务厅建立岗位职责说明书，工作“定人、定岗、定责”，初步形成了覆盖面广、指标细致明确的考核体系。6月，绩效考核信息系统顺利上线运行。抓好后勤管理，严格执行中央八项规定，12月顺利完成公务车改革。

【财务资产管理】　出台财务管理办法和固定资产管理办法，规范采购，对发票合规性开展专项清理，进一步严肃财经纪律，有效防范财务风险，全面提高资金使用效益。

【税收调研】　制定税收课题调研管理办法，统筹开展税收调研工作。组成课题组21个，申报课题21篇，在长寿区税务学会、国际税收研究会论文交流评审中，6人次获奖。

【干部人事管理】　扎实开展“三严三实”专题教育，围绕四个专题，认真开展学习研讨，高质量召开专题民主生活会，查找出5个方面17个问题。全年已落实整改12项，出台相关制度办法7个。开展干部轮岗交流，5名中层干部、16名一般干部进行交流，有效激发了干部队伍的活力。新招录5名干部。

【教育培训】 大力实施“841”干部培训计划和“三个一”人才培养工程。全局取得会计从业资格证 76 人，初级会计职称 32 人，中级会计职称 15 人，初中级职称分别占 45 岁以下干部职工的 56.1%、26.3%。高级会计师 1 人，注册税务师 5 人，法律执业资格 2 人，研究生 7 人，干部整体素质显著提升。鼓励干部职工参加学历教育，19 名干部分别参加了专升本、硕士研究生等学习。

【党风廉政建设】 认真落实党风廉政建设责任制，扎实开展廉政教育活动。积极建设廉政文化，“廉政文化月”期间开展廉政讲座、家属助廉、廉政摄影、廉政专题研讨文章、随笔手记征集活动。组织干部职工到渝西预防职务犯罪警示教育基地和涪陵监狱接受警示教育，切实筑牢干部职工思想防线。积极建章立制，印发《兼职监察员管理办法》《党风廉政建设“两个责任”任务清单》等文件，把权力牢牢关进制度的笼子。坚持作风纪律督查常态化，每周开展 1 次全局范围内的作风纪律监督检查。2015 年 3 月，在长寿区执政为民服务发展的社会评议中荣获长寿区市属单位第二名。

【精神文明建设】 深入开展文明创建，加强细胞建设。人事科被评为“重庆市工人先锋号”，渡舟税务所被评为“重庆市模范职工小家”，稽查局被评选为“重庆市职工书屋”，区局被授予“全国模范职工之家”称号。

（撰稿人：陈　渝）

江津区地方税务局

【概况】 江津区在重庆市功能区域划分中属于城市发展新区。2015 年，江津区实现地区生产总值 605.6 亿元，三次产业比重为 12.5 : 59.0 : 28.5，人均 GDP 为 46150 元，公共财政预算收入 57.3 亿元。

江津区地方税务局共有干部职工 156 人，设 6 科 2 室、2 个直属机构，辖 8 个税务所、1 个办税服务厅、1 个分局。2015 年 12 月 31 日，根据《重庆市地方税务局关于同意江津区地方税务局机构调整的批复》（渝地税函〔2015〕295 号），江津区地方税务局办税服务厅加挂征收税务所牌子，撤销房地产交易管理税务所、税源管理科，成立重点税源管理税务所、税源管理中心（其中税源管理中心为局直属机构）。

【组织收入完成情况】 2015 年实现税费收入 63.1 亿元，首次突破 60 亿元大关，同比增长 23.7%。其中税收收入完成 37.9 亿元，同比增收 7.28 亿元，增长 23.8%；中央级税收完成 3.25 亿元，同比增收 0.76 亿元，增长 27.6%；市级税收完成 6.21 亿元，同比增收 1 亿元，增长 19.4%；区级税收完成 28.17 亿元，同比增收 5.51 亿元，增长 24.3%。税收总量在重庆市 39 个区县中居第 9 位，在城市发展新区中居第 1 位；税收收入增幅在重庆市 39 个区县中居第 2 位，在城市发展新区中居第 2 位。

【税收收入特点及分析】 主要行业税收贡献突出，建筑业、房地产业、制造业、金融业四大主要行业税收收入分别占整体税收的 32.5%、

28.8%、13.0%、6.0%，合计占80%；重点企业税收贡献率提高，纳税排行榜前30位企业共缴纳税款14.92亿元，占税收收入的39.4%，同比增收3.80亿元，占比提高3.1个百分点；税收清理成效显著，国有投资公司、政府工程项目、BT/BOT工程项目、建筑业营业税等多项清理累计入库税收7.49亿元，成为税收增长的主要动力；政策性减收拉低税收增幅，邮政业、电信业因“营改增”直接减少税收120万元；土地增值税预征率由2%下调至1%，减收税款近6000万元；个人住房转让营业税免税年限由5年改为2年，减收税款4300余万元。

【税种管理】　负责征收管理的11个税种中，除土地增值税、印花税小幅减收外，其余9个税种均有不同程度的增长。营业税完成14.41亿元，同比增长18.3%；企业所得税完成3.1亿元，同比增长22.4%；个人所得税完成2.76亿元，同比增长34.0%；资源税完成0.27亿元，同比增长26.1%；城市维护建设税完成2.29亿元，同比增长17.9%；房产和城市房地产税1.93亿元，同比增长89.8%；印花税完成0.56亿元，同比下降6.4%；城镇土地使用税完成4.68亿元，同比增长83.7%；土地增值税完成2.08亿元，同比下降1.7%；耕地占用税完成1.86亿元，同比增长8.1%；契税完成3.94亿元，同比增长7.0%。

【税收征管】　实施税源专业化管理改革，确立了“属地管理与行业管理并行、体内分离与体外分离结合”的征管改革思路，结合试点经验编制《江津区地税局专业化岗责体系》，明确10个专业化岗位104项职责，设立税源管理中心和重点税源管理税务所，整合办税服务厅与房地产交易管理税务所；加强税收风险管理，下发风险应对任务18批次1306户次，开展纳税评估12批次613户次，入库税款1.32亿元；发现并推送重点税源涉税风险点200余个，入库税款1836万元；建立征管建议制度，实现涉税风险线索的横向传递；推进与江津区国税局的深度合作，顺利签订《江津区国税局　江津区地税局合作协议》，落实18个合作项目的工作职责。

【税收法治】　制定《江津区地方税务局重大税务案件审理办法》，对审委会的职能职责做出进一步明确，对成员单位的审理权限进行具体分工，对提交审委会审理的案件范围做出细化，审理标准设定为查补税款在100万元以上或者拟

▲ 2015年3月26日，江津区地税局党组中心组走进农业园区，了解企业发展需求。

处罚金额在 20 万元以上的重大税务案件；与江北区地税局、綦江区地税局联合开展为期 52 天的交叉税收执法督察，发现和纠正 11 类、89 个问题，涉及税款 420.9 万元；与江津区人民法院共同建立税收协作联动机制，并顺利实现司法强制执行税款代征入库；依法采取欠税约谈、发票控管、欠税公告等措施，累计清缴减税 834 万元，欠税率下降 16.24%。

【税收政策落实】 全面落实“大众创新、万众创业”优惠政策，宣传覆盖率、政策受益率均达到 100%，4778 户小微企业累计享受减免税 808 万元，9.8 万户纳税人享受各项营业税优惠 1.33 亿元；全面落实惠民生、促和谐的优惠政策，为 31 户企业落实残疾职工工资加计扣除政策，加计扣除工资 1743 万元，为 102 户纳税人落实城乡统筹、民政福利企业、特困企业等优惠政策，减免财产行为税 6216 万元；全面落实助发展、增潜力的优惠政策，为 77 户企业落实西部大开发优惠政策，减免所得税 3015 万元。全年累计为近 10 万户（次）纳税人减免各项税费 2.5 亿元。

【纳税服务】 深入开展“便民办税春风行动”，与江津区工商联共同建成全市首个“服务非公经济发展平台”，开展“税收政策面对面”系列活动；开通全市区县地税局首个官方微博、微信，累计推送税收资讯 120 余条，受理纳税人咨询、求助 30 余次；依托“纳税人学堂”和“纳税人之家”广泛开展各类政策培训辅导，800 余户次纳税人接受免费培训；推出“服务补偿”制度，对因税务机关原因造成的服务延宕，给予纳税人绿色通道、专人受理、加速办结等服务补偿；进一步优化办税流程，建设全功能窗口，实现所有服务事项“一窗受理”；推广免费文印服务，免费为纳税人印制涉税资料 10000 余份，进一步减轻办税负担。

【社保及代征规费管理】 社会保险费收入完成 23.38 亿元，同比增收 4.62 亿元，增长

▲ 2015年12月23日，江津区地税局联合国税局、工商联共同举办“税收政策面对面”活动。

24.6%，征缴率144.3%；其中养老保险费完成16.15亿元，失业保险费完成0.65亿元，医疗保险费完成4.73亿元，工商保险费完成0.65亿元，生育保险费完成0.19亿元。教育费附加完成0.93亿元，地方教育费附加完成0.62亿元，均增长11.3%。其他代征收入完成0.27亿元，增长19.2%；其中残疾人保障金完成0.11亿元，工会经费完成0.16亿元。

【税务稽查】　加大涉税违法打击力度，查处各类涉税案件144件，查补各项收入0.76亿元；对800户次重点税源企业开展轮查，发现有问题户62户，查补各项收入0.42亿元；加大重大违法案件查处力度，严肃查处某食品公司虚假合同偷税案，除查补税费、课处罚款合计109万元外，首次将重大违法纳税人列入税收诚信“黑名单”；开展打击发票违法犯罪专项行动，立案查处发票违法案件38件，查获违法发票276份，查补税款77万元，加收滞纳金9万元，课处罚款5万元，处理涉票消费纠纷12件；加强群众举报案件查处，查结举报案件6件，查补各项收入3万元。

【教育培训】　创新开展“微讲座”，利用会议间隙时间，由机关干部选题开课；实施人才兴税战略，激励干部职工参与各类专业学习，全局90人取得会计从业资格，47人取得初级以上会计职称，23人取得中级以上职称或资格；崔中辉、郑聪骋两位入选重庆市地税局“百名优秀人才”，张雪被评为“十佳地税青年”，刘洋被评为“纳税服务明星”，赵凤均、张涌、孙新岭等8位被评为市局“共产党员示范岗”。

【党风廉政建设】　党组和纪检组将“两个责任”细化为65项具体任务，做到“清单化”执行；定期对党风廉政建设形势进行深入分析，并提出改进工作的13项举措；实施集中专项督查，对区局所属10个单位32类、82项内容进行全面检查督导，发现并组织整改33项突出问题；对全局减免税进行自查，累计清查税收减免4197宗，涉税鉴证报告41份，对免税主体不清楚、缺少要件证据资料等问题进行妥善纠正，进一步规范优惠政策执行标准。坚持在进户执法后向纳税人开展“廉政回访”，杜绝执法中的“吃拿卡要”；在社会各界聘请10名“特邀监察员”，为纳税人监督税务执法拓展渠道。

【精神文明建设】　组建区局志愿者服务骨干队伍，陆续开展交通义务劝导、帮扶贫困学生等志愿者活动，与贾嗣镇龙山村3户贫困户结成帮扶对子；继续与驻津某部开展军民共建，2次开展主题共建活动。2015年，江津区地税局被授予“全国文明单位”荣誉称号，鼎山税务所被授予“全国模范职工小家”荣誉称号，李市税务所被授予“重庆市模范职工小家”荣誉称号。

（撰稿人：欧国平）

合川区地方税务局

【概况】　合川区地方税务局现有正式职工132人，设9个科室，1个稽查局，7个基层税务所，1个办税服务厅。

【组织收入完成情况】　2015年，共组织各项收入 478986 万元。其中：税收收入 287080 万元，同比增长 16.3%；社保费收入 177906 万元，提前超额完成了全年的社保收入任务。

【税收收入特点及分析】 通过营业税专项清理、所得税汇算清缴、耕地占用税审计检查，税收入库数相比上年同期不断上扬。半年后税收走势渐趋平稳。合川区地税局重点税源企业集中度较高，行业税收过分集中不利于税收平稳增长，容易受到经济环境影响产生波动，特别是楼市不景气严重拖累收入任务完成。

【税收征管】 坚持按月开展税收收入分析，形成书面报告区委区府和市局。对欠税企业发放催缴通知书、查询纳税人存款账户、采取阻止出境等措施，清理入库各项欠税 1.1 亿元，欠税清理成效明显。集中主要力量对房地产、建筑安装和金融保险业营业税进行全面的营业税专项清理，共清理企业户数（含建筑项目）946 个，应补缴营业税 1.48 亿元。试行税收征管规范，严格按照金税三期数据质量考核要求，按时完成率达 100%。全年共发起 14 个批次专项风控，共涉及风险纳税人户数 945 户，通过风控管理评估入库税款 1284.83 万元。重点税源企业和市级重点工程项目入库税收 140809 万元，占税收总额的 49.1%。完成 1168 户企业所得税汇算申报，补缴企业所得税 4543.09 万元。

【税收法治】 加强重大税务案件审理，共审理重大税务案件 17 件，涉及税费 9569 万元，接收审计移送处理决定书 11 件，涉及税费 22827 万元，已核实入库税费及滞纳金 13345 万元；提升税收执法水平，以“学法守纪防风险”为主题，分二期组织基层征、管、查一线干部职工，邀请市局业务处室、市直属稽查局有关专家，重点培训风险管理、行政诉讼法等法律法规、社保实务及风险防范、土地增值税清算、稽查实务等内容，全面提高基层一线税收执法业务水平，提升执法风险防范能力。

【税收政策落实】 落实小微企业税收优惠政策。为小微企业和个体户减免营业税及附加 3200 余万元。为 121 户盈利的小微企业减免企业所得税 58.76 万元，政策受惠面达 100%。免征 336 户小微企业借款合同印花税 9.63 万元。落实促进创业就业有关税收优惠政策，减免安置残疾人就业单位城镇土地使用税 196.46 万元。

【纳税服务】 抓好“便民办税春风行动”，积极推进工商执照、组织机构代码证、税务登记证“三证合一”试点，大力推动审批事项前移，全面落实《全国税务机关纳税服务规范》；依托纳税信用等级评价系统开展 2015 年纳税信用等级评价工作，制定 A 级纳税人激励措施，总参评户数达到 2387 户。

【税收宣传】 与区国税局联合评选 2014 年度全区纳税 50 强并召开表彰大会。与重庆邮电大学移通学院联合建立“纳税人之家”驻微型企业孵化园税收服务站。到两所小学开展共建税法宣传基地活动。召开纳税人座谈会听取纳税人意见及建议。到东部经济走廊、合川工业园区开展税收政策咨询宣传工作。

【税务稽查】 辅导 194 户企业开展自查（含重点税源轮查企业），以上自查和检查查补税款、滞纳金、罚款共计已入库 2515.81 万元。

【行政后勤管理】 改进食堂采购和用餐制度，提倡节俭健康的生活方式。公务接待严格按规定确定陪餐人员和用餐标准，严防“四风”反弹。做好驾驶员安全常识培训工作，强化考核，按照公务用车制度改革的要求，2015 年 12 月 31 日前完成了对规定车辆的封存。

【财务资产管理】 强化政府采购工作，采购业务实现零突破。成功通过重庆市政府采购网实现稽查局和城区所新办公楼空调和办公用具采购，采购金额74.2万元，节约财政资金7万多元。开展办公用房清理工作，共清理腾退办公用房1374平方米，腾退服务用房1063平方米。经多次与财政、银行部门协调沟通，率先实现财政集中支付业务无纸化办理，极大提高财务工作效率，提升内部财务管理水平。

【干部人事管理】　重视干部日常管理，做好1名干部晋升副调研员和3名新任公务员转正定级工作，完成4名公招和1名遴选公务员的招录考察工作，完成7人的退休登记工作；加强中层干部建设，对部分中层岗位进行转正考察，一正两副三名科所级干部通过测评转正。

【教育培训】　紧密结合“三严三实”专题活动，围绕建设高素质地税干部队伍的需要，提高队伍业务素质；抓好职工思想教育，以机关工会、共青团、妇委会等群众组织为平台，开展读书文化月等活动，相互交流、共同提高，营造健康有序的工作环境；提高干部素质，参与市局组织的稽查交流学习，推荐多名年轻同志参与执法交叉检查等系统业务交流学习，先后推荐10余人参加全市地税系统研究生学历教育人才选拔，其中2人已经顺利进入会计专业、计算机工程专业入学就读；依托东奥会计学校开展职称教育培训，截至2015年底，合川区地税局45周岁以下干部职工全员通过会计从业资格考试，取得初级会计师职称41人，中级会计师职称14人。

【党风廉政建设】　突出两个责任，组织开展领导干部述职述责述廉工作，签订党风廉政建设责任书和廉政承诺书，及时分解落实党风廉政建设的工作任务。合川区地税局党组每季度至少研究一次党风廉政建设工作，对一些重大问题及时进行沟通和部署。认真开展廉政约谈、督查工作，及时了解掌握科所级负责人遵守党的纪律、加强作风建设、履行党风廉政建设“两个责任”等方面的情况。突出风险防控，两个风险的防范能力明显增强，深入开展“学法守纪防风险”专项工作，统筹防范廉政风险和执法风险，着力筑牢思想道德、内控机制、监督检查“三条防线”。

【精神文明建设】　利用群团平台，引领思想文化建设，开展登山、健身、文艺等兴趣小组活动。机关党委举办读书文化月和“重温入党誓词”活动。工会组织干部职工开展“文明低碳行”登山健身活动，提升团队凝聚力。打造特色团组织文化，累计出版团刊《满天星》6期，合订本1期。持续开展“清新从政”文化建设活动，2015年度累计评选出清新科室12个，干部之星20名，合川区地税局荣获“合川区2015年度‘清新从政’文化建设示范单位”称号，是合川区市属单位中唯一获得该项殊荣的单位称号。积极参与文明城区创建工作，组织全体干部职工参与“文明志愿”活动、社区治安大巡逻、交通志愿文明礼让点赞等活动。及时发掘报送身边文明先进典型，推荐办税厅刘文彬同志参选获得中央文明委“中国好人”荣誉称号，得到文明委、合川区政府、市局等上级通报、慰问、表彰。

（撰稿人：孙　溪）

永川区地方税务局

【概况】 永川区地方税务局共有干部职工135人，设9个科室、8个税务所、1个办税服务厅、1个稽查局。2015年，税费收入首次突破50亿元大关，完成市局和区政府下达的各项工作任务。

【组织收入完成情况】 2015年，累计组织地方各项税费收入50亿元，同比增长19.23%，增加收入8.07亿元。其中：税收收入累计完成32.21亿元，同比增长21.96%，增加收入5.80亿元；非税收入累计完成17.80亿元，同比增长14.61%，增加收入2.28亿元（社会保险费及代征规费累计完成16.77亿元，同比增长16.46%，增加收入2.37亿元）。税收收入总量在全市名列第13位，增幅位列第6位；在重庆主城周边13个区县中，税收收入总量和增幅均名列第3位，辖区工商税收收入综合考核得分名列第5位。

【税收收入特点及分析】 一是受经济下行影响，税收收入累计增幅1—8月份持续走低；受国有投资公司补缴税款等一次性因素影响，9月份开始，税收收入单月增幅止负回升；受企业所得税、营业税下滑影响，中央级税收、市级税收持续下滑；受城镇土地使用税、耕地占用税一次性因素入库影响，永川区级税收快速增长。二是主体税种两降一升。营业税累计完成10.12亿元，同比下降8.52%，减少收入9431万元，减缓税收收入增长3.57个百分点。企业所得税累计完成3亿元，同比下降21.86%，减少收入8407万元。个人所得税累计完成22662万元，同比增长5.78%，增加收入1238万元。三是财行税贡献力提升，土地类税收差异明显。财行税累计完成16.82亿元，同比增长79.68%，增加收入7.46亿元，占税收收入比重52.22%，税收占比较上年同期提高16.78个百分点，税收贡献明显提升。土地相关税种走势反差较大，城镇土地使用税、耕地占用税增速较快，分别累计完成6.61亿元、2.88亿元，分别同比增长327.62%、637.17%；土地增值税累计完成1.45亿元，同比下降23.06%，减少收入4357万元。四是房地产业、金融业、制造业税收持续低迷。房地产业累计完成9.92亿元，同比下降12.41%，减少收入1.40亿元。金融业累计完成2.23亿元，同比下降9.95%，减少收入2460万元。制造业累计完成2.14亿元，同比下降1.96%，减少收入429万元。五是建筑业保持高增长态势，采矿业小幅增长。建筑业累计完成13.75亿元，同比增长113.9%，增加收入7.32亿元，建筑业快速增长的主要原因是四大国有投资公司补缴2015年以前年度城镇土地使用税3.89亿元和耕地占用税2.26亿元。采矿业累计完成6756万元，同比增长8.39%，增加收入523万元，主要是因为煤炭资源税从价计征的增收效应。

【税种管理】 企业所得税预缴率达到77.13%，在全市41个考核单位中名列第3名；核定征收率降到2.45%，严格控制在市局目标考核比例4%以内；企业所得税汇算清缴率达到100%。个人所得税代扣代缴系统覆盖率达到81.23%，同比提高15.1个百分点，圆满完成市局70%的绩效目标；个人所得税汇算清缴户数超额完成市局下达目标，达到2.6倍；年收入12万元以上个人所得税自行申报人数比市局计划建议数2793人多48人。积极落实煤炭资源税从价计征改革，2015年资源税收入4827.92万元，同比增长25.47%。全方位清理房产、土地税源基础信息，2015年两税合计入库4.66亿元，同比增长106.54%。

【税收征管】　继续深化征管改革，重点强化风险管理，统筹风险监控，实施分级应对。继续完善基础征管，税务登记信息完整率达到100%，差错率控制在0.5%。网上报送财务报表重点税源户录入率达到100%，催报催缴率达到100%。对42户企业进行了欠税公告。强化第三方涉税信息的采集与利用，全年取得区级各部门有用信息共计1098条，为房地产建安项目税收管理、耕地占用税和契税征收提供信息保障。依托“互联网+税务”行动，全面推进征管信息电子化管理系统、电子税务局、风险管理系统、新三代手续费管理系统、电子退税系统等试点工作。

【税收法治】　认真开展六五普法收尾工作，落实《重庆市地方税收征管保障办法》，积极营造依法治税、综合治税氛围；坚持重大税务案件、减免税等集体审议制度，严格执行市局税务行政处罚裁量权基准制度、税收减免缓欠管理办法、重大税务案件审理办法等一系列制度文件；通过审计整改、交叉督察、重点督察、执法案卷评查、稽查案卷复查等，不断加强执法监督、规范执法行为。

【纳税服务】　打造“春风行动”服务品牌，与区国税局联合打造了“永川区办税服务厅”，联合开通了A级纳税人办税绿色通道，通过统一统筹规划、统一对外宣传、统一规章制度、统一人员管理、统一工作业务、统一大厅布局，大力推进国地税服务深度融合，实现了纳税人“进一家门、办两家事、省三方心”。全面落实税收优惠政策，2015年共计减免缓退税4.21亿元。其中：审批享受西部大开发优惠企业77户，享受优惠金额9950万元；享受小微企业优惠政策7446户，政策受惠面达到100%。

【社保及代征规费管理】　加强基础工作，强化基础信息维护，每月对各税务所各险种征缴率进行通报。争取政府支持，以专报形式向区政府反映征管问题，区政府以会议纪要形式明确相关部门职责。大力追缴欠费，根据社保法相关规定，认真履行强制执行职责，对1户欠费企业强制扣款14万元。参与欠费企业破产清算，认真清理、核实欠费数据，及时向清算组申报欠费企业欠缴的社保费223万元。

【税务稽查】　加大稽查力度，查办各类案件158件，其中：立案检查46件，辅导自查67件，实施土地增值税清算审核12件、退税审核20件、注销清算13件。查补各项税费3895万元，其中：立案查补税款816万元，辅导自查补税3079万元，加收滞纳金101万元，罚款30万元。

【行政后勤管理】　在公务车辆管理方面，实行统一派车制度，严格执行公务用车管理有关规定，定期检查GPS定位系统。在公务接待方面，反对铺张浪费，厉行勤俭节约，严格按照规范标准、流程进行公务接待。

【干部人事管理】　做好职务晋升工作，3名副主任科员晋升为主任科员。严格按照领导干部选拔任用条例组织正科级领导干部选拔，提拔3名正科级领导干部。做好新晋人员工作，公招遴选3名公务员。做好人事档案管理，严格审核每位干部职工的档案资料，做好出生日期、参工时间、入党时间的认定，认真补充补正档案资料。组织开展好退休老干部相关工作。

【教育培训】 强化业务技能培训，把学历教育、会计职称考试和全员税收业务知识、工作实务技能培训有机结合起来，截至 2015 年，全局共 89 人通过会计从业资格考试，有 52 名初级会计师，24 名中级会计师，11 名税务师，2 名律师，1 名注册会计师，2 名干部被纳入全市地税系统百名青年干部，6 名干部被纳入全市地税系统百名高层次人才培养。

【党风廉政建设】 落实“两个责任”主题年活动，制定党风廉政建设“两个责任”任务清单，把责任具体落实到党组、每个单位、每个干部。开展“学法守纪防风险”活动，通过“大家谈”、座谈会、征文评比、演讲比赛等形式促进活动全面推进。以明察暗访形式将监督考核常态化，由监察室、办公室和人事科组成督查组，对各单位进行突击检查，对发现的问题及时予以通报。加强党风廉政建设，层层签订《党风廉政建设承诺书》，结合“学法守纪防风险”活动的开展，在全局范围内开展“六清一查”。

【精神文明建设】 通过开展专题学习、进行交流讨论、撰写心得体会、查找“不严不实”、及时整改、建章立制等，把“严”和“实”的要求贯彻到日常工作中。结对帮扶的泸州街社区开展志愿服务活动 16 次，13 名党员自发开展助学帮扶，与松溉镇打鱼河村 5 户建卡贫困户结对，送去价值 1.5 万元的果树苗、家禽等，为泸州街社区、胜利路社区、金龙镇困难党员群众送去慰问金、慰问品等 2.3 万元，向全市地税系统贫困职工捐款 9450 元。抓好各项创建工作，2015 年收入核算科获得重庆市巾帼文明岗荣誉称号，凤凰湖税务所党支部获得区直机关 2013—2015 年度“先进基层党组织”称号，陈敏同志获“重庆地税优秀青年”、永川区“十佳最美职工”称号，5 名同志获评市局“共产党员示范岗”称号。

（撰稿人：黎桢桢）

南川区地方税务局

【概况】 南川区地方税务局共有干部职工 126 人，设 9 个科室，6 个税务所，1 个稽查局，1 个办税服务厅。2015 年，狠抓组织收入中心工作、力推“三基一化”建设，统筹兼顾，做好新常态下依法治税、税收征管、纳税服务、队伍建设等各项工作。

【组织收入完成情况】 2015 年，共组织各项税费收入 214646 万元，比上年同期增长 1.58%，同比增收 3345 万元。税收收入入库 128465 万元，同比增长 8.70%，增收 10287 万元，占市局年计划的 102.51%。非税收入入库 86182 万元，同比负增长 7.45%，减收 6942 万元，其中：社保费收入入库 81902 万元，同比负增长 7.82%，减收 6952 万元。

【税收收入特点及分析】 一是非即期收入支撑税收增长，正常税收呈下行趋势。1 到 4 季度在非即期收入（国有投资公司）的支撑下，每季均实现序时进度。二是支柱产业两升一降。房地产业税收实现 33366 万元，同比负增长 9.17%，减收 3368 万元，税收贡献率为 25.97%，较上年同期下降 5.1 个百分点。建筑业实现 27994 万元，同比增长 36.85%，增收 7538 万元。金融业实现 9441 万元，同比增长 17.05%，增收 1375 万元，增幅较上年下降 3 个百分点。三是工业税收大幅下滑，增势乏力。采矿业实现 1919 万元，同比负增长 47.53%，减收 1738 万元。制造业实现 3086 万元，同比负增长 29.72%，减收 1305 万元。水电气业实现 8079 万元，同比增长 206.02%，增收 5439 万元。四是税收政策调节效应不断增强。认真落实各类减免税政策，2015 年各类减免退税 14967 万元，其中：改善民生 2980 万元、促进小微企业发展 1822 万元；土地增值税预缴率（普通住房）从 1 月 1 日起下调 1%，减收近 2000 万元；2015 年电信业“营改增”，影响上半年营业税税基近 500 万元；煤炭资源税从价计征增收 374 万元。

【税种管理】　抓好重点行业税收征管，通过重点税源企业“专项纳税辅导”，提醒纳税人自行申报缴纳税款 2800 余万元，掌握可转化税源 9907.58 万元，落实回迁安置房营业税税收政策，共计入库税款 4208 万元。抓好重点税源管理，对重点行业集中进行企业所得税汇算清缴及相关税收政策辅导；辖区内个人所得税明细申报率达到 95%。抓好税收整治，加强对重点税源监控，对房地产、建安行业开展营业税专项清理；加强与国土房管部门信息交换，征收房产税 3417 万元，同比增长 47.86%，征收土地使用税 13368 万元，同比增长 101.39%，征收耕占税 8351 万元，同比增长 42.31%。

【税收征管】　认真做好国税、工商、地税信息交换工作，与南川区国税局、南川区工商局召开三次信息交换联席会议，保证了“三证合一”的顺利实施。与南川区国税局联合进行纳税信用等级评定。确认 A 级纳税信用企业 21 户，B 级纳税信用企业 1205 户，C 级纳税信用企业 54 户，D 级纳税信用企业 9 户。落实全国税收征管规范，强化征管质量绩效管理考核，每月对数据质量情况进行提醒、修改、督促和完善。

【税收法治】　坚持民主集中制原则，建立健全决策工作规则和程序，完善决策机制；推进办税服务厅规范化建设，优化办税环境，提高办税质量；强化行政执法监督，落实行政执法责任制。严格按照规定对税务行政权力清单向社会进行公示，向纳税人发放行政执法评议表 60 余份，向企业、个体纳税人发放征求意见表 80 份，向纳税人发放廉政回执 30 余份；落实执法责任，规范执法行为，依法合理界定税源管理、税款征收、税务稽查等各环节职能。

【税收政策落实】　认真落实好小微企业、困难企业、民政福利企业等各项“惠民生、促发展”的税收优惠政策，各类减免退税 14967 万元，其中：改善民生 2980 万元、促进小微企业发展 1822 万元。

【纳税服务】　持续推进“便民办税春风行动”，落实纳税服务规范和税收业务工作规程，推广“一窗式”办税服务，实行一人多岗，一窗多能；加强纳税人学堂建设，将新的税收政策通过纳税人学堂等途径向纳税人进行广泛宣传和辅导；在集中征收的基础上，调整审批权限，优化工作流程，完善办税设施，扩展软件功能，建立健全工作制度，提高内部运行效率；积极参与全市纳税服务明星评选活动，1 名干部被表彰为全市地税系统十大纳税服务明星。

【税收宣传】　积极开展税收宣传月活动，大力宣传税收政策，全年向社会各界、纳税人发放小微企业等税收宣传资料近万份。2015 年区局共计在国家级媒体上发表涉税信息 1 条，被市地税局编发政务信息 38 条，《南川日报》、南川电视台、《金佛山手机报》等媒体发表 14 条，区局政务信息编发 116 条。

【社保及代征规费管理】 组织社会保险费收入 81902 万元，比上年同期减少 6952 万元。代征大中型水库库区基金 179 万元，残疾人就业保障金 197 万元、工会经费 176 万元。与区人社局、财政局等部门共同审批 106 户困难企业和 138 户小微企业社会保险费减免，减免金额 6189 万元。

【税务稽查】 全年共计检查（含自查）企业 103 户，查补收入 4309 万元；联合区国税局、区公安局等部门统一行动，对 41 户各类企业进行重点检查，查处发票违法案件 16 件，查处非法发票 38 份，涉及金额 156 万元，查补税款、滞纳金及罚款 19 万元。

【行政后勤管理】 规范会议管理，制定会议管理规则，全力保障各项会议顺利召开；规范办公用品采购，通过制度约束采购行为，降低行政运行成本；严格执行公务接待标准，不超标准、超范围接待；严格公务用车和驾驶员管理，严格执行区局《公务用车管理办法》和《驾驶员管理办法》；加强安全防范管理，在全局范围内安装视频监控系统，建立值班制度和巡查制度。

【财务资产管理】 建立健全财务资产管理制度，做好全年预决算工作。全年支出结构进一步优化，人员经费占比增加，公用经费进一步下降，“三公”经费得以有效控制。进一步强化日常会计核算，全年公务卡支付达到 95% 以上。在财务平台中持续改进资产购入、调拨、处置、核算流程，强化内部控制。

【税收调研】 组织开展群众性税收课题调研工作，以服务税收、服务基层、“三基一化”为导向，将科室和税务所结合成立课题组，从国际税收、基层税务管理、税务稽查等方面开展深入研究，在课题交流、推广先进经验、舆情处置、传递和建言献策等方面取得了显著成绩。2015 年，全局共收到群众性税收课题调研文章 12 篇，评选出一等奖 2 篇，二等奖 3 篇，三等奖 4 篇。

【干部人事管理】 坚持中心组学习制度，加强领导班子的政治理论水平；开展“三严三实”专题教育，召开专题民主生活会，查找不严不实问题，提出整改措施挂单整改，加强领导班子及其成员的思想作风建设；召开领导干部任职集体谈话会，教育领导干部树立正确的权力观、价值观，增强廉政意识。

【教育培训】 大力实施市局“841”干部培训计划，全年结合重点工作，先后组织专题业务培训 6 次，共培训干部 198 人次；组织 13 人参加专科学历教育，21 人参加专升本学历教育。截至 2015 年底，全局累计取得注册税务师资格 6 人，中级会计师资格 16 人，初级会计师资格 33 人，会计从业资格 81 人。

【党风廉政建设】 狠抓“两个责任”落实，建立“一岗双责”制度，在“学法守纪防风险”活动和强化“四风”建设中强化主体责任；贯彻落实“六清一查”工作；全年累计召开廉政周会 25 次，制定党风廉政整改措施 20 余条。强化执法监察，全年开展明察暗访 26 次，接受市局、区纪委明察暗访 5 次，现场整改问题 8 个，对 27 人次开展了廉政提醒。做好信访舆情工作，全年发放廉政跟踪回访表 75 份，查办上级转办案件和群众举报案件 8 件。严肃执纪问责，对南川区审计局审计报告中所涉及的问题进行责任倒查；对“吃、拿、卡、要、报”等不廉行为，进行回访。深化廉政教育，通过开展廉政文化月系列活动，共收到廉政作品 35 件；向中纪委、市局报送廉政摄影作品 15 件，廉政随笔等征文 10 篇；党组成员在“三严三实”活动中带头讲党课 5 人次。

【精神文明建设】 开展创“五好支部”活动，

评选出优秀党务干部、先进党员，办税服务厅每季度评选一次“共产党员示范岗”；组织青年党员成立志愿者服务队伍，开展“3·5”学雷锋日主题志愿者服务活动，与区工商局、行政服务中心等11个企事业单位共同开展“青春志愿行，共筑中国梦”志愿服务主题活动；在对口扶贫攻坚工作中，对南川区金山镇院星村175户贫困户进行一对一帮扶，累计资助扶贫资金48万余元；扎实推进全民阅读活动，被中共重庆市南川区委宣传部、重庆市南川区文化委员会命名为南川区全民阅读“十佳书香机关”。

（撰稿人：聂宏桂）

綦江区地方税务局

【概况】　綦江区地方税务局共有在职干部职工115人，内设9个科室，7个税务所，1个稽查局。2015年，以组织收入为中心、以风险管理为导向、以信息化建设为支撑、以绩效管理为抓手，进一步强化税收征管、推进依法治税、优化纳税服务、深化廉政建设、锻造优秀团队。

【税费收入完成情况】　2015年，共组织收入331711万元，同比增长5.77%。其中税收收入完成175637万元，同比增长7.72%；完成区级税收收入138195万元，同比增长12.81%。组织各类社会保险费149426万元，同比增长4.47%。入库教育费附加3476万元，地方教育附加2254万元，残疾人保障基金536万元，工会经费372万元。

【税收收入特点及分析】　税收收入平稳增长，受宏观经济增速放缓等多重因素叠加影响，全年税收收入增长趋缓，完成市局下达计划的102%，累计税收在城市发展新区中列第9位。主要行业税收贡献率不均衡，建筑业是带动地方增收的主要力量，全年入库税收56669万元，同比增长50.52%；房地产业制约税收增长，全年入库税收46540万元，同比减少21.31%，拉低整体税收下降8个百分点。从税种结构上看，营业税实现税收60363万元，同比增长2.08%；资源税入库税收5057万元，同比增长50.18%；企业所得税入库10282万元，同比减少37.83%；个人所得税入库9355万元，同比增长1.96%；财行税入库税收90580万元，同比增长21.03%，占税收总量的51.57%，成为拉动地方税收增收的主力。从经济结构类型来看，内资企业税收收入169310万元，同比增长9.32%；涉外企业入库税收380万元，同比减少60.66%；个体经营入库税收5947万元，同比减少17.55%。从产业结构来看，第一产业收入208万元，同比下降26.76%；第二产业收入86763万元，同比增长49.56%；第三产业收入88666万元，同比下降15.36%。

【税种管理】　开展营业税专项清理，清理入库税款10591万元。开展企业所得税专项核查工作，结合2014年度所得税年报，对有疑点的200户纳税人开展所得税专项核查，补税近2000万元。强化高收入行业和高收入者的个人所得税管理，受理2014年度年所得12万元以上高收入者个人所得税自行申报1773人，较上年增长6%；申报应补税113万元，较上年增长28%。全面推动土地增值税清算工作，对9个房地产项目开展清算，清理应补缴土地增值税1840余万元。

▲ 2015年10月8日，綦江区首张“三证合一”营业执照发出。

【税收征管】 全面落实《全国机关纳税服务规范》《全国税收征管规范》，继续加大征管前移力度，将纳税人依申请事项全部前移到办税服务厅。深入推进“三证合一、一照一码”工作，强化部门间工作对接，全年新办税务登记292户，变更税务登记296户。加强纳税人户籍管理和清理检查，清理漏征漏管户共387户次；着力强化风险管理，对638户次市局推送、本局查找的风险进行纳税评估，入库税款2797万元。进一步加强减免缓欠税管理，通过实施欠税约谈、阻止出境等强有力追欠手段，全年共追收4000余万元欠税入库。

【依法治税】 深入开展“六五”普法活动，将法制教育纳入党组中心组学习计划并严格落实。与江北区地税局、江津区地税局联合开展税收交叉执法督察，对督察过程中发现的七大类问题及时整改，补缴税款460万元。落实税收执法责任制，进一步完善岗位职责和工作流程。

【税收政策落实】 通过区级媒体宣传小微企业及扶持大学生创业、重点群体创业就业等税收优惠政策20余次，并不折不扣地执行，全年共为符合条件的各类企业、个体工商户、个人减免地方税达22400万元。

【纳税服务】 深入落实“便民办税春风行动”工作要求，严格执行“首问负责制”“服务承诺制”等便民办税工作制度，积极开展“纳税人满意度”调查及投诉处理工作，2015年度“纳税人满意度”调查评比取得全市第10。积极开展纳税人学堂培训活动，组织10期纳税人学堂学习和6期新办微型企业培训，参学人员达600余人；大力提升服务质效，大力推广手机开具网络发票、网上申报、TIPS缴税等多种申报方式，全年网报入库率达到66%、TIPS入库笔数超过99%。深入推进国地税协作，成立国地税协作领导小组，建立联席会议制度，与綦江区国税局共同制定合作工作规范实施方案，确保了19项国地协作事项的有序推进。

【税收宣传】 以“税收宣传月”活动为契机，通过开展重点税源企业走访、送法上门，以及赴綦江区税收教育基地——綦江中学举办“税法进校园”等活动，并通过媒体、12366短信平台、纳税服务QQ群等载体对有关税收法律法规进行宣传全覆盖。

【社保及代征规费管理】　进一步规范社保费征收管理，及时出台社保费欠费管理操作流程，对社保费欠费人实行分类管理，化解征收风险。

【税务稽查】　整顿税收秩序，深入开展地方税收专项检查和重点税源企业轮查，组织企业开展自查30户；立案检查33户，结案33户，实现查补收入2212万元，入库率达100%。

【行政后勤管理】　修订完善《綦江区地税局议事规则》等内部管理制度，对行政审批会、行政执法案件审理委员会等职责进行明确，对减免税等重大行政审批程序进行规范。完成城区综合业务用房改造，启动打通地税所综合业务用房置换工作。积极推进绩效管理工作，及时优化调整组织、个人绩效考核指标；注重考核结果的运用，完善绩效分析评价和反馈制度。

【财务资产管理】　制定出台加强经费管理的系列制度文件，严格财经纪律、支出管理、预算管理和监督检查，确保经费使用和核算的规范。制定出台固定资产管理办法，成立固定资产管理领导小组，完善购置、验收、使用、调拨、处置等程序。

【税收调研】　定期向区委、区政府报送税收分析报告，为区委、区政府把握经济形势提供参考。积极发挥税收职能作用，结合綦江产业结构发展特点，组织撰写《新常态下綦江区经济结构调整和税源建设思考》《从地税角度看工业园区发展》等调研文章，为全区产业结构转型升级建言献策。

【干部人事管理】　加强领导班子建设。认真落实民主集中制原则，严格执行集体决策和民主决策制度，并通过扎实开展“三严三实”专题教育活动，强化班子思想和作风建设。加强队伍建设。围绕“巩固深化拓展”主题活动、“学法守纪防风险”活动，开展演讲、征文等系列活动。修订《科所级领导干部管理暂行办法》，严格按程序规定选拔3名中层副职领导干部。

【教育培训】　重视干部培养，认真组织财务会计知识培训，2人通过中级会计师职称考试，4人通过初级会计师考试。完善“传帮带”体制，进一步增强青年干部的履职能力。认真组织好全员业务培训，拓展学习方式，对建安、房地产行业纳税评估开展专题培训。

【党风廉政建设】　认真落实“一岗双责”，通过召开廉政专题会议、开展警示教育等形式，提升党风廉政意识。大力开展“庸政懒政怠政专项治理”“六清一查”等专项活动，并通过聘请区工商联作为独立第

▲2015年4月27日，綦江区“税收托起希望”税法知识进校园活动在綦江中学举办。

三方开展满意度测评等方式，持续加强作风效能建设，树立地税系统风清气正的良好形象。

【精神文明建设】 扎实开展城乡基层党组织结对共建，与綦江区复兴村、大罗村等五个村社开展结对共建活动。以文明创建活动为载体，通过素质拓展、走访等活动开展，办税服务厅成功创建市级“青年文明岗”。

（撰稿人：罗昭剑）

大足区地方税务局

【概况】 大足区地方税务局共有干部职工119人，设9个科室，1个直属局，9个派出机构(其中双桥经开区分局为副处级)。2015年，以“服务经济促发展，惠及民生促和谐”为目标，狠抓组织收入、依法治税、强化征管、优化服务、队伍建设和绩效管理等工作，被重庆市地税局评为绩效考核优胜单位，被大足区人民政府评为综合目标考核一等奖。

【组织收入完成情况】 2015年，共组织各项收入302684万元，比2014年增长21.75%，增收54082万元。其中，税收收入完成185386万元，超目标任务2000余万元，继续保持了近20%的高增长率，实现增收28655万元。税收收入中：完成市级收入31634万元，比2014年增长13.10%，增收3664万元；完成区级收入141885万元，比2014年增长22.88%，增收26421万元。税收收入增幅列考核区第4位，列全市第8位，分别比去年提升4位和12位。社保收入完成110323万元，累计征缴率达99.49%。附加费及罚没收入共计6019万元，同比增长8.08%，增收450万元。其他罚没收入57万元。另外，完成代征工会经费、残保基金共计957万元。

【税收收入特点及分析】 一是政府国有投资公司税收占比较高。2015年全年政府国有投资公司入库税款达28519万元，占全年税收收入总额比重达15.38%，较上年上升8.74个百分点。二是税源经济结构呈现一喜一忧。第三产业税收入库共计123625万元，占总税收收入比重达66.69%，较上年上升3.30个百分点，显示区域经济制造业向服务业转型较好。企业所得税和个人所得税均出现不同程度的减少，导致全年入库税收中直接税占税收总收入的比重仅为10.67%，较上年下降3.49个百分点，税源结构有待进一步优化。三是税收行业集中度有所降低，但仍然主要依赖房地产业和建筑业。2015年两大行业共计入库税款118763万元，较上年下降5.68个百分点，但两大行业入库税款仍占总税收收入比重的64.06%，建筑业和房地产业仍是地方税收的重要税源。四是欠税压力较大。2015年压缩陈欠807万元，但由于受严峻的经济形势影响，全年新增欠税达5939万元。

营业税入库75525万元，同比增长13.85%，增收9188万元。城镇土地使用税入库25862万元，同比增长141.25%，增收15142万元。契税入库29142万元，同比增长35.77%，增收7677万元。房产税入库4933万元，同比增长76.43%，增收2137万元。耕地占用税入库9417万元，同比增长36.14%，增收2500万元。企业所得税入库10943万元，同比减少17.26%，减收2283万元。土地增值税入库8843万元，同比减少42.51%，减收6538万元。第一产业入库679万元，同比减少52.65%，减收755万元。第二产业入库61082万元，同比增长9.16%，增收5126万元。第三产业入库123625万元，同比增长24.42%，增收24263万元。

【税收征管】　对营业税、耕地占用税、土地增值税、所得税等税种进行全面清理，共清理入库1.9亿元。联合全区各相关部门开展综合治税，对50多个单位提供的3.2万余条信息进行汇总、归类、分析、利用，利用信息管税催收入库2亿余元。与国税共同签署《全面加强国地税合作备忘录》，并确定第一批共19个重点合作项目，计37项具体措施。进行数据清理，完善基础信息，共清理税务登记信息5800条，核实非正常户信息900余条，核销虚假欠税信息200余条，比对土房信息13000多条，清除不实社保信息1100条，提高基础信息准确率。开展纳税评估，防范征管风险，共发起风险任务11批次，涉及纳税人1948户，风险应对共涉及应补缴税费3956万元。

【依法治税】　依法规范行政权力，对25项行政权力逐项分类，明确实施主体和主要依据，梳理形成行政权力目录。按照权责一致的原则，逐一厘清与行政权力相对应的责任事项，列出追责情形、追责依据，梳理形成责任事项目录。以审计决定为依托，对税收政策执行、纳税评估、税务登记管理、发票管理和税款征缴等环节进行仔细评查，追收税款3700余万元。与合川区地税局、铜梁区地税局自行开展税收执法交叉督查，针对税收征收、税收政策、税务稽查等3个大项中检查出的42个小项存在的具体问题，建立台账进行“销号”整改。依章完善内控机制，在“学法守纪防风险”活动中，组织机关科室对税收政策执行、税收法制、执法督察等敏感区域和重点环节进行全面排查，经过筛选，确定42个高危风险点，并结合法律、法规、规章、政策制订防范措施，形成《重庆市大足区地方税务局关于加强税收执法风险和廉政风险防范工作的通知》(足地税发〔2015〕25号）下发全局执行。重新制订《财务管理制度》《固定资产管理制度》等10余项内部管理制度。

【税收政策落实】　对起征点以下个体户免税约4848万元。减免企业所得税1248户，减免税款1938.5万元。其中：符合西部大开发企业所得税优惠政策纳税人49户，减免企业所得税1913.8万元；小型微利企业1199户，减免企业所得税共计24.7万元。5户符合条件的金融机构享受农户小额贷款税收优惠，共计减免营业税422.5万元。为重庆重型汽车集团有限公司等4户特困企业减免房产税和城镇土地使用税375万元。14户社会福利企业享受免征房产税和城镇土地使用税95.1万元。

【纳税服务】　全年组织各类培训36期，共计培训4170人次。组织业务骨干上街发放宣传资料2万余份，组织税法宣讲团深入企业现场答疑解惑，利用党员进社区活动的机会重点宣传小微企业优惠政策。另外，还通过《大足日报》、广场显示屏、纳税人QQ群等媒体广泛宣传各类税收政策。落实便民措施，统一规范458个服务事项。与国税、工商、质监等部门共同办理“三证合一”128户次，减轻纳税人办证负担。扩展税务部门信用等级评定结果运用，与建设银行、邮储银行等互动推出“税易贷”，将无形的“纳税信用”转化为有价的“融资资本”，促成银行为20余户小微企业发放400余万元的信用贷款。

【税务稽查】 检查发票326户，查处发票违章案件32件，处以罚款2万元。开展以房地产企业为重点的税收专项检查和重点税源企业轮查工作，全年组织并辅导自查106户，补缴税款2391万元。立案检查23户，查结23户，查补收入355万元。集中查办7起典型案件，涉及税款3000余万元，罚款60.98万元，加收滞纳金176.5万元，查封企业未抵押的房屋5套、车库车位148个，拍卖车辆1辆，列入税收“黑名单”1户。

【教育培训】 成立计算机兴趣小组，定期组织计算机和网络知识培训，为征管一线充实网络运维人才。开展基层党务干部培训，提升基层党务干部工作能力和基层党支部的战斗力。7人积极备考研究生，4人专升本教育进展顺利，3人通过会计从业资格考试，2人通过初级会计职称考试。

【党风廉政建设】 认真开展“三严三实”专题教育活动，班子成员及稽查局长分别根据学习内容，共计上了7堂专题党课、撰写了21篇心得体会；收集到相关意见、建议26项，分别制定了整改措施，纳入建章立制环节。组织学习《中国共产党党员纪律处分条例》《中国共产党党员领导干部廉洁从政若干准则》等党纪政规，组织观看警示教育片和专题片，定期通报税务系统违法违纪案件，赴重庆市廉政教育基地参观，开设廉政沙龙等措施，筑牢思想防线。以“学法守纪防风险”活动和“六清一查”工作为载体，边学边查，边整边改，严禁干部职工经商办企业，严禁税务人员与中介机构有利益往来，严禁在税收管理中搭车销售、强行摊派，严禁在个体定额中定人情税，极力打造公平、公正的纳税环境。在重大节日和婚丧嫁娶等重要时点开展明察暗访近20次，对违反上下班纪律、着装不规范、服务态度较差等7名责任人进行了处理。

【精神文明建设】 广泛参与慈善活动，全年为困难党员捐款7500元，为困难大学生捐款3万余元，为“慈善双日捐”及“人道力量应急救援捐”捐款2.6万元，为山区捐献衣物100余件，为20名留守儿童派送新年礼物；积极参与公益活动，共计20人无偿献血3000CC，16人参与文明交通劝导和城区卫生清洁活动。

（撰稿人：张春潮）

璧山区地方税务局

【概况】 璧山区地方税务局共有在职干部职工114人，设9个科室，6个税务所。2015年，共组织税费收入39.98亿元，为璧山“三区一美”建设和高标准建设“城市发展新区”提供了可靠的财力保障。综合考核在城市发展新区排名第2位，被评为全市地税系统“2015年度绩效管理优胜单位”。

【税费收入完成情况】 2015年，组织税费收入39.98亿元，同比增长17.22%，增收5.88亿元。其中，税收收入26.91亿元，同比增长16.74%，增收3.86亿元；社会保险费收入11.94亿元，同比增长17.89%，增收1.81亿元，征缴率达99.1%；其中，职工基本养老保险费收入4.98亿元，失业保险费收入3328万元，医疗保险费收入2.94亿元，工伤保险费收入2964万元，生育保险费收入1225万元；教育费附加收入6077万元，同比增长24.55%；地方教育附加收入4047万元，同比增长24.41%；代征各项基金、规费1176万元。

【税收收入特点及分析】　一是税收总量持续攀升。税收总量占全市税收收入的2.08%，在城市发展新区排名第5位；税收增幅高于全市平均增速4.57个百分点。二是中央级税收增幅高于地方级税收。中央级税收收入2.15亿元，同比增长39.69%，增收6096万元，增幅提高30.05个百分点；受建安房地产营业税影响，市级税收收入3.15亿元，同比增长6.58%，增收1943万元；区县级税收收入21.61亿元，同比增长16.46%，增收3.11亿元。三是税收产业结构有待优化，建筑房地产支撑作用显著下降，商务服务业依赖作用日益增强。第一产业收入152万元，同比下降33.33%；第二产业收入6.89亿元，同比增长15.13%，增收9055万元，占税收的25.6%；第三产业收入20亿元，同比增长17.37%，占税收的74.34%。四是从税种看，土地增值税收入下滑，其余各税均实现增长。五是税源向重点企业集聚，国有投资公司占主导地位。91户重点监控企业税收收入17.63亿元，同比增长22.1%，增收3.19亿元，占税收的65.52%，其中国有投资公司增长42.55%，增收2.76亿元。全局前100名纳税大户纳税19.93亿元，占税收的74.07%，较上年提高8.72个百分点。

【税种管理】　企业所得税核定征收面下降到10%以下。推进个人所得税全员全额申报，个税代扣代缴系统覆盖率达到74.9%，明细申报率达到95.44%。开展营业税专项清理，清理房地产、建筑业税收7300万元，清理国有投资公司税收10.41亿元，查补城建税2400万元。加强财行税管理，财行税收入16.05亿元，占税收的59.6%，地方税收入进一步发展壮大。

【税收征管】　截至2015年12月31日，璧山地税局管辖的纳税人39520户，其中：单位纳税人9008户，个体经营21426户。对建筑业、房地产、金融保险、制造业等五大行业开展税源调研，摸清家底。认真落实地方税收保障办法，收到璧山区各行政主管单位涉税信息4万余条，涉及税源近10亿元。规范迁移户登记、外出经营管理。强化部门协作，“三证合一”登记制度改革落地。开展电子税务局试点工作，799户纳税单位和自然人注册了电子税务局，通过电子税务局系统入库税款7668万元。对900余户风险户采取风险应对措施。对中央在渝某集团企业的9户成员单位开展现场审计，查补税款970万余元。对委托贷款业务、房产税、城镇土地使用税和建筑业开展税收风险评估，补税830万余元。

【税收法治】　联合开县地税局开展税收交叉执法督查，追缴税款227.4万元，退还税款63.2万元。贯彻执行重大税务案件集体审理制度，规范审理行为。配合璧山区审计局开展税收预算执行情况审计。通过打击假发票，查处偷、逃税违法行为，整顿和规范地方税收秩序。开展“六清一查”工作，每名干部职工（含退休干部职工）都填写了自查表，并做出承诺书。通过案头检查、走访调查、交心谈心等方式排查出各类风险点96个。

【税收政策落实】　全面落实小微企业、西部大开发、研发费用加计扣除、固定资产加速折旧等税收优惠政策，积极支持“大众创业、万众创新”。全年共减免税款2.26亿元，退抵税

1409.52 万元，小微企业所得税优惠覆盖面达到100%。

【纳税服务】 加强与璧山国税局的合作，深入开展“便民办税春风行动”，认真落实国地税合作规范，与璧山区国税局协力推出 8 大方面 23 类 55 个具体合作项目，联合打造“璧山区税收服务中心”，统一设置办税区域，联合开办纳税学堂，培养业务通办能手，开展纳税维权等，形成“五个一”服务模式，即由一个人在一个窗口利用一台电脑和显示屏同时办理国地税业务，并通过一台 POS 机将税款征收入库，实现纳税人“叫一次号、排一次队、在一个窗口办理完两家业务”。《全国县级税务机关纳税服务规范 2.1 版》在璧山落地。

【税收宣传】 围绕全国第 24 个税收宣传月“新常态、新税风”主题，开展小微企业发展周、微电影大赛、“三进三送”、A 级纳税人表彰等税收宣传活动。全年在璧山电视台、《璧山报》、璧山手机报、璧山政府网刊发新闻 23 条，部分被市地税局选载。国地税合作先进经验在国家税务总局内网、《中国税务报》《重庆日报》等省级以上媒体得到深度宣传报道。

【社保及代征规费管理】 抓好社保信息维护，对参保户登记信息数据及时进行修改完善，与银行加强合作，实现网络缴费全覆盖。加强欠费追收，按月通报欠费名单到各税务所，加强欠费催缴追收。做好网上办费入库核对传递归档工作。做好“金税三期”征管系统个人身份参加养老保险完费证明的开具。做好国有破产企业退休人员医疗费征收工作。

【税务稽查】 加强风险管理导向下的稽查工作，严厉打击各类涉税违法犯罪活动。全年共开展检查 89 户，查补收入 6113.7 万元，为上年查补收入的 145%，其中：税款 5088.6 万元，滞纳金 1018.26 万元，罚款 6.87 万元。大案要案查处成效显著，共查补收入 6282 万元，同比增长 52%，其中：查补税百万元以上案件 12 件，补税 5467 万元。

【行政后勤管理】 修订完善绩效管理考评办法，对 94 个共性指标、146 个系统指标和 149 个个性指标进行清理优化，推进绩效管理，调动干部职工工作积极性。

【干部人事管理】 选拔任用科所正职 20 名，科所副职 26 名，轮岗交流 165 人次。完成 35 名科所级干部试用期满转正考察任命，对 38 名干部进行交流轮岗，完成机关党委、基层支部、妇委会、共青团换届选举。

【教育培训】 扎实开展“三严三实”专题教育，班子成员和稽查局长集中学习 12 次，专题研讨学习 8 次，撰写心得体会 5 篇。局党组召开“三严三实”专题民主生活会，查摆“不严不实”问题 60 个，挂单进行整改。班子成员走访调研纳税人 50 余户，解决实际问题 18 个。中心组学习 12 次，每周政治学习 2 小时。实施“三个一”工程和“841”干部培训计划，围绕提高岗位履职能力开展全员业务技能培训，7 名干部取得初级会计师以上职称。

【党风廉政建设】 从严治党，全面落实“两个责任”，开展“学法守纪防风险”和落实“两个责任”主题年活动。制定落实“两个责任”清单，将党组主体责任分解为 33 条、纪检组监督责任分解为 33 条。局党组定期听取纪检组工作汇报。组织干部职工到九龙监狱接受警示教育、开展法制专题讲座和廉政党课。先后 26 次开展执纪检查，全局未发现一起违法违纪案件。

【精神文明建设】 工会建立 23 个兴趣小组并开展活动 30 余次。投入 10 万余元开展精准扶贫。开展在职党员进社区、“金秋助学”、军民共建工作。成功保持“全国文明单位”荣誉称号，荣获第十届“重庆市职工职业道德建设标兵单位”称号，区局党组班子被璧山区委命名为“好班子”，办税服务厅被璧山区委宣传部命名为“璧山区岗位学雷锋示范点”，主题党日活动荣获璧山区直党工委最佳主题党日活动表彰。

（撰稿人：王　治）

铜梁区地方税务局

【概况】　铜梁区地方税务局现有干部职工115人，有9个内设科室、1个直属单位和7个税务所，负责全区28个镇街的地方税收征收管理。2015年，以组织收入为中心，以改善民生为导向，全面推进依法行政，深化税制改革，强化税收征管，优化纳税服务，加强队伍建设，超额完成税收任务，税费总收入达26亿元，为铜梁经济发展和社会稳定提供了有力保障。

【组织收入完成情况】　2015年，完成税收收入179288万元，为年度目标的107.3%，同比增长15.5%，增加收入24016万元，各个级次均圆满达成目标任务。征收入库社会保险费83062万元，为年度目标的118.9%，同比增长12.9%，增加收入9525万元。5个险种均全面完成目标任务。征收残疾人保障金315万元，工会经费366万元，库区基金101万元。

【税收收入特点及分析】　各月收入增幅震荡明显，稳定性较差。各级次税收增幅不均衡，中央级收入出现负增长，市级收入同比增长10.5%，区级税收同比增长21.6%。财产行为税占比上升，财产行为税入库90907万元，同比增长33.1%，占总收入50.7%，同比提高6.7%。支柱行业持续增长，建筑业、金融业、房地产业税收收入分别实现32547万元、15178万元、97850万元，分别增长18.5%、37.1%、11.9%。“营改增”行业税收下降明显。

【税收法治】　与合川区地税局、大足区地税局开展税收交叉执法督察。化解诉讼纠纷，对伍联煤矿诉地税局社保费征收一案，及时咨询法律顾问，和人社局沟通协作，充分准备证据材料，积极应诉；和原告进行沟通协调，原告撤回了诉讼。完成了“六五”普法档案资料的归集、整理；组织干部职工参加干部法治理论网络考试并全员通过。与法院协作，扣缴入库强制执行环节税款10余万元。依法申请人民法院强制执行重庆北天鹅服饰有限公司欠缴的社保费，为该局首次。

【税收政策落实】　全年共落实各类税收优惠金额15488万元；税收政策落实情况得到市局专项检查组的高度评价。受理纳税人减免税审批或备案事项共计65户次，及时进行退税资料的初审，全年办理退税383笔，退库税款1438万元。全面落实小微企业税收优惠政策，共有符合企业所得税优惠条件的盈利小微企业62户，享受优惠政策62户，受惠面达100%，减免企业所得税173万元；共有4104户纳税人享受营业税起征点优惠，受惠面达100%，减免营业税1765万元。

【税收征管】　提升征管水平，做到税务登记完整率100%、税务登记差错率为0；重点企业财务报表录入率达 100%；彻底清理营业税纳税人库存发票；对欠税企业采取约谈、欠税公告、停供发票、查询银行账户等措施，共催缴入库欠税 11064 万元。强化税源管理，加强纳税评估工作，完成纳税评估和核查 196 户，补缴税费、滞纳金 53 万余元；开展外出经营证明专项清理，外出企业入库税收 3700 万元；政府性工程补缴税款 6500 余万元；国有投资公司入库耕地占用税、契税、城镇土地使用税等合计 22049 万元。

【纳税服务】 在全市地税系统纳税人满意度调查中荣获第一名，1 名干部被评为全市地税系统十佳“纳税服务明星”。推行《全国税务机关征管规范 1.0 版》，理顺征收和管理的职责范围，落实“一窗式”综合服务，前移大量涉税事项，建立轮岗导税服务制度。开展纳税人满意度和纳税服务需求调查，调查项目 45 项，访问纳税人 200 余户次，征集意见和建议 19 条。增加个性化服务，对一次性购票量大的企业及增量房纳税申报提供预约服务；在高峰期和纳税人有紧急需求时提供延时服务。扎实推进“便民办税春风行动”，编印发放“便民办税春风行动”宣传册、便民卡 6000 份；“三证合一、一照一码”宣传资料 4500 余册；全年举行 12 次纳税人培训，培训纳税人达 1200 余人次。

【社保及代征规费管理】 大力推行网上办费、POS 机刷卡缴费，网上办费率达 99.9%；追补历年欠费 639 万元；做好困难行业和小微企业缴费基数和费率双降工作，受惠纳税人 290 户次，受惠人员 23086 人次，受惠金额 7266 万元；做好来信来访人员的政策解释和情绪安抚工作，与社保部门衔接，解决离职人员的续保问题；联合各方执法，大庙镇某药店在联合执法后立即缴纳长期拖欠的保费 1.97 万元。

【税务稽查】 大力开展重点税源轮查工作，共组织辅导 54 户纳税人完成自查工作，自查面 100%，自查补税 878.02 万元，滞纳金 31.03 万元；另追缴 2014 年企业自查欠税 604.64 万元，滞纳金 329.33 万元。开展房地产、建安企业营业税专项清理，清理补税 4802.00 万元。打击发票违法犯罪，查处不合规发票 1440 余份，查补税款 115.04 万元，加收滞纳金 3.02 万元，课处罚款 11.48 万元。全年共检查纳税人 72 户，检查补税 1231.18 万元，加收滞纳金 386.95 万元，课处罚款 196.95 万元。

【税收调研】 立项并完成税收科研课题 21 个，举行调研成果交流会，邀请重庆工商大学教授对调研文章进行点评；承接市局重点课题《消费税制改革前瞻性研究》，参与市局立项的省部级课题《地方税法治体系重构研究》；1 篇论文获“重庆市青年人才汇论文评选”三等奖，1 篇论文获“市局 2014 年度重点科研课题优秀成果”奖。

【干部人事管理】 制定和完善《党组中心组学习制度》《干部职工休假管理办法》《临聘人员绩效管理办法》。干部选拔公开公正，2015 年 3 名科所正职选拔，6 名副职提拔，24 名科所长预备期满转正，9 名主任科员晋升均严格执行《党政领导干部选拔任用工作条例》的 6 个程序。做好日常干部管理工作，核实完善党组领导干部个人档案资料，完成全局干部职工档案整理归档工作；完成 17 名晋升职务人员的工资调整审批工作；按市局要求完成 3 名公招人员、1 名遴选人员的考察、任免工作。规范老干部管理，调整老干部两个待遇的标准，加强老干部思想政治工作，召开老干部座谈会 2 次，集中慰问老干部 8 次。

【教育培训】 抓教育培训促素质提升，多措施鼓励干部职工参加学历教育和职称考试，组织科所长专题培训，截至2015年底，4人取得注册税务师资格，2人取得律师资格，10人取得中级会计师职称，38人取得初级会计师职称。在“学法守纪防风险”活动中邀请大学教授讲授法律知识课和公务员心理健康辅导课；完成党员远程教育平台的安装运行工作。4名干部进入市局“三个一”工程人才库，1名干部入选市局优秀中青年干部。

【党风廉政建设】　明确两个责任，建立责任清单，逐级签订党风廉政建设责任书，坚持个人重大事项报告制度。坚持定期廉政学习，局党组书记、局党组成员分别讲授廉政党课，党组书记、局长对全局科所级领导干部进行集体廉政谈话。采取研讨式、对照式、体验式、培训式、拓展式等“五式学习法”，扎实推进“三严三实”专题教育。加强基层党组织建设，成立机关党委，改选10个基层支部，投入20余万元经费，完善阵地建设。扎实推进党员发展工作，截至2015年底，在职干部职工中的党员84名，占比由三年前的62.6%增至目前的81.7%。抓好廉政教育，赴重庆九龙监狱开展警示教育活动，分批分期组织干部职工旁听法院公审，组织全局35岁及以下青年税务人员召开说廉座谈会。

【精神文明建设】　加强工、青、妇等群团组织建设，慰问干部职工20余次，组织全体干部职工进行健康体检，打造办公场所文化氛围，机关园林建设获得铜梁区委书记陈勇赞许；雷电同志获评2月份“中国好人”；组织全局干部职工到綦江横山No.1基地开展拓展训练；组队参加市局5人制足球赛；1名干部荣获“重庆市地税系统优秀青年”称号；组织“学法守纪防风险”演讲比赛；收入核算科被表彰为“铜梁区巾帼文明岗”；4名干部被评选为“重庆市地方税务局共产党员示范岗”，曾令清同志被表彰为“铜梁五一巾帼标兵”。

（撰稿人：高　扬、朱　江）

潼南区地方税务局

【概况】　潼南区地方税务局现有在职职工91人，其中公务员83人，工勤人员8人。2015年3月，撤销双江税务所、小渡税务所、古溪税务所，成立税源管理科。机构调整后，共有8个机关科室、1个稽查局、6个派出机构。2015年8月，根据《重庆市地方税务局关于设立重庆市潼南区地方税务局和重庆市荣昌区地方税务局的通知》（渝地税发〔2015〕112号），撤销潼南县地方税务局，设立重庆市潼南区地方税务局，机构规格为正处级。

2015年，潼南区实现地区生产总值265.2亿元、增长12.5%，增速全市第一，总量是2010年的2.3倍；一般公共预算收入19亿元、增长12.5%，总量是2010年的3.1倍；规上工业总产值386.4亿元、增长29.4%，总量是2010年的8.2倍；全社会固定资产投资330.8亿元、增长24.9%，增速全市第一，总量是2010年的4.7倍；社会消费品零售总额76.6亿元、五年年均增长14.4%；城乡常住居民人均可支配收入分别达到25932元、11582元，年均增长分别为10.8%、

14.5%。实现撤县设区后，完成40平方公里城市总体规划修编，在全市率先脱贫摘帽，为持续加快发展打牢了基础。

【组织收入完成情况】 2015年，共组织各项收入15.73亿元，同比增长17.9%，增收23957万元，税费收入首次突破15亿元。其中：组织税收收入103195万元，同比增长26%，增收21288万元，税收收入首次突破10亿元。社保费累计入库49873万元，同比增长4.3%。其他代征规费累计入库604万元，为同期的85.1%。

【税收收入特点及分析】 各级次收入均大幅增长，中央级税收同比增长13.2%，市级税收同比增长39.9%，区级税收同比增长24.2%。专项清理工作成效明显，营业税入库42621万元，同比增长41.3%，主要得益于开展营业税专项清理工作；耕地占用税入库5327万元，同比增长54.3%；契税入库21072万元，同比增长33.1%，主要得益于开展耕地占用税及土地交易契税专项清理。财产和行为税持续增长，入库50896万元，同比增长17.8%。其中：城市维护建设税入库4198万元，同比增长46.1%，主要得益于撤县设区税率调高。

【税收征管】 加强对金三系统基础信息和数据的核实，税务登记准确率达到99.9%，登记差错率为0.1%。规范非正常认定及注销税务登记管理，2015年共办理非正常户认定708户，核准税务登记注销1470户，核准内部零散户等虚增登记注销88户。积极开展税收风险应对工作，应对风险管理任务11个，涉及风险点892户次。强化财务报表录入，重点税源财务报表采集率达到96%，其他查账征收企业录入比例达到62%。

【税收法治】 认真组织学习贯彻十八届四中、五中全会精神，积极推进依法治税。认真落实“大众创业、万众创新”税收优惠政策，努力提高税收优惠政策知晓度和覆盖面。认真推进税制改革，积极开展“营改增”相关工作。与铜梁区地税局联合开展交叉执法检查，查堵征管漏洞，防范执法风险。积极落实重庆市地税局取消和下放税务行政审批事项，在权限范围内按工作流程实施行政审批。组织开展案卷评查，规范行政处罚裁量权，在市局组织的案卷评查中获得优秀等次。

【税收政策落实】 在小微企业税收优惠政策方面，通过纳税人QQ群、12366短信平台等渠道向广大纳税人宣传，并将此项优惠由审批类改为备案类，涉及的8000余户纳税人共计减免营业税2501万元、企业所得税64万元、个人所得税352万元。在西部大开发税收优惠方面，对相关企业的申请从宽、从快办理，共35户享受西部大开发企业所得税优惠。

【纳税服务】 推行同城通办，严格划分税务所与办税服务厅职能职责，制定印发涉税事项“同城通办”实施方案，优化税收征管流程，解决纳税人多头跑、多次跑的问题。细化服务事项，严格按照纳税服务规范要求，梳理规章制度和表单，健全服务机制，拓宽服务种类，在办税服务厅（室）开展导税服务、提醒服务、预约服务、延时服务，细化服务事项，提升服务质量。简化退税审批，与财政、银行协商，简化纳税人反映强烈的误征退税审批流程，解决纳税人往返奔波的问题。

【税收宣传】 开展“税法赶场”活动，利用乡镇赶场时间，先后到桂林、塘坝、双江等镇街开展税法宣传活动，共发放宣传资料10000余份。开展“走进潼南税务”活动，联合财政局、国税局举办走进潼南税务活动，邀请人大代表、政协委员及纳税人代表进行座谈，现场了解税收工作情况。开展“金点子”征集活动，向企业了解纳税人的需求，征集税法宣传的意见和建议，向社会各界征集改进纳税服务的好方法，共征集点子 21 条。

【税务稽查】 加大税收违法案件处罚力度，2015 年稽查查办案件做到了 100% 加收滞纳金，处罚面达到 100%。部门协作取得新进展，与潼南区国税局建立协作机制，开展联合进户执法检查，全年已对 6 个单位开展联合执法检查，有效避免重复检查。全年稽查查处税收违法案件 18 件，查补收入 1459.49 万元，加收滞纳金 95.66 万元，罚款 12.61 万元。

【行政后勤管理】 严格落实中央八项规定，调整清退超标办公用房，完成基层综合办公楼维修改善工作。严格规范公务接待、厉行勤俭节约，坚决杜绝违规违纪行为。强化食堂管理，对食堂采购进行改革，采取超市直送形式，保证了价格的透明度和食材的质量。加强办公用品采购管理，部分办公用品上网购买，降低成本。加强公车管理，2015 年 12 月 31 日前完成公车封存。

【财务资产管理】 修改制定潼南区地税局财务管理办法，严格执行预算，强化财务日常管理，按照“厉行节约、严格管理”的原则，按月监控预算执行情况，确保各项经费支出严格按照预算的项目和标准支付。加大财务收支审核力度，严格审核各单位的经费使用情况，严控“三公”支出，把重点支出安排在保障征管运行、增强征管手段、强化税收宣传、保障纳税服务等主要方面。

【干部人事管理】 撤县设区后，根据岗位设置需求，选拔任用了 14 名科所正职干部、2 名科所副职干部，完成 8 名符合条件的人员晋升主任科员工作。扎实开展干部人事档案专项审核工作，按照干部管理权限，对在职干部人事档案 83 卷进行审核。开展临时聘用人员清理工作，清理前有临聘人员 35 名，清理后有临聘人员 18 名，减少比例达 48.6%，完成 5 名临聘人员终止劳动合同的解聘经济补偿等工作。

【教育培训】 做好会计职称培训工作。截至 2015 年底，全局 45 周岁以下干部 45 人，取得初级会计师资格 23 人，中级及以上会计师资格 8 人。取得初级会计师及以上资格人数比例为 68.9%，取得中级会计师及以上资格人数比例为 17.8%。组织人员参与全市地税系统“三个一”工程，经选拔有 4 人成为优秀中青年干部培养对象，1 人成为高层次专业人才培养对象。

【党风廉政建设】 落实责任清单，分解落实党风廉政建设主体责任、监督责任的工作任务，层层签订《党风廉政责任书》。开展“六清一查”，签订“六清一查”自查承诺表，对全局干部职工是否存在收受红包、公款吃喝、公车私用等方面开展经常性督查，时刻保持高压态势。推进“三项治理”，明确治理工作任务，积极开展自查自纠，全年有 24 人次上缴“红包”，涉及金额 11.5 万元，已按规定上缴到市局廉政账户。拓宽监督渠道，聘请行风政风监督员和特约监察员 5 人，进一步拓宽监督渠道，广泛接受监督。建立回访机制，以上门走访、问卷调查、电话回访等形式开展回访，集中发出调查问卷 3000 余份，电话回访 400 余次，通过回访接受监督。加强廉政教育，通过正反面典型教育，形成强烈反差，提高干部职工廉洁自律意识；开展廉政文化月活动，认真组织学习《中国共产党廉洁自律准则》和《中国共产党纪律处分条例》。

【精神文明建设】 组织青年干部参加市团委组织的“与法同行”征文比赛，上报征文 3 篇，组织青年职工参观太安镇新农村建设，组织 2 人参加区委宣传部组织的“梦想 100”人生规划大赛，组织 2 人参加区团委组织的“青年人才汇”活动。

开展扶贫济困工作，组织职工向市局“扶贫济困资金”和区委“慈善双日捐”捐款，筹得捐款两万余元。开展“衣旧情深”旧衣捐赠志愿服务活动，募集衣物邮寄给四川冕宁“公益壹点爱”公益组织。与花岩镇石马村结对扶贫，协助制定脱贫计划，送去生产生活资料和慰问金。

（撰稿人：唐　浩）

荣昌区地方税务局

【概况】　荣昌区地方税务局（2015 年 8 月撤销荣昌县地税局，设立荣昌区地税局）有干部职工 93 人，其中行政编制为 89 人，工勤编制为 4 人。2015 年，按照年初制定的工作思路，全面履行职能职责，扎实推进各项工作，为全区经济社会好、快、稳发展提供了可靠的财力保障。

【组织收入完成情况】　2015 年，累计实现各项收入 23.43 亿元，同比增收 2.05 亿元，增幅达 9.61%。其中，税收收入实现 14.56 亿元，同比增收 1.36 亿元，增幅达 10.3%；社保费及其他规费收入完成 8.88 亿元，其中社保费完成 8.35 亿元，综合征缴率达到 95.29%，同比增收 0.72 亿元，增幅达 9.46%。

▲ 2015年8月27日，荣昌区地税局领导带队到企业调查税收清理问题。

【税收收入特点及分析】　2015 年全口径税收收入规模在全市排第 22 位，与上年持平，在城市发展新区中排名第 10 位；从区域经济看，工业兴区见成效，招商引资出效果，区县级税收累计入库 87140 万元，同比增长 21.54%，增收 15446 万元。从税种来看，主体税种的主体地位逐步削弱，对税收的贡献逐渐减少；非主体税种总体地位逐步上升，对税收的贡献逐渐增加。从产业结构来看，第一产业入库税收 66 万元，比上年同期少收 2 万元，第二产业税收同比略有增长，第三产业税收保持稳定增长，成为支柱产业；从经济类型来看，内资企业税收收入保持稳定增长，港澳台、外资企业税收收入同比略有增长，个体经营随着起征点的提高，个体税收逐年下降。

▲ 2015年4月14日，荣昌县财税杯羽毛球比赛报名现场。

【税收征管】在清理基础数据、完善基础资料和优化征管流程上下功夫，夯实征管基础。加强税种认定管理，对单位纳税人和个体工商户的税费种认定情况进行清理，对不需要认定税费种的纳税人及时做好归类管理工作。推行征管规范，制定《荣昌县地方税务局试行全国税收征管规范工作方案》，认真梳理规范现行文件、规章、表证单书和金税三期应用系统的业务流程。加强数据质量考核，及时完成异常信息的修改完善。加强财务报表录入工作，定期实地抽查代开发票税收政策执行、资料收集归档情况。加强涉税信息交换，在做好国税、工商、国土房管信息采集的基础上，主动开拓与水务局、园区等单位的合作，共取得涉税信息590条，其中契税比对信息112条，涉及税款1572.57万元（不包括土地使用税和印花税）。按照国家税务总局下发调查企业名单及调查工作要求，完成2014年度税收调查户67户。加强风险管理，在市局推送的基础上执行发起任务12个，涉及风险点892户次，查补税款468万元。

【依法治税】　内外并举加强制度清理和执法督查，积极推进依法治税进程。对内将所有会签文件进清理、整理、完善，共清理210件，作废10件；强化案件管理和案件审理，确保税收政策执行不偏差。以整顿和规范税收秩序为目标，以查处税收违法案件和开展重点税源企业轮查工作为重点，加大稽查力度，维护税收秩序。全年共入库税收查补收入539.15万元（其中加收滞纳金37.76万元），罚款12.56万元。

【税收政策落实】　落实小微企业税收优惠政策，受惠面达98%，495户小微企业纳税人共享受企业所得税减免87万元。月营业额3万元以下的小微企业（包括个体工商户）共4353户，共减免营业税2861万元；落实西部大开发优惠政策，新增审批类纳税人9户，减免企业所得税1707万元；落实房产税、土地使用税困难减免税收优惠政策，共计减免55万元。

【纳税服务】　认真落实纳税服务规范，加强内部培训工作，开展预约服务、延时服务，提高纳税服务质量。落实“便民办税春风行动”，加大税法宣传，积极开展税企互动，畅通咨询与投诉渠道，全年受理12366税务热线、政府公开信箱咨询和举报 23 起，已处理 22 起，无针对税务人员投诉。开展纳税人满意度调查，纳税人对税务人员的业务素质和服务态度均给予较高的评价。

【教育培训】 认真开展“三严三实”专题教育，结合实际从修身、用权、律己、求实等方面，将教育对象延伸到全体党员、税务干部，对照查找出来的问题逐一严肃反思、对标整改。积极开展“学法守纪防风险”活动，提升干部职工依法治税、依法行政、防范风险的能力。通过持续的专业知识培训和学历教育，干部队伍素质得到明显提高。加强绩效考核，发挥推动效应，积极探索，注重工作量平衡，将组织收入工作列为考核重中之重，充分体现绩效促收的良好效应。

【党风廉政建设】 深入落实“两个责任”主题年活动，切实抓好“一岗双责”，制定和细化责任清单，强化任务落实，积极开展“学法守纪防风险”专项行动。不断加强纪律建设，落实中央“八项规定”，持续改进工作作风，严明党的政治纪律、政治规矩和工作纪律制度。筑牢思想防线，强化监督管理，畅通投诉渠道。

（撰稿人：田雯文）

梁平县地方税务局

【机构人员概况】 梁平县地方税务局在编在册干部职工 102 人，设 8 个科室、1 个稽查局、7 个基层税务所、1 个办税厅。2015 年，以“三基一化”为主线，以“绩效管理”为重点，以“信息管税”为亮点，以“三严三实”专题教育为依托，全面履行税收职能，扎实推进各项工作，圆满完成各项工作任务，保证了各项收入持续稳步增长。

【组织收入完成情况】 2015 年，组织各项收入 167176 万元，为年度计划 147522 万元的 113.3%。其中：地方税收收入 99873 万元，增收 18210 万元，同比增长 22.3%；中央级税收收入 12104 万元，增收 3739 万元，同比增长 44.7%；市级税收收入 16175 万元，增收 2302 万元，同比增长 16.6%；县级税收收入 71594 万元，增收 12169 万元，同比增长 20.5%。在渝东北生态涵养发展区，总量排第 3 位，增幅排第 2 位，比片区地税收入增幅 14.83% 高 7.5 个百分点。

【税收收入特点及分析】 从产业结构看，税源结构更加分散，纳税主体多元化。各产业占比为 0.1∶41.6∶58.3，第二产业同比上涨 4.4 个百分点，第三产业同比下降 4.3 个百分点。从行业看，重点行业贡献大，房地产、建筑安装、采矿等行业位居前三甲，占收入总额的 65.5%；房地产市场企稳，资金紧张局面没有根本缓解，商品房销售面积实现58.8万平方米，同比增长3.1%，销售金额 25.5 亿元，同比增长 2.6%，入库税收 31654 万元；制造业基础薄弱，制造业入库企业所得税 626 万元，减收 278 万元，降幅 30.7%。从重点税源看，重点税源规模增大，纳税总额 100 万元以上的企业纳税人有 119 户，入库税收 81586 万元，占总额的 81.7%，均值 685 万元，比上年多 21 户，比重提高 3 个百分点，均值提高 31 万元。

【税种管理】 营业税入库 36960 万元，同比下降 14.78%。企业所得税入库 11864 万元，同比增长 53.21%。个人所得税实现 8310 万元，同比增长 34.08%。新增房产税 413.53 万元、城镇土地使用税 153.76 万元。入库资源税 7777 万元，煤炭资源税从量计征改为从价计征后，其资源税增幅呈现上升态势，入库 241.39 万元，同比增长 79.46%，增收 106.87 万元。

【税收征管】　狠抓信息管税，全面采集纳税人信息，修改纳税人异常数据信息共 3000 多条。加强数据分析处理利用，将分析结果与纳税人定额核定、发票配售、信用等级评定、稽查选案等有机结合。严密税源监控，将采矿业、金融保险业、房地产开发业、建筑业、制造业等行业的 116 户企业纳入重点监控范围，入库税收 55214 万元，占整个税收收入的 55.28%。加强风险管理，共推出 10 批次风险任务，涉及 463 户次纳税人，评估税款 452 万元，已入库 350 万元。

【税收法治】　组织宪法的宣传学习、网上考试以及普法教育，推进税收法制宣传专栏、重大税务案件审理和征集税收调研课题、选送群众性课题调研文章参评等日常法制工作。完成 5 个重大税务案件审理，《重庆地税》采用 2 篇稿件，向市局报送 2 篇课题选题，完成 17 篇群众性课题调研文章。规范税务行政审批项目，公示行政审批清单。对 2003—2014 年制定的税收规范性文件进行全面清理，共清理 56 个税收规范性文件，其中继续有效 7 个，已失效 48 个。

【税收政策落实】　全面落实“保增长、调结构、惠民生”各项减税降费政策，扶持各类市场主体发展。2015 年，累计对 146455 户次纳税人实行各项税收减免 6138 万元，其中：存量房交易税收减免 884.47 万元；小微企业享受所得税优惠 32 户，所得税减免 34.04 万元，受惠面达 100%；小微企业和个体工商户享受减免营业税 1096 万元，受惠面达 100%；为 806 户纳税人减免财产行为税 3037.06 万元。

【纳税服务】　密切与国税、房管、工商等窗口单位的协调联系，打造一体化服务平台。优化“免填单”“首问责任制”“一次性告知”“限时办结”等服务举措。量身定制政策礼包，针对县委县政府重点关注的光电科技、机械制造、生态塑料三大行业，联合县国税局为三大类型企业量身定制优惠政策礼包，让企业在入驻、生产等环节对税收政策及其优惠政策一目了然，节省办税成本。

【税收宣传】　通过“纳税人课堂”、宣传车、LED 显示屏、发放资料、政策解答等形式，向纳税人广泛宣传税收政策。编制《梁平县光电、机械、塑料行业增值税、企业所得税优惠政策及地方税政策摘编》册子，提供个性化纳税辅导。通过 QQ 群及“重庆地税”微信号，及时发送税收新政策。对金三系统提取符合享受企业所得税优惠的小微企业，逐户通知企业，服务“两众两创”。

【社保及代征规费管理】　组织社会保险费收入 63657 万元，完成年度计划 52722 万元的 120.7%，减收 26485 万元，降幅 29.4%。减收原因是被征地农民养老保险费大幅下降。教育费附加实现 1988 万元，增收 275 万元，增幅 16.1%。地方教育附加实现 1320 万元，增收 175 万元，增幅 15.3%。工会经费实现 173 万元，增收 7 万元，增幅 4.2%。残疾人保障基金实现 144 万元，增收 33 万元，增幅 29.7%。文化事业费实现 19 万元，减收 2 万元，降幅 9.5%。

【税务稽查】　2015 年，累计检查 23 户，审结 23 户，结案 22 户，结案率为 95.6%，有问题的 23 户，选案准确率为 100%；组织企业自查 14 户。查补收入 5731.3 万元，入库 5658.8 万元，入库率为 98.7%。其中查补税款 1956.3 万元；处

▲ 2015年10月29日，全市文明创建暨基层建设工作座谈会在梁平县地税局召开。

以罚款 1049.19 万元，处罚率为 53.6%；加收滞纳金 884.9 万元，加收滞纳金率为 100%；督导自查收入 1840.9 万元。查出 1000 万元以上案件 1 件，100 万元以上案件 4 件，其中偷税案件 1 件。

【财务资产管理】 修订《经费支出管理办法》《财务管理办法》，加强原始凭证审核。严格经费审批和经费支出报账程序，实行大额开支报告制度。对车辆实行单台记账，按月汇总，采用“车管家”加强车辆行为及安全监控管理。对来客接待，实行“统一安排、对口接待、定额控制”的办法，确保“三公经费”不超支。

【教育培训】 组织学历教育、网络教育等，干部网络教育平均学分达 80 分以上。加强干部财会知识的培训，全局 45 周岁以下干部中，45 人通过会计从业资格考试，通过率为 93.75%；30 人通过初级会计师以上考试，通过率为 62.5%，其中 36 周岁至 45 周岁的干部取得初级会计师及以上资格的人数比例达 61.29%；10 人通过中级会计师以上考试，通过率为 20.83%。

【党风廉政建设】 深入开展“三严三实”专题教育，做实“专题党课、专题学习、专题民主生活会”关键动作，组织专题学习研讨 6 次，撰写心得体会 12 篇，其中 1 篇发言材料被国家税务总局采用；查找“不严不实”问题 7 个，建立整改台账 21 项，出台工作措施和规章制度 25 个。落实党风廉政责任，将 17 项责任目标分解到 4 位局领导和 8 个科室。开展“学法守纪防风险”“六清一查”等主题活动，在税收重点环节和关键领域开展自查自纠。设置廉政账户，全力以赴消除廉政风险。开展廉政教育，开设“廉政讲堂”，“一把手”上党课，组织干部职工到重庆三峡监狱开展警示教育活动。实行指纹机考勤和暗访制度，对上班玩手机、迟到早退和不按规定履行请销假等责任人进行诫勉谈话、

▲ 2015年2月13日，梁平县地税局举行春节联欢晚会。

通报批评、扣发津补贴和取消评先评优等处理。

【精神文明建设】　以“梁平地税器乐队、声乐队、舞蹈队”为依托，着力打造“器乐文化”。成立太极、篮球、摄影、舞蹈等10个文体活动小组，沉淀地税文化。承办全市地税系统文明创建暨基层建设工作座谈会，提供全国文明单位创建范例供兄弟单位参考借鉴。有效利用过道空间，打造地税文化走廊。举办以“勿忘国耻　圆梦中华”为主题的国防教育专题讲座。开展“感怀革命先烈　传承担当精神”教育活动。深化办税服务厅“全国巾帼文明岗”“全国工人先锋号”建设，办税服务厅被重庆市委宣传部命名为“第一批重庆市岗位学雷锋示范点”单位，稽查局被评为“重庆市工人先锋号”。

（撰稿人：周小娟）

城口县地方税务局

【概况】　城口县地方税务局共有干部职工63人，设8个机关科室，6个派出机构，1个直属稽查局。2015年，城口县地区生产总值同比负增长2.1%，固定资产投资同比增长8.4%，地方预算内财政收入同比增长12.6%，社会消费品零售总额同比增长9.8%，城乡常住居民人均可支配收入分别同比增长9.1%和11.3%，城口县地税局全年共组织税费收入38782万元，为县域经济发展和社会稳定做出应有贡献。

【税费收入完成情况】　2015年，城口县地税局共组织各项收入38782万元。其中：税收收入21401万元，同比增长2.44%，增收510万元；社会保险费收入16436万元，同比增长7.66%，增收1169万元；教育费附加、地方教育附加和文化事业建设费收入937万元。

【税收收入特点及分析】　2015年税收略有增长主要因素：一是小税种发挥大作用。房产税累计完成431万元，为同期的100.23%。土地增值税累计完成994万元，为同期的143.02%。契税完成3884万元，为同期的185.04%。耕地占用税累计完成838万元，为同期的367.54%。二是第三产业呈现较好增长势头。第三产业实现税收收入10826万元，为同期的105.78%。其中房地产累计完成5385万元，为同期的115.29%。三是国有企业继续发挥主体支撑作用。2015年国有企业完成税收3050万元，为同期的116.28%。

【税种管理】　营业税累计完成8802万元，完成计划的80.98%，为同期的90.25%。企业所得税累计完成1798万元，完成计划的99.89%，为同期的79.52%。主要原因：外来建筑企业代开发票时所得税回原地缴纳，锰、钡、煤等工业企业2015年基本未生产。契税完成3884万元，完成计划的120.25%，为同期的185.04%，增加原因是入库欠税2000万元。耕地占用税累计完成838万元，完成计划的167.60%，为同期的367.54%，增加原因主要是工业园区占地。

【税收征管】　一是加强税源控管，利用有关部门提供的项目立项、招投标、土地批复、出让以及财政性资金固定资产投资评审等信息，及时准确掌握税源动态，同时对所有工程项目实施台账管理，抓好项目实时跟踪管理。二是加强部门协作，形成治税合力。加强与城口县国土房管、工商、交易中心等多部门的信息交换，通过比对、分析相关涉税信息，查找征管薄弱环节，挖掘潜在税源；加强与国税的合作，委托国税代征代开发票代征附加税费，代征个人所得税、资源税；加强与公安部门合作，利用警方优势形成威慑，联合打击发票违法案件，税警联合清理欠税，共同营造税务违法案件打击的高压态势。三是开展房地产、建筑业、金融业营业税专项清理，2015 年清理建筑企业 21 户，追缴税款 800 余万元。

【依法治税】 建立健全税收重大违法案件集体审理和税收行政审批事项集体审批制度，进一步加强稽查案件审理，从严控制办理减免缓税审批，从机制上杜绝执法不公、权力徇私、滥用职权行为发生；开展税收执法交叉督察，及时查找征管问题，规范执法行为。

【税收政策落实】 通过城口手机报、送政策到“两会”、寄送挂号信函等方式宣传税收优惠政策。2015 年，城口县地税局管辖的营业税纳税人中企业和非企业性单位享受免征营业税金额 504.76 万元，占全部应纳税额的 24.01%。

【纳税服务】 积极落实全国税务机关纳税服务规范，及时修订相关制度文件，优化调整相关业务流程，抓好相关岗位责任的落实，大力提升服务工作的规范化水平；建立服务质量巡查制度，采取明察暗访、抽查监控视频等方式，加强对办税服务厅的服务质量巡查，及时通报并督促整改；继续深入开展落实“便民办税春风行动”，为纳税人提供高效便捷的办税服务。

【税务稽查】 开展重点税源轮查，2015 年纳入轮查计划的市级重点税源企业共计 15 户，通过自查查补税款 194.33 万元；开展打击发票违法犯罪活动，通过与县国税局、县公安局等部门的配合，查处发票违法案件 10 件，查处非法发票 856 份，涉及金额 278.89 万元，处以罚款 8.38 万元；开展国有投资公司专项检查，查补税款 2400 万元。2015 年，城口县地税局共查处税收违法案件 28 户，共计查补收入 2864.90 万元，已入库 2778.25 万元，占已入库金额的 13%。

【教育培训】 开展财务会计知识培训，截至 2015 年底，城口县地税局共有初级会计师 14 人、中级会计师 5 人、注册税务师 1 人、注册会计师 1 人；坚持开展业务大练兵，把每年的 11 月确定为“业务练兵月”，并例行举办税收业务知识和综合知识竞赛，通过竞赛活动，以考促学，提高干部职工的业务水平。

【党风廉政建设】 认真落实党风廉政建设“两个责任”，明确责任分工，党组书记作为第一责任人，全面抓好党风廉政建设和反腐败工作，班子其他成员按照“一岗双责”要求抓好分管范围内的党风廉政建设工作，制定“两个责任”任务清单，狠抓落实；认真贯彻执行民主集中制，正确处理集体和个人的关系，严格按照领导班子议事规则和决策程序，监察部门主要负责人列席局长办公会，认真执行“一把手”末位发言制度；认真落实中央“八项规定”精神，严控会议支出，严控公务接待支出；坚持重大决策、重要干部任免、重大项目安排、大额资金使用集体决策制度，纪检监察积极主动介入税收票证自查、税收优惠政策落实、税收执法交叉检查、土地增值税清算等多项税收执法以及大宗物资采购、基建、人事任命、试用期满转正考察、职务晋升等行政事项工作的“两权”监督。

（撰稿人：谢朝友）

丰都县地方税务局

【概况】　丰都县地方税务局共有在职在册干部职工 119 人，有 8 个内设科室，1 个直属机构（稽查局），5 个派出机构。2015 年，全面落实全市地方税务工作会和丰都县经济工作会决策部署，以组织收入为中心，以“三基一化”建设为主线，大力推动依法治税、税收征管、纳税服务、队伍建设、内部管理迈上新台阶，努力完成全年各项工作目标，为县域经济社会持续健康发展做出了积极贡献。

【税费收入完成情况】　2015 年，共组织各项收入 158639 万元，同比增长 19%，增收 25316 万元。其中：组织税收收入 89703 万元，同比增长 13.9%，增收 10915 万元，完成全年目标计划的 100.7%，超收 603 万元；社会保险费收入 65361 万元，同比增长 27.9%，增收 14244 万元，五大险种的综合征缴率为 98.6%，超目标任务 4 个百分点。

【税收收入特点及分析】　税收收入总量持续增大，全年税收总量近 9 亿元，创历史新高，但税收增幅不足 14%，同比下降 3 个百分点，税收增速进一步放缓。地方税收宏观税负持续攀高，2015 年地方税收宏观税负达到 5.9%，比近五年地方税收宏观税负高 6 个百分点，地方税收弹性系数为 1.15，税收弹性明显减弱。中央级收入增长放缓，2015 年中央级收入仅增长 1.8%，同比下降近 25 个百分点；区县级收入增幅达到 16.5%，市级收入也增长 9.6%，较 2014 年提高近 5 个百分点。

从产业上看，第一产业税收实现 725 万元，在税收总量中的占比不足 1%，同比下降 52.4%；第二产业实现税收 31199 万元，占税收总量的 34.8%，同比增长 16.1%；第三产业实现税收 57779 万元，占税收总量的 64.4%，同比增长 14.7%。全县三次产业税收结构比为 0.81：34.78：64.41。

从行业上看，房地产业、建筑业、金融业和制造业依旧是地方税收的骨干行业，四大行业税收在税收总额中的占比达到 74.5%，其中房地产、建筑业税收占比达到了 61.8%。

从企业类型上看，内资企业实现地方税收 75621 万元，同比增长 15.8%，在税收总额中的占比为 84.3%，较 2014 年提高 4 个百分点。内资企业税收主要来自于国有企业、有限责任公司和私营企业。2015 年，民营企业实现地方税收收入 60608 万元，同比增长 3.7%，占税收总量的 67.6%，同比下降 7 个百分点；非民营企业实现地方税收 29095 万元，同比增长 43.3%。

【税种管理】　加强重点税种管理，“营改增”工作有序推进，营业税专项清理效果显著，所得税汇算清缴全面达标，财产行为税增幅明显。营业税实现 33704 万元，同比增长 9.4%，占税收总量的 37.5%；在契税收入增长拉动下，财产行为税实现 42853 万元，占地方税收总额的 48%；企业所得税和个人所得税实现 13146 万元，占地方税收总额的 14.7%。强化重点税源管理，建筑业和房地产业两大支柱产业分别实现税收收入 24458 万元和 32866 万元，在房地产市场持续低迷的情况下，分别增长 23.9%、0.8%，有力地促进全年目标任务的完成。

【税收征管】 开展软件正版化工作，更新老旧办税设备，加强业务系统运维，保障纳税人办税平稳顺畅。注重基础数据管理，各项数据指标均超过市地税局考核标准。深化数据分析利用，全年大数据应用次数列全市第四位。开展土地、房产登记信息风险比对，评估入库税款 194 万元。出台全局《个体双定管理实施意见》，个体双定管理日趋规范；认真落实税收征管规范 1.0 版，与软件公司合作开发丰都县地方税务局征管和服务规范、表证单书检索系统，进一步统一税收征管业务标准和表证单书，规范税收征管业务流程。稳步推进征管改革，改革共识基本形成。

【税收法治】 借力各种渠道积极开展税收普法宣传，对税务行政审批事项进行重新清理公示，出台《丰都县地方税务局关于贯彻落实重大税务案件审理办法的意见》（丰地税发〔2015〕31 号），有力地推动税收法制建设。注重审计问题整改，追缴入库税款 6800 余万元；开展税收执法督察和执法案卷评查，督察整改执法问题 52 个，评查出 8 个方面的案卷问题，有效规范了执法行为。积极落实国地税合作规范，在委托代征、联合定税等七个方面取得进展；与国税、工商、社保、国土等部门初步建立起信息交换工作机制，综合治税体系日益成型。

【税收政策落实】 不折不扣落实各项减税降费政策，全局全年共计办理税收优惠减免 18000 多户次，优惠减免各类税款 9897.36 万元；办理各类退税 89 户次，退税金额 927.65 万元，有力地促进“大众创业 万众创新”。在市地税局开展的第二轮小微企业税收政策落实情况电话调查中，丰都县地税局以 88.4 分的综合成绩位列全市第一。

【纳税服务】 成功创建“五星级办税服务厅”，大厅办税功能更加完善。地税 QQ 群、12366 服务热线、“纳税人网络学校”“纳税人之家”等服务资源日益丰富，网上办税、自助办税深入人心，“一窗式”办理、“免填单”服务渐成常态，涉税业务全城通办，“便民办税春风行动”深入推进，征纳和谐关系不断巩固。

【税务稽查】 全年共组织开展各类检查 42 户次，稽查入库收入 1500 余万元，稽查案件处罚率为 29.8%，超市局考核指标 21.8 个百分点，稽查案件处罚面 100%，超市局考核指标 50 个百分点，滞纳金加收率 100%，较好发挥了稽查“以查促管”的职能作用。

【干部人事管理】 按照《中共重庆市地方税务局党组关于进一步加强基层干部队伍建设的意见》（渝地税党组发〔2015〕40 号）要求，认真开展干部人事管理。全年新提拔任用中层干部 7 名，对 10 名干部职工进行轮岗交流，队伍活力有效提升。

【教育培训】 采取“走出去、请进来”的方式加强教育培训，鼓励干部职工参加技术职称考试和学历学位教育，全局已有 70 人取得会计从业资格证，27 人取得初级会计职称，5 人取得中级会计职称，2 人取得注册税务师资格，1 人取得律师执业资格，取得初级及以上会计职称人员占 45 岁以下干部的 80%，本科以上学历 88 人，占干部总人数的 74%。

【党风廉政建设】 认真履行党组主体责任，始终把加强党风廉政建设与全局税收中心工作同部署、同落实、同检查、同考核。定期专题研究党风廉政建设工作，全力支持纪检监察部门开展工作。制定“两个责任”任务清单，将责任具体化。县局党组书记认真履行党风廉政建设“第一责任人”的职责，加强对全局党风廉政建设工作的布置、指导和督促落实。党组其他成员在抓好分管领域税收业务工作的同时，严格履行职责范围内的党风廉政建设主体责任。县局纪检组认真履行监督责任，与各单位层层签订党风廉政建设目标责任书，与每名科所长签订廉政承诺书，认真落实述职述责述廉制度，督促基层单位负责人自觉履行“一岗双责”，确保“两个责任”落实到位。

【精神文明建设】　开展文明创建，巩固“市级文明单位”顺利通过复查验收，2 人分别被表彰为全市地税系统“优秀青年”和“纳税服务明星”，4 人被表彰为全市地税系统第七轮“共产党员示范岗”。

（撰稿人：王玉林）

垫江县地方税务局

【概况】　垫江县地方税务局共有干部职工 105 人。2015 年 7 月 21 日，根据《重庆市地方税务局关于同意垫江县地方税务局机构调整的批复》（渝地税函〔2015〕166 号），设立机关科室 7 个，直属机构 2 个，办税服务厅 1 个，税务所 6 个。2015 年，垫江县地税局紧紧围绕“收好税、带好队、抓改革、促发展”的工作思路，大力组织税收收入，全面推进税收征管改革，扎实提升干部素质，各项工作稳步推进。

【税费收入完成情况】　2015 年，组织税费收入 16.81 亿元，同比增长 8.08%，增收 1.25 亿元。其中：税收收入实现 9.70 亿元，同比增长 13.56%，增收 1.16 亿元；社会保险费收入实现 6.72 亿元，同比增长 1.12%，增收 0.07 亿元。县级收入（含教育费附加）实现 6.99 亿元，同比增长 17.96%，增收 1.07 亿元。

【税收收入特点及分析】　2015 年，全县 GDP 实现 239.8 亿元，同比增长 11.1%。税收收入完成 14.61 亿元，同比增长 14.37%，税收宏观税负为 6.09%（其中：一产业 0.06%、二产业 4.88%、三产业 10.29%），税收弹性系数约为 1.3（其中：一产业 8.38、二产业 1.30、三产业 1.13），税收增长与经济增长基本同步；全县一、二、三产业产值分别同比增长 5.1%、12.6%、11.5%，而税收同比分别增长 42.77%、16.41%、13%，增长态势不均衡；建筑业和房地产业税收比重过大，建筑业和房地产业实现税收 5.00 亿元，占税收总量的 34.24%，税收收入增长对投资依存度较高。

【税种管理】　营业税实现 36788 万元，同比增长 5.61%，增收 1955 万元。企业所得税实现 13241 万元，同比下降 7.46%，减收 1067 万元。个人所得税实现 8058 万元，同比增长 17.69%，增收 1211 万元。土地使用税实现 6136 万元，同比增长 188.21%，增收 4007 万元。土地增值税实现 8888 万元，同比增长 20.68%，增收 1523 万元。耕地占用税实现 7493 万元，同比增长 289.04%，增收 5567 万元。资源税实现 2811 万元，同比下降 25.32%，减收 953 万元。契税实现 7377 万元，同比下降 15.22%，减收 1324 万元。

【税收征管】　深入推进税收征管改革，打

破税收管理员制度，推动个人管户向团队管事转变，设立督查考核岗、综合事务岗、风险应对岗、办税服务岗，分岗分段管事，相应打造“风险控制中心、纳税服务中心、税收执法中心”，构建与地方税收征管实际相适应的现代化税收征管体系；不断提高风险管理质量，风控中心推送风险核查应对 51 期，查补税款 6702.27 万元；强化重点税源监控和主体税种管理，做好市县级 155 户重点监控企业跟踪管理，相继开展建筑业、房地产业和金融保险业营业税清理，实现入库税款 1.4 亿元；加大欠税追缴力度，通过欠税约谈、税收保全、强制执法等措施，清理入库欠税 639 万元（其中：压缩陈欠 188 万元）；深化国地税合作，委托县国税局代征地方税费 367 万元，国、地税稽查协作查补入库税费 210 万元。

【税收法治】 加强干部职工税收法治教育，落实重大税务案件审理制度、税务案卷评查和税收减免报批、备案制度，建立交叉执法检查机制；开展“学法守纪防风险”活动，发送相关短信 1000 余条，排查和清理各类执法风险点和廉政风险点 8 个，有针对性地制定和完善相关规章制度 6 个，举办“学法守纪防风险”主题演讲比赛；开展税收执法一体化建设，确保税收执法全覆盖，严格依法处理和打击违法行为，维护税法刚性，规范纳税秩序；与国税部门执法适度整合，提高执法针对性和有效性；落实地方税收征管保障办法，与 35 个部门建立综合治税机制，与县法院达成司法协助框架协议初步意见，完善综合治税网络；与忠县、丰都县、梁平县地税局联合开展税收执法交叉督察。

【税收政策落实】 全面落实税收优惠政策，全县享受西部大开发政策减免所得税 1800 万元，小微企业减免企业所得税 48.94 万元、减免营业税 146.76 万元，金融业涉农贷款减免营业税 19.33 万元，个体工商户减免各项税款 1233 万元，困难企业减免房产税、城镇土地使用税 257.86 万元，购房减免契税 61 万元。全年办理退税 80 户，退税额 125.49 万元。全年共审批享受西部大开发税收优惠政策 8 户、备案 1 户。

【纳税服务】 积极促进办税服务厅转型升级，统管全局办税服务厅（室）业务，纳税人依申请事项全部前移前台窗口，一站办理，并通过征管信息电子化系统信息共享，提高办税效率；大力创新纳税服务方式，推广多元化申报方式，落实“互联网 + 税务”理念，建立 QQ 群、微信群，设置 7412366 纳税服务热线，推行非接触式服务；推进国地税纳税服务深度融合，依托金三系统拓展办税渠道，让纳税人“进一家门、办两家事”，减轻群众办税负担。

【税收宣传】 落实税收宣传长效机制，运用各类媒介平台，广泛宣传税收法律法规及各项政策；围绕“新常态、新税风”宣传主题，开展税收宣传、税收征文、税收演讲等系列活动，运用电视、报纸、网络等平台载体，扩大宣传效应，营造宣传氛围。

【税务稽查】 加大涉税违法行为打击力度，实施稽查案件 105 件，查补税款 1934.55 万元，处罚款 28.84 万元，加收滞纳金 45.03 万元，稽查结案率 100%，入库率 100%，其中：百万元以上大要案 5 件。开展税收专项检查 18 户，查补税款 1058 万元。开展重点税源轮查 111 户，查补税款及滞纳金 555.83 万元。发票专项检查 38 户，查处非法发票 43 份，查补税款 1137.33 万元，罚款 9.38 万元，加收滞纳金 15.67 万元。

【行政后勤管理】 严格执行《党政机关厉行节约反对浪费条例》等规定，完成了办公用房腾退清理；修改完善《公务接待管理办法》等制度，进一步健全内部管理机制，严控“三公经费”

▲ 2015年4月3日，垫江县地税局举办税收宣传进园区活动。

支出，规范人财物管理。

【干部人事管理】　坚持“收好税”“带好队”，充分利用党组中心组学习平台强化领导干部政治理论学习，提高理论水平和党性修养，着力培养忠诚、干净、担当的领导干部。对53名干部进行岗位调整，进一步优化干部队伍配置，激发工作动力活力。

【教育培训】　落实市局“三个一”工程和“841”人才培养二期培训计划，通过初级会计师考试2人、中级会计师考试3人，司法考试1人，加强干部职工学历教育，9人参加高起专学习，6人参加专升本学习。开展全员培训，分期分批组织全体职工到市委党校进行脱产式全员封闭培训。

【党风廉政建设】　落实“两个责任”，召开全局党风廉政建设专题工作会议，层层签订党风廉政建设目标责任书和廉政承诺书。班子成员认真履行“一岗双责”，落实“分工包项”和“分片包干”的两包责任制，明确党风廉政建设和反腐败工作的责任分工，从严管理监督干部。加强廉政教育，定期发送廉政短信1000余条，组织开展革命传统教育和警示教育2期，举办党风廉政建设知识测试。争创成为垫江县首批“廉政文化建设示范单位”。强化监督检查，落实廉政跟踪回访制度，累计收回廉政跟踪回访表185份，与国税部门实施部门交叉明察暗访活动。加强党的组织建设，完善机关党委委员联系税务所支部制度和党组中心组学习制度，上好“三会一课”，局党组成员授党课5人（次），各支部书记带头讲党课28人（次）。

▲ 2015年2月13日，垫江县地税局召开党风廉政建设工作会议。

【精神文明建设】 扎实开展"三严三实"专题教育，召开专题民主生活会1次，局领导授党课4次，组织学习研讨6次，召开座谈会5次，开展交心谈心22次，发放征求意见表210份，收集纳税人、基层税务所人员意见15条，梳理"不严不实"问题6个，已全部整改完毕。积极开展群团活动，开展青年志愿者行动、职工登山活动及趣味运动会，积极参加全县扶贫攻坚行动，帮扶贫困户72户，对口扶贫行政村1个，落实扶贫款项11万余元。积极实施创建工作，办税服务厅被重庆市总工会授予"重庆五一巾帼标兵岗"荣誉称号。

（撰稿人：朱 亮）

武隆县地方税务局

【概况】 武隆县地方税务局共有在编正式干部职工94人，内设8个科室、5个基层税务所、1个办税服务厅、1个稽查局。

【组织收入完成情况】 2015年，共组织各项收入12.53亿元，同比增长6.19%，增收7302万元。其中：税收收入8.1亿元，同比增长2.64%，增收2084万元；契税和耕地占用税收入5491万元；社会保险费收入3.92亿元，同比增长15.43%，增收5243万元；教育费附加、地方教育附加和文化事业建设费收入2731万元，同比增长3.85%，增收162万元。代政府征收各项基金、规费2266万元；税务部门其他罚没收入42万元。

【税收收入特点及分析】 税款入库时间进度不均衡，起伏较大。上半年总计入库税款3.53亿元，仅6月份就入库税款1.27亿元，占半年总收入的36%，12月份入库1.34亿元，占全年税收总收入的16.6%。税源结构单一、税收无持续性，二产业入库税款2.64亿元，占总收入的32.5%，其中建筑业入库税款1.96亿元，占二产业总税收的74.4%；三产业入库税款5.19亿元，占总收入的64.1%，其中房地产业入库税款1.96亿元，占三产业税收的37.7%，租赁及商贸服务入库税款1.28亿元，占三产业税收24.6%；政府年初重点项目启动平缓，实际应税投资项目实现税收未达预期，拉动税收增长效果不明显。

【税种管理】 对房地产业、建筑业、金融保险业开展营业税专项清理，清理税款2514.31万元。推进年所得12万元以上个人所得税自行纳税申报工作，申报率为100%；开展2014年度个人所得税汇算清缴工作，推广个人所得税代扣代缴系统，以县委、县政府名义下发专项工作文件，行政事业单位个人所得税扣缴系统使用率达100%，位居全市前列。2015年个人所得税完成4900万元，同比增长19.13%。对国有投资公司划拨资产历年的房产税和土地使用税进行清算，2015年房产税实现7772万元，同比增长329.39%，城镇土地使用税完成1.79亿元，同比减少18.66%。通过利用第三方信息耕地占用税入库257万元，契税入库2600万元。

【税收征管】 重新调整管理所和大厅的征管职责，部分业务移交到大厅办理，加强管理所对辖区的税（费）源和行业的征管情况的分析、比对职责，尤其是风险管理的职责。加强对税务登记信息质量维护，按季组织管理人员对数据进行修改完善，全年税务登记信息完整率100%，差错率为0；加强欠税数据清理，将所有欠税纳入征管系统进行管理，同时组织开展虚增欠税的清理。采取欠税公告、查询银行存款、阻止纳税人出境等多种方式，加大欠税追缴力度，由于受企业资金周转困难的影响，全年欠税数额比上年增加3777.18万元，同比增长355.78%。加强国地税合作，成立5个专题工作小组，负责具体合作事项的协商和衔接落实工作。共同开展税法宣传，并派征收人员入住县国税局办税服务大厅征收代开发票的附加税款，共征收税费8.2万元，利用国税信息进行主附税对比94户，追收税款5.1万元。

【税收法治】　以发放资料、现场办公、集中宣传和日常宣传相结合多渠道开展税法宣传；梳理税收执法依据，制定税务行政审批目录并向社会公示；完善税务行政处罚工作规程和裁量基准；完善税收规范性文件的制定、公开征求意见、集体讨论决定等程序，推进政务公开。与长寿区地税局、北碚区地税局、渝北区地税局联合开展交叉执法督察；认真开展执法案卷评查，在重庆市地方税务局案卷评查工作中取得第3名。强化执法手段，通过打击假发票、查处偷逃税违法行为和认真审理重大税务案件，整顿规范地方税收秩序。

【税收政策落实】　利用电话、QQ群、12366平台、大厅电子显示屏、街头宣传税收政策、税务约谈等方式加强对纳税人的辅导力度。全面落实结构性减税政策，全县有20户企业享受到西部大开发税收优惠政策，55户企业享受到残疾人职工工资加计扣除、权益性投资收益企业所得税优惠，23户小微企业享受优惠，共计减免企业所得税3455万元；农户小额贷款利息收入营业税减免169.16万元，中国农业银行涉农贷款营业税减免226.73万元；717户小微企业减免营业税339.40万元，3219户个体工商户减免营业税1417万元。

【纳税服务】　加强国地税合作，联合成立纳税人学堂，共开展纳税人培训两期，培训纳税人70人次。大力推广网络申报、网络开票、网上扣税、POS机刷卡缴税和银行端查询缴款等服务，TIPS扣款比例达98.13%，网上办税占单位TIPS扣款的比例为62.97%。在全市率先实现“三证合一”，实行“一照三码”，将新办登

▲ 2015年5月21日，武隆县地税局召开征管规范1.0培训会。

记的纳税人要在国税、地税、工商、质监四处分别办理初次登记的事项，统一在一起；10月1日，顺利实现“一照一码”登记制度改革落地。开展企业所得税纳税申报、小微企业税收优惠等16期专题培训。建立12366热线联动机制，使纳税人在非正常工作时间的投诉举报事项得到快速处理。全年处理举报、投诉案件10件。

【税收宣传】 开展税收街头宣传活动，与县国税局联合设立税收宣传咨询站，接待咨询群众3000余人次，发放小微企业税收优惠政策、营业税、个人所得税、契税、土地增值税等税种的宣传手册1200余册。组织干部分成工作组，深入全县35户房地产企业、63户建筑安装企业以及旅游、工业企业，有针对性地加强税收优惠政策宣传和纳税辅导。以加强企业所得税汇算为契机，对328户企业开展分批培训。联合县国税局开展“新常态、新税风”为主题的“税收带来家乡美”摄影大赛，共征集摄影作品900余幅，评出获奖作品200幅。

【社保及代征规费管理】 坚持“税费并重”理念，完善个人缴费明细申报、欠费管理、缴费评估检查、税费信息对比及分析利用，促进社保征管工作精细化、规范化。从“信息沟通”“催缴欠费”“业务培训”三方面积极与县社保局、财政局、代扣代缴银行等相关部门配合，实现社保费征管信息共享。按季召开联席会议，促进疑难问题解决。

【税务稽查】 从选案率、结案率、入库率、处罚率四项考核指标着手，重点抓好税收专项检查、重点税源轮查、打击发票违法犯罪等各项工作，加强大案要案查处力度。共计检查企业32户，查结32户，查补各项收入1684.45万元，入库率达100%。其中检查查补税款896.19万元、滞纳金124.45万元、罚款229.12万元，处罚率为25.57%；组织13户企业自查查补各项收入434.69万元。查处大案要案3件，查补总额1044.67万元。

【教育培训】 加强干部财务会计知识培训，联合酉阳县地税局在重庆工商大学举办一期中级会计培训班，全年通过全国中级会计职称考试5人、初级会计职称考试1人，截至2015年底，共有24人取得初级会计职称、14人取得中级会计职称。

【党风廉政建设】 认真落实“两个责任”，采取局领导和机关科室对包项和分片联系单位的

▲ 2015年4月17日，武隆县地税局在武隆县人民广场举办“税收带来家乡美”摄影展。

党风廉政实施“一岗双责”，同时各基层单位主要负责人与县局签订党风廉政建设责任书，层层落实责任。抓廉政纪律教育，将执法风险防控作为预防职务犯罪和廉政风险的重要手段来抓，深入推进“学法守纪防风险”活动，认真开展“六清一查”专项清理。邀请纪委和检察院领导作专题辅导报告，到廉政基地接受教育、观看廉政警示片、学习典型案例，给全局职工发送廉政短信、廉政提醒、组织职工参观监狱，集中学习，观看警示片等多种形式进行廉政教育。全年开展学习教育活动26次，受教育者1600余人次。发送廉政短信30条，3000人次。发放廉政跟踪回访表30份，收回13份，未发现反映干部职工不廉洁的问题。开展对9名新录用人员岗前廉政提醒谈话，对9名中层干部进行任中廉政谈话。开展执法监察和效能监察，对各基层单位不定期开展执法监察和效能监察，全年共计检查21次，在检查过程中未发现有违纪违规情况。建立党组每半年开展一次廉政风险研判制度，及时发现苗头性问题。对达到县级重大税务案件标准的3件稽查案件开展“一案双查”。

【精神文明建设】　开展创全国文明城市青年志愿者服务、“与法同行”征文、庆祝建党94周年等活动。加强文明创建，保持“全国文明单位”荣誉称号，被全国总工会表彰为“全国模范职工之家”。对口扶贫土地乡小岩村，重点围绕“整村脱贫、贫困户精确脱贫、基层组织建设”三大任务，累计投入资金47万元，帮助修建村道公路、人行便道等，打好扶贫攻坚战。

（撰稿人：高文巧）

忠县地方税务局

【概况】　忠县地方税务局共有在职职工101人，内设8个科室，1个稽查局，1个办税服务厅，6个基层税务所。2015年，面对经济增长放缓、房地产市场疲软的严峻形势，克服困难，圆满完成全年的各项工作任务，被评为2015年度“全市地税系统绩效管理先进单位”，获县政府综合目标考核一等奖。

【组织收入完成情况】　2015年，共组织各项税费收入161998万元，首次突破16亿元大关，同比增长13.62%，净增收入19414万元，人均征收税费1588万元。其中：税收收入完成92741万元，同比增长14.20%；征收社会保险费65966万元，同比增长13.51%，净增收入7852万元；征收其他基金、费3291万元。税收收入中，县级收入实现62726万元，同比增长12.10%。

【税收收入特点及分析】　收入总量再创新高，收入增量增长较快，全局税收收入总量首次突破9亿元大关，达到92741万元。月度间税收增幅不平衡，全年共有9个月为正增长，3个月呈负增长，最高与最低之间落差高达147.37个百分点。各级次收入增长不均衡，中央级入库税收13997万元，同比增长37.02%，增加收入3782万元；市级入库税收16017万元，同比增长6.51%，增加收入979万元；县级入库税收62727万元，同比增长12.1%，增加收入6771万元。主体税种拉动全局税收增长，营业税、企业所得税、个人所得税三大主体税种共计入库税收58974万元，占税收收入总额的63.59%，同比增长13.66%，增加收入7087万元，占增长总额的61.45%。建筑业税收增速迅猛，全局入库建筑业税收29463万元，同比增长47.54%，增加收入9493万元，首次超过房地产业。房地产业税收呈负增长，入库房地产业税收20200万元，同比下降37.88%，减少收入12317万元。产业税收完成情况打破往年格局，第一、二产业税收收入增幅均高于第三产业税收。

【税收征管】 加强征管基础数据的准确性，全年共清理征管异常数据1800多条，税务登记信息完整率100%，差错率0.01%。成立欠税清缴小组，制发《欠税管理及追缴流程图》，发布欠税公告4期，查询12户欠税纳税人的银行账户开户情况，对宝狮地产、江淮地产等10余户欠税纳税人采取强制执行措施，全年共追缴入库欠税2600万元。加强外部信息交换工作，获取土地批复信息、临时占用耕地信息、城市建设配套费信息等共77条，入库耕地占用税7443万元、契税8921万元。开展对房地产业、建筑业的专项税收纳税评估共35户，移送稽查1户，评估入库税款1948万元，滞纳金16万元。加强征管质量监控和考核，全年月平均申报率97.18%、月平均入库率99.19%、未申报催报率达100%。

【税收法治】 扎实开展“学法守纪防风险”活动。完善党组中心组学习制度，邀请西南政法大学的专家讲授法制课，举办“预防职务犯罪”“廉洁自律”“国防教育”专题讲座，组织干部职工到县法院接受庭审旁听教育。深入推进行政审批制度改革，逐步实施税收执法权力清单制度，还权还责于纳税人。与县法院建立税收司法联动协助机制，入库拍卖天运公司相关税款4147万元。强化裁量权基准制度和案卷评查，对稽查9个案卷、税务所22个案卷进行评查。认真开展与石柱、丰都、垫江、梁平等四县地税局的交叉税收执法督察工作，发现8个方面149个问题，整改后全部通过市局的评定验收。

【税收政策落实】 建立和完善减免缓退税管理机制，成立重大涉税事项审批委员会及其办公室，坚持重大减免税事项集体研究；征管事项前移，下放绝大部分涉税事项审批权限；优化减免缓退税流程，简化涉税审批资料报送。全年审批各类减免共计11万户次，减免税款8282万元；围绕“大众创业、万众创新”，减免小微企业营业税412万元、企业所得税192万元。

【纳税服务】 优化办税环境，完成新办税服务大厅的搬迁。落实20多项便民举措，设立“二手房绿色通道”，全年共受理二手房交易2071套，入库税费2365万元。大力推进征管事项前移，提高办税效率。积极推动“互联网+税务”行动，通过《忠州日报》《忠州手机报》、县电视台《忠州热线》栏目，以及《忠县地税手机报》等平台，及时宣传和解答纳税人最关心的税收优惠政策，提高税法透明度。微企政策在全市民意调查中排名第3位，纳税人满意度调查全市排名第12位。

【税务稽查】 坚持组织收入为中心，认真开展日常检查和重点税源企业轮查工作，共组织实施税务检查83户，比2014年增加52户，累计入库查补税款1913万元，同比增长31.21%。此外，公布“黑名单”1户、实施联合惩戒1户、涉嫌逃避追缴欠税移交公安机关侦察1户。坚持与执法部门相互协作，通过与县国税、公安召开税警联席会，建立每季度一次集中税法学习和一次查办案件传递的“季度双一”制度。坚持以人才培养为重点，打破常规重德重才选干部，在全局 35 周岁以下的青年干部中通过竞争性比选 2 人进入稽查队伍。

【干部人事管理】　扎实开展“三严三实”专题教育，聚焦对党忠诚、个人干净、敢于担当，提倡“诚信守法、爱岗尽责”，倡导“廉、孝、和”。加强绩效管理工作，充实绩效办工作人员，完善组织和个人绩效考评指标，制定切实可行的奖惩措施并严格执行，全年在绩效考核中共有 74 人次被考核扣分。

【教育培训】　动员组织干部职工参加各级会计职称、注册税务师考试，组织参加重庆市干部网络教育学院在线学习和税收业务全员考试，按市局要求积极开展干部职工学历学位教育。2015 年，全局共有 27 人参加成人教育学习培训。

【党风廉政建设】　落实党风廉政主体责任和监督责任，实现“两个责任”的具体化、清单化；层层签订《党风廉政建设责任书》，职工个人向党组递交了《党风廉政承诺书》；开展“学法守纪防风险”活动，开展 12 次专题学习和讨论；开展贯彻中央“八项规定”精神和纠正“四风”问题的自查自纠工作，狠抓整改落实；加强廉政教育，召开 35 岁以下年轻干部党风廉政座谈会，开展《算好人生账　走好青春路》的教育、座谈、交流活动，邀请市地税局监察专员为全局干部职工作“廉洁自律”专题讲座，编发《税苑清风》双月刊廉政学习资料，组织开展作风纪律监督检查。

【精神文明建设】　开展“冬日阳光·温暖你我”行动、组织党员进社区、“适应新常态·青年当先锋”征文比赛、“10 公里徒步竞走”“经典朗诵”、注册网络志愿者、青年干部座谈会、职工趣味运动会等形式多样的活动。在县总工会举办的诗歌朗诵比赛中，忠县地税局选送的《祖国万岁》荣获一等奖；在“全县办公技能大赛”中，选派的选手荣获“办文”类一等奖、多媒体制作类三等奖。积极参与到创建全国县级文明城市、志愿者服务、精准扶贫活动中。

（撰稿人：王　锋）

开县地方税务局

【概况】　开县地方税务局共有在职干部职工 126 人，设 8 个科室、9 个税务所、1 个办税服务厅和 1 个稽查局。2015 年，沉稳应对税源形势变化，锐意创新管理理念方式，全年实现税费总收入 24.79 亿元，为建设生态开县提供坚实的经济支撑。

【组织收入完成情况】　2015 年，实现税费总收入 24.79 亿元，同比增长 11.3%，增加收入 2.51 亿元。税费收入总量位居全市地税系统第 22 位，渝东北第 2 位。其中，税收收入 14.37 亿元，完成年度计划的 107.2%，为调整计划的 104.7%，同比增长 23.6%，增加收入 2.75 亿元。税收总量位居系统第 23 位，渝东北第 2 位；税收增幅位居系统第 4 位，渝东北第 1 位。社保基金收入 9.78 亿元，完成考核任务的 113.5%，累计征缴率达 99.8%。非税收入 0.62 亿元，完成年度计划的 129.8%，同比增长 26.5%。

【税收收入特点及分析】　营业税支撑税

收持续增长，营业税收入6.59亿元，同比增长28.3%，占税收增收总额的52.7%，拉动税收增长12.9个百分点。企业所得税收入2.51亿元，同比增长41.1%，其中，私营企业所得税异军突起，入库税收0.87亿元，同比增长3.96倍。个人所得税首次突破1亿元大关，实现收入1.08亿元，同比增长12.2%。房地产和建筑业拉动税收增长，房地产业入库税收6.04亿元，同比增长36.3%；建筑业入库税收4.3亿元，同比增长36.1%；两大行业入库税收10.34亿元，占税收总额的72%，拉动税收增长24个百分点。

【税收征管】 夯实征管基础，动态开展正常户、非正常户、注销户、未达起征点管户的清查、登记和审核认定，清理维护异常信息14621条。截至2015年底，全局共有税务登记户35932户，其中单位纳税人10097户、单位纳税人查账征收户5971户、个体户25835户。“三证合一”新办设立登记608户，换照及变更1113户，接收补录信息169户。规范征管流程，全面落实税收征管规范，统一使用表证单书，规范征管业务操作。与县国税局联合制订第一批19个重点合作项目，落实国地合作规范，联合开展信用等级评定1449户。强化税种管理，企业所得税汇算724户，汇算面达100%，补缴税款3988万元。推广个税系统3206户，覆盖率98.8%。完成年所得12万元以上个人所得税自行申报1132人，同比增长16.9%。重视社保费征管，清理维护机关事业单位登记数据1263户，追收欠费495万元，加收滞纳金48万多元。对解散和已停止生产经营三个月以上的137户参保单位创新实行另档管理，确保参保单位及职工合法权益。

【依法治税】 构建宣传格局。围绕“新常态，新税风”主题，突出“税政、税媒、税校、税气、税邮、税税”六大合作宣传税收，相继开展税法集中宣传日、税法教育基地宣传周等系列活动，“税收小讲堂”应邀走进汉丰九校。强化执法监督，全面落实税收执法责任制，认真开展税收案件评查，规范重大税务案件审理，全年受理、审结案件12件，无一起行政复议和诉讼案件。简化行政审批，落实税务行政审批制度改革，梳理税收行政审批事项，规范标准，编制业务手册和办事指南，对外公布税务行政处罚权力清单。推进综合治税，县委县政府在全县财税工作会上部署协税护税工作，与涉税部门、街道镇乡就“两违”整治、非税收入、农村建设应税项目等签订《财税工作目标责任书》；县府办下发《关于加强税收征管保障工作的通知》，建立完善资金保障、信息互通、督查督办、奖惩激励“四项机制”。开发“家庭住房保有情况查询系统”，堵塞税收漏洞。

【税收政策落实】 明确审批和备案类税收减免程序，加强事前、事中、事后管理。2015年共减免各项税费2.24亿元，其中西部大开发税收减免9054万元，小微企业税收减免1919万元，资源综合利用减免527万元，二手房交易税收减免7420万元，其他减免3436万元。落实小微企业、困难企业、困难行业的社会保险费缴费政策调整工作，调整审批困难企业374户、小微企业12户，调减金额共计6726万元。

【税务稽查】 依托“金三”征管软件、税务风险防控系统和稽查查账软件，实施人机结合科学选案，选案准确率100%。开展税收专项检查41户，重点税源企业轮查31户，立案查处案件28户，查处发票违法16户125份138万元，2015年查补入库税费1392万元。

【纳税服务】 贯彻纳税服务规范，深入推进“便民办税春风”行动，推行“一窗式”办税模式，严格落实首问责任、一次性告知、免填单、限时办结等制度，创新推出主动上门服务、“应急服务联系卡”“二次办税优先服务卡”服务，开业新办、发票管理、税收新政、税收优惠“四提醒”服务，在县行政服务中心和县国税局代开票点实现“一窗同办”，解决纳税人“多头跑”和重复报的问题。在全市地税系统开展的纳税人满意度调查中，综合得分名列第六位。

【干部人事管理】　扎实开展“三严三实”专题教育，组织4个专题12次集中学习，班子成员撰写心得体会16篇，查找党组班子“不严不实”问题13个，建立整改台账13项。健全绩效工作网络，推进绩效文化建设，完善绩效考评模式，强化绩效结果运用。落实民主集中制和党组议事规则，坚持重大事项集体研究决策。集中开展领导干部违规兼职清理，严格执行领导干部个人重大事项报告制度。完成干部人事档案清理审核工作，落实非领导职务晋升及职务职级并行制度，晋升主任科员职务3人，晋升副处级职级2人、主任科员职级1人。

【教育培训】　坚持自主培训和“互联网+培训”的培训模式，依托师徒结对帮带、全员岗位培训等教育平台，通过定人员、做动员、签协议、给时间、明奖惩推进“841”干部培训计划和“三个一”人才工程建设。全局有2人成为市局优秀中青年干部培养对象；有4人参加在职硕士研究生学习，17人参加会计本科学历进修；全局45岁以下的职工44人，会计从业资格考试通过率100%，27人取得初级会计职称，7人取得中级会计职称，1人取得注册税务师资格。

【党风廉政建设】　理清党组32项“主体责任”和纪检组33项“监督责任”。健全党组抓党建工作责任制，开展基层党支部换届选举，调整支部书记4人，改选支部委员8人，调整党务专兼职干部5人。组织学习《中国共产党廉洁自律准则》和《中国共产党纪律处分条例》，开展正反典型案例教育和廉政约谈，邀请县纪工委书记上专题廉政教育课，组织全局重点岗位干部职工63人到三峡监狱接受警示教育，举办“两个责任”知识测试、“与法同行”征文比赛、“风险大家谈”主题活动。扎实开展“学法守纪防风险”工作和“不担当、中梗阻、乱作为”作风整顿“三治”行动，全面梳理税务稽查、减免税审批、纳税评估等领域的廉政风险，共查找风险点65个，提出整改措施51条。组织10个基层单位负责人述职述廉，开展明察暗访25次，查处问题19个，责任追究7人。

【精神文明建设】　深化“责任、法治、效能、廉洁、人文”的“五个地税”核心理念，组织开展纪念建党94周年系列活动，开展“奉献青春　美丽开州”志愿服务、“走访慰问社区老党员”等活动，组队参加开县第四届全民健身运动会、“中国梦·劳动美”全县职工法律知识竞赛、“开州女人展风采”主题演讲等活动。在精准扶准中积极履行地税部门的社会责任，筹集扶贫发展项目资金10多万元，多次深入帮扶联系的大进镇泗峡、红花两村34户贫困户结对帮扶。县局顺利通过“全国文明单位”第二轮复查验收，荣获全市地税系统“绩效管理先进单位”“税收调查先进单位”称号，临江所被中华全国总工会表彰为“全国模范职工小家”。

（撰稿人：李海平）

云阳县地方税务局

【概况】 云阳县地方税务局共有干部职工112人，设9个科室、7个基层税务所、1个稽查局、1个办税服务厅。2015年，紧紧围绕推进税收现代化建设的总体目标和建设生态经济发展示范县的转型发展任务，以组织收入为中心，坚持“依法征税、应收尽收”的原则，以建安、房地产税收清理为突破口，全面清理欠税，最大限度减少税收流失，强化税源管理，加强风险防控管理，推进税收征管科学化、精细化、规范化，组织入库税收首次突破8亿元大关。在全市地税系统2015年度绩效综合考核中，云阳县地税局被评为先进单位。

【组织收入完成情况】 2015年，共组织各项收入160489万元，增长20.05%，增速比上年提高31.63个百分点。其中：地方税收达到81591万元，增长19.16%；中央级税收收入完成11879万元，同比增长25.31%；市级税收收入完成16124万元，同比增长25.18%；县级地方税收收入完成53588万元，同比增长16.21%。非税收入实现78898万元，增长20.99%。

【税收收入特点及分析】 一是小税种增长迅速、占比增加，税收结构趋于合理。全年除营业税、企业所得税、个人所得税等主体税种外，其他小税种入库达25383万元，占完成税收的31.11%，同比增长8.33%。特别是城镇土地使用税入库1555万元，同比增长16.22%，城市维护建设税入库3070万元，同比增长27.54%，房产税入库2228万元，同比增长48.63%，印花税入库1030万元，同比增长42.66%，增幅远超“营业税、企业所得税、个人所得税”三大税种，税源结构得以优化。二是建安、房地产业仍占主导地位，住宿餐饮业税收增长迅速。全年住宿餐饮业入库税收1655万元，同比增长52.08%。建安、房地产行业入库税收58958万元，同比增长24.48%，占全部税收的72.26%。三是耕地占用税和资源税拉低税收增长幅度。耕地占用税入库1994万元，同比减少51.03%；资源税入库1332万元，同比减少2.84%，其中特别是盐类资源税入库528万元，同比减少31.52%。

【税收征管】 积极探索和尝试团队管税模式，抽调人员成立风险应对小组，集中开展重点税源风险应对和土地增值税清算审核，审定应补缴土地增值税1939万元、营业税及附加36万元。强化小税种管理，组织开展房产税、城镇土地使用税的税基调查摸底，核实基础数据，补充完善征管信息，重点对工业园区企业、国有投资公司的土地信息进行核查，促使两税种均大幅增长。有效落实“三证合一”登记制度改革，共接受“三证合一”纳税户175户，信息补充登记和相关认定工作都能够顺利进行。开展纳税评估，房地产行业评估补税3658.94万元。通过对自然人股东股权转让行为进行风险评估，查补税收277万元。

【依法治税】 规范征管与稽查两个环节的衔接配合流程，征管部门按程序向稽查部门移交风险评估案件2件，查处查补入库税款387.86万元。规范重大税务案件审理，修订完善重大税务案件审理办法，全年共审理重大税务案件 20 户，对 3 户案件做出改变处理意见，税收违法案件处理更严谨、更规范。组织开展交叉执法督察。与城口县地税局互派人员开展交叉执法督察，共查出 4 大类 15 项执法问题，并针对相应问题，分单位下达限期整改通知书。

【税收政策落实】 全年落实各类税收优惠 7772 户（人）次，减免税额 6618 万元，同比增长 54.78%、净增减免税额 1734 万元。其中：促进小微企业及个体工商户发展减免营业税、企业所得税、印花税等 796 万元，惠及 2439 户（人）；西部大开发减征企业所得税 32 户，减免税 473 万元，同比增长 311%；支持“三农”及农村金融发展减免营业税、城镇土地使用税 38 户，减免税 545 万元；改善民生减免商品房、二手房契税 5219 户，减免税 1951 万元。

【纳税服务】 与云阳电视台合作举办“民生面对面”电视节目，以院坝会的方式，邀请 80 余名小微企业代表现场进行政策解读和咨询交流。通过《云阳报》、12366 短信平台、互联网等媒体，全方位宣传小微企业优惠政策，切实保证税收优惠政策宣传到位。大力落实《全国县级税务机关纳税服务规范》，建立“纳税服务回访机制”，在办税厅统一设置综合服务、申报纳税、发票管理三类窗口，设置办税服务区、自助办税区、政务公开区、等候休息区四个区域，进一步完善办税服务厅功能。

【税务稽查】 全年共查补各项收入 1811 万元，其中查补入库税款 1369 万元，加收滞纳金 132 万元，罚款 212 万元，没收违法所得 79 万元。查处 100 万元以上案件 5 件，查补收入 1260.96 万元，占全年查补收入的 70%。辅导自查企业 14 户，共计查补税款 249.99 万元，加收滞纳金 25.8 万元。开展发票检查 15 户，查处发票违法企业 10 户，涉及发票 153 份，涉及发票金额 3118.7 万元，查补各项收入 127.77 万元。运用重大税收违法案件信息公布系统，将 1 户纳税人列入税收违法“黑名单”。

【信息化建设】 开展数据质量分析，通过 12366 短信平台提醒，及时进行数据纠错，全年清理出异常数据 5652 条，改正率达到 100%，征管数据质量年度考核全市排名第一。推行运用“契税完税证明验证系统”，在土地交易量大幅萎缩的情况下，契税收入实现逆势增长，同比增幅达 18.34%。开发应用房地产税源监控与决策支持系统，对从土地使用权取得到房地产保有的各个环节实施动态监控。

【领导班子建设】 每月制定学习主题，组织班子成员学习党的十八大和十八届三、四、五中全会及习近平总书记的系列重要讲话精神，撰写心得体会，学习理论业务知识。深入开展“三严三实”专题教育，梳理查摆“历史遗留、新增反映、隐形顽疾”三大类别的问题，做到有的放矢。落实民主生活会制度，凡是涉及重大问题决策、重要干部任免、重大项目投资决策和大额资金使用，都坚持民主集中、集体决定。深入基层落实“一促三联一协调”制度，到基层岗位开展政务调研，现场解决基层干部职工反映最多的一线问题。

【教育培训】 实施青年干部“上挂下派”计划，选派 5 名优秀青年干部进行机关与基层双向交流，激发干事创业的积极性。举办税官论坛，聘请建筑造价、资产评估、财务会计等方面的专家授课，强化干部职工在建筑房地产造价知识、土地增值税清算等方面的业务知识。

【党风廉政建设】 制定云阳县地方税务局党风廉政建设“两个责任”任务清单，健全完善一把手负总责，分管领导各司其职，班子成员齐抓共管的领导体制和工作机制。组织召开党风廉政建设工作会，逐级签订党风廉政建设责任书。开展廉政约谈，把问题摆在桌面上，及时遏制苗头性问题，督促全体党员干部廉洁从政。按照“一岗双责”“一案双查”的要求，把党风廉政建设与其他业务工作一起考核部署。

【精神文明建设】 开展革命传统教育，组织全体党员瞻仰彭永梧、江竹筠烈士塑像，重温入党誓词，在党旗下庄严宣誓。开展“适应新常态、树立新税风”主题演讲比赛，发掘身边同事在平凡岗位上的不凡表现，讴歌云阳地税人的先进事迹。开展廉政警示教育活动，组织中层以上领导干部参观三峡监狱，听服刑人员的忏悔报告。征集廉政文化作品，弘扬正能量，营造廉政文化氛围，筑牢干部职工思想道德防线。开展以“担当、实干”为主题的大讨论活动，把干部职工好的想法、经验、建议摆在桌面上大家共同学习讨论。2015 年，新城税务所荣获“全国模范职工小家”称号，办税服务厅被中华全国总工会评为“全国五一巾帼标兵岗”。

（撰稿人：王　磊）

奉节县地方税务局

【概况】 奉节县地方税务局共有干部职工 114 人，设 8 个科室、5 个税务所、1 个办税服务厅、1 个稽查局。2015 年，以组织收入为中心，突出“依法治税、税收征管、纳税服务”三大重点，扎实推进“干部队伍、内部管理、党风廉政”三项建设，锐意进取，勇于担当，各项工作取得长足进步。

【组织收入完成情况】 2015 年，累计完成各项收入 14.02 亿元，同比增长 7.0%，增收 9145 万元。其中：税收收入 8.05 亿元，同比增长 14.6%，增收 1.03 亿元；社会保险费收入 5.59 亿元。入库中央级税收收入 6338 万元，同比减少 3.8%，减收 252 万元；入库市级税收收入 1.69 亿元，同比增长 30.2%，增收 3905 万元；入库区县级税收收入 5.73 亿元，同比增长 13.2%，增收 6605 万元。

【税收收入特点及分析】 单月收入略有波动，总体收入增幅明显。全年共有 9 个单月税收收入增长，11 个月的税收增幅高于全市平均增幅，最高单月收入为 12 月入库 1.25 亿元。主税种增速放缓，过半数保持正增长，营业税、企业所得税及个人所得税三大主税种共入库 5.01 亿元，占税收比重为 62.2%，较 2014 年上升 3.6 个百分点。全年共有 8 个税种实现正增长，其中，营业税入库 3.95 亿元，同比增长 30.2%，增幅同比上升 24.8%，增幅在全市排名第二；个人所得税入库 6083 万元，同比增长 19.8%；城市维护建设税、土地增值税、资源税、印花税、烟叶税、契税共入库 2.24 亿元。各行业表现不一，半数行业增收，建筑业、金融业及房地产业共入库税收 6.21 亿元，同比增收 8778 万元，增长 16.5%，占整体税收比重为 77.1%；受“营改增”及外部环境影响，交通运输、信息传输、软件和信息技术服务业、住宿和餐饮业及文化体育和娱乐业均有不同程度下降。

【税种管理】 联合奉节县国税局对重点行业和纳税大户开展 3 次专题调研，共清理入库地方各税 641 万元。所得税方面，入库总额为 1.06 亿元，占税收收入 13.1%，其中个人所得税入库 6083 万元，企业所得税入库 4481 万元。完成 12 万元个税申报 530 人，申报率达 100%，较上年增加 106 人，补税 21 万元；共有 421 户进行企业所得税汇算清缴，汇算清缴率达 100%，入库 915.48 万元。财产和行为税方面，对重点税源开展“三税”清理，共入库 933 万元。

【税收征管】　开展建筑业、房地产业和金融保险业的营业税专项清理、开展“以票控税”检查，共组织入库税款 5529 万元。强化网络发票日常管理，加强自开票比对，比对异常信息 400 余条，追缴税款 74 万元。严格管理非正常户认定，共清理有发票结存的非正常户 47 户，清理结存发票 52741 份，国地税协助清理 318 户。与奉节县国税局联合开展纳税人信用等级评定。

【税收法治】　编制《风险防范责任清单》，梳理出 3 大类涉及 17 个环节的 92 个风险点，制定风险防范措施 243 条；全面推行税收执法和行政审批权力清单制度，公开权力运行流程；对市局重点执法督察、交叉执法督察和内部审计发现的问题落实专人整改，清除执法风险；结合“三严三实”专题教育和“学法守纪防风险”活动，以专题党课、专题讲座、辩论赛、演讲比赛等活动为载体，提升干部法治意识和风险防范意识。

【税收政策落实】　全县小微企业享受政策优惠 19 户次，共计所得税优惠 7.5 万元，盈利企业受惠面达 100%；2 户企业享受西部大开发税收优惠，减免税款 50.01 万元；对个人销售普通住房等减免营业税 2372.22 万元，减免个人所得税 171.98 万元，减免印花税 67.23 万元，减免契税 3744.90 万元。

【纳税服务】　深入开展“便民办税春风行动”，向社会统一公开电话 10 部，提升便民办税服务质量和效率；1 名干部被评选为全市地税系统“纳税服务明星”。全面落实纳税服务规范工作要求，明确前台涉税业务 158 项，其中：即办 80 项，限办 78 项。通过面授、网络视频等形式开展纳税人培训，全年共组织开展 7 次培训，参训人数共计 453 人；以办税服务厅为阵地，播放涉税动画，发放宣传资料，演示涉税软件，方便纳税人随到随学。纳税人信用等级评定参评总数为 720 户，全年转办 12366 地税纳税服务热线工单 10 件。行政服务中心地税窗口被评为“2015 年度优秀服务窗口”。

【税收宣传】　上报政务信息被国家、市、县级累计采用 217 条。其中，被中国税务网采用 1 条，被市局采用 96 条，被县委县府及县级主流宣传媒体采用合计 120 条。在县政府的全年政务信息得分排名全县部门第 8 名，在市直属单位中排名第 1。利用官方微博发布县局工作动态，全年共发布原创微博 144 条，转发税收政策 362 条。

【社保及代征规费管理】　加大欠费追缴力度，对部分煤矿欠费按社保法规定程序进行追缴，申请人民法院强制执行；做好残保金和工会经费代征工作，加强与工会、残联等规费主管单位联系，明确职责，规范代征管理秩序，做到应收尽收。

【税务稽查】　推广查账软件，运用率达到 90% 以上。稽查入库税款 2153.31 万元，占全县地方税收收入的 2.7%，同比增长 131.89%；2015 年共立案检查 22 户，查结 21 户，结案率为 95.50%，其中大要案 1 户，税收违法黑名单 2 户。

【行政后勤管理】　修订完善县局《工作规则》等规章制度，建立局领导班子成员“一促三联一协调”工作制度，促进全局规范化、制度化管理。经批准保留10台公务用车，6台规范封存；组织召开专题工作会，听取聘用人员意见和建议，妥善安置聘用人员；修订完善县局车辆管理办法，进一步加强对保留车辆的日常管理。

【财务资产管理】 修订完善管理办法，明确职责，规范流程，强化监督；根据预算指标，优化支出结构，统筹安排使用，严控“三公经费”；强化会计基础工作及档案管理。严格执行管理办法，成立资产采购询价小组，按照规范流程进行采购，并对相关文件资料规范整理存档备查。

【绩效管理】 召开局务会7次研究绩效管理工作，成立绩效管理工作领导小组，下设办公室；创新制定《市局绩效考评指标汇总表（科/稽查局）》并指定到人；分机关科室科长、税务所所长、办税服务厅主任、稽查局长四个层次，建立个人绩效“共性+个性”指标模板；集中培训与“一对一辅导”相结合，确保流程正确、填报规范；将绩效结果运用到年度评优评先，真正发挥奖勤罚懒作用。

【干部人事管理】 优化中层干部队伍，开展干部选拔任用工作2次，3名优秀年轻干部走上正职科所长岗位，3名优秀年轻干部走上副职科所长岗位，对3名副职科所长试用期满按期转正。对中层干部开展一次综合研判，为局党组把握中层干部队伍情况和针对性加强中层干部队伍建设提供依据。认真开展职务职级晋升工作，有4名干部晋升为主任科员，3名干部晋升为正科级，2名干部晋升为副处级，2名职工通过高级工评审考试，2名职工通过初级工评审考试。优化人力资源配置，全年共交流轮岗干部职工12人次。

【教育培训】 开办职工夜校，借助自主开发的网络学习管理平台，采用“2+2”学习模式，即“个人自学+集中辅导”“网络学习+阶段测试”的模式，推进全员学习成效显著。持续强化会计业务技能培训，共有中级会计师7人，初级会计师35人，分别占45岁以下职工总数的16%、78%。45岁以下干部90%取得会计从业资格。开展“青蓝结对”工程，举办演讲比赛、青年辩论赛、“业务大练兵 岗位大比武”擂台赛、“学法守纪防风险”大家谈、“法与我同行”征文比赛等活动，有效促进年轻党员干部的成长成才。

【党风廉政建设】 先后8次召开党组会议研究党风廉政建设工作，将党风廉政建设工作进行专题学习贯彻、专题研究部署、强化责任监督。签订党风廉政建设责任书和承诺书，层层落实责任。局党组书记讲廉政党课2次，纪检组长讲廉政讲座1次，邀请专家领导举办3次专题讲座；以“一封助廉信”筑牢家庭廉政防线，组织全局职工到重庆三峡监狱接受现场警示教育，举办廉政演讲比赛、青年辩论赛、“学法守纪大家谈”等活动。持续开展作风纪律巡查，全年共组织不定期巡查12次，通报8次，共有15人次被通报，并纳入单位组织绩效和个人绩效严格考核。

【精神文明建设】 积极开展精神文明建设，永安第一税务所成功创建“全国模范职工小家”，办公室成功创建“重庆市模范职工小家”。

（撰稿人：谭 勇）

巫山县地方税务局

【概况】　巫山县地方税务局共有干部职工106人，下设8个科室、6个税务所、1个稽查局和办税服务厅。2015年，紧紧围绕组织收入中心工作，克难攻坚，各项工作取得显著成效。“十二五”期间，累计征收税款19.2566亿元，同比增长167.6%，为县域经济社会发展提供了坚实的财力保障。

【组织收入完成情况】　2015年，组织各项税费收入82580万元。其中：税收收入实现45826万元，同比增长14.48%；社保费收入完成34718万元，税收增幅在全市41个区县局中排名第14位，在渝东北11个区县中增幅排名第5位，圆满完成县政府下达的目标考核任务。

【税收收入特点及分析】　从产业看，第一产业由于国有投资公司税收入库，实现税收1231万元，同比增长467.3%，增收1014万元，税收占比提高到2.7%，拉动税收增长2.53个百分点。第二产业实现税收收入19634万元，占税收总额的42.8%，同比增长25.4%，增收3976万元，拉动税收增长9.93个百分点，成为拉动税收增长的主要力量。第三产业实现税收24961万元，占税收总额的54.5%，同比增长3.3%，增收807万元，拉动税收增长2.02个百分点。

从行业看，建筑业、房地产业是税收增长的主引擎。一是建筑业税收增速回落。2015年全县计划对118个县级重点项目投入123.37亿元，根据项目分析，仅有43个项目共25亿元投入产生地方各税，实现地方税收10000万元，重点工程投资明显滞后。二是房地产业税收增长潜力有限。2015年全县房地产建筑面积达12万平方米，销售房产900套左右，销售面积约9万平方米，实现税款7364万元。三是采矿业增收困难。资源税从价计征改革带来利好，但煤炭市场行情依然低迷，全县89家煤矿企业，有22家拿到开工许可证，实际仅有4家煤矿企业在正常生产，其他煤矿企业正在准备生产。四是金融业保持平稳增长。金融业2012年至2015分别实现税收2615万元、3146万元、3909万元、4134万元，增幅分别为37.03%、20.3%、24.3%、5.8%。五是烟叶税增长低于预期。完成烟叶收购17.5万担，实现烟叶税4972万元，减收1528万元。

【税种管理】　营业税、企业所得税、个人所得税、烟叶税支撑作用明显。营业税累计入库18394万元，同比增长5.1%，增收890万元，占税收收入的40.2%，是税收收入的主力军。个人所得税累计入库4771万元，同比增长14.7%，增收612万元，占税收收入的10.4%。企业所得税累计入库3678万元，同比增长6.5%，增收225万元，占税收收入的8%。烟叶税入库4973万元，占税收收入的10.9%，比预算少收1527万元。契税累计入库3267万元，同比减少10.8%，减收396万元。耕地占用税累计入库3214万元，同比增加3213万元。

【税收征管】　建立国地税信息交换机制，实行按月比对、按季考核，确保涉税信息完整准确。2015年，全局税务登记信息完整率100%、差错率为 0、财务报表采集率 100%，月平均申报率 96.01%。联合县国税局加强共管户定税管理，避免出现同一纳税人核定税基不一致的问题，2015 年，对 6580 户共管户进行定额核定，联合评定面达到 70% 以上；开展建筑业、房地产、金融业营业税专项清理，协调国土、交通、市政、公共资源交易中心等部门提供涉税信息 254 条，清理企业 200 余户次，补缴营业税、契税、土地增值税等地方各税 1100 余万元；政府性投融资公司查补税款 5321 万余元，金融保险等企业查补税款 3.9 万元；依托风险管理系统，加强国地税信息比对分析，2015 年对单位纳税人申报情况、个体户超定额购票、非正常户清理、土地使用税、房产税、企业所得税、高收入行业个人所得税、契税等 24 批次 871 条任务进行风险应对，补征税款 828 万元。

【税收法治】 开展巫山、巫溪、奉节三县地税局税收执法交叉督察工作，重点纠正执法偏差，规范执法行为，减少问题“存量”，整改入库税款 4.55 万元。认真配合税收审计，狠抓整改落实和风险防范，入库税款 389.31 万元。

【税收政策落实】 2015 年纳税人享受各类税收优惠 5366.74 万元，其中：存量房交易税收减免 4708.84 万元；小微企业享受所得税优惠 158 户，减免所得税额 104 万元，受惠面达 100%；小微企业和个体工商户享受减免营业税 542 万元，受惠面达 90.70%；享受西部大开发优惠政策 1 户，减免企业所得税 11.9 万元，确保税收优惠政策的全面落地。

【纳税服务】 推行“一窗式”服务，“一次性告知”制度、“免填单”制度，为行动不便的老年人、孕妇开通“绿色窗口”，减轻纳税人办税负担。2015 年享受“绿色通道”的纳税人达到 120 余人次，受到社会各界的好评；推广网络申报、网络开票、手机开票、网上扣税、POS 机刷卡缴税和银行端查询缴款等服务，纳税人办税更加便捷，2015 年网络申报率达到 47.2%，税库银入库笔数比例达 98.9%，办税服务更加便捷高效；从 2015 年 8 月 1 日起，巫山县国地两税正式启动联合办税，双方通过互派工作人员进驻对方办税服务厅和税务所的形式实行合署办公，确保税费收入应收尽收，真正做到“进一家门、办两家事”。2015 年 8 至 12 月增加税款 243 万余元，联合办税成效初步显现。

【税务稽查】 以重点税源轮查、税收专项检查和打击发票违法犯罪活动为抓手，开展建安房地产企业、医疗卫生机构、驾校和千载混凝土等行业税收综合整治，着力提高纳税遵从度。2015 年立案检查企业 17 户，查补税款 146.7 万元，加收滞纳金 52.8 万元，罚款 82.1 万元。辅导企业自查 51 户，自查补税 514 万元，其中，查处发票违法企业 6 户，涉案金额 1305.9 万元，查补税款 130.2 万元，累计入库税款 795.96 万元，切实做到稽查查处与规范税收秩序并重。

【教育培训】 鼓励干部参加各类在职学历教育和职称考试，全力支持干部业务学习。取得会计从业资格 63 人，初级会计师 23 人，中级会计师 7 人，注册税务师 2 人，律师 2 人。

【党风廉政建设】 以落实“两个责任”主题年活动为抓手，以作风纪律为突破口，细化责任清单共 5 大类 86 条，逐级签订党风廉政建设责任书，做到有岗就有责，有责要负责，不负责要追责。认真执行领导班子议事决策规则，特别是“三重一大”事项集体研究制度，全面落实党风廉政建设各项工作任务，坚持把党风廉政建设与组织税收收入中心工作紧密结合起来，做到“两手抓、两促进”，确保干部队伍廉洁稳定。

【精神文明建设】 坚持以文明创建带动机关建设，做到税收征管和文明创建“两不误、两促进”，推动税收中心工作完成，税务形象得到不断提升。2015年，成功创建“全国文明单位”和“全国模范职工之家”。

（撰稿人：杜赛兵）

巫溪县地方税务局

【概况】 巫溪县地方税务局共有干部职工78人，内设8个科室、5个税务所、1个稽查局和1个办税服务厅。2015年，克服经济下行压力，紧咬组织收入目标，建立“三清三联两汇报”工作机制，科所联动，精准发力，圆满地完成了税收任务，为县域经济发展提供了可靠的财力保障。

【税费收入完成情况】 2015年，共组织各项税费收入69713万元，比上年同期增收11073万元，增长18.88%。其中：税收收入累计入库34502万元，比上年同期增收2727万元，增长8.58。税收收入中，中央级入库3826万元，同比下降3.97%，减收158万元；市级入库6204万元，同比增长8.48%，增收485万元；县级入库24472万元，同比增长10.87%，增收2400万元。非税收入累计入库35211万元，同比增长29.69%，增加8062万元。其中：社会保险费征缴入库33502万元，比上年同期增收7949万元，增长31.09%。

【税收收入特点及分析】 主体税种两增一减，营业税同比增长9.14%，个人所得税同比增长1.18%，企业所得税同比下降8.57%。非主体税种增减不一，一次性因素对部分税种影响较大。各级次税收比例严重失调，县级收入增长率较为稳定。房地产业、建筑业、金融业等支柱产业税收贡献力度大。全年房地产业、建筑业、金融业税收入库分别为9288万元、10533万元、3677万元，占整个税收收入的68.11%。

分税种看，营业税、城镇土地使用税、城市维护建设税、耕地占用税的增长，促使税收收入呈现良好的增长态势。企业所得税、房产税、烟叶税、契税同比大幅下降。营业税累计入库14240万元，同比增长9.14%，增收1193万元，占全年税收收入的41.27%；城镇土地使用税入库1720万元，同比增长12.94%，增收197万元；城市维护建设税入库1400万元，同比增长8.11%，增收105万元；耕地占用税入库2635万元，同比增长525.89%，增收2214万元；企业所得税入库3213万元，受外出经营管理模式及小微企业税收优惠政策影响，企业所得税同比下降8.57%，减收301万元；房产税入库805万元，同比下降11.93%，减收109万元；烟叶税入库2794万元，同比下降8.87%，减收272万元。由于2013年烟叶税在2014年初入库800余万元，导致烟叶税同期基数上减少；契税入库2311万元，同比下降9.09%，减收231万元。

分行业看，全年第一产业实现税收收入100万元，同比减收7万元，下降7.53%，第二产业实现税收收入8168万元，同比下降2.28%，减收191万元；第三产业实现税收收入15195万元，同比增收2943万元，增长22.69%。采矿业、制造业税收大幅下降，采矿业、制造业分别入库税款 91 万元、198 万元，同比下降 69.05%、65.32%，导致第二产业税收收入同期比例略有下降；房地产业、金融业的大幅增长保证了第三产业的增长，分别同比增长 51.53%、23.05%。剔除部分清理税款，房地产业呈小幅增长。

【税收征管】 夯实基础征管工作，认真开展异常数据清理维护，税务登记完整率 100%，未申报催报率 100%，未缴纳税款催缴率 100%。按季度组织召开税收征管业务联席会，统一税收政策执行口径。加强与工商、国税、质检、银行等部门衔接，确保原有登记模式向“三证合一、一照一码”平稳过渡。强化信息化管税能力，充分利用大数据应用平台等征管数据系统，积极开展税源分析，深入查找潜在税源。及时跟踪企业的生产经营变化，分析影响企业税收的关键因素和环节，对发现存在税收疑点的地方及时进行跟踪管理。积极拓展第三方数据采集范围，加强与审计、建委、煤管、国土、经信委等部门沟通协调，全年接受第三方涉税信息 1800 余条，涉及税款 8000 余万元。全面开展国地税合作，主动与国税局联系，成立合作领导小组，召开落实合作规范工作会议，争取地方党政部门重视，委托国税代地税代征附加税费工作。联合开展纳税信用评价，共评定 13 个 A 级纳税人，19 个 D 级纳税人。协同推进落实《全国税收征管规范》，对存在差异的流程、制度、办法及时废止、修订和完善。联合开展设立登记，建立双定数据共享机制。

【依法治税】 强化税收风险防控，依托市局风险管理平台，定期对异常企业开展纳税评估，开展税收风险监控分析考评，全年接受市局推送风险管理任务 99 户，已完成 50 户。开展国地税登记信息比对工作，定期对代开发票、“双定”管理、外出经营管理、未核定税种、税务登记等管理风险点进行核查。加强税收督察工作，与巫山县地税局、奉节县地税局开展税收交叉执法督察，发现问题 133 个，涉及税款 1089.5 万元。承办市局交叉执法督察评定工作会议和督察内审工作片区会议。

【税收政策落实】 利用QQ群、纳税人学校、《巫溪报》、手机报等宣传渠道，向全社会广泛宣传小微企业税收新政；同时，采取“税务赶场”、税收约谈等形式，针对密集人群讲解优惠政策享受条件及办理流程，力求符合条件的纳税人充分享受减免优惠，减免各类税费 2581 万元，占全年税收收入的 7.4%。

【纳税服务】 做好《纳税服务规范》和《征管工作规范》的落地生根，利用电子显示屏、网站、QQ 群、微信平台等媒介扩大宣传面，组织专题培训 4 期 180 人次，明确工作职责，进一步提高办税服务质量。扎实开展“税收宣传月”活动，将“小微企业税收优惠政策”作为“重头戏”。设立导税服务岗，辅导审核办税资料，及时告知补正。建立临散户涉税原件台账，实现“一次报送、多次受用”，减轻纳税人负担。加强办税人员综合素质能力建设，推广“一窗式”服务。

【税务稽查】 严格执行税收黑名单制度，上报黑名单企业 1 户。加强信息共享，大力开展联合惩戒工作，接受国税、审计等部门涉税信息 20 余条。将企业自查和税收稽查相结合，重点围绕市级重点税源企业轮查、营利性医疗卫生机构专项整治等活动开展稽查工作，全年立案检查 14 户，选案准确率 100%，已查结 13 户，共查补税款 864.46 万元，罚款 11.53 万元，滞纳金 53.3 万元。组织企业自查 11 户，查补收入 309.5 万元。加大打击发票违法犯罪活动力度，共计检查 48 户，涉及发票份数 94 份，涉及发票金额 32.83 万元，查补各项收入 3.57 万元。

【教育培训】 坚持机关周五集中学习制度。举办“夜校”，组织干部职工学习财务会计知识，鼓励青年干部参加各类职称考试。大力开展学历教育和网络教育，提升干部职工综合素质。摸清业务需求，有针对性地开展岗位业务培训。全年初级会计职称考试通过 3 人，中级会计职称考试通过 4 人，注册会计师考试通过 1 人。

【党风廉政建设】 推进落实“两个责任”主题年活动，建立“两个责任”任务清单，明确主体责任 58 项，监督责任 24 项，明确各科所负责人为党风廉政建设第一责任人。组织开展“学法守纪防风险”知识竞赛、征文比赛、金点子活动、“税”与争锋主题辩论赛、风险防范专题讲座等一系列专项活动。组织党组中心组学习、民主生活会、“一把手”上党课活动，扎实开展“三严三实”专题教育活动。认真贯彻落实中央“八项规定”，坚决纠正“四风”问题，加强干部职工八小时内外管理。结合“六清一查”等工作，认真开展自查自纠，切实加强整改落实。加强纪律意识，始终坚持把纪律挺在前面，切实提高纪律意识。严格整治机关办公秩序，规范行政管理，推进文明机关建设。

【精神文明建设】 强化地税文化建设，注重人文关怀和心理疏导，发挥工、青、妇等群团组织作用，积极组织开展职工趣味运动会、太极拳兴趣班等团体性活动，开展文明创建活动。在全市地税系统绩效管理中，巫溪县地税局被评为“2015 年度绩效管理先进单位”，办税服务厅被评为“青春倡廉示范岗”，1 人荣获“重庆文明市民”，1 人荣获“重庆地税系统纳税服务明星”称号。

（撰稿人：梅怀银）

石柱土家族自治县地方税务局

【概况】 石柱县地方税务局共有干部职工 79 人，设 8 个科室、5 个税务所、1 个办税服务厅和 1 个稽查局。

【组织收入完成情况】 2015 年，共计组织各项收入 131624 万元，同比增长 12.59%，增收 14716 万元。其中：税收收入 73785 万元，同比增长 11.17%，增收 7409 万元，增幅全市排名第 22 位；社保费收入完成 55000 万元，同比增长 15.1%，增收 7215 万元；非税收入累计实现 2477 万元，同比增长 5.23%，增收 123 万元。

【税收收入特点及分析】 税收持续增长，实现收入 73785 万元，比上年增长 11.17%。单月税收增幅波动较大，全年有 10 个单月收入增减幅度超 20%，其中收入下降最低月份为 8 月的 29.14%，增长最高月份为 11 月的 90.43%。营业税主体地位有所下降，财行税贡献率提升，营业税全年累计入库 29238 万元，税收占比为 39.63%，较 2014 年下滑近 2 个百分点；财产行为税累计入库 32726 万元，税收占比 44%，较 2014 年上升 2 个百分点。企业所得税和个人所得税分别入库 6272 万元、5549 万元，城镇土地使用税累计入库 5584 万元。

【税收征管】 提高征管基础数据质量，共修改异常数据 2702 条。二级运维工作开展良好，受理问题34个。全系统未发生违规外联等信息安全事件。积极争取地方党政对地税工作的支持，推动和配合县政府出台《关于调整和完善乡镇（街道）财政管理体制的通知》等文件，提升综合治税能力。税源专业化管理水平进一步提高，全县重点建设项目房地产开发企业21户全部建立台账。采集三方涉税信息724条，经筛选分析利用征收入库地方各税8865万元。对各行业开展纳税评估265户，评估入库地方各税1440万元。国地税合作更加密切，委托国税代征代开发票附加税费，联合办理登记1977户，协作开展非正常户清理122户，联合开展信用评价等。认真执行《全国税收征管规范》，所有依申请发起事项一律在办税服务厅（室）统一税收管理规范化。推进“三证合一、一照一码”改革，与工商、质检、国税等部门协作，按照“一个窗口受理、互联互通、信息共享”的审批运行流程操作，加强对新登记户事后税收监管，确保改革顺利进行。

【税收法治】 加强执法监督，与梁平、垫江等五个地税局组成联合交叉督察组，对2012年至2014年的税收执法情况进行交叉督察，按照反馈意见，认真进行整改，并对过错责任人员26人（次）进行责任追究。

【税收政策落实】 贯彻小微企业优惠政策，未达起征点的营业税纳税人2230户，同比增加440户，减免营业税1029万元，同比增长43.71%。符合企业所得税优惠的小微企业113户，其中盈利户数为26户，享受优惠户数26户，受惠面100%，共减免企业所得税17.53万元。

【纳税服务】 推行《全国税务机关纳税服务规范2.0》，认真开展“便民办税春风行动”，落实“一促三联一协调”工作制度，在5月开展的纳税人满意度调查中，纳税人满意度综合指数为94。强化小微企业优惠政策宣传辅导，按照“点对点，面对面”的要求，优化宣传方式，消除宣传死角，确保知晓率100%。开展上门服务，健全小微企业联系电话、地址等基础信息和管理台账。

【税收宣传】 在第24个税收宣传月活动中，紧紧围绕“新常态、新税风”宣传主题，发放宣传册5000余份，同时充分利用石柱电视台、12366短信平台、地税网站、地税微博、QQ群等媒介，宣传与群众密切相关的税法知识。

【社保及代征规费管理】 社保费综合征缴率达到98.52%。基本养老保险收入27197万元，同比增长35.25%；基本医疗保险费收入13387万元，同比下降1%；教育费附加累计实现1474万元，同比增长5.06%；地方教育费附加累计实现985万元，同比增长5.01%。

【税务稽查】 2015年共计检查及辅导企业自查42户，入库地方各税费1000.72万元，查处百万元以上案件2件。稽查人均办案4.2件，稽查结案率100%，选案准确率为92%，案件处罚面为35%，稽查入库率为100%。重点抽查查补并入库地方各税513.56万元，立案查处发票违法案件3件。

【行政后勤管理】 全面推行绩效管理，将绩效考核指标细化、量化归口到科（所）。举办培训班2期，确保绩效管理系统正常上线运行和后期日常考核。严格执行绩效考核，每季度将绩效考核与绩效奖挂钩，发挥推动工作落实、提质增效的作用。食堂、车辆、公务接待等管理工作继续改进，有效发挥后勤保障作用。

【财务资产管理】 认真执行差旅费管理相关文件，严格执行财经纪律和预算管理规定，厉行节约，规范财务管理。全局资产管理做到账卡、账账、账实相符，资产管理人及使用人责任明确。

【干部人事管理】 扎实开展“三严三实”

专题教育，提升领导班子战斗力。严格执行《党政领导干部选拔任用工作条例》，新提任科所级年轻干部5名，优化科所长队伍年龄结构。认真开展干部档案专项审核，重点清理“三龄两历一身份”，77卷正式干部（不含班子成员和稽查局长）的档案全部审核完毕。

【教育培训】　开展“学法守纪防风险”活动，组织干部职工集中学习10次，开展专题辅导报告、知识竞赛、警示教育各1次。加强思想政治教育适应“新常态”，同时充分发挥工会、共青团、妇委会等群团组织的积极作用，组织开展有益的文体活动，增强凝聚力。抓好业务培训，提高业务技能。完成市局的“841”干部培训目标，全局45岁以下干部共有35人，32人取得从业资格，占比为91%；24人取得初级资格，7人员取得中级及以上资格，比例分别为69%和20%。

【党风廉政建设】　认真落实“两个责任”，局党组、纪检组多次召开会议研判党风廉政建设和反腐败斗争形势，层层签订党风廉政建设责任书，干部职工签订承诺书，制定“两个责任”配套制度、党风廉政建设和反腐败工作分工责任制等制度。加大执纪问责力度，开展明察暗访15次，对23名中层干部进行廉政约谈，诫勉谈话12人，对5名干部因工作作风问题进行通报并纳入绩效考核。认真落实“一案双查”，加强税收执法权的监督。开展“六清一查”，对收受红包、打牌赌博等问题进行认真核查。开展“强化作风建设”主题年活动，组织干部职工开展反腐倡廉教育活动19次，发送廉政短信650余条。

【精神文明建设】　2015年，县局机关工会小组荣获“全国模范职工小家”称号，继续保持“重庆市市级优秀卫生单位”“重庆市文明单位标兵”“全国职工书屋”等荣誉。密切党群关系，向帮扶的贫困村资助办公用具和3万元用于基础设施建设，向深度贫困户资助5万元用于建房，并在重要节日慰问贫困户。

（撰稿人：周光绪）

秀山土家族苗族自治县地方税务局

【概况】　秀山县地方税务局有在职干部93名，设8个科室、6个税务所、1个稽查局和1个办税服务厅。2015年，以组织收入为中心，以“三基一化”建设为主线，以税制、征管改革为动力，以突破征管薄弱环节为抓手，以工作目标监管为保障，推动了秀山地税全面进步。

【组织收入完成情况】　2015年，共计组织各项收入116430万元，同比增长15.94%，增收16006万元。其中：税收收入65650万元，同比增长4.09%，增收2581万元。非税收入完成50780万元，同比增长35.94%，增收1342万元。

【税收收入特点及分析】　金融业税收增长稳定器作用削弱，增幅为8.22%；营业税和企业所得税降幅明显，同比分别下降9.12%和21.02%，拉低税收增长5.82个百分点；土地增值税增幅达299.42%，增收9959万元，拉动税收增长15.79个百分点。全年耕地占用税和契税同比分别下降30.84%和25.36%。

【税种管理】 扎实做好两个所得税汇算清缴工作，全年汇算补缴个人所得税14.8万元，对247户企业所得税进行汇算工作，汇算面达100%；出台资源税管理办法，在锰矿销量大幅下降的情况下，资源税仍增收26万元；切实抓好营业税专项清理工作。重点对房地产业、建筑业开展拉网式清查，共清理补缴地方各税2800万元。强化房产税、城镇土地使用税、契税和耕占税的清理，针对企业临时占地征纳双方的争议，委托县国土局测量所对12家企业厂区占地情况进行测量，核实土地面积84万平方米，年增收土地使用税76万元。

【税收征管】 开展网络安全改造，全面更换办公软件系统，实行上网行为统一监控管理；强化异常数据比对，全年共修改1.17万条，清理税款10多万元；发布股权交易事项185件，追缴涉税20多万元；强化风控管理工作，共查补税款3.61万元；积极开展纳税评估，对32户重点税源企业、项目的涉税信息进行细致的分析比对，对涉税风险点逐一排除，减少税收流失。

【税收法治】 组织开展税收执法交叉督察工作，对发现的57个问题进行了全面整改。依托稽查力量，强力规范外部纳税秩序。认真执行各类税收优惠政策，并对执行情况进行抽查。加大对日常征管执法的监管力度，杜绝收人情税、过头税等现象。不断规范行政许可的审批权限，杜绝违规和超范围审批现象的发生。

【税收政策落实】 认真落实各项税收优惠政策，全年累计减免税款及附加911.8万元。其中个人购房契税优惠389万元，月营业额3万元以下纳税人减免营业税及附加320万元，农村金融小额贷款减免营业税84万元，农村客运汽车公司减免城镇土地使用税2.6万元，落实西部大开发税收优惠减免企业所得税115万元。835户次享受小微企业税收优惠政策，受惠面达100%，减免税额49.81万元。

【纳税服务】 深入开展“便民办税春风行动”，实行首问负责制，运用税企QQ群、微信

▲ 秀山县地税局召开重点税源企业座谈会，征集意见建议。

等开展咨询，直接接受纳税人咨询90户次，远程辅导35户次，处理纳税人投诉、咨询4户次；对照纳税服务规范，将所有服务事项进行梳理整合，即办事项占比超90%，涉税事项平均办理时间缩短50%以上；全力推进国、地税联合办税"一窗通办"，全年共代开发票3.94万份，代征个人所得税、城市维护建设税、教育费附加1480万元。

▲ 开展法制宣传

【税收宣传】 组织开展"寻找最美纳税人"网络票选活动，共收到投票217万张，参与人次30余万，收到了最大的正面宣传效应；积极利用秀山网、《秀山报》《秀山手机报》等平台宣传税法和税收工作动态，提升公众对税收工作的了解度；重抓税收政策和办税流程宣传，保障纳税人政策知情权；积极参与县政府组织的各项法制宣传活动，全年共散发税法宣传资料14种3000余份，简答税法咨询150人次，扩大税法的社会认知度。

【社保及代征规费管理】 强化部门协作，全年共解决社保费征管难题20余件次，组织入库各项社会保险费48013万元，同比增长41.54%，增收4073万元。代征规费方面，残疾人保障金完成263万元，工会经费完成175万元，大中型水库库区基金完成18万元。

【税务稽查】 依托"税务＋互联网"新模式，大力使用电子查账软件，丰富检查手段，集中发挥稽查人员的经验优势与查账软件数据采集、分析优势，发挥稽查职能，严格依法行政，突出案件查处、重点税源检查和打击发票违法犯罪活动等重点工作。全年共查补入库税款、滞纳金、罚款共计1546.93万元，辅导34户企业开展自查，自查缴纳税款1386.90万元；对18户纳税户进行重点检查，查补税款67.06万元，加收滞纳金15.34万元，罚款77.63万元；立案查处违法受票企业18户；受理举报案件1起。

【行政后勤管理】 制定和完善车辆、经费、固定资产等管理办法，有效控制经费支出，"三公"经费实现连续4年下降；狠抓绩效考核。通过强化培训、厘清职责、严格考核等手段，确保绩效考核的有效推进；精简会议和文件。严格执行发文和会议管理办法，全年发文数量同比减少5.2%，会议次数同比大幅下降。认真搞好机关事务管理，强化车辆管理，坚持派车单制度，杜绝公车私用和出车随意性问题。坚决制止铺张浪费，公务接待费用大幅降低。

【财务资产管理】 强化经费管理，规范经费收支管理和支出报销签批程序，使经费管理更加规范合理。强化资产管理，明确财务部门、办公室和信息化装备主管部门的职能职责，对资产每季清查盘点，年终进行全面清查。财务部门、办公室和信息化主管部门及资产使用部门定期核对账、卡、簿，保证数据相符，确保资产安全。

【干部人事管理】 通过周五学习、开办夜校、月考季考等方式开展各类培训，有效提升干部职工综合素养；重视干部的培养，按照规定程序对 2 名试用期干部进行转正，新提拔 3 名副科所级青年干部；认真做好退休干部管理工作，做到政治上关心，生活上关怀；组建志愿服务队，开展纳税咨询、交通劝导、贫困学生帮扶等活动，展现地税干部良好形象；积极开展演讲、驴行、骑行及拓展训练等有益活动，增强团队凝聚力和战斗力。

【教育培训】 以“学法守纪防风险”活动、“三严三实”专题教育为主线，通过专家讲座、个人自学、“周五学习日”等形式，组织干部职工开展宪法法律、税收法规、重要讲话精神等学习，不断提高干部职工思想政治素质；做实“练内功、强素质、树形象”工作，提升全局干部的业务素质、岗位技能和工作能力。截至 2015 年底，全局共有 63 人取得会计从业资格证，32 人取得初级会计职称，8 人取得中级及以上会计职称。

【党风廉政建设】 以落实“两个责任”年为主线，成立党风廉政建设领导小组，制定党风廉政建设责任清单，将责任量化到人。严格执行领导干部有关事项报告、述职述廉和诫勉谈话等规定，30 名领导干部进行述职述廉，对 3 名中层干部进行任前廉政谈话，2 名中层干部进行诫勉谈话。强化廉政教育，采取专题学习、上警示教育课、通报违法违纪违禁案例等形式，对新提职干部、新录用公务员和关键岗位人员进行廉政教育。对稽查案件进行“一案双查”。廉政作品《瘦了的老六》《廉政赋》《杂思杂记》在县“清风边城杯”廉政征文征集评选中获奖。

【精神文明建设】 深入开展文明创建活动，带动干部职工综合素质提升，塑造税务部门良好形象。全年获得“全国文明单位”“全国模范职工之家”两大国家级荣誉，“重庆市岗位学雷锋示范点”“职工书屋示范点”等 2 个市级荣誉和“十佳机关服务品牌”等多个县级荣誉。

（撰稿人：杨　策）

酉阳土家族苗族自治县地方税务局

【概况】 酉阳县地方税务局共有干部职工 116 人，设 8 个科室和 1 个直属稽查局，下辖 7 个税务所和 1 个办税服务厅。2015 年，酉阳县地方税务局以组织收入工作为中心，克服经济下行压力，深化依法治税，夯实税收征管，优化纳税服务，加强队伍建设，各项工作成效显著。全年累计完成各项税费收入 10.76 亿元，为支持地方经济社会持续健康发展做出了贡献。

【组织收入完成情况】　2015 年，组织各项收入 107595 万元，同比增长 6.2%，增加收入 6282 万元。税收收入累计实现 68016 万元，同比增长 13.8%，增加收入 8232 万元，其中：中央级税收收入累计实现 6160 万元，同比增长 1.1%，增加收入 64 万元；地方级税收收入累计实现 61856 万元，同比增长 15.2%，增加收入 8169 万元。非税收入累计实现 39579 万元，同比下降 4.7%，减少收入 1950 万元，其中：教育费附加累计实现 2128 万元，同比下降 33.8%，减少收入 1088 万元；社会保险费入库 35453 万元，同比下降 1.6%，减少收入 571 万元。

【税收收入特点及分析】　一是税收累计增幅较大，各月税收增幅波动较大。2015 年税收收入增长 13.8%，增幅在渝东南生态保护发展区居第二位；呈现出各季度前两个月税收同比都呈负增长，第三个月税收则呈现高速增长的态势。二是各级次税收增长不平衡，中央级税收增长乏力。地方级税收全年入库 61856 万元，保持较高增速，同比增长 15.2%，增加收入 8169 万元；企业所得税收入大幅下滑，抵消个人所得税的高速增长，受此一增一减因素影响，中央级税收收入累计实现 6160 万元，征收额与上年基本持平。三是重点行业营业税增幅明显，成为税收增长的重要动力，建筑业营业税累计实现收入 10311 万元，同比增长 51.2%，增加收入 3493 万元，占营业税增量收入的 62.3%；金融业营业税累计实现收入 3634 万元，同比增长 26.2%，增加收入 755 万元。

【税种管理】　开展建安、金融、房地产业营业税专项清理，营业税累计实现收入 28332 万元，同比增长 24.7%，增加收入 5610 万元，占全年税收收入的 41.7%；加强高收入行业个人所得税监管，全面推进落实个人所得税代扣代缴制度，个人所得税累计实现收入 7430 万元，同比增长 12.6%，增加收入 831 万元，其中工资薪金个人所得税同比增长 26.3%，增加收入 698 万元；强化土地增值税管理，进一步规范清算审核流程，加大土地增值税预征管理力度，在房地产行业持续低迷的背景下，全年累计入库土地增值税 5430 万元，同比增长 50.5%，增加收入 1821 万元；联合国土等部门，搭建综合治税平台，严格进行土地数据比对分析，实行土地信息的双方核实、双向登记等办法，加大土地使用税管理力度，全年入库城镇土地使用税 6903 万元，同比增长 19.1%，增加收入 1107 万元。

【税收征管】　推进完善征管改革，制定深入推进税收征管改革工作的文件，进一步规范税收征管程序，合理设置岗位职责，优化人力资源配置，建立横向协作机制，逐步实现从“管户”向“管事”，“个人管税”向“团队管税”转变；加大重点税源监管力度，强化信息管税，定期获取工商登记、政府招投标、土地出让、建设施工、房屋预售等第三方信息，继续在房地产、建筑安装行业实行“指标管税”，通过采集指标信息进行分析比对，组织税收收入 6000 余万元；加强部门协作，通过与重庆市第四中级人民法院配合，在欠税企业拍卖财产所得中，优先扣缴所欠税款，成功追缴入库欠税 530 余万元；组织房地产、建筑安装和金融业营业税清理、国有投资公司土地使用税清理，入库税费达到 7000 余万元；强化税收风险管理，扫描风险指标 120 余条，确认中等风险企业 10 户，评估入库税费 2000 余万元，确认高风险企业 5 户，由稽查局立案查处，入库税费 300 余万元。

【税收法治】　围绕税收减免政策、税制改革、征管薄弱环节等方面，与南川区地税局、彭水县地税局组成联合督察组，开展交叉执法督察，发现问题 72 条，积极进行整改落实。加强税务案件查办工作，2015 年累计办理稽查案件 48 户，其中：立案检查 25 户，结案 25 户，结案率 100%；辅导企业自查 17 户；协助其他区县地税局办理发票协查及调查取证案件 6 户。查补入库收入 967 万元，入库率 100%，其中：税费 771 万元，罚款 142 万元，滞纳金 52 万元。

【税收政策落实】 通过《酉阳报》《酉阳手机报》、电视滚动字幕、纳税服务微信群等方式，宣传小微企业税收优惠政策。认真执行西部大开发、再就业税收减免等各项优惠政策，减免税收 3134 万元。严格执行小微企业税收优惠政策，全县 2022 户小微企业（含个体户）享受营业税优惠 1842 万元；符合条件的 223 户小微企业，其中 22 户盈利户享受企业所得税优惠 13.75 万元，实际受惠面达到 100%。

【纳税服务】 认真开展“便民办税春风行动”，全面贯彻落实《全国税务机关纳税服务规范》，大力推行一窗受理、同城通办、限时办结等优质服务措施，严格执行首问责任、免填单制度、一次性告知制度；大力推进改革创新，落实“三证合一、一照一码”登记制度改革，推广网上报税、手机开票、三方协议扣款等多元化办税方式，探索“互联网 + 纳税服务”新模式。

【教育培训】 加强财务会计理论知识培训，干部职工参加成人教育学习 36 人，参加职称等级考试取得会计从业资格 78 人，会计初级职称考试合格 50 人，中级职称考试合格 5 人；启动“岗位大练兵、业务大比武”活动，按季组织岗位技能培训，开展业务能级考试，选派 4 名青年干部到市地税局第二稽查局锻炼学习，向市地税局推荐财务审计人才 1 名，税收分析专业人才 2 名，税务稽查人才 1 名；开展“学法守纪防风险”活动，组织“依法治税”演讲比赛，参加市地税局“与法同行”征文比赛获奖 2 人次。

【党风廉政建设】 强化党风廉政建设责任分解，对责任内容进行清单化管理，明确主体责任 21 项，监督责任 15 项，把责任落实到各个部门，坚持实行党组书记、党组成员、科所负责人、干部职工四级递进负责制，一级抓一级、层层抓落实；加强党风廉政教育，结合“学法守纪防风险”活动、“为官不为”专项整治工作，邀请县纪委书记作“两个责任”专题讲座、县监察局局长作《中国共产党廉洁自律准则》和《中国共产党纪律处分条例》专题辅导、县检察院领导上预防职务犯罪专题课，组织观看《作风建设永远在路上》及警示教育片《茶叶蛋》，组织旁听法院庭审、到廉政教育基地接受警示教育；加大执纪问责力度，围绕落实中央“八项规定”精神、纠正“四风”和整治“为官不为”问题，加强对干部职工工作作风、工作纪律、工作效率、规范着装等方面的监督检查，并在全局点名通报批评 32 人次。党风廉政建设工作连续六年被县纪委评为优秀单位。

【精神文明建设】 2015 年，共有 4 名干部被市地税局党组命名为“共产党员示范岗”，收入核算科被重庆市总工会授予“重庆五一巾帼标兵岗”；酉阳县地税局先后被市委、市政府命名为“市级文明单位”“市级文明单位标兵”，被市总工会命名为“市级模范职工之家”等称号，下辖 7 个税务所分别被命名为“县级以上文明单位”，其中桃花源第一税务所、桃花源第三税务所、大溪税务所被命名为“市级文明单位”。落实“精准扶贫、精准脱贫”工作，对 2 个贫困村、30 户贫困户开展节日慰问和结对帮扶，资助贫困村通达公路一条，助推脱贫攻坚。

（撰稿人：白　张）

彭水苗族土家族自治县地方税务局

【概况】　彭水县地方税务局共有在职干部职工 87 人，设 7 个科室、1 个稽查局、5 个税务所和 1 个办税服务厅。2015 年，以组织收入为中心，以“三基一化”为主线，着力“练内功、打基础、提质效、树形象”，全面推进各项工作迈上新的台阶。

【组织收入完成情况】　2015 年，完成各项收入 11.89 亿元，同比增加收入 1.03 亿元，增长 9.5%。其中：税收收入完成 7.39 亿元，同比增收 9514 万元，增长 14.1%，全面完成市局和县政府年度计划。附加费及罚没收入完成 2879 万元，同比减收 119 万元，下降 3.9%。其他基金收入完成 1416 万元，同比增收 9 万元，增长 0.6%。社保费收入完成 4.05 亿元，同比增收 1263 万元，增长 3.2%；工会经费完成 223 万元，同比增加 39 万元，增长 21.2%。

【税收收入特点及分析】　税收逐步止滑增收，从 1 月下降 28% 到 5 月止滑，半年实现 0.6% 的小幅增长，9 月持平，10 月增长 7.3% 到 12 月实现增长 14.1%，税收增长异常艰难。县级收入增长高于中央级，中央级税收收入完成 7051 万元，同比增长 9.0%；县级税收收入完成 6.68 亿元，同比增长 14.7%。

从税种看，分化效应明显。入库契税 8514 万元，增长 49.3%；耕地占用税 5703 万元，增长 61.6%；烟叶税 6626 万元，增长 32.9%；城镇土地使用税 5173 万元，增长 182.5%；资源税 1396 万元，增长 34.1%。主体税种增长乏力，全年入库营业税 2.64 亿元，与 2014 年持平；企业所得税 6599 万元，增长 13.1%；个人所得税 5153 万元，增长 4.2%。

从产业看，第二产业税收增幅高于第三产业，第二产业入库税收 2.86 亿元，增长 20.7%，占比 38.7%，其中建筑业入库税收 2.50 亿元，增长 26.1%，占比 33.9%；第三产业入库税收 4.52 亿元，增长 10.5%，占比 61.2%，其中批发零售业入库税收 8946 万元，增长 28.5%，占比 12.1%；金融业入库税收 5402 万元，下降 8.0%，占比 7.3%；房地产业入库 1.49 亿元，增长 1.1%，占比 20.2%；租赁和商务服务业入库 3054 万元，下降 2.0%，占比 4.1%；居民服务业入库 9791 万元，增长 88.0%，占比 13.2%。两大产业中，建筑业、批发零售业、金融业、房地产业、租赁和商务服务业、居民服务业六大行业入库 6.7 亿元，占比达 90.8%。

国有投资公司成为拉动税收增长的主要力量，全年累计入库税收 1.59 亿元，占税收总额的 21.5%，同比增加 8122 万元，占比增加 9.5 个百分点，是税收增长的主要力量。

【税种管理】　按照税政拓展税源的思路，重点加强建安营业税纳税义务时间及核定征收个人所得税、房地产营业税所得税土地增值税计算、城镇土地使用税、耕地占用税征收范围等政策梳理，找准薄弱环节，有的放矢实施征管，征管质效大大提高，宏观税负高于渝东南片区平均水平。

【税收征管】　夯实征管基础，认真落实《全国税收征管规范》《全国税务机关纳税服务规范》，梳理工作流程，将大部分征管业务移到前台处理。积极开展基础数据清理，规范申报开票操作，最大限度地保障数据准确完整。强化风险管理，成立税收风险管理中心，整合征管、税政、法规、收核力量，开展本局风险识别，积极承接市局推送的风险管理任务，着力提升税源转化为税收的能力。对 10 批 410 户风控任务进行风险应对，两次开展房地产、建筑业、金融保险业税收清理，对国有投资公司开展纳税评估，累计清理评估入库税款 1.2 亿元。推进信息管税，正式实施“三证合一、一照一码”制度，建立国税、财政、国土等部门联系制度、涉税信息核实反馈制度，税收控管机制和信息传递机制进一步完善，税收征管执法合力基本形成。全年通过部门信息交换、财政协调入库税款近 1.4 亿元。

【依法治税】 以“学法守纪防风险”为契机，强化干部法治教育培训，不断提高执法水平。简化行政审批，公布权力清单，全面清理规范性文件，完善重大涉税事项集体审批制度。规范税收执法行为，坚持依法征收、依法行政，开展税收执法交叉督察、执法监察和行政效能监察，强化事前事中事后监督，从源头上防范税收执法风险。强化执法手段，联合彭水县国税局、彭水县公安局，严厉打击假发票、查处偷、逃税违法行为，整顿规范地方税收秩序。

【税收政策落实】 采取传统新闻媒体和新兴宣传载体进行宣传，确保税收优惠政策宣传到位、落实到位、争取到位。不折不扣落实小微企业等税收优惠政策，共减免小微企业税款 802 万元，小微企业所得税受惠面达 100%。

【纳税服务】 强化纳税服务规范的落实，推进国地税合作，地税窗口入驻县国税局办税服务厅。深化“便民办税春风行动”，通过认真落实限时办结、免填单、简并资料、取消行政审批、缩短办税时间等一系列举措，提升纳税服务效率。开展纳税人满意度调查，广泛征求其意见，对存在的问题与不足及时进行整改，不断提高纳税人满意度。

【税收宣传】 加强与彭水电视台和彭水日报社深度合作，开展专题宣传报道；同时采取信息简报、12366 短信平台、展板、组织宣传队等形式进行宣传，扩大税收宣传覆盖面。2015 年编发信息简报 156 篇，其中市局采用 26 篇，县委办、县政府办采用 25 篇；组织纳税人培训 10 期，召开纳税人座谈会 2 次，联合国税召开纳税信用等级 A 级纳税人授证大会，营造诚信激励、失信惩戒的氛围。

【社保及代征规费管理】 加强社保费政策宣传，提高缴费人缴费意识。强化部门协作沟通，定期开展联席会，全力配合扩面征收。健全社保费信息传递制度、重点费源动态监控制度、社保费收入分析制度、非正常户认定等制度，突出督查催报、定期开展欠费公告，切实提升征缴质效。全年累计征收入库社会保险费 4.05 亿元，超计划 4787 万元，各险种征缴率均达到 95% 以上。

【税务稽查】 立足整顿规范税收秩序，强化稽查选案、实施、审理、执行各环节管理，加大执法力度，充分发挥以查促管以查促收职能。累计开展各类检查 21 户，其中立案检查共计 15 户，查结 12 户，查补各项收入 1565 万元，查获违法票据 118 份。实际入库税款、滞纳金、罚款 1476 万元，入库率 94.3%，全年上报 100 万元案件 3 件。

【行政后勤管理】 规范公文管理，提高公文运转质效。开展绩效管理，加大对重点工作的督查督办，提高执行力。加强政务调研、新闻宣传、安全保密、信访稳定、后勤保障等工作，提高行政管理效能。推进节约型机关建设，对用水、用电、用油、用气等实行节能管理。

【财务资产管理】　加强部门预算和决算，规范财务管理；完善公务接待制度，加大公务用车管理，严控“三公”经费；加强基建管理，开展超标办公用房整治；完善财务制度，加强财务监督，严防财务风险。

【干部人事管理】　全面落实《干部选拔任用工作条例》，深化干部人事制度改革，坚持正确用人导向，加大干部轮岗交流力度，积极稳妥开展非领导职务晋升、职务与职级并轨工作。有针对性地给青年干部压担子，抽调业务骨干参加执法督察等工作，多岗位多角度锻炼干部。加强新进人员和离退人员管理，及时完善公务员登记。组织开展干部人事档案清理，认真做好退休干部工作。

【教育培训】　制定教育培训规划，细化培训目标、项目及方式。搭建学习平台，开设干部讲堂，聘请专家教授讲授当代社会及税收前沿知识，更新干部理念。健全业务辅导会、培训考试等制度，组建兴趣学习小组，扎实开展岗位大练兵、业务大比武活动，不断提升干部业务综合素质。全年共组织各类培训 21 期，培训 276 人次，其中专门培训 3 期，培训 258 人次；组织学习兴趣小组培训 18 期，培训 215 人次。开展业务考试 2 次，参考 170 人次，参考率达 100%。

【党风廉政建设】　认真落实党风廉政建设主体责任和监督责任，细化主体责任 10 项 12 条和监督责任 7 项 33 条。开展廉政文化月活动，全年举办廉政党课讲座 3 次，集中学习 16 次，编发廉政短信 113 条，组织演讲比赛 1 次，切实增强干部纪律观念和廉政意识。以“学法守纪防风险”活动和“六清一查”为契机，对 70 多个风险点进行归类整理，列出重点检查和防控的 6 大类风险点，制定落实防控措施 13 条，完善财务管理、重大案件审理、减免税审批、违规处理等制度。每月不定期开展明查暗访，加强对干部监督，严防“四风”问题反弹，开展明查暗访 17 次，下发督查通报 3 期，通报违反出勤、着装等纪律 5 人次。

【精神文明建设】　开展庆祝建党 94 周年系列活动，开展形式多样的工会兴趣活动，不断提高干部职工的凝聚力。开展精准扶贫活动，自筹资金 5 万元，帮助联系贫困村和扶贫对象解决一批实际困难。2015 年，彭水地税局被县委评为“先进基层党组织”，荣获“全国模范职工之家”称号。

（撰稿人：刘洪君）

两江新区地方税务局

【概况】　两江新区地方税务局共有干部职工 137 人，设 9 个科室、13 个派出机构。2015 年，以推进税收现代化建设为目标，以组织收入为中心，以“三严三实”教育活动为主线，以征管改革为动力，沿着“三基一化”建设路径，按照争创一流的思路，锐意改革，勇于进取，圆满完成各项工作任务。

【组织收入完成情况】　2015 年，组织税费收入 234.06 亿元，同比增长 21.47%，增收 41.37 亿元；税收收入实现 164.85 亿元，同比增长 17.62%，增收 24.7 亿元；教育费附加实现 6.69 亿元，同比增长 40.89%，增收 1.94 亿元；文化事业建设费实现 123 万元，同比下降 37.88%，减收 75 万元；其他罚没收入 26 万元，同比增长 116.67%，增收 14 万元；代征规费 1.06 亿元，同比增长 8.89%，增收 866 万元；社保费收入实现 56.98 亿元，同比增长 30.63%，增收 13.36 亿元。

【税收收入特点及分析】 一是税收规模不断壮大，支撑作用日益凸显。2015 年，两江新区地税局税收收入占全市地税收入的比重为 12.75%，较 2014 年提高 0.59 个百分点，两江新区对全市地税收入的支撑作用日益凸显。二是各级次实现两位数增长，地方财力不断增强。中央级实现 29.17 亿元，同比增长 48.67%，地方级实现 135.68 亿元，同比增长 12.57%，其中：实现市级税收 53.07 亿元，同比增长 16.39%，实现区级税收 82.61 亿元，同比增长 10.24%。三是所得税占比提高，土地交易税收占比下降，税种结构更加合理。企业所得税和个人所得税增长较快，企业所得税实现 28.79 亿元，同比增长 65.72%，个人所得税实现 19.82 亿元，同比增长 29.33%。与土地交易相关的耕地占用税和契税分别实现 6.66 亿元、15.57 亿元，同比下降 24.93% 和 0.09%。四是重点企业税收情况。纳税排行榜前 50 名企业共计纳税 89.52 亿元，占整体税收的 52.49%，税收占比与上年同期基本持平，拉动整体税收增长 16.42%。

【税收征管】 积极抓好征管改革的调研、论证工作，为进一步优化机构设置、实行分级分类管理，促进税收征管由管户向管事转变做足准备；发挥税收专业化管理优势，涉外税收和个体税收分别实现 11% 和 25% 的同比增长；初步建立以风险管理为导向的分级分类专业化管理体系，两江新区地税局作为重庆市地税系统打造的首个“风险管理基地”，不断深化涉税信息数据和风险管理平台应用，创建房产税、个体定额、土增预征模型，开展风险管理 1222 户；踏上“互联网 + 税务”新征程，做好“互联网 + 改革”“互联网 + 服务”“互联网 + 决策”三篇文章，大力推进电子税务局试点，注册 4782 户，申报税款 13960 笔，征收税款 5.7 亿元。

【税收法治】 创新宣传平台与渠道，充分利用主干道 LED 屏、微博、微信、手机短信等方式，开展以“新常态、新税风”为主题的第 24 个税收宣传月活动；以清权、确权、晒权为重点，清理出税收执法权力 95 项，严格落实征管程序性规定，减少进户执法次数；与九龙坡区地税局、沙坪坝区地税局开展交叉执法督察，共发现问题 7 类 70 多个，查补税款 264 万元；邀请专家进行专题讲座，利用每周五学习制度，组织干部职工认真学习税收法规、廉政知识；抓实“学法守纪防风险”教育活动，组织开展“学法守纪防风险”知识竞赛，依法治税能力进一步提升。

【税收政策落实】 建立完善税收“减免缓”管理台账，进一步规范简化纳税人享受税收优惠政策备案流程，减轻纳税人办税负担。2015 年共有 8615 户小微企业纳税人享受营业税优惠，减免金额 564 万元，4724 户小微企业享受所得税优惠政策，减免税额 146.78 万元，受惠面达到 100%。加大对残疾人、下岗失业人员、大学生、退役士兵等重点群体就业创业税收优惠政策的落实力度。2015 年共有 20 户纳税人享受营业税优惠，减免金额 4437 万元；共有 268 户纳税人享受企业所得税优惠，减免金额 2900 万元。

【纳税服务】 竭诚提供全市一流的纳税服务。开展好进企业送春风、进校园话春风、进机关评春风的“三进”活动，联合招商银行开发“诚信纳税贷”金融服务试点项目，着力促进企业发展，达到税企银三方共赢；全面推进落实纳税服务规范2.0版，升级79项服务规范，精简36个流转节点，纳税人办税时限平均提速30%；主动融入全区经济工作的大局，与区内各部门建立协作机制，与各园区建立联席会制度；加强信息交流运用，开展征管质量自查和漏征漏管清理；局领导多次带队深入企业，对国有投资公司开展到户辅导，对一些欠税大户进行实地约谈；积极主动地参与到管委会招商引资、财政收入测算、政策规划、新闻宣传报道等工作中，并及时通过专报信息向管委会报告工作、献计献策。

【干部人事管理】　在队伍建设上坚持正确用人，坚持人才立税，坚持严管善待。通过竞争上岗方式选拔5名副科级领导干部，每个环节都由党组集体研究推进，确保“给德才兼备的人压担子，给实绩突出的人搭台子，给群众公认的人铺路子”；全面推行绩效管理，推进部门绩效与个人绩效“双轮驱动”，实行动态管理，有效激励，注重结果运用，落实责任到人、实现奖优罚劣。

【教育培训】　坚持分级分类抓培训，实施请进来、走出去战略，依托系统内外资源，举行干部全员培训。采取集中培训、以干代训等形式，有计划、分层次开展培训，确保基层干部参加脱产培训时间全年不少于12天，网络培训全年不低于80学时。大力开展岗位业务培训，为参加全市地税系统1000名岗位能手选拔做准备，全局共有48人次参加市地税局组织的税政业务、纳税评估、财务审计等25项专门业务培训班，组织干部参加重庆市委组织部的公务员通用知识课程学习。全局已取得初级会计师65人，中级会计师26人，注册税务师2人，通过司法考试2人，另有5人正在参加市地税局组织的研究生班学习，5人入选全市地税系统高层次人才。

【党风廉政建设】　在党风廉政建设中压实“两个责任”，强化警示监督，坚持把纪律和规矩挺在前面。制定落实主体责任和监督责任的工作制度，细化责任清单，层层签订党风廉政责任书。党组专题研究党风廉政建设工作6次，领导班子成员坚持逢会必讲、逢事必问廉政作风问题。不断加强警示教育力度，组织干部观看监狱服刑人员现身说法，邀请渝北区检察院领导来局进行专题讲座，抓住节假日等关键节点发放廉政提醒短信600余条。落实廉政跟踪回访制度，收回廉政跟踪回访表276份。强化预算管理，严肃财经纪律，规范公务接待、公车管理、政府采购，严防“四风”问题反弹，“三公经费”同比下降22%。全局未发生一起违法违纪行为。

【精神文明建设】　在“三严三实”专题教育中出实招、办实事、求实效，党组一班人走上讲台讲党课12次，其中党组书记讲专题党课3次、撰写的心得体会得到《地税党建》刊用。强化领导示范效应，形成上行下效遵章守纪的良好局面。教育方式上，将专题辅导、交流讨论和调查研究相结合，促进干部职工对“三严三实”从理解上升到践行。深入查摆党员干部中存在的“不严不实”问题，并针对问题开展“集中专项督查”，确保“三严三实”落地生根。二是积极开展群团活动。组织职工开展登山比赛和趣味运动会，开展志愿者服务工作，探望慰问孤寡老人，关爱彭水窝棚小孩，建立区局职工互助基金。三是积极开展文明创建工作。大竹林税务所通过全国青年文明号复查，并被评为2015年“重庆市模范职工小家”，1 名获“重庆市地税局优秀青年”称号，10 名党员获“两江新区优秀共产党员”称号，2 名党员获“两江新区优秀党务工作者”称号，机关党支部、人和税务所党支部获“两江新区先进党支部”称号。

（撰稿人：肖　涛）

万盛经开区地方税务局

【概况】　万盛经开区地方税务局共有干部职工 61 人，设 1 个直属机构，3 个派出机构。2015 年，以组织收入工作为中心，以改革创新为动力，以业务建设为抓手，扎实开展“三严三实”专题教育活动，不断优化税收环境，税收收入稳定增长，有力地促进了地方经济的持续快速发展。

【税费收入完成情况】　2015 年，共组织入库税费收入 15 亿元，其中税收收入 7.14 亿元，同比增长 9.54%，增幅位列全市第 26 位，收入规模在全市排名第 36 位；区级公共预算收入 5.66 亿元，同比增长 9.38%；区级税收收入 5.5 亿元，同比增长 9.76%；征收社保费及其他收入 7.87 亿元。

【税收收入特点及分析】　地方级税收贡献较大，区级税收实现 55011 万元，同比增长 9.76%。两“地”税表现突出，营业税完成 22889 万元，同比增长 1.3%；企业所得税、个人所得税分别完成 3845 万元、6531 万元，同比分别增长 7.4%、26.3%。城镇土地使用税完成 11001 万元，同比增长 23.5%。契税完成 10748 万元，同比增长 4.2%，增收 430 万元。重点行业增收贡献减弱，建筑业实现税收 15548 万元，同比增长 10%；房地产业减收量大，入库 15595 万元，同比减少 10.7%。

主要增收因素为：资源税税制改革增收 920 万元；耕地占用税增长 3627 万元；开展专项清理 5066 万元，入库欠税 3200 余万元，稽查入库 961 万元，评估入库 1938 万余元。主要减收因素为：地区经济增速回落；土地增值税预征率下调，减少税收 696 万元；“营改增”减收约 200 万元。

【税收征管】　狠抓征管基础工作，加大对数据维护情况的抽查和考核力度，税收基础数据质量有效提升；加快推进综合治税进程，主动加强与财政、国土、规划建设、工商、国税等部门的协作配合，建立健全涉税信息数据定期传递工作机制；贯彻国地税工作合作规范，与区国税局签订《战略合作备忘录》，达成 5 大项 16 个方面的合作共识；开展税收风险管理，应用大数据的比对分析功能，提高对第三方数据的采集利用率，评估入库税款 1938 余万元；加强欠税管理，通过约谈纳税人、督促制定清缴计划、欠税公告、查询纳税人账户等手段，追缴入库欠税 3200 余万元。同时结合万盛经开区经济社会发展及本局税收征管工作实际，积极推进征管改革。

【税收法治】　深入开展“学法守纪防风险”活动，通过专题讲座、征文比赛、演讲比赛等形式，加强对干部的法治教育；深入开展风险排查、“六清一查”专项活动，针对税收执法易发生问题的岗位、环节和工作节点，定期梳理查找风险点并更新风险管理台账，对税收管理风险实施动态管理；认真做好执法督查工作，配合区审计局开展税收计划执行情况的专项审计，与大渡口区地税局开展税收执法交叉督察，深入查找执法过程中存在的问题，进一步规范税收执法行为。

【税收政策落实】　主动服务地方经济发展大局，支持“大众创业、万众创新”，全面落实小微企业、西部大开发等各项税收优惠政策，全年累计减免地方税收6910余万元。积极向万盛经开区党工委、管委会建言献策，在深入调研的基础上，形成《2015年前三季度城市发展新区地方税收对比分析报告》，用比较分析的方法及税收数据分析万盛经开区在城市发展新区的位次，剖析万盛经济发展特点。

【纳税服务】　贯彻全国县级税务机关纳税服务规范，积极推行纳税依申请涉税事项前移，不断充实征管一线人员力量，基本实现“前台受理、内部流转、限时办结、窗口出件”的办税模式；抓好服务人员业务能力建设，突出对前台工作人员的素质培训和提升，不断增强服务工作“软实力”；开展税收宣传活动，借助《万盛报》、纳税人学校等平台，扎实开展各种税法宣传活动，取得较好效果，为依法诚信纳税营造了良好的社会环境。

【税务稽查】　以规范税收环境为切入点，突出案件查处、重点税源检查，加强对重点领域、重点行业的税收专项检查和专项整治，严厉打击涉税违法行为。全年共实施稽查184户，对矿石开采、旅游住宿、修理修配、质量检测等行业的4户企业开展专项检查，对23户企业进行重点税源轮查，对97户企业进行发票检查，稽查查补收入961万元。

【行政后勤管理】　加强制度体系建设，修订完善了《财务管理暂行实施办法》《关于规范婚丧喜庆事项报告的通知》《值班工作制度》等管理制度，进一步规范财务管理、干部人事管理及行政管理，切实形成用制度管权、管人、管事的良好局面；发挥绩效管理“指挥棒”作用，进一步修订完善绩效考核指标和办法，形成月度、季度、年度考核的考核指标体系，按季（月）对各部门实行量化考核，实现组织和个人绩效管理的全覆盖，有力推动各项工作的有效落实。

【干部人事管理】　坚持每月开展中心组学习，加强领导干部的政治理论水平；扎实开展“三严三实”专题教育，深入查找班子及班子成员“不严不实”方面存在的具体问题，通过扎实整改加强领导班子自身建设；不断完善领导班子议事和决策机制，调整班子成员职责分工，加强工作沟通交流，增强班子凝聚力，提高班子整体合力；加强人才队伍培养，健全完善干部培养选拔机制，从严选好用好干部，加大对后备干部的培养和使用，适时对干部进行轮岗交流，推行“骨干带新人”的人才培养模式，加强对年轻干部特别是新进人员的培养，激发干部队伍内在活力。

【教育培训】　举办青年干部业务学习沙龙，完善业务辅导员学习制度，鼓励干部参加职称考试，全面提高干部队伍业务素质。全年共有4名干部通过中级会计考试、1人取得注册会计师资格证、1人取得法律资格A证。

【党风廉政建设】　强化“两个责任”落实，把党风廉政主体责任细化为4类54项内容，监督责任细化为3类15项内容，并通过层层签订党风廉政暨惩防体系建设责任书和承诺书；强化廉政教育，通过上廉政党课、观看教育警示片、参观廉政教育基地、集体谈话、通报违法违纪违禁案例等形式，加强对干部职工的廉政教育，利用会议、短信等进行经常性廉洁自律提醒，切实筑牢干部职工拒腐防变思想防线；强化执纪问责，严格执行领导干部有关事项报告、述职述廉和诫勉谈话等规定，加大监督力度，对顶风违纪行为，发现一起、查处一起。全年开展作风检查38次，部门负责人有6人（次）因考勤检查承担主体责任，对1名科所长进行诫勉谈话。

【精神文明建设】 开展扶贫帮困志愿活动、主题演讲比赛、全民健身运动会、纳税服务明星及最美地税人评选、创建“重庆市职工书屋示范点”“共产党员示范岗”和“重庆十佳地税青年”、创先争优等活动，激发干部队伍干事创业的热情和活力，营造团结友爱、奋发向上的工作氛围。2015年，万盛经开区地税局成功通过“全国文明单位”复查，创建成为“重庆市职工书屋示范点”。

（撰稿人：蒋 苹）

重庆市地方税务局重点税源管理局

【概况】 重点税源管理局共有在职在册干部职工55人，设5个科室、4个派出机构。2015年，面对组织市级收入、重点税源管户移交等急难繁重工作，圆满完成任务，为全市的经济发展和社会稳定做出了积极贡献。

【税费收入完成情况】 2015年，全局共组织各项收入96.05亿元，同比增收21.63亿元、增长29.07%。税收收入实现91.51亿元，超目标任务7个百分点，同比增收21.18亿元、增长30.12%，其中：中央级税收收入实现7.15亿元，同比增收1.90亿元、增长36.10%；市级税收收入实现64.93亿元，同比增收14.63亿元、增长29.08%；区县级税收收入实现19.43亿元，同比增收4.66亿元、增长31.53%。非税收入实现4.53亿元，同比增收0.45亿元、增长11.00%，其中：教育费附加实现2.76亿元，同比增收0.23亿元、增长8.90%。

【税种管理】 对重点企业税源情况进行逐一摸排，重点对管辖的90多个市级重点工程项目委托代征的建安营业税和12户市级投融资公司的土地整治收入涉及的营业税、减持上市公司股权涉及的营业税以及变更土地储备性质后涉及的土地使用税等情况进行摸底。对市级重点税源进行“一袋式”管理，在摸清市级重点税源管户的基础上，充分利用金税三期大数据工作平台，按照市级重点税源征管名录中的类别分类建立“一袋式”管理台账，按登记、申报、征收、发票、欠税等分类集中管理。积极争取市局相关处室政策支持，加强与财政、国土、房管等部门的数据沟通，为税收任务的完成奠定了坚实的基础。

【税收征管】 通过强化政策宣传、加强业务培训和注重与国税部门的协调沟通，深入推进“三证合一”改革。通过集中在征期后下发催报催缴通知书，定期对虚增欠税信息进行清理，定期对原有欠税制定清欠计划进行公告，严格控制新欠，严格缓税审批，切实抓好欠税管理工作，全年追缴欠税1000余万元。通过加强对网络发票的审核和监控，加强发票抽查，简化对通用机打发票和建安发票的代开审核管理流程，简化印制冠名发票报批流程，进一步规范发票管理工作。加强数据考核，催报催缴率达100%、入库率超过95%，重点税源纳税人财务报表录入率达100%、总体录入率超过85%。加强风险管理和纳税评估，成立风险管理系统上线领导小组和工作小组，印发《重点税源管理局税收风险管理系统上线方案》；全年开展税收风险管理系统学习和纳税评估应对专项培训4次，累计参培人员达80人次；利用第三方涉税平台，与国税、国土等部门配合，并与稽查一局建立日常工作联系机制；抽调专人组成风险管理和纳税评估专业小组，负责专项评估工作的开展，同时通过税收征管系统数据比对查找疑点。全年共完成纳税评估280户。

【税收法治】　切实加强规范性文件备查备案和执法案卷评查，积极配合接受市局执法督察，及时发现和整改执法薄弱环节。修订本局重大案件审理办法，畅通行政争议解决渠道，保障纳税人诉求得到公正审理。

【税收政策落实】　不折不扣落实各项减税降费政策，全局全年为纳税人办理减免税类事项23件、缓税类事项3件、退税类事项61件。其中，落实西部大开发优惠政策，减免企业所得税1.78亿元；落实公租房建设优惠政策，减免营业税及附加426万元、房产税914万元、土地使用税731万元。

【纳税服务】　推动《全国县级税务机关纳税服务规范》落地。以市局和区县局组建的专家辅导团队为师资基础，办好“纳税人学堂”。针对市级投融资公司土地财产转让、金融商品买卖等复杂涉税事项，事前与企业联系，提前录入基础信息，缩短企业办税时间。建立重点工程委托代征申报绿色通道，提供办税预约享受VIP通道服务等各类预约服务措施。针对市外纳税人税款申报的特殊性，申报期间全体干部停止休假，多次利用法定假日为纳税人办理纳税申报。为外资企业和外籍纳税人，提供中英日法等外语翻译预约办税服务。全年累计提供涉税咨询800余次，发送纳税提醒与宣传短信1500条次，通过12366受理业务21起，均在规定时间进行回复，发放纳税服务调查问卷并回收有效问卷150余份。

【教育培训】　完善落实中心组学习、周五学习、支部学习等学习考试制度。通过个人自学、集中学习、聘请专家授课、网络培训和岗位竞赛等方式，开展政治理论、税收知识、会计业务、法律法规、现代管理等学习培训。全局45岁以下的干部职工有38人，36人通过会计从业资格考试，占94.74%；19人通过初级会计师职称考试，占50%；11人通过中级会计师职称和“三师”资格考试，占29%。

【党风廉政建设】　坚持民主集中制，做到重大决策、重要人事安排、重大项目安排和大额度资金使用等事项按规定程序集体研究决定。严格执行干部管理相关规定，全局晋升非领导职务3人，晋升职级7人，并对9名干部进行了交流轮岗。严格执行党员干部政治纪律“八严禁”和生活作风“十二不准”等规定，党风廉政工作作为绩效考评重要内容，实行“一票否决”。开展“廉政文化月”活动，聘请百君律师事务所知名专家开展预防风险专题讲座、举办“学法守纪防风险”座谈会，并面向全体干部征集摄影、手记等作品，对优秀作品进行制作展示。局党组书记为全局党员干部讲授党课，局党组成员分批到分管税务所讲授党课。开展风险排查，整理出三类19个风险点，研究制定9项防范措施，杜绝不廉行为发生。

【精神文明建设】　积极开展基层精神文明创建活动，被市局评为“五好”党支部，1人被评为“重庆市地税系统优秀青年”，2人被评为市地税系统“党员示范岗”。

（撰稿人：王苇霖）

重庆市地方税务局第一稽查局

【概况】 重庆市地方税务局第一稽查局在职干部45名。其中：30岁及以下8人，占17.8%；30岁至40岁（含40岁）11人，占24.4%；40岁至50岁（含50岁）14人，占31.1%；50岁以上12人，占26.7%。中共党员38名。研究生8人，本科31人，专科6人。截至2015年底，取得注册会计师资格的5人次，注册税务师7人次，中级会计师17人次，中级审计师1人次，建造师3人次。45岁以下拥有中级及以上资格的人员比例达到80%。

【稽查查补收入】 2015年，市局第一稽查局面对严峻复杂的税收形式，严格规范狠抓执法。精心组织日常税收检查，2015年共查结税收违法案件92件（含协查案件和交办案件），查补收入入库1.19亿元，入库金额占市局直属稽查局入库总额的41%。重点突出大要案查处，其中补税100万元以上的案件16件，1000万元以上的2件。有序开展重点税源企业自查，科学筛选828户企业开展辅导自查，查补收入入库3.55亿元，其中100万元以上的有32户，辅导自查企业数量是2014年的2.64倍。

【稽查管理】 一是加强稽查制度建设。制订《税务案件审理办法》，着重规范局内两级审理的程序、范围。建立《业务问题请示汇报制度》，明确业务问题请示规则，定期整理具体业务问题的掌握意见全局共享，确保执法尺度统一。建立查审互动工作机制，搭建查审互动工作平台。明确将有关税收政策的理解，政策执行口径、尺度的把握，审理过程中发现或遇到的实际问题等作为查审互动的主要内容；加强查审互动工作成果的运用，印发《查审互动工作会议纪要》。完善行政处罚掌握意见，实事求是应对案件执行和风险防控矛盾，有效提升处罚力度，增强执法威慑力。二是以案卷为载体进一步规范稽查工作。开展执法案卷评查，随机抽取20件案卷，严格按照市局案卷评查的内容和标准进行初评、复核、审定。通过评查发现各类问题或瑕疵85处，明确整改意见36条，提出进一步规范稽查案卷的建议12项。抽取2户案卷参加市局税收执法案卷评查，获得全系统第一名。另选送2户案卷代表市局参加税务总局的优秀案卷交流。三是积极开展稽查互动与协作。与辖区征管局定期开展查管互动，交流案件检查情况，帮助分析存在的涉税问题，提出堵塞税收漏洞、改进征管工作的建议。加强征管信息的收集与运用，在检查某投资集团有限公司过程中，通过征管信息的分析研究，发现线索，寻找突破口，查补税款1069万元。加强国地税协作，与市国税局第一稽查局建立稽查协作机制，确立联席会议制度，明确开展联合检查的方法、措施及日常协作的主要事项，确定信息交换共享的内容和方式。四是充分发挥“以查促管”作用。认真剖析查处的典型案例，总结问题存因，向市局报送加强外籍个人取得超范围探亲费的税收征管，加强土地增值税清算中开发间接费的审核，加强对驾驶培训行业税收的日常管理等稽查建议。五是积极应对和处置行政诉讼案件。应对全系统首起行政赔偿案获得全面胜诉。针对北碚区罗某某行政赔偿案，准确把握相关法律、法规规定，正确做出处理决定。经诉讼，重庆市第一中级人民法院做出终审判决：驳回上诉人罗某某的诉请，维持原判。应对某驾校行政处罚案获一审胜诉。在该案应诉过程中，积极争取上级支持，与法律顾问紧密配合，整理好相关证据，组织好答辩材料。经诉讼，渝北区人民法院做出一审判决：行政处罚决定认定事实清楚，证据确凿，程序合法，适用法律法规正确；驳回原告的诉讼请求。

【税务违法案件举报】 认真执行市局检举案件管理办法规定，对实名检举实行每件立案检查，对市局12366纳税服务热线平台转入的检举线索及时核实情况上报市局审批立案，全局全年检举案件共立案13件，完成10件，查补入库共计107.46万元。

【打击发票违法犯罪活动】 将发票检查工作与税收违法案件检查、重点税源企业轮查和日常税务稽查等工作相结合。完成发票案件30件。根据市局安排开展“6·15”打击发票违法犯罪专项行动，对9户企业171份发票进行检查，查补税款、滞纳金共计77万余元。

【案件协查】 根据市局协查案件相关管理规定，大力查办协查案件事项，全年累计接收协查案件43件，含上年度遗留的协查案件在内，查结共计54件，涉及发票200余份，其中包含“6·15”打票专案的协查案件，协查案件查办数量创历史新高。

【稽查信息化建设】 进一步推动电子查账，尝试建立全局共享的电子查账模型库，提高查账软件的智能化水平，提高共性涉税问题的查办效率，探索试用网络版查账软件。组织干部职工学习“互联网+”方面的先进经验，尝试在稽查工作中运用“互联网+”技术。

【稽查调研】 针对稽查业务工作中出现的有争议的、无具体规定的、亟须规范的、需要探索和尝试的工作，通过建立专项课题组的方式，抽调相关人员，组织开展分析讨论、调查研究。以积极推动稽查成果增值利用为重点，开展群众性课题调研活动，加强与征管部门的联动，及时传送稽查建议，进一步发挥以查促收、以查促管职能作用。市局立项的重点课题《税务稽查职能定位优化及实现途径研究》《大数据时代的税务稽查选案研究》取得阶段性成果。调研文章《电子化税务稽查的实践运用与思考》获市局群众性科研课题优秀成果奖，并入选《重庆地税文萃20年汇编》。

【行政后勤管理】 加强财务管理，严肃财经纪律，从防范财务风险的角度，加强精细管理，厉行节约，堵塞漏洞，杜绝浪费。加强稽查执法车辆集中调度和日常管理，落实节能减排目标，加强食堂管理，严控“三公”经费支出。

【干部人事管理】 按照“政治上更加坚定，能力上更加过硬，结构上更加优化，作风上更加务实，廉政上更加巩固”的要求加强局领导班子建设和中层干部队伍建设。召开“三严三实”专题民主生活会，深入查找领导班子存在的问题，深刻剖析产生问题的原因，提出了改进措施和今后的努力方向。按规定程序选拔1名正科长和1名副科长。2人晋升主任科员，2人晋升副主任科员，1人转正定级为副主任科员。开展养老保险并轨工作，全局干部职工从2014年10月起计算缴纳养老保险。

【教育培训】 师徒结对取得阶段性成果，2014年新确定的5个徒弟通过一年多的学习、培养，已初步掌握各种行业、各种案件的检查方法，能独立撰写稽查案例分析、稽查调研文章。3名干部分别获得全国“打击发票违法犯罪活动先进个人”、重庆市“十佳地税青年”、重庆市“最美青工”称号。充分利用“讲税案·话稽查”案例讲评会、“稽查大讲堂”“查审互动”等业务交流平台，交流稽查办案经验，不断提升业务能力。

▲ 2015年9月24日，第一稽查局举办第三届“讲税案·话稽查”案例讲评会。

【党风廉政建设】 举办“学法守纪防风险”演讲比赛和“与法同行”征文大赛，开办“税务风险防范”律师讲座；建立风险防范机制，通过开展执法情况调查、廉政回访、案件复查等防范稽查执法风险。认真开展落实“两个责任”主题年活动，调整党风廉政建设领导小组；党组书记与各科室负责人签订党风廉政建设责任书；组织全局职工到重庆三峡监狱进行警示教育；开展“廉政文化月”活动；加强工作纪律管理，坚持指纹考勤制度、外出登记制度、请销假制度等。

【精神文明建设】 高度重视稽查业务学习，积极创建学习型党组织。2015年3月，局党支部被市直机关工委评为“学习型支部”。狠抓支部建设，坚持“三会一课”制度，2015年7月局党支部连续第3年被市局机关党委评为“五好党支部”。“共产党员示范岗组”创建再结硕果，检查三科于2015年“七一”达到创建标准，被命名表彰，全局“共产党员示范岗组”科室达到3个。局团支部积极开展志愿者活动，全年组织6批35人次

▲ 2015年5月29日，第一稽查局青年志愿者到武隆县石桥乡大坪村小学开展面向留守儿童的支教活动。

到偏远的武隆县石桥乡大坪村小学开展面向留守儿童的支教活动。为留守儿童上课，与特别困难的家庭进行结对帮扶，捐赠儿童读物、文具、体育用品。志愿者们用实际行动奉献爱心、传递真情、服务社会。

（撰稿人：于宏波）

重庆市地方税务局第二稽查局

【概况】　重庆市地方税务局第二稽查局内设 7 个科室，共有在职干部职工 42 人。其中，中共党员 30 人。

【稽查查补收入】　2015 年，共稽查查补收入 5.31 亿元，同比增长 177.59%。立案检查 71 户，组织企业开展税收自查 846 户。其中查处 1000 万元以上案件 1 户，500 万元以上案件 1 户，100 万元以上案件 34 户。稽查执行入库 657 户，执行入库各项收入 5.29 亿元，其中：入库税款 4.99 亿元、滞纳金 2843.69 万元、罚款 118.85 万元。人均查补 1259.52 万元，人均办案 3.2 件，入库率 99.08%，结案率 94.36%，建议选案准确率达 100%。

【税收专项检查】　科学制定重点税源轮查工作方案，以国有投资公司、房地产、建安、金融保险等行业为自查重点，结合最新税收政策归

▲ 2015年2月11日，重庆市地税局局长黄玉林（前排右）在第二稽查局检查指导工作。

纳整理行业涉税风险点，为自查行业拟定自查提纲。组织人员开展上门自查辅导，优化稽查服务，通过 QQ 群及时解答涉税疑难问题，提高自查的针对性和效果。每位副局长、纪检组长分别牵头一个检查科室，到一线统领轮查工作。充实一线检查力量，抽调综合部门人员充实检查一线，增强一线检查队伍力量；主动争取征管局支持，抽调干部到第二稽查局挂职锻炼，提升征管干部业务管理能力。精心安排检查工作任务，做好查前分析预案，发挥电子查账软件作用，坚持税种查全、查深查透；对检查中发现的案件线索及时报告市局并移交相关部门，主分管局领导随时关注检查工作进展情况，针对疑难案件及时召开案情研讨分析会，确保案件的及时查处；审理环节严把审理关，及时审结案件，并提请召开审委会，及时审结案件；执行环节积极采取各种措施，不断加大执行力度，保证税款及时足额入库。在认真总结被查企业涉税风险点及征管对策建议的基础上，及时向江北区地税局、渝北区地税局分行业汇总传递稽查建议书，充分发挥以查促管职能作用。2015 年，第二稽查局开展专项检查查补税收收入（含滞纳金、罚款）5.231 亿元（含：辅导企业自查 846 户，查补收入 3.659 亿元）。立案检查 59 户，查补收入 1.35 亿元，加收滞纳金 373 万元，加收罚款 198.2 万元。

【稽查管理】 一是切实发挥绩效考核的推动作用，以“规范执法”和“提升质效”为中心，严格按月对各科工作进行绩效考核和通报，确保工作“事事有着落、件件有落实”。二是促成查管良性互动，推动多方合作，形成执法合力，坚持定期与江北区地税局、渝北区地税局召开查管协作工作业务交流会工作会，建立起与征管、税政以及税政等部门之间的信息沟通衔接机制；加强与工商、财政、银行以及审计、监察等有关部门间的协调配合，促进信息沟通，拓宽交流渠道，完善合作机制；积极主动与法院等部门开展沟通协作，及时准确地获取被执行财产、拍卖结果、法院裁定书、被执行人、买受人等信息，确保相关信息能够得到及时传递、有效利用。2015 年 8 月，在重庆市高级人民法院的协助下，成功从两个被执行企业拍卖收入中扣缴税款 9793 万元；2015 年 12 月，与重点税源管理局联合对江北某国有公司开展国有土地信息比对，联合追缴土地使用税 1 亿元；全年与公安经侦部门开展联合执法达 16 起，查补税款 358 万元。三是深化国地税稽查合作工作创新力度不断加大产生聚合效应，与国税第二稽查局对共管户按照“同谋

▲ 2016年2月1日，重庆市地税局第二稽查局与国税局第二稽查局联合进户检查。

划、同布置、同落实、同检查”的原则，落实“一次入户、统一检查、联合审理、各自处理”，深化办案协作，稽查工作质效显著提升。2015 年，联合布置房地产、建筑安装行业税收专项检查，查补税收收入 1.5 亿元。联合实施重点税源企业检查，查补税收收入 1.1 亿元。自市国税局、地税局第二稽查局成立以来，联合查处案件数占两局检查案件数的 32%，共节约执法成本 220 余万元。国家税务总局党组成员、副局长孙瑞标对此项工作做出批示：“重庆国、地税积极探索联合稽查的新路子，经验弥足珍贵！”

【打击发票违法犯罪活动】　做到“查账必查票、查案必查票、查税必查票”，确保打击发票违法犯罪工作取得实效，坚持查防并举，发挥预警作用，加大宣传和曝光力度，发票管理水平不断提高。全年共检查企业 81 户，查处违法企业 76 户，涉及非法发票 19620 份，追缴税款 457 万元，罚款 36 万元，加收滞纳金 83 万元。

【稽查信息化建设】　加强稽查信息化建设投入，现有计算机设备 76 台，执法记录仪 2 台，查账软件 23 套。强化对软硬件系统的管理和应用，对金税三期稽查模块系统、电子查账软件进行应用培训，为提高稽查工作质效提供信息化支撑。

【财务资产管理】　对固定资产物资进行清理，摸清实际管理人和使用状况，并据此提出科学合理的使用建议。目前在固定资产管理上，做到了账物相符，管理有序。

【干部人事管理】　坚持以上率下、严管善待，锻造讲政治、有激情和敢担当的税务稽查铁军。局党组把党建放在首位，以“三严三实”专题教育为抓手，深入开展批评与自我批评，提升精神信仰和宗旨观念，带动全局党员干部“严”起来、“实”起来。按照好干部标准，根据职位空缺情况和工作需要，以德、能、勤、绩、廉为“筛子”，选任科长 1 名、副科长 3 名，优化科级领导班子结构，强化科室执行力。完成全局 42 份人事档案清查及整理，严格审核“三龄两历一身份”。严格落实干部选拔任用条例，经过民主推荐、党组研究选拔晋升副主任科员 2 名。从严管理干部，加强科级以上领导干部廉政、档案及个人报告事项管理，按要求实施出入境备案审批制度。

【教育培训】　着眼长远、立足现状制定人才培养规划。2015 年，1 人通过市局委培学历教育入学考试参加研究生脱产学习，3 人参加市局优秀青年人才培训，1 人参加市局高层次人才培训，全局参加稽查专门业务培训 27 人次，继续实施“841”干部培训规划，着力提升干部业务素质，解决查不深、查不透的问题。落实网络培训学分制管理，做好重庆干部网络学院培训组织推广，全局按要求完成年度网络培训计划。积极开展“聚焦重庆五大功能区域建设”公需科目培训，做好“两部党内法规”学习宣传活动及答题工作。深入开展“学法守纪防风险”活动，组织干部学法律、讲规矩、守纪律，形成干部职工学法、尊法、守法的良好局面。

【党风廉政建设】　落实党风廉政建设“两个责任”，局党组书记作为第一责任人，亲自研究部署具体工作，提出落实责任的具体要求，其他班子成员认真履行“一岗双责”，将党风廉政建设与分管业务工作同部署同落实同检查。层层签订党风廉政建设责任书，做到项项工作有责任领导、有具体责任人。将年度任务分解为 31 个主体责任项目、15 个监督责任项目，明确分工，定期督导，跟踪问效。开展“六清一查”专项工作，及时排除风险隐患，对全局干部是否有违规参与企业经营等问题进行摸底排查，未发现违规经商办企业或在企业兼职的情况；对 2014 年以来结案的 102 件稽查案件的查处情况进行全面清理，进一步完善稽查案件审理制度。严格执行廉政跟踪回访制度，全年发放廉政跟踪回访表 518 户，收回 448 户，回收率 87%，满意率 100%。把廉政情况作为研判干部的首要内容，党组酝酿干部选拔任用等事项时，首先考察干部的廉政情况和作风建设情况，对新提拔任用的领导干部任前廉政谈话 5 次。加强对中央、市委和市局重大决策部署贯彻执行情况的监督检查，加强“三公”经费支出、基本建设等事项的监督，保证政令畅通。

【精神文明建设】 按照“党建带群建、切实保持和增强政治性先进性群众性”的要求，用心抓好党的群团工作，指导工会、妇女小组搞好组织建设，围绕中心开展丰富多彩的文体活动，凝聚人心积极创建“合格职工之家”，增强干部职工归属感。建立职工困难救助基金，及时受理、办妥干部职工的困难申请，让干部职工切实感受到地税大家庭的温暖。与珞璜电厂机关一支部结对开展共建，联合举行“严与实　法与廉——共建祖国美好明天”主题演讲比赛，激发党员干部主人翁意识，在交流和共建中增进理解，促进征纳关系和谐。

（撰稿人：陈厚超）

重庆市地方税务局第三稽查局

【概况】 重庆市地方税务局第三稽查局内设 7 个科室，共有干部职工 44 人。2015 年，围绕“执法公正、作风勤劳、业务熟练、纪律严明”的总体目标，以“三严三实”专题教育为契机，对班子抓问题整改；以稽查工作为着力点，对案件查处抓质量提高；以队伍建设为突破口，对干部教育抓综合提升。全年查补收入 20836 万元，各项工作稳步提升，充分发挥了税务稽查职能作用。

【稽查查补收入】 2015 年共实现查补收入 20836 万元，其中税款 19240 万元，罚款 423 万元，加收滞纳金 994 万元，教育费附加及其他 179 万元。组织企业开展自查 492 户，

▲ 2015年4月，重庆市地税局第三稽查局召开辖区重点企业自查动员大会。

其中到户辅导自查150户，实现自查收入16349万元；立案检查69户，实现检查收入4487万元。

【税收专项检查】　一是开展以自查为先导的轮查工作，选取房地产业、建筑业和金融业等“营改增”行业的重点税源企业，以及非银行金融机构、科研机构、大专院校、医疗服务机构等492户企业作为轮查的对象，做到重点全覆盖，行业有侧重；分片区分行业召开纳税户自查动员会，推行纳税人自查项目化，将各行业的普遍性涉税疑点归类纳入自制的《行业税收自查明细项目表》，督促纳税人严格按照列举的涉税风险点逐一开展自查；统筹安排总分机构检查，避免“多头执法”和“重复检查”等问题。实现查补收入15985万元，入库15985万元，入库率100%，加收滞纳金737万元。二是多措并举落实“两个100”专项清理，开展8个房地产项目和2个建设项目的清理检查，通过实行进场辅导和纳税人约谈“两步走”的工作方式，先后与6户纳税人开展多次约谈，共计查补入库6978万元。三是抓好总局重点税源随机抽查工作，召集中铁重庆办事处、银河证券、中国银行、华润集团等4个企业及下属共19家单位，以自查动员大会方式向企业宣传政策，对自查重点进行辅导，督促企业按要求自查，各企业自查补税共325.80万元。四是实施对辖区内中国农业银行重庆分行、中国建设银行重庆分行及下属几家分支机构的专项检查，抽调骨干集中全力实施检查，通过前期组织培训、案头分析、数据评估、重点检查等多个阶段，克服银行业组织机构、会计核算、涉税业务等方面存在极强的规模性和专业性的困难，突破了银行业检查的难关，共计查补入库税款2941万元。

【稽查管理】　严把选案准确度，与征管局沟通配合，建立备选案源数据库，为市局决策提供参考；严把检查质量关，用好用活检查手段，做好查前、查中、查后管理；严格审理，宽严适度，制定《第三稽查局案件审理办法》，对一般案件实行主办初审和科内集体讨论两级把关，对达到集体审理标准的案件实行局务会集体审理、集体决定的审理形式。创新复查机制，制定出台具有自身特色《税务稽查案件复查管理办法》，强化对检查权的内部监督，降低稽查执法风险。

【税务违法案件举报】　牢固树立大局意识，既严厉查处税收违法行为，又尽力化解社会矛盾。共接受税收违法检举案件32件，查补各项收入16万元，在处理过程中牢牢把握谨慎、稳妥的原则，努力缓解各方面矛盾。

【打击发票违法犯罪活动】　始终坚持“查案必查票”，突出“国地合作”“税警合作”，加强与相关部门之间的协调配合，全年查处发票违法企业52户，非法发票957份，涉及金额4330万元，查补税款294万元，罚款94万元，加收滞纳金43万元。严厉查办“6·15”专案，打击发票违法行为，成立专案组对专案涉及的16家企业共204张发票进行调查取证，查实9家企业108份发票存在违法行为，票面金额1029万余元，共查补税款80.19万元，罚款11.94万元。

【案件协查】　充分利用案件协查，精准打击违法行为。在案件检查过程中突出发票协查工作，全年发出协查231户，协查发票826份，涉及金额1200万元。办结来函单位65件案件协查。

【行政后勤管理】　制定会议管理、公文管理、内务、督查督办、保密等9大类内部管理制度，进一步加强内部管理；全面清理资产，做到资产账和会计账相符，做好新增资产登记和二维码打印工作，发起政府采购3次，完成3层楼空调的竞争性谈判；开办职工食堂，不断完善和加强食堂管理。

【干部人事管理】　局党组班子带头参加政

治学习，严格落实中心组学习制度，认真领会贯彻中央、市委、市局会议精神，不折不扣完成“三严三实”规定动作，围绕三个专题开展集中学习 12 次，交流研讨6次，撰写心得体会 8 篇。5 名领导干部分 3 期参加市局举办的政治理论和党务工作培训班，1 名领导干部经市局选派到企业挂职锻炼。遵循“民主、公开、竞争、择优”的原则，顺利完成中层干部选拔任用工作，提拔任用科级干部 2 人。

▲ 2015年3月26日，重庆市地税局第三稽查局组织内部业务考试。

【教育培训】 抓财会培训，邀请经验丰富的大学老师从会计上岗证、初级会计、中级会计三个层面开展财会培训，共计 26 人次完成 246 学时的财会培训。截至 2015 年底，全局共有 17 人次取得中级会计师及以上专业资格证书。抓查账专题培训，充分利用稽查大讲坛，结合日常检查案件，以季度为单位组织案例讲评会 4 次，提高实战能力。选派骨干到市局、外地参加各类培训，今年共选派骨干参训 37 人次。抓学历教育，5 人通过成人高考，2 人通过研究生入学考试。

【党风廉政】 宗旨教育常抓不懈，将全局党员划分为 3 个学习小组，坚持每周不少于 2 小时的政治思想学习，深入推进“学法守纪防风险”活动，强化规矩意识，开展各类学习 31 次。强化责任主体，党组与纪检组召开专题会议研究监察工作各 4 次，开展班子成员和正副科长述职述廉 15 人次，签订廉政承诺书 43 份，开展三个层次廉政谈话共计 50 人次。结合“学法守纪防风险”“六清一查”开展风险点排查，加强重点环节监控，有针对性地采取预防措施，实施案件复查、重大案件集体审理等，开展“一案双查”4 件。切实推进内外控机制建设，落实对“三重一大”等政务事务执行情况的监督，认真执行廉政跟踪回访制度，发出跟踪回访表 172 份，收到回执 158 份，均未发现干部违纪违规现象。围绕落实“八项规定”和纠正“四风”，落实公务接待、公务用车、财经纪律等制度，执行“八项规定”月报告制度，加强劳动纪律抽查，将检查结果实行会议通报或网上公示，大力整治“庸懒散”的不良风气。

【精神文明建设】 积极参与市局组织的“学法守纪防风险”主题演讲比赛、地税系统“十佳青年”评比、“共产党员示范岗”等创先争优活动，2 人荣获市局“共产党员示范岗”称号、4 人入选市局“三个一工程”优秀中青年干部、6 人入选市局高层次专业人才。以志愿服务为引导，制订《地税志愿者服务三年规划》，在重庆志愿服务网上注册成立了志愿服务队，全局干部100%注册成为队员。与渝中区解放碑街道较场口社区联系开展济困帮扶活动。积极开展创建“合格职工之家”活动，以“建家”加强管理，以“建家”优化服务，齐心协力成功创建“合格职工之家”。

（撰稿人：卢　丹）

重庆市地方税务局第四稽查局

【概况】　重庆市地方税务局第四稽查局共有干部职工48人，内设科室7个。2015年，坚持在狠抓基础工作提高稽查案件质效、完善查管协作增强稽查执法合力、严管善待强化稽查队伍建设等方面下功夫，取得较好成绩。

【稽查查补收入】　2015年，查补各项收入23258.50万元，入库23171.26万元，立案检查84户、结案81户、结案率96.43%。立案检查收入5344.54万元、入库率94.36%、处罚面77.78%、处罚率21.56%、人均办案3.5户。

【税收专项检查】　落实“两个100”专项清理，开展8个房地产项目和1个建设项目（含8个分包项目）的清理检查，自查入库税款1129.53万元。开展重点税源轮查工作，完成市局统一部署的513户重点税源轮查计划，通过自查辅导，共计查补税款1.83亿元，已入库1.79亿元。

【稽查管理】　细化考核目标，落实督查督办，建立健全指标考核体系、推行限时办结工作制度和重点工作督查督办，增大稽查案件质效类考核权重，将全局稽查重点工作纳入督查督办事项和考核内容。推行案件质效规范管理，制定《税务稽查案件质效考核办法》，对案件的文书格式、事实认定、证据取得、定性处理、程序合法性等进行规范；明确规定检查完成时限、延长检查时限案件数、案卷补正资料完成时限、案件审理时限完毕等。开展执法督察，与4个稽查局联合开展交叉执法督察，结合案例分析查找和整改稽查工作中存在的程序方面问题13个、实体方面问题4个、案卷方面问题4个，将执法督察反映出来的问题进行归类研判和标准规范。案件归档107卷，归档工作完成100%，涉及企业141户；评查案卷20件，其中执法督察案件11件，提出整改要求49项。

【税务违法案件举报】　全年共立案84件，入库税款及滞纳金、罚款5344.54万元。查处500万元以上的案件3件，100万元以上的案件11件，共计处罚款840万元，处罚面77.78%，处罚率21.56%，对2户纳税人依法采取行政强制措施。

【打击发票违法犯罪活动】　坚持以打击虚假发票买方市场作为重点，开展“6·15”发票专案查处工作。成立2015年打击发票违法犯罪活动领导小组，负责组织、指挥和协调工作，制定工作实施方案；召开自查辅导会，向企业发放、拷贝相关自查资料，提供电话咨询和上门辅导服务，企业自查户数129户；加强与征管局、国税部门的协作，制定检查实施方案，明确检查目标、检查范围和具体措施，集中力量共同深入稽查，做好发票协查工作，安排专人负责协查信息登记及协查回复，共收到并回复 48 个单位来函协查，按期回复率 100%；发出协查 22 份，收到回复 20 份，回复率 90.10%。及时召开发票自查工作会议，组织有关单位学习《中华人民共和国发票管理办法》，组织案例讲评，开展依案说法。全年开展发票宣传辅导 328 次，其中集中培训宣传 2 次。全年查处发票违法企业 33 户，查处非法发票 320 份，涉及金额 1721.61 万元，查补税款 73.38 万元，罚款 23.19 万元。

【案件协查】 完善查管合作，制定《稽查与征管协作办法》，确定对口联系科室、联系人和信息互通互换的责任人。采取约定查前信息交互、查中及时沟通协作、查后信息通报等形式，开展查管合作。建立稽查涉税提醒制度，按季向管理局发送《第四稽查局涉税提醒》，计 4 期、41 篇，内容涉及 5 个行业、10 个税种，涵盖执法流程和程序、建议意见和提醒后续关注等。落实协查工作，全年收到协查函 58 份，发出协查函 12 份，选派 3 名稽查骨干协助征管局土地增值税清算工作。加强国地税稽查合作，牵头与国税稽查共同印发《联合进户执法制度》《稽查工作协作实施办法》等规范性文件，牵头组织与国税稽查的联席会议，组成联合检查组开展检查工作的新型稽查模式。全年国税移送的案件 9 件，移送国税稽查案件 3 件。国地税联合办案 4 件，国地税共计查补税款 892 万元。

【稽查信息化建设】 购置一批新设备，合理配置资源，确保运用查账软件查账所需的软件系统、手提电脑、移动硬盘等相关设备，保障查账软件全面推广运用。定期召开查账软件使用交流会，开展新老结对帮带，共同摸索运用查账软件的规律、方法和技巧，总结电子查账的实践经验，推广电算化企业专业化稽查。

【稽查调研】 依托党组中心组学习开展调研，组织全体局领导、中层干部到九龙坡区西部新城进行调研学习和交流，研究该区域发展情况和经济趋势，探索税收服务地方经济的方法途径。出台稽查调研规定，规定局领导定期针对分管部门的稽查对象开展调研，调研户数分别不少于每年各科应检查户数的 25% 和 10%。举办第一届稽查案例讲评会，交流案例的线索挖掘、取证方法、案件突破等一系列稽查技巧，分享查案中的经验和体会，提出加强和改进税收征管的稽查建议。

【行政后勤管理】 完成食堂设施设备更新改造，空调设备换装，办公楼修缮等 3 个重点工程，整改超标办公房，协调解决职工停车难问题。定期巡查排查安全隐患、召开后勤保障人员安全教育会、进行全局车辆安全检修，集中对办公场所墙地面、照明和线路中央空调进行检修，共查改安全隐患 22 处、修复机组两台。加强对餐具的消毒，餐厅、储物间的防鼠、防尘、防蚊蝇和清洁卫生，食堂工作人员的按期体检、着装个人卫生和食品留样工作。

【财务资产管理】 组织学习财务管理相关规定，结合“学法守纪防风险”活动和本局实际，规范经费支出管理。公务费用支出实行计划管理，严格审批程序，规范批报手续；会议、培训费用纳入部门预算并单独列支，控制会议、培训时间及规模，尽量简化会议培训形式，严格控制学习考察人数；控制公务接待费用，全年接待费用未超标。加强固定资产管理，成立资产清查领导小组，开展实地清查实物，填制《固定资产分类明细表》，明确责任人并确认签字，对各类固定资产的实物量及其价值量进行全面清理登记、核对确认，推行资产购置、使用、处理的登记备案审批制度。

【干部人事管理】 组织《党政领导干部选拔任用工作条例》专题学习，按程序选拔干部，民主推荐副处级调研员1名，提拔副科级干部3名。推行的“稽查风险防范”和“创新教育机制，提升干部素质”的两个做法，得到市局党组书记、局长黄玉林的肯定批示。加强纪律作风，以“四个规范”为重点，建立外出登记、着装要求等制度，进行劳动纪律的约束和监督。加强领导班子建设，以“三严三实”专题教育活动为主线贯穿全年，采取“集中重点学、讨论交流学、结合实际学”等形式，开展专题研讨、专题民主生活会，深入剖析查找和认真整改班子和成员存在的问题。开展“六清一查”工作，结合市局巡视发现的问题，各部门再次进行“六清一查”查找风险点，并由纪检组长带队深入企业，清查干部的工作作风和廉政纪律执行情况，提出防控措施20条。组织开展“学法守纪防风险”活动，深刻剖析政策执行、税收执法等方面存在的问题，查找稽查执法风险点，采取措施防范和规避执法风险和廉政风险。

【教育培训】 加强党章党规学习，由人事监察科统一印制试卷，组织全局52名干部进行考试。组织稽查案例讲评会、青蓝工程、师徒成果汇报会，采取岗位练兵、学历教育、网络教学、自学自修等多形式，鼓励干部学习。2015年，考取建造师1人，中级会计师4人，初级会计师2人。全局共有律师1人、注册建造师1人、注册税务师5人，中级会计师14人、初级会计师28人，实现市局“841”干部培训目标。加强法纪学习，聘请法律专家顾问开展法律辅导讲座等，定期检查学习笔记，安排测试。

【党风廉政建设】 开展“学法守纪防风险”和“三严三实”教育活动，落实“两个责任”，定期开展党风廉政专题讲座和典型案例分析，引领全局干部学廉思廉。组织党风廉政专题学习4次，向全局稽查人员发放廉政提醒卡。召开辖区部分企业纳税人座谈会，听取纳税人对稽查工作的意见。

【精神文明建设】 定期组织局领导与职工进行交心谈心，及时地掌握干部职工的思想动态，做好思想政治工作。开展经常性活动关爱职工，先后组织了厨艺大赛、水上运动会、趣味运动会、拓展训练、多肉植物节等活动，慰问看望生病住院职工及家属8人次。组织在职党员参加渝州路街道科园二路社区党组织生活。

（撰稿人：黄九胜）

重庆市地方税务局第五稽查局

【概况】 重庆市地方税务局第五稽查局内设7个科室，共有干部职工45人。2015年，以稽查工作要点为统揽，狠抓涉税违法案件查处，整顿和规范税收秩序，强化内部管理，规范稽查执法，提高办案质量，发挥以查促管、以查促收的职能作用，全年查补入库24110.7万元，取得较好成绩。

【稽查查补收入】 2015年共实现查补收入24110.74万元，共计组织企业开展自查496户，有问题企业241户，自查入库各税19748万元；

立案检查 101 户，查处有问题企业 27 户，查补入库各税 3903 万元。

【税收专项检查】 对辖区排名前 600 名的重点税源企业开展以税收自查为先导的具体工作部署，分成 13 个辅导组负责组织企业自查工作的开展和政策宣传与问题解答，督促纳税人严格按照列举的涉税风险点逐一开展自查，共组织自查收入达 1.97 亿元。开展 6 个房地产项目和 1 个建设项目的清理检查，共计查补入库 6200 万元；与公安、国税等部门建立大要案协办机制，2015 年 1 月一举捣毁一贩卖假发票及虚开增值税普通发票窝点，抓获犯罪嫌疑人 3 人，收缴各类发票 4547 份，扣押多件作案工具及各类印章 339 枚。抓好市局下达案件检查工作，立案检查 101 户，查处有问题企业 27 户，查补入库各税 3903 万元。采取各类措施，积极处理稽查系列遗留的案件，查办人员积极与企业沟通，取得企业的配合，审理人员积极与上级政策部门联系，取得政策上的支持，35 件遗留案件多数结案，入库税款 4000 多万元。

【稽查管理】 在实际检查过程中，通过查前政策提示、查中政策答疑、查后政策反馈“三段式”，实现政策支撑和稽查实施无缝对接对案件进行把关，严把案件质量，全年退回检查部门重新调查或补正资料的共 35 件，移送市局审委会 1 件，拟移送市局审委会 2 件，对 15 个案件涉及税政方面问题请示市局有关业务处室达 60 余次。加强稽查法制化建设，防范执法风险，在日常执法检查和督查工作的基础上，加强系统执法督查和卷宗评查，抽取 2 户案卷参与市局评查均获评优秀。推行“一案双查三报告”，对检查发现的征管漏洞，税收政策落实缺失，征管工作不到位以及对涉及税务人员的违纪违规等问题，制作《税务稽查一案双查报告书》随同《税务稽查报告》一并向纪检监察部门报告，实现了稽查与监察、法规、征管等部门之间良性工作互动。认真落实“黑名单”制度，加强与巴南、南岸相关涉税部门的沟通合作，公告了 2 条税收“黑名单”信息，向 10 余个相关部门传递了税收违法案件公告的信息 2 条。建立大要案预警工作机制，以大要案的查处为抓手，拉动稽查工作水平的提升和收入的增长。全年查处千万元 1 户，百万元 8 户，查补各税 4997 万元，位居五个直属稽查局前列。查处偷税案件 11 件，查补税款 820.02 万元，罚款 291.79 万元。

【税务违法案件举报】 加大涉税违法案件举报管理力度，认真贯彻落实市局《税收违法行为检举管理办法》，2015 年共受理税收违法检举案件 24 件，纪委转办 1 件，查补合计各项收入 1200 万元。

【打击发票违法犯罪活动】 按照市局打击发票违法犯罪活动的工作部署，结合税收专项检查、专项整治、重点税源企业轮查和税收违法案件检查，认真开展对虚假发票“买方市场”和卖方市场的整治工作，牵头成功查处“6 · 15”发票案件，阻止 2500 多万元问题发票入账，调增应纳税所得额 4200 万元，查补各税、滞纳金和罚款 842.2 万元，有效规范发票市场秩序。

【案件协查】 进一步规范协查管理工作，牢固树立协查地就是案发地思想，遵循真实、合法、相关和效率的原则，做好稽查案件协查工作，共受理协查函 43 件，已全部协查完毕。

【行政后勤管理】 出台“月初安排—月中督办—月末通报”的督办落实考核机制，全年共开展督查督办检查 8 次，查出问题 14 处，整改 14 处；规范财务管理工作，制定完善《财务管理办法》，合理进行各项资金的调配使用。严格执行财务管理规定，对大额支出提前进行会议提请，经局长办公会议研究后执行。认真安排和落实“办公室超标”专项治理、“三公”经费管理等工作，着力防范财务风险。

【干部人事管理】　党组班子带头参加政治学习，严格落实中心组学习制度，认真领会贯彻中央、市委、市局会议精神，不折不扣完成“三严三实”规定动作。5名领导干部分别参加市局举办的政治理论和党务工作培训班。认真完成41份干部人事档案的清理工作，补正完善资料150余份。坚持正确的用人导向，严格按制度规定选人用人，从德、能、勤、绩、廉等各方面综合考评，完成了3名新选拔任用的副科级领导干部试用期满转正，严格执行《党政领导干部选拔任用工作条例》及各项制度、措施，着力搭建一个结构合理，素质优良、朝气蓬勃的行政机关。

【教育培训】　采取外聘教师、集中学习、经验交流等方式组织干部职工开展了土地增值税、宪法知识、“互联网＋税收”、案例分析等业务技能培训，大力提高干部业务素质。2015年新通过会计中级职称1人，会计从业资格2人，45岁以下取得从业资格比例达100%，取得会计初级职称比例为90%，取得会计中级职称比例达47.6%。积极督促干部完成干部网络学院学习，合格率达到100%。

【党风廉政】　健全落实党风廉政建设责任制领导组织机构，抓好“一岗双责”责任分解、责任考核和责任追究。逐级签订党风廉政建设责任书，确保党风廉政工作不留死角。在建党94周年之际，组织干部职工参观聂荣臻纪念馆，接受革命传统教育；全年上党课6次。及时制定《学法守纪防风险工作方案》，强化组织实施，切实抓好落实。精心组织开展“廉政文化月”活动，组织廉政诗歌朗诵比赛，组织征文、摄影、书法作品比赛等“十大套餐”，丰富“廉政文化月”活动内容。组织4次专题廉政教育活动，聘请南岸区检察院职务犯罪预防局领导举办预防职务犯罪讲座。认真开展廉政跟踪回访工作，全年发出廉政跟踪回访函88件，收回88件，未发现检查人员不廉洁行为。加强廉政宣传，撰写12期廉政简报，向职工发送200条廉政短信、54份“家庭廉政责任书”，主办4期廉政主题宣传专栏，对7名科室主要领导进行廉政谈话。

【精神文明建设】　积极开展“五好”党支部创建，地税系统“十佳青年”评比、“共产党员示范岗”“人民好公仆”等创先争优活动。3个科室被评为先进单位，4个科室被评为廉政单位，1人被评为“重庆地税优秀青年”，1人被评为“优秀党务工作者”，2人被评为“共产党员示范岗”，7人被评为“优秀共产党员”。开展支部书记讲党课6次；开展诗歌颂读比赛，书法摄影活动；2人荣获市局“共产党员示范岗”称号。以志愿服务为引导，在重庆志愿服务网上注册成立了志愿服务队，到鱼洞化龙桥社区开展了税法进社区活动，为社区制作了2个税法宣传栏，宣传小微企业税收优惠政策，受到社区干部和群众欢迎。

（撰稿人：侯章平）

第五篇　税费收入统计资料

重庆市地方税收运行分析

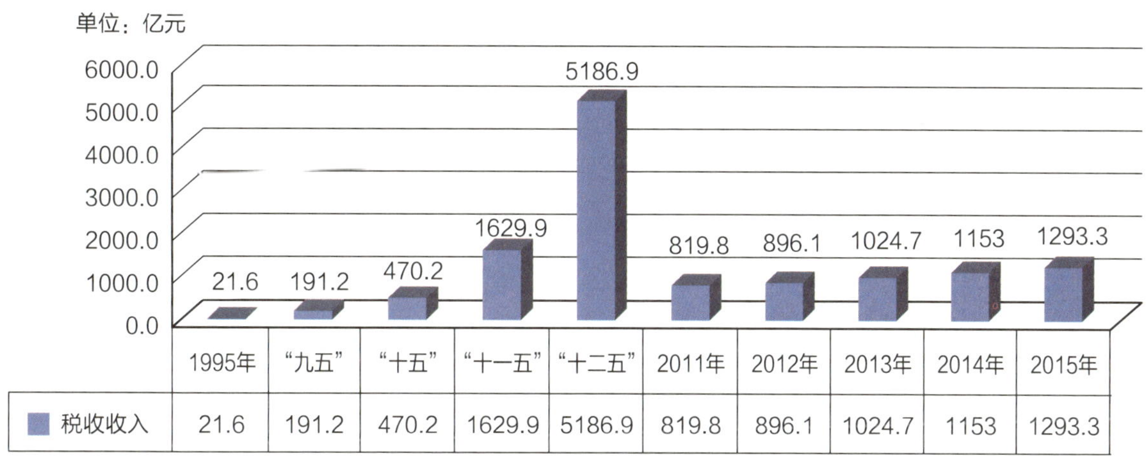

图 1　重庆市历年地方税收规模

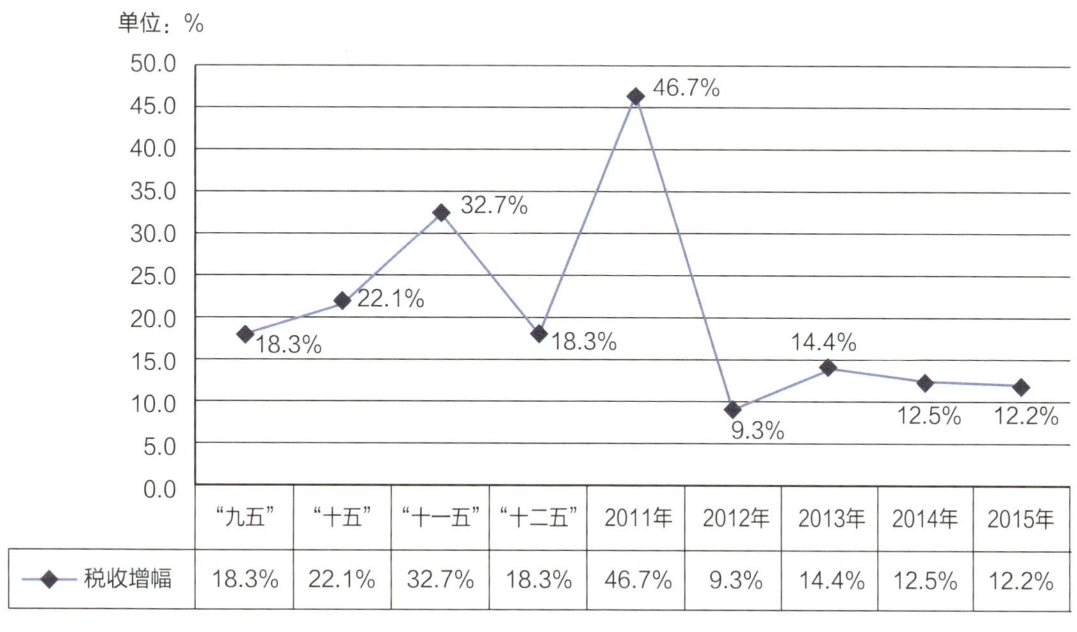

图 2　重庆市历年地方税收增幅

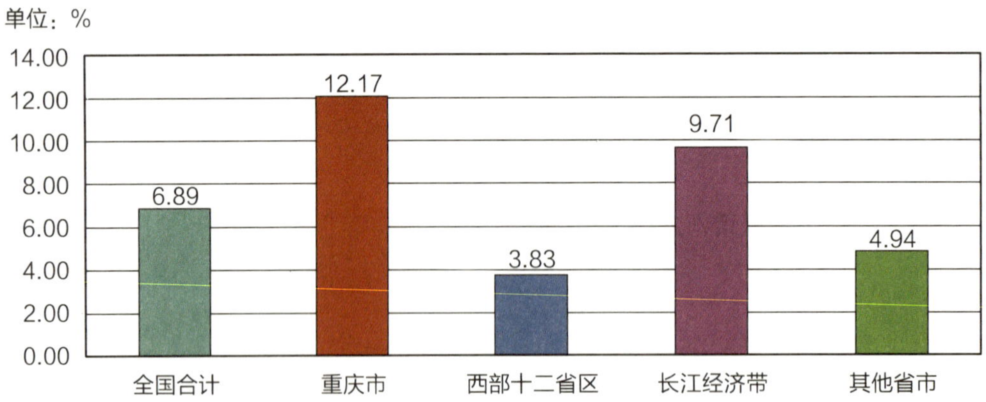

图 3　2015 年全国各地区地方税收同比增长对比图

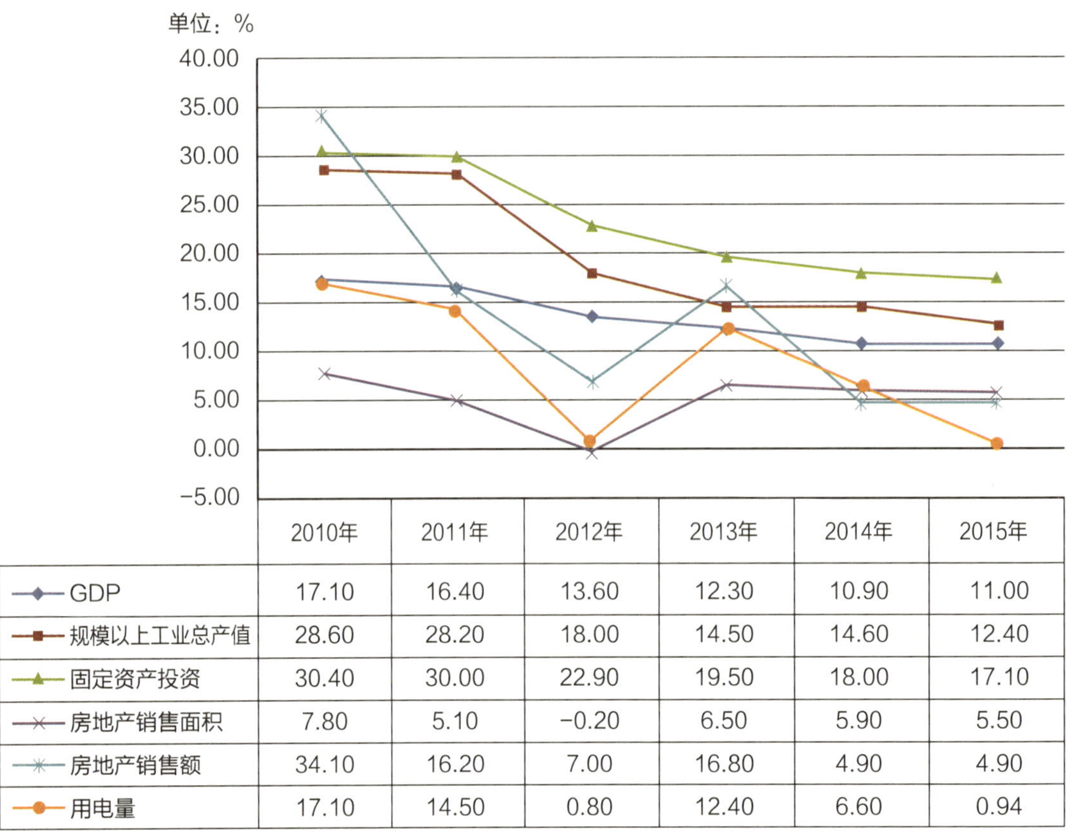

	2010年	2011年	2012年	2013年	2014年	2015年
GDP	17.10	16.40	13.60	12.30	10.90	11.00
规模以上工业总产值	28.60	28.20	18.00	14.50	14.60	12.40
固定资产投资	30.40	30.00	22.90	19.50	18.00	17.10
房地产销售面积	7.80	5.10	-0.20	6.50	5.90	5.50
房地产销售额	34.10	16.20	7.00	16.80	4.90	4.90
用电量	17.10	14.50	0.80	12.40	6.60	0.94

图 4　“十二五”期间重庆主要经济指标增幅趋势图

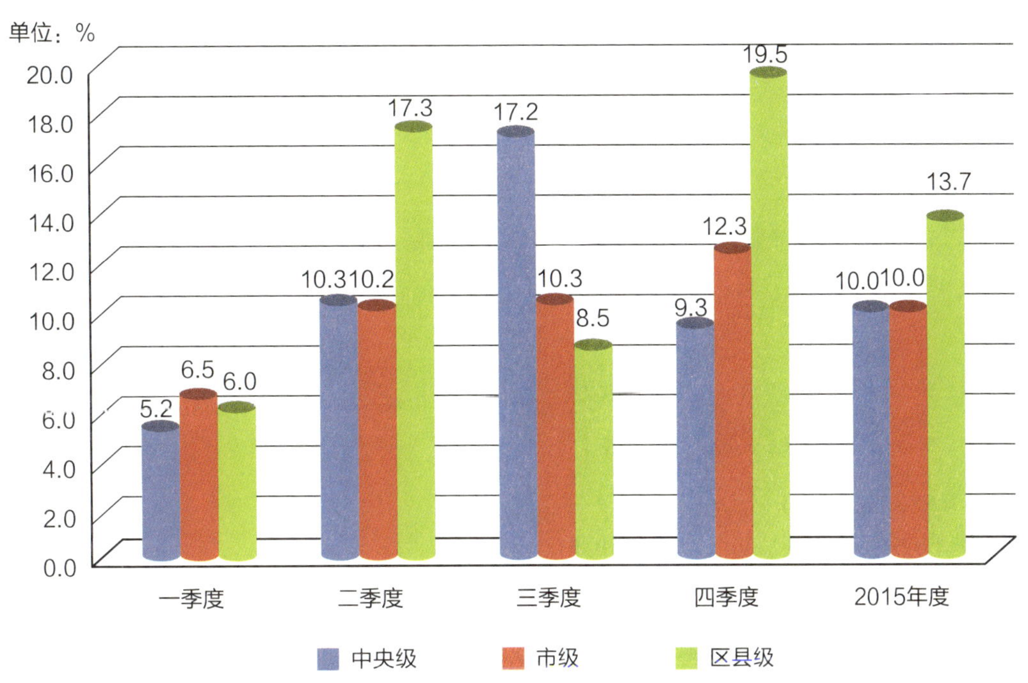

图 5　重庆市各级次地方税收增幅对比图（2015 年）

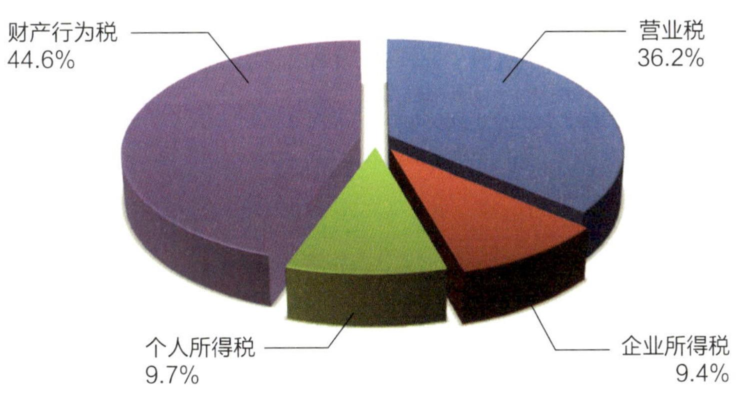

图 6　重庆市地方税种结构图（2015 年）

注：部分数据因四舍五入的原因，存在与分项合计不等的情况。下同。

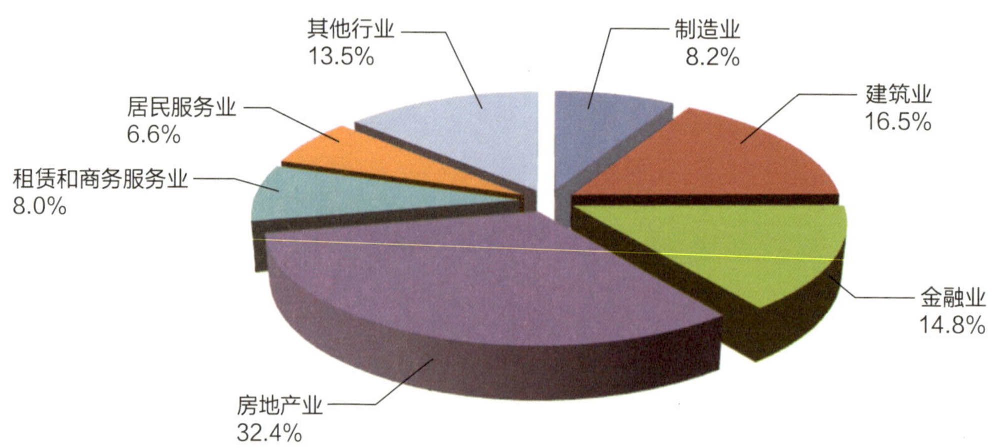

图 7　重庆市行业地方税收结构图（2015 年）

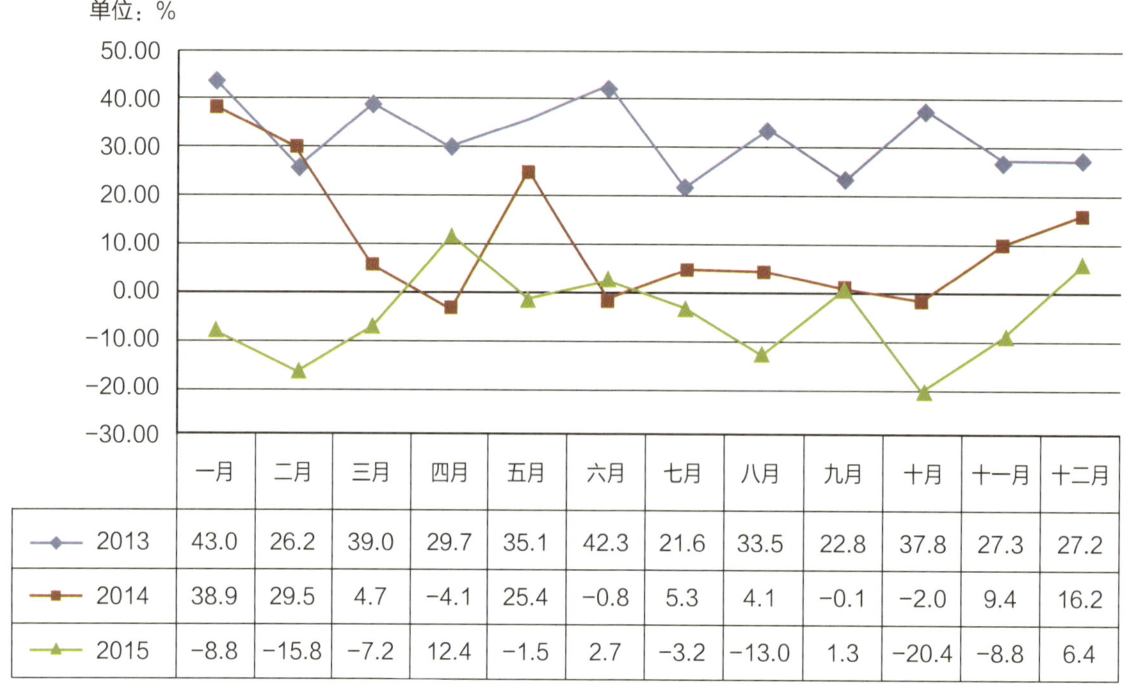

	一月	二月	三月	四月	五月	六月	七月	八月	九月	十月	十一月	十二月
2013	43.0	26.2	39.0	29.7	35.1	42.3	21.6	33.5	22.8	37.8	27.3	27.2
2014	38.9	29.5	4.7	-4.1	25.4	-0.8	5.3	4.1	-0.1	-2.0	9.4	16.2
2015	-8.8	-15.8	-7.2	12.4	-1.5	2.7	-3.2	-13.0	1.3	-20.4	-8.8	6.4

图 8　重庆市房地产业税收增幅对比图（2013—2015 年）

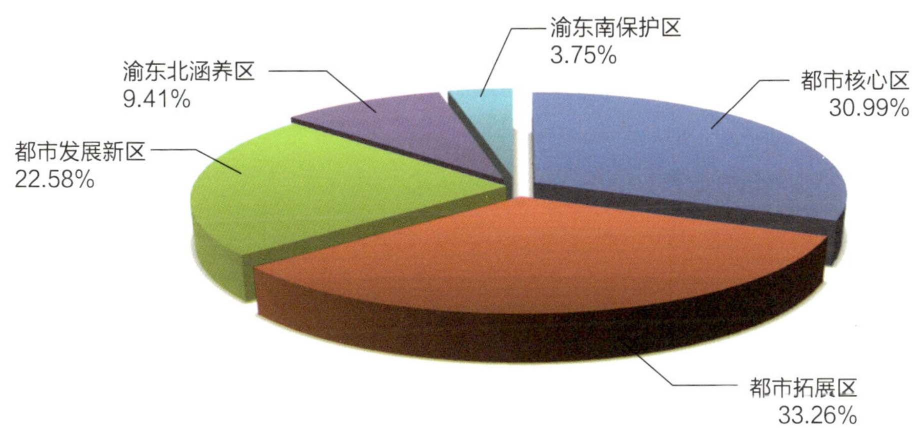

图 9　重庆市五大功能区域税收完成情况（2015 年）

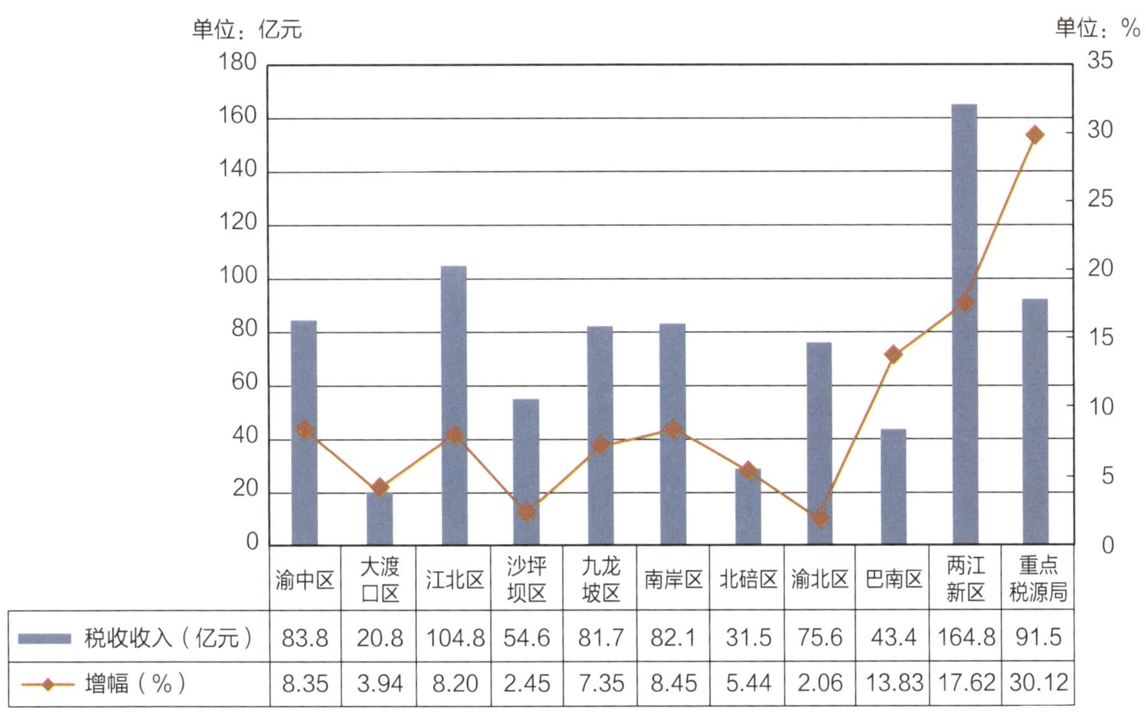

	渝中区	大渡口区	江北区	沙坪坝区	九龙坡区	南岸区	北碚区	渝北区	巴南区	两江新区	重点税源局
税收收入（亿元）	83.8	20.8	104.8	54.6	81.7	82.1	31.5	75.6	43.4	164.8	91.5
增幅（%）	8.35	3.94	8.20	2.45	7.35	8.45	5.44	2.06	13.83	17.62	30.12

图 10　重庆市主城区域地方税收完成情况对比图（2015 年）

重点税源发展分析（2015年）

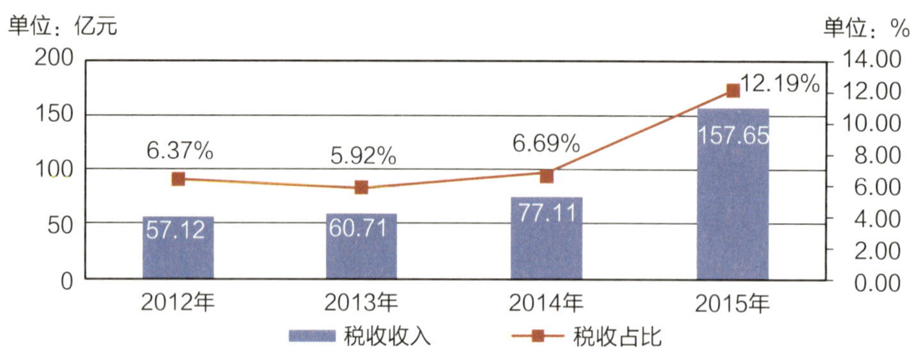

图 1 重庆市地方税务局重点税源监控企业产税率[①]变化趋势图

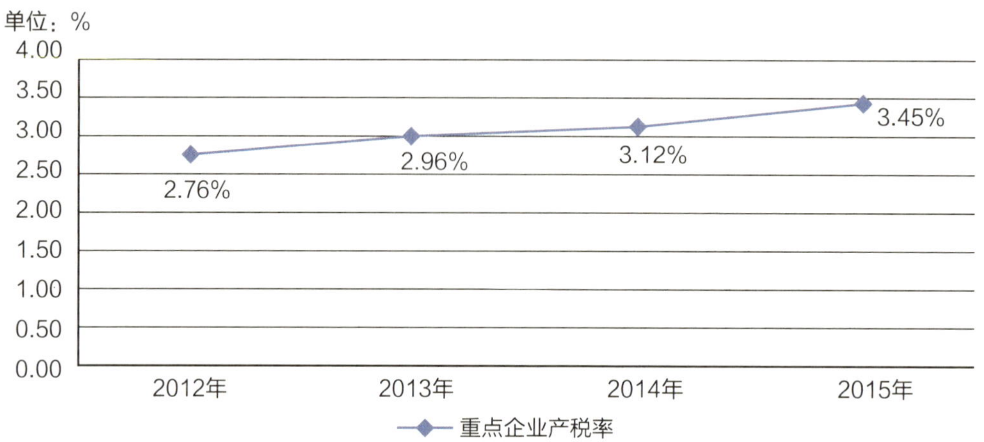

图 2 重庆市国有投资公司税收占比情况变化（2012—2015 年）

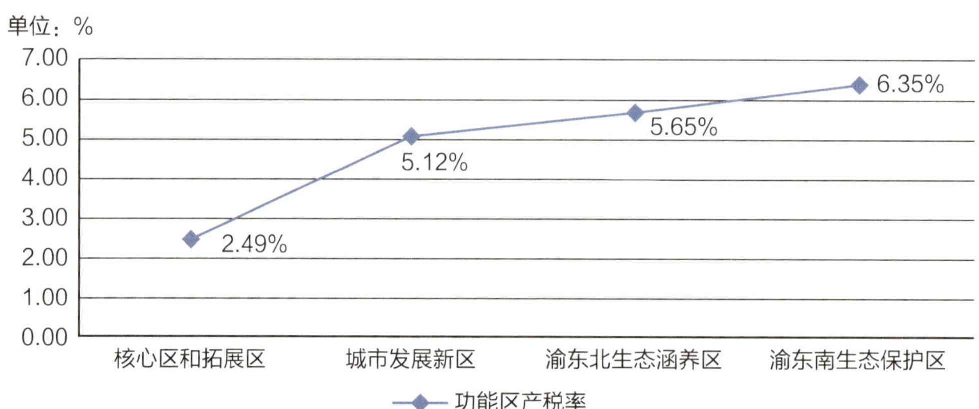

图 3 重庆市五大功能区域重点税源监控企业产税率比较图

① 产税率是指一定时期（一般为一年）单位生产总值（GDP）所贡献的税收收入。下同。

税收收入质量评价分析（2015年）

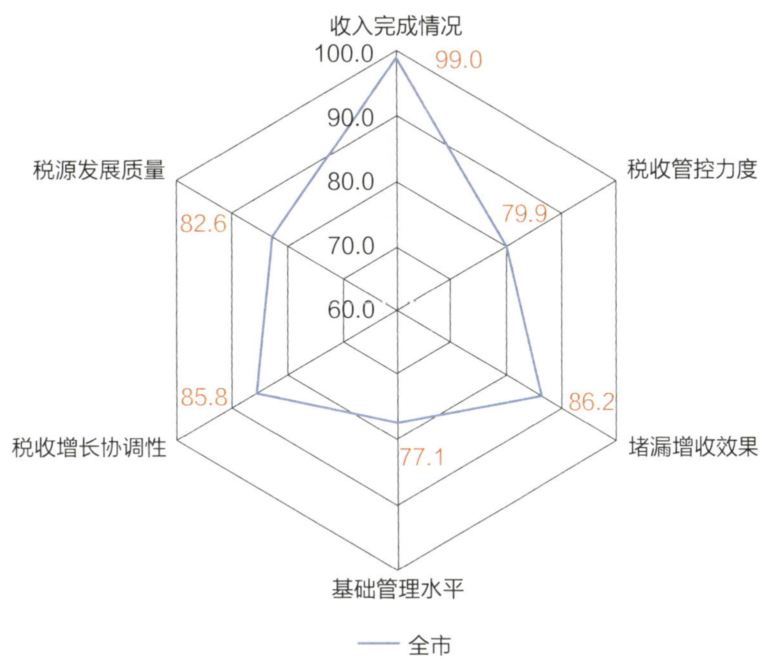

图 1　重庆市地方税收收入质量分类得分雷达图

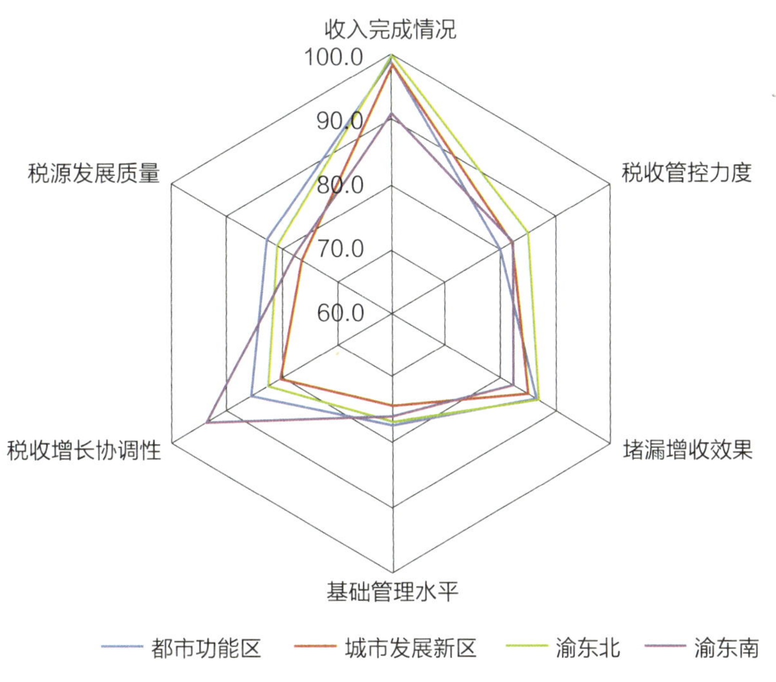

图 2　重庆分功能区地方税收收入质量分类得分雷达图

重庆市地税系统收入完成情况（2015年）

编制单位：重庆市地方税务局　　　　单位：万元

项　目	本年累计	同期累计	同比（%）
一、总收入	21426103	18994409	112.80
（一）税收收入	12932781	11530080	112.17
其中：中央级	1488657	1353911	109.95
地方级	11444124	10176169	112.46
重庆市级	3778261	3436326	109.95
区县级	7665863	6739843	113.74
1. 营业税	4688241	4439832	105.60
其中：重庆市级	2543162	2402085	105.87
2. 企业所得税	1222111	1175547	103.96
其中：重庆市级	194059	177540	109.30
3. 个人所得税	1258985	1080974	116.47
其中：重庆市级	270214	231617	116.66
4. 资源税	117633	97066	121.19
5. 城镇土地使用税	1213096	633560	191.47
6. 城市维护建设税	787431	742415	106.06
其中：重庆市级	339214	316864	107.05
7. 印花税	205616	206838	99.41
8. 土地增值税	943636	962164	98.07
9. 房产税	524612	403653	129.97
10. 车船税	100291	83280	120.43
11. 烟叶税	38386	32501	118.11

续表

项　　目	本年累计	同期累计	同比（%）
12. 耕地占用税	487985	382624	127.54
13. 契税	1344758	1289626	104.28
（二）非税收入	8493322	7464329	113.79
1. 教育费附加	353272	324618	108.83
其中：重庆市级	80737	73961	109.16
2. 文化事业建设费	1645	2089	78.75
3. 地方教育附加	231335	211453	109.40
4. 其他罚没收入	1542	1587	97.16
5. 社会保险费收入	7825382	6845864	114.31
其中：养老保险费	5106225	4499107	113.49
失业保险费	258716	259862	99.56
医疗保险费	2202724	1833102	120.16
工伤保险费	171707	162564	105.62
生育保险费	76877	82531	93.15
其他保险费	9133	8698	105.00
6. 代征规费	80146	78718	101.81
其中：残疾人保障金	31814	30657	103.77
工会经费	39475	38717	101.96

重庆市地税系统
总收入分地区完成情况（2015年）

编制单位：重庆市地方税务局　　　　单位：万元

项　目	本年累计	序次	同期累计	同比（%）	序次
合　计	21426102		18994409	112.80	
万 州 区	676730	10	619590	109.22	26
黔 江 区	197519	25	185937	106.23	33
涪 陵 区	628210	12	574737	109.30	25
渝 中 区	1991914	2	1814106	109.80	21
大渡口区	380985	18	356026	107.01	31
江 北 区	1935525	3	1753498	110.38	20
沙坪坝区	988125	7	919485	107.47	30
九龙坡区	1398809	4	1256084	111.36	18
南 岸 区	1275509	5	1144679	111.43	17
北 碚 区	578268	13	535818	107.92	28
渝 北 区	1254245	6	1162351	107.91	29
巴 南 区	688326	9	580037	118.67	8
长 寿 区	461502	16	410427	112.44	16
江 津 区	630985	11	509998	123.72	2
合 川 区	478986	15	411855	116.30	12
永 川 区	499976	14	417436	119.77	6
南 川 区	214646	24	211302	101.58	40
綦 江 区	331711	19	313603	105.77	36
大 足 区	302683	20	248622	121.74	3

续表

项　目	本年累计	序次	同期累计	同比（%）	序次
璧山区	399834	17	341083	117.22	11
铜梁区	273300	21	249837	109.39	24
潼南区	157332	31	133375	117.96	10
荣昌区	234326	23	213777	109.61	22
梁平县	167176	27	174963	95.55	41
城口县	38781	41	37228	104.17	38
丰都县	158639	30	133323	118.99	7
垫江县	168148	26	155571	108.08	27
武隆县	125278	35	117976	106.19	35
忠　县	161998	28	142583	113.62	14
开　县	247892	22	222762	111.28	19
云阳县	160489	29	133682	120.05	5
奉节县	140200	33	131055	106.98	32
巫山县	82580	39	79034	104.49	37
巫溪县	69713	40	58924	118.31	9
石柱县	131624	34	116910	112.59	15
秀山县	116430	37	100423	115.94	13
酉阳县	107595	38	101318	106.20	34
彭水县	118875	36	108529	109.53	23
两江新区	2340639	1	1926868	121.47	4
万盛经开区	150145	32	145452	103.23	39
重点税源局	960454	8	744145	129.07	1

重庆市地税系统
税收收入分地区完成情况（2015年）

编制单位：重庆市地方税务局　　　　单位：万元

项　目	本年累计	序次	同期累计	同比（%）	序次
合　计	12932781		11530080	112.17	
万 州 区	431713	10	386395	111.73	21
黔 江 区	122592	25	120966	101.34	41
涪 陵 区	360650	12	325546	110.78	23
渝 中 区	838075	4	773523	108.35	30
大渡口区	207913	18	200032	103.94	36
江 北 区	1047892	2	968521	108.20	31
沙坪坝区	545792	8	532761	102.45	38
九龙坡区	817253	6	761290	107.35	33
南 岸 区	820981	5	757019	108.45	29
北 碚 区	315285	14	299032	105.44	34
渝 北 区	755955	7	740689	102.06	40
巴 南 区	434401	9	381625	113.83	18
长 寿 区	275140	16	250006	110.05	25
江 津 区	379003	11	306261	123.75	3
合 川 区	287080	15	246893	116.28	11
永 川 区	322136	13	264143	121.96	6
南 川 区	128465	24	118178	108.70	27
綦 江 区	175637	21	163054	107.72	32
大 足 区	185386	19	156752	118.27	8

续表

项　目	本年累计	序次	同期累计	同比（%）	序次
璧山区	269086	17	230503	116.74	10
铜梁区	179288	20	155272	115.47	12
潼南区	103195	26	81907	125.99	2
荣昌区	145567	22	131969	110.30	24
梁平县	99873	27	81663	122.30	5
城口县	21400	41	20891	102.44	39
丰都县	89703	30	78788	113.85	17
垫江县	97038	28	85454	113.56	20
武隆县	81021	32	78937	102.64	37
忠　县	92741	29	81208	114.20	15
开　县	143682	23	116236	123.61	4
云阳县	81591	31	68473	119.16	7
奉节县	80508	33	70250	114.60	13
巫山县	45826	39	40029	114.48	14
巫溪县	34502	40	31775	108.58	28
石柱县	73785	35	66376	111.16	22
秀山县	65650	38	63069	104.09	35
酉阳县	68016	37	59786	113.77	19
彭水县	73870	34	64716	114.14	16
两江新区	1648483	1	1401524	117.62	9
万盛经开区	71474	36	65252	109.54	26
重点税源局	915133	3	703316	130.12	1

重庆市地税系统中央级税收收入分地区完成情况（2015年）

编制单位：重庆市地方税务局　　　　单位：万元

项　目	全年计划	本年累计	序次	同期累计	同比（%）	序次
合　计	1564806	1488657		1353911	109.95	
万州区	60700	59121	8	57572	102.69	18
黔江区	17700	15624	21	15601	100.15	22
涪陵区	47304	41203	10	41972	98.17	23
渝中区	167400	156241	2	142781	109.43	15
大渡口区	27300	19555	17	26100	74.92	41
江北区	142552	137934	3	120568	114.40	11
沙坪坝区	52000	43585	9	46678	93.37	29
九龙坡区	103700	79185	5	82130	96.41	26
南岸区	79680	72731	6	64425	112.89	13
北碚区	41220	35558	11	36701	96.89	24
渝北区	127500	99537	4	111577	89.21	31
巴南区	30660	29652	14	37565	78.94	38
长寿区	23520	19120	18	21759	87.87	35
江津区	32520	35235	12	27610	127.62	8
合川区	18600	17053	19	19217	88.74	33
永川区	41520	31632	13	35933	88.03	34
南川区	10200	12979	24	8167	158.92	1
綦江区	17580	11782	29	15428	76.37	39
大足区	15840	11866	28	13316	89.11	32

续表

项 目	全年计划	本年累计	序次	同期累计	同比（%）	序次
璧 山 区	18400	21455	16	15359	139.69	4
铜 梁 区	20220	16242	20	19001	85.48	37
潼 南 区	5790	5802	38	5126	113.19	12
荣 昌 区	20500	14057	22	18652	75.36	40
梁 平 县	8520	12104	26	8365	144.70	3
城 口 县	2400	2498	41	2861	87.31	36
丰 都 县	8760	7888	30	7752	101.75	19
垫 江 县	11880	12779	25	12693	100.68	21
武 隆 县	6240	7228	31	7488	96.53	25
忠 县	11600	13997	23	10215	137.02	5
开 县	19620	21483	15	16407	130.94	7
云 阳 县	10800	11879	27	9479	125.32	9
奉 节 县	7900	6338	35	6590	96.18	27
巫 山 县	4800	5070	39	4567	111.01	14
巫 溪 县	4110	3826	40	3984	96.03	28
石 柱 县	7320	7092	32	6504	109.04	16
秀 山 县	7980	6703	34	7212	92.94	30
酉 阳 县	6600	6160	37	6096	101.05	20
彭 水 县	10170	7051	33	6468	109.01	17
两江新区	240480	291662	1	196187	148.67	2
万盛经开区	5820	6225	36	5251	118.55	10
重点税源局	67400	71525	7	52554	136.10	6

重庆市地税系统市级税收收入分地区完成情况（2015年）

编制单位：重庆市地方税务局　　　　单位：万元

项　目	本年累计	序次	同期累计	同比（%）	序次
合　计	3778261		3436326	109.95	
万州区	56803	13	54218	104.77	27
黔江区	3	38			39
涪陵区	47862	14	47464	100.84	31
渝中区	350044	4	318716	109.83	15
大渡口区	61296	12	65774	93.19	33
江北区	396484	3	372596	106.41	24
沙坪坝区	175124	8	163829	106.89	20
九龙坡区	266018	5	250224	106.31	25
南岸区	245333	6	244645	100.28	32
北碚区	100029	10	89449	111.83	13
渝北区	244087	7	262543	92.97	34
巴南区	134587	9	122860	109.55	17
长寿区	38654	17	37687	102.57	29
江津区	62097	11	52029	119.35	8
合川区	38784	16	43144	89.89	37
永川区	44122	15	47685	92.53	35
南川区	21019	23	18771	111.98	12

注：本表中的空格表示该项统计指标数据为“0”、不足本表最小单位或无该项数据。以下表同。

续表

项目	本年累计	序次	同期累计	同比（%）	序次
綦江区	25660	22	25129	102.11	30
大足区	31635	18	27972	113.10	11
璧山区	31494	19	29549	106.58	21
铜梁区	26148	21	23662	110.51	14
潼南区	17862	25	12769	139.89	3
荣昌区	19107	24	23047	82.90	38
梁平县	16175	27	13873	116.59	9
城口县	3901	36	4302	90.68	36
丰都县	14555	31	13283	109.58	16
垫江县	16020	29	15036	106.54	22
武隆县	11683	32	10814	108.04	19
忠县	16017	30	15038	106.51	23
开县	28096	20	22090	127.19	6
云阳县	16124	28	12881	125.18	7
奉节县	16856	26	12951	130.15	4
巫山县	8126	34	7672	105.92	26
巫溪县	6204	35	5719	108.48	18
石柱县	6	37			39
秀山县	3	38	1	300.00	1
酉阳县	1	41			39
彭水县	3	38	1	300.00	1
两江新区	530729	2	456007	116.39	10
万盛经开区	10238	33	9880	103.62	28
重点税源局	649272	1	503016	129.08	5

重庆市地税系统区县级税收收入分地区完成情况（2015年）

编制单位：重庆市地方税务局　　　　单位：万元

项　目	本年累计	序次	同期累计	占计划比（%）	同比（%）	序次
合　计	7665863		6739843	101.21	113.74	
万 州 区	315789	8	274605	100.76	115.00	20
黔 江 区	106965	23	105365	90.42	101.52	40
涪 陵 区	271585	10	236110	101.68	115.02	19
渝 中 区	331790	6	312026	101.93	106.33	35
大渡口区	127062	21	108158	103.22	117.48	13
江 北 区	513474	2	475357	101.46	108.02	34
沙坪坝区	327083	7	322254	91.70	101.50	41
九龙坡区	472050	4	428936	102.11	110.05	31
南 岸 区	502917	3	447949	102.16	112.27	26
北 碚 区	179698	17	172882	97.24	103.94	37
渝 北 区	412331	5	366569	101.19	112.48	25
巴 南 区	270162	11	221200	101.82	122.13	8
长 寿 区	217366	14	190560	106.61	114.07	22
江 津 区	281671	9	226622	105.03	124.29	5
合 川 区	231243	13	184532	107.50	125.31	3
永 川 区	246382	12	180525	117.28	136.48	1
南 川 区	94467	24	91240	101.69	103.54	38
綦 江 区	138195	19	122497	99.84	112.82	24
大 足 区	141885	18	115464	105.29	122.88	7

续表

项　目	本年累计	序次	同期累计	占计划比（%）	同比（%）	序次
璧山区	216137	15	185595	99.74	116.46	15
铜梁区	136898	20	112609	102.12	121.57	9
潼南区	79531	26	64012	106.17	124.24	6
荣昌区	112403	22	90270	112.85	124.52	4
梁平县	71594	27	59425	106.29	120.48	11
城口县	15001	41	13728	97.11	109.27	33
丰都县	67260	29	57753	102.94	116.46	15
垫江县	68239	28	57725	99.16	118.21	12
武隆县	62110	33	60635	95.55	102.43	39
忠　县	62727	32	55955	100.20	112.10	27
开　县	94103	25	77739	105.24	121.05	10
云阳县	53588	38	46113	104.05	116.21	17
奉节县	57314	36	50709	101.26	113.03	23
巫山县	32630	39	27790	103.26	117.42	14
巫溪县	24472	40	22072	97.15	110.87	29
石柱县	66687	31	59872	100.77	111.38	28
秀山县	58944	35	55856	97.72	105.53	36
酉阳县	61855	34	53690	105.74	115.21	18
彭水县	66816	30	58247	105.50	114.71	21
两江新区	826092	1	749330	92.00	110.24	30
万盛经开区	55011	37	50121	97.92	109.76	32
重点税源局	194336	16	147746	120.26	131.53	2

重庆市地税系统分地区减免税分项目统计（2015年）

编制单位：重庆市地方税务局　　　　单位：万元

项　目	减免税合计	征前减免	退库减免	抵顶欠税
合　计	1395635	1379604	15676	355
渝 中 区	195678	191470	4208	
江 北 区	96669	96205	464	
沙坪坝区	77701	77323	378	
九龙坡区	84419	83017	1402	
大渡口区	33668	33577	91	
南 岸 区	87250	87223	27	
北 碚 区	60534	59987	547	
万 盛 区	5264	4942	322	
巴 南 区	35415	35178	237	
綦 江 县	21129	20937	192	
长 寿 区	15877	15492	374	11
渝北 区	100715	97355	3360	
江 津 区	25161	25161		
合 川 区	30132	30123	9	
永 川 区	33705	32623	1082	
荣 昌 区	13545	13509	36	
铜 梁 区	12311	12296	15	
大 足 区	15425	15230	195	
潼 南 区	10380	10380		

续表

项目	减免税合计	征前减免	退库减免	抵顶欠税
璧山区	19136	19134	2	
重点税源	53539	53284		255
万州区	38338	38338		
涪陵区	40145	38234	1911	
黔江区	7448	7438		10
梁平县	4791	4791		
城口县	1586	1447	139	
南川区	13188	13170	18	
丰都县	7714	7710	4	
垫江县	6614	6595	3	16
武隆县	8538	8538		
开县	14156	14156		
忠县	6763	6757	6	
云阳县	6097	6097		
奉节县	6981	6871	110	
巫山县	4182	4182		
巫溪县	1934	1934		
石柱县	3911	3895	16	
彭水县	4747	4725		22
酉阳县	3182	3178	4	
秀山县	3341	3341		
两江新区	184326	183761	524	41

重庆市地税系统
独立企业纳税50强（2015年）

单位：亿元

排 位	纳税人名称	2015 年完成	同比（±%）	所属行业
1	重庆渝资光电产业投资有限公司	9.18	100.00	其他金融业
2	长安福特汽车有限公司	8.21	5.11	汽车整车制造
3	重庆西永微电子产业园区开发有限公司	7.76	287.23	其他商务服务业
4	重庆农村商业银行股份有限公司	7.16	19.21	货币银行服务
5	国家开发银行股份有限公司重庆市分行	7.02	17.60	货币银行服务
6	西南证券股份有限公司	7.01	134.60	证券经纪交易服务
7	惠普（重庆）生产出口采购及结算有限公司	6.94	1.40	计算机整机制造
8	重庆市阿里巴巴小额贷款有限公司	6.25	215.60	其他金融业
9	重庆南宜城乡建设发展有限公司	5.01	6213.23	其他房地产业
10	重庆市永川区兴永建设发展有限公司	4.98	2243.19	其他建筑业
11	重庆西部现代物流产业园区开发建设公司	4.81	−29.20	其他房地产业
12	重庆市万州三峡平湖有限公司	4.73	452.86	其他房地产业
13	重庆市城市建设投资（集团）有限公司	4.50	427.99	其他建筑业
14	重庆两江新区龙兴工业园建设投资有限公司	4.19	86.74	其他商务服务业
15	重庆两山建设投资有限公司	3.74	231.49	其他企业管理服务
16	重庆缙云资产经营（集团）有限公司	3.60	3081.70	货币银行服务
17	重庆瑞安天地房地产发展有限公司	3.53	−3.03	房地产开发经营
18	重庆市轨道交通（集团）有限公司	3.43	23.58	公路旅客运输

续表

排 位	纳税人名称	2015年完成	同比（±%）	所属行业
19	重庆两江新区鱼复工业园建设投资有限公司	3.39	-5.13	其他商务服务业
20	重庆迈瑞城市建设投资有限责任公司	3.18	522.74	资本投资服务
21	中国人民财产保险股份有限公司重庆市分公司	3.17	19.08	财产保险
22	重庆市江北区土地征用管理办公室	3.13	33189.00	其他服务业
23	重庆市合川城市建设投资（集团）有限公司	3.05	100.00	其他服务业
24	重庆龙湖科恒地产发展有限公司	3.02	-1.96	房地产开发经营
25	重庆鲁能开发（集团）有限公司	3.00	-1.26	房地产开发经营
26	重庆高科集团有限公司	2.99	56.06	房地产开发经营
27	重庆市南州水务（集团）有限公司	2.93	432.97	水资源管理
28	重庆市涪陵国有资产投资经营集团有限公司	2.90	633.12	其他服务业
29	重庆市南岸资产经营管理有限公司	2.88	2057.38	其他服务业
30	重庆经开区开发投资集团有限责任公司	2.85	47.17	其他服务业
31	重庆高新技术产业开发区管理委员会	2.83	37.54	其他服务业
32	重庆市沙坪坝区土地整治储备中心	2.78	76910.39	其他国家机构
33	重庆长安汽车股份有限公司	2.77	33.69	汽车整车制造
34	重庆龙湖凯安地产发展有限公司	2.71	34.47	房地产开发经营
35	重庆市金科骏耀房地产开发有限公司	2.62	27.34	房地产开发经营
36	昆仑金融租赁有限责任公司	2.62	12.41	金融租赁服务
37	重庆绿岛资产经营管理有限公司	2.61	-28.86	其他企业管理服务
38	中国平安财产保险股份有限公司重庆分公司	2.58	25.71	财产保险
39	重庆渝高新兴科技发展有限公司	2.53	-35.25	房地产开发经营
40	重庆市合川工业投资（集团）有限公司	2.51	7740.15	电气安装

续表

排位	纳税人名称	2015 年完成	同比（±%）	所属行业
41	重庆金辉长江房地产有限公司	2.50	16.19	房地产开发经营
42	重庆融科智地房地产开发有限公司	2.50	107.25	房地产开发经营
43	中石化重庆涪陵页岩气勘探开发有限公司	2.48	183.54	天然气开采
44	重庆长寿经济技术开发区开发投资集团公司	2.44	1577.70	污水处理及其再生利用
45	重庆融创基业房地产开发有限公司	2.41	19.91	房地产开发经营
46	重庆市永川区惠通建设发展有限公司	2.35	664.46	房屋建筑业
47	重庆业晋房地产开发有限公司	2.33	−37.45	房地产开发经营
48	重庆市涪陵区新城区开发（集团）有限公司	2.28	511.54	其他商务服务业
49	重庆恒大鑫泉置业有限公司	2.28	−9.42	房地产开发经营
50	重庆万林投资发展有限公司	2.28	151.44	投资与资产管理
合计		188.95	80.79	

说明：统计口径包含代扣代缴税收。

重庆市地税系统
企业集团纳税50强（2015年）

单位：亿元

排 位	企业集团名称	2015 年完成	同比（±%）	所属行业
1	金科地产集团股份有限公司	18.17	−2.26	房地产业
2	重庆农村商业银行股份有限公司	17.79	10.80	金融业
3	重庆龙湖企业拓展有限公司	16.21	7.70	房地产业
4	重庆长安汽车股份有限公司	12.03	10.91	制造业
5	中国工商银行股份有限公司重庆市分行	11.38	6.49	金融业
6	中国建设银行股份有限公司重庆市分行	11.04	7.68	金融业
7	重庆建工集团股份有限公司	10.94	9.06	建筑业
8	中国农业银行股份有限公司重庆市分行	10.57	4.47	金融业
9	重庆市城市建设投资（集团）有限公司	8.23	117.68	租赁和商务服务业
10	中国烟草总公司重庆市公司	7.97	20.59	批发和零售业
11	西南证券股份有限公司	7.68	143.83	金融业
12	重庆市能源投资集团有限公司	6.21	12.97	批发和零售业
13	中国人民财产保险股份有限公司重庆市分公司	6.09	14.52	金融业
14	重庆银行股份有限公司	5.97	23.48	金融业
15	重庆中烟工业有限责任公司	5.56	−7.64	制造业
16	重庆东银控股集团有限公司	5.21	−4.28	批发和零售业
17	重庆渝富资产经营管理集团有限公司	5.21	93.65	租赁和商务服务业
18	国网重庆市电力公司	5.17	18.28	电力、燃气及水的生产供应业

续表

排 位	企业集团名称	2015 年完成	同比（±%）	所属行业
19	中国平安财产保险股份有限公司重庆分公司	4.95	22.38	金融业
20	重庆协信控股（集团）有限公司	4.77	-21.30	房地产业
21	重庆高速公路集团有限公司	4.57	-4.60	交通运输、仓储和邮政业
22	重庆华宇集团有限公司	4.42	19.35	房地产业
23	中国银行股份有限公司重庆市分行	4.01	-4.49	金融业
24	重庆商社（集团）有限公司	3.56	-14.47	租赁和商务服务业
25	重庆高科集团有限公司	3.55	54.88	房地产业
26	重庆三峡银行股份有限公司	3.40	79.93	金融业
27	中国民生银行股份有限公司重庆分行	3.29	11.97	金融业
28	中国太平洋财产保险股份有限公司重庆分公司	3.13	13.51	金融业
29	中信银行股份有限公司重庆分行	3.13	1.32	金融业
30	华夏银行股份有限公司重庆分行	2.90	17.42	金融业
31	重庆化医控股（集团）公司	2.79	2.02	居民服务和其他服务业
32	招商银行股份有限公司重庆分行	2.75	16.34	金融业
33	中国光大银行股份有限公司重庆分行	2.73	0.95	金融业
34	交通银行股份有限公司重庆市分行	2.71	20.73	金融业
35	兴业银行股份有限公司重庆分行	2.70	4.67	金融业
36	隆鑫集团有限公司	2.60	-38.55	制造业
37	中国农业发展银行重庆市分行	2.54	12.30	金融业
38	重庆城市交通开发投资（集团）有限公司	2.49	0.14	居民服务和其他服务业
39	重庆市水利投资（集团）有限公司	2.46	56.72	电力、燃气及水的生产供应业
40	重庆交通运输控股（集团）有限公司	2.42	8.92	交通运输、仓储和邮政业

续表

排 位	企业集团名称	2015 年完成	同比（±%）	所属行业
41	中冶赛迪集团有限公司	2.32	39.27	租赁和商务服务业
42	重庆力帆控股有限公司	2.26	26.74	金融业
43	中国邮政储蓄银行股份有限公司重庆分行	2.18	40.27	金融业
44	上海浦东发展银行股份有限公司重庆分行	2.13	9.45	金融业
45	太极集团有限公司	1.95	48.66	制造业
46	中冶建工集团有限公司	1.95	12.62	建筑业
47	重庆机电控股（集团）公司	1.91	−8.77	租赁和商务服务业
48	重庆钢铁（集团）有限责任公司	1.78	0.61	制造业
49	重庆长安工业（集团）有限责任公司	1.78	34.68	制造业
50	中国平安人寿保险股份有限公司重庆分公司	1.56	45.51	金融业
合 计		263.14	12.74	

说明：统计口径包含代扣代缴税收。

第六篇　法规政策

重庆市地方税务局重要文件目录（2015年）

综合规定

序号	名　　称	文　号	发文时间
1	重庆市地方税务局关于开展2015年税收执法督察工作的通知	渝地税发〔2015〕35号	2015年3月4日
2	重庆市地方税务局　重庆市国家税务局关于开展中国海洋石油总公司等6户企业集团在渝成员企业税收风险管理工作的通知	渝地税发〔2015〕41号	2015年3月10日
3	重庆市地方税务局关于深入推进依法治税的意见	渝地税发〔2015〕47号	2015年3月16日
4	重庆市地方税务局关于规范涉税鉴证服务开展涉税中介专项清理检查的通知	渝地税发〔2015〕58号	2015年4月2日
5	重庆市地方税务局关于发布第一批税务行政处罚权力清单的公告	重庆市地方税务局公告2015年第2号	2015年4月7日
6	重庆市地方税务局关于印发《重庆市地方税务局税款缴库退库实施办法》的公告	重庆市地方税务局公告2015年第3号	2015年4月10日
7	重庆市地方税务局关于印发《税务人员及离退休人员参与涉税中介服务“十二严禁”》的通知	渝地税发〔2015〕62号	2015年4月10日
8	重庆市地方税务局关于印发《重庆市地方税务局重大税务案件审理办法》的公告	重庆市地方税务局公告2015年第4号	2015年5月8日
9	重庆市地方税务局关于进一步规范税收执法和风险管理有关工作的通知	渝地税发〔2015〕101号	2015年7月16日
10	重庆市地方税务局关于全面落实小微企业税收政策工作的通知	渝地税发〔2015〕103号	2015年7月17日
11	重庆市地方税务局关于进一步服务和支持大众创业万众创新政策措施的实施意见	渝地税发〔2015〕171号	2015年11月11日

营 业 税

序号	名　称	文　号	发文时间
1	重庆市地方税务局关于开展营业税清理工作的通知	渝地税发〔2015〕15 号	2015 年 1 月 23 日
2	重庆市地方税务局转发《财政部　国家税务总局关于延续并完善农村金融发展有关税收政策的通知》的通知	渝地税发〔2015〕14 号	2015 年 1 月 26 日
3	重庆市地方税务局转发《财政部　国家税务总局关于调整个人住房转让营业税政策的通知》的通知	渝地税发〔2015〕60 号	2015 年 4 月 3 日
4	重庆市地方税务局关于进一步规范金融业营业税征管的通知	渝地税发〔2015〕91 号	2015 年 6 月 30 日
5	重庆市地方税务局转发《财政部　国家税务总局关于一年期以上返还性人身保险产品营业税免税政策的通知》的通知	渝地税发〔2015〕124 号	2015 年 8 月 24 日
6	重庆市地方税务局转发《财政部　国家税务总局关于继续执行小微企业增值税和营业税政策的通知》的通知	渝地税发〔2015〕133 号	2015 年 9 月 2 日

所 得 税

序号	名　称	文　号	发文时间
1	重庆市地方税务局转发《财政部　国家税务总局关于非货币性资产投资企业所得税政策问题的通知》的通知	渝地税发〔2015〕11 号	2015 年 1 月 26 日
2	重庆市地方税务局转发《财政部　国家税务总局关于促进企业重组有关企业所得税处理问题的通知》的通知	渝地税发〔2015〕22 号	2015 年 2 月 11 日
3	重庆市地方税务局转发《文化部　财政部　国家税务总局关于公布 2015 年通过认定动漫企业名单的通知》的通知	渝地税发〔2015〕23 号	2015 年 2 月 11 日

续表

序号	名　称	文　号	发文时间
4	重庆市地方税务局转发《财政部　国家税务总局关于金融企业贷款损失准备金企业所得税税前扣除有关政策的通知》的通知	渝地税发〔2015〕30 号	2015 年 2 月 27 日
5	重庆市地方税务局转发《财政部　国家税务总局　发展改革委 工业和信息化部关于进一步鼓励集成电路产业发展企业所得税政策的通知》的通知	渝地税发〔2015〕56 号	2015 年 4 月 1 日
6	重庆市地方税务局转发《财政部　国家税务总局关于高新技术企业职工教育经费税前扣除政策的通知》的通知	渝地税发〔2015〕96 号	2015 年 7 月 9 日
7	重庆市地方税务局转发《财政部　国家税务总局关于企业改制上市资产评估增值企业所得税处理政策的通知》的通知	渝地税发〔2015〕106 号	2015 年 7 月 20 日
8	重庆市地方税务局转发《财政部　国家税务总局关于小型微利企业所得税优惠政策的通知》的通知	渝地税发〔2015〕108 号	2015 年 7 月 24 日
9	重庆市地方税务局转发《财政部　国家税务总局关于进一步完善固定资产加速折旧企业所得税政策的通知》的通知	渝地税发〔2015〕157 号	2015 年 10 月 22 日
10	重庆市地方税务局转发《财政部　国家税务总局　证监会关于上市公司股息红利差别化个人所得税政策有关问题的通知》的通知	渝地税发〔2015〕158 号	2015 年 10 月 22 日
11	重庆市地方税务局转发《财政部　国家税务总局关于进一步扩大小型微利企业所得税优惠政策范围的通知》的通知	渝地税发〔2015〕159 号	2015 年 10 月 22 日
12	重庆市地方税务局转发《财政部　国家税务总局关于金融企业涉农贷款和中小企业贷款损失准备金税前扣除有关问题的通知》的通知	渝地税发〔2015〕160 号	2015 年 10 月 22 日
13	重庆市地方税务局转发《重庆市人民政府办公厅关于鼓励企业加大研发投入推动产业转型升级发展的通知》的通知	渝地税发〔2015〕170 号	2015 年 11 月 9 日
14	重庆市地方税务局转发《财政部　国家税务总局关于保险企业计提准备金有关税收处理问题的通知》的通知	渝地税发〔2015〕185 号	2015 年 12 月 3 日
15	重庆市地方税务局转发《财政部　国家税务总局关于将国家自主创新示范区有关税收试点政策推广到全国范围实施的通知》的通知	渝地税发〔2015〕186 号	2015 年 12 月 3 日

地方各税

序号	名　称	文　号	发文时间
1	重庆市地方税务局关于中国铁通集团有限公司重庆分公司汇总缴纳增值税附加税费的批复	渝地税函〔2015〕1 号	2015 年 1 月 6 日
2	重庆市财政局　重庆市地方税务局关于煤炭资源税从价计征有关问题的通知	渝财税〔2015〕24 号	2015 年 2 月 7 日
3	重庆市地方税务局转发《重庆市人民政府关于实施煤炭资源税改革的通知》的通知	渝地税发〔2015〕45 号	2015 年 3 月 12 日
4	重庆市地方税务局转发《财政部　国家税务总局关于企业改制重组有关土地增值税政策的通知》的通知	渝地税发〔2015〕55 号	2015 年 4 月 1 日
5	重庆市地方税务局转发《财政部　国家税务总局关于进一步支持企业事业单位改制重组有关契税政策的通知》的通知	渝地税发〔2015〕63 号	2015 年 4 月 14 日
6	重庆市地方税务局转发《财政部　国家税务总局关于调整铁矿石资源税适用税额标准的通知》的通知	渝地税发〔2015〕73 号	2015 年 5 月 5 日
7	重庆市地方税务局关于重庆联通华盛通信有限公司重庆分公司增值税附加税费汇总缴纳的批复	渝地税函〔2015〕162 号	2015 年 7 月 9 日
8	重庆市地方税务局转发《重庆市人民政府办公厅关于进一步促进房地产市场平稳发展的通知》的通知	渝地税发〔2015〕154 号	2015 年 10 月 16 日
9	重庆市地方税务局转发《财政部　国家税务总局关于煤炭资源税费有关政策的补充通知》的通知	渝地税发〔2015〕181 号	2015 年 11 月 20 日
10	重庆市地方税务局　重庆市国土资源和房屋管理局关于印发《重庆市深化以地控税　以税节地工作方案》的通知	渝地税发〔2015〕190 号	2015 年 11 月 23 日
11	重庆市地方税务局　中国保险监督管理委员会　重庆监管局关于上线运行车船税管理子系统的通知	渝地税发〔2015〕182 号	2015 年 12 月 1 日

涉外税收

序号	名　　称	文　号	发文时间
1	重庆市地方税务局办公室关于加强国际税收分析工作的通知	渝地税办发〔2015〕13 号	2015 年 3 月 17 日
2	重庆市地方税务局办公室关于进一步加强居民企业报告境外投资与所得信息有关工作的通知	渝地税办发〔2015〕15 号	2015 年 3 月 17 日
3	重庆市地方税务局办公室关于加强非居民个人所得税明细申报推广工作的通知	渝地税办发〔2015〕14 号	2015 年 3 月 18 日
4	重庆市地方税务局国际税务处关于下发《境外所得个人所得税管理工作指引》的通知	渝地税际便函〔2015〕7 号	2015 年 5 月 29 日

社会保险费

序号	名　　称	文　号	发文时间
1	重庆市地方税务局办公室关于开展机关事业单位登记数据清理工作的通知	渝地税办发〔2015〕16 号	2015 年 3 月 20 日
2	重庆市地方税务局转发《重庆市人民政府办公厅关于调整社会保险费率有关问题的通知》的通知	渝地税发〔2015〕85 号	2015 年 6 月 8 日

征收管理

序号	名　　称	文　号	发文时间
1	重庆市地方税务局关于印发夯实征管基础提高征管质效的指导意见的通知	渝地税发〔2015〕42 号	2015 年 3 月 11 日
2	重庆市地方税务局关于印发进一步加强减免税核算工作实施方案的通知	渝地税发〔2015〕79 号	2015 年 5 月 21 日
3	重庆市地方税务局关于印发《重庆市地方税务局试行全国税收征管规范（1.0 版）工作方案》的通知	渝地税发〔2015〕81 号	2015 年 5 月 27 日
4	重庆市地方税务局关于印发深入推进基层征管改革工作指导意见的通知	渝地税发〔2015〕122 号	2015 年 8 月 20 日
5	重庆市地方税务局关于印发《重庆市地方税务局征管资料电子档案管理系统推广应用方案》的通知	渝地税发〔2015〕135 号	2015 年 9 月 9 日
6	重庆市地方税务局关于印发《重庆市地方税务局“三证合一”“一照一码”登记制度改革推进工作方案》的通知	渝地税发〔2015〕138 号	2015 年 9 月 14 日
7	重庆市地方税务局关于加强集团企业和重点税源管理工作的通知	渝地税函〔2015〕242 号	2015 年 11 月 10 日
8	重庆市地方税务局关于印发《重庆市地方税务局电子发票管理办法（试行）》的公告	重庆市地方税务局公告 2015 年第 6 号	2015 年 12 月 24 日

纳税服务

序号	名　　称	文　号	发文时间
1	重庆市地方税务局转发《国家税务总局关于印发〈全国税务机关纳税服务规范〉的通知》的通知	渝地税发〔2015〕1 号	2015 年 1 月 4 日
2	重庆市地方税务局关于印发深入开展“便民办税春风行动”实施方案的通知	渝地税发〔2015〕54 号	2015 年 3 月 31 日

续表

序号	名　称	文　号	发文时间
3	重庆市地方税务局关于印发进一步提升纳税人满意度指导意见的通知	渝地税发〔2015〕43 号	2015 年 3 月 10 日
4	重庆市地方税务局　重庆市国家税务局　中国银行业监督管理委员会重庆监管局关于转发《国家税务总局　中国银行业监督管理委员会关于开展“银税互动”助力小微企业发展活动的通知》的通知	渝地税发〔2015〕148 号	2015 年 9 月 30 日

行政管理

序号	名　称	文　号	发文时间
1	重庆市地方税务局关于印发《全市地税系统“学法守纪防风险”工作方案》的通知	渝地税发〔2015〕40 号	2015 年 3 月 11 日
2	中共重庆市地方税务局党组关于建立市局领导班子成员“一促三联一协调”工作制度的通知	渝地税党组发〔2015〕6 号	2015 年 3 月 17 日
3	重庆市地方税务局关于进一步加强领导干部外出请假管理的通知	渝地税发〔2015〕49 号	2015 年 3 月 23 日
4	重庆市地方税务局关于印发《重庆市地方税务局学历学位教育管理办法》和《重庆市地方税务局专业人才管理办法》的通知	渝地税发〔2015〕51 号	2015 年 3 月 23 日
5	中共重庆市地方税务局党组关于开展落实“两个责任”主题年活动的通知	渝地税党组发〔2015〕9 号	2015 年 4 月 7 日
6	中共重庆市地方税务局党组关于进一步落实中央八项规定坚决防止“四风”问题反弹的通知	渝地税党组发〔2015〕12 号	2015 年 4 月 30 日
7	中共重庆市地方税务局党组印发《关于在地税系统领导干部中开展“三严三实”专题教育实施方案》的通知	渝地税党组发〔2015〕19 号	2015 年 5 月 25 日
8	重庆市地方税务局关于印发《重庆市地方税务局税收违法案件“一案双查”工作实施办法（试行）》的通知	渝地税发〔2015〕94 号	2015 年 7 月 9 日

续表

序号	名　称	文　号	发文时间
9	重庆市地方税务局关于进一步加强干部教育培训工作的意见	渝地税发〔2015〕149 号	2015 年 9 月 30 日
10	重庆市地方税务局关于在全系统开展“岗位大练兵　业务大比武”活动的实施意见	渝地税发〔2015〕150 号	2015 年 9 月 30 日
11	重庆市地方税务局关于严肃财经纪律强化管理职责规范管理程序的通知	渝地税发〔2015〕152 号	2015 年 10 月 9 日
12	重庆市地方税务局关于规范领导干部婚丧喜庆事项报告的通知	渝地税发〔2015〕167 号	2015 年 11 月 6 日
13	中共重庆市地方税务局党组关于进一步加强基层干部队伍建设的意见	渝地税党组发〔2015〕40 号	2015 年 10 月 28 日
14	中共重庆市地方税务局党组关于加强和改进全市地税系统党建工作的意见	渝地税党组发〔2015〕42 号	2015 年 11 月 5 日
15	中共重庆市地方税务局党组关于进一步加强区县局、直属单位领导班子建设的意见	渝地税党组发〔2015〕56 号	2015 年 12 月 25 日

注：文件全文收录在本书所附光盘中。

第七篇　机构和人员

重庆市地方税务局司局级干部名单（2015年）

党组书记、局　　长：黄玉林
党组成员、副 局 长：余志东
董　青
徐德中
党组成员、纪检组长：涂放姑
党组成员、副巡视员：罗篇宇
党组成员、副 局 长：李　庆（2015 年 5 月止）
王小渝
党组成员、总经济师：周梁刚
党组成员、副 局 长：罗安梅（2015 年 5 月起）
党组成员、总会计师：郑　钢（2015 年 5 月起）
副　巡　视　员：赵　鸣（2015 年 9 月止）
戴　毅（2015 年 9 月止）
赵邦平（2015 年 5 月起）
副厅局级纪律检查员、
副厅局级监察专员：蒋英雄（2015 年 5 月起）

重庆市地方税务局司局级干部任免情况（2015年）

5 月 8 日，中共重庆市委组织部印发渝组干〔2015〕108 号文，任命罗安梅（女）、郑钢同志为中共重庆市地方税务局党组成员，免去李庆同志的重庆市地方税务局党组成员职务。

5 月 12 日，中共重庆市委印发渝委〔2015〕189 号文，任命蒋英雄同志为中共重庆市纪律检查委员会派驻重庆市地方税务局副厅局级纪律检查员。

5 月 14 日，重庆市人民政府印发渝府人〔2015〕16 号文，任命李庆为重庆市财政局副局长；郑钢为重庆市地方税务局总会计师（试用期1年）；赵邦平为重庆市地方税务局副巡视员；蒋英雄为重庆市监察局派驻重庆市地方税务局副厅局级监察专员；免去李庆担任的重庆市地方税务局副局长职务。

5月22日，重庆市人民政府印发渝府人〔2015〕17号文，任命罗安梅为重庆市地方税务局副局长（试用期1年）。

9月1日，重庆市人民政府印发渝府人〔2015〕25号文，赵鸣、戴毅同志提前退休，免去其重庆市地方税务局副巡视员职务。

重庆市地方税务局
内设机构领导名单（2015年）

办 公 室

主　任：陈泽利

副主任：伍松柏（2015年10月止）

程　羿

政策法规处

处　长：田　野

副处长：叶　茂（2015年4月止）

何　明（2015年12月起）

吴　梅（2015年12月起）

流转税处

处　长：谭　建

副处长：景光忠（2015年11月止）

胡　蕾（2015年12月起）

所得税处

处　长：张建清（2015年4月止）

冷　娇（2015年4月起）

副处长：马　葵

财产和行为税处

处　长：李春燕

副处长：刘　骥

国际税务处

处　长：钱建华（2015年10月止）

杨再刚（2015年10月起）

副处长：刘　云

社会保险费征收管理处

处　长：蒋　鸿

副处长：程　劼

收入规划核算处

处　长：许晓侬

副处长：邓晓芸

征管与科技发展处

处　长：颜　炯（2015年4月止）

施　斌（2015年4月起）

副处长：郭雪频

稽查处（涉税案件举报中心）

处　长：张　目

副处长：肖　强

财务管理处

处　长：吕　林（2015 年 10 月止）

曾　辉（2015 年 10 月起）

副处长：石治华（2015 年 11 月止）

李　勇（2015 年 12 月起）

督察内审处

处　长：戴　毅（2015 年 4 月止）

吴德勇（2015 年 4 月起）

副处长：郭思军

人事处

处　长：王小渝（兼，2015 年 7 月止）

程　勇（2015 年 7 月起）

副处长：高向东（2015 年 10 月止）

何　艺

黄晓霞（2015 年 12 月起）

巡视工作办公室

主　任：赵　鸣（2015 年 4 月止）

张一波（2015 年 4 月起）

副主任：陈方燕

行政处

处　长：黄晓凤

副处长：石　磊

机关党委办公室（基层工作处）

主　任：万　里

副主任：蔡　军（2015 年 11 月止）

叶　飞

罗　欢（2015 年 12 月起）

离退休人员工作处

处　长：王小渝（兼，2015 年 7 月止）

副处长：杨晓莉（正处级）

监察室

主　任：汪华鹰

副主任：蒋英雄（2015 年 6 月止）

彭建平（2015 年 12 月起）

重庆市地方税务局
直属单位领导班子名单（2015年）

市地税局信息管理中心

主　任：沈　铁

副主任：蒙　川

市地税局纳税服务局

局　长：陈　松

副局长：唐　熙

公孙馨（2015 年 2 月止）

徐　翀（2015 年 12 月起）

市地税局重点税源管理局

党组书记、局　　长：张黎明

党组成员、副 局 长：黄玄中（2015 年 10 月起）

陈晓桦（2015 年 11 月止）

陈　勇（2015 年 11 月起）

陈光宇

党组成员、纪检组长：彭　丹（2015 年 12 月起）

市地税局第一稽查局

党组书记、局　　长：曾洪波

党组成员、副 局 长：黄　劲（正处级，2015 年 3 月止）

副　　局　　长：任　红（2015 年 11 月止）

党组成员、副 局 长：陈晓桦（2015 年 11 月起）

唐　斌

唐　丽（2015 年 12 月起）

党组成员、纪检组长：唐　丽（2015 年 12 月止）

石　刘（2015 年 12 月起）

市地税局第二稽查局

党组书记、局　　长：聂章同

党组成员、副 局 长：吴　丰

谭　坚

封传海

党组成员、纪检组长：石红鸣

市地税局第三稽查局

党组书记、局　　长：邓　铭

党组成员、副 局 长：赵金翔

何　明（2015 年 12 月止）

蒋文东

肖　愚（2015 年 12 月起）

党组成员、纪检组长：肖　愚（2015 年 12 月止）

车　倩（2015 年 12 月起）

市地税局第四稽查局

党组书记、局　　长：莫琪玲

党组成员、副 局 长：肖咸礼（2015 年 4 月起）

副　　局　　长：任　红（2015 年 11 月起）

党组成员、副 局 长：刘巩茜（2015 年 4 月止）

邹先虎（2015 年 11 月起）

邓晓东

赵　辉（2015 年 11 月止）

党组成员、纪检组长：吴旭勤

市地税局第五稽查局

党组书记、局　　长：杜大钢

党组成员、副 局 长：张军凡（2015 年 11 月起）

余　可

苟卫宁（2015 年 11 月止）

董　杉

党组成员、纪检组长：徐　明

重庆市地方税务局
区县局领导班子名单（2015年）

万州区地方税务局

党组书记、局　　长：伍　柯

党组成员、副 局 长：谢芝林

童卫东（2015 年 4 月起）

张孝鸿

党组成员、纪检组长：童卫东（2015 年 4 月止）

兰　文（2015 年 4 月起）

黔江区地方税务局

党组书记、局　　长：赵　平

党组成员、副局长兼纪检组长：田顺成

党组成员、副 局 长：杨刘雏

徐　斌

谢　宾

涪陵区地方税务局

党组书记、局　　长：杨再刚（2015 年 10 月止）

蒋　琪（2015 年 10 月起）

党组成员、副 局 长：李炉冶（正处级）

马建鹏

（正处级，2015 年 11 月止）

黄　平

曾　柯（2015 年 11 月起）

党组成员、纪检组长：周开发（2015 年 11 月止）

彭家璋（2015 年 12 月起）

渝中区地方税务局

党组书记、局　　长：吴德勇（2015 年 4 月止）

张建清（2015 年 4 月起）

党组成员、副 局 长：许强明

杨桂华

安　然（2015 年 4 月止）

龚　将（2015 年 4 月起）

党组成员、纪检组长：杨桂华（兼，2015 年 12 月止）

刘飞虎（2015 年 12 月起）

大渡口区地方税务局

党组书记、局　　长：唐义评（2015 年 10 月止）

钱建华（2015 年 10 月起）

党组成员、副 局 长：王　炼（正处级）

朱江红

（正处级，2015 年 11 月止）

党组成员、纪检组长兼副局长：白宏斌

（2015 年 11 月止）

党组成员、纪检组长：刘永兰（2015 年 11 月起）

党组成员、副 局 长：李新宇

郭　飞（2015 年 4 月起）

江北区地方税务局

党组书记、局　　长：张一波（2015 年 4 月止）

颜　炯（2015 年 4 月起）

党组成员、副 局 长：孟传明（正处级）

党组成员、纪检组长兼副局长：邓　义

（2015 年 11 月止）

党组成员、副 局 长：王　玫（2015年11月起）
唐德薇
党组成员、纪检组长：庞　渝（2015年12月起）

沙坪坝区地方税务局

党组书记、局　　长：杨　桥
党组成员、副 局 长：陈宗德（2015年11月止）
邓　义（2015年11月起）
王跃斌
刘英兰
党组成员、纪检组长：杨卫东

九龙坡区地方税务局

党组书记、局　　长：廖向阳
党组成员、副 局 长：刘　力（正处级）
杨方恒（正处级，2015年3月止）
刘永兰（2015年11月止）
陈宗德（2015年11月起）
刘巩茜（2015年4月起）
党组成员、纪检组长：邹先虎（2015年11月止）
党组成员、副 局 长：黄清明（2015年3月止）
党组成员、纪检组长：赵　辉（2015年11月起）

南岸区地方税务局

党组书记、局　　长：罗安梅（2015年10月止）
唐义评（2015年10月起）
党组成员、副局长兼纪检组长：伍清廉（正处级，2015年10月止）
党组成员、副 局 长：曾佑国（正处级）
张军凡（2015年11月止）
龙启君（2015年11月起）
黎兴模
廖安理（2015年10月起）
党组成员、纪检组长：蔡　军（2015年11月起）

北碚区地方税务局

党组书记、局　　长：朱伟钦
党组成员、副 局 长：张　鹏
钟利平
黄　焱
党组成员、纪检组长：钟利平（兼，2015年12月止）
陈　鹏（2015年12月起）

渝北区地方税务局

党组书记、局　　长：赵邦平（2015年10月止）
吕　林（2015年10月起）
党组成员、副 局 长：王　玫（2015年11月止）
白宏斌（2015年11月起）
张晓燕
党组成员、纪检组长兼副局长：孙惠霞
党组成员、副 局 长：景光忠（2015年11月起）

巴南区地方税务局

党组书记、局　　长：黄　伟
党组成员、副 局 长：张力跃（正处级）
龙启军（2015年11月止）
王　孟
叶秋祎（2015年11月起）
党组成员、纪检组长：叶秋祎（2015年11月止）
苟卫宁（2015年11月起）

长寿区地方税务局

党组书记、局　　长：胡成国
党组成员、副 局 长：田　奇
张小文
党组成员、纪检组长：黄荣明
党组成员、副 局 长：罗　旋（2015年12月起）

江津区地方税务局

党组书记、局　　长：叶洪义

党组成员、副 局 长：李英福（正处级）
钟　斌
王其勇
党组成员、纪检组长：李　红

合川区地方税务局

党组书记、局　　长：王建星
党组成员、副 局 长：耿　宁
党组成员、纪检组长：蔡学毅
党组成员、副 局 长：张　翼
罗　洋

永川区地方税务局

党组书记、局　　长：吴先明
党组成员、副 局 长：高　跃
刘　刚
陈武刚
党组成员、纪检组长：陈武刚（兼，2015年10月止）
周维彬（2015年10月起）

南川区地方税务局

党组书记、局　　长：曾　辉（2015年10月止）
高向东（2015年10月起）
党组成员、副 局 长：魏兴权（2015年12月止）
曾　柯（2015年11月止）
周开发（2015年11月起）
孙承红（2015年12月起）
庄家华（2015年12月起）
党组成员、纪检组长：孙承红（2015年12月止）
周维东（2015年12月起）

綦江区地方税务局

党组书记、局　　长：蒋　琪（2015年10月止）
伍清廉（2015年10月起）

党组成员、副 局 长：卜云峰
杨　平
金代勇
党组成员、纪检组长：卜云峰（兼，2015年12月止）
周莉华（2015年12月起）

大足区地方税务局

党组书记、局　　长：冷　娇（2015年4月止）
况成银（2015年4月起）
党组成员、副 局 长：贺奇文（正处级）
汪代春
党组成员、副局长兼纪检组长：周维彬
（2015年10月止）
党组成员、副 局 长：席振宇
任龙明（2015年12月止）
党组成员、纪检组长：王遂设（2015年12月起）

璧山区地方税务局

党组书记、局　　长：刘　萍
党组成员、副 局 长：徐廷中
廖小林
谭　兴
党组成员、纪检组长：温万辉（2015年10月止）
陈小敬（2015年12月起）

铜梁区地方税务局

党组书记、局　　长：熊前辉
党组成员、副 局 长：吴建能
葛光焯
范国庆
党组成员、纪检组长：黎　力（2015年11月起）

潼南区地方税务局

（一）潼南县地方税务局（2015年10月止）

党组书记、局　　长：黄玄中

党组成员、副 局 长：黎　力
张强辉
党组成员、纪检组长：但文斌

（二）潼南区地方税务局（2015 年 10 月起）

党组书记、局　　长：伍松柏
党组成员、副 局 长：张强辉
党组成员、纪检组长：但文斌
党组成员、副 局 长：刘　胜（2015 年 12 月起）
张　鹏（2015 年 12 月起）

荣昌区地方税务局

（一）荣昌县地方税务局（2015 年 10 月止）

党组书记、局　　长：夏　颖（2015 年 4 月止）
廖安理（2015 年 4 月起）
党组成员、纪检组长：姜勋国
党组成员、副 局 长：廖安理（2015 年 4 月止）
廖位彬

（二）荣昌区地方税务局（2015 年 10 月起）

党组书记、局　　长：石治华
党组成员、副 局 长：任龙明（2015 年 12 月起）
党组成员、纪检组长：温万辉
党组成员、副 局 长：廖位彬
王　昆（2015 年 12 月起）

梁平县地方税务局

党组书记、局　　长：石思平
党组成员、副 局 长：邹明喜
党组成员、纪检组长：刘志宏
党组成员、副 局 长：孙江梁

城口县地方税务局

党组书记、局　　长：陈　钢
党组成员、副 局 长：袁开造
朱　红

丰都县地方税务局

党组书记、局　　长：肖咸礼（2015 年 4 月止）
叶　茂（2015 年 4 月起）
党组成员、副 局 长：唐保平
党组成员、纪检组长：彭　勇
党组成员、副 局 长：陈江陵

垫江县地方税务局

党组书记、局　　长：任　杰
党组成员、副 局 长：庄家华（2015 年 12 月止）
党组成员、纪检组长：余姜巍
党组成员、副 局 长：董海鹰

武隆县地方税务局

党组书记、局　　长：邓坤权
党组成员、副 局 长：李德华
刘　胜（2015 年 12 月止）
党组成员、纪检组长：丁　鲁

忠县地方税务局

党组书记、局　　长：屈　涛
党组成员、副 局 长：陈正灯（副处级）
副　　局　　长：文　政
党组成员、纪检组长：刘邦宏

开县地方税务局

局　　　　　长：陈列君
党　组　书　记：陈列君（2015 年 4 月起）
党 组 副 书 记：陈列君（2015 年 4 月止）
党　组　书　记：安　然
（挂职锻炼，2015 年 4 月止）
党组成员、副 局 长：曲敬志
王　昆（2015 年 12 月止）
党组成员、纪检组长：冉光泽

云阳县地方税务局

党组书记、局　　长：况成银（2015年4月止）

安　然（2015年4月起）

党组成员、副 局 长：匡玉平（副处级）

党组成员、纪检组长兼副局长：张荣辉

党组成员、副 局 长：胡开全

奉节县地方税务局

党组书记、局　　长：张廉汶

党组成员、副 局 长：李应和

党组成员、副 局 长：罗　旋（2015年12月止）

党组成员、纪检组长：李流平

巫山县地方税务局

党组书记、局　　长：卢　嘉

党组成员、副 局 长：金绍勇

肖品兴

巫溪县地方税务局

党组书记、局　　长：何小军

党组成员、副 局 长：朱成万

党组成员、纪检组长兼副局长：王学平

党组成员、副 局 长：付泽平

石柱县地方税务局

党组书记、局　　长：傅亚伟

党组成员、副 局 长：谭永华（2015年12月止）

彭　力

党组成员、纪检组长兼副局长：马培萍

秀山县地方税务局

党组书记、局　　长：曾亚锋

党组成员、副 局 长：蒋廷跃

付　伟

党组成员、纪检组长：何　辉

酉阳县地方税务局

党组书记、局　　长：施　斌（2015年4月止）

余　勇（2015年4月起）

党组成员、副 局 长：余　勇（2015年4月止）

龚建国

党组成员、纪检组长：石胜江

彭水县地方税务局

党组书记、局　　长：罗昭强

党组成员、副 局 长：王天海（副处级）

白玉尧

党组成员、纪检组长：李　伟

两江新区（北部新区）地方税务局

党组书记、局　　长：刘明元

党组成员、副 局 长：瞿代恕（正处级）

陈　勇（2015年11月止）

刘　震

李　军

姜　毅

党组成员、纪检组长：阳举谋

万盛经开区地方税务局

党组书记、局　　长：丁光红

党组成员、副 局 长：杨晓明

崔　宁

党组成员、纪检组长：沈　鲜

重庆市地方税务局内设机构、直属单位、区县局领导班子成员任免情况（2015年）

2 月 4 日，中共重庆市地方税务局党组研究决定，免去公孙馨同志的重庆市地方税务局纳税服务局副局长职务。（渝地税人〔2015〕29 号）

3 月 13 日，中共重庆市地方税务局党组研究决定，免去杨方恒同志的中共重庆市九龙坡区地方税务局党组成员、重庆市九龙坡区地方税务局副局长职务；黄清明同志提前退休，免去其中共重庆市九龙坡区地方税务局党组成员、重庆市九龙坡区地方税务局副局长职务；免去黄劲同志的中共重庆市地方税务局第一稽查局党组成员、重庆市地方税务局第一稽查局副局长职务职务。（渝地税党组发〔2015〕7 号、渝地税人〔2015〕35 号）

4 月 24 日，经中共重庆市地方税务局党组研究决定，任命：冷娇为重庆市地方税务局所得税处处长；施斌为重庆市地方税务局征管和科技发展处处长（试用期 1 年）；吴德勇为重庆市地方税务局督察内审处处长；张一波为重庆市地方税务局巡视工作办公室主任；童卫东为重庆市万州区地方税务局副局长；兰文同志为中共重庆市万州区地方税务局党组成员、纪检组长（试用期 1 年）；张建清为重庆市渝中区地方税务局局长、中共重庆市渝中区地方税务局党组书记；龚将为重庆市渝中区地方税务局副局长、中共重庆市渝中区地方税务局党组成员；颜炯为重庆市江北区地方税务局局长、中共重庆市江北区地方税务局党组书记；郭飞为重庆市大渡口区地方税务局副局长（试用期 1 年）、中共重庆市大渡口区地方税务局党组成员；刘巩茜为重庆市九龙坡区地方税务局副局长、中共重庆市九龙坡区地方税务局党组成员；况成银为重庆市大足区地方税务局局长（试用期 1 年）、中共重庆市大足区地方税务局党组书记；廖安理为荣昌县地方税务局局长（试用期 1 年）、中共荣昌县地方税务局党组书记；叶茂为丰都县地方税务局局长、中共丰都县地方税务局党组书记；余勇为酉阳土家族苗族自治县地方税务局局长（试用期 1 年）、中共酉阳土家族苗族自治县地方税务局党组书记；肖咸礼为重庆市地方税务局第四稽查局副局长、中共重庆市地方税务局第四稽查局党组成员。免去：叶茂的重庆市地方税务局政策法规处副处长职务；张建清的重庆市地方税务局所得税处处长职务；颜炯的重庆市地方税务局征管和科技发展处处长职务；戴毅的重庆市地方税务局督察内审处处长职务；赵鸣的重庆市地方税务局巡视工作办公室主任职务；童卫东同志的中共重庆市万州区地方税务局纪检组长职务；吴德勇的重庆市渝中区地方税务局局长、中共重庆市渝中区地方税务局党组书记职务；张一波的重庆市江北区地方税务局局长、中共重庆市江北区地方税务局党组书记职务；冷娇的重庆市大足区地方税务局局长、中共重庆市大足区地方税务局党组书记职务；夏颖的荣昌县地方税务局局长、中共荣昌县地方税务局党组书记职务；肖咸礼的丰都县地方税务局局长、中共丰都县地方税务局党组书记职务；况成银的云阳县地方税务局局长、中共云阳县地方税务局党组书记职务；施斌的酉阳土家族苗族自治县地方税务局局长、中共酉阳土家族苗族自治县地方税务局党组书记职务；刘巩茜的重庆市地方税务局第四稽查局副局长、中共重庆市地方税务局第四稽查局党组成员职务。（渝地税党组发〔2015〕13号、渝地税人〔2015〕54号）

4月27日，经中共重庆市地方税务局党组研究决定，任命：陈列君同志为中共开县地方税务局党组书记；安然同志为云阳县地方税务局局长、中共云阳县地方税务局党组书记。免去：安然同志担任的中共重庆市渝中区地方税务局党组成员、中共开县地方税务局党组书记（挂职锻炼）职务。（渝地税党组发〔2015〕14号、渝地税人〔2015〕55号）

7月7日，经中共重庆市地方税务局党组研究决定，任命：程勇为重庆市地方税务局人事处处长。免去：王小渝的重庆市地方税务局人事处处长兼离退休人员工作处处长职务。

10月29日，经中共重庆市地方税务局党组研究决定，任命：杨再刚为重庆市地方税务局国际税务处处长；曾辉为重庆市地方税务局财务管理处处长；蒋琪为重庆市涪陵区地方税务局局长、中共重庆市涪陵区地方税务局党组书记；钱建华为重庆市大渡口区地方税务局局长、中共重庆市大渡口区地方税务局党组书记；唐义评为重庆市南岸区地方税务局局长、中共重庆市南岸区地方税务局党组书记；廖安理为重庆市南岸区地方税务局副局长（试用期不变）、中共重庆市南岸区地方税务局党组成员；吕林为重庆市渝北区地方税务局局长、中共重庆市渝北区地方税务局党组书记；周维彬同志为中共重庆市永川区地方税务局党组成员、纪检组长；高向东为重庆市南川区地方税务局局长（试用期1年）、中共重庆市南川区地方税务局党组书记；伍清廉为重庆市綦江区地方税务局局长、中共重庆市綦江区地方税务局党组书记；伍松柏为重庆市潼南区地方税务局局长（试用期1年）、中共重庆市潼南区地方税务局党组书记；张强辉为重庆市潼南区地方税务局副局长（试用期1年）、中共重庆市潼南区地方税务局党组成员；但文斌同志为中共重庆市潼南区地方税务局党组成员、纪检组长（试用期1年）；石治华为重庆市荣昌区地方税务局局长（试用期1年）、中共重庆市荣昌区地方税务局党组书记；廖位彬为重庆市荣昌区地方税务局副局长（试用期1年）、中共重庆市荣昌区地方税务局党组成员；温万辉同志为中共重庆市荣昌区地方税务局党组成员、纪检组长；黄玄中为重庆市地方税务局重点税源管埋局副局长（列张黎明之后）、中共重庆市地方税务局重点税源管理局党组成员。免去：伍松柏的重庆市地方税务局办公室副主任职务；钱建华的重庆市地方税务局国际税务处处长职务；吕林的重庆市地方税务局财务管理处处长职务；高向东的重庆市地方税务局人事处副处长职务；杨再刚的重庆市涪陵区地方税务局局长、中共重庆市涪陵区地方税务局党组书记职务；唐义评的重庆市大渡口区地方税务局局长、中共重庆市大渡口区地方税务局党组书记职务；罗安梅的重庆市南岸区地方税务局局长、中共重庆市南岸区地方税务局党组书记职务；伍清廉的重庆市南岸区地方税务局副局长、中共重庆市南岸区地方税务局党组成员、纪检组长职务；赵邦平的重庆市渝北区地方税务局局长、中共重庆市渝北区地方税务局党组书记职务；陈武刚同志的中共重庆市永川区地方税务局纪检组长职务；曾辉的重庆市南川区地方税务局局长、中共重庆市南川区地方税务局党组书记职务；蒋琪的重庆市綦江区地方税务局局长、中共重庆市綦江区地方税务局党组书记职务；周维彬的重庆市大足区地方税务局副局长、中共重庆市大足区地方税务局党组成员、纪检组长职务；温万辉同志的中共重庆市璧山区地方税务局党组成员、纪检组长职务。（渝地税党组发〔2015〕41 号、渝地税人〔2015〕103 号）

11 月 18 日，经中共重庆市地方税务局党组研究决定，任命：曾柯同志为重庆市涪陵区地方税务局副局长、中共重庆市涪陵区地方税务局党组成员；马建鹏为重庆市涪陵区地方税务局调研员；刘永兰同志为中共重庆市大渡口区地方税务局党组成员、纪检组长；朱江红为重庆市大渡口区地方税务局调研员；王玫同志为重庆市江北区地方税务局副局长、中共重庆市江北区地方税务局党组成员；邓义同志为重庆市沙坪坝区地方税务局副局长、中共重庆市沙坪坝区地方税务局党组成员；陈宗德同志为重庆市九龙坡区地方税务局副局长、中共重庆市九龙坡区地方税务局党组成员；赵辉同志为中共重庆市九龙坡区地方税务局党组成员、纪检组长；龙启君同志为重庆市南岸区地方税务局副局长、中共重庆市南岸区地方税务局党组成员；蔡军同志为中共重庆市南岸区地方税务局党组成员、纪检组长；白宏斌同志为重庆市渝北区地方税务局副局长、中共重庆市渝北区地方税务局党组成员；景光忠同志为重庆市渝北区地方税务局副局长、中共重庆市渝北区地方税务局党组成员；苟卫宁同志为中共重庆市巴南区地方税务局党组成员、纪检组长；周开发同志为重庆市南川区地方税务局副局长、中共重庆市南川区地方税务局党组成员；黎力同志为中共重庆市铜梁区地方税务局党组成员、纪检组长（试用期 1 年）；陈勇同志为重庆市地方税务局重点税源管理局副局长、中共重庆市地方税务局重点税源管理局党组成员；陈晓桦同志为重庆市地方税务局第一稽查局副局长、中共重庆市地方税务局第一稽查局党组成员；任红为重庆市地方税务局第四稽查局副局长；邹先虎同志为重庆市地方税务局第四稽查局副局长、中共重庆市地方税务局第四稽查局党组成员；张军凡同志为重庆市地方税务局第五稽查局副局长、中共重庆市地方税务局第五稽查局党组成员。免去：景光忠的重庆市地方税务局流转税处副处长职务；石治华的重庆市地方税务局财务管理处副处长职务；蔡军的重庆市地方税务局机关党委办公室副主任兼基层工作处副处长职务；马建鹏同志的重庆市涪陵区地方税务局副局长、中共重庆市涪陵区地方税务局党组成员职务；周开发同志的中共重庆市涪陵区地方税务局党组成员、纪检组长职务；朱江红同志的重庆市大渡口区地方税务局副局长、中共重庆市大渡口区地方税务局党组成员职务；白宏斌同志的重庆市大渡口区地方税务局副局长、中共重庆市大渡口区地方税务局党组成员、纪检组长职务；邓义同志的重庆市江北区地方税务局副局长、中共重庆市江北区地方税务局党组成员、纪检组长职务；陈宗德同志的重庆市沙坪坝区地方税务局副局长、中共重庆市沙坪坝区地方税务局党组成员职务；刘永兰同志的重庆市九龙坡区地方税务局副局长、中共重庆市九龙坡区地方税务局党组成员职务；邹先虎同志的中共重庆市九龙坡区地方税务局党组成员、纪检组长职务；张军凡同志的重庆市南岸区地方税务局副局长、中共重庆市南岸区地方税务局党组成员职务；王玫同志的重庆市渝北区地方税务局副局长、中共重庆市渝北区地方税务局党组成员职务；龙启君同志的重庆市巴南区地方税务局副局长、中共重庆市巴南区地方税务局党组成员职务；叶秋祎同志的中共重庆市巴南区地方税务局纪检组长职务；

曾柯同志的重庆市南川区地方税务局副局长、中共重庆市南川区地方税务局党组成员职务；陈勇同志的重庆市两江新区（北部新区）地方税务局副局长、中共重庆市两江新区（北部新区）地方税务局党组成员职务；陈晓桦同志的重庆市地方税务局重点税源管理局副局长、中共重庆市地方税务局重点税源管理局党组成员职务；任红的重庆市地方税务局第一稽查局副局长职务；赵辉同志的重庆市地方税务局第四稽查局副局长、中共重庆市地方税务局第四稽查局党组成员职务；苟卫宁同志的重庆市地方税务局第五稽查局副局长、中共重庆市地方税务局第五稽查局党组成员职务。（渝地税党组发〔2015〕48号、渝地税人〔2015〕110号）

中共重庆市地方税务局党组接《中共重庆市纪委关于唐勇等26名同志职务任免的通知》（渝纪〔2015〕141号），市纪委12月3日研究决定：彭建平同志任市纪委派驻市地税局监察室副主任（试用期1年），免去其市纪委组织部副处级纪检监察员职务。

12月8日，经中共重庆市地方税务局党组研究决定，任命：孙承红为重庆市南川区地方税务局副局长；魏兴权为重庆市南川区地方税务局调研员；任龙明为重庆市荣昌区地方税务局副局长、中共重庆市荣昌区地方税务局党组成员；谭永华为石柱土家族自治县地方税务局副调研员。免去：杨桂华同志的中共重庆市渝中区地方税务局纪检组长职务；钟利平同志的中共重庆市北碚区地方税务局纪检组长职务；魏兴权同志的重庆市南川区地方税务局副局长、中共重庆市南川区地方税务局党组成员职务；孙承红同志的中共重庆市南川区地方税务局纪检组长职务；卜云峰同志的中共重庆市綦江区地方税务局纪检组长职务；任龙明同志的重庆市大足区地方税务局副局长、中共重庆市大足区地方税务局党组成员职务；谭永华同志的石柱土家族自治县地方税务局副局长、中共石柱土家族自治县地方税务局党组成员职务。（渝地税党组发〔2015〕55号、渝地税人〔2015〕120号）

12月30日，经中共重庆市地方税务局党组研究决定，任命：何明为重庆市地方税务局政策法规处副处长；吴梅为重庆市地方税务局政策法规处副处长（试用期1年）；胡蕾为重庆市地方税务局流转税处副处长（试用期1年）；李勇为重庆市地方税务局财务管理处副处长（试用期1年）；黄晓霞为重庆市地方税务局人事处副处长（试用期1年）；罗欢为重庆市地方税务局机关党委办公室副主任兼基层工作处副处长（试用期1年）；徐翀为重庆市地方税务局纳税服务局副局长（试用期1年）；彭家境同志为中共重庆市涪陵区地方税务局党组成员、纪检组长（试用期1年）；刘飞虎同志为中共重庆市渝中区地方税务局党组成员、纪检组长（试用期1年）；庞渝同志为中共重庆市江北区地方税务局党组成员、纪检组长（试用期1年）；陈鹏同志为中共重庆市北碚区地方税务局党组成员、纪检组长（试用期1年）；罗旋为重庆市长寿区地方税务局副局长（试用期1年）、中共重庆市长寿区地方税务局党组成员；庄家华为重庆市南川区地方税务局副局长（试用期1年）、中共重庆市南川区地方税务局党组成员；周维东同志为中共重庆市南川区地方税务局党组成员、纪检组长（试用期1年）；周莉华同志为中共重庆市綦江区地方税务局党组成员、纪检组长（试用期1年）；王遂设同志为中共重庆市大足区地方税务局党组成员、纪检组长（试用期1年）；陈小敬同志为中共重庆市璧山区地方税务局党组成员、纪检组长（试用期1年）；刘胜为重庆市潼南区地方税务局副局长（试用期 1 年）、中共重庆市潼南区地方税务局党组成员；张鹏为重庆市潼南区地方税务局副局长（试用期 1 年）、中共重庆市潼南区地方税务局党组成员；王昆为重庆市荣昌区地方税务局副局长（试用期 1 年）、中共重庆市荣昌区地方税务局党组成员；彭丹同志为中共重庆市地方税务局重点税源管理局党组成员、纪检组长（试用期 1 年）；唐丽为重庆市地方税务局第一稽查局副局长；石刘同志为中共重庆市地方税务局第一稽查局党组成员、纪检组长（试用期 1 年）；肖愚为重庆市地方税务局第三稽查局副局长；车倩同志为中共重庆市地方税务局第三稽查局党组成员、纪检组长（试用期 1 年）。免去：庄家华的垫江县地方税务局副局长、中共垫江县地方税务局党组成员职务；刘胜的武隆县地方税务局副局长、中共武隆县地方税务局党组成员职务；王昆的开县地方税务局副局长、中共开县地方税务局党组成员职务；罗旋的奉节县地方税务局副局长、中共奉节县地方税务局党组成员职务；唐丽同志的中共重庆市地方税务局第一稽查局纪检组长职务；何明的重庆市地方税务局第三稽查局副局长、中共重庆市地方税务局第三稽查局党组成员职务；肖愚同志的中共重庆市地方税务局第三稽查局纪检组长职务。（渝地税党组发〔2016〕1 号、渝地税人〔2016〕1 号）

重庆市地税系统奖励项目及名单

重庆市地税系统绩效考评先进单位（2015 年）

第一片区	巴南区地方税务局　两江新区（北部新区）地方税务局 江北区地方税务局　渝中区地方税务局　渝北区地方税务局
第二片区	江津区地方税务局　璧山区地方税务局　万州区地方税务局 长寿区地方税务局　大足区地方税务局
第三片区	开县地方税务局　云阳县地方税务局　忠县地方税务局 巫溪县地方税务局　梁平县地方税务局（并列第五） 武隆县地方税务局（并列第五）
稽查片区	市局第一稽查局
市局机关处室	收入规划核算处　办公室　信息管理中心　机关党办 所得税处　行政处

重庆市地方税务局机关先进处室（2015 年）

机关先进处室	办公室　人事处　信息管理中心　收入规划核算处　所得税处　行政处

重庆市地税系统记三等功人员名单（2015 年）*

重庆市地方税务局机关记三等功人员名单（2015 年度）

序号	姓　名	单位及职务	奖励类型
1	张　亮	市局办公室主任科员	记三等功
2	何齐柏	市局办公室主任科员	记三等功
3	肖　杨	市局流转税处主任科员	记三等功
4	胥智勇	市局财务管理处副调研员	记三等功
5	杨文川	市局机关办主任科员	记三等功
6	王尔丛	市局纳税服务局主任科员	记三等功

各区县局（直属单位）领导干部（重庆市地方税务局管理）记三等功人员名单（2015 年度）

序号	姓　名	单位及职务	奖励种类
1	张建清	渝中区地税局局长	记三等功
2	邓坤权	武隆县地税局局长	记三等功
3	李炉冶	涪陵区地税局副局长	记三等功
4	叶秋祎	巴南区地税局副局长	记三等功

* 根据《重庆市地方税务局关于给予张亮等同志记三等功的决定》（渝地税发〔2016〕34号），发文日期为2016年2月29日。名单中单位及职务为发文时情况。

续表

序号	姓　名	单位及职务	奖励种类
5	李英福	江津区地税局副局长	记三等功
6	吴建能	铜梁区地税局副局长	记三等功
7	彭　勇	丰都县地税局纪检组长	记三等功
8	肖品兴	巫山县地税局副局长	记三等功
9	马培萍	石柱县地税局副局长	记三等功
10	付　伟	秀山县地税局副局长	记三等功
11	崔　宁	万盛经开区地税局副局长	记三等功
12	陈晓桦	市局第一稽查局副局长 （原市局重点税源局副局长）	记三等功
13	骆　容	武隆县地税局稽查局局长	记三等功

■ 各区县局（直属单位）记三等功人员名单（2015 年度）

序号	姓名	单位及职务	奖励种类
1	周生廷	万州区地税局监察室主任	记三等功
2	张　琴	万州区地税局百安坝税务所副所长	记三等功
3	何卫东	万州区地税局稽查局主任科员	记三等功
4	刘世琼	万州区地税局高笋塘税务所主任科员	记三等功
5	熊　亮	万州区地税局高笋塘税务所主任科员	记三等功
6	蔡树红	万州区地税局百安坝税务所主任科员	记三等功
7	吴宗东	万州区地税局周家坝税务所主任科员	记三等功
8	张　军	万州区地税局周家坝税务所主任科员	记三等功
9	黄　芳	万州区地税局钟鼓楼税务所主任科员	记三等功
10	刘　华	万州区地税局龙沙税务所副主任科员	记三等功
11	石　红	万州区地税局办税服务厅主任科员	记三等功
12	郑清海	黔江区地税局濯水税务所所长	记三等功

续表

序号	姓　名	单位及职务	奖励种类
13	周义权	涪陵区地税局人事科科长	记三等功
14	刘生华	铜梁区地税局稽查局局长 （原涪陵区地税局监察室主任）	记三等功
15	况　波	涪陵区地税局信息管理科副主任科员	记三等功
16	毛祥彬	涪陵区地税局稽查局主任科员	记三等功
17	刘　瑜	涪陵区地税局稽查局主任科员	记三等功
18	田　惠	涪陵区地税局重点税源管理所主任科员	记三等功
19	何　平	涪陵区地税局城区税务所所长	记三等功
20	陈云杰	涪陵区地税局易家坝税务所所长	记三等功
21	向　冬	涪陵区地税局江北税务所主任科员	记三等功
22	张卫东	涪陵区地税局马武税务所主任科员	记三等功
23	陈　闻	涪陵区地税局办税服务厅主任科员	记三等功
24	肖粟菲	渝中区地税局办公室副主任科员	记三等功
25	田晓春	渝中区地税局税政科主任科员	记三等功
26	肖智冈	渝中区地税局信息管理科主任科员	记三等功
27	刘　昕	渝中区地税局人事科科长	记三等功
28	唐　娜	渝中区地税局人事科副主任科员	记三等功
29	周　娟	渝中区地税局重点税源所副主任科员	记三等功
30	于　沈	渝中区地税局朝天门税务所主任科员	记三等功
31	王贤忠	渝中区地税局朝天门税务所主任科员	记三等功
32	谢丽枫	渝中区地税局大溪沟税务所主任科员	记三等功
33	张　毅	渝中区地税局大坪税务所主任科员	记三等功
34	杨代利	沙坪坝区地税局渝碚路税务所副所长	记三等功
35	杨庭伟	沙坪坝区地税局小龙坎税务所主任科员	记三等功
36	陈小涓	沙坪坝区地税局小龙坎税务所主任科员	记三等功
37	郭仁芹	沙坪坝区地税局收入核算科科长	记三等功

续表

序号	姓　名	单位及职务	奖励种类
38	郭会杰	沙坪坝区地税局收入核算科主任科员	记三等功
39	张　宇	沙坪坝区地税局重点税源管理所副所长	记三等功
40	刘　敏	沙坪坝区地税局上桥税务所主任科员	记三等功
41	丁明胜	沙坪坝区地税局青木关税务所主任科员	记三等功
42	贺娜妮	大渡口区地税局办公室副主任科员	记三等功
43	丁　黎	大渡口区地税局收入核算科副主任科员	记三等功
44	张　榕	江北区地税局办公室主任	记三等功
45	周　青	江北区地税局洋河税务所副调研员	记三等功
46	薛　虹	江北区地税局小苑税务所主任科员	记三等功
47	杨　英	九龙坡区地税局九龙所所长	记三等功
48	朱　勇	九龙坡区地税局杨家坪所调研员	记三等功
49	钱　劲	九龙坡区地税局石坪桥所主任科员	记三等功
50	谢　鸿	九龙坡区地税局陶家所主任科员	记三等功
51	胡小伟	九龙坡区地税局科园二所主任科员	记三等功
52	徐振宇	南岸区地税局收入核算科科长	记三等功
53	朱　丹	南岸区地税局税政管理科主任科员	记三等功
54	杨智钦	南岸区地税局征收管理科副主任科员	记三等功
55	王兴平	南岸区地税局四公里税务所副所长	记三等功
56	蒋　帅	南岸区地税局龙门浩税务所主任科员	记三等功
57	龙立国	南岸区地税局茶园税务所副调研员	记三等功
58	江海宇	南岸区地税局迎龙税务所科员	记三等功
59	袁世海	南岸区地税局花园路税务所主任科员	记三等功
60	杨　红	北碚区地税局黄桷税务所所长	记三等功
61	童　强	北碚区地税局政策法规科科长	记三等功
62	李大志	北碚区地税局城区第二税务所主任科员	记三等功
63	徐　燕	渝北区地税局监察室主任	记三等功

续表

序号	姓　名	单位及职务	奖励种类
64	谭　飞	渝北区地税局空港所副所长	记三等功
65	曹智波	渝北区地税局办公室副主任科员	记三等功
66	汪杰锐	渝北区地税局两路五所副所长	记三等功
67	蒋　岭	渝北区地税局人事科主任科员	记三等功
68	潘德英	渝北区地税局双龙所主任科员	记三等功
69	吴　健	巴南区地税局花溪税务所主任科员	记三等功
70	周海燕	长寿区地税局办公室主任科员	记三等功
71	邹　波	长寿区地税局办税服务厅主任科员	记三等功
72	张　涌	江津区地税局鼎山税务所所长	记三等功
73	郑聪骋	江津区地税局收入核算科副科长	记三等功
74	熊恩军	江津区地税局征收管理科主任科员	记三等功
75	邱　兰	江津区地税局办公室主任科员	记三等功
76	杨安郎	江津区地税局几江税务所主任科员	记三等功
77	杨　勇	江津区地税局李市税务所主任科员	记三等功
78	罗泽萍	江津区地税局房交所主任科员	记三等功
79	胡建国	合川区地税局收入核算科科长	记三等功
80	谢家华	永川区地税局办公室主任	记三等功
81	刘　强	永川区地税局征管科科长	记三等功
82	肖　斌	永川区地税局税政科科长	记三等功
83	许显柱	南川区地税局西城税务所主任科员	记三等功
84	罗万里	南川区地税局东城税务所主任科员	记三等功
85	罗昭剑	綦江区地税局办公室副主任	记三等功
86	王　平	綦江区地税局政策法规科主任科员	记三等功
87	冯向阳	綦江区地税局古南税务所主任科员	记三等功
88	李红明	大足区地税局收核科科长	记三等功
89	蒋欢欢	大足区地税局税源管理科科员	记三等功

续表

序号	姓　名	单位及职务	奖励种类
90	陈小敬	璧山区地税局纪检组长（原璧山区地税局税源管理科科长）	记三等功
91	刘白丁	璧山区地税局璧城第二税务所主任科员	记三等功
92	杨传启	铜梁地税局收入核算科科长	记三等功
93	谢光华	铜梁地税局蒲吕所所长	记三等功
94	高维良	铜梁地税局征收所主任科员	记三等功
95	张　博	荣昌区地税局重点税源管理所副主任科员	记三等功
96	李　勃	潼南区地税局办公室主任	记三等功
97	陈　轲	潼南区地税局稽查局检查科副科长	记三等功
98	何　标	潼南区地税局税政管理科主任科员	记三等功
99	常黎明	梁平县地税局收入核算科科长	记三等功
100	马　波	梁平县地税局税政科副科长	记三等功
101	刘瑞芸	梁平县地税局收入核算科主任科员	记三等功
102	代能彬	丰都县地税局征收管理科科长	记三等功
103	夏德东	垫江县地税局桂阳税务所副主任科员	记三等功
104	赖书声	垫江县地税局人事科副主任科员	记三等功
105	杨旭东	武隆县地税局仙女山税务所所长	记三等功
106	汪　峰	武隆县地税局仙女山税务所副主任科员	记三等功
107	钟　雁	武隆县地税局办税服务厅副主任科员	记三等功
108	陈远军	开县地税局临江税务所所长	记三等功
109	袁爱民	开县地税局城区第一税务所主任科员	记三等功
110	管峥嵘	云阳县地税局税政管理科副主任科员	记三等功
111	郝彩霞	云阳县地税局稽查局副主任科员	记三等功
112	田宗明	奉节县地税局办公室副主任	记三等功
113	李江云	巫山县地税局人事科副主任科员	记三等功
114	梁昌学	巫山县地税局稽查局检查科科长	记三等功

续表

序号	姓　名	单位及职务	奖励种类
115	梅怀银	巫溪县地税局城厢第二税务所副主任科员	记三等功
116	刘　超	石柱县地税局人事科副科长	记三等功
117	陈传伟	石柱县地税局西沱税务所所长	记三等功
118	崔华春	石柱县地税局鲤塘坝税务所副主任科员	记三等功
119	冉剑会	秀山县地税局中和税务所副所长	记三等功
120	李　超	秀山县地税局中和税务所科员	记三等功
121	安　娟	秀山县地税局重点税源管理所副主任科员	记三等功
122	李灵灵	秀山县地税局稽查局副主任科员	记三等功
123	田建忠	酉阳县地税局龙潭税务所副所长	记三等功
124	龙正辉	酉阳县地税局龚滩税务所所长	记三等功
125	白黎亮	酉阳县地税局稽查局综合科科长	记三等功
126	冉启波	酉阳县地税局李溪税务所副主任科员	记三等功
127	郭　忠	彭水县地税局税政管理科科长	记三等功
128	孙和发	彭水县地税局征收管理科副主任科员	记三等功
129	晏　彦	彭水县地税局办税服务厅副主任	记三等功
130	刘　敏	两江新区（北部新区）地税局收入核算科科长	记三等功
131	毛开来	两江新区（北部新区）地税局人和税务所主任科员	记三等功
132	赵欣瑜	两江新区（北部新区）地税局人事科副主任科员	记三等功
133	冉秀玲	市局第二稽查局审理科主任科员	记三等功
134	李堂华	市局第四稽查局综合科科长	记三等功
135	郭绍伟	市局第四稽查局审理科主任科员	记三等功
136	陶冠名	市局第五稽查局检查一科主任科员	记三等功
137	王　谦	市局第五稽查局检查三科主任科员	记三等功

重庆市地税系统嘉奖人员名单（2015 年）*

市局机关嘉奖人员名单（2015 年度）

序号	姓　名	单位及职务	奖励种类
1	陈泽利	市局副巡视员（兼市局办公室主任）	嘉　奖
2	田　野	市局政策法规处处长	嘉　奖
3	许晓依	市局收入规划核算处处长	嘉　奖
4	程　勇	市局人事处处长	嘉　奖
5	万　里	市局机关党办主任兼离基层工作处处长	嘉　奖
6	沈　铁	市局信息管理中心主任	嘉　奖
7	唐　熙	市局纳税服务局副局长	嘉　奖
8	伍松柏	潼南区地税局局长（原市局办公室副主任）	嘉　奖
9	何　艺	市局人事处副处长	嘉　奖
10	蔡　军	南岸区地税局纪检组长（原市局机关党办副主任兼基层工作处副处长）	嘉　奖
11	蒙　川	市局信息管理中心副主任	嘉　奖
12	石治华	荣昌区地税局局长（原市局财务管理处副处长）	嘉　奖
13	何齐柏	市局办公室主任科员	嘉　奖
14	张　亮	市局办公室主任科员	嘉　奖
15	张　玲	市局办公室主任科员	嘉　奖
16	王　焮	市局办公室主任科员	嘉　奖
17	胡果林	市局政策法规处主任科员	嘉　奖
18	肖　杨	市局流转税处主任科员	嘉　奖
19	吴　娟	市局所得税处主任科员	嘉　奖
20	江　航	市局财产和行为税处主任科员	嘉　奖

* 根据《重庆市地方税务局关于给予陈泽利等同志嘉奖的决定》（渝地税发〔2016〕35号），发文日期为2016年2月29日。名单中单位及职务为发文时情况。

续表

序号	姓　名	单位及职务	奖励种类
21	罗昭兵	市局国际税务处主任科员	嘉　奖
22	戴　俊	市局社会保险费征收管理处主任科员	嘉　奖
23	陈　超	市局收入规划核算处主任科员	嘉　奖
24	李　佳	市局收入规划核算处主任科员	嘉　奖
25	雷小华	市局征管和科技发展处主任科员	嘉　奖
26	左　黎	市局征管和科技发展处主任科员	嘉　奖
27	李　林	巫山县地税局税源管理科科长（抽调市局）	嘉　奖
28	周　露	市局稽查处主任科员	嘉　奖
29	胥智勇	市局财务管理处副调研员	嘉　奖
30	孙　颖	市局财务管理处主任科员	嘉　奖
31	李　杰	市局督察内审处主任科员	嘉　奖
32	刘　笑	市局人事处主任科员	嘉　奖
33	李亚梅	市局人事处主任科员	嘉　奖
34	胡礼勤	市局人事处主任科员	嘉　奖
35	张经明	市局巡视工作办公室主任科员	嘉　奖
36	杨文川	市局机关党办（基层工作处）主任科员	嘉　奖
37	刘小峰	市局离退休人员工作处调研员	嘉　奖
38	宋　刚	市局行政处主任科员	嘉　奖
39	安　萍	市局监察室主任科员	嘉　奖
40	江朝敏	市局信息管理中心主任科员	嘉　奖
41	陈卫文	市局信息管理中心主任科员	嘉　奖
42	王保山	市局信息管理中心主任科员	嘉　奖
43	裴文清	市局信息管理中心主任科员	嘉　奖
44	王尔丛	市局纳税服务局主任科员	嘉　奖
45	王文燕	市局纳税服务局主任科员	嘉　奖

■ 各区县局（直属单位）市局管理领导干部嘉奖人员名单（2015 年度）

序号	姓　名	单位及职务	奖励种类
1	伍　柯	万州区地税局局长	嘉　奖
2	张建清	渝中区地税局局长	嘉　奖
3	颜　炯	江北区地税局局长	嘉　奖
4	廖向阳	九龙坡区地税局局长	嘉　奖
5	黄　伟	巴南区地税局局长	嘉　奖
6	叶洪义	江津区地税局局长	嘉　奖
7	刘　萍	璧山区地税局局长	嘉　奖
8	叶　茂	丰都县地税局局长	嘉　奖
9	邓坤权	武隆县地税局局长	嘉　奖
10	陈列君	开县地税局局长	嘉　奖
11	安　然	云阳县地税局局长	嘉　奖
12	张廉汶	奉节县地税局局长	嘉　奖
13	何小军	巫溪县地税局局长	嘉　奖
14	张黎明	市局重点税源管理局局长	嘉　奖
15	曾洪波	市局第一稽查局局长	嘉　奖
16	谢芝林	万州区地税局副局长	嘉　奖
17	谢　宾	黔江区地税局副局长	嘉　奖
18	李炉冶	涪陵区地税局副局长	嘉　奖
19	曾　柯	涪陵区地税局副局长 （原南川区地税局副局长）	嘉　奖
20	龚　将	渝中区地税局副局长	嘉　奖
21	李新宇	大渡口区地税局副局长	嘉　奖
22	邓　义	沙坪坝区地税局副局长 （原江北区地税局副局长）	嘉　奖
23	杨卫东	沙坪坝区地税局纪检组长	嘉　奖

续表

序号	姓　名	单位及职务	奖励种类
24	刘巩茜	九龙坡区地税局副局长	嘉　奖
25	曾佑国	南岸区地税局副局长	嘉　奖
26	钟利平	北碚区地税局纪检组长兼副局长	嘉　奖
27	孙惠霞	渝北区地税局纪检组长兼副局长	嘉　奖
28	叶秋祎	巴南区地税局副局长	嘉　奖
29	黄荣明	长寿区地税局纪检组长	嘉　奖
30	罗　旋	长寿区地税局副局长 （原奉节县地税局副局长）	嘉　奖
31	李英福	江津区地税局副局长	嘉　奖
32	张　翼	合川区地税局副局长	嘉　奖
33	陈武刚	永川区地税局副局长	嘉　奖
34	庄家华	南川区地税局副局长 （原垫江县地税局副局长）	嘉　奖
35	席振宇	大足区地税局副局长	嘉　奖
36	杨　平	綦江区地税局副局长	嘉　奖
37	徐廷中	璧山区地税局副局长	嘉　奖
38	吴建能	铜梁区地税局副局长	嘉　奖
39	但文斌	潼南区地税局纪检组长 （原潼南县地税局纪检组长）	嘉　奖
40	廖位彬	荣昌区地税局副局长 （原荣昌县地税局副局长）	嘉　奖
41	邹明喜	梁平县地税局副局长	嘉　奖
42	袁开造	城口县地税局副局长	嘉　奖
43	彭　勇	丰都县地税局纪检组长	嘉　奖
44	丁　鲁	武隆县地税局纪检组长	嘉　奖
45	文　政	忠县地税局副局长	嘉　奖
46	曲敬志	开县地税局副局长	嘉　奖

续表

序号	姓　名	单位及职务	奖励种类
47	张荣辉	云阳县地税局副局长兼纪检组长	嘉　奖
48	肖品兴	巫山县地税局副局长	嘉　奖
49	付泽平	巫溪县地税局副局长	嘉　奖
50	马培萍	石柱县地税局副局长	嘉　奖
51	付　伟	秀山县地税局副局长	嘉　奖
52	龚建国	酉阳县地税局副局长	嘉　奖
53	王天海	彭水县地税局副局长	嘉　奖
54	李　军	两江新区（北部新区）地税局副局长	嘉　奖
55	阳举谋	两江新区（北部新区）地税局纪检组长	嘉　奖
56	崔　宁	万盛经开区地税局副局长	嘉　奖
57	陈晓桦	市局第一稽查局副局长 （原市局重点税源管理局副局长）	嘉　奖
58	唐　丽	市局第一稽查局副局长	嘉　奖
59	石红鸣	市局第二稽查局纪检组长	嘉　奖
60	赵金翔	市局第三稽查局副局长	嘉　奖
61	邓晓东	市局第四稽查局副局长	嘉　奖
62	余　可	市局第五稽查局副局长	嘉　奖
63	郭久亮	江津区地税局稽查局局长	嘉　奖
64	王建川	南川区地税局稽查局局长	嘉　奖
65	孙　健	璧山区地税局稽查局局长	嘉　奖
66	骆　容	武隆县地税局稽查局局长	嘉　奖
67	周　平	奉节县地税局稽查局局长	嘉　奖

各区县局（直属单位）嘉奖人员名单（2015 年度）

序号	姓　名	单位及职务	奖励种类
1	赵代阳	万州区地税局办公室主任	嘉　奖
2	程　辉	万州区地税局社会保险费征收管理科副科长	嘉　奖
3	刘　斌	万州区地税局信息管理科副科长	嘉　奖
4	周生廷	万州区地税局监察室主任	嘉　奖
5	黄　未	万州区地税局稽查局综合科副科长	嘉　奖
6	何大堂	万州区地税局重点税源管理所所长	嘉　奖
7	张　琴	万州区地税局百安坝税务所副所长	嘉　奖
8	潘　勇	万州区地税局太白税务所所长	嘉　奖
9	张　宏	万州区地税局天城税务所副所长	嘉　奖
10	冉　玲	万州区地税局办公室副主任科员	嘉　奖
11	唐　领	万州区地税局政策法规科主任科员	嘉　奖
12	易　兵	万州区地税局税政管理科主任科员	嘉　奖
13	高　闻	万州区地税局收入核算科主任科员	嘉　奖
14	蒲　艳	万州区地税局征收管理科主任科员	嘉　奖
15	陈　果	万州区地税局人事科主任科员	嘉　奖
16	何卫东	万州区地税局稽查局主任科员	嘉　奖
17	汪永平	万州区地税局稽查局主任科员	嘉　奖
18	刘淑瑛	万州区地税局稽查局主任科员	嘉　奖
19	何红星	万州区地税局重点税源管理所主任科员	嘉　奖
20	赵小兰	万州区地税局重点税源管理所主任科员	嘉　奖
21	曾令云	万州区地税局重点税源管理所主任科员	嘉　奖
22	刘世琼	万州区地税局高笋塘税务所主任科员	嘉　奖
23	熊　亮	万州区地税局高笋塘税务所主任科员	嘉　奖
24	张代政	万州区地税局百安坝税务所主任科员	嘉　奖

续表

序号	姓　名	单位及职务	奖励种类
25	蔡树红	万州区地税局百安坝税务所主任科员	嘉　奖
26	吴宗东	万州区地税局周家坝税务所主任科员	嘉　奖
27	张　军	万州区地税局周家坝税务所主任科员	嘉　奖
28	金良德	万州区地税局江南税务所主任科员	嘉　奖
29	张昆峨	万州区地税局太白税务所主任科员	嘉　奖
30	黄　芳	万州区地税局钟鼓楼税务所主任科员	嘉　奖
31	周　芳	万州区地税局天城税务所副主任科员	嘉　奖
32	杨　星	万州区地税局工业园区税务所主任科员	嘉　奖
33	吴思孝	万州区地税局白岩税务所主任科员	嘉　奖
34	彭　军	万州区地税局白岩税务所主任科员	嘉　奖
35	曾祥明	万州区地税局白岩税务所主任科员	嘉　奖
36	牟其华	万州区地税局白岩税务所主任科员	嘉　奖
37	姜有惠	万州区地税局双河税务所主任科员	嘉　奖
38	刘　华	万州区地税局龙沙税务所副主任科员	嘉　奖
39	牟宏伟	万州区地税局牌楼税务所主任科员	嘉　奖
40	朱咏梅	万州区地税局牌楼税务所主任科员	嘉　奖
41	向煜瀚	万州区地税局分水税务所科员	嘉　奖
42	石　红	万州区地税局办税服务厅主任科员	嘉　奖
43	焦　阳	万州区地税局办税服务厅主任科员	嘉　奖
44	曹中梁	黔江区地税局办公室科员	嘉　奖
45	庞家英	黔江区地税局法规科主任科员	嘉　奖
46	刘昌胜	黔江区地税局税政管理科主任科员	嘉　奖
47	郑仁君	黔江区地税局社会保险费征收管理科主任科员	嘉　奖
48	谢　瑛	黔江区地税局收入核算科主任科员	嘉　奖
49	余清斌	黔江区地税局征收管理科副科长	嘉　奖
50	简兴明	黔江区地税局机关党委办公室主任科员	嘉　奖

续表

序号	姓　名	单位及职务	奖励种类
51	吴玉华	黔江区地税局人事科科长	嘉　奖
52	谭全会	黔江区地税局稽查局主任科员	嘉　奖
53	杨旭东	黔江区地税局城南税务所所长	嘉　奖
54	陶　明	黔江区地税局城东税务所副所长	嘉　奖
55	赵　俊	黔江区地税局正阳税务所科员	嘉　奖
56	阮志勇	黔江区地税局正阳税务所主任科员	嘉　奖
57	郑清海	黔江区地税局濯水税务所所长	嘉　奖
58	万　莉	黔江区地税局办税服务厅科员	嘉　奖
59	彭　凤	涪陵区地税局办公室科员	嘉　奖
60	刘生华	铜梁区地税局稽查局局长 （原涪陵区地税局监察室主任）	嘉　奖
61	周义权	涪陵区地税局人事科科长	嘉　奖
62	石艳娇	涪陵区地税局人事科主任科员	嘉　奖
63	傅维德	涪陵区地税局征收管理科科长	嘉　奖
64	张兴政	涪陵区地税局征收管理科主任科员	嘉　奖
65	况　波	涪陵区地税局信息管理科副主任科员	嘉　奖
66	谭晓燕	涪陵区地税局收入核算科主任科员	嘉　奖
67	周　韦	涪陵区地税局税政二科副科长	嘉　奖
68	王　峰	涪陵区地税局稽查局副局长	嘉　奖
69	刘　瑜	涪陵区地税局稽查局主任科员	嘉　奖
70	周　胜	涪陵区地税局稽查局副主任科员	嘉　奖
71	毛祥彬	涪陵区地税局稽查局主任科员	嘉　奖
72	王文权	涪陵区地税局重点税源管理所副所长	嘉　奖
73	陈富国	涪陵区地税局重点税源管理所主任科员	嘉　奖
74	代　敏	涪陵区地税局重点税源管理所主任科员	嘉　奖
75	田　惠	涪陵区地税局重点税源管理所主任科员	嘉　奖

续表

序号	姓　名	单位及职务	奖励种类
76	何　平	涪陵区地税局城区税务所所长	嘉　奖
77	冉永红	涪陵区地税局城区税务所主任科员	嘉　奖
78	熊加明	涪陵区地税局城区税务所主任科员	嘉　奖
79	杨明芬	涪陵区地税局城区税务所主任科员	嘉　奖
80	陈云杰	涪陵区地税局易家坝税务所所长	嘉　奖
81	喻洪英	涪陵区地税局易家坝税务所主任科员	嘉　奖
82	庹　健	涪陵区地税局易家坝税务所主任科员	嘉　奖
83	谭　力	涪陵区地税局江东税务所副所长	嘉　奖
84	何　静	涪陵区地税局江东税务所主任科员	嘉　奖
85	向　冬	涪陵区地税局江北税务所主任科员	嘉　奖
86	曾　辉	涪陵区地税局李渡税务所副所长	嘉　奖
87	舒　鸿	涪陵区地税局李渡税务所主任科员	嘉　奖
88	潘　彬	涪陵区地税局李渡税务所主任科员	嘉　奖
89	陈明昌	涪陵区地税局蔺市税务所主任科员	嘉　奖
90	张卫东	涪陵区地税局马武税务所主任科员	嘉　奖
91	潘亚莉	涪陵区地税局白涛税务所主任科员	嘉　奖
92	陈　闻	涪陵区地税局办税服务厅主任科员	嘉　奖
93	彭　平	渝中区地税局办公室主任科员	嘉　奖
94	肖粟菲	渝中区地税局办公室副主任科员	嘉　奖
95	张映覃	渝中区地税局税政科副科长	嘉　奖
96	田晓春	渝中区地税局税政科主任科员	嘉　奖
97	文　学	渝中区地税局税源科主任科员	嘉　奖
98	张　媛	渝中区地税局征管科主任科员	嘉　奖
99	肖智冈	渝中区地税局信息管理科主任科员	嘉　奖
100	刘　昕	渝中区地税局人事科科长	嘉　奖
101	余瑞斌	渝中区地税局人事科主任科员	嘉　奖

续表

序号	姓　名	单位及职务	奖励种类
102	唐　娜	渝中区地税局人事科副主任科员	嘉　奖
103	杨　舜	渝中区地税局监察室副主任	嘉　奖
104	周　娟	渝中区地税局重点税源所副主任科员	嘉　奖
105	马　蔚	渝中区地税局重点税源所主任科员	嘉　奖
106	郭　蓉	渝中区地税局较场口税务所所长	嘉　奖
107	李　江	渝中区地税局较场口税务所主任科员	嘉　奖
108	郑文军	渝中区地税局较场口税务所主任科员	嘉　奖
109	严启武	渝中区地税局较场口税务所主任科员	嘉　奖
110	王贤忠	渝中区地税局朝天门税务所主任科员	嘉　奖
111	刘　敏	渝中区地税局朝天门税务所主任科员	嘉　奖
112	于　沈	渝中区地税局朝天门税务所主任科员	嘉　奖
113	周官彬	渝中区地税局大溪沟税务所调研员	嘉　奖
114	谢丽枫	渝中区地税局大溪沟税务所主任科员	嘉　奖
115	杨　毅	渝中区地税局望龙门税务所副主任科员	嘉　奖
116	陈亚琼	渝中区地税局解放碑税务所主任科员	嘉　奖
117	张　弘	渝中区地税局解放碑税务所主任科员	嘉　奖
118	胥华珉	渝中区地税局上清寺税务所主任科员	嘉　奖
119	危世军	渝中区地税局上清寺税务所主任科员	嘉　奖
120	曾祥培	渝中区地税局两路口税务所主任科员	嘉　奖
121	许　欢	渝中区地税局两路口税务所主任科员	嘉　奖
122	李雪梅	渝中区地税局七星岗税务所主任科员	嘉　奖
123	易世敏	渝中区地税局办税服务厅主任	嘉　奖
124	李　唯	渝中区地税局办税服务厅副主任	嘉　奖
125	熊莉英	渝中区地税局办税服务厅副主任科员	嘉　奖
126	罗　雪	渝中区地税局办税服务厅主任科员	嘉　奖
127	刘永春	渝中区地税局大坪税务所所长	嘉　奖

续表

序号	姓　名	单位及职务	奖励种类
128	张巧云	渝中区地税局大坪税务所主任科员	嘉　奖
129	张　毅	渝中区地税局大坪税务所主任科员	嘉　奖
130	韩世荣	渝中区地税局菜园坝税务所主任科员	嘉　奖
131	王　玺	渝中区地税局化龙桥税务所主任科员	嘉　奖
132	杨　娜	渝中区地税局房地产交易管理税务所副所长	嘉　奖
133	漆　怡	渝中区地税局房地产交易管理税务所主任科员	嘉　奖
134	刘晓勇	沙坪坝区地税局办公室主任	嘉　奖
135	杨　浩	沙坪坝区地税局人事科副科长	嘉　奖
136	龚小云	沙坪坝区地税局监察室主任	嘉　奖
137	张　俐	沙坪坝区地税局监察室	嘉　奖
138	郭仁芹	沙坪坝区地税局收入核算科科长	嘉　奖
139	郭会杰	沙坪坝区地税局收入核算科	嘉　奖
140	唐　勇	沙坪坝区地税局信息管理科科长	嘉　奖
141	谢　伟	沙坪坝区地税局税政管理一科副科长	嘉　奖
142	刘振标	沙坪坝区地税局税政管理一科副主任科员	嘉　奖
143	刘　薇	沙坪坝区地税局税政管理二科副主任科员	嘉　奖
144	冯　燕	沙坪坝区地税局征收管理科科长	嘉　奖
145	田　静	沙坪坝区地税局征收管理科主任科员	嘉　奖
146	李建军	沙坪坝区地税局政策法规科副科长	嘉　奖
147	王海渝	沙坪坝区地税局小龙坎税务所副所长	嘉　奖
148	杨庭伟	沙坪坝区地税局小龙坎税务所主任科员	嘉　奖
149	陈小涓	沙坪坝区地税局小龙坎税务所主任科员	嘉　奖
150	杨代利	沙坪坝区地税局渝碚路税务所副所长	嘉　奖
151	赵勇勤	沙坪坝区地税局渝碚路税务所主任科员	嘉　奖
152	孙文琴	沙坪坝区地税局渝碚路税务所主任科员	嘉　奖
153	刘先素	沙坪坝区地税局渝碚路税务所主任科员	嘉　奖

续表

序号	姓　名	单位及职务	奖励种类
154	张　宇	沙坪坝区地税局重点税源管理所副所长	嘉　奖
155	望泠眉	沙坪坝区地税局重点税源管理所副主任科员	嘉　奖
156	张素华	沙坪坝区地税局童家桥税务所主任科员	嘉　奖
157	何　莉	沙坪坝区地税局渝碚路税务所主任科员	嘉　奖
158	刘　敏	沙坪坝区地税局上桥税务所主任科员	嘉　奖
159	胡　涛	沙坪坝区地税局双碑税务所副所长	嘉　奖
160	郑丛勇	沙坪坝区地税局歌乐山税务所副所长	嘉　奖
161	李恩芳	沙坪坝区地税局虎溪税务所主任科员	嘉　奖
162	张安华	沙坪坝区地税局虎溪税务所主任科员	嘉　奖
163	丁明胜	沙坪坝区地税局青木关税务所主任科员	嘉　奖
164	刘向明	沙坪坝区地税局房地产交易管理所主任科员	嘉　奖
165	龚　艺	大渡口区地税局监察室主任	嘉　奖
166	方清福	大渡口区地税局八桥税务所所长	嘉　奖
167	欧阳春	大渡口区地税局春晖路税务所副所长	嘉　奖
168	阴　渝	大渡口区地税局税政管理二科科长	嘉　奖
169	贺娜妮	大渡口区地税局办公室副主任科员	嘉　奖
170	丁　黎	大渡口区地税局收入核算科副主任科员	嘉　奖
171	陈　芃	大渡口区地税局税政二科主任科员	嘉　奖
172	宋　非	大渡口区地税局办税服务厅副主任科员	嘉　奖
173	许豫萍	大渡口区地税局新山村税务所副主任科员	嘉　奖
174	张　琳	大渡口区地税局九宫庙税务所主任科员	嘉　奖
175	向　上	大渡口区地税局八桥税务所科员	嘉　奖
176	周炼钢	大渡口区地税局春晖路税务所主任科员	嘉　奖
177	陈　敏	大渡口区地税局建桥园区税务所主任科员	嘉　奖
178	黄文韬	大渡口区地税局松青路税务所副主任科员	嘉　奖
179	张　榕	江北区地税局办公室主任	嘉　奖

续表

序号	姓　名	单位及职务	奖励种类
180	胡崇新	江北区地税局城区税务所所长	嘉　奖
181	王莎莎	江北区地税局税源管理科科长	嘉　奖
182	徐　牧	江北区地税局石门税务所所长	嘉　奖
183	梁　平	江北区地税局观音桥税务所所长	嘉　奖
184	喻晓静	江北区地税局人事科副科长	嘉　奖
185	王　莉	江北区地税局房地产交易征收税务所副所长	嘉　奖
186	李　海	江北区地税局税政科副科长	嘉　奖
187	范新怡	江北区地税局办公室副主任科员	嘉　奖
188	张红霞	江北区地税局征管科副主任科员	嘉　奖
189	谭孝斌	江北区地税局税源科主任科员	嘉　奖
190	周　青	江北区地税局洋河税务所副调研员	嘉　奖
191	邓勇奇	江北区地税局洋河税务所主任科员	嘉　奖
192	傅显娟	江北区地税局洋河税务所主任科员	嘉　奖
193	李　松	江北区地税局洋河税务所科员	嘉　奖
194	余邵玲	江北区地税局小苑税务所主任科员	嘉　奖
195	王明贵	江北区地税局小苑税务所主任科员	嘉　奖
196	薛　虹	江北区地税局小苑税务所主任科员	嘉　奖
197	周小璇	江北区地税局华新街税务所副主任科员	嘉　奖
198	朱清明	江北区地税局华新街税务所主任科员	嘉　奖
199	王伟义	江北区地税局石门税务所主任科员	嘉　奖
200	谭春敏	江北区地税局石门税务所主任科员	嘉　奖
201	李　菁	江北区地税局五里店税务所主任科员	嘉　奖
202	雷　雪	江北区地税局五里店税务所主任科员	嘉　奖
203	马玲娟	江北区地税局城区税务所副主任科员	嘉　奖
204	卢　麟	江北区地税局城区税务所主任科员	嘉　奖
205	余江容	江北区地税局港城税务所主任科员	嘉　奖

续表

序号	姓　名	单位及职务	奖励种类
206	常　勇	江北区地税局房地产交易征收税务所副主任科员	嘉　奖
207	陈　敏	江北区地税局观音桥税务所主任科员	嘉　奖
208	任　英	江北区地税局办税服务厅主任科员	嘉　奖
209	牟云松	九龙坡区地税局办公室主任	嘉　奖
210	唐　荣	九龙坡区地税局财务科科长	嘉　奖
211	郭　玮	九龙坡区地税局收核科科长	嘉　奖
212	杨　英	九龙坡区地税局九龙所所长	嘉　奖
213	杨永忠	九龙坡区地税局办税厅主任	嘉　奖
214	康忠杰	九龙坡区地税局科园一所所长	嘉　奖
215	杨贵芬	九龙坡区地税局白市所副所长	嘉　奖
216	黄　燕	九龙坡区地税局办公室副主任科员	嘉　奖
217	许爱华	九龙坡区地税局财务科主任科员	嘉　奖
218	邓丽娟	九龙坡区地税局征税科副主任科员	嘉　奖
219	黄立明	九龙坡区地税局税源科主任科员	嘉　奖
220	邓　萨	九龙坡区地税局直港所主任科员	嘉　奖
221	朱　勇	九龙坡区地税局杨家坪所调研员	嘉　奖
222	翟　静	九龙坡区地税局杨家坪所主任科员	嘉　奖
223	钱　劲	九龙坡区地税局石坪桥所主任科员	嘉　奖
224	郑鸿锋	九龙坡区地税局石坪桥所主任科员	嘉　奖
225	马　飞	九龙坡区地税局西郊所主任科员	嘉　奖
226	赵　嫵	九龙坡区地税局西郊所主任科员	嘉　奖
227	周　艳	九龙坡区地税局九龙所主任科员	嘉　奖
228	张　智	九龙坡区地税局九龙所副主任科员	嘉　奖
229	何宗梅	九龙坡区地税局中梁山所主任科员	嘉　奖
230	兰跃庆	九龙坡区地税局西彭所主任科员	嘉　奖
231	谢　鸿	九龙坡区地税局陶家所主任科员	嘉　奖

续表

序号	姓　名	单位及职务	奖励种类
232	蒋　燕	九龙坡区地税局办税厅科员	嘉　奖
233	李　静	九龙坡区地税局科园一所主任科员	嘉　奖
234	廖汝薇	九龙坡区地税局科园一所主任科员	嘉　奖
235	胡小伟	九龙坡区地税局科园二所主任科员	嘉　奖
236	冉姝婧	九龙坡区地税局奥体所副主任科员	嘉　奖
237	张小刚	九龙坡区地税局二郎所主任科员	嘉　奖
238	李　英	九龙坡区地税局二郎所主任科员	嘉　奖
239	谭江微	九龙坡区地税局白市所科员	嘉　奖
240	张树艳	南岸区地税局人事科科长	嘉　奖
241	肖韵佳	南岸区地税局税政管理科科长	嘉　奖
242	徐振宇	南岸区地税局收入核算科科长	嘉　奖
243	林　泉	南岸区地税局办公室主任科员	嘉　奖
244	杨智钦	南岸区地税局征收管理科副主任科员	嘉　奖
245	王　艳	南岸区地税局人事科副主任科员	嘉　奖
246	朱　丹	南岸区地税局税政管理科主任科员	嘉　奖
247	邹　平	南岸区地税局征收管理科主任科员	嘉　奖
248	王雪琴	南岸区地税局南坪税务所主任科员	嘉　奖
249	陈恒元	南岸区地税局南坪税务所主任科员	嘉　奖
250	余　艳	南岸区地税局四公里税务所所长	嘉　奖
251	王兴平	南岸区地税局四公里税务所副所长	嘉　奖
252	王井泉	南岸区地税局四公里税务所副主任科员	嘉　奖
253	孟　勇	南岸区地税局四公里税务所副主任科员	嘉　奖
254	蒋　帅	南岸区地税局龙门浩税务所主任科员	嘉　奖
255	黄　敏	南岸区地税局弹子石税务所所长	嘉　奖
256	孔祥军	南岸区地税局弹子石税务所主任科员	嘉　奖
257	洪术义	南岸区地税局黄桷垭税务所副主任科员	嘉　奖

续表

序号	姓　名	单位及职务	奖励种类
258	龙立国	南岸区地税局茶园税务所副调研员	嘉　奖
259	李敬忠	南岸区地税局花园路税务所所长	嘉　奖
260	代小玉	南岸区地税局花园路税务所副主任科员	嘉　奖
261	袁世海	南岸区地税局花园路税务所主任科员	嘉　奖
262	曾　权	南岸区地税局花园路税务所主任科员	嘉　奖
263	黄　颖	南岸区地税局房地产交易管理税务所主任科员	嘉　奖
264	周　圣	南岸区地税局办税服务厅主任	嘉　奖
265	张兴政	南岸区地税局办税服务厅副主任科员	嘉　奖
266	莫怀勇	南岸区地税局长生税务所调研员	嘉　奖
267	江海宇	南岸区地税局迎龙税务所科员	嘉　奖
268	覃树均	北碚区地税局办公室主任	嘉　奖
269	向明高	北碚区地税局监察室主任科员	嘉　奖
270	王　岚	北碚区地税局收入核算科科长	嘉　奖
271	林　辉	北碚区地税局收入核算科主任科员	嘉　奖
272	李福波	北碚区地税局税政管理科副科长	嘉　奖
273	童　强	北碚区地税局政策法规科科长	嘉　奖
274	刘　华	北碚区地税局城区第一税务所主任科员	嘉　奖
275	刘　莹	北碚区地税局城区第一税务所主任科员	嘉　奖
276	刘　斌	北碚区地税局城区第一税务所主任科员	嘉　奖
277	李大志	北碚区地税局城区第二税务所主任科员	嘉　奖
278	李继忠	北碚区地税局城区第二税务所主任科员	嘉　奖
279	杨　红	北碚区地税局黄桷税务所所长	嘉　奖
280	肖　洋	北碚区地税局文星税务所主任科员	嘉　奖
281	罗红安	北碚区地税局蔡家税务所主任科员	嘉　奖
282	傅仕琼	北碚区地税局歇马税务所副所长	嘉　奖
283	徐贤文	北碚区地税局澄江税务所副所长	嘉　奖

续表

序号	姓　名	单位及职务	奖励种类
284	许　勇	北碚区地税局静观税务所主任科员	嘉　奖
285	龙　云	北碚区地税局办税服务厅副主任	嘉　奖
286	古发敏	渝北区地税局办公室主任	嘉　奖
287	傅　敏	渝北区地税局征管科科长	嘉　奖
288	徐　燕	渝北区地税局监察室主任	嘉　奖
289	殷　泽	渝北区地税局龙塔所所长	嘉　奖
290	兰晓初	渝北区地税局龙溪所副所长	嘉　奖
291	谭　飞	渝北区地税局空港所副所长	嘉　奖
292	张　砾	渝北区地税局两路四所副所长	嘉　奖
293	汪杰锐	渝北区地税局两路五所副所长	嘉　奖
294	曹智波	渝北区地税局办公室副主任科员	嘉　奖
295	蒋　岭	渝北区地税局人事科主任科员	嘉　奖
296	林　兰	渝北区地税局收入核算科主任科员	嘉　奖
297	朱洪波	渝北区地税局税源管理科主任科员	嘉　奖
298	胡志平	渝北区地税局两路一所主任科员	嘉　奖
299	谢万柏	渝北区地税局两路二所主任科员	嘉　奖
300	陈　壮	渝北区地税局两路三所主任科员	嘉　奖
301	王　剑	渝北区地税局两路四所科员	嘉　奖
302	幸相林	渝北区地税局两路四所主任科员	嘉　奖
303	柳小青	渝北区地税局两路五所主任科员	嘉　奖
304	程为国	渝北区地税局空港所主任科员	嘉　奖
305	潘德英	渝北区地税局双龙所主任科员	嘉　奖
306	孟舒鹏	渝北区地税局龙塔所主任科员	嘉　奖
307	曾晓丽	渝北区地税局龙塔所主任科员	嘉　奖
308	谭　旭	渝北区地税局龙山所主任科员	嘉　奖
309	王晓萍	渝北区地税局龙山所主任科员	嘉　奖

续表

序号	姓　名	单位及职务	奖励种类
310	甘惠华	渝北区地税局龙溪所主任科员	嘉　奖
311	鄢运伟	渝北区地税局龙溪所主任科员	嘉　奖
312	黄若舟	渝北区地税局龙溪所主任科员	嘉　奖
313	谷正涛	巴南区地税局龙洲湾税务所所长	嘉　奖
314	刘光友	巴南区地税局监察室主任	嘉　奖
315	王　前	巴南区地税局人事科科长	嘉　奖
316	刘中良	巴南区地税局办公室主任	嘉　奖
317	李　智	巴南区地税局花溪税务所副所长	嘉　奖
318	毛飞翔	巴南区地税局办公室副主任科员	嘉　奖
319	龙万清	巴南区地税局收入核算科主任科员	嘉　奖
320	邹兴玥	巴南区地税局人事科科员	嘉　奖
321	曲振超	巴南区地税局界石税务所副调研员	嘉　奖
322	吴　健	巴南区地税局花溪税务所主任科员	嘉　奖
323	沙伊莎	巴南区地税局房地产交易管理税务所科员	嘉　奖
324	任　怡	巴南区地税局龙洲湾税务所科员	嘉　奖
325	黄　瑞	巴南区地税局木洞税务所科员	嘉　奖
326	牟启宏	巴南区地税局鱼洞税务所主任科员	嘉　奖
327	杨　曾	巴南区地税局南泉税务所副主任科员	嘉　奖
328	李乔丽	巴南区地税局李家沱税务所主任科员	嘉　奖
329	卓　明	长寿区地税局稽查局主任科员	嘉　奖
330	樊庭庄	长寿区地税局凤城一所主任科员	嘉　奖
331	佘锦秀	长寿区地税局凤城二所主任科员	嘉　奖
332	张　勇	长寿区地税局晏家所主任科员	嘉　奖
333	张晓林	长寿区地税局渡舟所主任科员	嘉　奖
334	杨　莉	长寿区地税局长寿湖所主任科员	嘉　奖
335	徐亚均	长寿区地税局办税服务厅主任科员	嘉　奖

续表

序号	姓　名	单位及职务	奖励种类
336	邹　波	长寿区地税局办税服务厅主任科员	嘉　奖
337	董　剑	长寿区地税局长寿湖所所长	嘉　奖
338	张剑波	长寿区地税局办税服务厅主任	嘉　奖
339	张芙蓉	长寿区地税局收入核算科科长	嘉　奖
340	熊昌平	长寿区地税局凤城一所副所长	嘉　奖
341	赵　军	长寿区地税局征管科副科长	嘉　奖
342	程　雯	长寿区地税局法规科主任科员	嘉　奖
343	易泽佳	长寿区地税局收入核算科主任科员	嘉　奖
344	周海燕	长寿区地税局办公室主任科员	嘉　奖
345	朱　毅	长寿区地税局社保科主任科员	嘉　奖
346	张　雪	江津区地税局人事科科长	嘉　奖
347	李仲春	江津区地税局李市税务所所长	嘉　奖
348	张　涌	江津区地税局鼎山税务所所长	嘉　奖
349	欧国平	江津区地税局办公室副主任	嘉　奖
350	郑聪骋	江津区地税局收入核算科副科长	嘉　奖
351	陈祺源	江津区地税局稽查局检查一科科长	嘉　奖
352	熊恩军	江津区地税局征收管理科主任科员	嘉　奖
353	邱丹亭	江津区地税局人事科副主任科员	嘉　奖
354	邱　兰	江津区地税局办公室主任科员	嘉　奖
355	黄由梅	江津区地税局鼎山税务所副主任科员	嘉　奖
356	付永祥	江津区地税局鼎山税务所主任科员	嘉　奖
357	左睿鑫	江津区地税局鼎山税务所科员	嘉　奖
358	杨安郎	江津区地税局几江税务所主任科员	嘉　奖
359	戴　铃	江津区地税局几江税务所主任科员	嘉　奖
360	罗南诣	江津区地税局德感税务所副主任科员	嘉　奖
361	付茂昌	江津区地税局双福税务所主任科员	嘉　奖

续表

序号	姓　名	单位及职务	奖励种类
362	陈　洪	江津区地税局珞璜税务所副主任科员	嘉　奖
363	杨　勇	江津区地税局李市税务所主任科员	嘉　奖
364	罗泽萍	江津区地税局房交所主任科员	嘉　奖
365	黄璐娜	江津区地税局办税服务厅科员	嘉　奖
366	刘　霞	江津区地税局稽查局主任科员	嘉　奖
367	罗大琼	合川区地税局三汇税务所所长	嘉　奖
368	刘克禄	合川区地税局人事科科长	嘉　奖
369	陈道军	合川区地税局大石税务所所长	嘉　奖
370	胡建国	合川区地税局收入核算科科长	嘉　奖
371	杨　志	合川区地税局稽查局主任科员	嘉　奖
372	王　跃	合川区地税局城区税务所主任科员	嘉　奖
373	龚适君	合川区地税局城北税务所主任科员	嘉　奖
374	朱在林	合川区地税局城北税务所主任科员	嘉　奖
375	马　平	合川区地税局城南税务所主任科员	嘉　奖
376	邓少君	合川区地税局云门税务所主任科员	嘉　奖
377	杨瑞琴	合川区地税局大石税务所主任科员	嘉　奖
378	罗　虹	合川区地税局三汇税务所主任科员	嘉　奖
379	肖三群	合川区地税局三汇税务所副主任科员	嘉　奖
380	刘文彬	合川区地税局办税服务厅主任科员	嘉　奖
381	余晓静	合川区地税局办税服务厅主任科员	嘉　奖
382	孙　溪	合川区地税局办公室科员	嘉　奖
383	邓淑华	合川区地税局收入核算科主任科员	嘉　奖
384	谢家华	永川区地税局办公室主任	嘉　奖
385	刘　强	永川区地税局征管科科长	嘉　奖
386	肖　斌	永川区地税局税政科科长	嘉　奖
387	龙开慧	永川区地税局三教税务所所长	嘉　奖

续表

序号	姓　名	单位及职务	奖励种类
388	林建刚	永川区地税局社保科科长	嘉　奖
389	黎桢桢	永川区地税局办公室副主任	嘉　奖
390	胡洪平	永川区地税局收核科主任科员	嘉　奖
391	苏祖珣	永川区地税局社保科主任科员	嘉　奖
392	周先会	永川区地税局征管科主任科员	嘉　奖
393	邢桂兰	永川区地税局税源管理科主任科员	嘉　奖
394	陈建军	永川区地税局税政科副主任科员	嘉　奖
395	邹昌友	永川区地税局税源管理科主任科员	嘉　奖
396	韩　琍	永川区地税局凤凰湖税务所主任科员	嘉　奖
397	张　清	永川区地税局官井路税务所主任科员	嘉　奖
398	公茂圣	永川区地税局萱花路税务所主任科员	嘉　奖
399	罗太钊	永川区地税局中山路税务所主任科员	嘉　奖
400	李　滨	永川区地税局稽查局主任科员	嘉　奖
401	赖寒梅	永川区地税局胜利路税务所主任科员	嘉　奖
402	谢本明	南川区地税局收入核算科科长	嘉　奖
403	谢　军	南川区地税局西城税务所所长	嘉　奖
404	曾　敬	南川区地税局大观税务所所长	嘉　奖
405	张晓弘	南川区地税局税源管理科科长	嘉　奖
406	金雍猷	南川区地税局西城税务所副所长	嘉　奖
407	夏　玲	南川区地税局南平税务所副所长	嘉　奖
408	游　强	南川区地税局水江税务所副所长	嘉　奖
409	何润升	南川区地税局收入核算科主任科员	嘉　奖
410	代碧兰	南川区地税局征收管理科主任科员	嘉　奖
411	罗万里	南川区地税局东城税务所主任科员	嘉　奖
412	赵华强	南川区地税局南城税务所主任科员	嘉　奖
413	许显柱	南川区地税局西城税务所主任科员	嘉　奖

续表

序号	姓　名	单位及职务	奖励种类
414	周　旺	南川区地税局南平税务所科员	嘉　奖
415	王德胜	南川区地税局大观税务所副主任科员	嘉　奖
416	张维强	南川区地税局水江税务所副主任科员	嘉　奖
417	安　平	南川区地税局办税服务厅主任科员	嘉　奖
418	皮　洋	南川区地税局稽查局主任科员	嘉　奖
419	罗昭剑	綦江区地税局办公室副主任	嘉　奖
420	杨　文	綦江区地税局征收管理科科长	嘉　奖
421	周晓宏	綦江区地税局人事科科长	嘉　奖
422	朱银华	綦江区地税局文龙税务所所长	嘉　奖
423	张　伟	綦江区地税局办税服务厅主任	嘉　奖
424	余万先	綦江区地税局重点税源管理所副所长	嘉　奖
425	袁泽香	綦江区地税局税政管理二科主任科员	嘉　奖
426	张　先	綦江区地税局办公室副主任科员	嘉　奖
427	王　平	綦江区地税局政策法规科主任科员	嘉　奖
428	李易洪	綦江区地税局稽查局主任科员	嘉　奖
429	冯向阳	綦江区地税局古南税务所主任科员	嘉　奖
430	刘晓东	綦江区地税局文龙税务所主任科员	嘉　奖
431	王碧熊	綦江区地税局赶水税务所科员	嘉　奖
432	王　敏	綦江区地税局重点税源管理所主任科员	嘉　奖
433	周　艳	綦江区地税局办税服务厅主任科员	嘉　奖
434	陈红梅	大足区地税局监察室主任	嘉　奖
435	李国标	大足区地税局人事科科长	嘉　奖
436	李红明	大足区地税局收核科科长	嘉　奖
437	段　俊	大足区地税局龙水所所长	嘉　奖
438	刘世莉	大足区地税局第一办税服务厅主任	嘉　奖
439	张　龙	大足区地税局龙岗税务所副所长	嘉　奖

续表

序号	姓　名	单位及职务	奖励种类
440	欧伍琼	大足区地税局棠香税务所副所长	嘉　奖
441	柴　林	大足区地税局稽查局综合科主任科员	嘉　奖
442	李俐娟	大足区地税局征收管理科主任科员	嘉　奖
443	王　娟	大足区地税局棠香税务所主任科员	嘉　奖
444	蒋欢欢	大足区地税局税源管理科科员	嘉　奖
445	鲁道兰	大足区地税局龙水税务所副主任科员	嘉　奖
446	覃宗文	大足区地税局邮亭税务所主任科员	嘉　奖
447	吴　彬	大足区地税局龙岗税务所科员	嘉　奖
448	彭　丹	大足区地税局龙水税务所副主任科员	嘉　奖
449	陈小敬	璧山区地税局纪检组长（原税源管理科科长）	嘉　奖
450	李志强	璧山区地税局人事科科长	嘉　奖
451	钟大平	璧山区地税局监察室主任	嘉　奖
452	黄泽惠	璧山区地税局稽查局副局长	嘉　奖
453	丁　剑	璧山区地税局丁家税务所所长	嘉　奖
454	严　勇	璧山区地税局大路税务所所长	嘉　奖
455	夏庆东	璧山区地税局璧城第一税务所副所长	嘉　奖
456	甘原春	璧山区地税局重点税源管理所副所长	嘉　奖
457	王　治	璧山区地税局办公室科员	嘉　奖
458	邓之鑫	璧山区地税局收入核算科科员	嘉　奖
459	任大科	璧山区地税局税政管理科科员	嘉　奖
460	曾　毅	璧山区地税局征收管理科主任科员	嘉　奖
461	刘白丁	璧山区地税局璧城第二税务所主任科员	嘉　奖
462	张利容	璧山区地税局璧城第二税务所主任科员	嘉　奖
463	曹　珍	璧山区地税局重点税源管理所副主任科员	嘉　奖
464	刘　羽	璧山区地税局青杠税务所副主任科员	嘉　奖
465	唐兴华	铜梁地税局征管科科长兼征收所所长	嘉　奖

续表

序号	姓　名	单位及职务	奖励种类
466	雷　电	铜梁地税局办公室主任	嘉　奖
467	杨传启	铜梁地税局收核科科长	嘉　奖
468	侯渝乐	铜梁地税局税政科副科长	嘉　奖
469	王成龙	铜梁地税局人事科科长	嘉　奖
470	王跃平	铜梁地税局稽查局主任科员	嘉　奖
471	谭旭超	铜梁地税局巴川所副所长	嘉　奖
472	傅元强	铜梁地税局巴川所主任科员	嘉　奖
473	苏建新	铜梁地税局重税所所长	嘉　奖
474	李　春	铜梁地税局征收所副所长	嘉　奖
475	高维良	铜梁地税局征收所主任科员	嘉　奖
476	谢光华	铜梁地税局蒲吕所所长	嘉　奖
477	朱光华	铜梁地税局安居所所长	嘉　奖
478	唐　孟	铜梁地税局虎峰所所长	嘉　奖
479	周光德	铜梁地税局大庙所主任科员	嘉　奖
480	金爱华	荣昌区地税局税政管理科副科长	嘉　奖
481	何莉薇	荣昌区地税局办公室主任	嘉　奖
482	史红梅	荣昌区地税局征收管理科科长	嘉　奖
483	廖雪梅	荣昌区地税局重点税源管理税务所所长	嘉　奖
484	冷　明	荣昌区地税局昌元税务所所长	嘉　奖
485	于　敏	荣昌区地税局稽查局副局长	嘉　奖
486	张文娣	荣昌区地税局收核科主任科员	嘉　奖
487	邓　薇	荣昌区地税局监察室科员	嘉　奖
488	张　博	荣昌区地税局重点税源管理税务所副主任科员	嘉　奖
489	李国锋	荣昌区地税局昌元税务所主任科员	嘉　奖
490	袁晓玲	荣昌区地税局政策法规科主任科员	嘉　奖
491	陈明素	荣昌区地税局征收管理科主任科员	嘉　奖

续表

序号	姓　名	单位及职务	奖励种类
492	夏思源	荣昌区地税局税源管理科副主任科员	嘉　奖
493	吴　萃	荣昌区地税局办税服务厅科员	嘉　奖
494	康华宾	荣昌区地税局稽查局主任科员	嘉　奖
495	李　勃	潼南区地税局办公室主任	嘉　奖
496	邹　刚	潼南区地税局重点税源管理所所长	嘉　奖
497	张世进	潼南区地税局征收管理科科长	嘉　奖
498	陈　轲	潼南区地税局稽查局检查科副科长	嘉　奖
499	代晓庆	潼南区地税局监察室主任	嘉　奖
500	何　标	潼南区地税局税政管理科主任科员	嘉　奖
501	陈文秋	潼南区地税局收入核算科科员	嘉　奖
502	夏高凡	潼南区地税局税源管理科主任科员	嘉　奖
503	沈艳红	潼南区地税局桂林税务所主任科员	嘉　奖
504	胡　江	潼南区地税局梓潼税务所主任科员	嘉　奖
505	汪　梅	潼南区地税局办税服务厅主任科员	嘉　奖
506	唐宏威	梁平县地税局政策法规科科长	嘉　奖
507	胡贵志	梁平县地税局税政管理科科长	嘉　奖
508	徐祥华	梁平县地税局征收管理科科长	嘉　奖
509	常黎明	梁平县地税局收入核算科科长	嘉　奖
510	莫　尧	梁平县地税局稽查局综合科科长	嘉　奖
511	邹　黎	梁平县地税局礼让所所长	嘉　奖
512	马　波	梁平县地税局税政管理科副科长	嘉　奖
513	刘晓莹	梁平县地税局征收管理科副科长	嘉　奖
514	刘瑞芸	梁平县地税局收入核算科主任科员	嘉　奖
515	杨晨月	梁平县地税局稽查局副主任科员	嘉　奖
516	谢直斌	梁平县地税局梁山一所主任科员	嘉　奖
517	熊　莉	梁平县地税局梁山一所副主任科员	嘉　奖

续表

序号	姓　名	单位及职务	奖励种类
518	王　利	梁平县地税局梁山二所副主任科员	嘉　奖
519	刘　馨	梁平县地税局梁山二所副主任科员	嘉　奖
520	唐平西	城口县地税局稽查局主任科员	嘉　奖
521	李世海	城口县地税局纪检组长（原税政管理科科长）	嘉　奖
522	杨娅玲	城口县地税局收入核算科主任科员	嘉　奖
523	林晓敏	城口县地税局办公室主任	嘉　奖
524	谢朝友	城口县地税局人事科科长	嘉　奖
525	左国江	城口县地税局修齐税务所副所长	嘉　奖
526	徐代君	城口县地税局办税服务厅主任科员	嘉　奖
527	杨凤伦	城口县地税局葛城税务所主任科员	嘉　奖
528	侯联琼	丰都县地税局人事科科长	嘉　奖
529	代兴权	丰都县地税局收入核算科科长	嘉　奖
530	代能彬	丰都县地税局征收管理科科长	嘉　奖
531	赵　亮	丰都县地税局办税服务厅主任	嘉　奖
532	彭江龙	丰都县地税局城西税务所所长	嘉　奖
533	冉龙祥	丰都县地税局城东税务所副所长	嘉　奖
534	周相奎	丰都县地税局收入核算科主任科员	嘉　奖
535	秦慧敏	丰都县地税局人事科副主任科员	嘉　奖
536	宋汇民	丰都县地税局稽查局主任科员	嘉　奖
537	李　玲	丰都县地税局办税服务厅副主任科员	嘉　奖
538	彭昌荣	丰都县地税局城东税务所主任科员	嘉　奖
539	孙　波	丰都县地税局城西税务所副主任科员	嘉　奖
540	冉启会	丰都县地税局名山税务所副主任科员	嘉　奖
541	刘海燕	丰都县地税局高镇税务所副主任科员	嘉　奖
542	汪晓荣	丰都县地税局龙河税务所副主任科员	嘉　奖
543	谭书文	垫江县地税局征收管理科科长	嘉　奖

续表

序号	姓 名	单位及职务	奖励种类
544	刘 英	垫江县地税局人事科科长	嘉 奖
545	吕陈强	垫江县地税局办税服务厅副主任	嘉 奖
546	王清华	垫江县地税局税政管理科科员	嘉 奖
547	黄靖婷	垫江县地税局收入核算科副主任科员	嘉 奖
548	赖书声	垫江县地税局人事科副主任科员	嘉 奖
549	谭 慧	垫江县地税局稽查局副主任科员	嘉 奖
550	殷传瑛	垫江县地税局稽查局副主任科员	嘉 奖
551	雷德华	垫江县地税局桂溪税务所副主任科员	嘉 奖
552	夏德东	垫江县地税局桂阳税务所副主任科员	嘉 奖
553	高 飞	垫江县地税局重点税源管理所副主任科员	嘉 奖
554	王 朝	垫江县地税局办税服务厅科员	嘉 奖
555	白东林	垫江县地税局新民税务所副主任科员	嘉 奖
556	吴国昌	垫江县地税局高安税务所副主任科员	嘉 奖
557	李锦云	垫江县地税局澄溪税务所副主任科员	嘉 奖
558	王 剑	武隆县地税局建设路税务所所长	嘉 奖
559	杨旭东	武隆县地税局仙女山税务所所长	嘉 奖
560	李 勇	武隆县地税局人事科科长	嘉 奖
561	朱淳峰	武隆县地税局收入核算科科长	嘉 奖
562	李德梅	武隆县地税局芙蓉路税务所副主任科员	嘉 奖
563	罗长庚	武隆县地税局建设路税务所主任科员	嘉 奖
564	汪 峰	武隆县地税局仙女山税务所副主任科员	嘉 奖
565	柯雨函	武隆县地税局白马税务科员	嘉 奖
566	钟 雁	武隆县地税局办税服务厅副主任科员	嘉 奖
567	王满贵	武隆县地税局稽查局副主任科员	嘉 奖
568	张 强	武隆县地税局政策法规科主任科员	嘉 奖
569	高文巧	武隆县地税局办公室科员	嘉 奖

续表

序号	姓　名	单位及职务	奖励种类
570	冯志茼	武隆县地税局税源管理科副主任科员	嘉　奖
571	罗　成	忠县地税局办公室主任	嘉　奖
572	李忠东	忠县地税局稽查局长（原收入核算科科长）	嘉　奖
573	陈海林	忠县地税局稽查局副局长	嘉　奖
574	刘娅铃	忠县地税局征收管理科科长	嘉　奖
575	胡晓明	忠县地税局拔山税务所副所长	嘉　奖
576	徐晓云	忠县地税局忠州第二税务所主任科员	嘉　奖
577	周　兴	忠县地税局办公室主任科员	嘉　奖
578	范昌贵	忠县地税局税政管理科主任科员	嘉　奖
579	潘　东	忠县地税局征收管理科副主任科员	嘉　奖
580	易小利	忠县地税局收入核算科主任科员	嘉　奖
581	胡方刚	忠县地税局忠州第一税务所副主任科员	嘉　奖
582	陈华洁	忠县地税局忠州第二税务所副主任科员	嘉　奖
583	宦小平	忠县地税局汝溪税务所主任科员	嘉　奖
584	李启超	开县地税局办公室副主任	嘉　奖
585	邱占科	开县地税局人事科科长兼党办主任	嘉　奖
586	唐　英	开县地税局征收管理科副主任科员	嘉　奖
587	廖德敬	开县地税局收入核算科主任科员	嘉　奖
588	何承英	开县地税局社会保险费征收管理科科长	嘉　奖
589	杜子芬	开县地税局办税服务厅主任	嘉　奖
590	魏育义	开县地税局城区第一税务所所长	嘉　奖
591	袁爱民	开县地税局城区第一税务所主任科员	嘉　奖
592	朱淑俊	开县地税局城区第二税务所主任科员	嘉　奖
593	胡祥武	开县地税局稽查局检查二科副科长	嘉　奖
594	陈兴佳	开县地税局汉丰税务所主任科员	嘉　奖
595	周昌顺	开县地税局云枫税务所主任科员	嘉　奖

续表

序号	姓　名	单位及职务	奖励种类
596	李德刚	开县地税局赵家税务所所长	嘉　奖
597	甄兴让	开县地税局温泉税务所所长	嘉　奖
598	陈远军	开县地税局临江税务所所长	嘉　奖
599	陈福海	开县地税局郭家税务所所长	嘉　奖
600	张永勤	开县地税局城区第一税务所主任科员	嘉　奖
601	王立新	云阳县地税局新城税务所所长	嘉　奖
602	杨清云	云阳县地税局小江税务所所长	嘉　奖
603	陈邦均	云阳县地税局税政管理科副科长	嘉　奖
604	秦　兵	云阳县地税局办税服务厅副主任	嘉　奖
605	王　勇	云阳县地税局江口税务所副所长	嘉　奖
606	郝彩霞	云阳县地税局稽查局副主任科员	嘉　奖
607	余　冰	云阳县地税局稽查局主任科员	嘉　奖
608	朱玲清	云阳县地税局办税服务厅副主任科员	嘉　奖
609	刘　豪	云阳县地税局小江税务所科员	嘉　奖
610	陈　楠	云阳县地税局双江税务所主任科员	嘉　奖
611	陈　扬	云阳县地税局政策法规科科长	嘉　奖
612	程清生	云阳县地税局人事科副科长	嘉　奖
613	管峥嵘	云阳县地税局税政管理科副主任科员	嘉　奖
614	王道全	云阳县地税局税源管理科主任科员	嘉　奖
615	贺年华	云阳县地税局收入核算科主任科员	嘉　奖
616	唐　伟	奉节县地税局监察室主任	嘉　奖
617	王辉义	奉节县地税局兴隆税务所所长	嘉　奖
618	田宗明	奉节县地税局办公室副主任	嘉　奖
619	邱成章	奉节县地税局永安第二税务所副所长	嘉　奖
620	侯文述	奉节县地税局监察室主任科员	嘉　奖
621	朱文辉	奉节县地税局收入核算科副主任科员	嘉　奖

续表

序号	姓　名	单位及职务	奖励种类
622	李青林	奉节县地税局税源管理科副主任科员	嘉　奖
623	肖光玲	奉节县地税局永安第一税务所副主任科员	嘉　奖
624	钱中国	奉节县地税局永安第一税务所主任科员	嘉　奖
625	刘超友	奉节县地税局永安第二税务所主任科员	嘉　奖
626	夏　宇	奉节县地税局永安第二税务所科员	嘉　奖
627	王汉林	奉节县地税局草堂税务所主任科员	嘉　奖
628	邓　毅	奉节县地税局平皋税务所科员	嘉　奖
629	张　萍	奉节县地税局办税服务厅科员	嘉　奖
630	宋登建	奉节县地税局稽查局科员	嘉　奖
631	李祖春	巫山县地税局税政管理科科长	嘉　奖
632	李江云	巫山县地税局人事科副主任科员	嘉　奖
633	杜赛兵	巫山县地税局办公室副主任科员	嘉　奖
634	罗　毅	巫山县地税局税源管理科副主任科员	嘉　奖
635	张淑婧	巫山县地税局收入核算科副主任科员	嘉　奖
636	梁昌学	巫山县地税局稽查局检查科科长	嘉　奖
637	谭　莘	巫山县地税局办税服务厅科员	嘉　奖
638	李德政	巫山县地税局巫峡第一税务所副主任科员	嘉　奖
639	石　祥	巫山县地税局巫峡第二税务所所长	嘉　奖
640	刘　曦	巫山县地税局巫峡第二税务所副主任科员	嘉　奖
641	向　冬	巫山县地税局巫峡第三税务所所长	嘉　奖
642	梁祖银	巫山县地税局秀峰税务所主任科员	嘉　奖
643	翟素鲜	巫山县地税局大昌税务所科员	嘉　奖
644	文　锐	巫山县地税局官渡税务所科员	嘉　奖
645	张其成	巫溪县地税局征收管理科科长	嘉　奖
646	唐庆华	巫溪县地税局人事科科长	嘉　奖
647	曾　勇	巫溪县地税局城厢第一税务所所长	嘉　奖

续表

序号	姓 名	单位及职务	奖励种类
648	孟 姝	巫溪县地税局稽查局综合科副科长	嘉 奖
649	梅怀银	巫溪县地税局城厢第二税务所副主任科员	嘉 奖
650	张婷玲	巫溪县地税局收入核算科科员	嘉 奖
651	游天兵	巫溪县地税局文峰税务所副主任科员	嘉 奖
652	李文俊	巫溪县地税局城厢第一税务所副主任科员	嘉 奖
653	姚依贵	巫溪县地税局城厢第一税务所科员	嘉 奖
654	刘惠宁	巫溪县地税局城厢第二税务所副主任科员	嘉 奖
655	刘 超	石柱县地税局人事科副科长	嘉 奖
656	崔华春	石柱县地税局鲤塘坝税务所副主任科员	嘉 奖
657	陈传伟	石柱县地税局西沱税务所所长	嘉 奖
658	周建勇	石柱县地税局城关税务所长	嘉 奖
659	邬燕华	石柱县地税局南宾税务所副主任科员	嘉 奖
660	马培权	石柱县地税局办税服务厅主任	嘉 奖
661	谭作风	石柱县地税局稽查局副主任科员	嘉 奖
662	高 陶	石柱县地税局税政科副主任科员	嘉 奖
663	周 敏	石柱县地税局征收管理科副主任科员	嘉 奖
664	徐建蓉	石柱县地税局收入核算科副主任科员	嘉 奖
665	周光绪	石柱县地税局办公室副主任科员	嘉 奖
666	冉剑会	秀山县地税局中和税务所副所长	嘉 奖
667	白 敏	秀山县地税局人事科副科长	嘉 奖
668	向红英	秀山县地税局收入核算科科长	嘉 奖
669	杨秀远	秀山县地税局龙池税务所所长	嘉 奖
670	吴均骥	秀山县地税局税源管理科科员	嘉 奖
671	王 震	秀山县地税局监察室副主任科员	嘉 奖
672	李 超	秀山县地税局中和税务所科员	嘉 奖
673	田双梅	秀山县地税局龙池税务所副主任科员	嘉 奖

续表

序号	姓　名	单位及职务	奖励种类
674	安　娟	秀山县地税局重点税源管理所副主任科员	嘉　奖
675	李继华	秀山县地税局办税服务厅科员	嘉　奖
676	李灵灵	秀山县地税局稽查局副主任科员	嘉　奖
677	张云臣	秀山县地税局龙凤税务所副主任科员	嘉　奖
678	杨　波	酉阳县地税局征收管理科科员	嘉　奖
679	黄俊伟	酉阳县地税局税源管理科副主任科员	嘉　奖
680	邹晓翠	酉阳县地税局桃花源第一税务所副主任科员	嘉　奖
681	严　维	酉阳县地税局桃花源第二税务所科员	嘉　奖
682	许正乾	酉阳县地税局桃花源第三税务所科员	嘉　奖
683	冉启波	酉阳县地税局李溪税务所副主任科员	嘉　奖
684	冉志强	酉阳县地税局龙潭税务所副主任科员	嘉　奖
685	田茂盛	酉阳县地税局监察室主任科员	嘉　奖
686	贺　敏	酉阳县地税局收入核算科科长	嘉　奖
687	庹汉泉	酉阳县地税局办公室副主任	嘉　奖
688	刘　霞	酉阳县地税局桃花源第一税务所所长	嘉　奖
689	许庭芳	酉阳县地税局桃花源第二税务所副所长	嘉　奖
690	程学友	酉阳县地税局桃花源第三税务所所长	嘉　奖
691	杨　艳	酉阳县地税局办税服务厅主任	嘉　奖
692	白黎亮	酉阳县地税局稽查局综合科科长	嘉　奖
693	龙正辉	酉阳县地税局龚滩税务所所长	嘉　奖
694	田建忠	酉阳县地税局龙潭税务所副所长	嘉　奖
695	张　琳	彭水县地税局办公室主任	嘉　奖
696	郭　忠	彭水县地税局税政管理科科长	嘉　奖
697	孙和发	彭水县地税局征收管理科副主任科员	嘉　奖
698	李娅玲	彭水县地税局人事科副主任科员	嘉　奖
699	娄　芳	彭水县地税局收入核算科副主任科员	嘉　奖

续表

序号	姓　名	单位及职务	奖励种类
700	庹江鑫	彭水县地税局收入核算科科员	嘉　奖
701	汪贵权	彭水县地税局汉葭第一税务所所长	嘉　奖
702	王　静	彭水县地税局汉葭第一税务所科员	嘉　奖
703	李雪梅	彭水县地税局汉葭第一税务所副主任科员	嘉　奖
704	凌　芳	彭水县地税局汉葭第二税务所副主任科员	嘉　奖
705	晏　彦	彭水县地税局办税服务厅副主任	嘉　奖
706	王韫璐	两江新区（北部新区）地税局办税服务厅主任	嘉　奖
707	刘　敏	两江新区（北部新区）地税局收入核算科科长	嘉　奖
708	李　臻	两江新区（北部新区）地税局办公室主任	嘉　奖
709	魏　华	两江新区（北部新区）地税局人事科科长	嘉　奖
710	曹　静	两江新区（北部新区）地税局税政科科长	嘉　奖
711	张　娟	两江新区（北部新区）地税局人和税务所所长	嘉　奖
712	凌　懿	两江新区（北部新区）地税局龙头寺税务所所长	嘉　奖
713	余　洋	两江新区（北部新区）地税局礼嘉税务所副所长	嘉　奖
714	戈长江	两江新区（北部新区）地税局人和税务所主任科员	嘉　奖
715	毛开来	两江新区（北部新区）地税局人和税务所主任科员	嘉　奖
716	冉友芬	两江新区（北部新区）地税局龙头寺税务所主任科员	嘉　奖
717	苏里洋	两江新区（北部新区）地税局龙兴税务所科员	嘉　奖
718	李德春	两江新区（北部新区）地税局征管科主任科员	嘉　奖
719	荀　俊	两江新区（北部新区）地税局涉外税务所副主任科员	嘉　奖
720	郑　濛	两江新区（北部新区）地税局人事科科员	嘉　奖
721	赵欣瑜	两江新区（北部新区）地税局人事科副主任科员	嘉　奖
722	洪　将	两江新区（北部新区）地税局个体税务所主任科员	嘉　奖
723	贺　政	两江新区（北部新区）地税局鱼复税务所主任科员	嘉　奖
724	谭玉华	两江新区（北部新区）地税局大竹林税务所副主任科员	嘉　奖
725	黎　强	两江新区（北部新区）地税局鸳鸯税务所主任科员	嘉　奖

续表

序号	姓 名	单位及职务	奖励种类
726	罗昭隆	万盛经开区地税局万盛税务所所长	嘉 奖
727	徐彩虹	万盛经开区地税局收入核算科副科长	嘉 奖
728	李俊秋	万盛经开区地税局人事科副科长	嘉 奖
729	韩 健	万盛经开区地税局万盛税务所主任科员	嘉 奖
730	徐 洁	万盛经开区地税局稽查局主任科员	嘉 奖
731	周 静	万盛经开区地税局政策法规科副主任科员	嘉 奖
732	蒋 苹	万盛经开区地税局办公室副主任科员	嘉 奖
733	周 怡	万盛经开区地税局东林税务所副主任科员	嘉 奖
734	唐开明	市局重点税源管理局征收管理科科长	嘉 奖
735	杨 鲁	市局重点税源管理局办公室主任科员	嘉 奖
736	耿 进	市局重点税源管理局两路口税务所所长	嘉 奖
737	张 璐	市局重点税源管理局车船税管理税务所主任科员	嘉 奖
738	袁 亭	市局重点税源管理局政策法规科科长	嘉 奖
739	曹亚玲	市局重点税源管理局西永园区税务所所长	嘉 奖
740	李崇海	市局重点税源管理局收入核算科主任科员	嘉 奖
741	段婷婷	市局重点税源管理局监察室主任科员	嘉 奖
742	殷正权	市局第一稽查局检查三科科长	嘉 奖
743	蒋 刚	市局第一稽查局检查二科副科长	嘉 奖
744	李 刚	市局第一稽查局综合科主任科员	嘉 奖
745	何 勇	市局第一稽查局人事监察科主任科员	嘉 奖
746	谢 飞	市局第一稽查局检查一科主任科员	嘉 奖
747	李治国	市局第一稽查局检查二科主任科员	嘉 奖
748	李 珂	市局第一稽查局审理科主任科员	嘉 奖
749	莫劲松	市局第一稽查局执行科主任科员	嘉 奖
750	林小平	市局第二稽查局检查一科主任科员	嘉 奖
751	赖贞俊	市局第二稽查局检查二科科长	嘉 奖

续表

序号	姓　名	单位及职务	奖励种类
752	李颖珍	市局第二稽查局人事监察科科长	嘉　奖
753	冉秀玲	市局第二稽查局审理科主任科员	嘉　奖
754	邱晓春	市局第二稽查局综合科主任科员	嘉　奖
755	王永兴	市局第二稽查局检查三科科长	嘉　奖
756	郝舟霞	市局第三稽查局综合科科长	嘉　奖
757	张平华	市局第三稽查局检查三科科长	嘉　奖
758	张宇	市局第三稽查局人事监察科主任科员	嘉　奖
759	唐显俊	市局第三稽查局审理科主任科员	嘉　奖
760	陈兴泉	市局第三稽查局检查一科主任科员	嘉　奖
761	刘　洋	市局第三稽查局执行科副主任科员	嘉　奖
762	金　理	潼南区地税局稽查局局长 （原市局第三稽查局审理科科长）	嘉　奖
763	李堂华	市局第四稽查局综合科科长	嘉　奖
764	叶　华	市局第四稽查局检查一科主任科员	嘉　奖
765	刘　敏	市局第四稽查局检查二科主任科员	嘉　奖
766	黄　进	市局第四稽查局检查三科科长	嘉　奖
767	郭绍伟	市局第四稽查局审理科主任科员	嘉　奖
768	胡　瑜	市局第四稽查局审理科主任科员	嘉　奖
769	吴　越	市局第四稽查局执行科主任科员	嘉　奖
770	陶冠名	市局第五稽查局检查一科主任科员	嘉　奖
771	王　谦	市局第五稽查局检查三科主任科员	嘉　奖
772	侯章平	市局第五稽查局综合科主任科员	嘉　奖
773	王永辉	市局第五稽查局审理科副科长	嘉　奖
774	耿　莹	市局第五稽查局执行科副科长	嘉　奖
775	操晓玲	市局第五稽查局检查二科科长	嘉　奖
776	何　华	市局第五稽查局检查二科副主任科员	嘉　奖

重庆市地税系统获得省部级以上荣誉的单位和个人名单（2015年）

一、全国文明单位（3个）	江津区地方税务局 巫山县地方税务局 秀山土家族苗族自治县地方税务局
二、继续保留全国文明单位（6个）	重庆市地方税务局机关 璧山区地方税务局 梁平县地方税务局 武隆县地方税务局 开县地方税务局 万盛经开区地方税务局
三、全国模范职工之家（7个）	北碚区地方税务局 巴南区地方税务局 长寿区地方税务局 武隆县地方税务局 巫山县地方税务局 秀山土家族苗族自治县地方税务局 彭水苗族土家族自治县地方税务局

四、全国模范职工小家（6 个）	石柱土家族自治县地方税务局机关工会小组
	江北区地方税务局办税厅
	江津区地方税务局鼎山税务所
	开县地方税务局临江税务所
	云阳县地方税务局新城税务所
	奉节县地方税务局永安第一税务所
五、全国青年文明号（2 个）	两江新区（北部新区）地方税务局大竹林税务所
	万州区地方税务局龙沙税务所
六、见义勇为“中国好人”	铜梁区地方税务局办公室主任　雷　电
	合川区地方税务局办税服务厅主任科员　刘文彬
七、全国工人先锋号（1 个）	渝北区地方税务局两路第三税务所
八、全国五一巾帼标兵岗（1 个）	云阳县地方税务局征收所
九、全国五一巾帼标兵（1 人）	渝中区地方税务局　杨桂华
十、全国优秀工会工作者（1 个）	荣昌区地方税务局　廖安理
十一、全国巾帼建功标兵（1 个）	重庆市地方税务局行政处　黄晓凤
十二、重庆市文明单位（1 个）	綦江区地方税务局办税服务厅

第八篇　大事记

重庆市地方税务局大事记
（2015年）

1月

4日

新开发的“以地控税”软件在大足区试点运行取得阶段性成果，为全市“以地控税”工作扩面打下坚实基础。

9日

重庆市地方税务局组织主城区以及涪陵、万州、黔江、长寿区局召开收入形势分析会，研究部署2015年组织收入工作。

12日

重庆市地方税务局党组以“严格党内生活，严守党的纪律，深化作风建设”为主题召开2014年度民主生活会。市委第五督导组及市委组织部相关领导到会指导。重庆市地方税务局党组书记、局长黄玉林主持会议，班子全体成员参会。

22日

重庆市副市长刘伟在《重庆市地方税务局关于社会保险费征管工作的报告》上批示：“感谢地税部门一年来所付出的艰辛和努力。下一步工作中，望在依法征收、规范管理、完善服务上再下功夫，为科学构建社会保障体系做出新的贡献。”

28日

全市地方税务工作会议召开。会议总结2014年全市地税系统取得的显著成绩，并对2015年各项税收工作进行安排部署。会议提出，2015年要把握新形势，适应新常态，以组织收入为中心，以“三基一化”建设为主线，以深化改革为动力，大力推动依法治税、税收征管、纳税服务、队伍建设、内部管理迈上新台阶，努力完成税收工作任务，为重庆又好又快发展做出新贡献。

重庆市委常委、常务副市长翁杰明在《重庆市地方税务局关于社会保险费征管工作的报告》上批示：“收入再创新高，工作质量再度提升！下一步充分利用地税系统综合优势，深入做好征收扩面、多方联动工作。如有必要，可代拟‘配套办法’，着力解决存在问题，按有关程序报批。”

2月

2日

国家税务总局分国税和地税两个序列通报了2014年省级税务局绩效考评情况，重庆市地方税务局名列全国地税第六位。

3日

全市地税系统税政管理工作会议召开，重庆市地方税务局领导黄玉林、余志东、董青、李庆、王小渝参加会议。会议总结2014年税政工作取得的新成绩，并对 2015 年该项工作的开展做出具体安排。

6 日

全市财税工作会议召开，重庆市委常委、常务副市长翁杰明在会上充分肯定地方税务工作并提出新的工作要求。

全市地税系统党风廉政建设会议召开，重庆市地方税务局局长黄玉林出席会议并讲话。市局领导、机关处室负责人、各区县局主要负责人和纪检组长参加会议。重庆市地方税务局纪检组长涂放姑代表市局党组总结 2014 年的党风廉政建设工作情况，并对 2015 年的工作提出新的要求。

9 日

全市地税系统纳税服务工作会议召开，重庆市地方税务局副局长徐德中对 2014 年全市地税系统纳税服务工作给予充分肯定，并对 2015 年的工作提出新的要求。

10 日

全市地税系统税收征管和信息化建设工作会议召开，重庆市地方税务局局长黄玉林出席会议并讲话。会议充分肯定 2014 年全系统税收征管和信息化工作，并对 2015 年工作提出了新要求。

11 日

重庆市委常委、常务副市长翁杰明在《重庆地税绩效考评名列全国第六》的专报上批示：“重庆地税局在面临许多困难情况下，以绩效管理为抓手，综合施策，取得全国第 6 名的好成绩，实属不易，谨向同志们致意。2015 年要做好打硬仗准备，相信一定能够完成好任务。”

重庆市地方税务局副局长王小渝做客“阳光重庆”，以“税收助力小微企业发展”为主题，与广大听众进行互动交流。

12 日

重庆市政府通报 2014 年度目标管理绩效考评结果，重庆地税考评成绩优异，被评为优秀等次。

15 日

重庆市地方税务局机关离退休干部迎春座谈会召开，会议由重庆市地方税务局副局长王小渝主持，局长黄玉林出席会议并对老同志们致以节日问候和衷心祝福。

3月

3 日

国家税务总局财产行为税司副巡视员陈大群来重庆市地方税务局调研车船税联网征收工作。

9 日

全市地税系统稽查工作会议召开。重庆市地方税务局领导黄玉林、徐德中、涂放姑出席会议。会议全面总结和回顾了 2014 年地税稽查工作，明确提出 2015 年地税稽查工作的总体思路和目标，并对 2015 年的稽查工作进行全面部署。

10 日

重庆市政协副主席童小平在《税收增长引擎 产业调整先锋——从我市纳税 1000 强企业看重庆产业调整成效》上批示：“专报值得一读。从税收来分析是真实可信的，提出的建议也有针对性，望坚持定期分析。”

11 日

重庆市地方税务局启动“学法守纪防风险”工作，力争达到“两提升两降低一完善”目标，即全系统干部职工的法纪意识明显提升、执法风险和廉政风险的防范能力明显提升，违法违纪违法案件数量显著降低、纳税人投诉量显著降低，防范执法风险和廉政风险的内控机制得到全面完善。

12日

重庆市政协副主席童小平在2015年第一期税收分析专报《重庆市地方税务局关于全市涉外企业发展现状的税收分析报告》上批示："重庆涉外企业税收三年平均增幅高于同期税收水平，是内陆开放高地的成就。这些数据值得长期关注。"

13日

因车船税管理子系统工作成绩突出，重庆市地方税务局作为全国车船税管理先进工作单位，获国家税务总局表彰。

16日

全市地税系统人事工作会议召开，重庆市地方税务局领导黄玉林、涂放姑、王小渝、周梁刚出席会议，各区县局主要负责人、分管领导和人事科长参加会议。

17日

重庆市地方税务局实行领导班子成员"一促三联一协调"的工作制度。一促，即促进以组织收入工作为重点的各项任务的落实；三联，即联系基层重点税务所、联系重点纳税人、联系纳税人集中的开发区或商圈；一协调，即主动加强与区县党委政府的协调，积极争取党委政府领导的支持。

17日—19日

重庆市地方税务局举办2015年全系统税收分析专题培训和税收分析评审会，会议邀请税务总局收入规划核算司及重庆市统计局相关领导讲课，并对2014年度的税收分析报告进行评审。

23日

重庆市地方税务局机关党委被市直机关工委评为2014年度全市机关党建研究工作先进单位。

25日

重庆市地方税务局离退休人员工作处被市委老干部局评为2014年度全市老干部工作部门信息工作先进单位、统计年报全优报表单位。

26日

全市地税系统办公室暨后勤工作会议召开，重庆市地方税务局局长黄玉林、副局长余志东出席会议并讲话。重庆市地方税务局各处室负责人、综合业务主办后勤人员，各区县局办公室主任及相关文秘参加会议。

30日

全市迅速贯彻落实个人转让住房营业税"5年改2年"的税收优惠新政，全方位做好政策宣传和纳税服务，保证了新政的顺利实施。

因率先在全国创新开展国地税联合税收调查，重庆市地方税务局受到财政部和国家税务总局的充分肯定和高度评价，在2015年全国税收调查工作会上，就重庆国地税联合税收调查"五个统一"（统一思想、统一步调、统一把关、统一报表、统一应用）作经验交流。

31日

2015年全市12万元以上个人所得税自行申报人数达到15.94万，补缴个人所得税8640.71万元；全市11239户个人独资、合伙企业完成个人所得税汇算清缴，涉及投资者13925人，补缴个人所得税1371万元。

4月

2日

重庆市地方税务局召开全市地税系统工作会议，就小微企业税收优惠政策落实工作、中介机构的清理整顿工作、"便民办税春风行动"相关工作、协会清理和干部违规经商清理工作、"两个责任"活动年相关工作等进行安排布置，局长黄玉林主持会议并作重要讲话。

7 日

重庆市地方税务局党组开展落实“两个责任”主题年活动，将落实党风廉政建设党组主体责任和纪检组监督责任作为全系统党风廉政建设重要抓手。通过将责任具体化、清单化，层层落到各级党组、班子成员和每个部门，促进形成人人担责、齐抓共管的党风廉政建设和反腐败工作新格局。

9 日

重庆市委常委、常务副市长翁杰明对《市地税局关于煤炭资源税改革落实情况的报告》批示：“工作周密有力，对地方税体系建设作出有益探索。”

17 日

重庆市地方税务局召开第六次工会会员代表大会。重庆市地方税务局领导、机关第五届工会委员和经审委员、机关和直属单位会员代表参加会议。会议按照民主程序，选举产生新一届工会委员会和经审委委员。

20 日

重庆市地方税务局副局长王小渝、所得税处处长张建清、纳税服务局局长陈松做客腾讯大渝网“在线访谈”栏目，以“重庆地税助力小微企业发展”为主题，与广大市民和网友进行在线交流。

21 日

重庆市国家税务局、重庆市地方税务局共同签署《全面加强国地税合作备忘录》，市国家税务局局长李杰、市地方税务局局长黄玉林出席签署并交换备忘录，市国家税务局、市地方税务局领导及处室主要负责人参加会议。根据备忘录，双方将按照税收治理能力现代化的内在要求，从提高行政效能、加强税收征管合作、优化纳税服务、推进税收执法联动、提高纳税人满意度、促进税法遵从、统一政策执行标准等方面加强合作，为纳税人创造良好税收环境。

24 日

因资源税管理工作成效显著，重庆市地方税务局作为六个先进单位之一，在全国财产行为税工作会上以《因地制宜 强化管理 重庆非金属矿资源税征管成效凸显》为题作了典型经验交流发言。

重庆市地方税务局被确定为国家税务总局企业所得税重点税源和高风险事项团队管理第二批试点单位。

重庆市地方税务局与市外经委联合举办“服务开放型经济政策宣讲会”，就企业海外投资的政策导向和相应的税收风险管理进行专题讲座，全市 30 多家“走出去”企业的财务、投资部门负责人参加此次培训。

重庆市地方税务局机关通过全国文明单位复查，连续四届保持该项荣誉。

27 日

《中国税务报》刊发《税收为重庆经济发展出具“体检表”》，并获得全国经济税收分析评比三等奖。

重庆市副市长刘伟在国地税两局联合分析《一季度全市税收开局良好》的税收分析专报上批示：“很好！本期专报很有质量。分析立足全市经济发展的大局和高度，整合国地两局税收信息，既有宏观也有微观，既有产业也有区域，使分析很有深度，揭示的问题及所提建议应引起政府相关部门关注，并在实际工作中去把握。”

30 日

重庆市地方税务局税收调查工作获全国综合评比地税系统第一名，被财政部、国家税务总局表彰为“全国税收调查工作先进单位”。

5月

1日

“金税三期决策二包风险管理系统”在重庆市推广应用，为全市地税系统利用现代信息技术开展税收风险管理工作拉开帷幕，标志着全市地税系统治税能力得以改善和提升。

8日

全市地税系统财务管理工作会议召开。会议分析全市地税系统财务管理工作面临的新形势和挑战，明确下一步的工作目标和任务。重庆市地方税务局局长黄玉林主持会议并对财务工作提出加强资产管理、遵守财经纪律等具体要求。

11日

重庆市地方税务局被评为“全国会统年报会审优秀单位”。

22日

重庆市地方税务局党组召开全市地税系统“三严三实”专题教育党课暨动员部署视频会议，会上，党组书记、局长黄玉林讲授了专题党课，市局党组成员、副局长王小渝就开展“三严三实”专题教育做了具体部署。重庆市地方税务局领导、副巡视员、市局机关正副处长（主任、局长）、正副调研员、各区县局主要负责人、各区县局班子成员、正副调研员、科所长参加会议。

29日

全市地税系统第二届“十佳地税青年”颁奖仪式在市局举行。经过逐层选拔推荐、职工网络投票、市局党组研究等环节，罗欢、胡蕾、张雪、王昆、车倩、石刘、祝浪、张琴、李文婷、许庭芳等10人被评为系统第二届“十佳地税青年”。

31日

全市65270户企业完成企业所得税汇算清缴，补缴企业所得税25.3亿元。

6月

4日

重庆市地方税务局被评为“全国税收调查工作综合评比第一名”，得到国家税务总局通报表扬。

5日

在2015年重庆市职工乒乓球比赛中，重庆市地方税务局女队夺得全市乒乓球比赛团体冠军，男队获得全市第八名的好成绩。

国家税务总局经过调研，确定重庆市地方税务局为全国税务系统绩效指标模板建设试点单位。

8日

重庆市委常委、常务副市长翁杰明在《5月份全市地方税费收入增长平稳》信息上批示：“工作有序进展，6月份还需加大力度，会同财政、国税，按政府工作报告要求，促使公共预算收入与地方税收增幅达到预期，其他工作也继续努力。”

10日

重庆市地方税务局落实所得税优惠政策支持綦江区、荣昌县、巫溪县等区县棚户区改造，涉及新建棚户区安置房13949户，其中棚户区户数13003户、32838人（矿工10901户、27009人，非矿工2102户、5829人）。

12日

重庆市地方税务局召开加强组织收入暨减免税精细化核算工作视频会议。重庆市地方税务局局长黄玉林主持会议，局领导、副巡视员、监察专员和机关各处室负责人在主会场参加会议，各区县局班子成员、科所长在分会场参加会议。

16 日

重庆市地方税务局绩效管理工作推进会暨信息系统上线运行培训会召开。会议通报 1—5 月绩效管理工作推进情况，分析存在问题、安排部署下半年工作。重庆市地方税务局局长黄玉林就全市地税系统全面推进绩效管理，确保完成上半年税收工作目标及全年工作任务讲话。

18 日

重庆市地方税务局以“严以修身”为学习专题，特邀重庆市委党校陈晓莉教授作《中国传统文化中的领导智慧》的专题讲座。

25 日

重庆市国家税务局、重庆市地方税务局联合召开部署落实《国家税务局　地方税务局合作工作规范（1.0 版）》视频动员会议。重庆市地方税务局局长黄玉林、副局长徐德中、各处室负责人、各区县局和直属单位主要领导和分管领导、税务所、办税服务大厅、稽查局负责人分别在主会场和分会场参加会议。

30 日

重庆市地方税务局组织召开“三严三实”专题教育“对党忠诚”专题第二次学习研讨会，市局局领导、副巡视员、监察专员、市局机关各处室及信息管理中心、纳税服务局主要负责人参加学习。重庆市地方税务局党组书记、局长黄玉林对“三严三实”专题教育前期工作给予充分肯定并提出具体要求。

重庆市文化委员会召开全市连续性内部资料管理工作会议，《重庆地税》杂志被评为重庆市 2014 年度优秀连续性内部资料。

重庆市地方税务局机关举行庆“七一”表彰大会暨专题党课。重庆市地方税务局党组书记、局长黄玉林主持会议，局领导、机关全体党员、直属单位班子成员、先进代表参加会议，重庆市直机关工委常务副书记曾礼应邀出席会议。会上对第七轮系统“共产党员示范岗”、2014—2015 年度“五好”支部、优秀共产党员、优秀党务工作者进行了表彰。

7月

1 日

全市地税系统代征的城市垃圾处置费实现 TIPS 征收。至此，全市地税系统征收的所有税费均实现 TIPS 征收。

6 日

重庆市地方税务局电子发票应用试点在中国人寿保险股份有限公司重庆市分公司业务系统应用上线，并成功开出第一张电子发票，标志着电子发票向更多行业和领域拓展。

全国打击发票违法犯罪活动督导组来渝调研。在发票打假工作专题汇报会上，重庆市地方税务局副局长董青代表重庆市地方税务局报告了发票打假工作的相关情况，与会领导和专家对市局在网络发票、电子发票推行中应用二维码发票查验措施给予了高度评价。

10 日

重庆市地方税务局召开第 17 次党组会议，研究全市地税系统党风廉政建设和“三严三实”专题教育相关工作。会议由重庆市地方税务局党组书记、局长黄玉林主持。会议总结分析全市地税系统上半年党风廉政建设工作情况和“三严三实”专题教育开展情况，并就下半年工作提出基本思路和要求。

13 日

重庆市委常委、常务副市长翁杰明对《重庆市国家税务局　重庆市地方税务局全面加强国地税合作备忘录》作出批示：“协同配合方案恰当，有利于形成合力、提高效率、方便群众，调动各方积极性。”

14 日

重庆市地方税务局分征管局和稽查局两个序列开展2015年度全市地税系统纳税人满意度调查。经统计，征管局调查综合得分为89.48分，稽查局调查综合得分为90.73分。

重庆市地方税务局机关组织处以上领导干部，到九龙监狱进行现场廉政警示教育。

15 日

重庆市市委常委、两江新区党工委书记、管委会主任、北部新区党工委书记凌月明在《两江新区地税局关于2015年上半年地方税收大幅增长的专题报告》上批示："地税分局在经济下行压力增大的情况下，通过努力实现了'双过半'，感谢地税系统的全体干部职工努力。"

重庆市地方税务局重点税源监控工作获得全国综合评比第一名。

国家税务总局下发《关于2014年重点税源监控工作开展情况的通报》，重庆市地方税务局以全国地税系统总分排名第一的成绩获得"先进单位"称号，并被通报表彰。

16 日

重庆市市委常委、政法委书记刘学普在《地方税收主要工作情况汇报》上批示："全市地税系统上半年收入破1000亿大关，可喜可贺，谨向地税系统广大干部表示祝贺和敬意！望再接再厉，再立新功！"

部分区县局长座谈会在梁平县地方税务局召开，重庆市地方税务局局长黄玉林听取万州、长寿等六区县局工作汇报，并对下半年的工作提出坚定信心、依法办事、加强征管、带好队伍的要求。

20 日

重庆市地方税务局召开全市地税系统半年工作会，通报2015年上半年重庆市经济运行情况，分析上半年收入情况，并提出加强组织收入工作的建议和措施。重庆市地方税务局局长黄玉林主持会议并讲话，局领导、副巡视员、监察专员、市局机关处室负责人、各区县局主要负责人及助手参加会议。

22 日

重庆市地方税务局召开稽查体制改革一周年座谈会，局长黄玉林，副局长徐德中、王小渝出席会议。

23 日

重庆市地方税务局启动个人所得税电子完税证明开具系统开发工作。

重庆市副市长刘伟对专报《市地税局启动"税银互助"守信激励计划助力中小市场主体发展》批示："地税部门以'税银互动'助力中小企业发展，既切中解决'融资贵'的要害，减少了环节，提高了效率，控住了成本，同时也鼓励了诚实守信、依法纳税的中小企业，很有意义，望总结完善，在更多的金融机构扩开。"

24 日

重庆市委第七巡视组专项巡视市地方税务局工作动员会召开，市委第七巡视组全体成员、市地税局领导班子成员及其他在职市管干部出席会议。

28 日

全市地税系统落实党风廉政建设"两个责任"推进会召开。重庆市地方税务局党组成员、纪检组长涂放姑总结上半年系统党风廉政工作，分析面临的形势和存在的问题，并对下半年推进党风廉政建设"两个责任"落实提出具体要求。重庆市地方税务局党组书记、局长黄玉林在讲话中要求务必增强落实"两个责任"的紧迫感。

30 日

重庆市地方税务局机关邀请转业复员退伍军人举办“忆军旅生活，话建功地税”主题座谈会。重庆市地方税务局领导黄玉林、罗箭宇、王小渝、周梁刚出席座谈会。

31 日

重庆市地方税务局与市武警边防总队签署以“组织健全、政策落实、活动经常、关系融洽”为目标的军地共建协议。

8月

5 日

重庆市地方税务局机关被国家机关事务管理局、国家发展改革委、财政部评为全国第一批节约型公共机构示范单位；被中共重庆市委宣传部、重庆市机关事务管理局、重庆市环境保护局评为重庆市生态文明示范机关。

6 日

重庆市潼南区地方税务局挂牌成立。

重庆市市委常委、两江新区党工委书记、管委会主任、北部新区党工委书记凌月明在《从两江新区直管区地税纳税百强企业透视区域经济发展的专题报告》上批示：“地税局服务两江发展又支持驻区企业发展，值得表扬。”

7 日

全市财产行为税半年工作会议召开。重庆市地方税务局各直属稽查局、重点税源局、各区县局分管局领导和税政科长参加会议。

19 日

重庆市荣昌区地方税务局挂牌成立。

20 日

重庆市地方税务局印发《关于深入推进基层征管改革工作的指导意见》，拉开全市地税系统基层征管改革的序幕，推进全市地税系统实现管户向管事、个人管税向团队信息管税的转变，促进防风险、提质效、增收入目标的实现。通过加强上层设计，为全面深化税收征管改革做好前期准备工作。同时，积极鼓励区县局大胆探索，勇于实践，发挥税收征管改革示范引领作用。

21 日

重庆市地方税务局召开小微企业税收优惠政策落实督查情况通报会，局领导、副巡视员、监察专员，市局机关各处室正副处长，各区县局班子成员、相关科室及全体税务所负责人参加会议。会上，重庆市地方税务局副局长王小渝通报小微企业税收政策落实情况的督查结果，局长黄玉林作重要讲话。

23 日

重庆市委“三严三实”第四专项督查组到市地税局开展“三严三实”专项督查，对“三严三实”专题教育取得的成效给予了充分的肯定和高度的评价，认为市地税局亮点突出，形式多样，充分结合了实际，解决了具体问题，取得了阶段性成果。

28 日

重庆市国家税务局、重庆市地方税务局认真贯彻国地税合作规范 1.0 版，在秀山县试点探索国地税联合办税新模式，推进便民服务互融互通，实现国地税“一窗通办”。

9月

1 日

重庆市地方税务局启动首期电子税务局建设，在渝中区、沙坪坝区、永川区、长寿区、两江新区地税局等五家试点单位成功上线试运行。

重庆市地方税务局举办纪念中国人民抗日战

争暨世界反法西斯战争胜利70周年歌咏汇演。市局机关20个支部，200余名干部职工参加演出。

2日

重庆市地方税务局领导罗箭宇、王小渝在江北区第一人民医院向重庆市地税系统唯一健在的抗战老战士王金生送达了中国人民抗日战争胜利70周年纪念章，并向王金生转达了党中央、国务院、中央军委对他的关怀，感谢他为中国人民抗日战争和世界反法西斯战争胜利做出的贡献。

3日

经中共重庆市委决定，重庆市地方税务局党组书记、局长黄玉林作为全国先进基层党组织代表，受邀参加在北京举行的抗战胜利70周年纪念活动。

5日

重庆市地方税务局局长黄玉林及20名机关干部在红岩革命纪念馆广场参加重庆市纪念抗日战争暨世界反法西斯战争胜利70周年大会。

7日

重庆市地方税务局机关第五届党委、纪委分别召开第一次全体会议。会议采取等额选举方式，选出了罗箭宇同志为党委书记，万里同志为党委副书记、纪委书记，吕林同志为纪委副书记。

8日

重庆市地方税务局基层干部队伍建设工作座谈会在璧山区地税局召开，副局长王小渝出席会议。

14日

重庆市地方税务局2015年局（处）领导干部培训班正式开班。重庆市地方税务局局长黄玉林、副局长王小渝，市委党校副校长张洪晋及所有参训的学员参加了开班式。黄玉林要求参训学员集中精力、端正学风，在学习中不断提升自己的能力素养和执行力。

国家税务总局下发《关于督查6省市税务机关发现的典型经验做法给予表扬的通知》，对重庆地税系统在支持小微企业发展、促进科技创新和创业就业税收优惠政策贯彻落实过程中“加强国地税合作”和“开展第三方独立调查”的先进作法予以通报表扬。

全国人大财经委来渝专题调研房地产税立法与改革情况，重庆市地方税务局副局长罗安梅作专题汇报。

16日

全市地税系统2015年局（处）正职领导干部培训班学员座谈会在市委党校召开，重庆市地方税务局党组书记、局长黄玉林出席座谈会。

21日

“三证合一”登记制度改革工作推进会召开。重庆市地方税务局副局长董青参加会议并讲话。

社会保险费欠费电子提醒系统正式运行。

23日

重庆市地方税务局召开“互联网+税务”行动试点工作会，决定成立“互联网+税务”工作领导小组，由局长黄玉林任组长，副局长董青任副组长。确定2015年为“互联网+税务”工作的准备年，2016年为推进年，2017年为完善年。

24日

重庆市地方税务局与市教委、市人社局、市工商局、市广电集团、大渡口区政府、沙坪坝区政府、农商行等部门联合举办“农商行·创业贷杯”重庆市大学生第五届创新创业大赛。重庆市地方税务局副局长王小渝应邀出席开幕式并讲话。

25日

重庆市地方税务局组织开发的“我卫税荣雷霆行动”税收知识普及小游戏正式在重庆地税微信公众号上线。

29日

在全系统开展“岗位大练兵 业务大比武”活动。从2015年起，每年按岗位类别开展灵活多样的练兵活动，每个岗位类别每2年进行一轮选拔活动，并对表现突出的单位和个人予以表彰。

30日

重庆市地方税务局启动税银互助守信激励计划，与银行签订合作协议，通过“征信互认、银税互动”，对诚信纳税小微企业提供有效金融服务，助力中小市场主体发展。

10月

8日

重庆市地方税务局召开机关干部职工大会，副局长余志东主持会议并提出尽快进入工作状态、集中精力抓好收入、严格遵守工作纪律、全力支持基层工作的要求。

9日

重庆市国家税务局、重庆市地方税务局所得税合作会议召开，共同解决西部大开发所得税审批事项取消后续管理工作和企业所得税核定征收管理工作。

10日

重庆市地方税务局召开区县局长会议，研究部署作风建设及相关工作。会议要求，清理腾退超标办公用房和违规经营用房、加强基本建设管理、加强出国（境）管理、加强“三公”经费管理、规范干部管理培训。重庆市地方税务局局长黄玉林出席会议并作重要讲话，局领导出席会议，机关处室正（副）处长和各区县局局长、纪检组长参加会议。

16日

重庆市地方税务局党组（中心组）召开“三严三实”专题教育学习研讨暨查找“不严不实”问题专题会。重庆市地方税务局党组书记、局长黄玉林主持会议，通报了市局党组存在的8个方面的“不严不实”问题，并强调要深入学习、强化党性锻炼增强政治敏锐性、政治鉴别力，要进一步严格落实中央“八项规定”，进一步精简文件、会议。市局党组成员、副巡视员参加会议。

21日

重庆市地方税务局组织机关离退休老同志召开重阳节座谈会，会议由副局长王小渝主持，党组书记、局长黄玉林出席会议并向各位老同志致以节日的祝贺。

10日

在国家税务总局举办的“新人故事会”中，重庆市地方税务局谢尹作了题为“十年坚守，铸就忠诚”的演讲，讲述了重庆地税12366热线座席人员工作中的酸甜苦辣，在纳税服务系统中反响强烈。该故事获得了国家税务总局局长王军的肯定和批示：“谢尹同志：读了你讲的故事，我被深深的感动了！‘我愿意和岁月一起慢慢变老，让税收事业永远年轻’讲得多好啊！令我肃然起敬，请代我向你的家属和你的兄弟姐妹们问好，祝大家在平凡的工作中书写不凡的人生乐章！”

11月

1日

征管信息资料电子化管理系统在全市地税系统推广应用，实现重庆市地税系统征管资料实现纸质资料向电子资料的转变。

2日

重庆市地方税务局召开党组扩大会议，专题学习党的十八届五中全会精神。会议对党的十八届五中全会公报进行全文学习，并结合工作实际进行交流讨论。重庆市地方税务局党组书记、局长黄玉林要求，学习党的十八届五中全会精神，一要准确把握全会精神实质，二要准确把握全会确定的目标任务，三要准确把握全会提出的发展路径。

6日

重庆市地方税务局召开组织收入工作会议，副局长余志东主持，总会计师郑钢通报1—10月全市地税系统组织收入工作情况，局长黄玉林就抓好组织收入工作提出目标不降、任务不减、工作不松的“三不原则”和保持冷静、咬住目标、落实措施、讲求方法、责任包干的“20字方针”。局领导、机关各处室主要负责人、各区县局和直属单位主要负责人参加会议。

7日

国家税务总局对全国2015年度纳税人满意度专项调查结果进行通报，重庆地税局排名全国地税系统第11位，与2014年相比进步12名。

8日

重庆市地方税务局团委主办“与法同行”征文比赛活动，全系统各单位共推荐稿件156篇。活动共评出一等奖3篇、二等奖6篇、三等奖10篇和24篇优秀奖。

9日—12日

重庆市地方税务局局长黄玉林赴城口、巫溪、巫山、奉节、云阳督导组织收入工作，并在万州召集开县、梁平、忠县、垫江等区县局负责人召开组织收入工作座谈会。

12日

重庆市委常委、常务副市长翁杰明在《重庆市建筑业企业所得税风险分析》上批示：“分析比较透彻，可据此加强对建筑业企业税收征管，堵塞漏洞。有关问题除向国家税务总局汇报外，我市国地两局加强信息共享，工作联动。”

13日

重庆市地方税务局党组中心组（扩大）召开“真抓实干”专题学习讨论会。市局党组成员、副巡视员、监察专员，各处室、信息管理中心、纳税服务局正副处长（主任、局长）参加学习。

16日

全市地税系统积极采取措施大力推行个人所得税全员全额明细申报，截至9月全市进行明细申报的扣缴义务人达到26.35万户，明细申报率达到84%，名列西部第1位，全国第17位。

17日

重庆市地方税务局局长黄玉林、总会计师郑钢召集九龙坡区局、北碚区局、大渡口区局、南岸区局、渝北区局、两江新区局、渝中区局、巴南区局、重税局研究组织收入工作。

18日

重庆市地方税务局党组召开扩大会议，组织传达学习市委四届七次全会精神。

重庆市委常委、常务副市长翁杰明在《关于地税收入运行情况及相关措施的汇报》上批示：“总体赞成，据实推进。”在《制造业加速折旧政策效应分析》上批示：“市地税局认真落实制造业各项税收优惠，减免效益初步显现，但离释放政策效应任务还远。相关部门应进一步引导企业用足用好政策，加快转型升级步伐。”在《金融业税收动态释放的趋势信号——2015年前三季度重庆市金融业税收分析》上批示：“以税收状况分析我市金融业的运行及趋势，角度准，见解精到，对我们扬长避短，不断拓展金融新领域，开发金融新产品，保持金融业发展的势头，均有突出的意义。”

23日

重庆市地方税务局召开年终重点工作动员部署会，局领导、各处室正（副）处长、各直属单位主要负责人参加会议。

重庆市地方税务局与市国土局加强合作，扩大以地控税、以税节地试点工作，创新行政管理方式，加强土地税收源泉控管，促进土地节约集约利用。

26 日

重庆市委常委、常务副市长翁杰明在《重庆地税欠税现状分析及对策建议》上批示：“市地税局加强欠税分析，实行分类管理，消陈控新，成效明显。今年企业欠税持续增长，原因复杂，各相关部门要高度关注，研究对策措施。”

27 日

全市纳税服务明星评选活动结束，本次评选经过层层推荐，认真选拔，网络投票，最终评选出 10 名“纳税服务明星”。

25 日—27 日

重庆市地方税务局局长黄玉林、总会计师郑钢一行赴黔江、长寿、江津、铜梁四个区分别召开组织收入工作督导会，对税收收入形势进行深入分析，认真研究挖潜增收的具体措施。

30 日

重庆市副市长陈和平在《重庆市建筑业企业所得税风险分析》上批示：“该调研报告分析较为深入，地税局抓住建筑业征管中存在的关键问题，有针对性提出了对策建议。请不断完善征管措施和机制，抓好落实。”

12月

1 日

重庆市政协经济委主任会议在市局召开。会上，重庆市地方税务局局长黄玉林向参会代表介绍全市地税系统 2015 年工作情况，市政协副主席童小平及相关领导对地税工作给予充分肯定。

4 日

重庆市副市长刘伟在《金融业税收动态释放的趋势信号——2015 年前三季度重庆市金融业税收分析》上批示：“我市金融业的发展壮大已成为全市经济社会发展的一大亮点，对经济总量、税收的贡献逐年增大。而地税的结构分析很有必要，就是要从动态中把握传统业务面临的挑战、新兴业务中隐含的风险，从而更加理性、稳妥地支持发展。此件可分别送请市金融办、一部三局阅研，并注意加强与地税部门互动。”

重庆市地方税务局召开党组中心组（扩大）学习会，组织学习《深化国税、地税征管体制改革方案》的通知内容，要求各级领导干部将思想统一到中央部署上来，认真做好思想和工作准备，积极推进征管体制改革。会议由重庆市地方税务局局长黄玉林主持，局领导，各处室、信息管理中心、纳税服务局正副处长（主任、局长），正副调研员参加会议。

5 日

正式上线运行车船税管理子系统，为进一步加强车船税税源管理和监控，推进车船税税源专业化、信息化管理奠定基础。

8 日

重庆市纪委陈杰副书记一行到市地税系统开展调研工作。重庆市地方税务局党组书记、局长黄玉林，党组成员、纪检组长涂放姑全程陪同调研。

9 日

重庆市人民政府印发《重庆市机关事业单位工作人员养老保险制度改革实施办法》，明确机关事业单位基本养老保险费由地税部门征收。

重庆市地方税务局召开会议对干部人事工作进行专项部署，安排布置职务与职级并行、副处级领导干部选拔、非领导干部职务晋升、干部档案管理等工作。

《中国税务报》以《借力“五大功能区域”发展战略 重庆地税局有的放矢促增收》为题，在头版头条报道重庆市地方税务局针对五大功能区差异化发展战略，因地制宜强化管理促增收的工作情况和取得的成效。

10日

重庆市委第七巡视组组长李宪代表巡视组向市地税局领导班子反馈巡视意见，重庆市地方税务局党组书记、局长黄玉林代表班子作表态发言。

11日

重庆市国家税务局、重庆市地方税务局召开联席会议。重庆市国家税务局局长李杰、重庆市地方税务局局长黄玉林及双方局领导出席了会议，重庆市地方税务局相关处室负责人参加了会议。会议明确5大类16项2016年重点合作项目，提出2016年市国税局、地税局要围绕“服务深度融合、执法适度整合、信息高度聚合”的要求，做到服务一个标准、征管一个流程、执法一把尺子，进一步推进国地税合作深入开展。

15日

重庆市地方税务局首次联合市国土房管局部署启动全市存量房交易办税、办件情况专项大检查，全面加强存量房交易监督管理，防范执法风险，切实贯彻落实“先税后证”等各项制度。

21日

重庆市市委常委、政法委书记刘学普在《精心组织 依法征管 全市地方税费收入首破两千亿元》上批示：“取得如此成绩，实属不易！向全市地税战线的同志们致以慰问和感谢！望再接再厉，明年再创佳绩。”

重庆市副市长吴刚在《精心组织 依法征管 全市地方税费收入首破两千亿元》上批示：“全市地税收入突破两千亿元大关，了不起！”

23日

重庆市市委常委、两江新区党工委书记凌月明在《精心组织 依法征管 全市地方税费收入首破两千亿元》上批示：“祝贺！”

25日

全市地税系统收看税务总局贯彻落实《深化国税、地税征管体制改革方案》视频会议。重庆市地方税务局领导、各处室负责人及区县局局长、科所负责人分别在市局及区县局视频会议室参加会议。

重庆市地方税务局制定《关于进一步加强区县局、直属单位领导班子建设的意见》，切实加强领导班子政治建设、能力建设、组织建设、作风建设、廉政建设，把握发展形势、主动改革创新、加大工作力度，形成组织有力、措施配套、机制健全、落实高效的领导班子建设工作格局。

28日

重庆市地方税务局召开干部职工大会，对中央经济工作会议、中央城市工作会议、市委四届八次全会精神进行传达。

29日

重庆市地方税务局印发《重庆市地方税务局关于印发重庆市地方税务局公务用车制度改革实施方案的通知》，12月31日完成除保留车辆以外其他公车的封存工作，标志着全系统公车改革的全面启动。公车改革后，全系统公车数量从801辆下降至499辆，年节支率将达7%以上。

30日

全市42个纳税人学堂共有110320人次参加培训，同比增长32%，通过官方网站下载课件及视频累计达160000次。

国家税务总局副局长汪康一行到重庆指导工

作，听取了重庆市国家税务局、地方税务局党组关于“三严三实”专题教育工作情况的汇报，并对两局的“三严三实”专题教育给予充分肯定。

重庆市地方税务局邀请市纪委副书记王勇就新的《纪律处分条例》和《廉洁自律准则》进行专题学习辅导。

31日

2015年全市财产行为税，实现税收收入576.4亿元，同比增长19.2%，增收93亿元，占全市地税收入比重44.6%，比2014年提高2.7个百分点。其中土地使用税实现收入121.3亿元，同比增长91.5%，收入排全国第5位，西部第1位，增幅排全国第1位。

2015年全市地税系统，外资企业个人所得税全员全额申报覆盖率达到100%，共有4500外籍个人进行全员全额申报，入库个人所得税4.1亿元。

中国政府网发布《2015年中国优秀政务平台推荐及综合影响力评估结果通报》，重庆市地方税务局网站连续第六年荣获“中国政府网站领先奖”，微博、微信被评为“2015年度中国优秀政务新媒体”。

重庆市委常委、常务副市长翁杰明到渝中区地税局办税服务厅查看了解地税部门年终关账情况，对地税部门2015年组织收入、纳税服务等工作给予充分肯定，并亲切慰问基层一线干部职工。

2015年，全市地税系统税费收入首次突破2000亿大关，达到2142.7亿元，同比增长12.8%。其中，税收收入实现1293.3亿元，同比增长12.2%，增速位列全国第4位，高于全国平均增速5.3个百分点。社保费收入实现782.6亿元，同比增长14.3%，综合征缴率达到98.7%。

2015年，重庆市地方税务局全面落实“保增长、调结构、惠民生”各项减税降费政策，扶持各类市场主体发展，助推了我市内陆开放高地建设。认真执行西部大开发、再就业税收减免等各项优惠政策，全年减免税收158.7亿元。严格执行小微企业税收优惠政策，全市21万户小微企业（含个体户）享受营业税优惠超10亿元；5496户小型微利企业享受企业所得税优惠3482万元，实际受惠面达到99.9%，有力地支持了“大众创业、万众创新”。